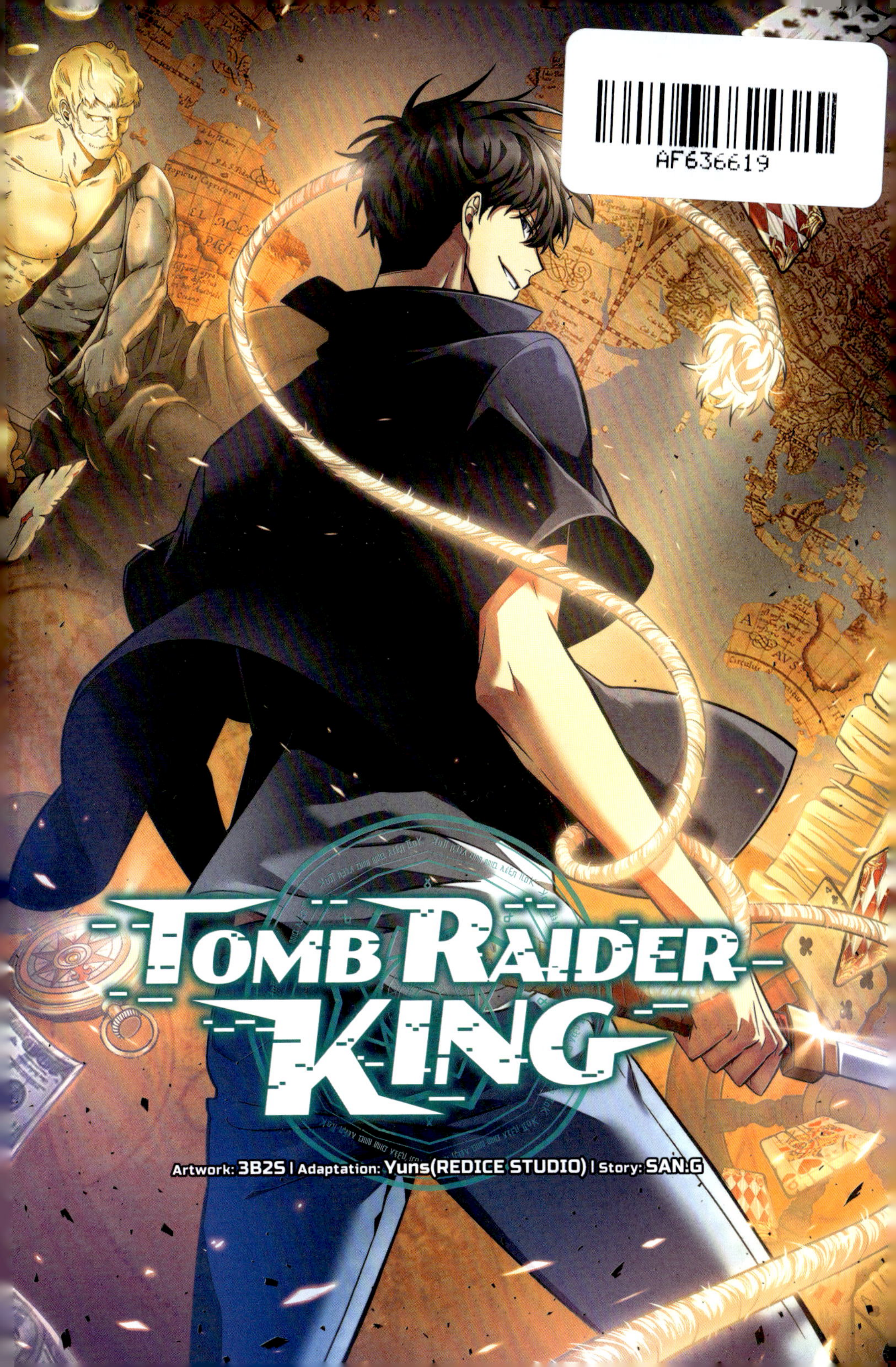
TOMB RAIDER
KING
Artwork: 3B2S | Adaptation: Yuns(REDICE STUDIO) | Story: SAN.G

# Inhalt

## Kapitel 7
Konfrontation mit der CIA

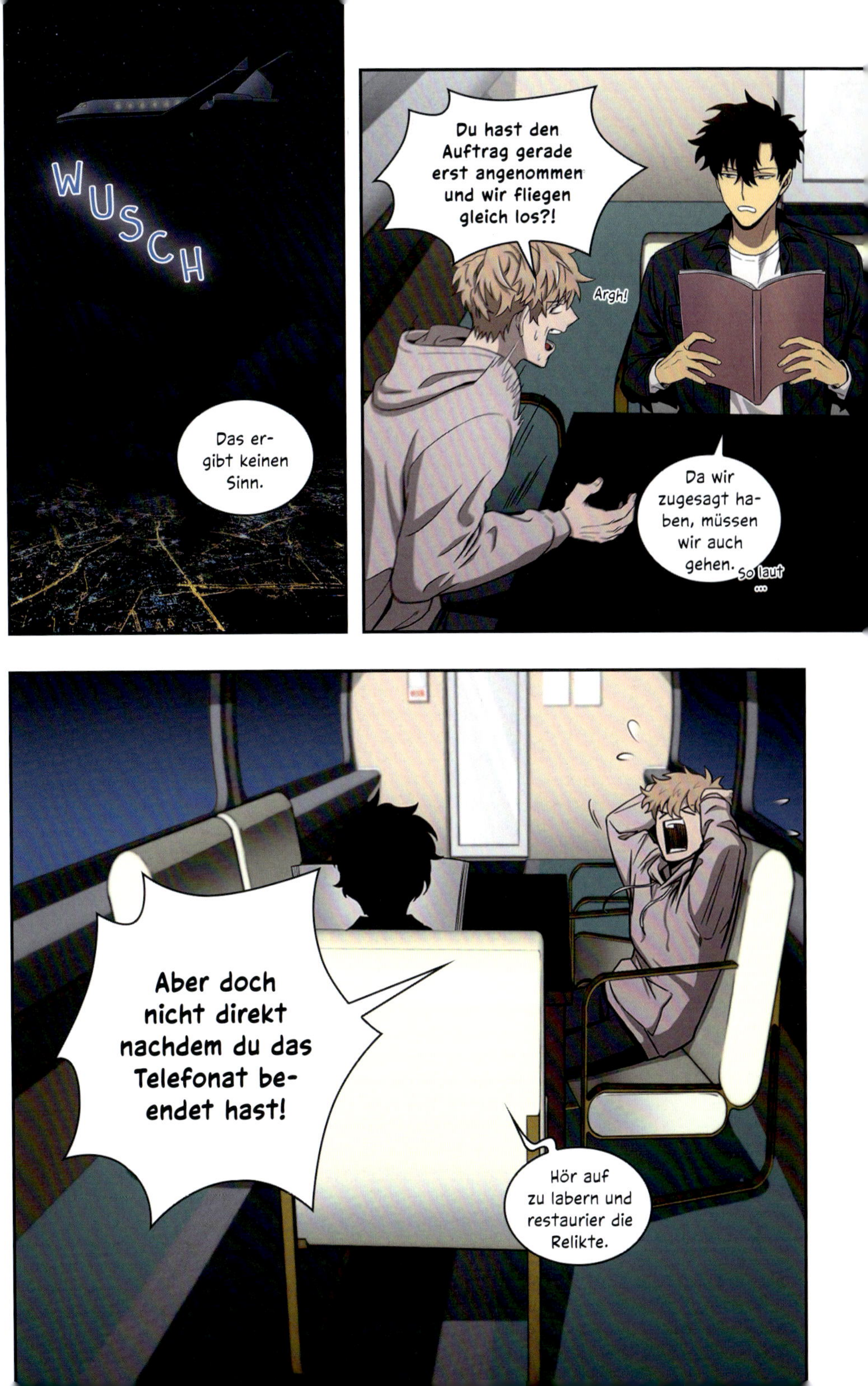
WUSCH
Das ergibt keinen Sinn.
Du hast den Auftrag gerade erst angenommen und wir fliegen gleich los?!
Argh!
Da wir zugesagt haben, müssen wir auch gehen.
So laut
...
Aber doch nicht direkt nachdem du das Telefonat beendet hast!
Hör auf zu labern und restaurier die Relikte.

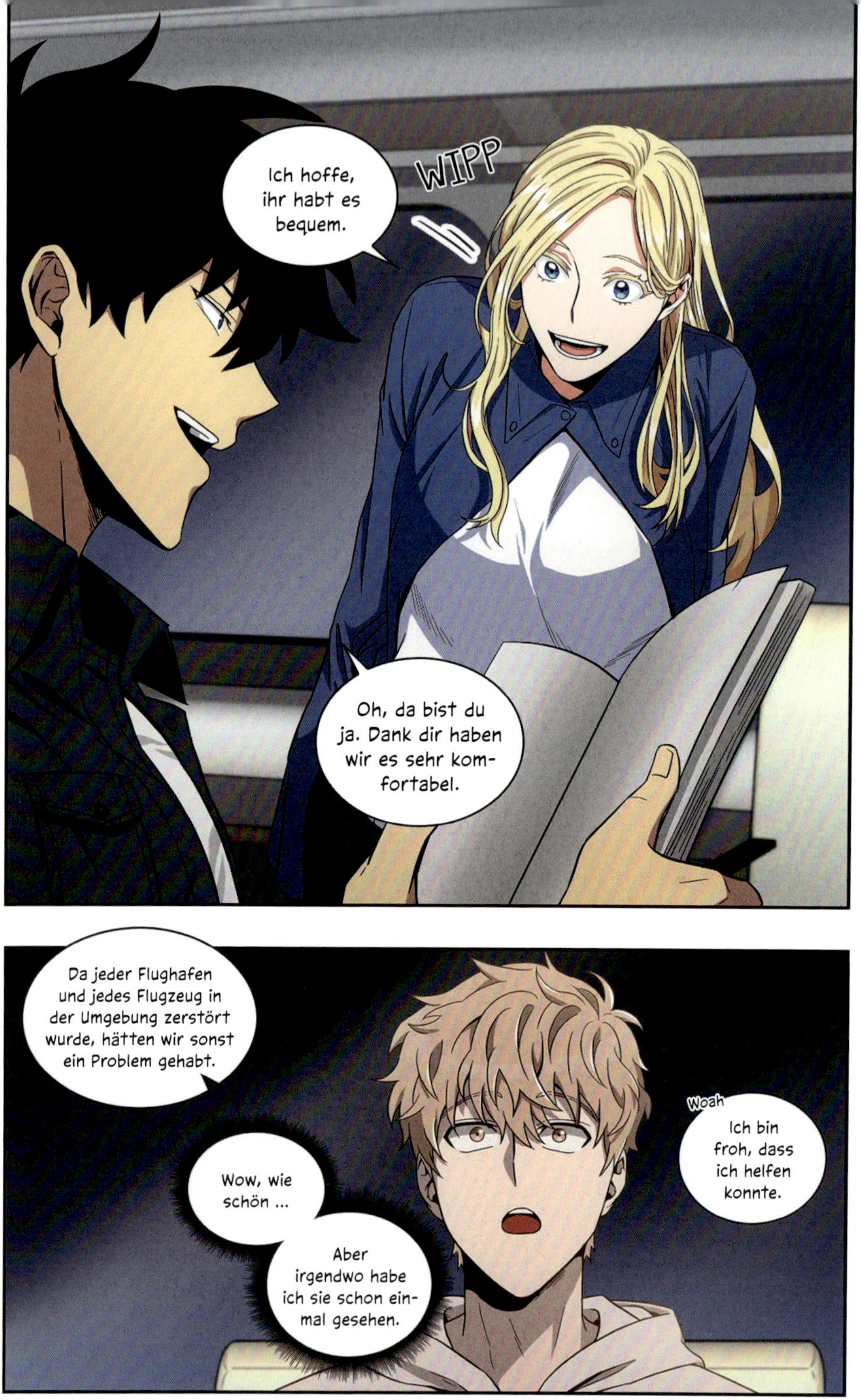
Ich hoffe, ihr habt es bequem.
WIPP
Oh, da bist du ja. Dank dir haben wir es sehr komfortabel.
Da jeder Flughafen und jedes Flugzeug in der Umgebung zerstört wurde, hätten wir sonst ein Problem gehabt.
Woah
Ich bin froh, dass ich helfen konnte.
Wow, wie schön …
Aber irgendwo habe ich sie schon einmal gesehen.

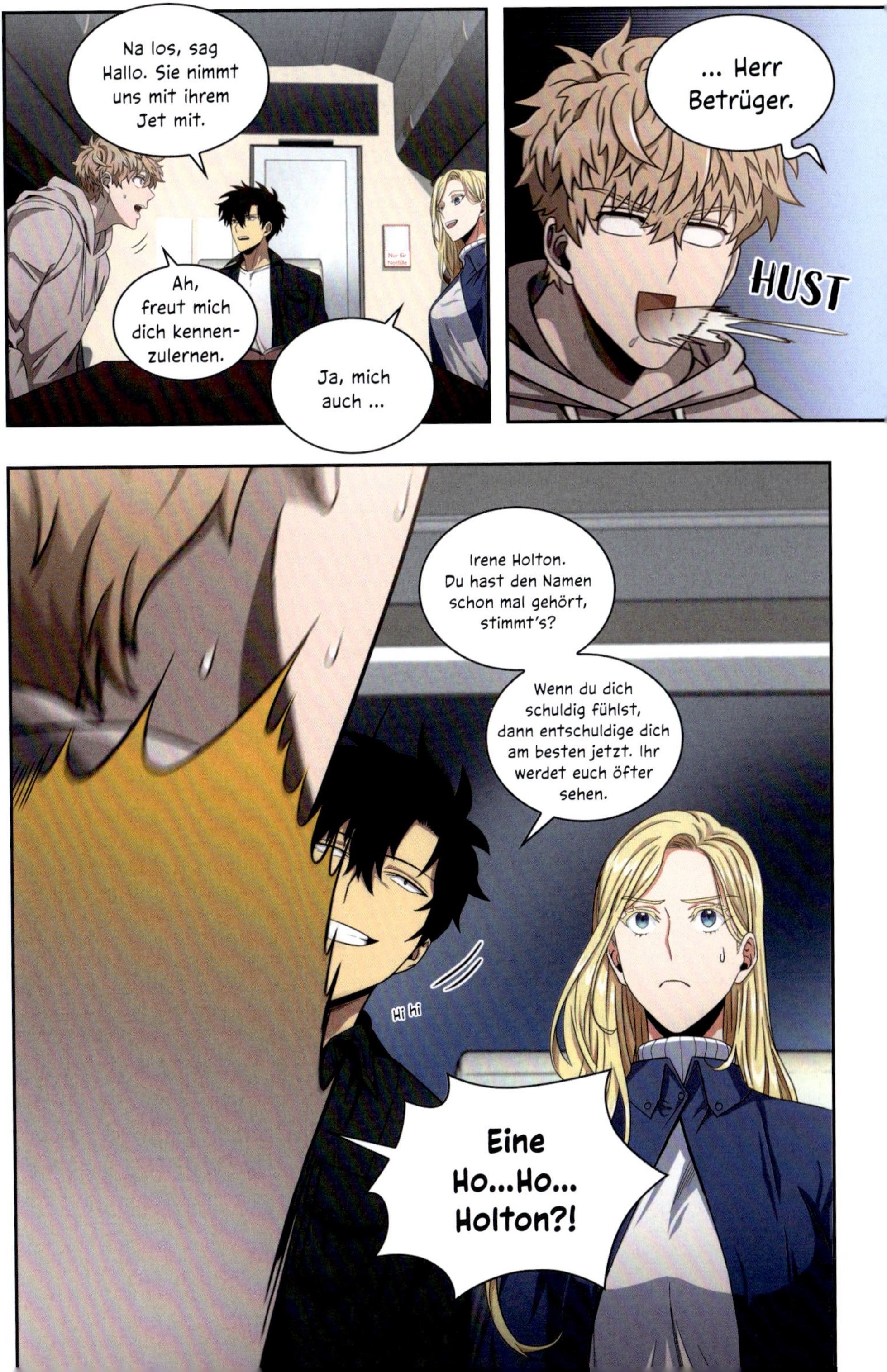
Na los, sag Hallo. Sie nimmt uns mit ihrem Jet mit.
Ah, freut mich dich kennen-zulernen.
Ja, mich auch ...
... Herr Betrüger.
HUST
Irene Holton. Du hast den Namen schon mal gehört, stimmt's?
Wenn du dich schuldig fühlst, dann entschuldige dich am besten jetzt. Ihr werdet euch öfter sehen.
Hi hi
Eine Ho...Ho... Holton?!

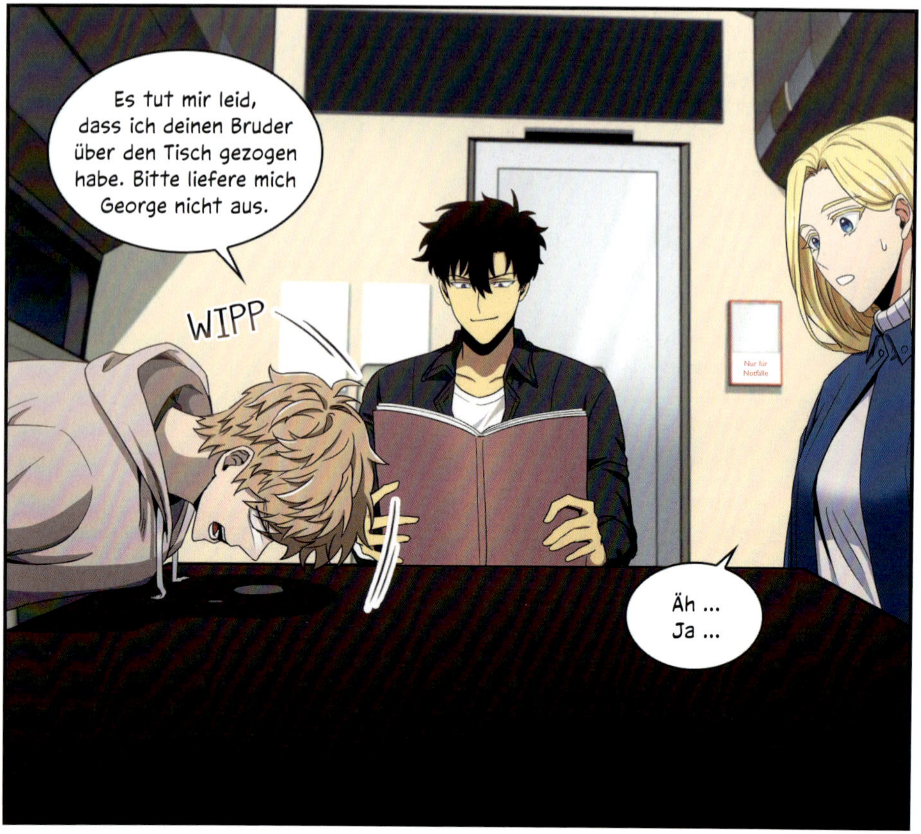
Es tut mir leid, dass ich deinen Bruder über den Tisch gezogen habe. Bitte liefere mich George nicht aus.
WIPP
Nur für Notfälle
Äh ... Ja ...

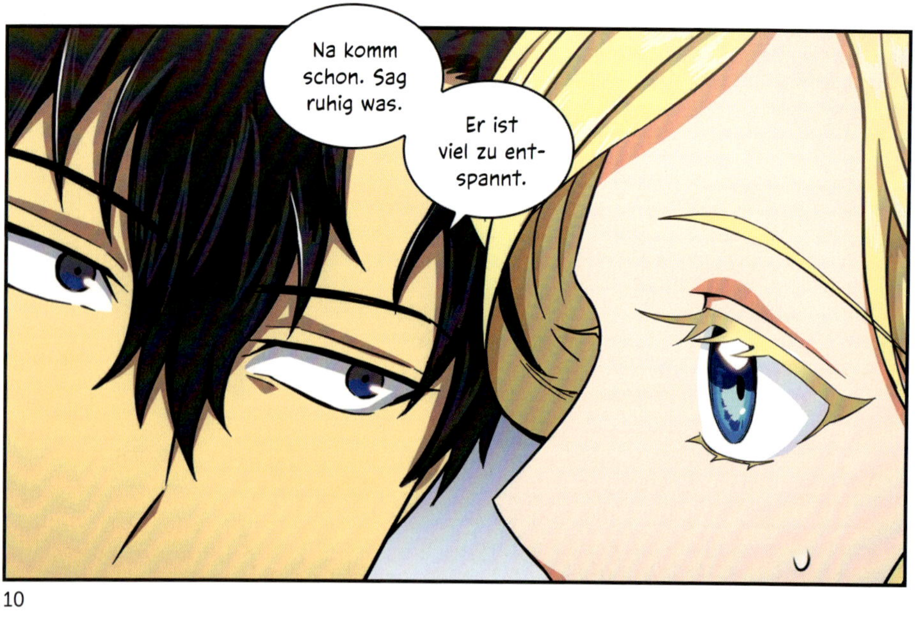
Na komm schon. Sag ruhig was.
Er ist viel zu entspannt.

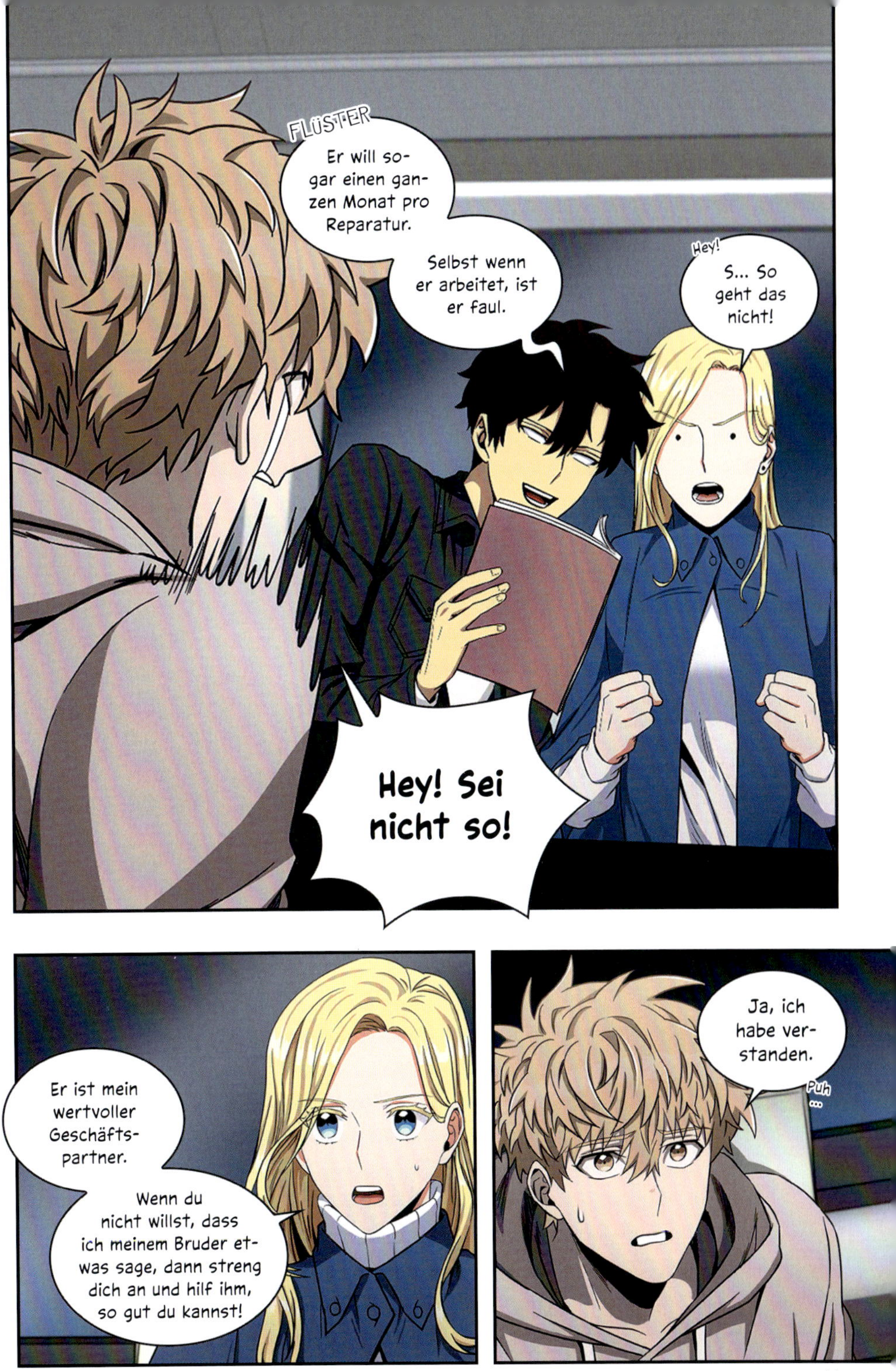
FLÜSTER
Er will sogar einen ganzen Monat pro Reparatur.
Selbst wenn er arbeitet, ist er faul.
Hey!
S... So geht das nicht!
Hey! Sei nicht so!
Er ist mein wertvoller Geschäftspartner.
Wenn du nicht willst, dass ich meinem Bruder etwas sage, dann streng dich an und hilf ihm, so gut du kannst!
Ja, ich habe verstanden.
Puh ...

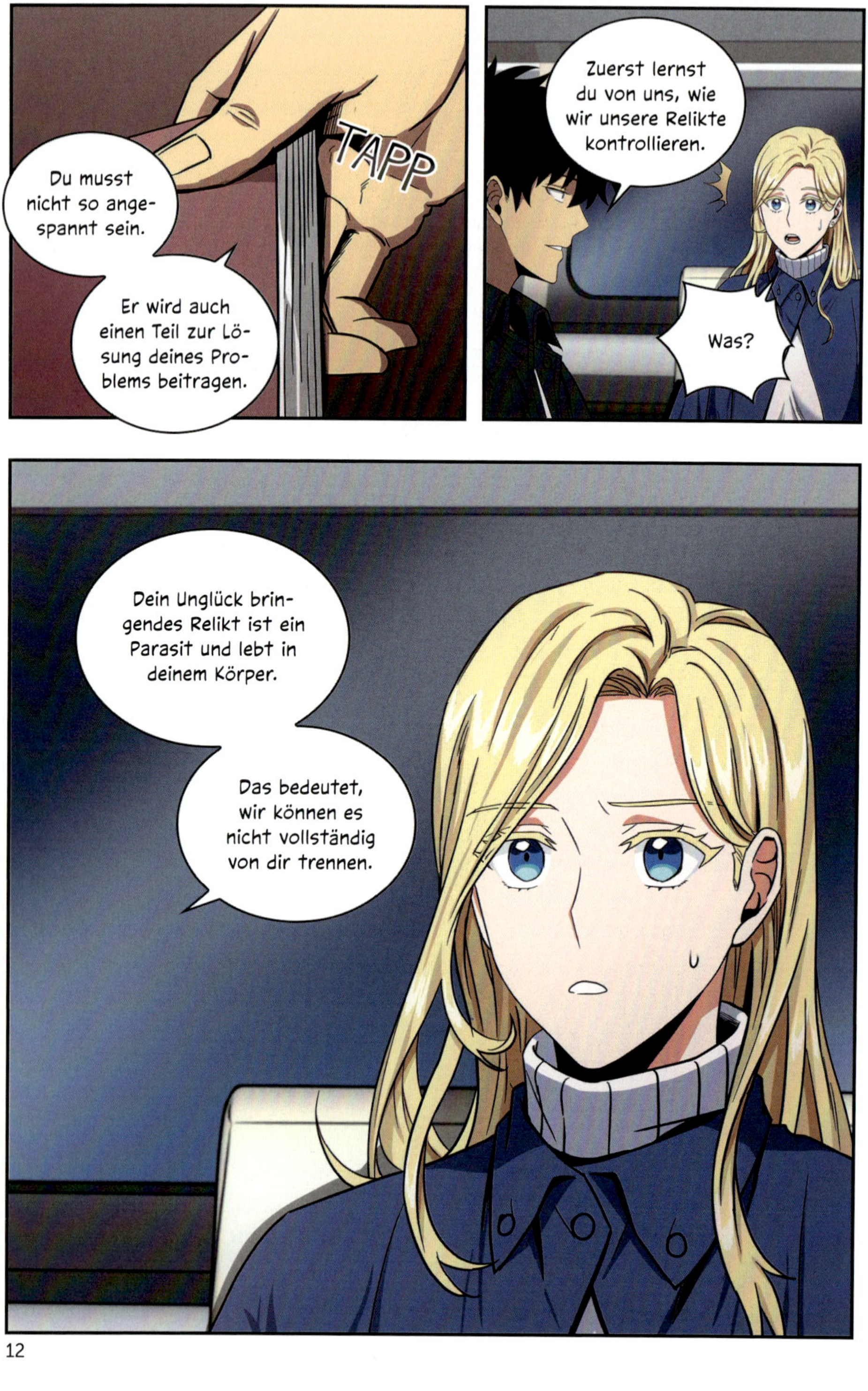
TAPP
Du musst nicht so angespannt sein.
Er wird auch einen Teil zur Lösung deines Problems beitragen.
Zuerst lernst du von uns, wie wir unsere Relikte kontrollieren.
Was?
Dein Unglück bringendes Relikt ist ein Parasit und lebt in deinem Körper.
Das bedeutet, wir können es nicht vollständig von dir trennen.

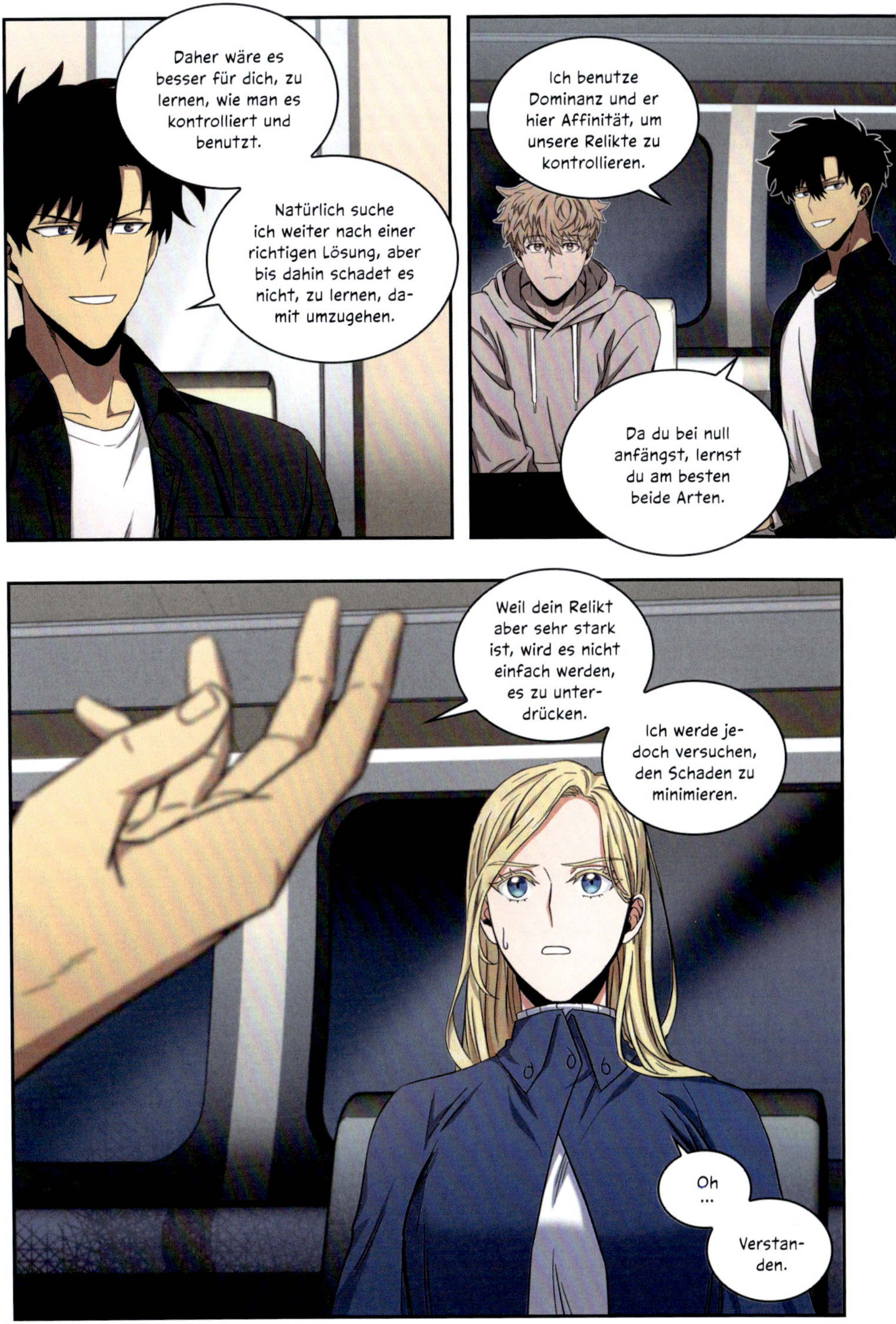
Daher wäre es besser für dich, zu lernen, wie man es kontrolliert und benutzt.
Natürlich suche ich weiter nach einer richtigen Lösung, aber bis dahin schadet es nicht, zu lernen, damit umzugehen.
Ich benutze Dominanz und er hier Affinität, um unsere Relikte zu kontrollieren.
Da du bei null anfängst, lernst du am besten beide Arten.
Weil dein Relikt aber sehr stark ist, wird es nicht einfach werden, es zu unterdrücken.
Ich werde jedoch versuchen, den Schaden zu minimieren.
Oh ...
Verstanden.

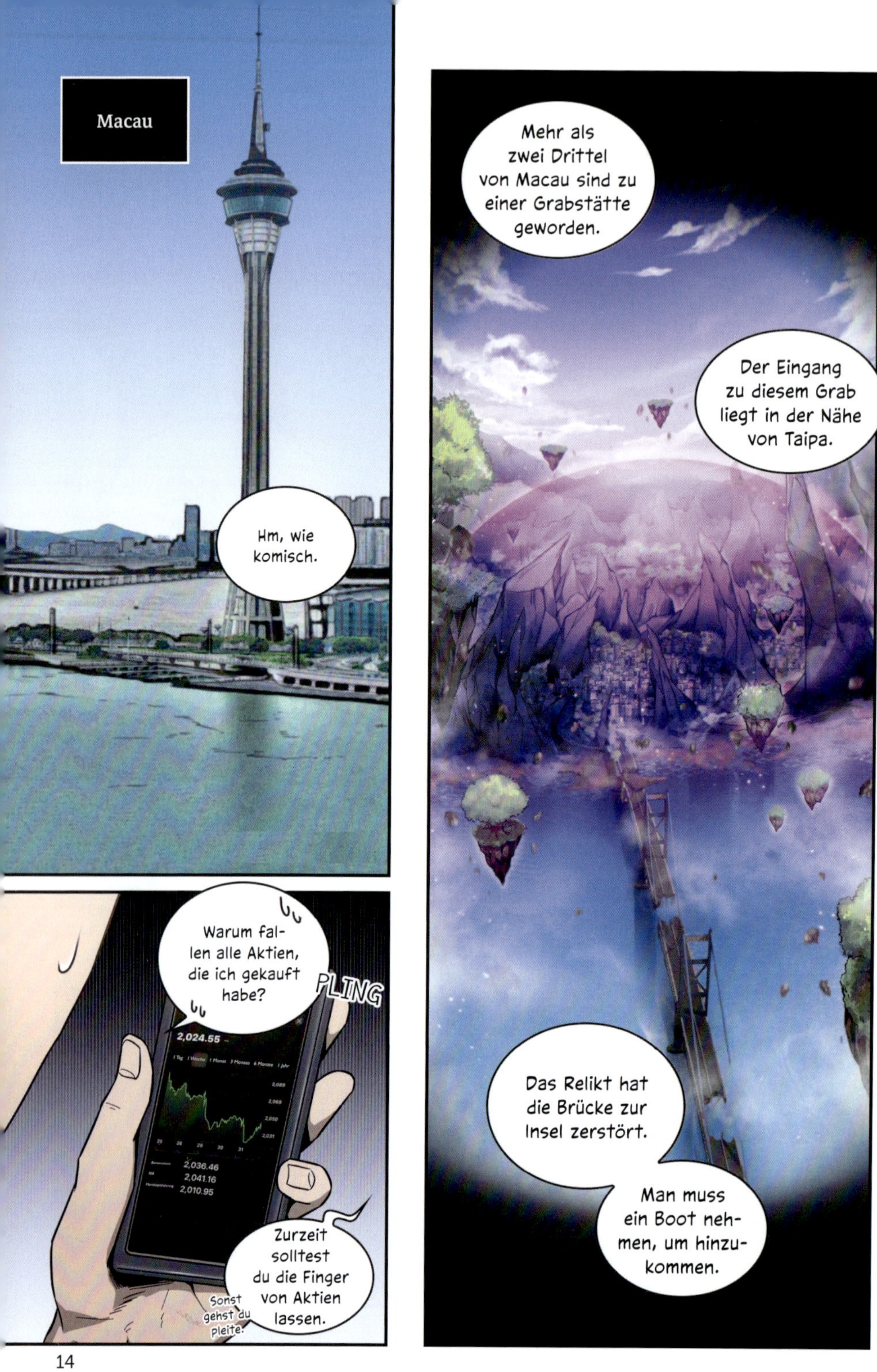
Macau
Hm, wie komisch.
Warum fallen alle Aktien, die ich gekauft habe?
PLING
2,024.55
Zurzeit solltest du die Finger von Aktien lassen.
Sonst gehst du pleite.
Mehr als zwei Drittel von Macau sind zu einer Grabstätte geworden.
Der Eingang zu diesem Grab liegt in der Nähe von Taipa.
Das Relikt hat die Brücke zur Insel zerstört.
Man muss ein Boot nehmen, um hinzukommen.

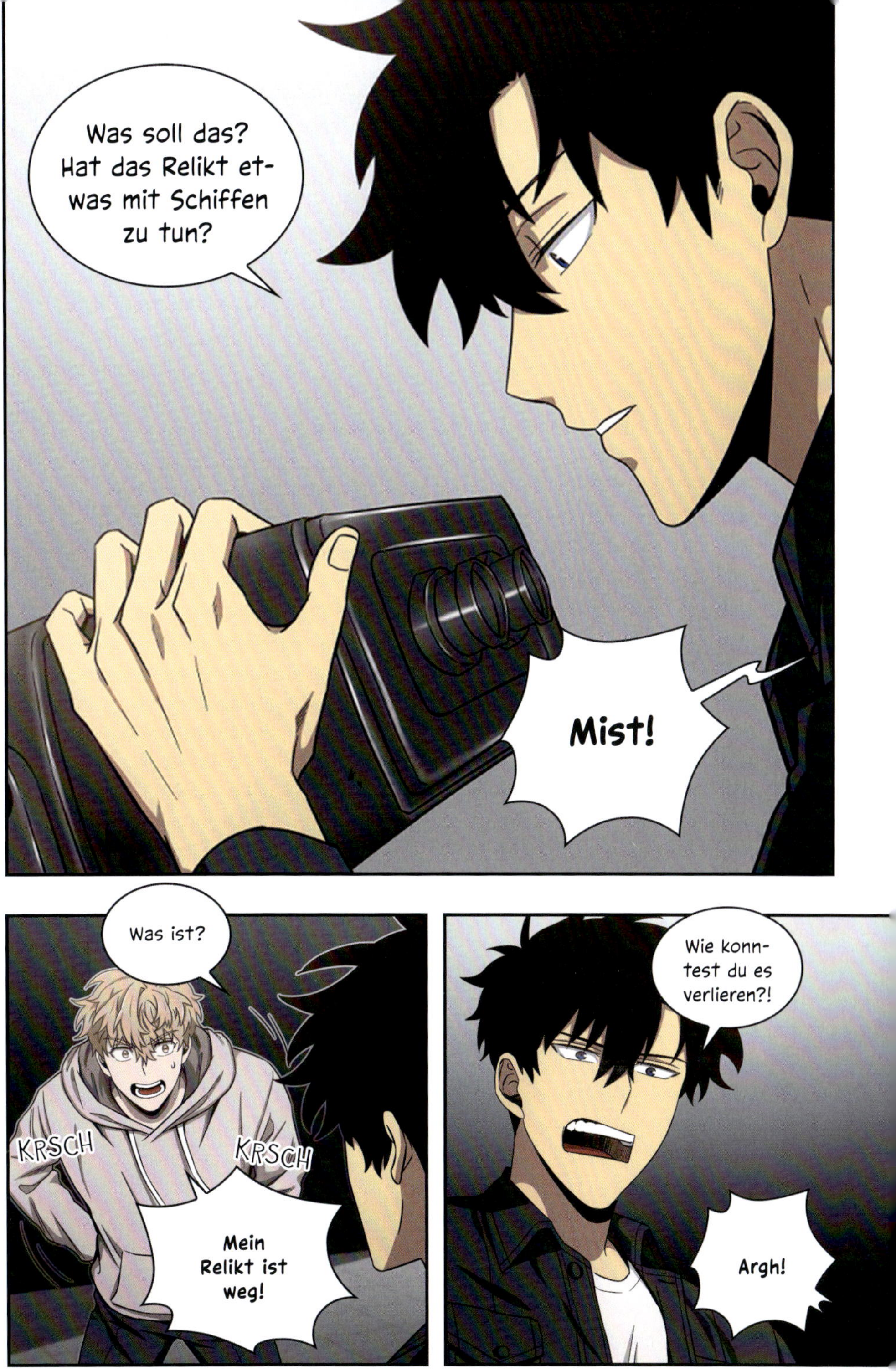
Was soll das? Hat das Relikt et-was mit Schiffen zu tun?
Mist!
Was ist?
KRSCH
KRSCH
Mein Relikt ist weg!
Wie konn-test du es verlieren?!
Argh!

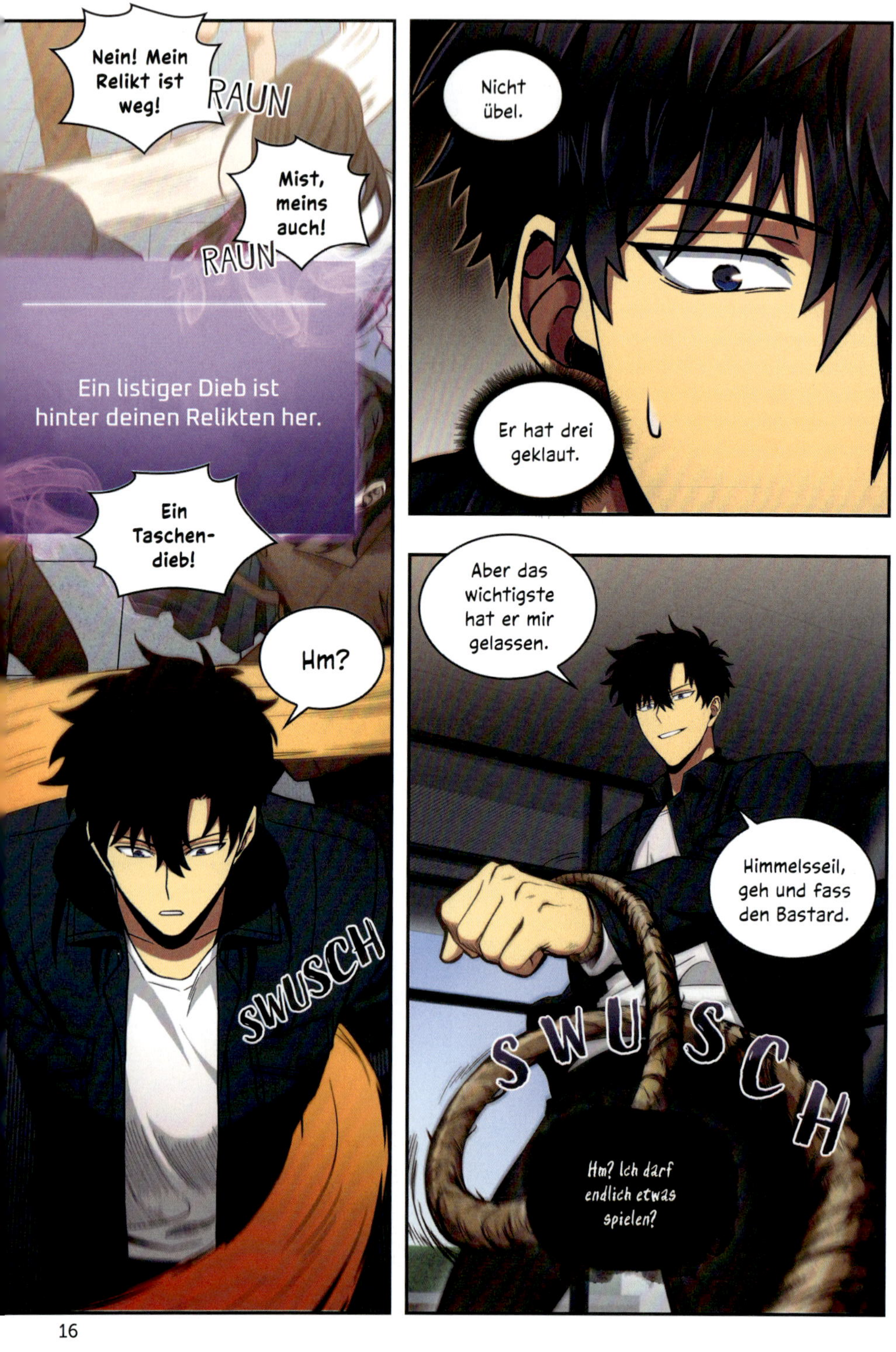

Nein! Mein Relikt ist weg!
RAUN
Mist, meins auch!
RAUN
Ein listiger Dieb ist hinter deinen Relikten her.
Ein Taschendieb!
Hm?
SWUSCH
Nicht übel.
Er hat drei geklaut.
Aber das wichtigste hat er mir gelassen.
Himmelsseil, geh und fass den Bastard.
SWUSCH
Hm? Ich darf endlich etwas spielen?

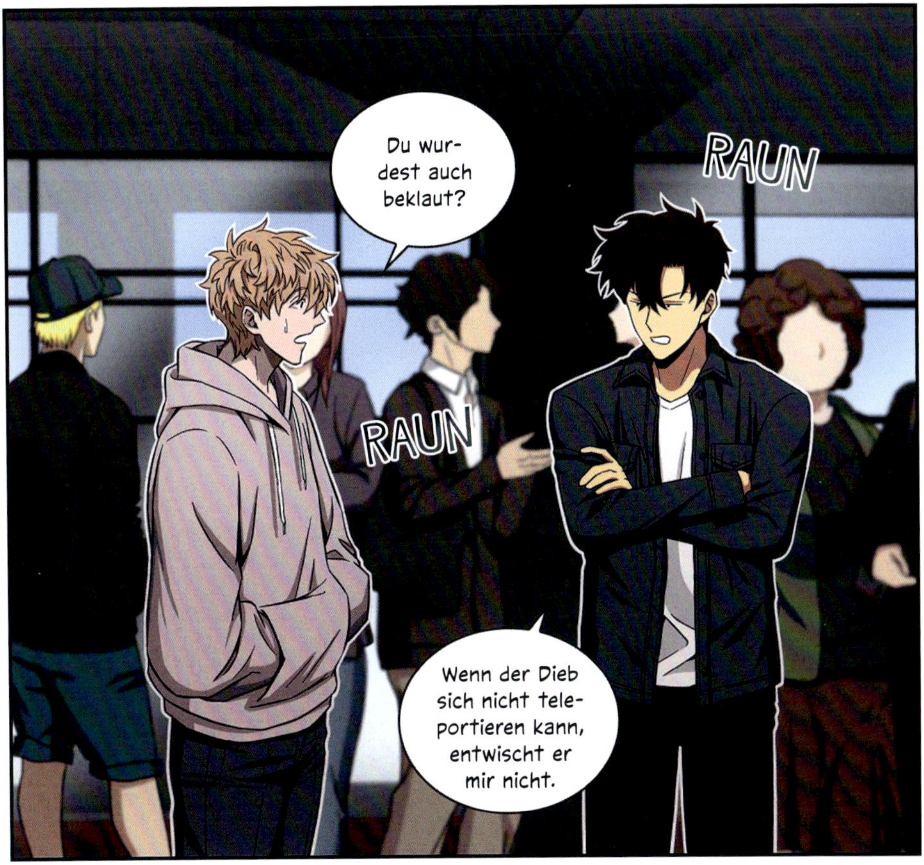
Du wurdest auch beklaut?
RAUN
RAUN
Wenn der Dieb sich nicht teleportieren kann, entwischt er mir nicht.

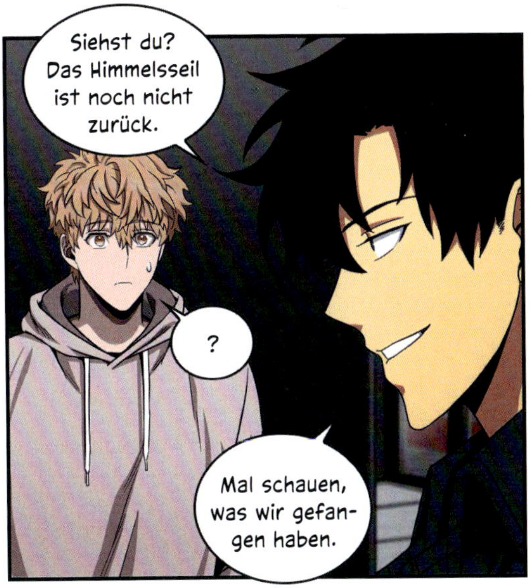
Siehst du? Das Himmelsseil ist noch nicht zurück.
?
Mal schauen, was wir gefangen haben.

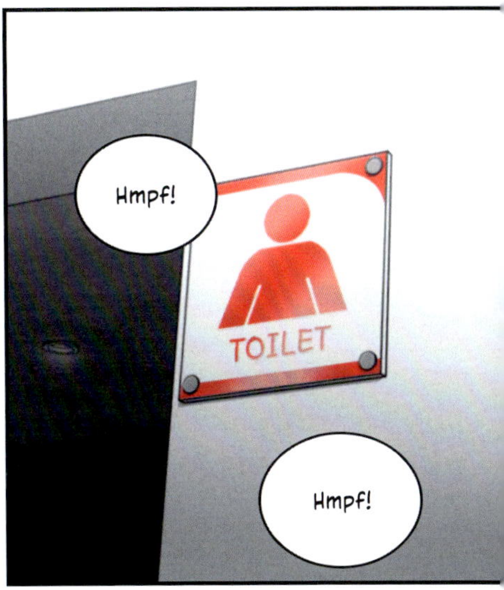
Hmpf!
TOILET
Hmpf!

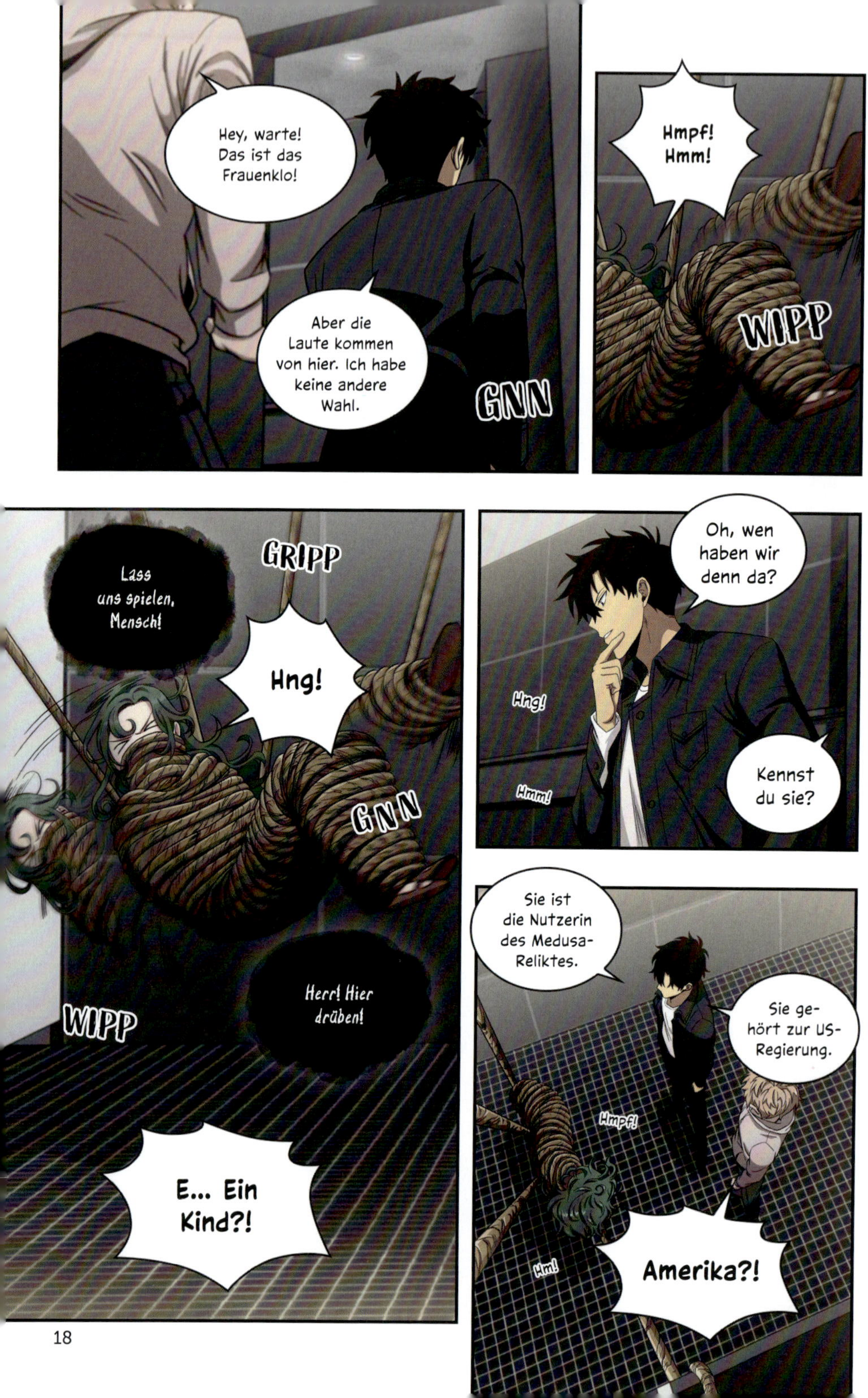
Hey, warte! Das ist das Frauenklo!
Aber die Laute kommen von hier. Ich habe keine andere Wahl.
GNN
Hmpf! Hmm!
WIPP
GRIPP
Lass uns spielen, Mensch!
Hng!
GNN
WIPP
Herr! Hier drüben!
E... Ein Kind?!
Oh, wen haben wir denn da?
Hng!
Hmm!
Kennst du sie?
Sie ist die Nutzerin des Medusa-Reliktes.
Sie gehört zur US-Regierung.
Hmpf!
Hm!
Amerika?!

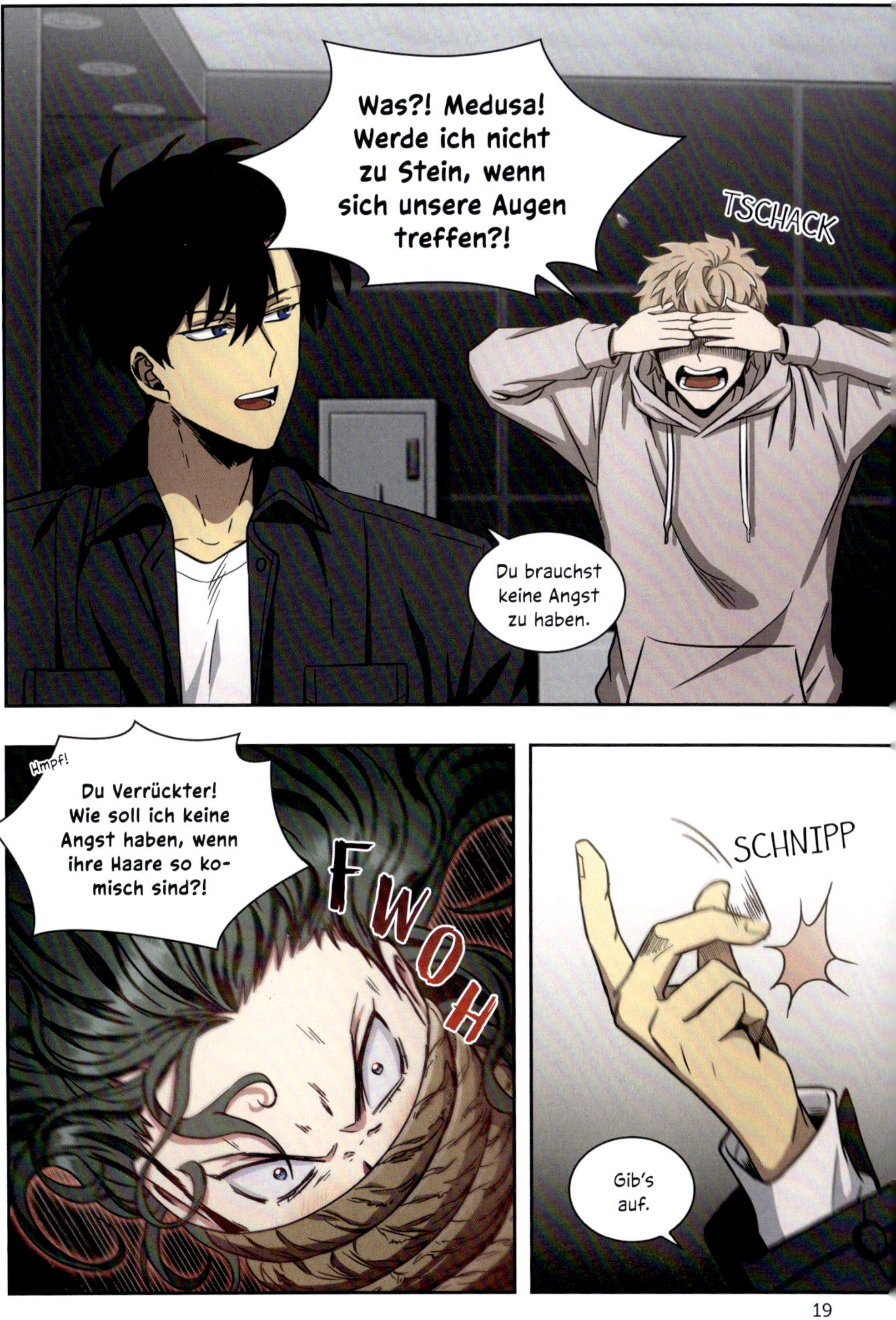
Was?! Medusa! Werde ich nicht zu Stein, wenn sich unsere Augen treffen?!
TSCHACK
Du brauchst keine Angst zu haben.
Hmpf!
Du Verrückter! Wie soll ich keine Angst haben, wenn ihre Haare so ko-misch sind?!
FWOH
SCHNIPP
Gib's auf.

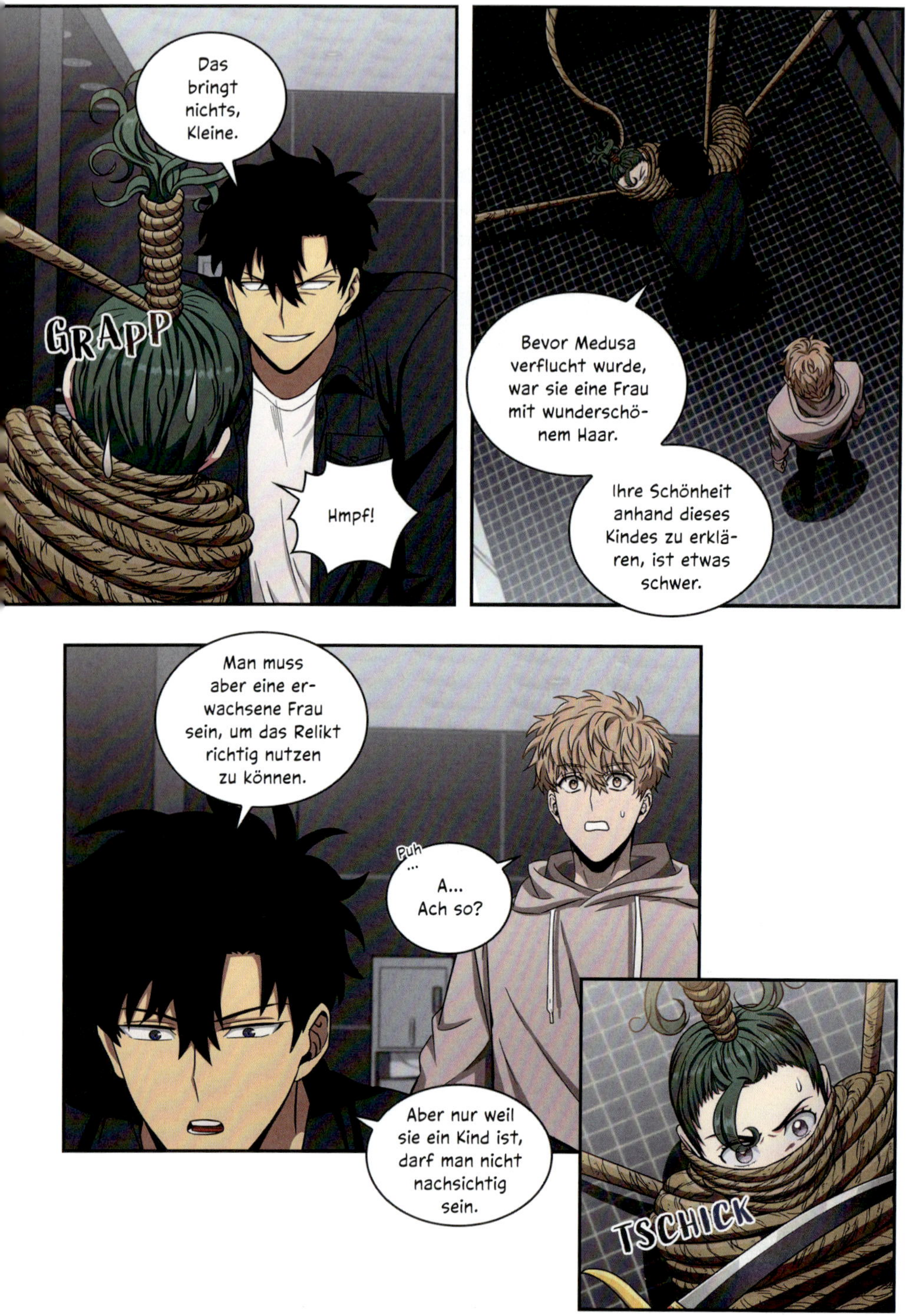
Das bringt nichts, Kleine.
GRAPP
Hmpf!
Bevor Medusa verflucht wurde, war sie eine Frau mit wunderschönem Haar.
Ihre Schönheit anhand dieses Kindes zu erklären, ist etwas schwer.
Man muss aber eine erwachsene Frau sein, um das Relikt richtig nutzen zu können.
Puh ...
A... Ach so?
Aber nur weil sie ein Kind ist, darf man nicht nachsichtig sein.
TSCHICK

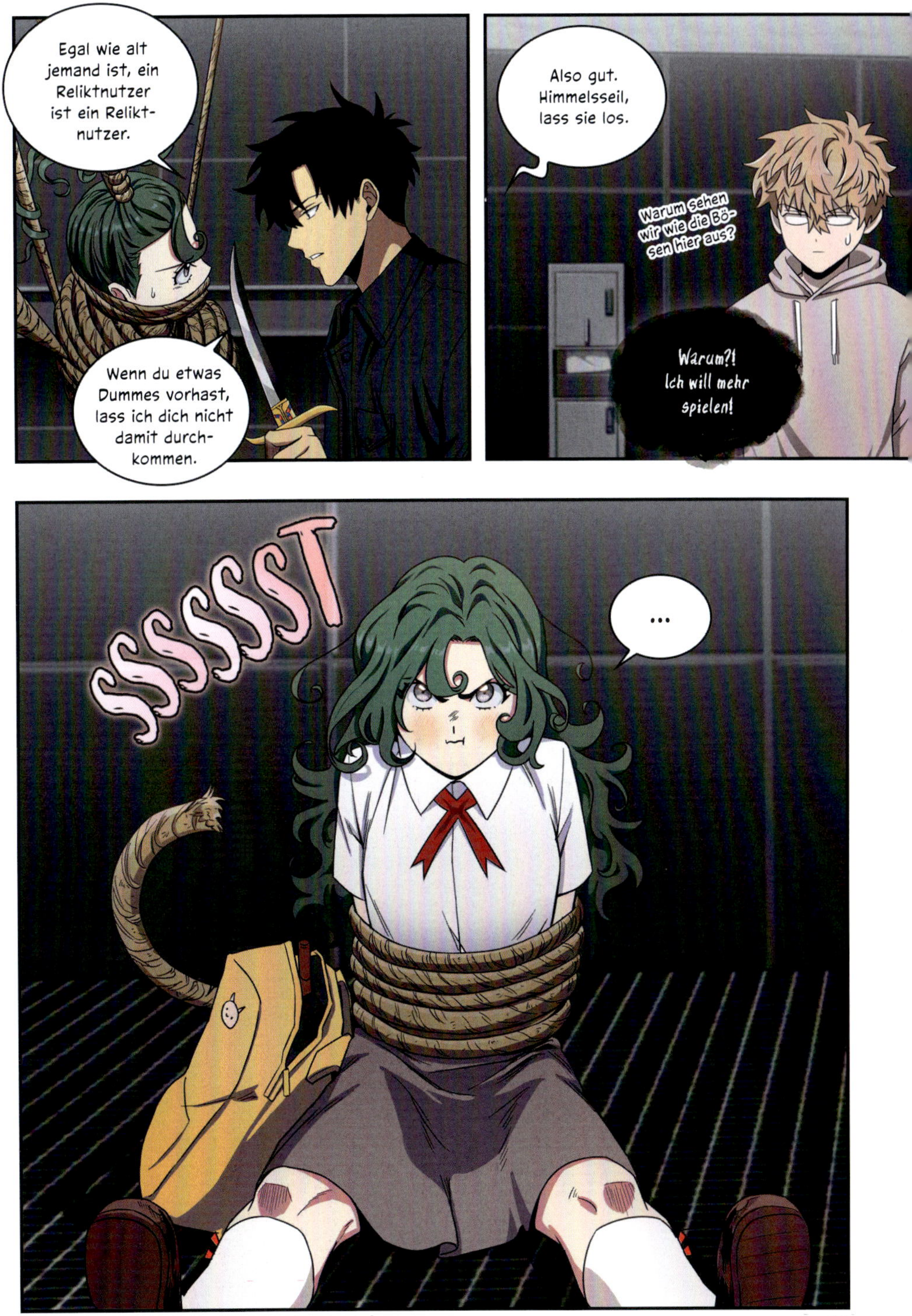
Egal wie alt jemand ist, ein Reliktnutzer ist ein Relikt-nutzer.
Wenn du etwas Dummes vorhast, lass ich dich nicht damit durch-kommen.
Also gut. Himmelsseil, lass sie los.
Warum sehen wir wie die Bö-sen hier aus?
Warum?! Ich will mehr spielen!
SSSSSST
...

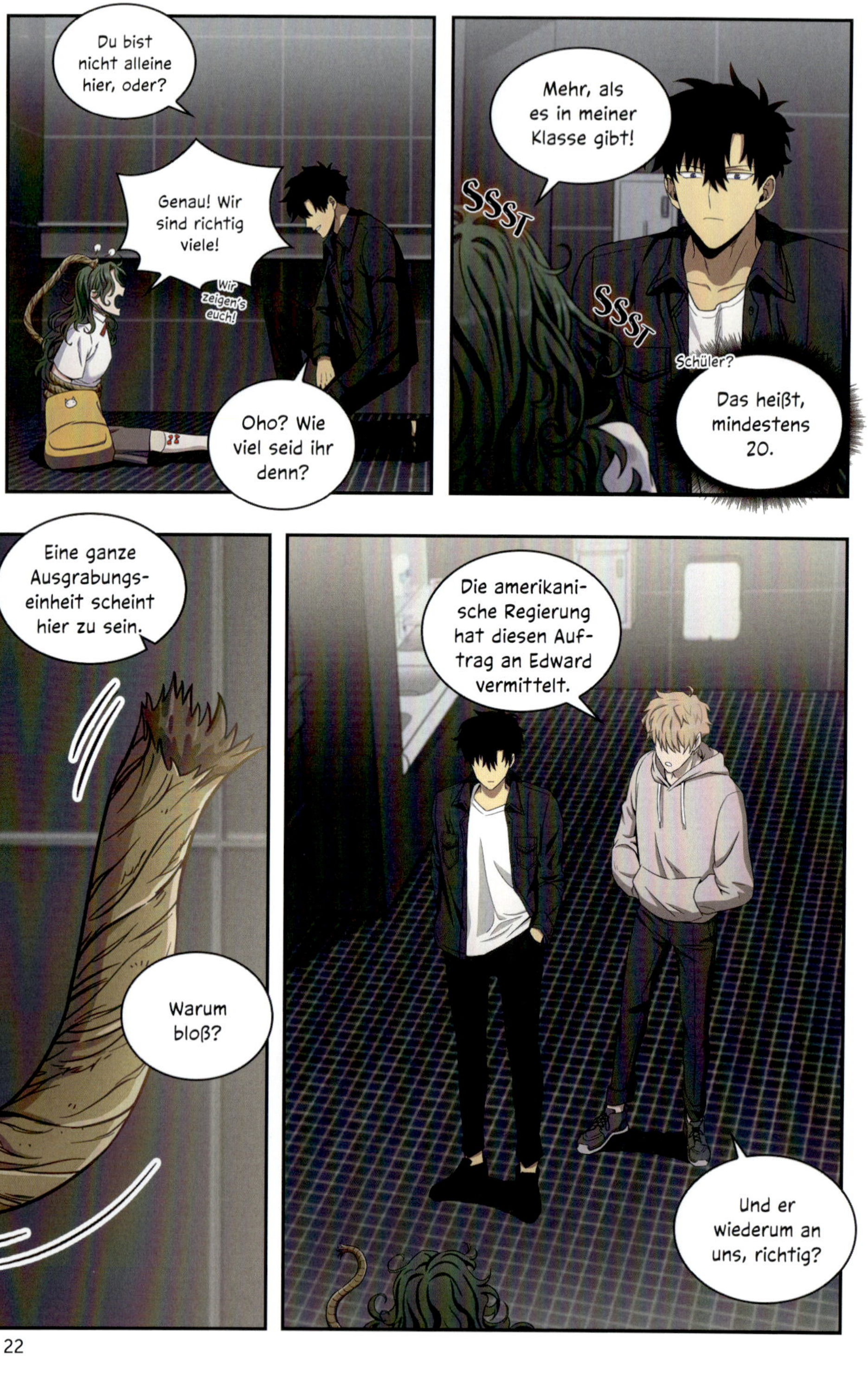
Du bist nicht alleine hier, oder?
Genau! Wir sind richtig viele!
Wir zeigen's euch!
Oho? Wie viel seid ihr denn?
Mehr, als es in meiner Klasse gibt!
SSST
SSST
Schüler?
Das heißt, mindestens 20.
Eine ganze Ausgrabungs-einheit scheint hier zu sein.
Warum bloß?
Die amerikani-sche Regierung hat diesen Auf-trag an Edward vermittelt.
Und er wiederum an uns, richtig?

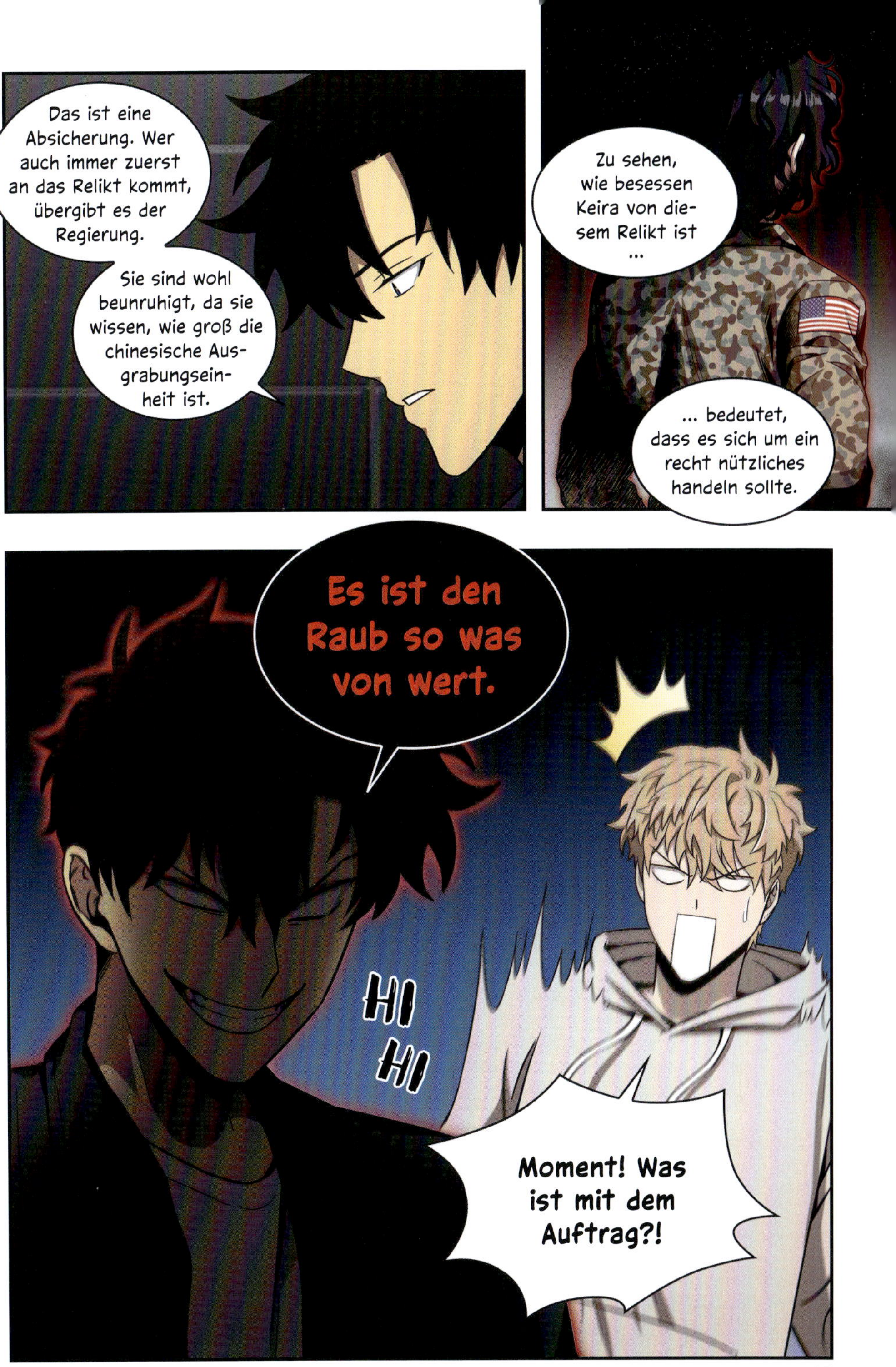

Das ist eine Absicherung. Wer auch immer zuerst an das Relikt kommt, übergibt es der Regierung.
Sie sind wohl beunruhigt, da sie wissen, wie groß die chinesische Ausgrabungseinheit ist.
Zu sehen, wie besessen Keira von diesem Relikt ist ...
... bedeutet, dass es sich um ein recht nützliches handeln sollte.
Es ist den Raub so was von wert.
HI HI
Moment! Was ist mit dem Auftrag?!

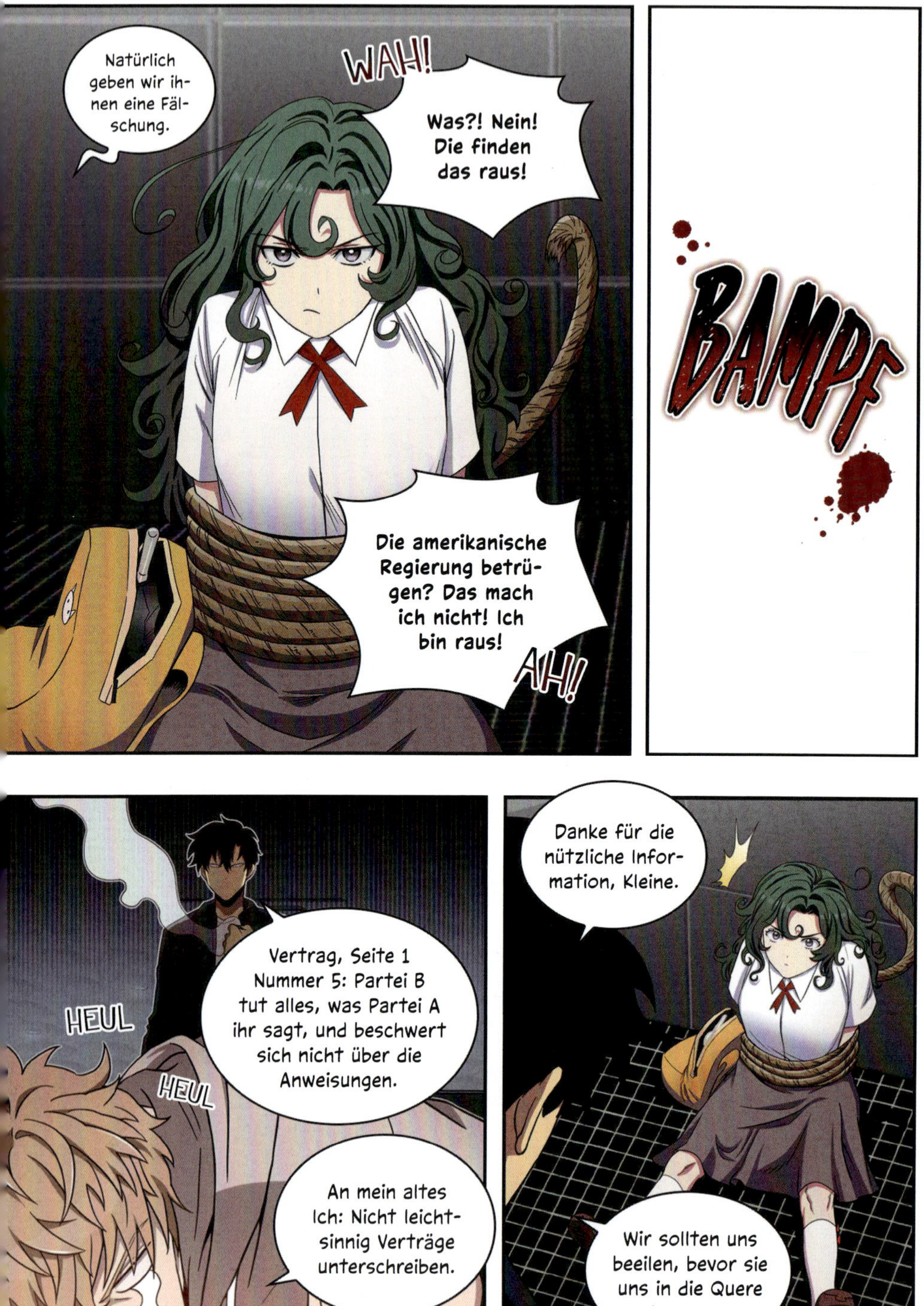
Natürlich geben wir ihnen eine Fälschung.
WAH!
Was?! Nein! Die finden das raus!
BAMPF
Die amerikanische Regierung betrügen? Das mach ich nicht! Ich bin raus!
AH!
HEUL
HEUL
Vertrag, Seite 1 Nummer 5: Partei B tut alles, was Partei A ihr sagt, und beschwert sich nicht über die Anweisungen.
An mein altes Ich: Nicht leichtsinnig Verträge unterschreiben.
Danke für die nützliche Information, Kleine.
Wir sollten uns beeilen, bevor sie uns in die Quere kommen.

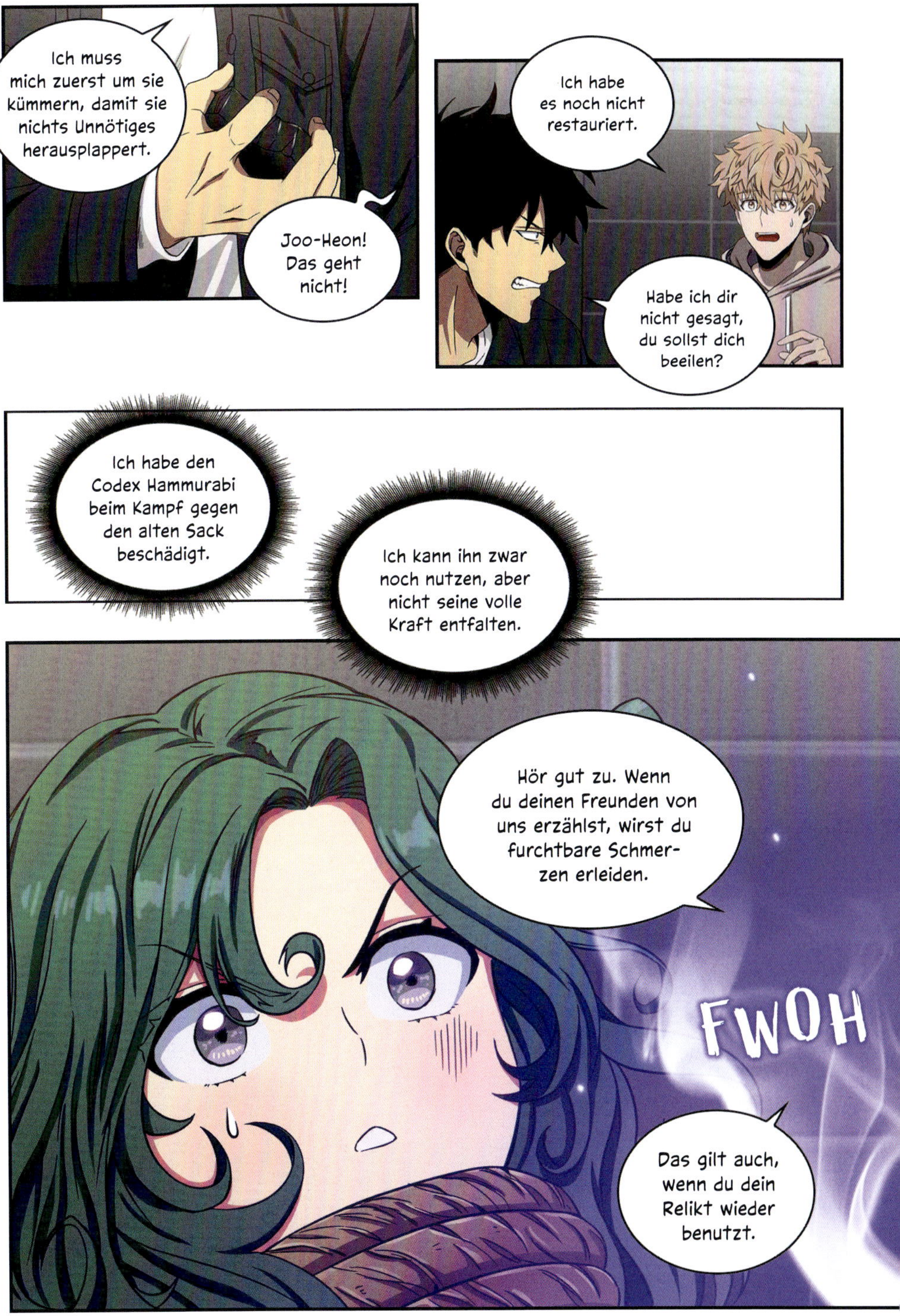
Ich muss mich zuerst um sie kümmern, damit sie nichts Unnötiges herausplappert.
Joo-Heon! Das geht nicht!
Ich habe es noch nicht restauriert.
Habe ich dir nicht gesagt, du sollst dich beeilen?
Ich habe den Codex Hammurabi beim Kampf gegen den alten Sack beschädigt.
Ich kann ihn zwar noch nutzen, aber nicht seine volle Kraft entfalten.
Hör gut zu. Wenn du deinen Freunden von uns erzählst, wirst du furchtbare Schmerzen erleiden.
FWOH
Das gilt auch, wenn du dein Relikt wieder benutzt.

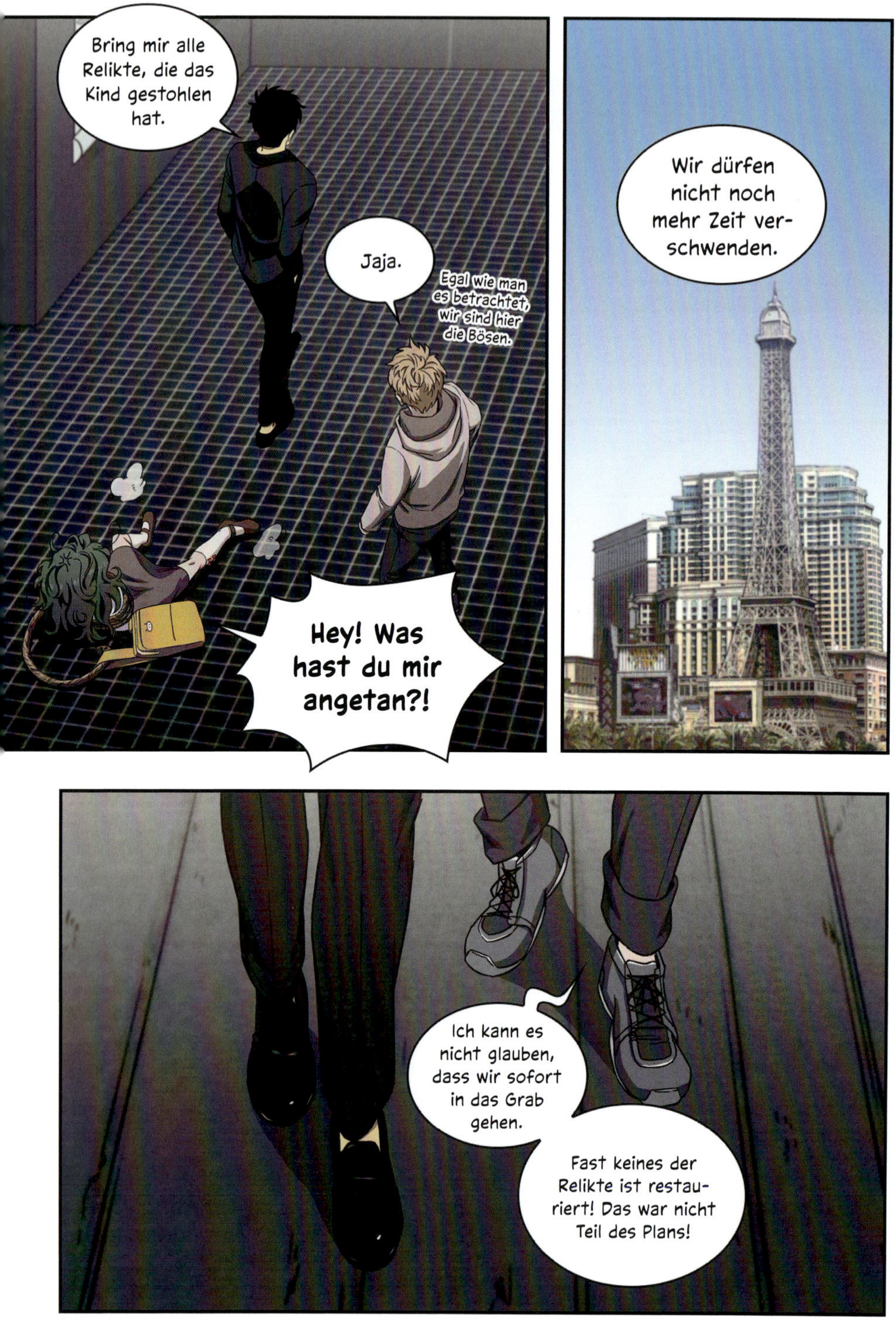
Bring mir alle Relikte, die das Kind gestohlen hat.
Jaja.
Egal wie man es betrachtet, wir sind hier die Bösen.
Hey! Was hast du mir angetan?!
Wir dürfen nicht noch mehr Zeit verschwenden.
Ich kann es nicht glauben, dass wir sofort in das Grab gehen.
Fast keines der Relikte ist restauriert! Das war nicht Teil des Plans!

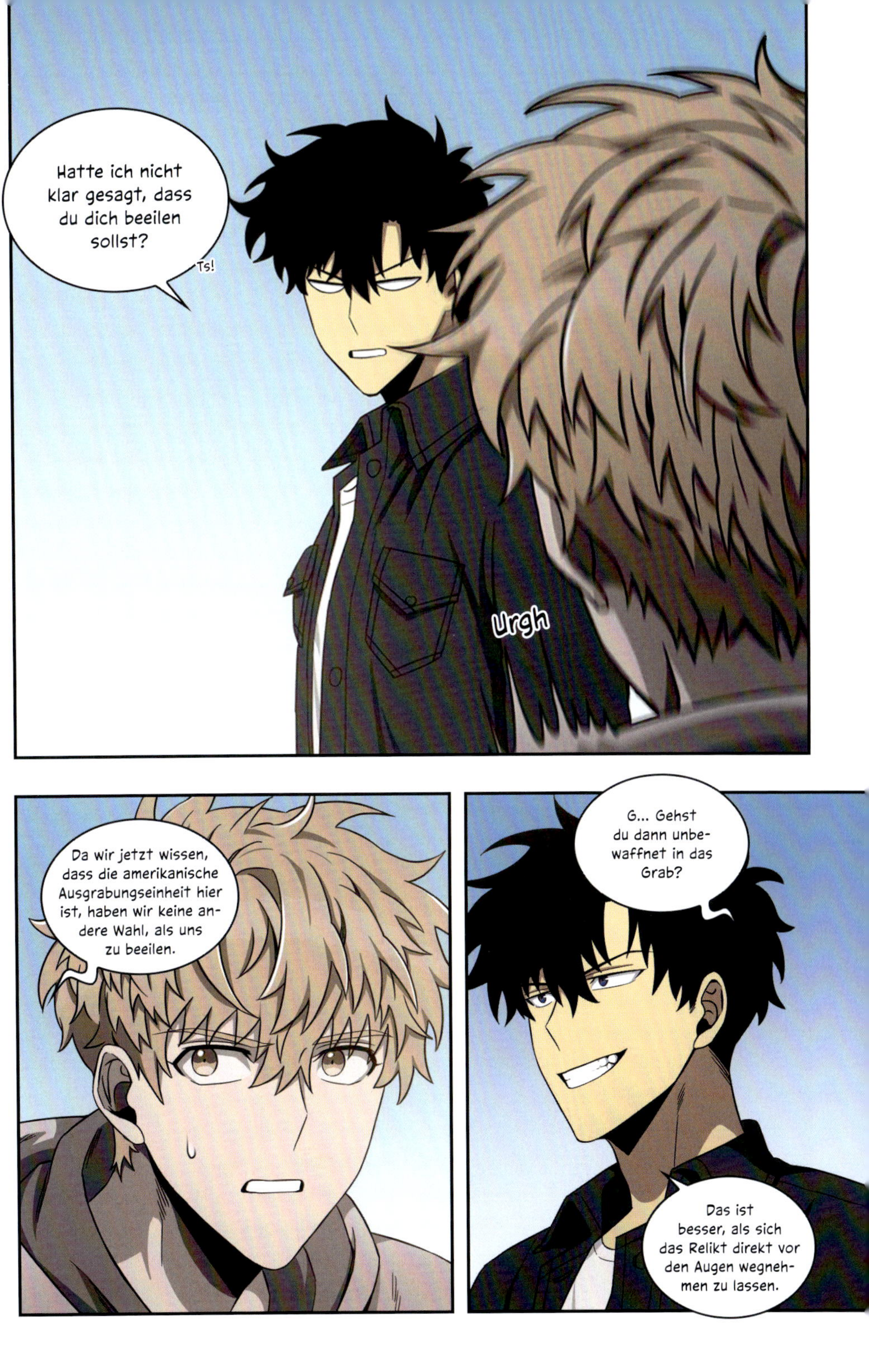

Hatte ich nicht klar gesagt, dass du dich beeilen sollst?
Ts!
Urgh
Da wir jetzt wissen, dass die amerikanische Ausgrabungseinheit hier ist, haben wir keine andere Wahl, als uns zu beeilen.
G... Gehst du dann unbewaffnet in das Grab?
Das ist besser, als sich das Relikt direkt vor den Augen wegnehmen zu lassen.

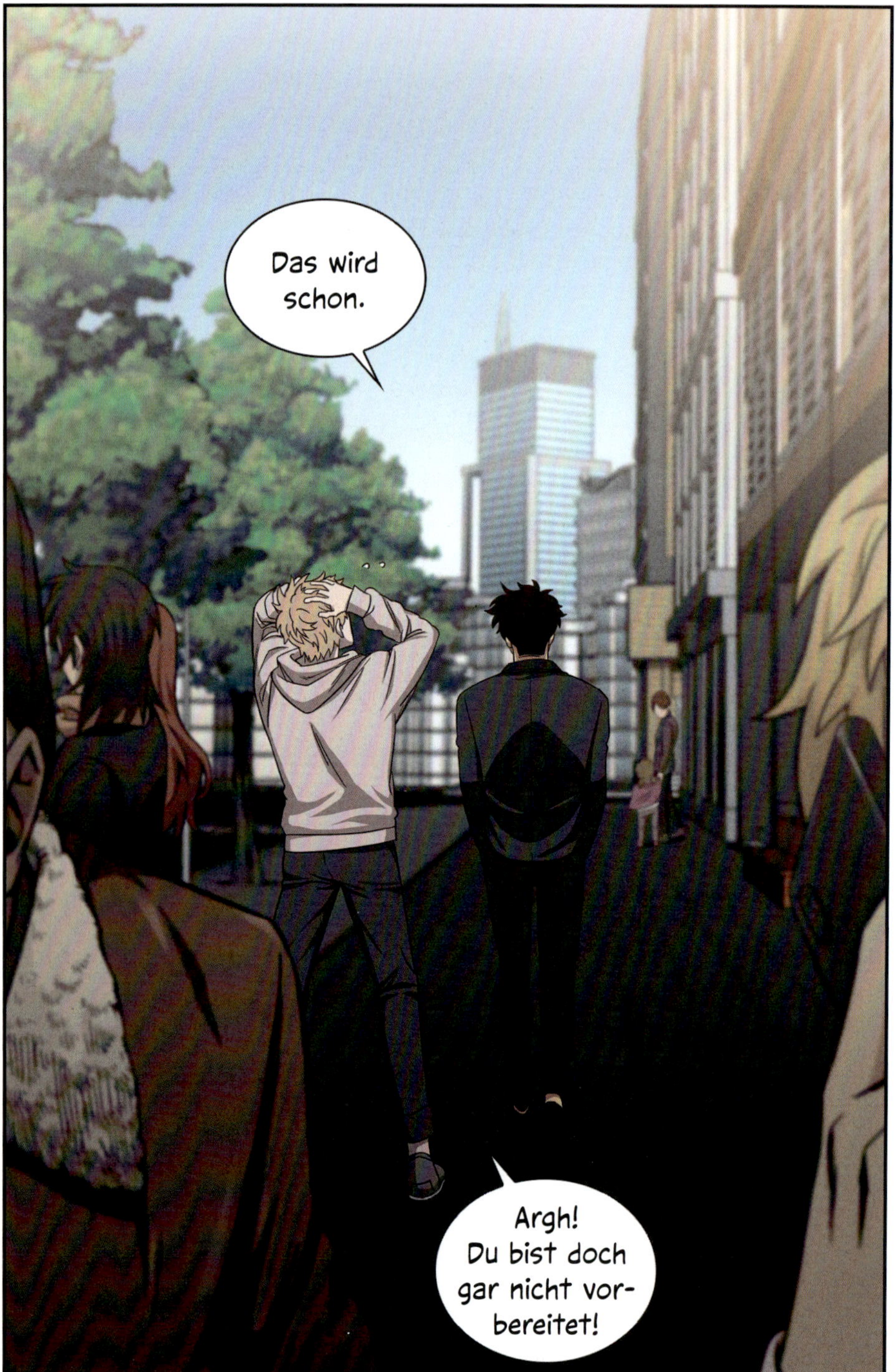
Das wird schon.
Argh! Du bist doch gar nicht vorbereitet!

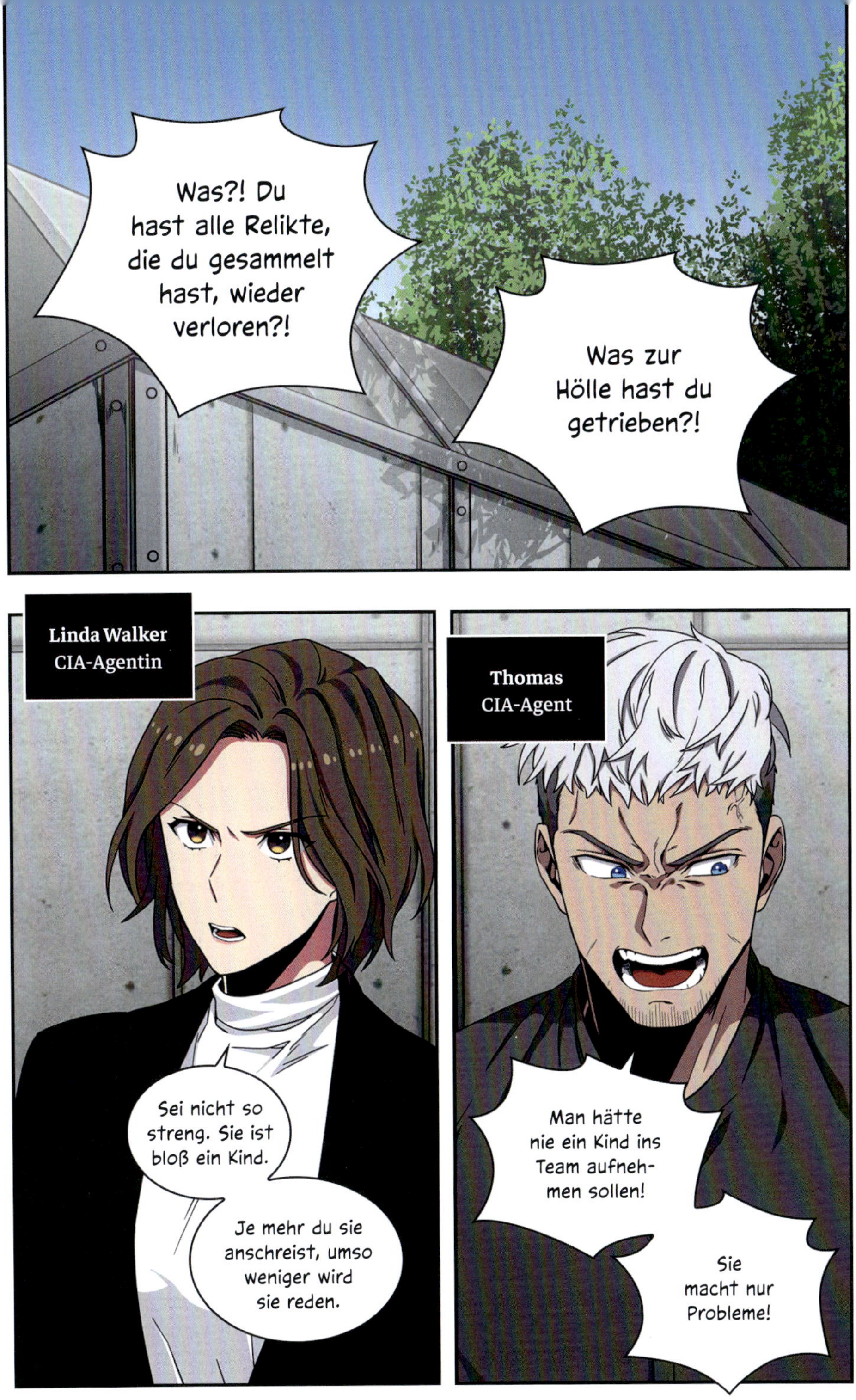
Was?! Du hast alle Relikte, die du gesammelt hast, wieder verloren?!
Was zur Hölle hast du getrieben?!
Linda Walker
CIA-Agentin
Sei nicht so streng. Sie ist bloß ein Kind.
Je mehr du sie anschreist, umso weniger wird sie reden.
Thomas
CIA-Agent
Man hätte nie ein Kind ins Team aufnehmen sollen!
Sie macht nur Probleme!

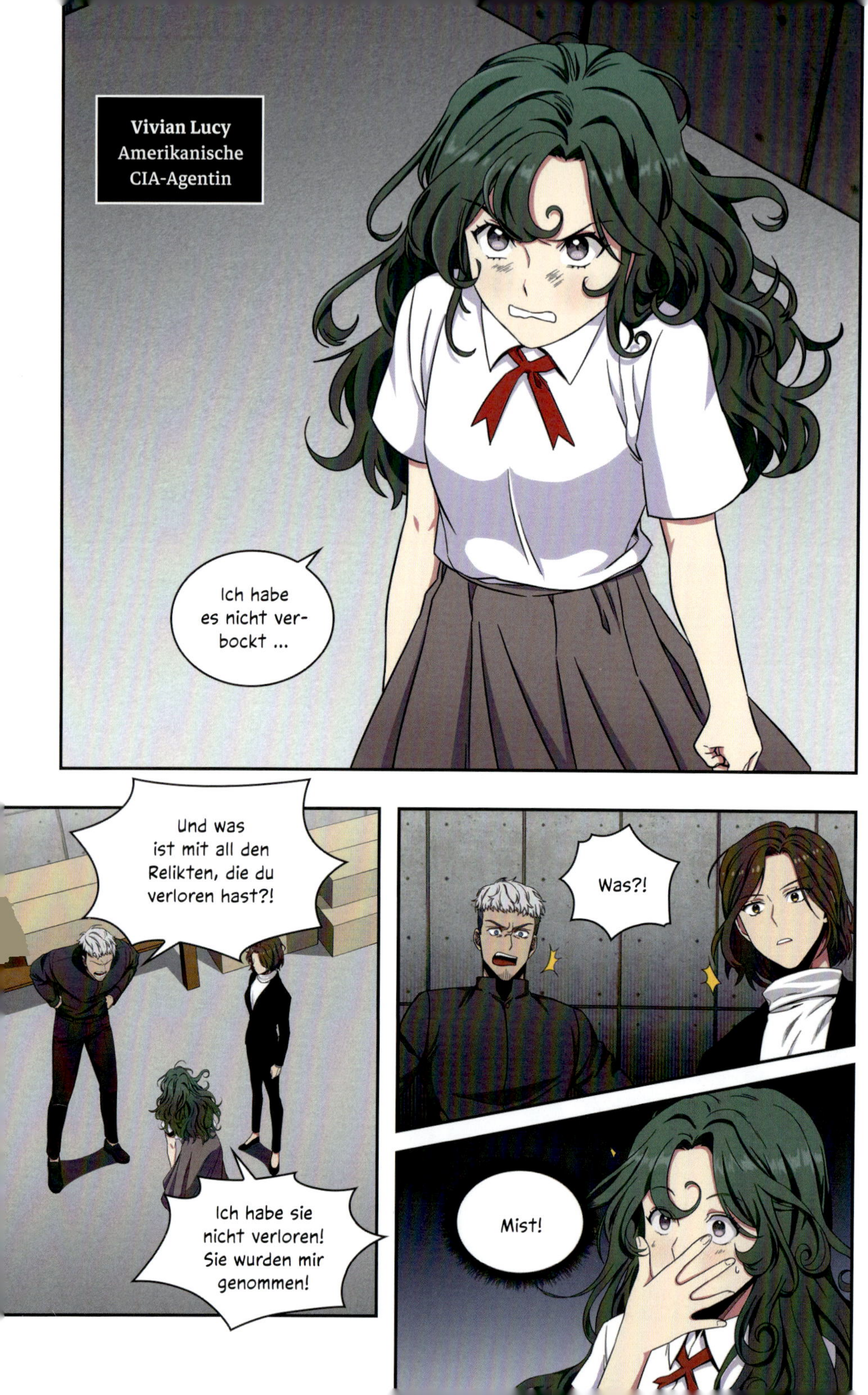
Vivian Lucy
Amerikanische CIA-Agentin
Ich habe es nicht verbockt ...
Und was ist mit all den Relikten, die du verloren hast?!
Ich habe sie nicht verloren! Sie wurden mir genommen!
Was?!
Mist!

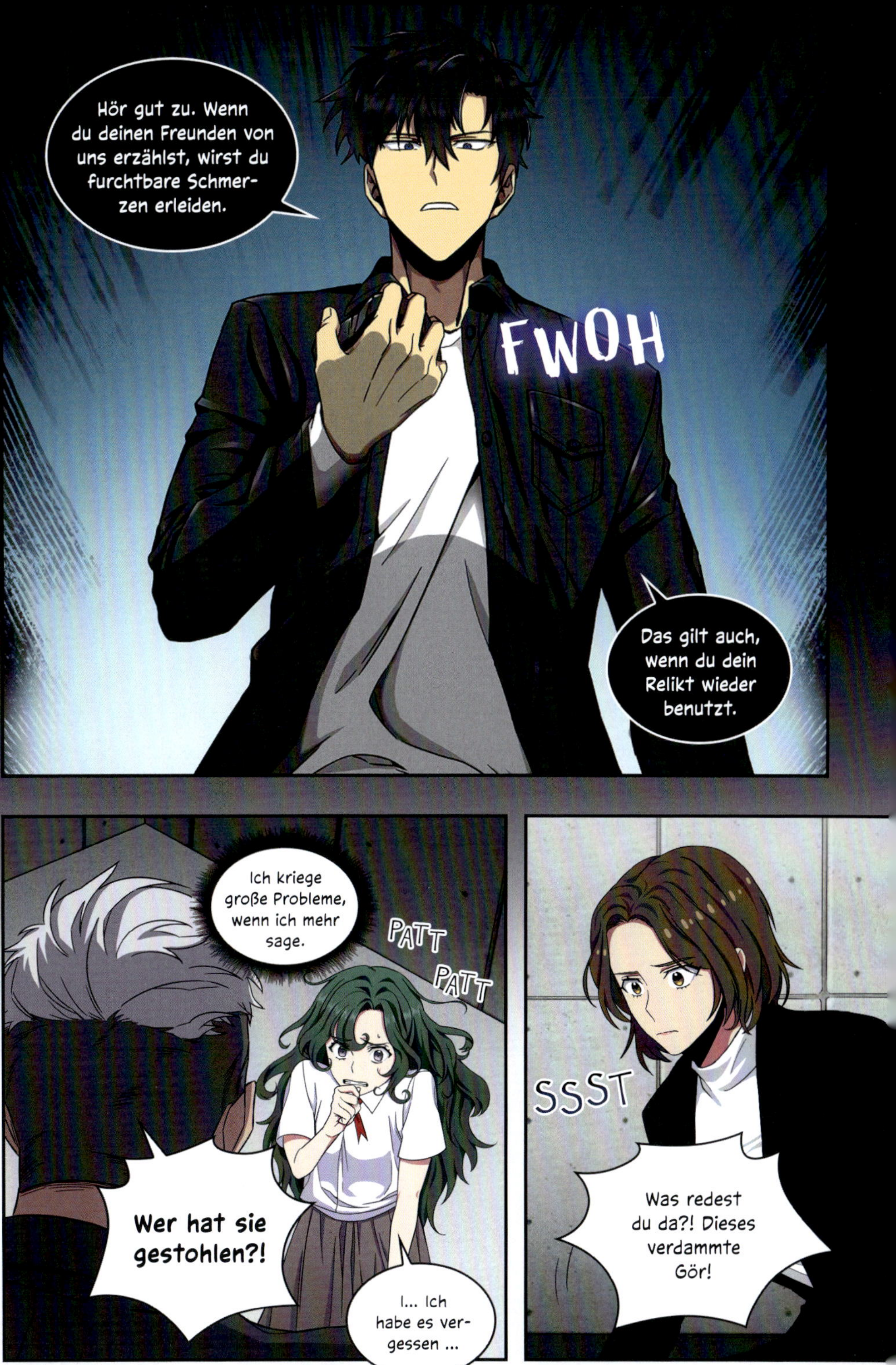
Hör gut zu. Wenn du deinen Freunden von uns erzählst, wirst du furchtbare Schmerzen erleiden.
FWOH
Das gilt auch, wenn du dein Relikt wieder benutzt.
Ich kriege große Probleme, wenn ich mehr sage.
PATT PATT
Wer hat sie gestohlen?!
I... Ich habe es vergessen ...
SSST
Was redest du da?! Dieses verdammte Gör!

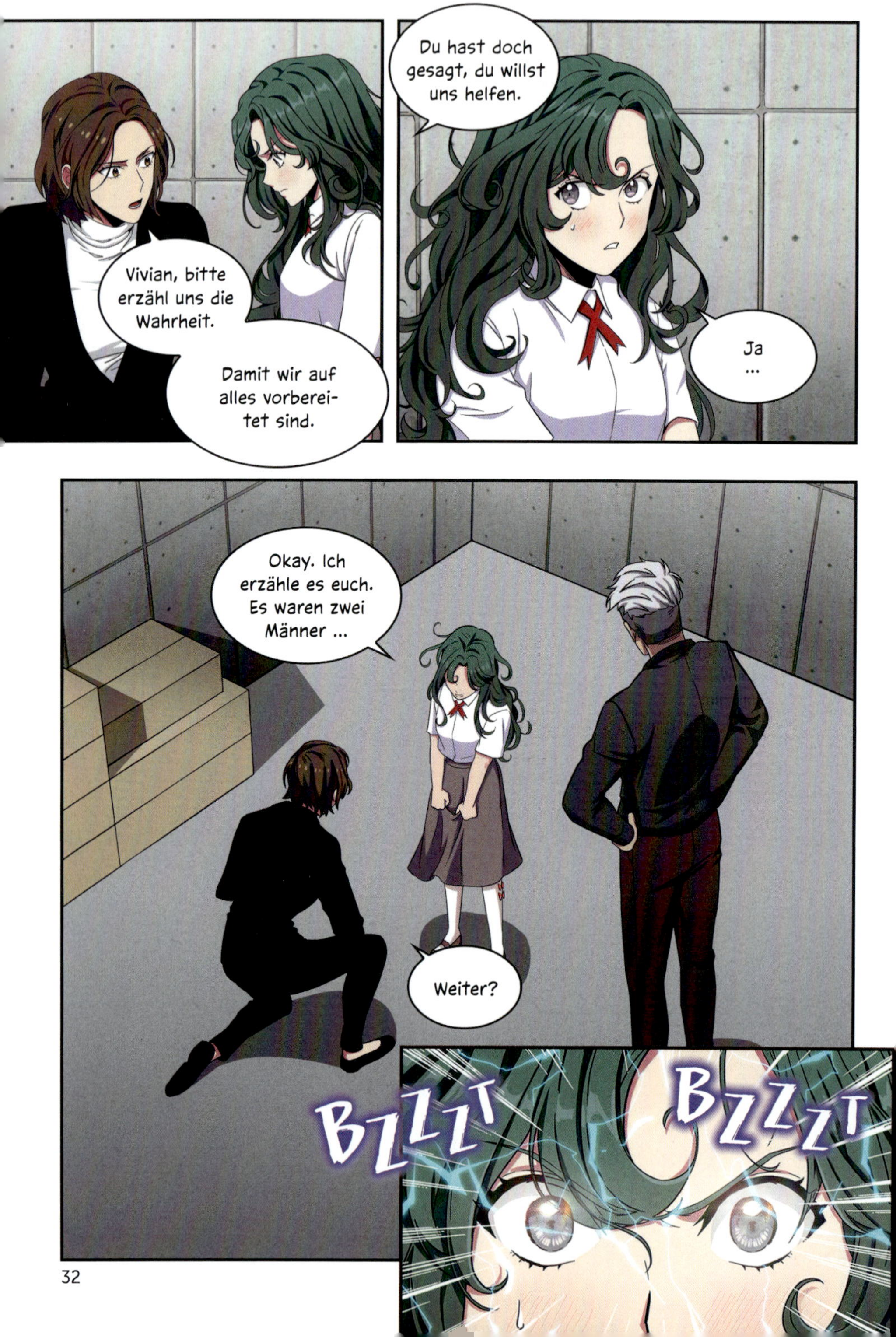
Vivian, bitte erzähl uns die Wahrheit.
Damit wir auf alles vorberei-tet sind.
Du hast doch gesagt, du willst uns helfen.
Ja ...
Okay. Ich erzähle es euch. Es waren zwei Männer ...
Weiter?
BZZZT
BZZZT

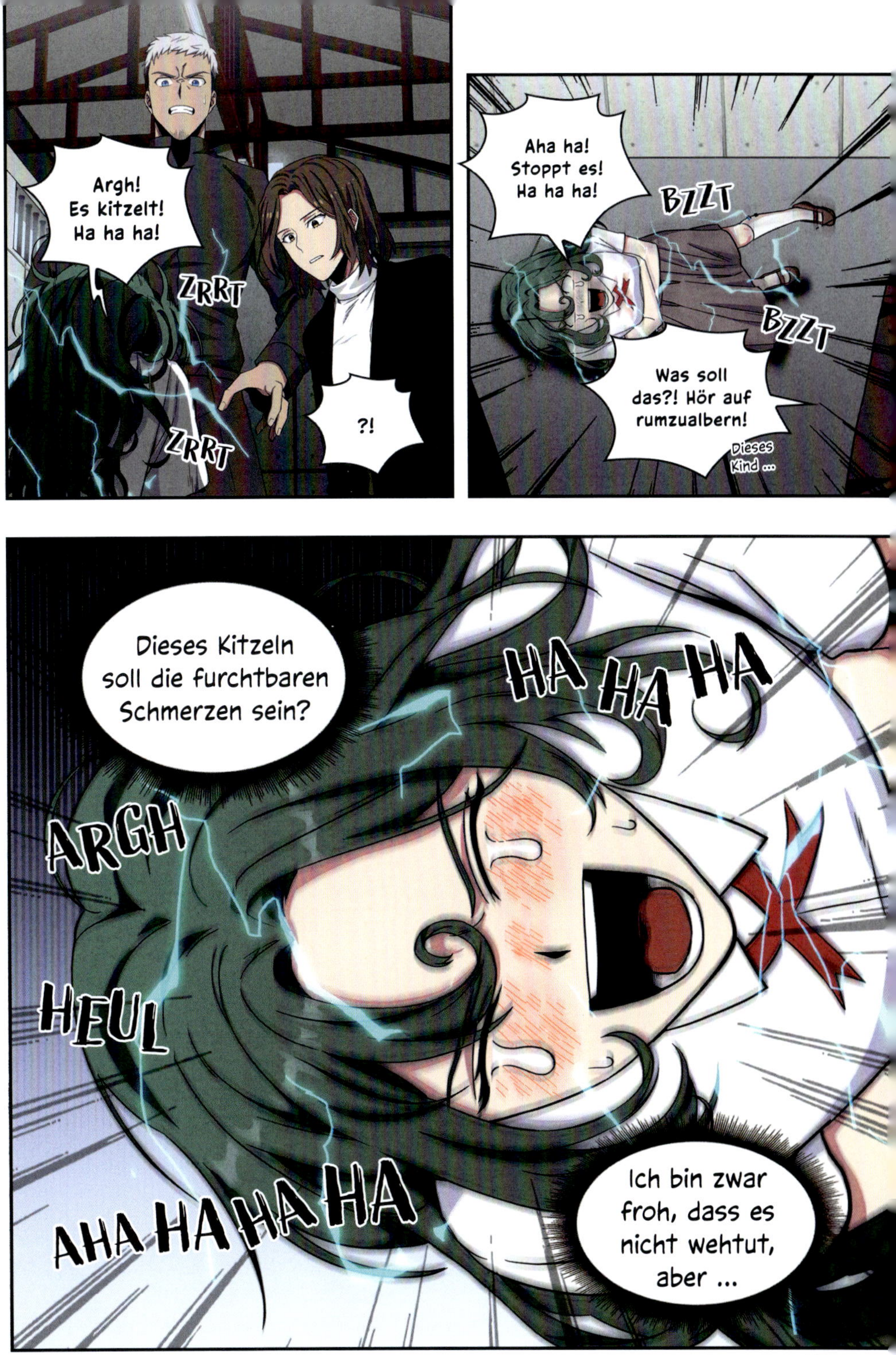
Argh!
Es kitzelt!
Ha ha ha!
ZRRT
ZRRT
?!
Aha ha!
Stoppt es!
Ha ha ha!
BZZT
BZZT
Was soll das?! Hör auf rumzualbern!
Dieses Kind ...
Dieses Kitzeln soll die furchtbaren Schmerzen sein?
HA HA HA
ARGH
HEUL
AHA HA HA HA
Ich bin zwar froh, dass es nicht wehtut, aber ...

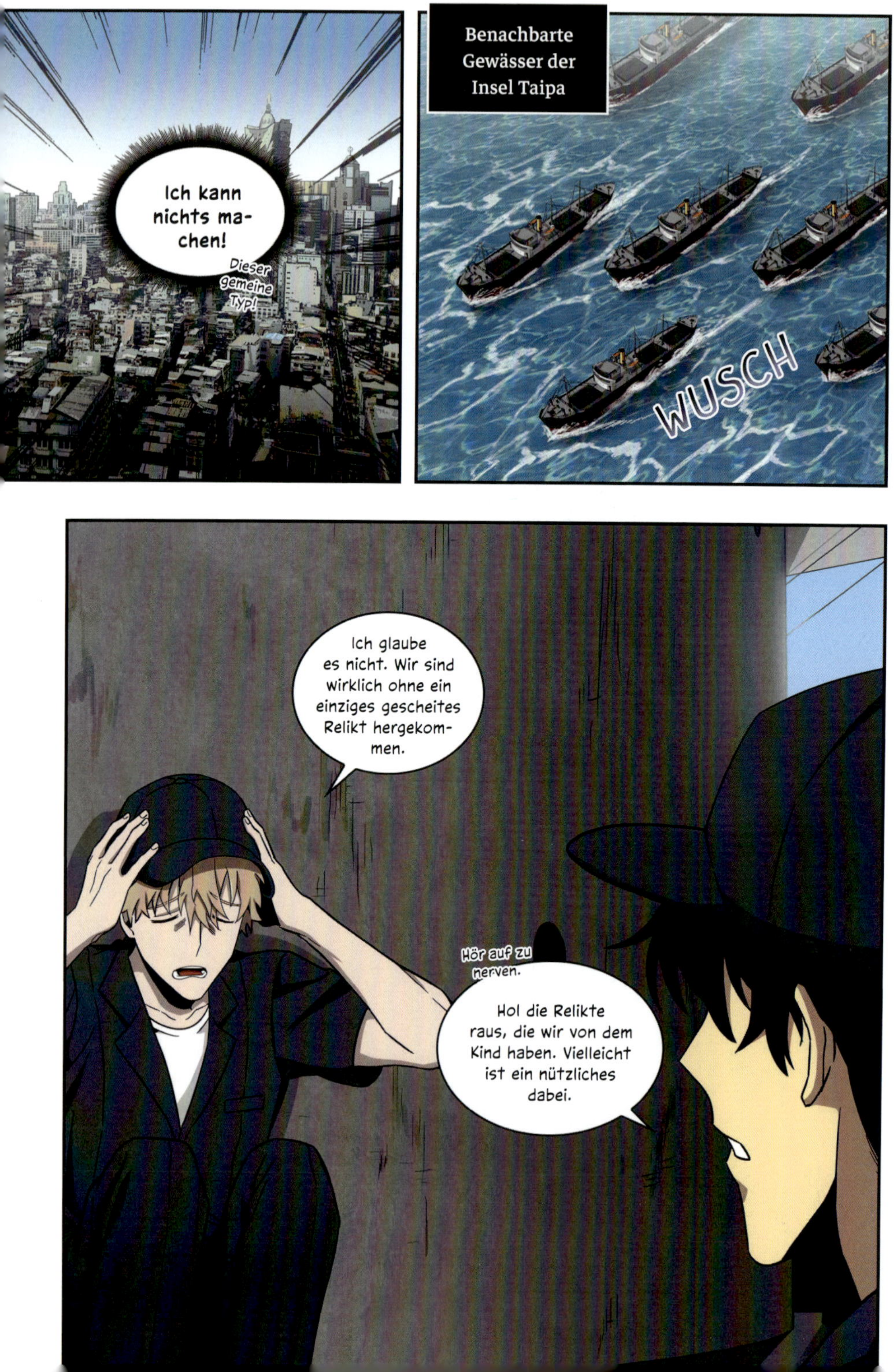
Ich kann nichts machen!
Dieser gemeine Typ!
Benachbarte Gewässer der Insel Taipa
WUSCH
Ich glaube es nicht. Wir sind wirklich ohne ein einziges gescheites Relikt hergekommen.
Hör auf zu nerven.
Hol die Relikte raus, die wir von dem Kind haben. Vielleicht ist ein nützliches dabei.

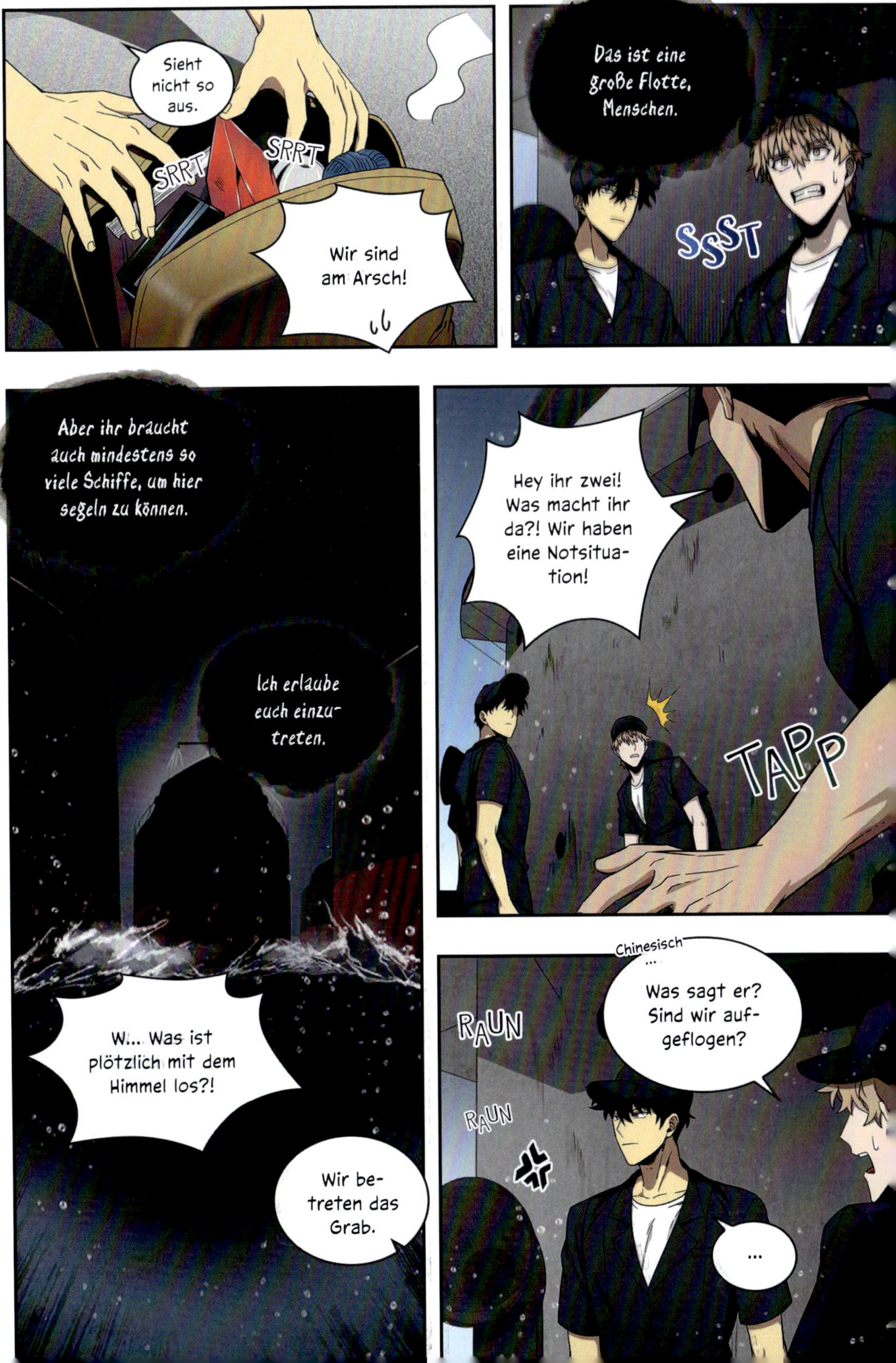

Sieht nicht so aus.
SRRT
SRRT
Wir sind am Arsch!
Das ist eine große Flotte, Menschen.
SSST
Aber ihr braucht auch mindestens so viele Schiffe, um hier segeln zu können.
Ich erlaube euch einzutreten.
W... Was ist plötzlich mit dem Himmel los?!
Wir betreten das Grab.
Hey ihr zwei! Was macht ihr da?! Wir haben eine Notsituation!
TAPP
Chinesisch ...
Was sagt er? Sind wir aufgeflogen?
RAUN
RAUN
...

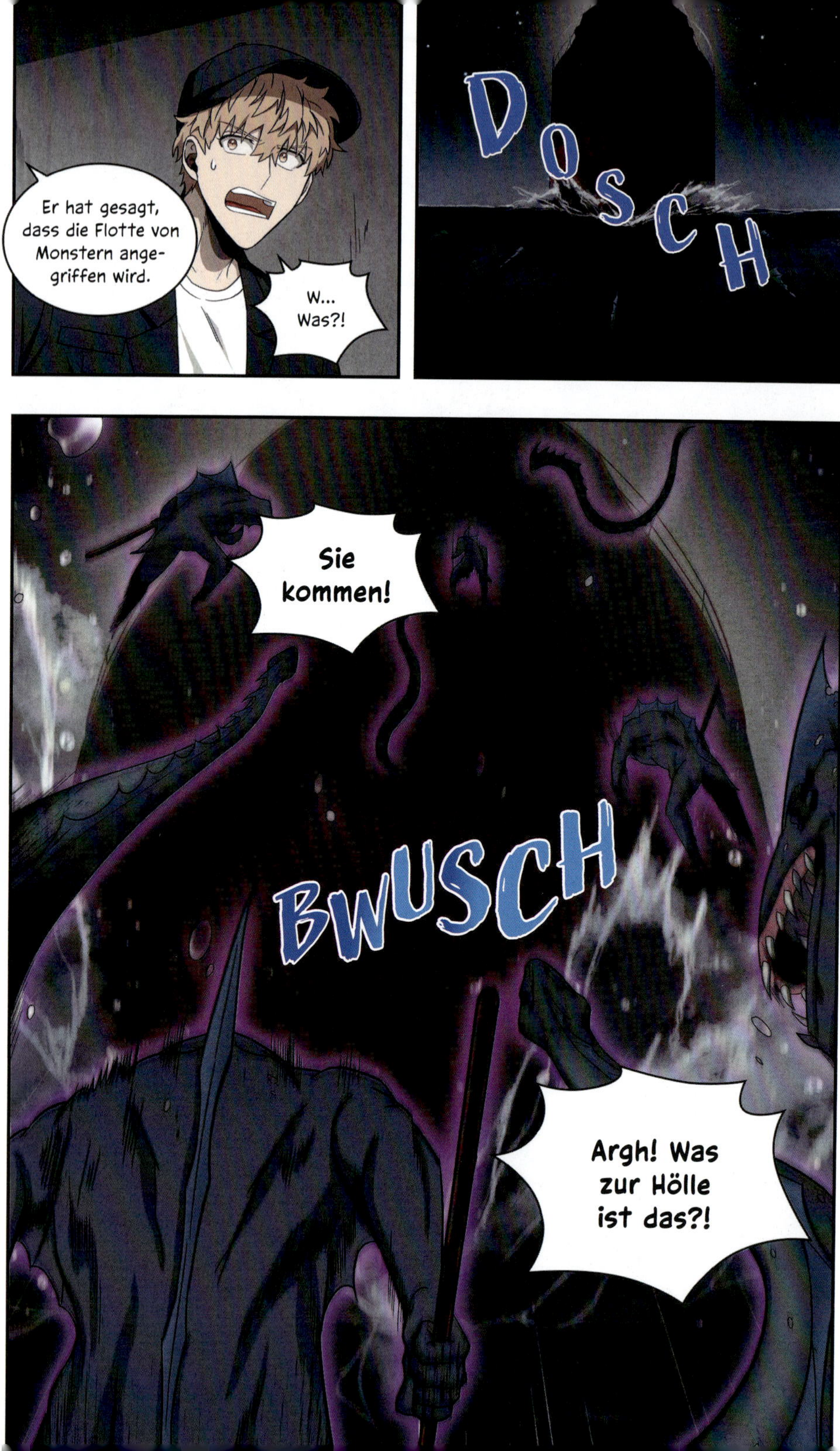
Er hat gesagt, dass die Flotte von Monstern angegriffen wird.
W... Was?!
DOSCH
Sie kommen!
BWUSCH
Argh! Was zur Hölle ist das?!

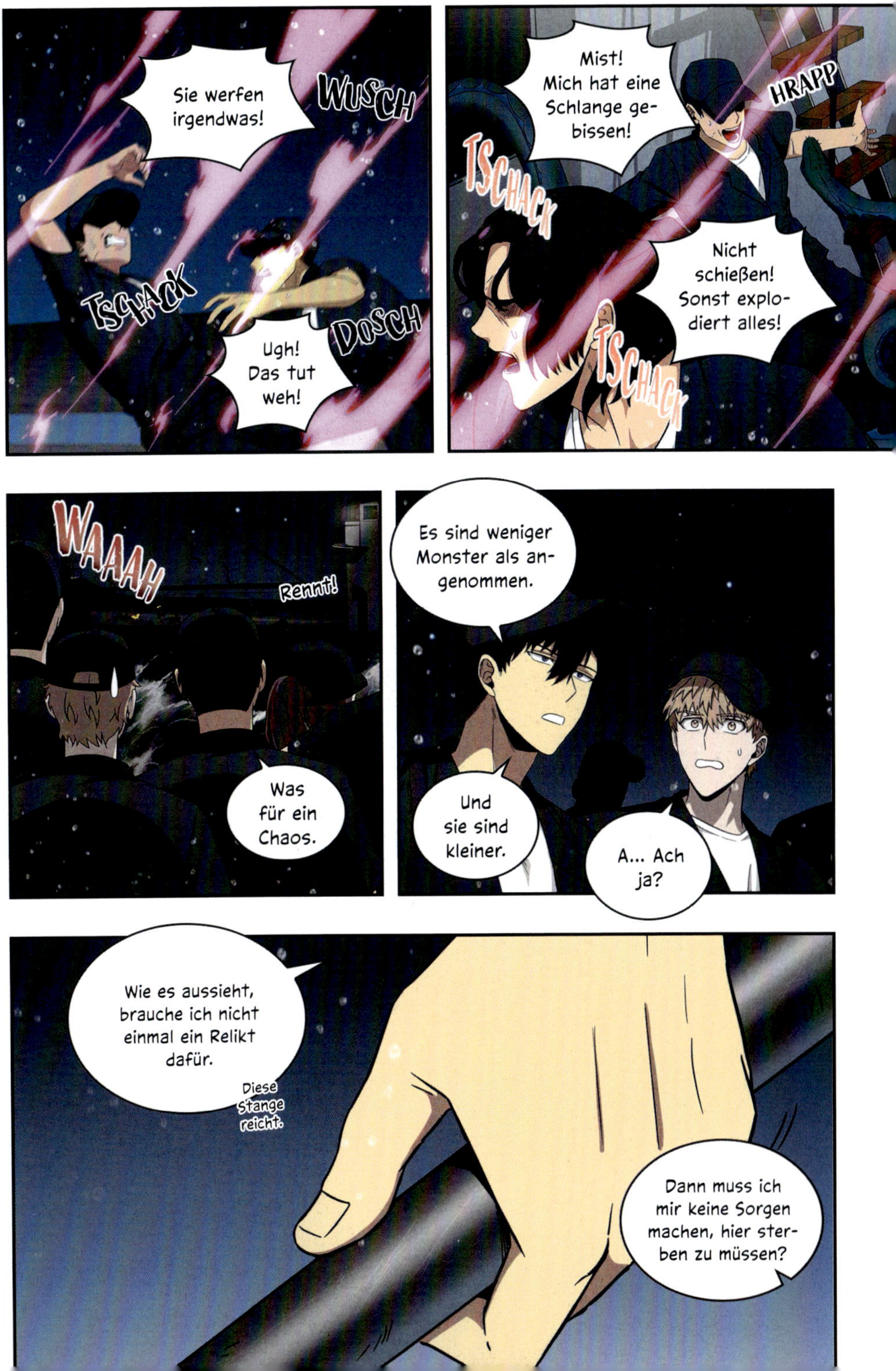
Sie werfen irgendwas!
WUSCH
TSCHACK
DOSCH
Ugh! Das tut weh!
Mist! Mich hat eine Schlange gebissen!
HRAPP
TSCHACK
Nicht schießen! Sonst explodiert alles!
TSCHACK
WAAAH
Rennt!
Was für ein Chaos.
Es sind weniger Monster als angenommen.
Und sie sind kleiner.
A... Ach ja?
Wie es aussieht, brauche ich nicht einmal ein Relikt dafür.
Diese Stange reicht.
Dann muss ich mir keine Sorgen machen, hier sterben zu müssen?

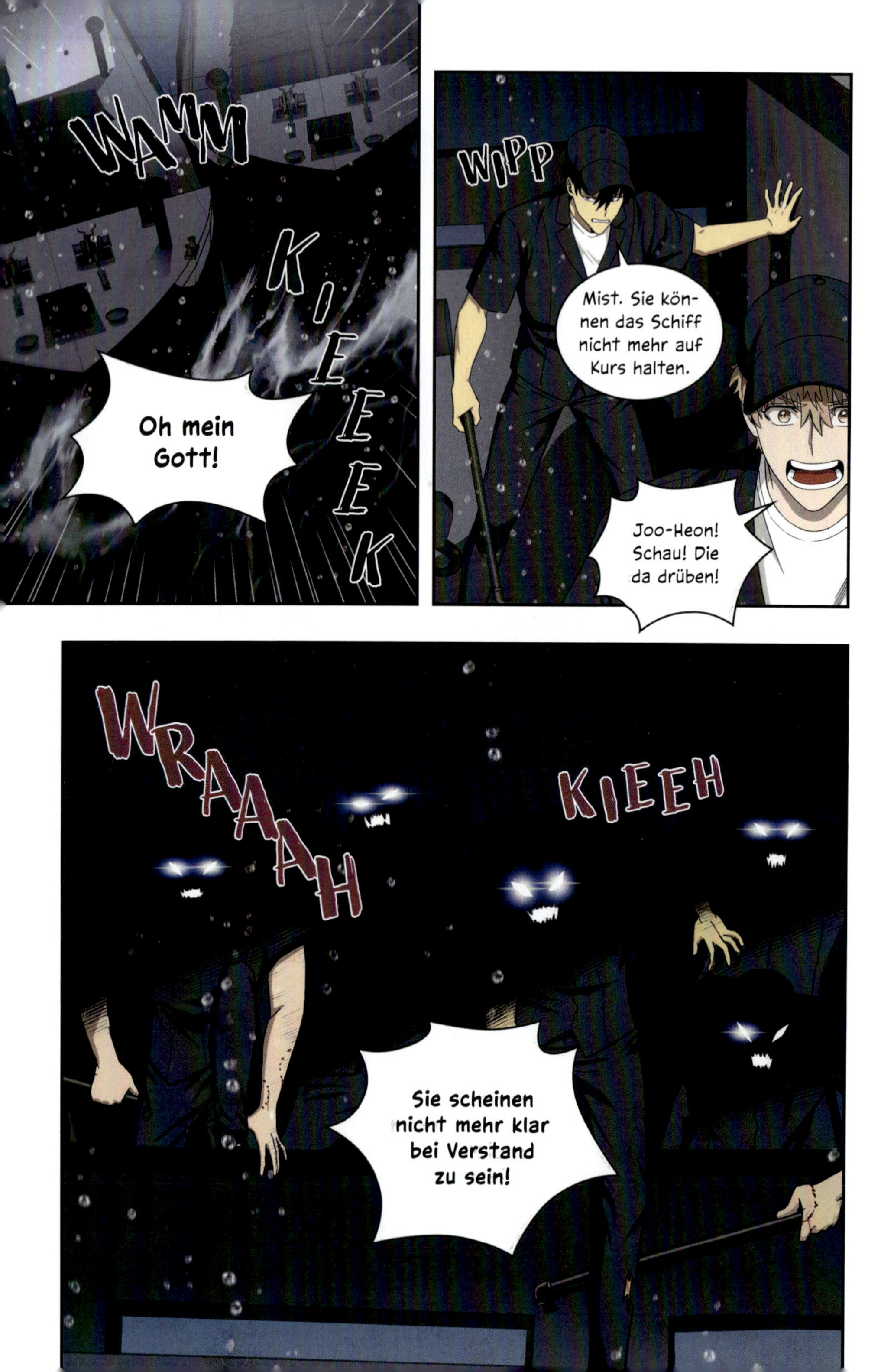
WAMM
KIEEEK
Oh mein Gott!
WIPP
Mist. Sie können das Schiff nicht mehr auf Kurs halten.
Joo-Heon! Schau! Die da drüben!
WRAAAAH
KIEEH
Sie scheinen nicht mehr klar bei Verstand zu sein!

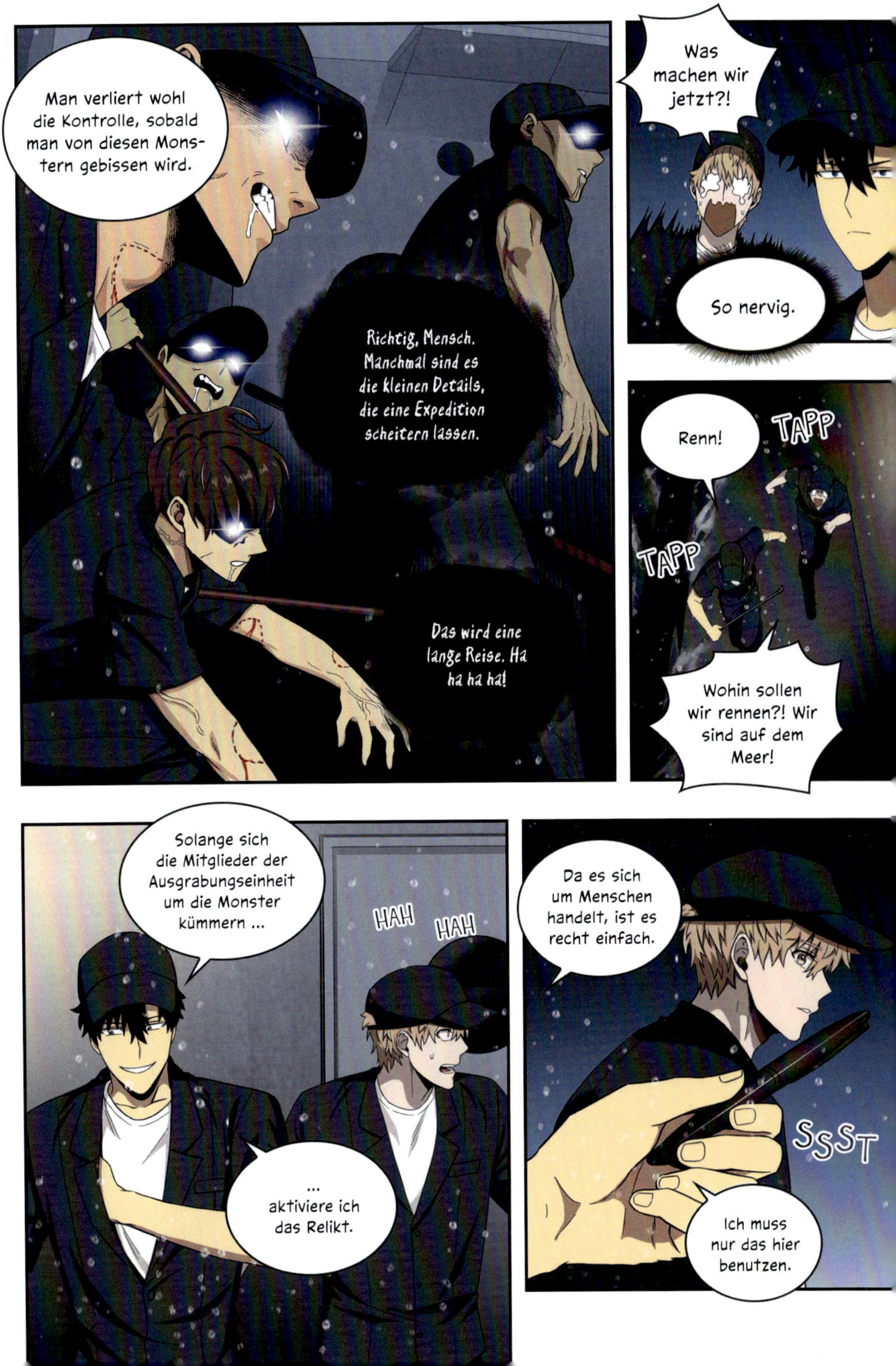

Man verliert wohl die Kontrolle, sobald man von diesen Monstern gebissen wird.
Richtig, Mensch. Manchmal sind es die kleinen Details, die eine Expedition scheitern lassen.
Das wird eine lange Reise. Ha ha ha ha!
Was machen wir jetzt?!
So nervig.
Renn!
TAPP
TAPP
Wohin sollen wir rennen?! Wir sind auf dem Meer!
Solange sich die Mitglieder der Ausgrabungseinheit um die Monster kümmern ...
HAH
HAH
... aktiviere ich das Relikt.
Da es sich um Menschen handelt, ist es recht einfach.
SSST
Ich muss nur das hier benutzen.

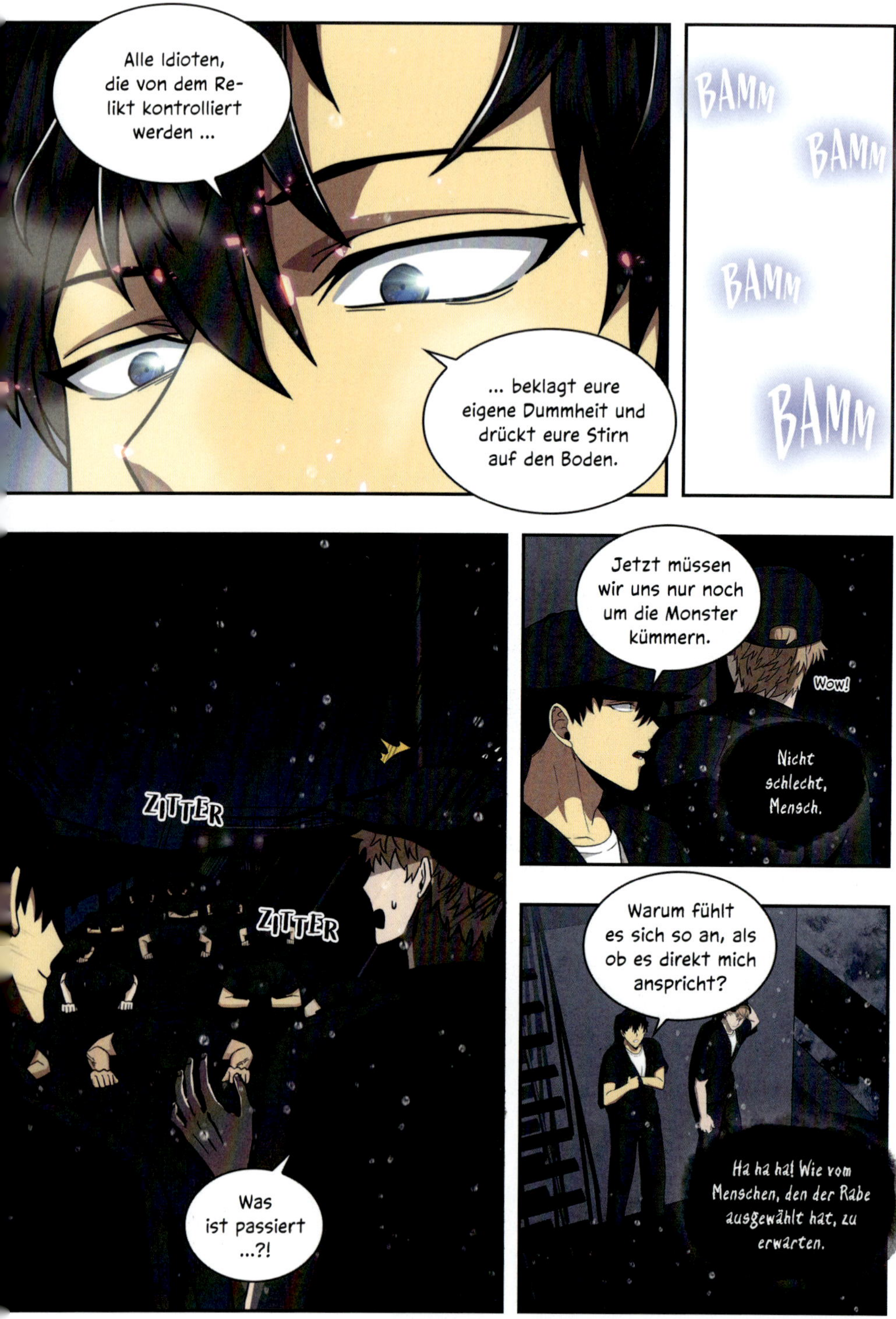
Alle Idioten, die von dem Relikt kontrolliert werden ...
... beklagt eure eigene Dummheit und drückt eure Stirn auf den Boden.
BAMM
BAMM
BAMM
BAMM
ZITTER
ZITTER
Was ist passiert ...?!
Jetzt müssen wir uns nur noch um die Monster kümmern.
Wow!
Nicht schlecht, Mensch.
Warum fühlt es sich so an, als ob es direkt mich anspricht?
Ha ha ha! Wie vom Menschen, den der Rabe ausgewählt hat, zu erwarten.

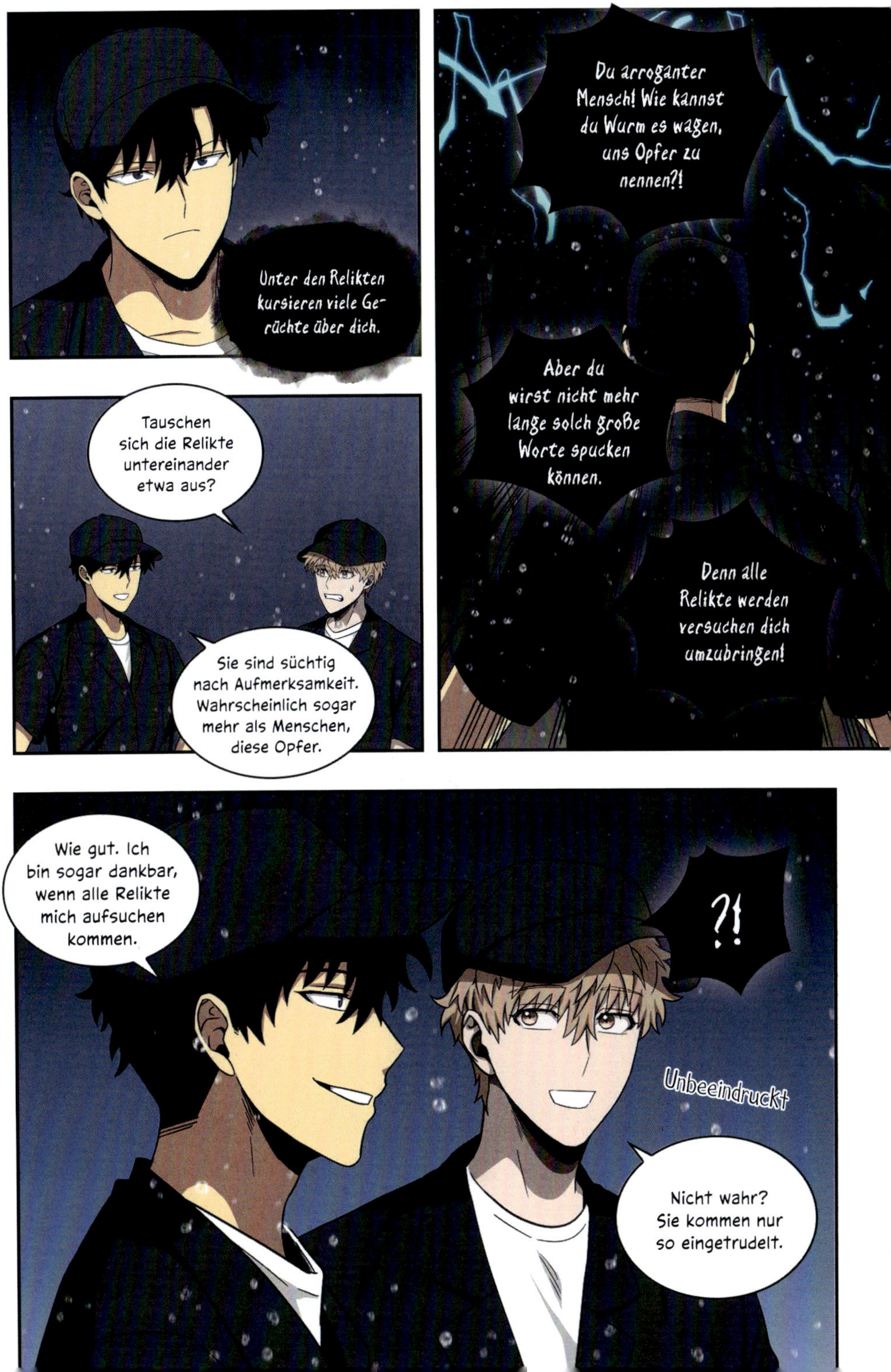
Unter den Relikten kursieren viele Gerüchte über dich.
Du arroganter Mensch! Wie kannst du Wurm es wagen, uns Opfer zu nennen?!
Tauschen sich die Relikte untereinander etwa aus?
Sie sind süchtig nach Aufmerksamkeit. Wahrscheinlich sogar mehr als Menschen, diese Opfer.
Aber du wirst nicht mehr lange solch große Worte spucken können.
Denn alle Relikte werden versuchen dich umzubringen!
Wie gut. Ich bin sogar dankbar, wenn alle Relikte mich aufsuchen kommen.
?!
Unbeeindruckt
Nicht wahr? Sie kommen nur so eingetrudelt.

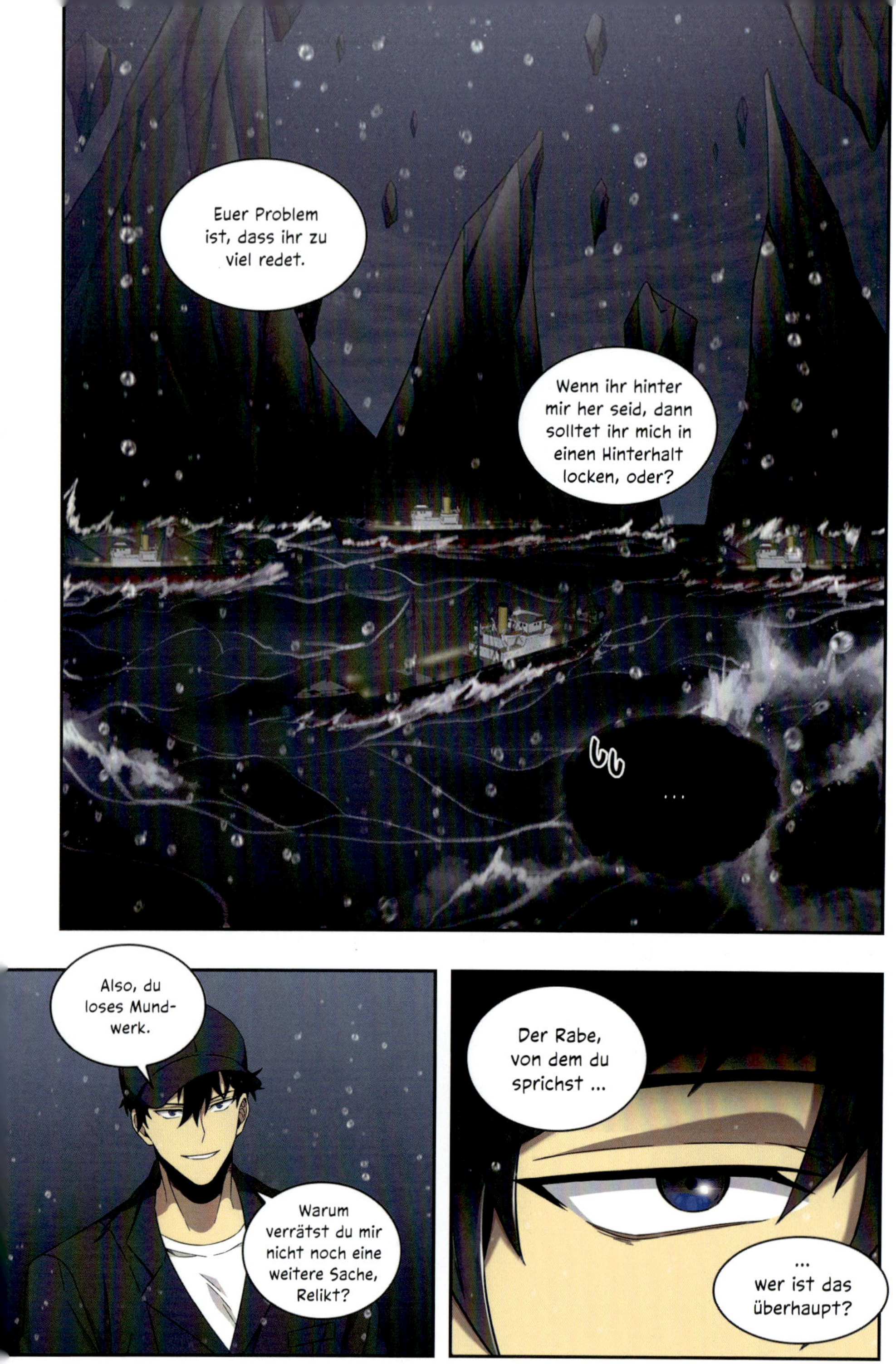
Euer Problem ist, dass ihr zu viel redet.
Wenn ihr hinter mir her seid, dann solltet ihr mich in einen Hinterhalt locken, oder?
...
Also, du loses Mundwerk.
Warum verrätst du mir nicht noch eine weitere Sache, Relikt?
Der Rabe, von dem du sprichst ...
... wer ist das überhaupt?

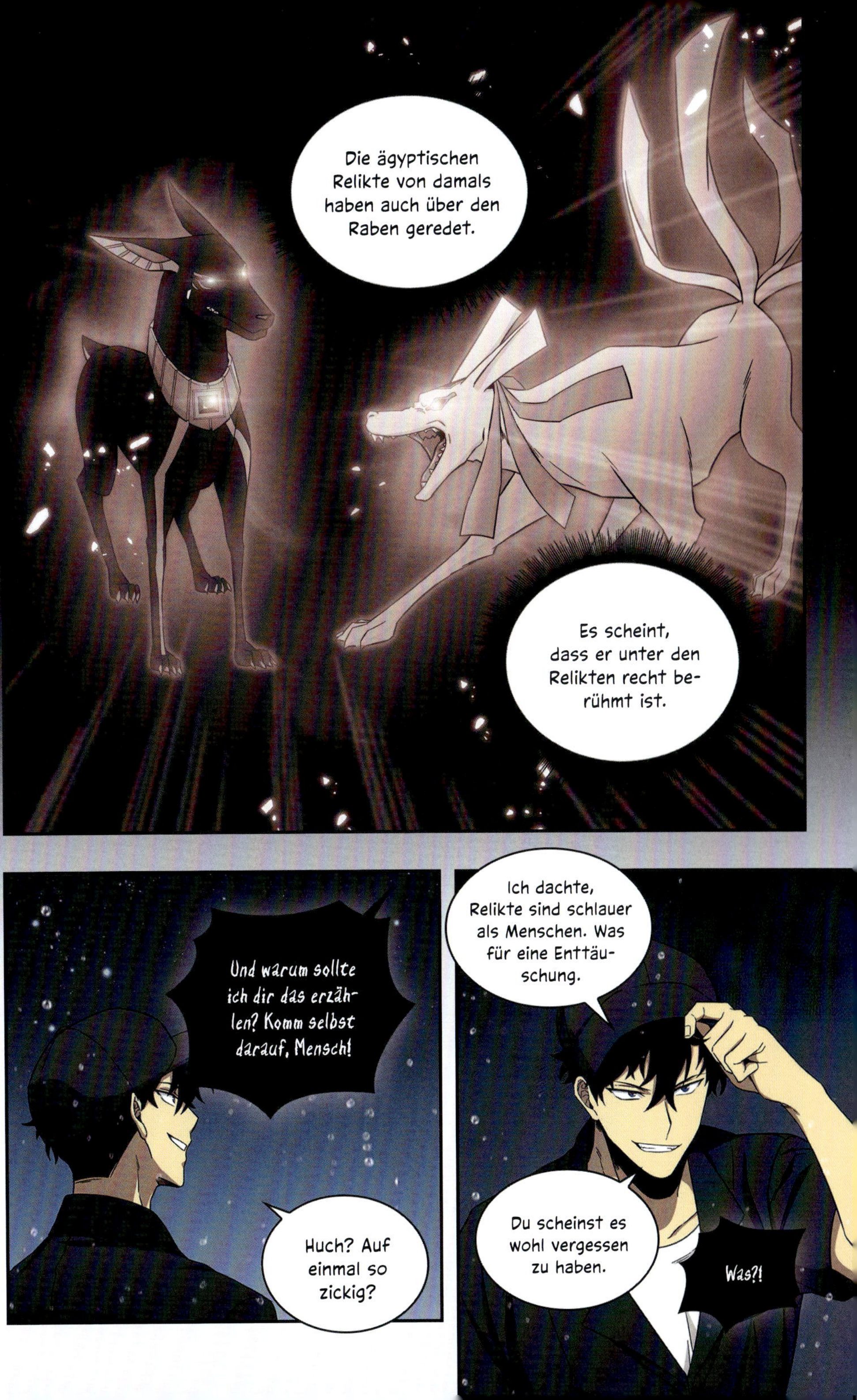
Die ägyptischen Relikte von damals haben auch über den Raben geredet.
Es scheint, dass er unter den Relikten recht berühmt ist.
Und warum sollte ich dir das erzählen? Komm selbst darauf, Mensch!
Huch? Auf einmal so zickig?
Ich dachte, Relikte sind schlauer als Menschen. Was für eine Enttäuschung.
Du scheinst es wohl vergessen zu haben.
Was?!

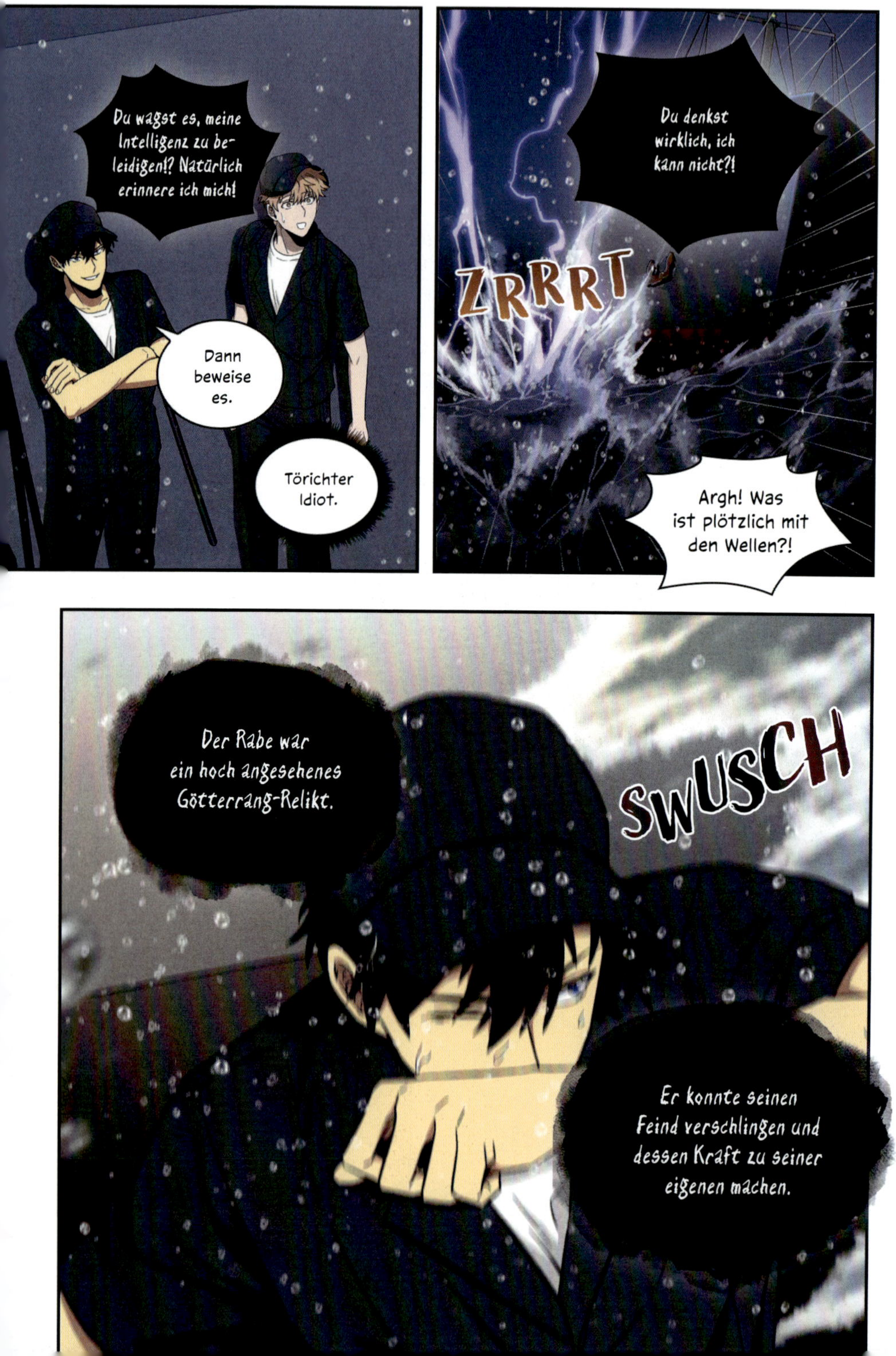
Du wagst es, meine Intelligenz zu beleidigen!? Natürlich erinnere ich mich!
Dann beweise es.
Törichter Idiot.
Du denkst wirklich, ich kann nicht?!
ZRRRT
Argh! Was ist plötzlich mit den Wellen?!
Der Rabe war ein hoch angesehenes Götterrang-Relikt.
SWUSCH
Er konnte seinen Feind verschlingen und dessen Kraft zu seiner eigenen machen.

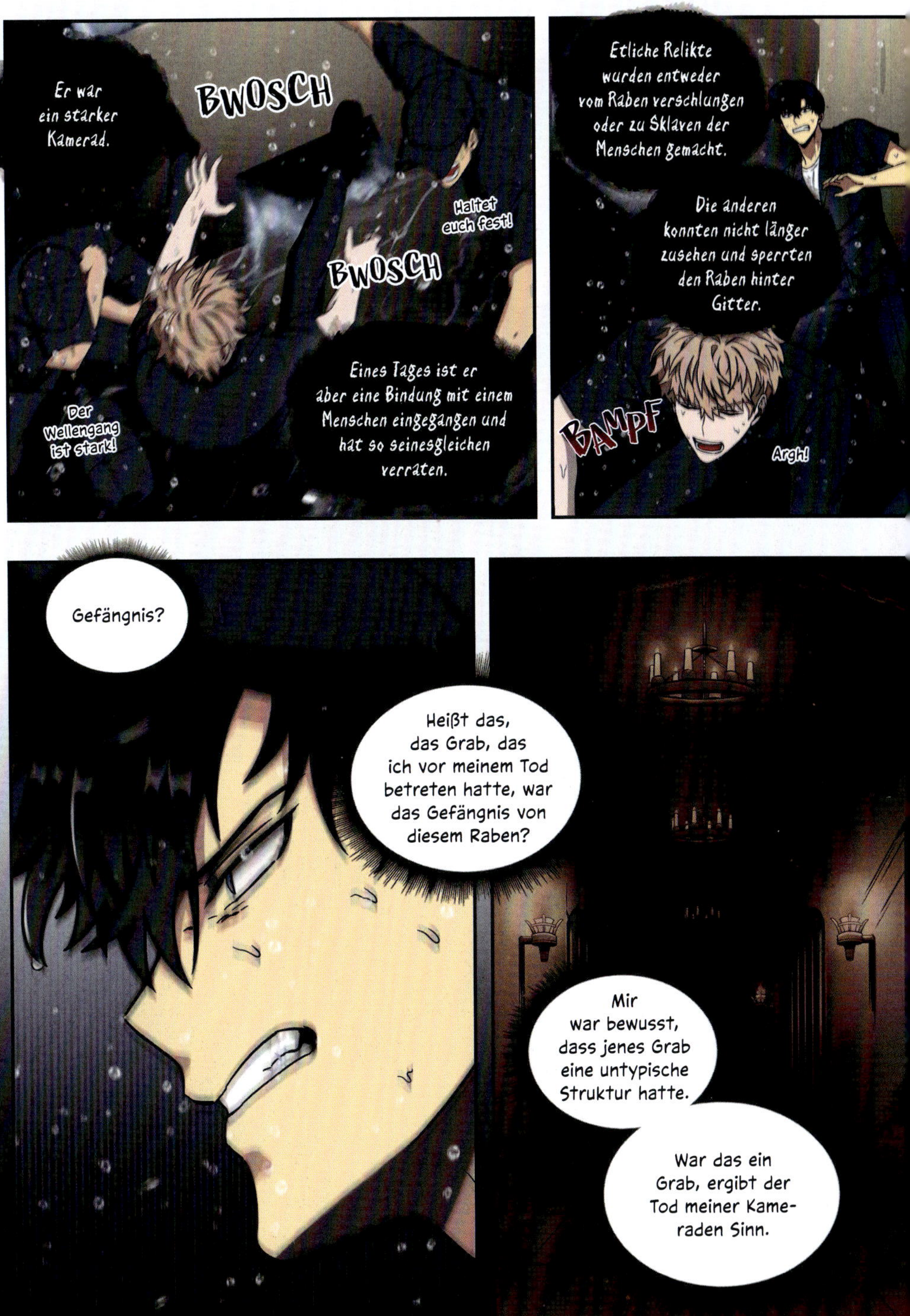
Er war ein starker Kamerad.
BWOSCH
Haltet euch fest!
BWOSCH
Eines Tages ist er aber eine Bindung mit einem Menschen eingegangen und hat so seinesgleichen verraten.
Der Wellengang ist stark!
Etliche Relikte wurden entweder vom Raben verschlungen oder zu Sklaven der Menschen gemacht.
Die anderen konnten nicht länger zusehen und sperrten den Raben hinter Gitter.
BAMPF
Argh!
Gefängnis?
Heißt das, das Grab, das ich vor meinem Tod betreten hatte, war das Gefängnis von diesem Raben?
Mir war bewusst, dass jenes Grab eine untypische Struktur hatte.
War das ein Grab, ergibt der Tod meiner Kameraden Sinn.

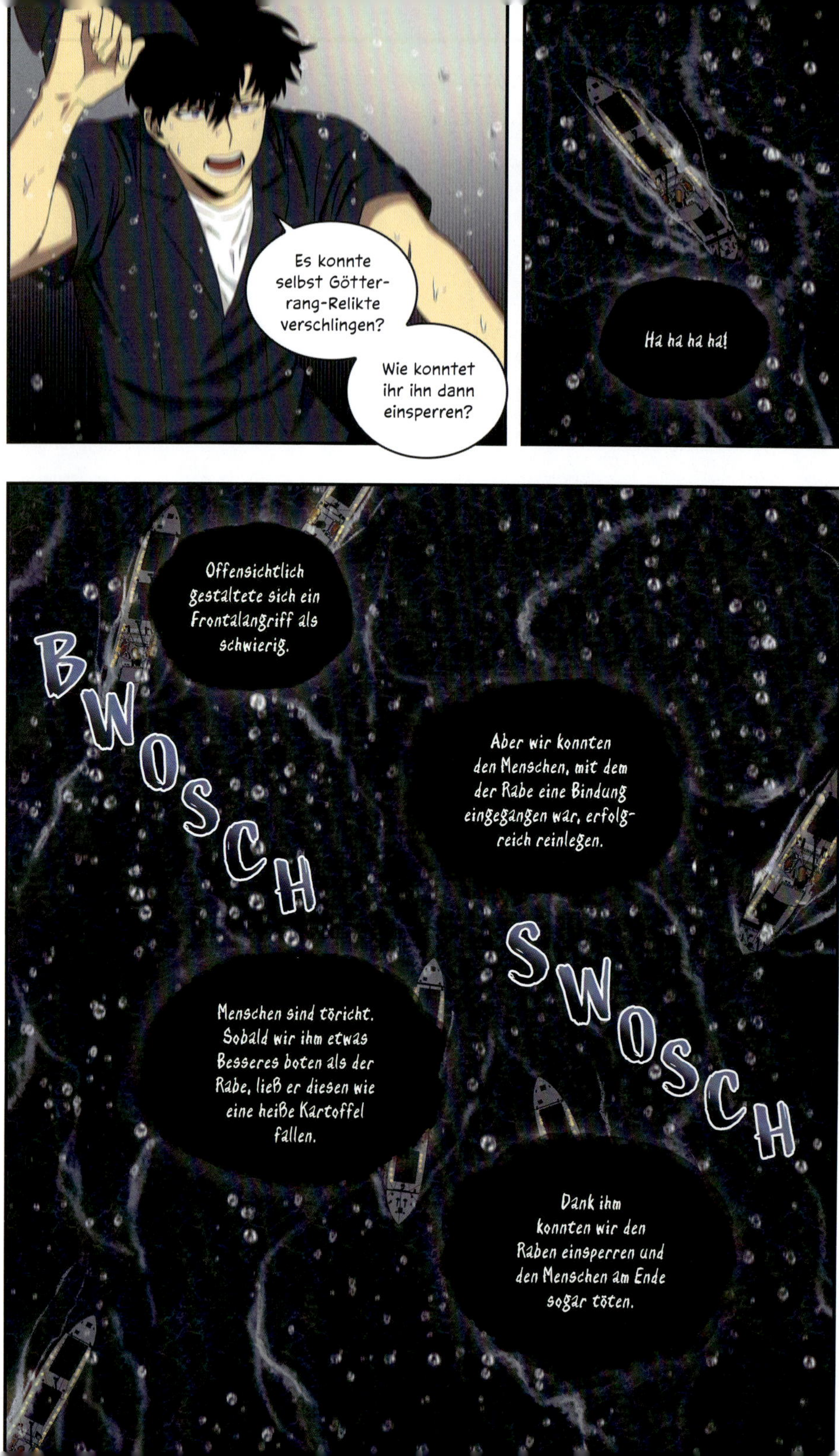
Es konnte selbst Götter-rang-Relikte verschlingen?
Wie konntet ihr ihn dann einsperren?
Ha ha ha ha!
Offensichtlich gestaltete sich ein Frontalangriff als schwierig.
BWOSCH
Aber wir konnten den Menschen, mit dem der Rabe eine Bindung eingegangen war, erfolg-reich reinlegen.
SWOSCH
Menschen sind töricht. Sobald wir ihm etwas Besseres boten als der Rabe, ließ er diesen wie eine heiße Kartoffel fallen.
Dank ihm konnten wir den Raben einsperren und den Menschen am Ende sogar töten.

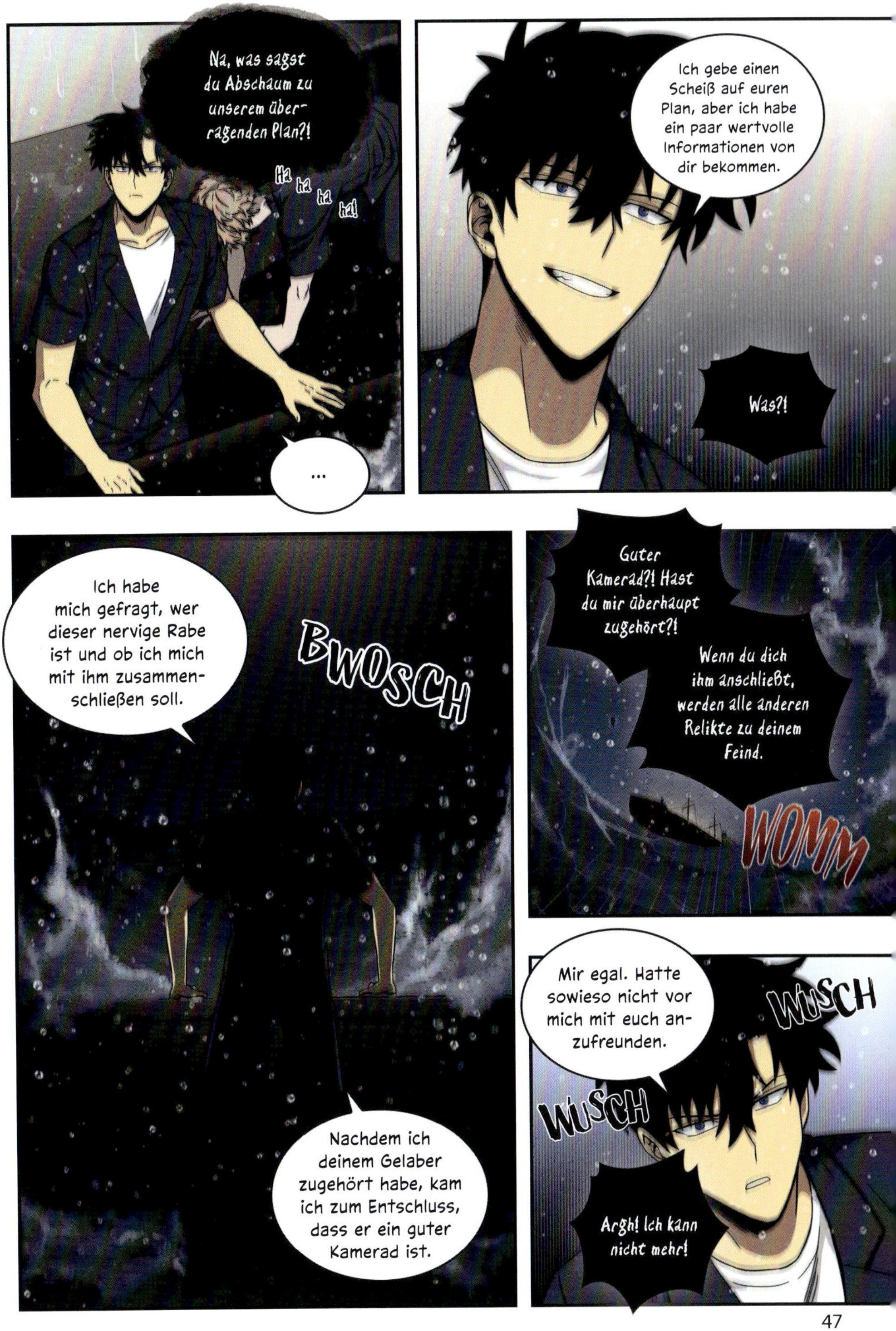
Na, was sagst du Abschaum zu unserem überragenden Plan?!
Ha ha ha ha!
...
Ich gebe einen Scheiß auf euren Plan, aber ich habe ein paar wertvolle Informationen von dir bekommen.
Was?!
Ich habe mich gefragt, wer dieser nervige Rabe ist und ob ich mich mit ihm zusammenschließen soll.
BWOSCH
Nachdem ich deinem Gelaber zugehört habe, kam ich zum Entschluss, dass er ein guter Kamerad ist.
Guter Kamerad?! Hast du mir überhaupt zugehört?!
Wenn du dich ihm anschließt, werden alle anderen Relikte zu deinem Feind.
WOMM
Mir egal. Hatte sowieso nicht vor mich mit euch anzufreunden.
WUSCH
WUSCH
Argh! Ich kann nicht mehr!

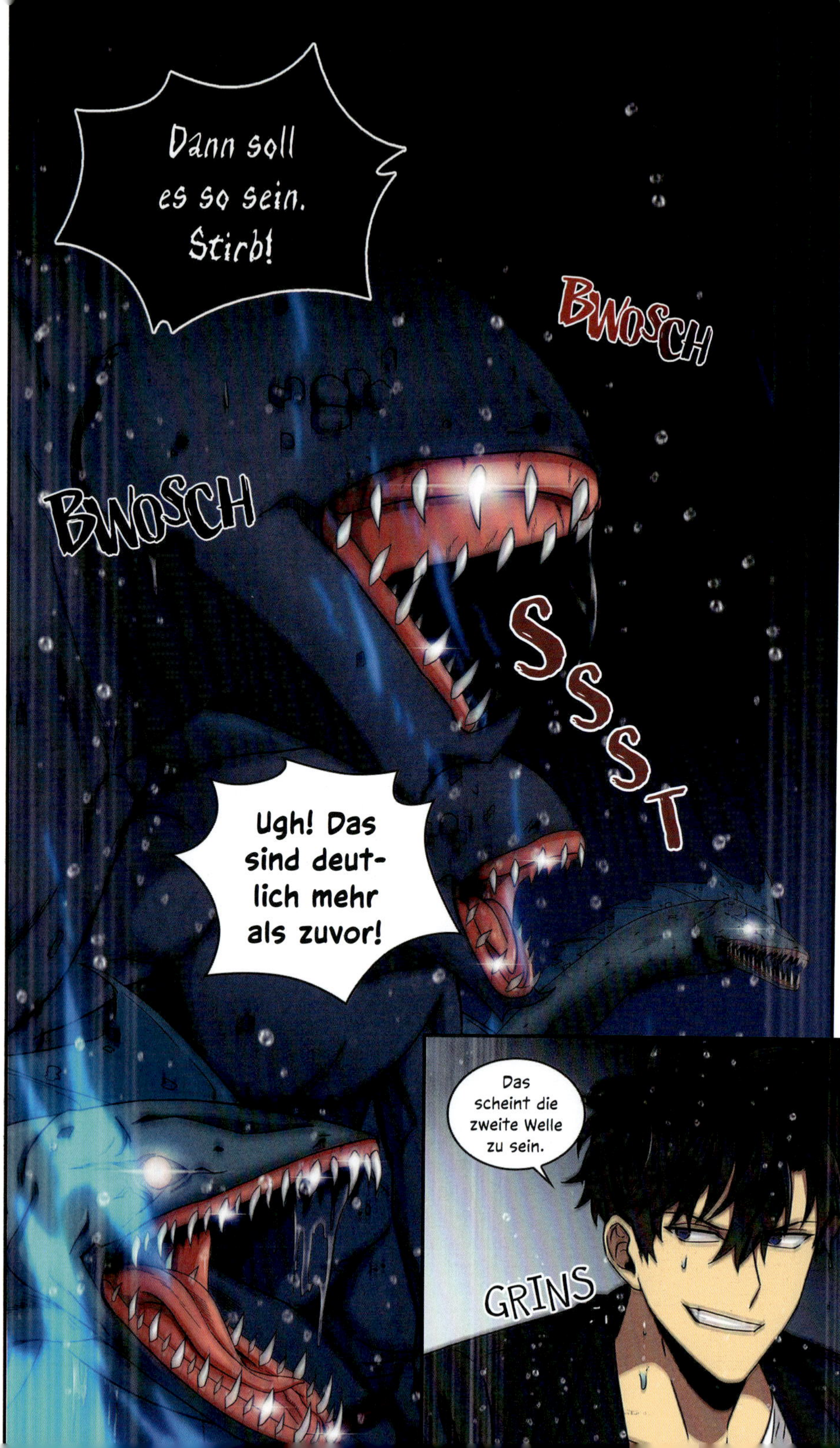
Dann soll es so sein. Stirb!
BWOSCH
BWOSCH
SSST
Ugh! Das sind deut-lich mehr als zuvor!
Das scheint die zweite Welle zu sein.
GRINS

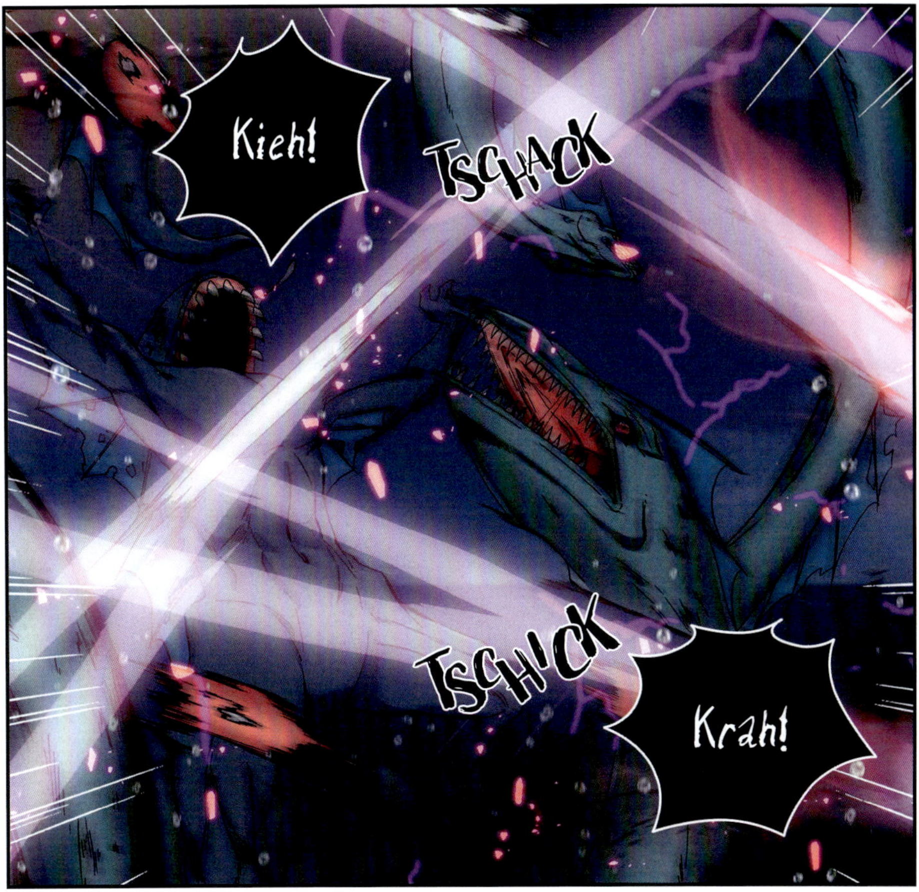
Kieh!
TSCHACK
TSCHICK
Krah!

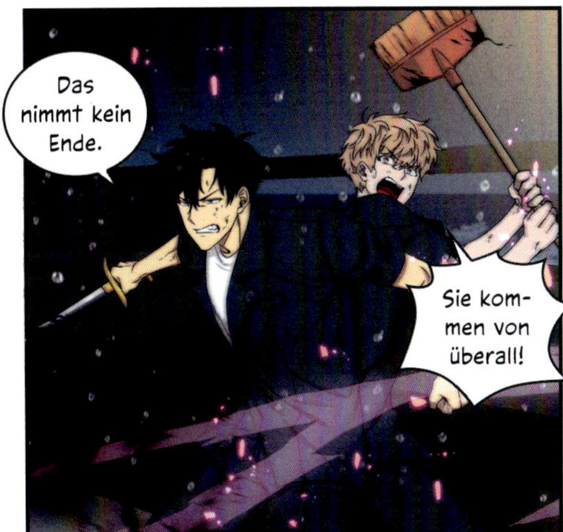
Das nimmt kein Ende.
Sie kommen von überall!

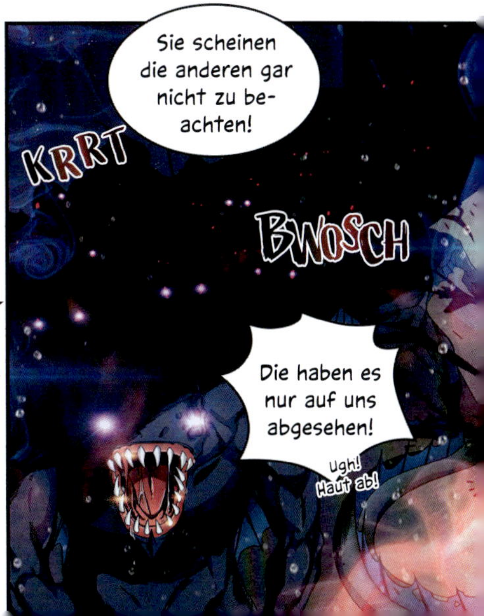
Sie scheinen die anderen gar nicht zu beachten!
KRRT
BWOSCH
Die haben es nur auf uns abgesehen!
Ugh! Haut ab!

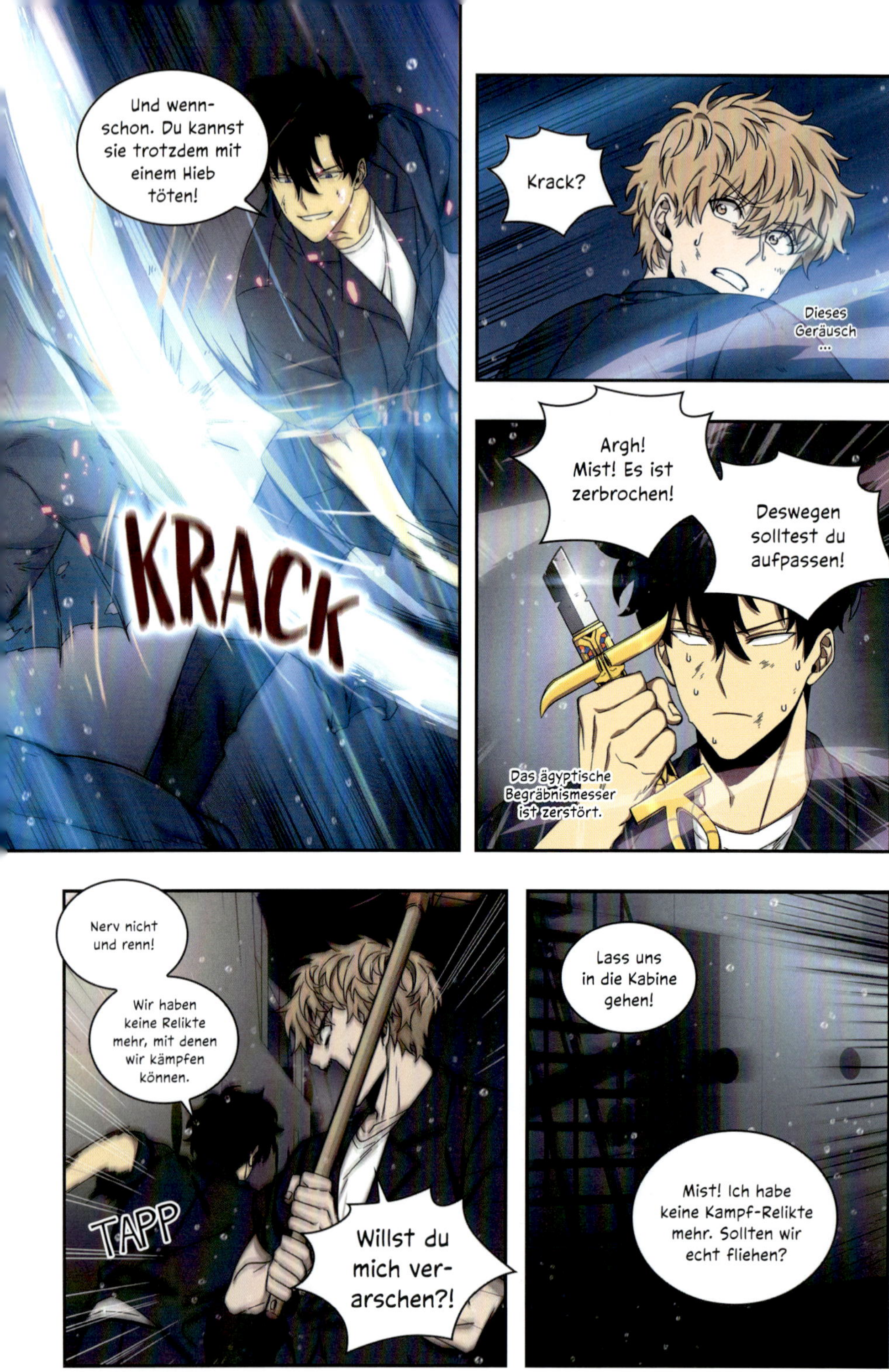
Und wenn-schon. Du kannst sie trotzdem mit einem Hieb töten!
KRACK
Krack?
Dieses Geräusch ...
Argh! Mist! Es ist zerbrochen!
Deswegen solltest du aufpassen!
Das ägyptische Begräbnismesser ist zerstört.
Nerv nicht und renn!
Wir haben keine Relikte mehr, mit denen wir kämpfen können.
TAPP
Willst du mich ver-arschen?!
Lass uns in die Kabine gehen!
Mist! Ich habe keine Kampf-Relikte mehr. Sollten wir echt fliehen?

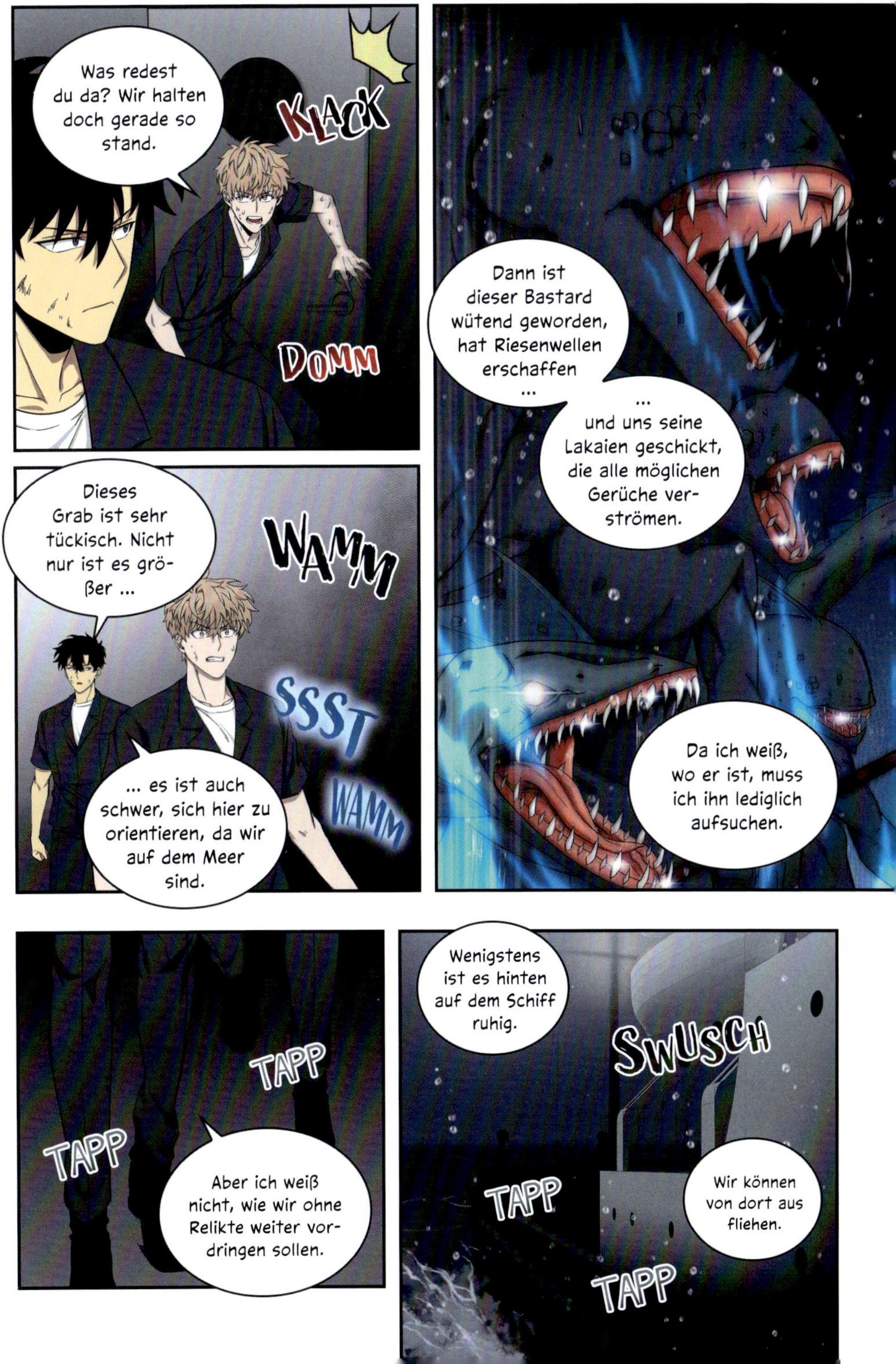
Was redest du da? Wir halten doch gerade so stand.
KLACK
DOMM
Dann ist dieser Bastard wütend geworden, hat Riesenwellen erschaffen ...
... und uns seine Lakaien geschickt, die alle möglichen Gerüche verströmen.
Dieses Grab ist sehr tückisch. Nicht nur ist es größer ...
WAMM
SSST
... es ist auch schwer, sich hier zu orientieren, da wir auf dem Meer sind.
WAMM
Da ich weiß, wo er ist, muss ich ihn lediglich aufsuchen.
TAPP
TAPP
Aber ich weiß nicht, wie wir ohne Relikte weiter vordringen sollen.
Wenigstens ist es hinten auf dem Schiff ruhig.
SWUSCH
TAPP
Wir können von dort aus fliehen.
TAPP

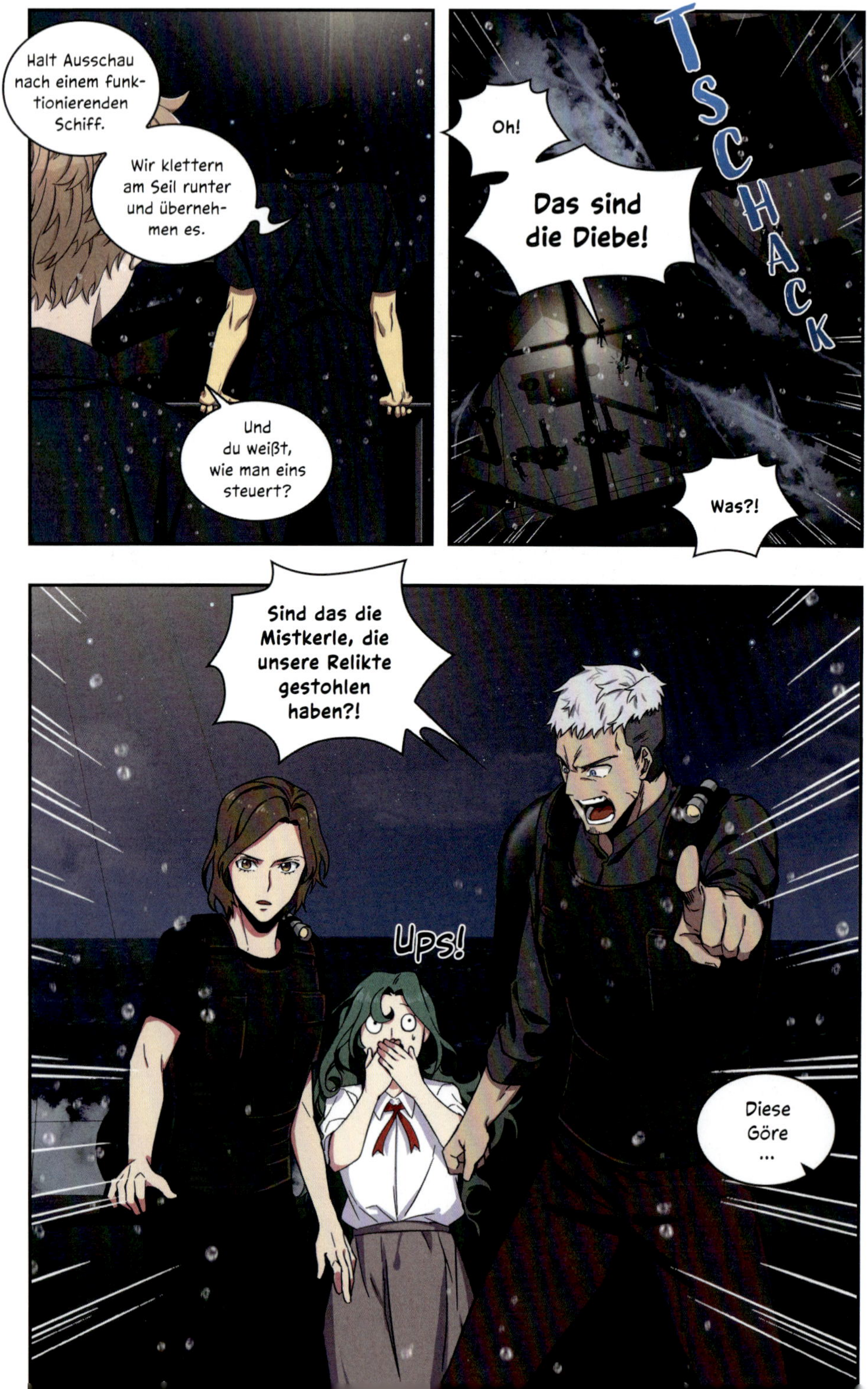
Halt Ausschau nach einem funktionierenden Schiff.
Wir klettern am Seil runter und übernehmen es.
Und du weißt, wie man eins steuert?
TSCHACK
Oh!
Das sind die Diebe!
Was?!
Sind das die Mistkerle, die unsere Relikte gestohlen haben?!
Ups!
Diese Göre ...

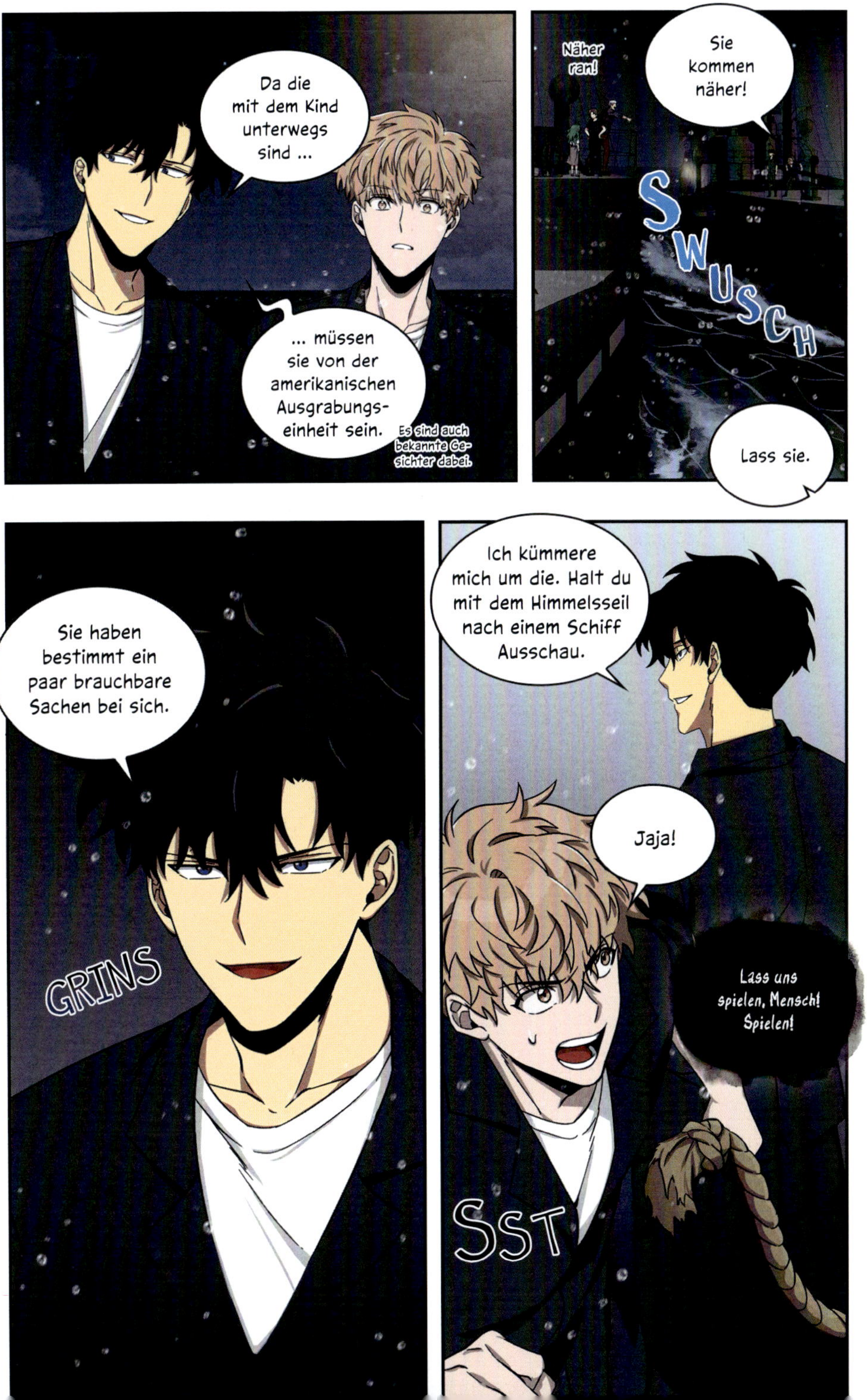
Da die mit dem Kind unterwegs sind ...
... müssen sie von der amerikanischen Ausgrabungs-einheit sein.
Es sind auch bekannte Ge-sichter dabei.
Näher ran!
Sie kommen näher!
SWUSCH
Lass sie.
Sie haben bestimmt ein paar brauchbare Sachen bei sich.
GRINS
Ich kümmere mich um die. Halt du mit dem Himmelsseil nach einem Schiff Ausschau.
Jaja!
Lass uns spielen, Mensch! Spielen!
SST

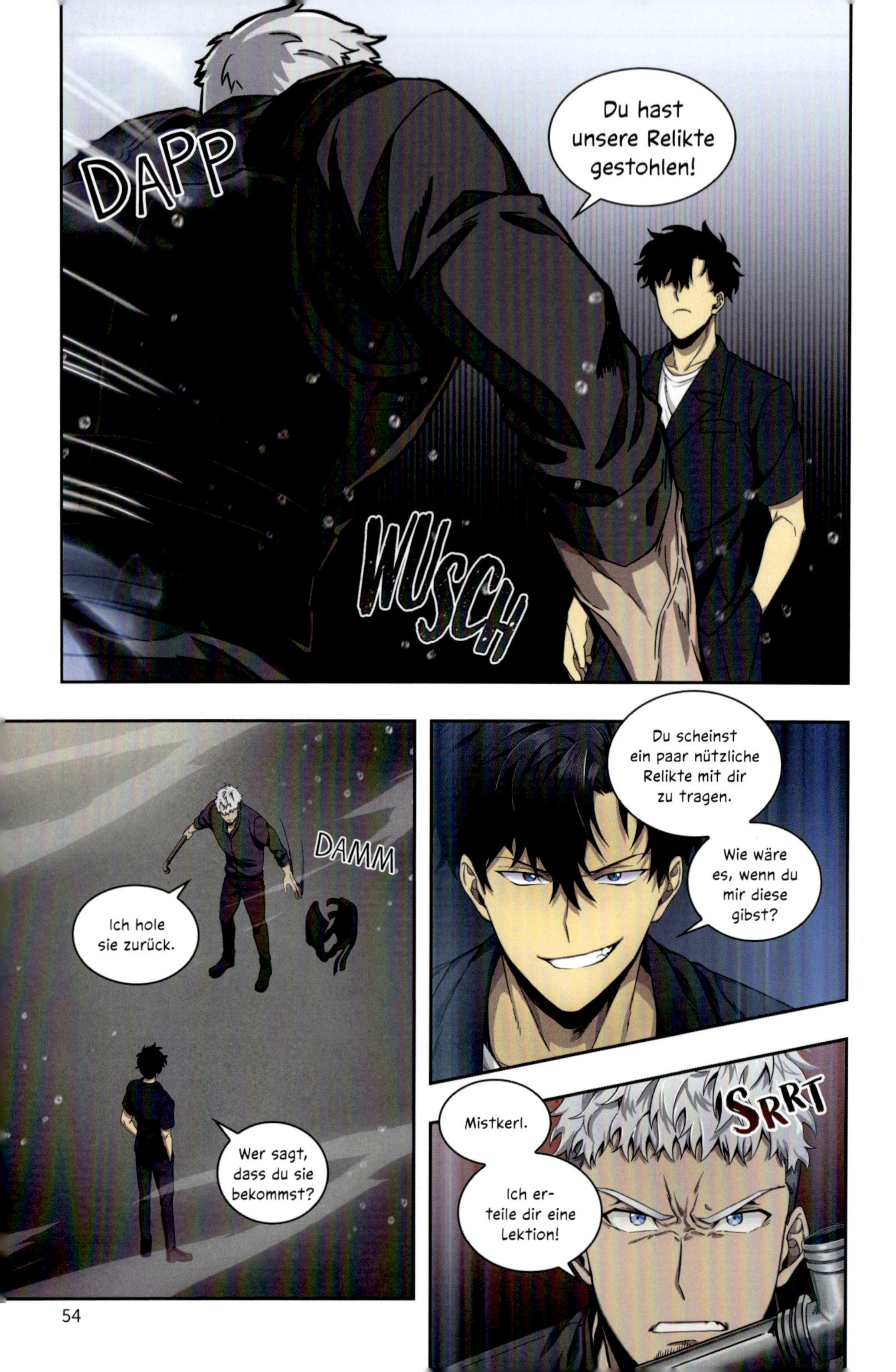
DAPP
Du hast unsere Relikte gestohlen!
WUSCH
DAMM
Ich hole sie zurück.
Wer sagt, dass du sie bekommst?
Du scheinst ein paar nützliche Relikte mit dir zu tragen.
Wie wäre es, wenn du mir diese gibst?
SRRT
Mistkerl.
Ich erteile dir eine Lektion!

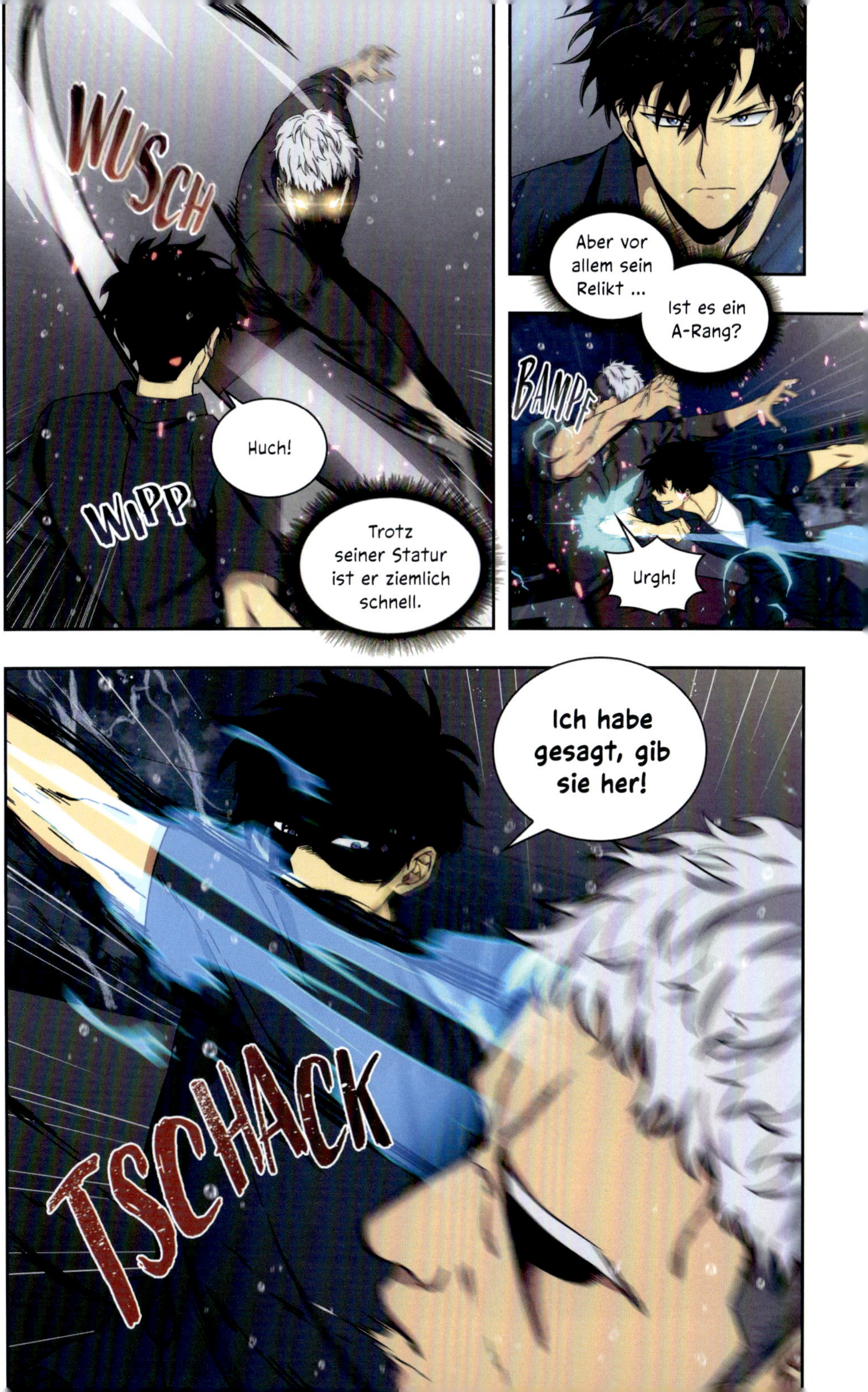
WUSCH
Huch!
WIPP
Trotz seiner Statur ist er ziemlich schnell.
Aber vor allem sein Relikt ...
Ist es ein A-Rang?
BAMPF
Urgh!
Ich habe gesagt, gib sie her!
TSCHACK

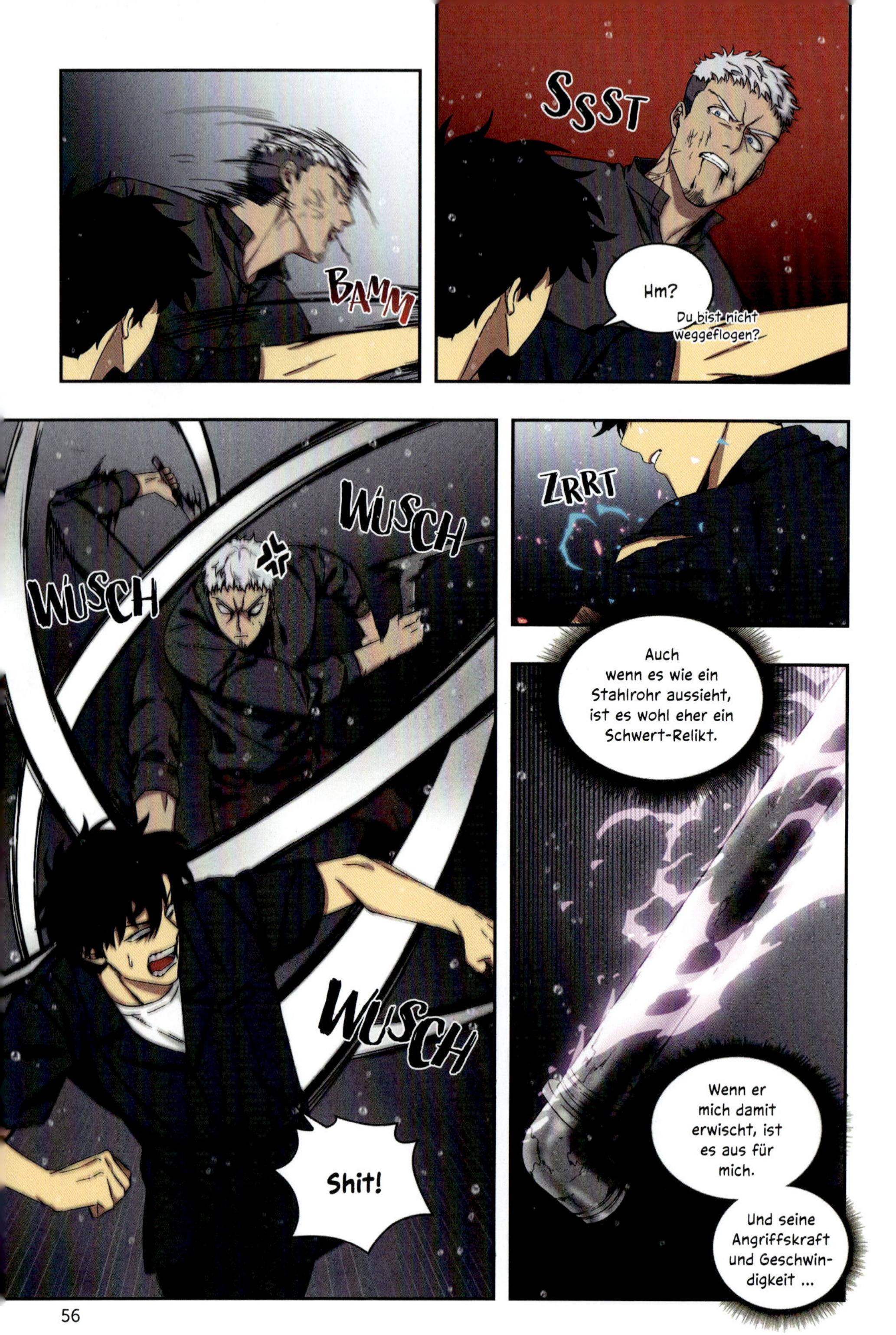
BAMM
SSST
Hm?
Du bist nicht weggeflogen?
WUSCH
WUSCH
WUSCH
Shit!
ZRRT
Auch wenn es wie ein Stahlrohr aussieht, ist es wohl eher ein Schwert-Relikt.
Wenn er mich damit erwischt, ist es aus für mich.
Und seine Angriffskraft und Geschwindigkeit ...

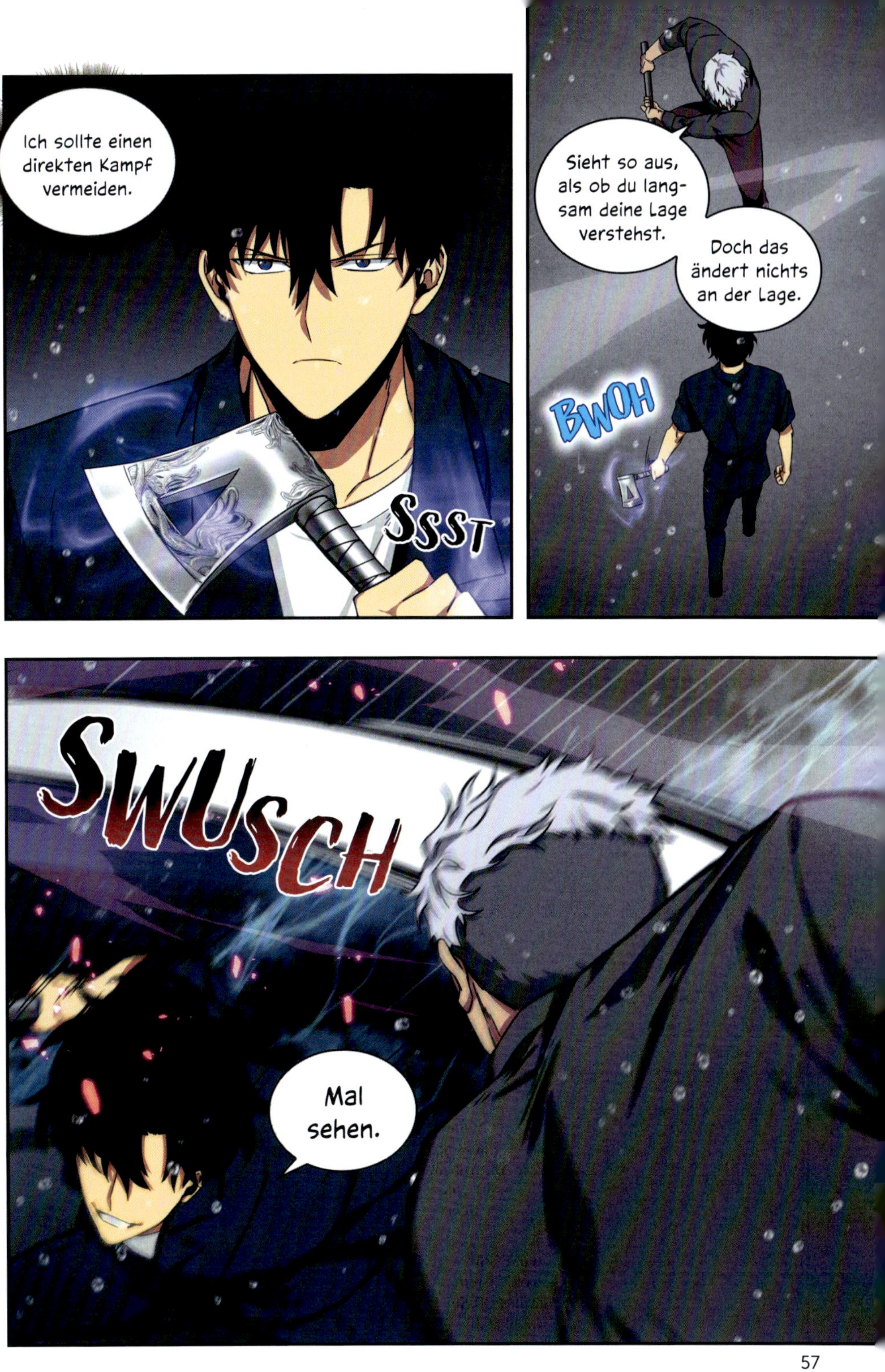
Ich sollte einen direkten Kampf vermeiden.
SSST
Sieht so aus, als ob du lang-sam deine Lage verstehst.
Doch das ändert nichts an der Lage.
BWOH
SWUSCH
Mal sehen.

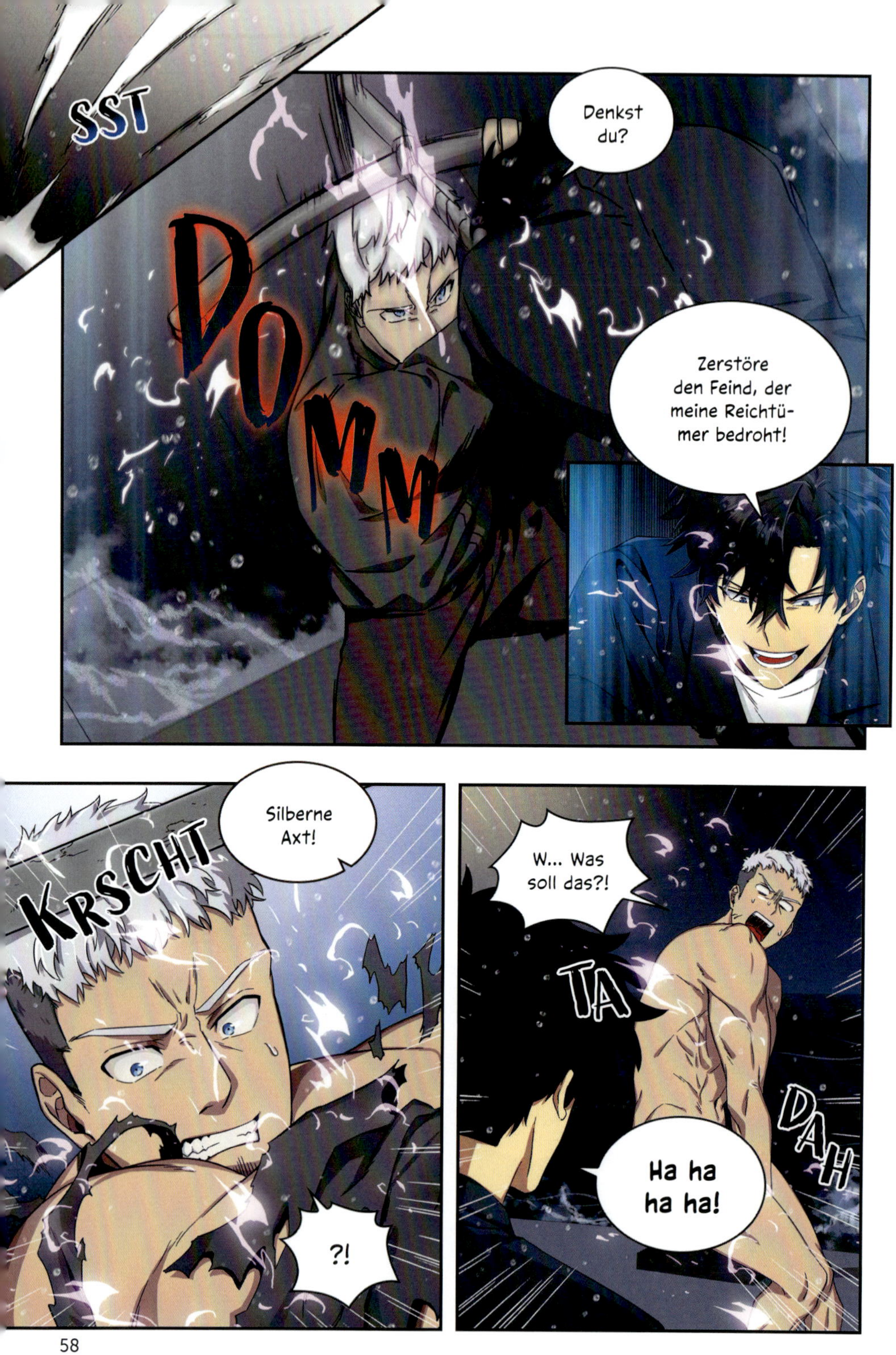
SST
Denkst du?
DOMM
Zerstöre den Feind, der meine Reichtümer bedroht!
KRSCHT
Silberne Axt!
?!
W... Was soll das?!
TA
DAH
Ha ha ha ha!

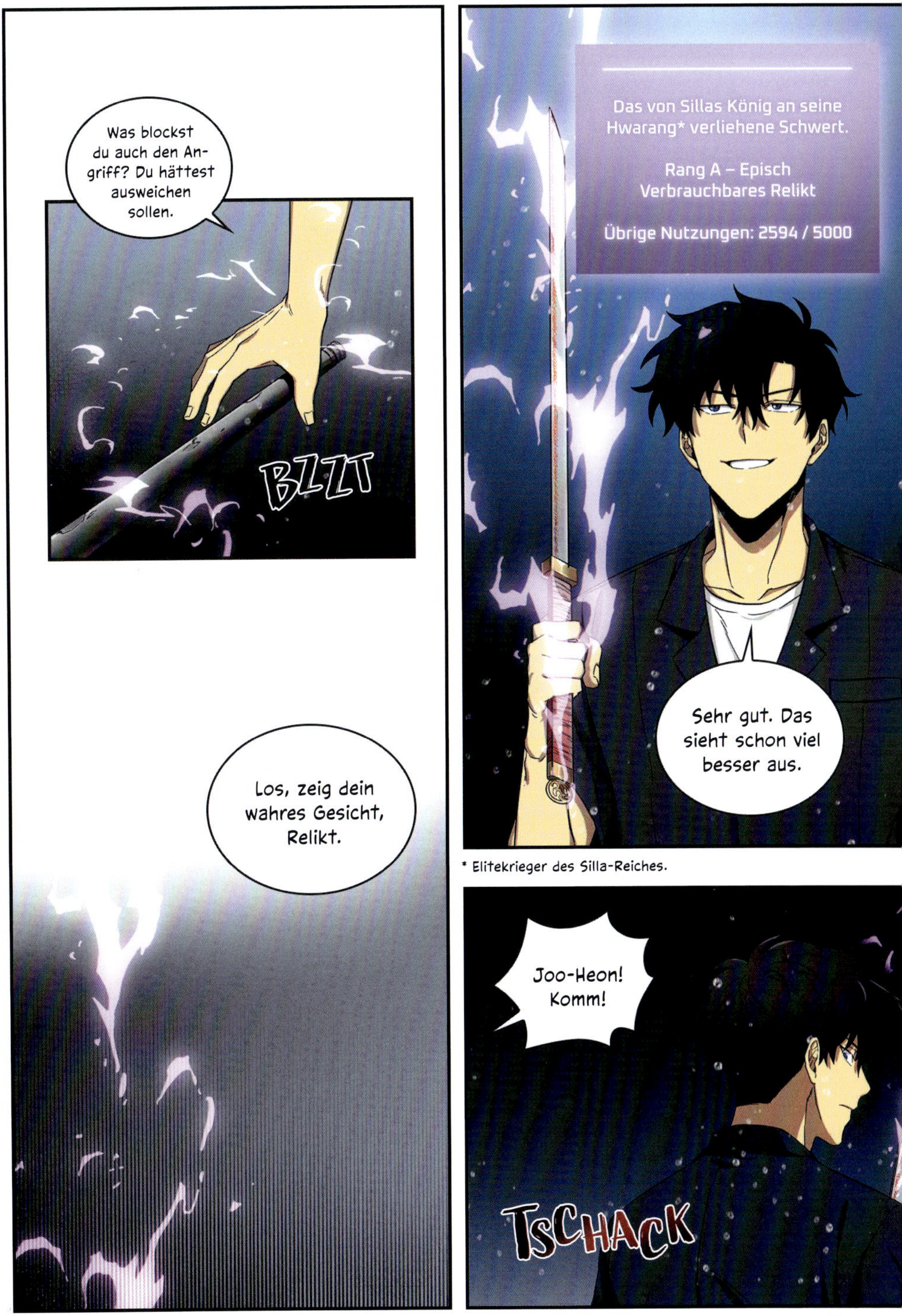
Was blockst du auch den Angriff? Du hättest ausweichen sollen.
BZZT
Los, zeig dein wahres Gesicht, Relikt.
Das von Sillas König an seine Hwarang* verliehene Schwert.
Rang A – Episch Verbrauchbares Relikt
Übrige Nutzungen: 2594 / 5000
Sehr gut. Das sieht schon viel besser aus.
* Elitekrieger des Silla-Reiches.
Joo-Heon! Komm!
TSCHACK

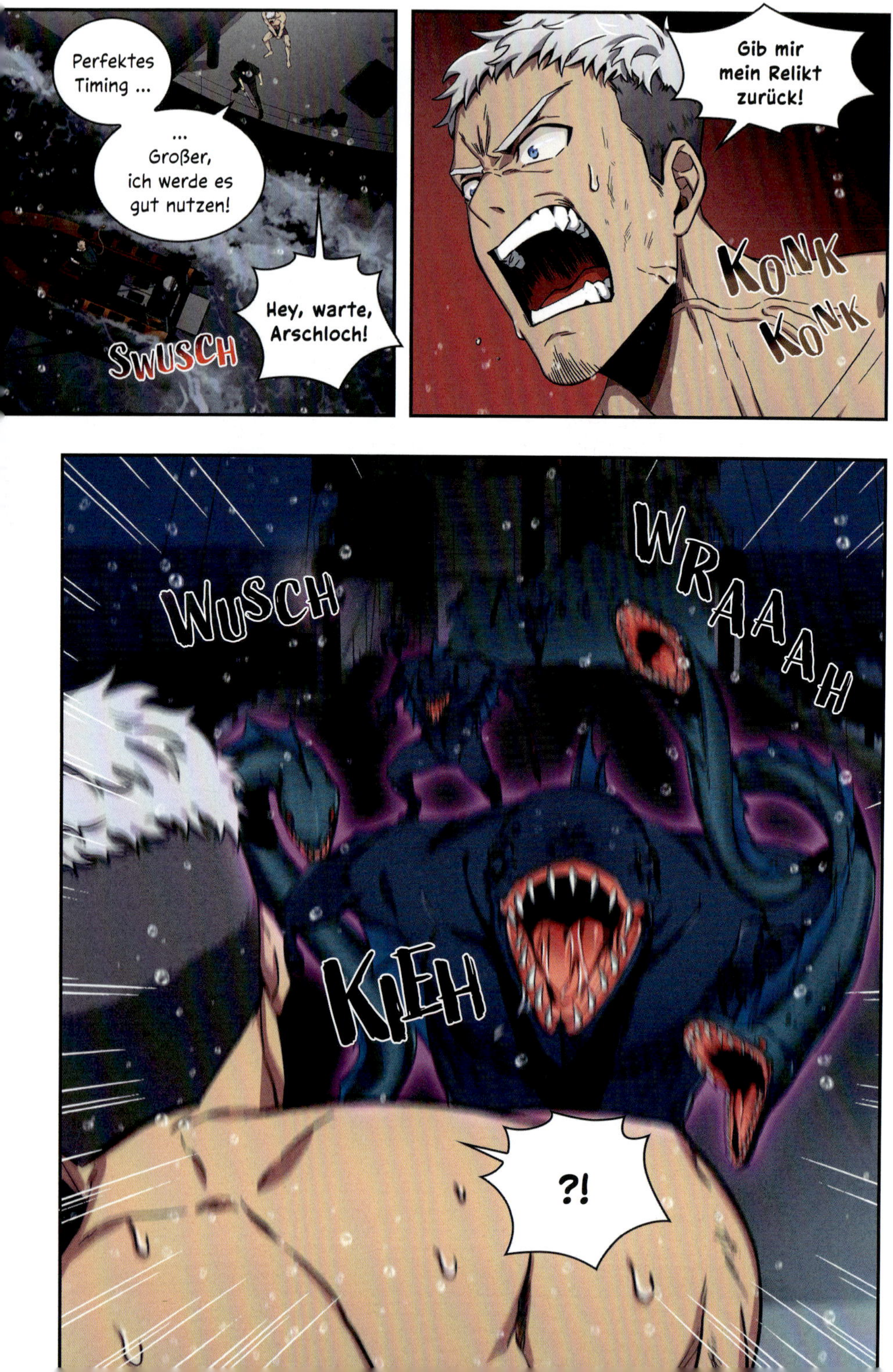
Perfektes Timing ...
... Großer, ich werde es gut nutzen!
Hey, warte, Arschloch!
SWUSCH
Gib mir mein Relikt zurück!
KONK KONK
WUSCH
WRAAAAH
KIEH
?!

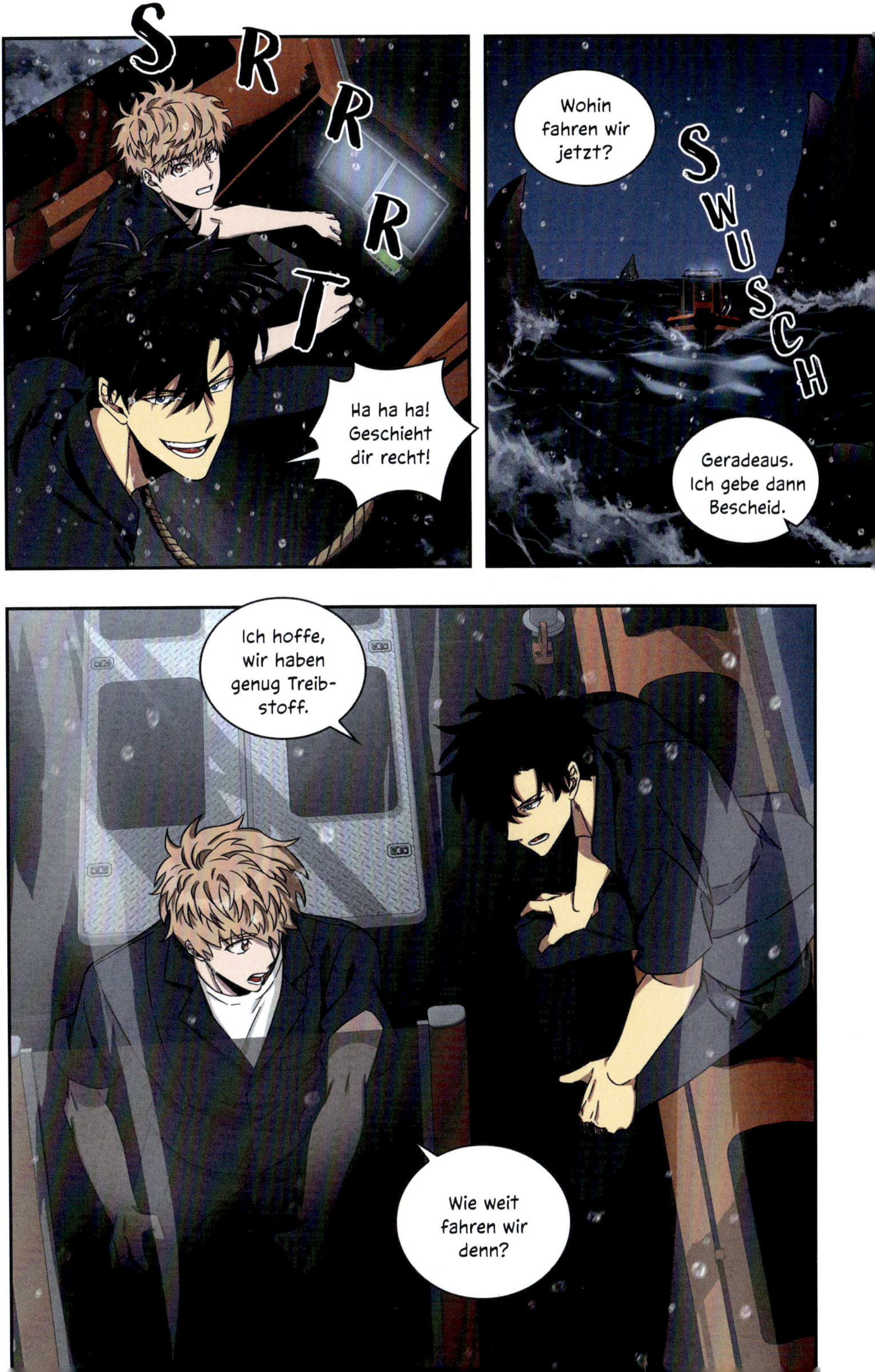
SRRRRT
Ha ha ha! Geschieht dir recht!
Wohin fahren wir jetzt?
SWUSCH
Geradeaus. Ich gebe dann Bescheid.
Ich hoffe, wir haben genug Treibstoff.
Wie weit fahren wir denn?

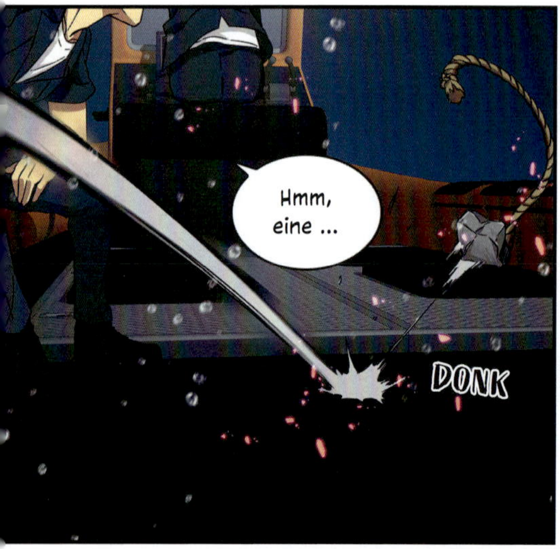
Hmm,
eine ...
DONK

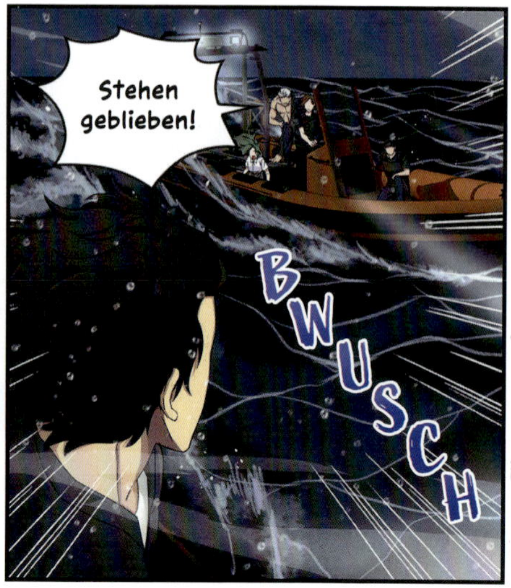
Stehen geblieben!
BWUSCH

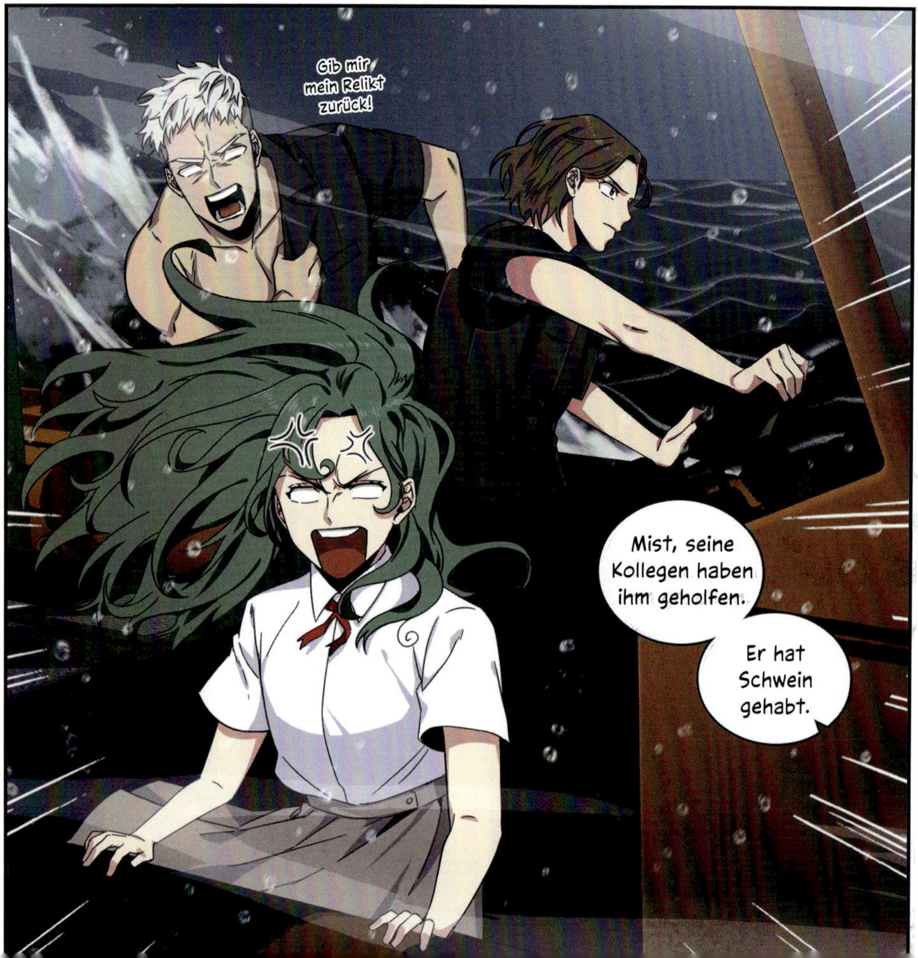
Gib mir mein Relikt zurück!
Mist, seine Kollegen haben ihm geholfen.
Er hat Schwein gehabt.

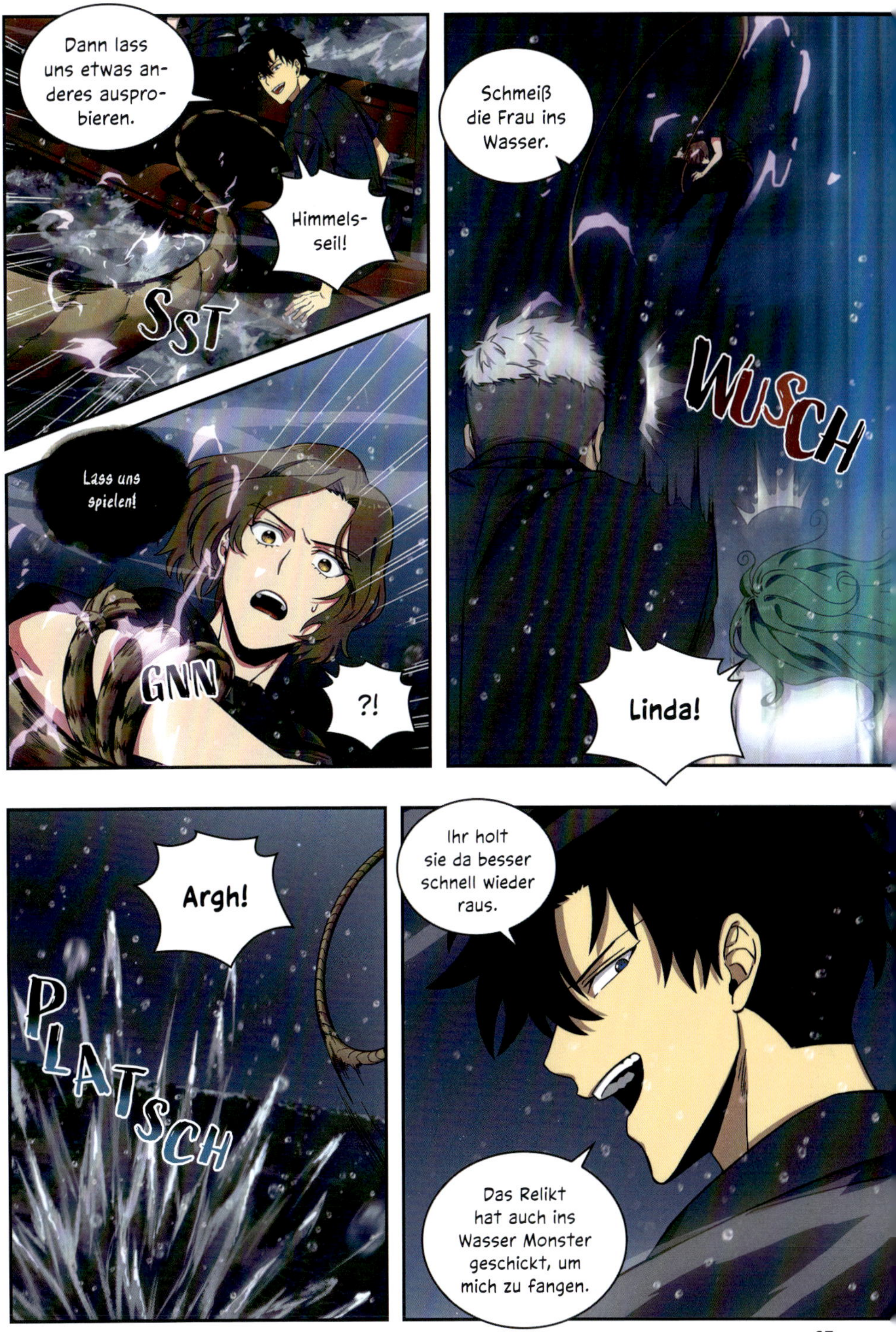
Dann lass uns etwas anderes ausprobieren.
Himmelsseil!
SST
Schmeiß die Frau ins Wasser.
WUSCH
Lass uns spielen!
GNN
?!
Linda!
Argh!
PLATSCH
Ihr holt sie da besser schnell wieder raus.
Das Relikt hat auch ins Wasser Monster geschickt, um mich zu fangen.

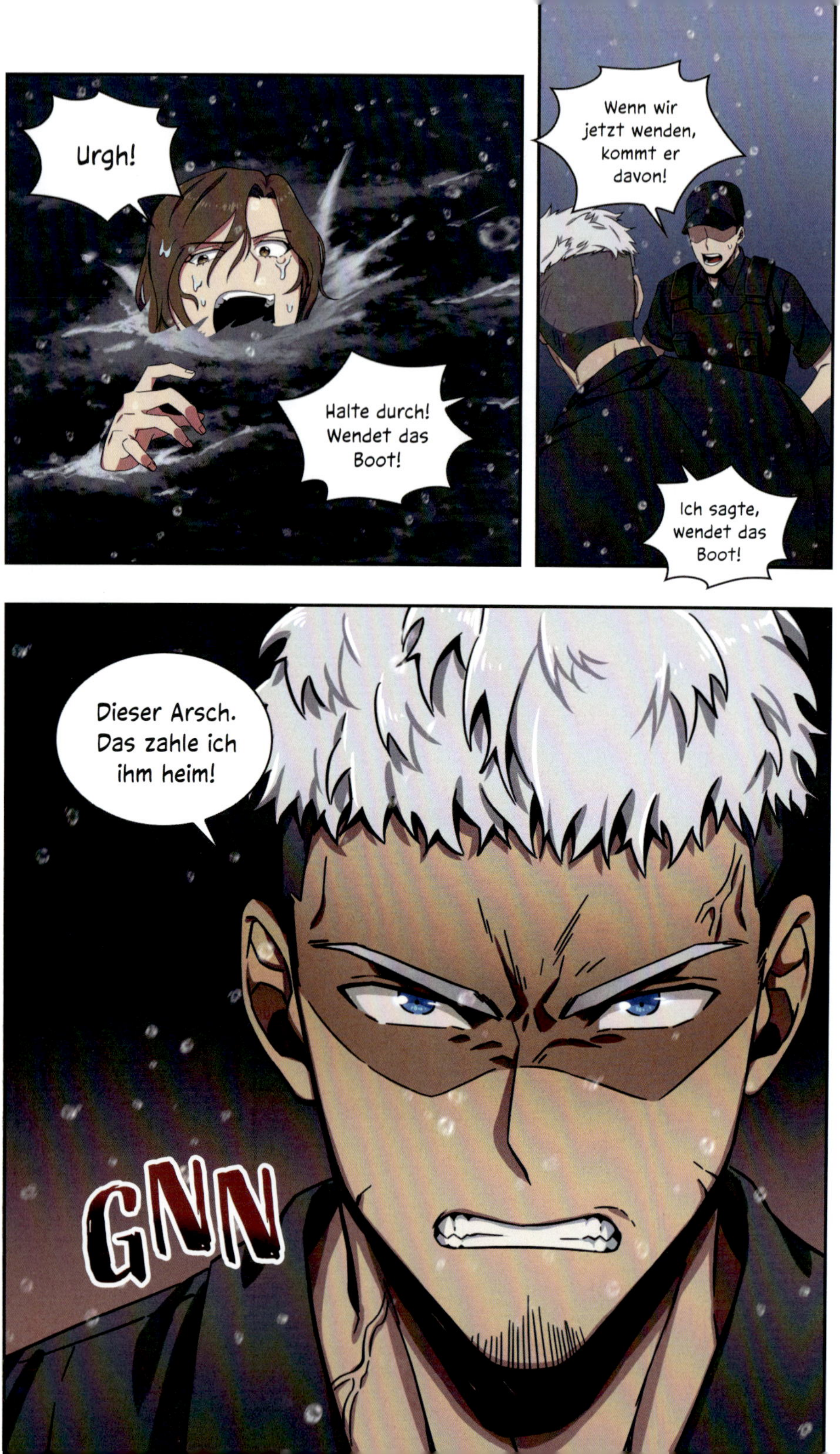
Urgh!
Halte durch! Wendet das Boot!
Wenn wir jetzt wenden, kommt er davon!
Ich sagte, wendet das Boot!
Dieser Arsch. Das zahle ich ihm heim!
GNN

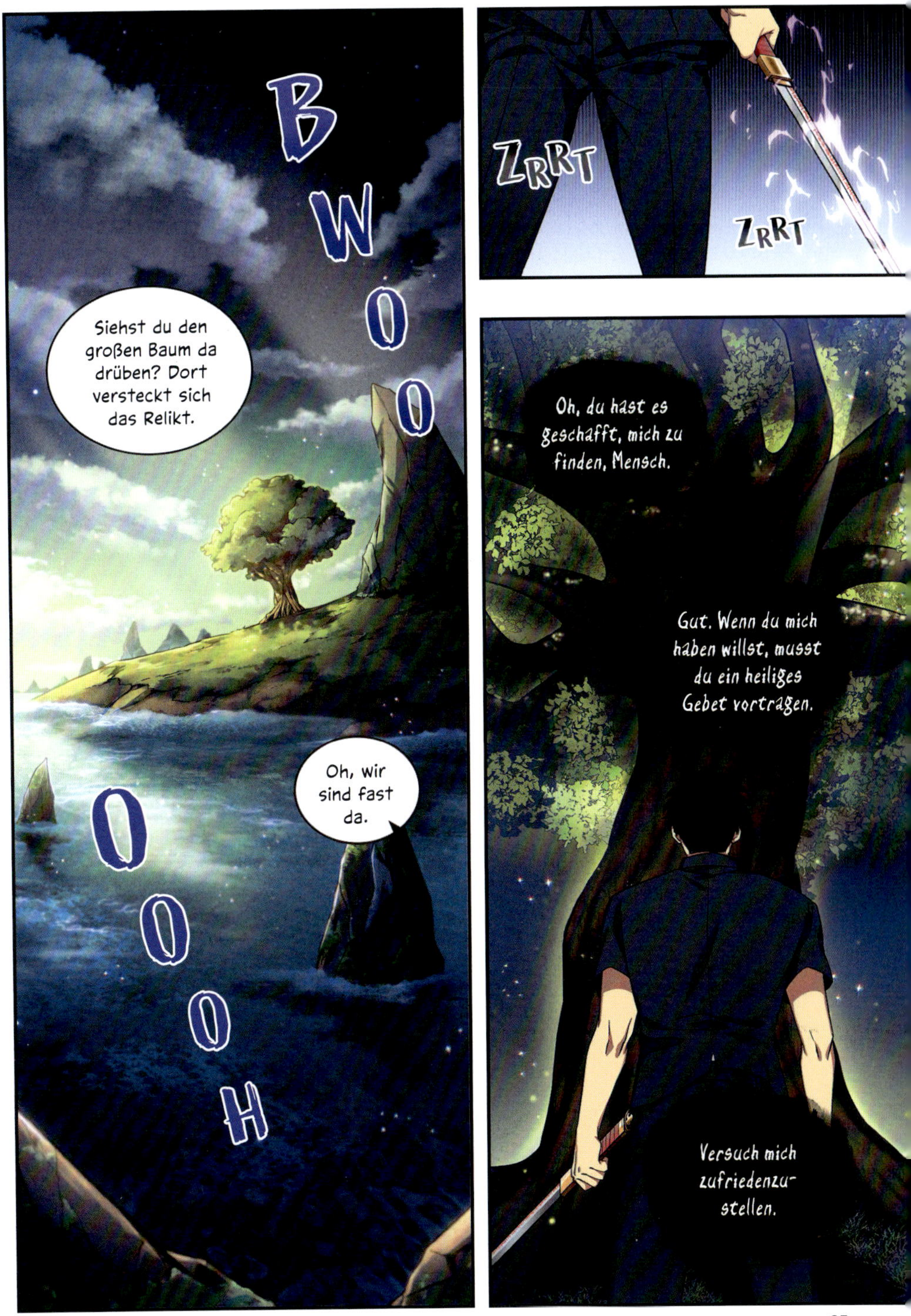
B W O O O O O O H
Siehst du den großen Baum da drüben? Dort versteckt sich das Relikt.
Oh, wir sind fast da.
ZRRT
ZRRT
Oh, du hast es geschafft, mich zu finden, Mensch.
Gut. Wenn du mich haben willst, musst du ein heiliges Gebet vortragen.
Versuch mich zufriedenzu-stellen.

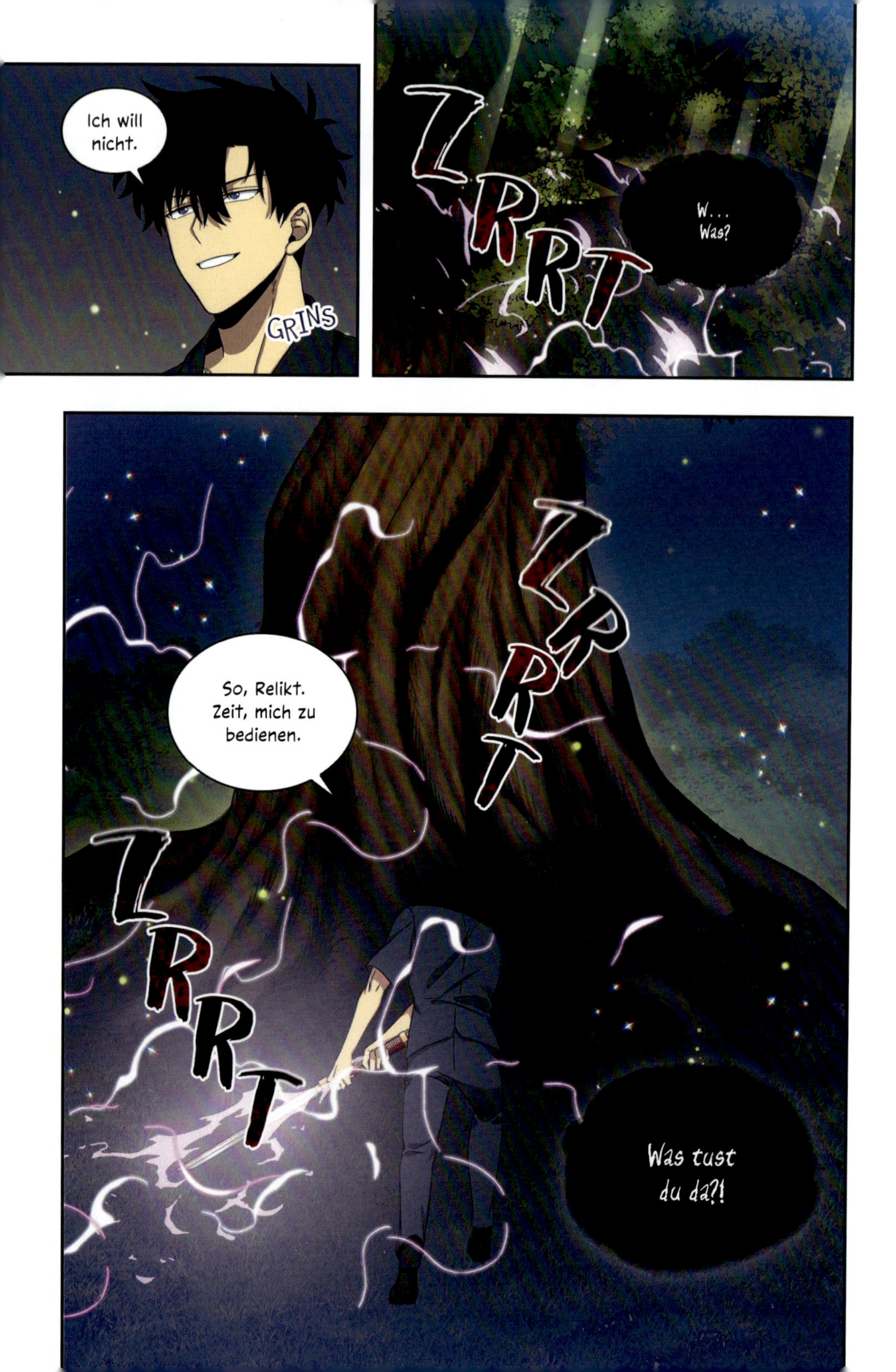
Ich will nicht.
GRINS
ZRRRT
W... Was?
So, Relikt. Zeit, mich zu bedienen.
ZRRRT
ZRRRT
Was tust du da?!

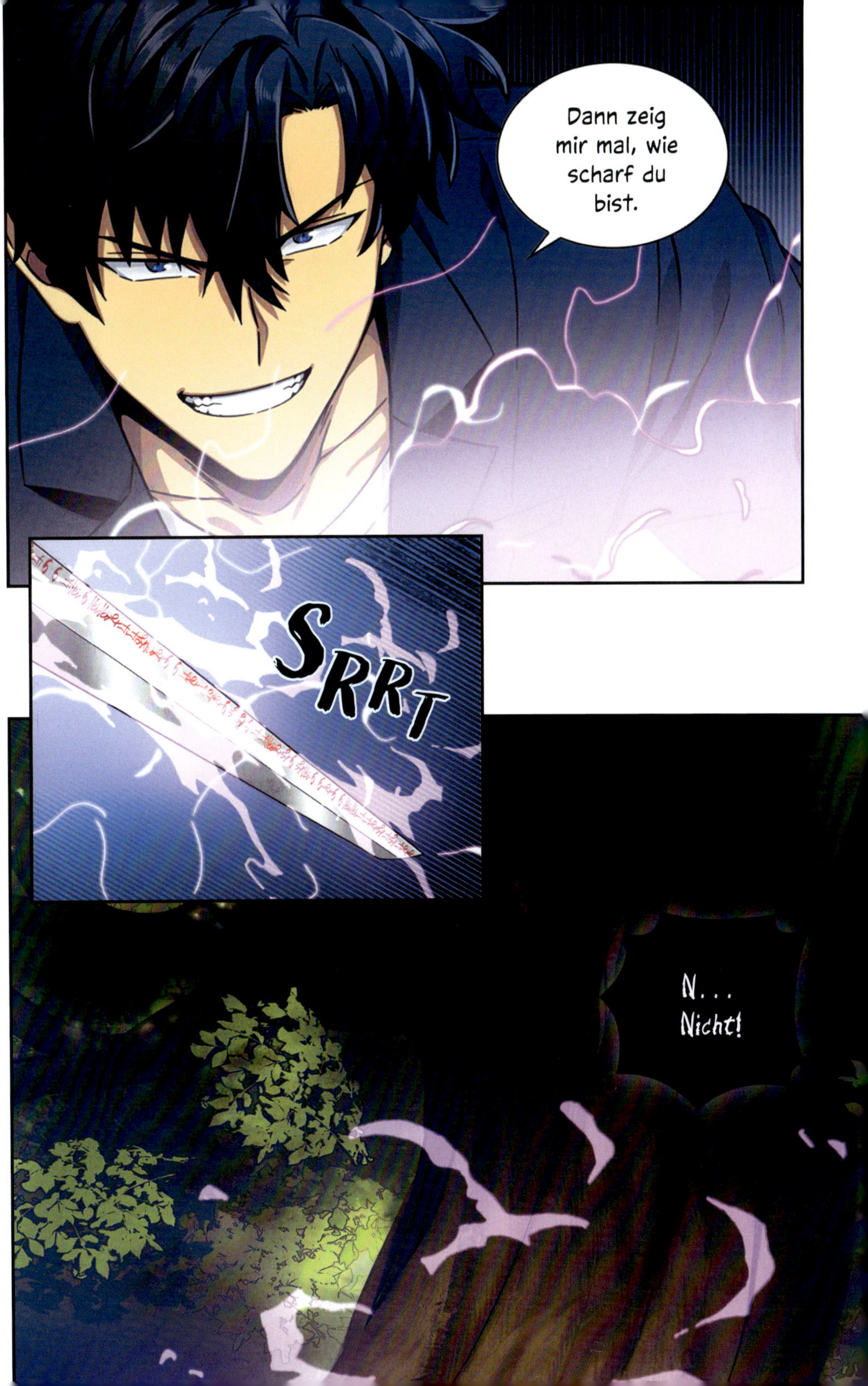
Dann zeig mir mal, wie scharf du bist.
SRRT
N... Nicht!

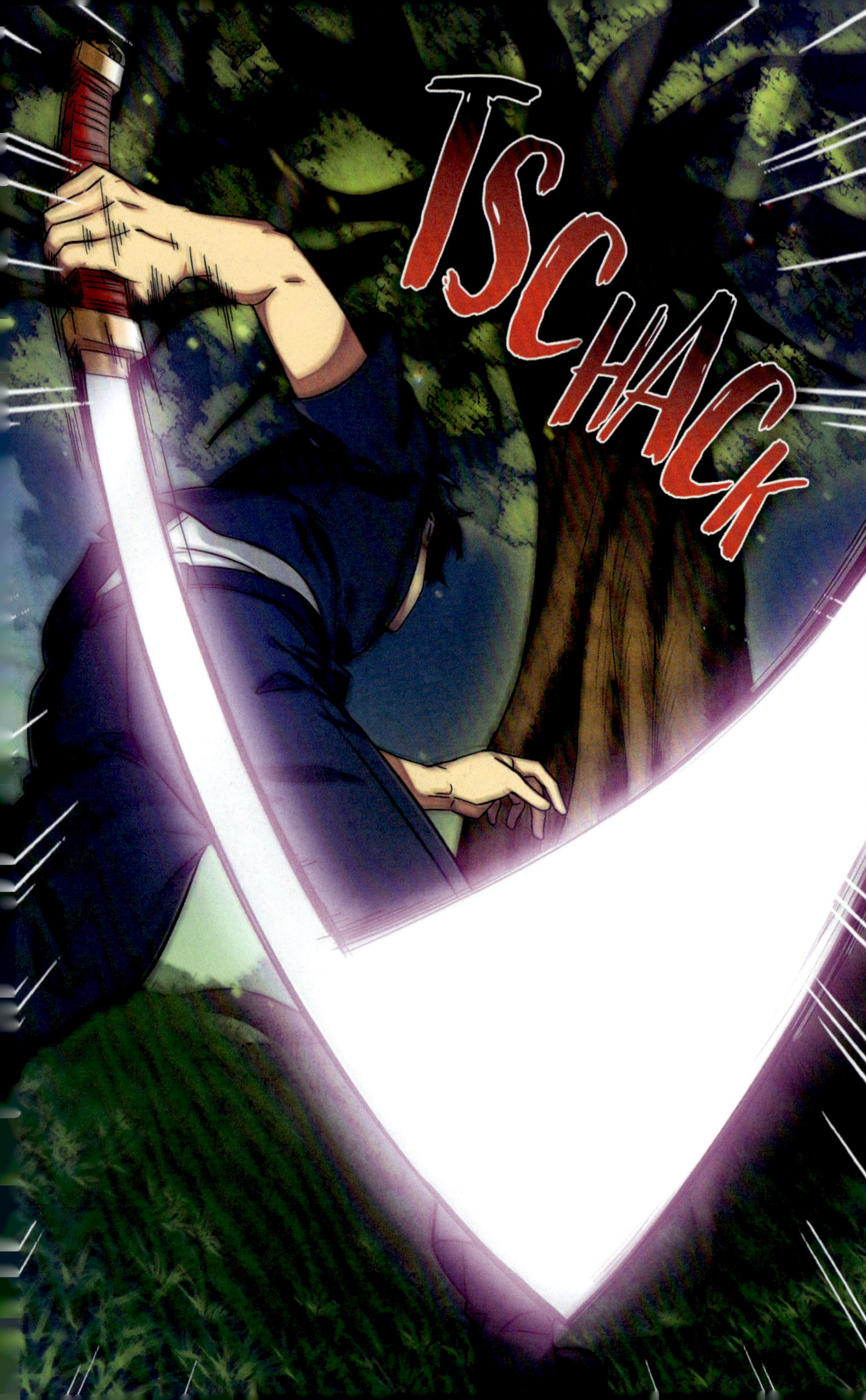
TSCHACK

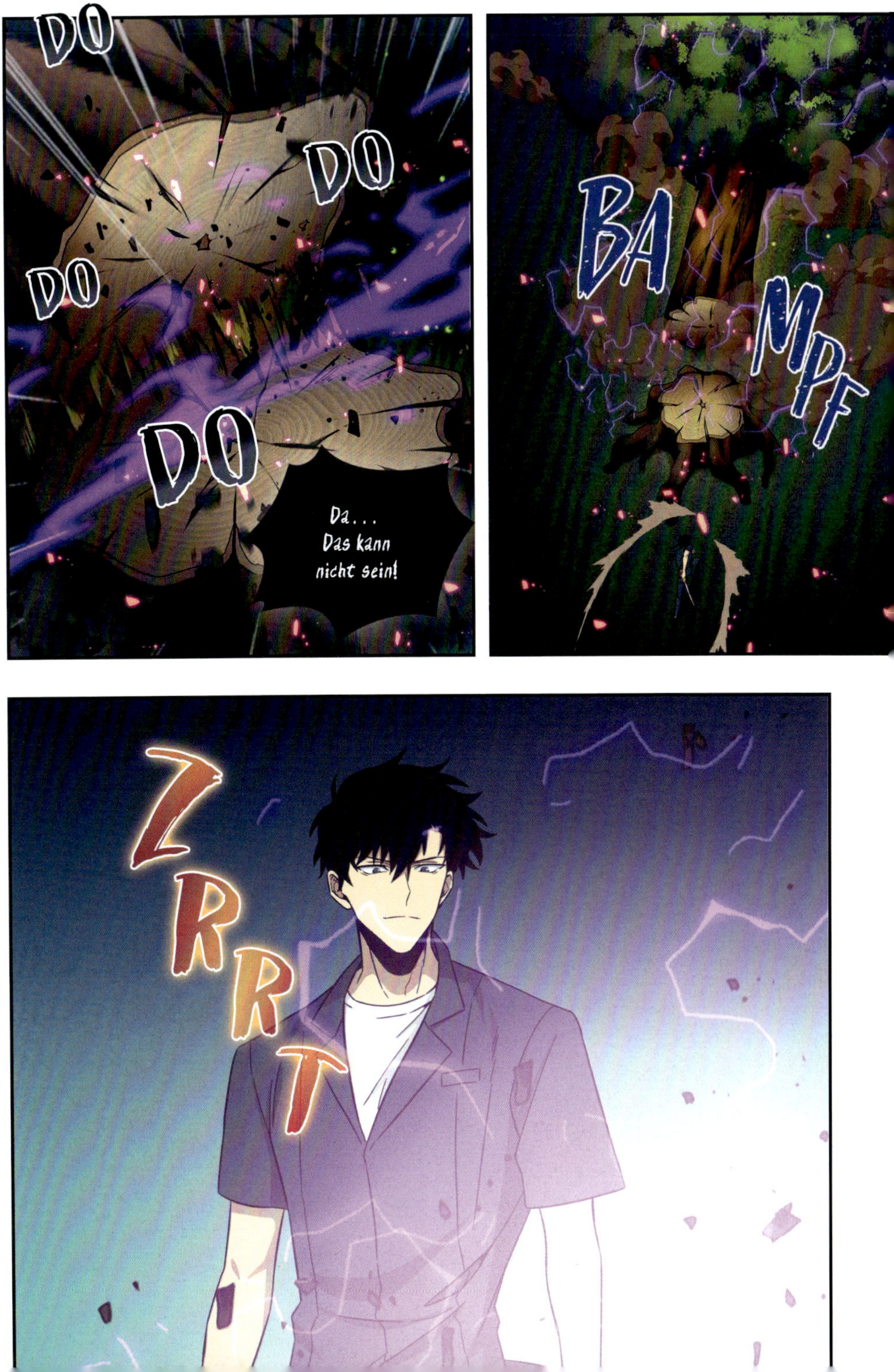
DO
DO
DO
DO
Da...
Das kann nicht sein!
BA
MPF
ZRRT

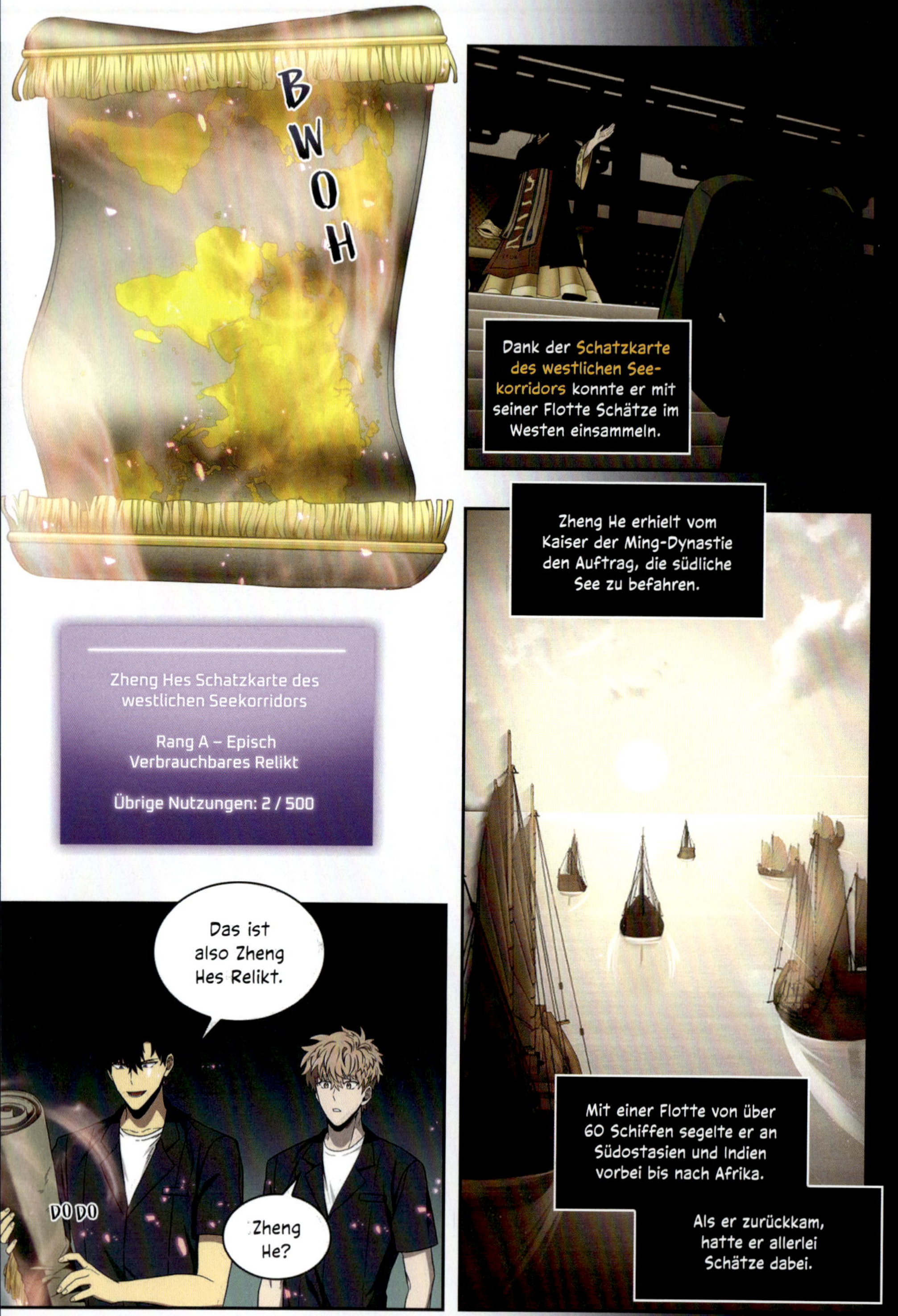
BWOH
Dank der Schatzkarte des westlichen Seekorridors konnte er mit seiner Flotte Schätze im Westen einsammeln.
Zheng Hes Schatzkarte des westlichen Seekorridors
Rang A – Episch
Verbrauchbares Relikt
Übrige Nutzungen: 2 / 500
Zheng He erhielt vom Kaiser der Ming-Dynastie den Auftrag, die südliche See zu befahren.
Das ist also Zheng Hes Relikt.
DO DO
Zheng He?
Mit einer Flotte von über 60 Schiffen segelte er an Südostasien und Indien vorbei bis nach Afrika.
Als er zurückkam, hatte er allerlei Schätze dabei.

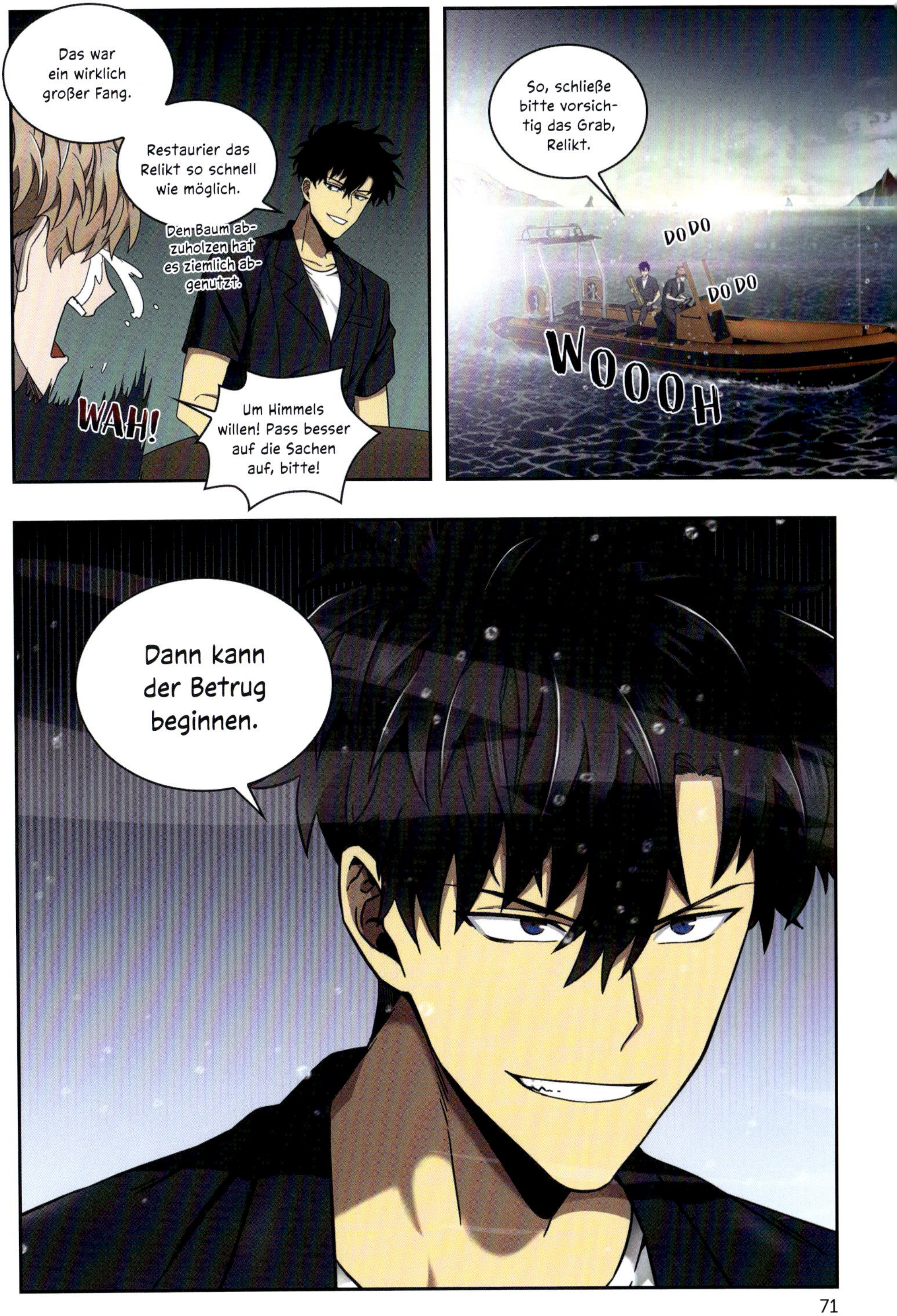
Das war ein wirklich großer Fang.
Restaurier das Relikt so schnell wie möglich.
Den Baum abzuholzen hat es ziemlich abgenutzt.
WAH!
Um Himmels willen! Pass besser auf die Sachen auf, bitte!
So, schließe bitte vorsichtig das Grab, Relikt.
DO DO
DO DO
WOOOOH
Dann kann der Betrug beginnen.

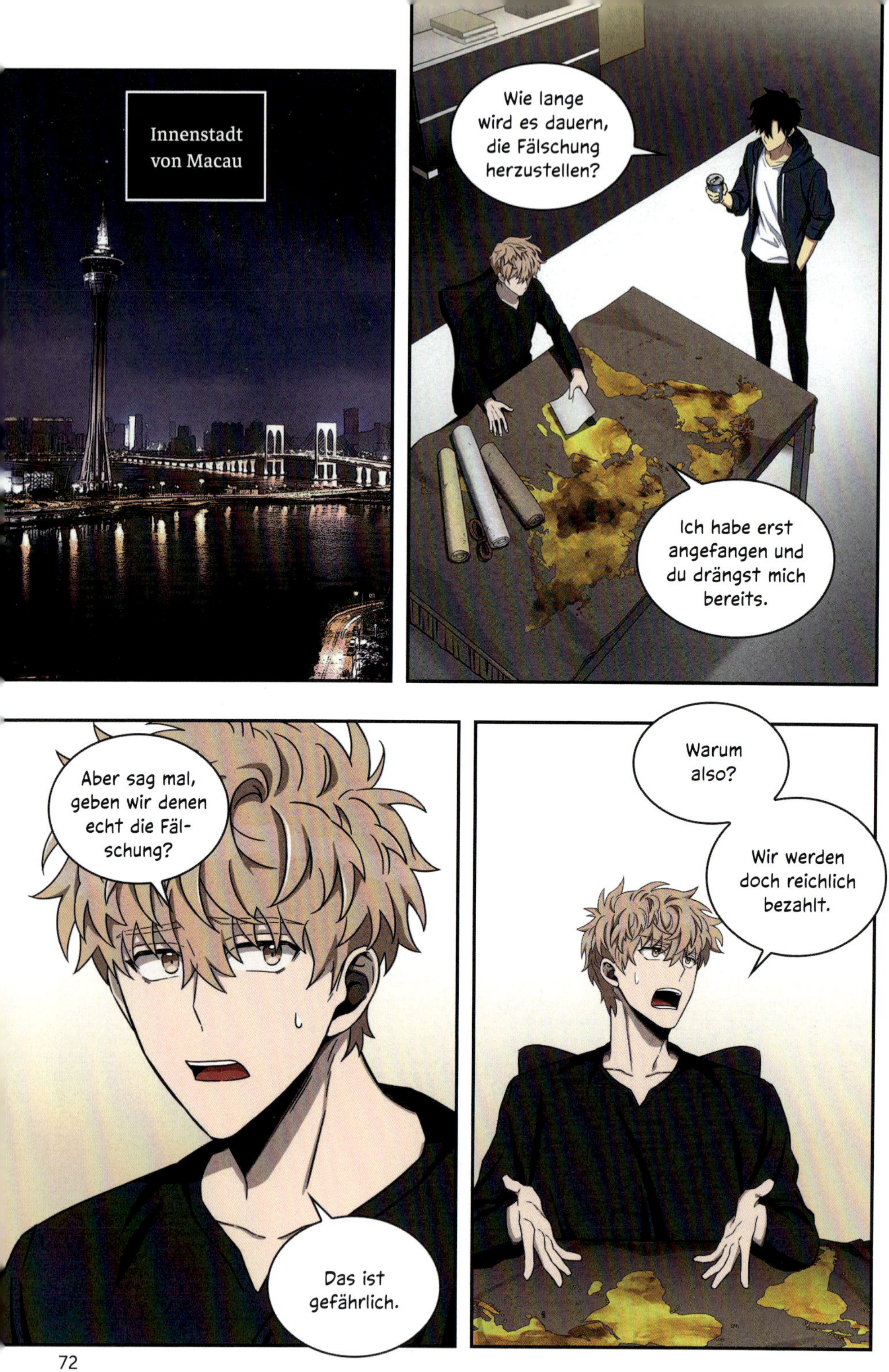
Innenstadt von Macau
Wie lange wird es dauern, die Fälschung herzustellen?
Ich habe erst angefangen und du drängst mich bereits.
Aber sag mal, geben wir denen echt die Fälschung?
Das ist gefährlich.
Warum also?
Wir werden doch reichlich bezahlt.

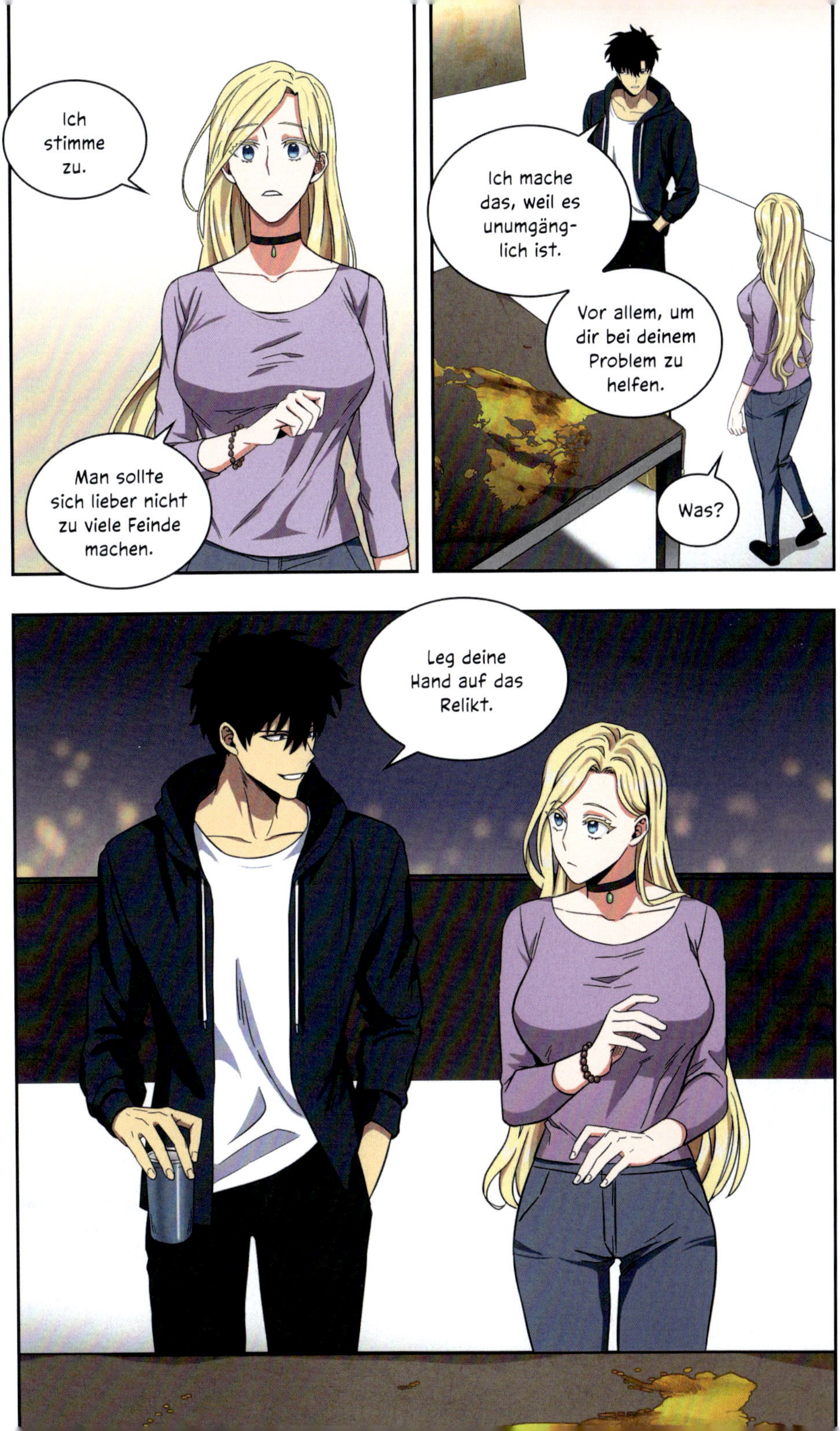
Ich stimme zu.
Man sollte sich lieber nicht zu viele Feinde machen.
Ich mache das, weil es unumgänglich ist.
Vor allem, um dir bei deinem Problem zu helfen.
Was?
Leg deine Hand auf das Relikt.

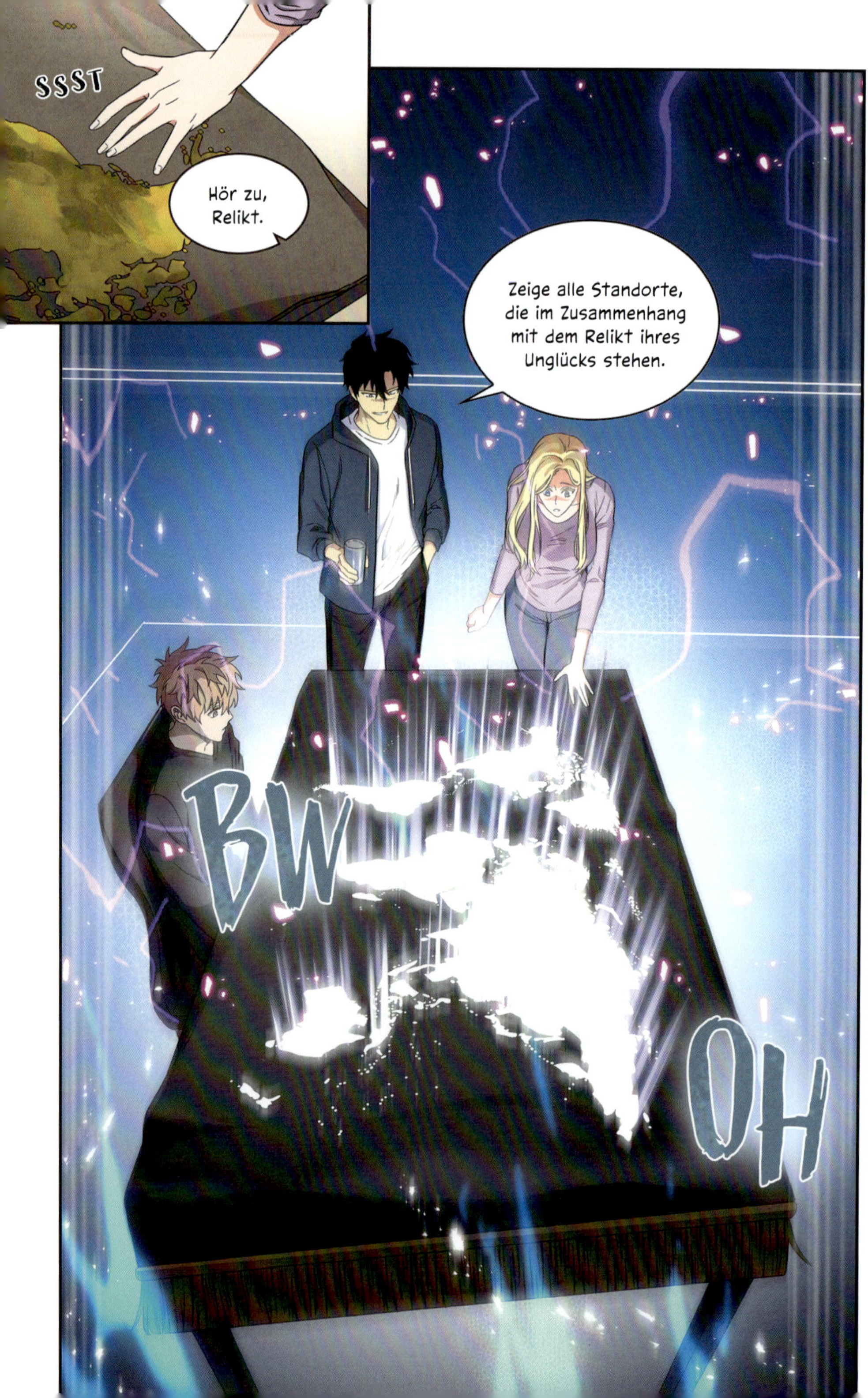
SSST
Hör zu, Relikt.
Zeige alle Standorte, die im Zusammenhang mit dem Relikt ihres Unglücks stehen.
BWOH

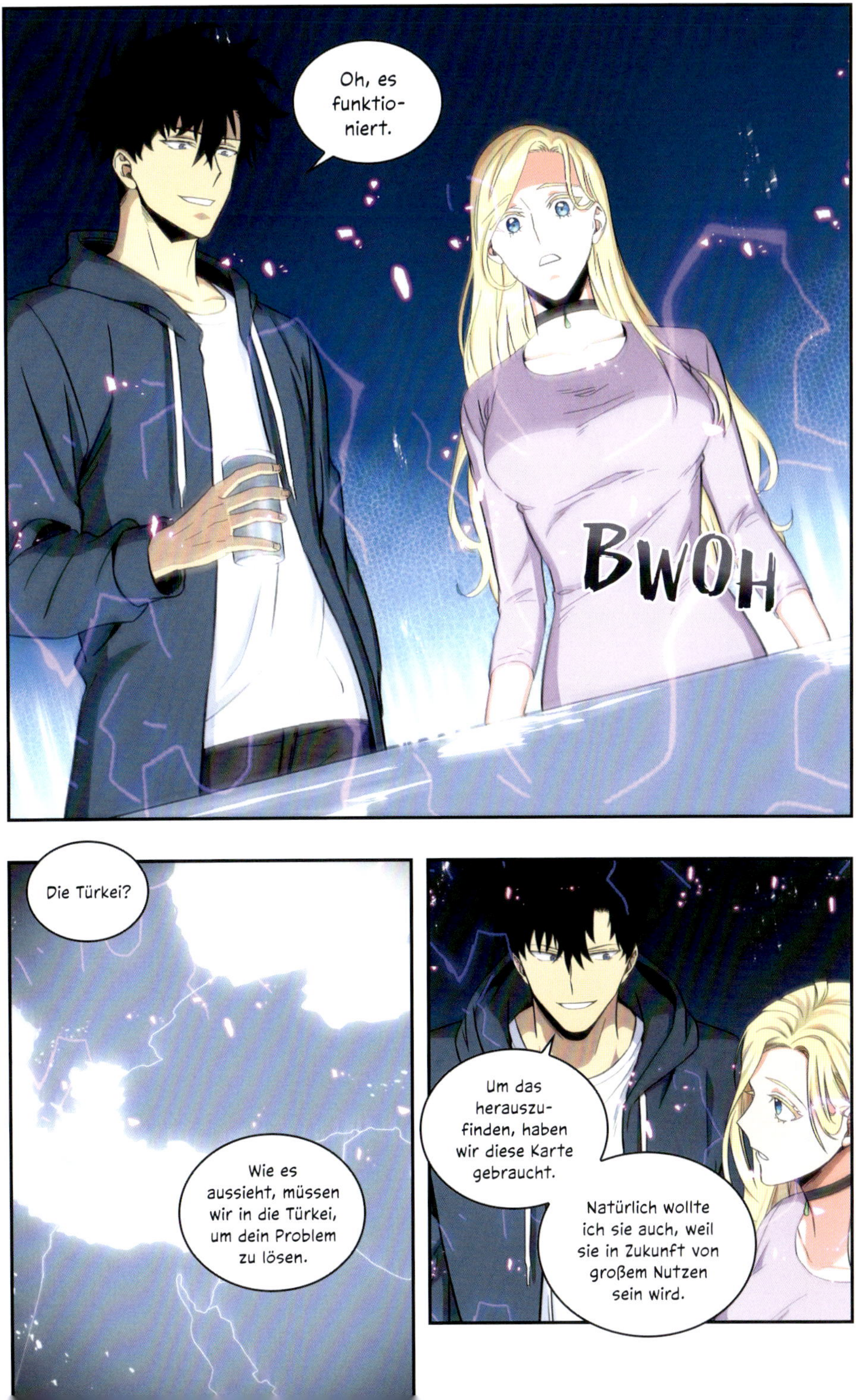
Oh, es funktio-niert.
BWOH
Die Türkei?
Wie es aussieht, müssen wir in die Türkei, um dein Problem zu lösen.
Um das herauszu-finden, haben wir diese Karte gebraucht.
Natürlich wollte ich sie auch, weil sie in Zukunft von großem Nutzen sein wird.

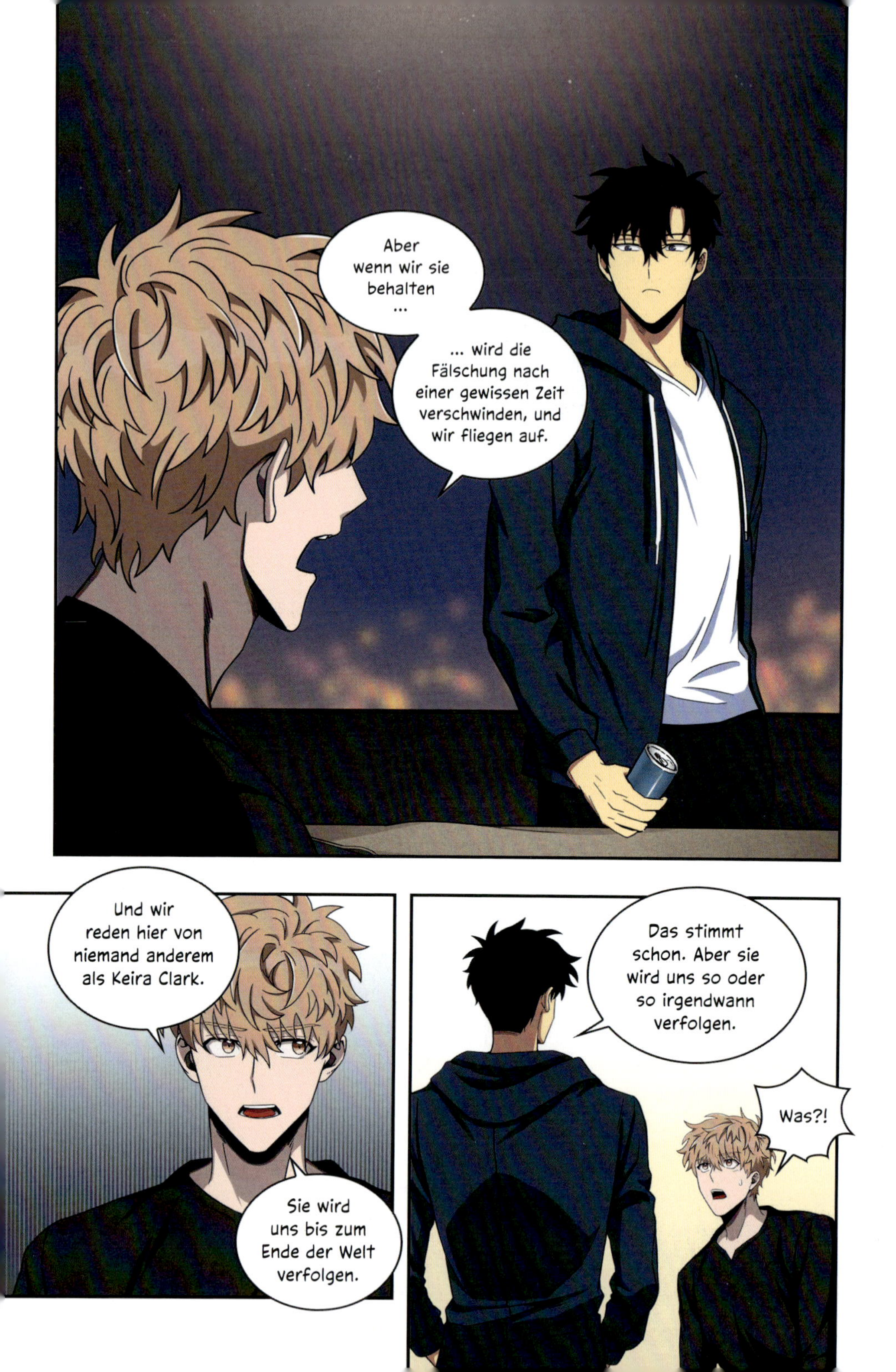
Aber wenn wir sie behalten ...
... wird die Fälschung nach einer gewissen Zeit verschwinden, und wir fliegen auf.
Und wir reden hier von niemand anderem als Keira Clark.
Sie wird uns bis zum Ende der Welt verfolgen.
Das stimmt schon. Aber sie wird uns so oder so irgendwann verfolgen.
Was?!

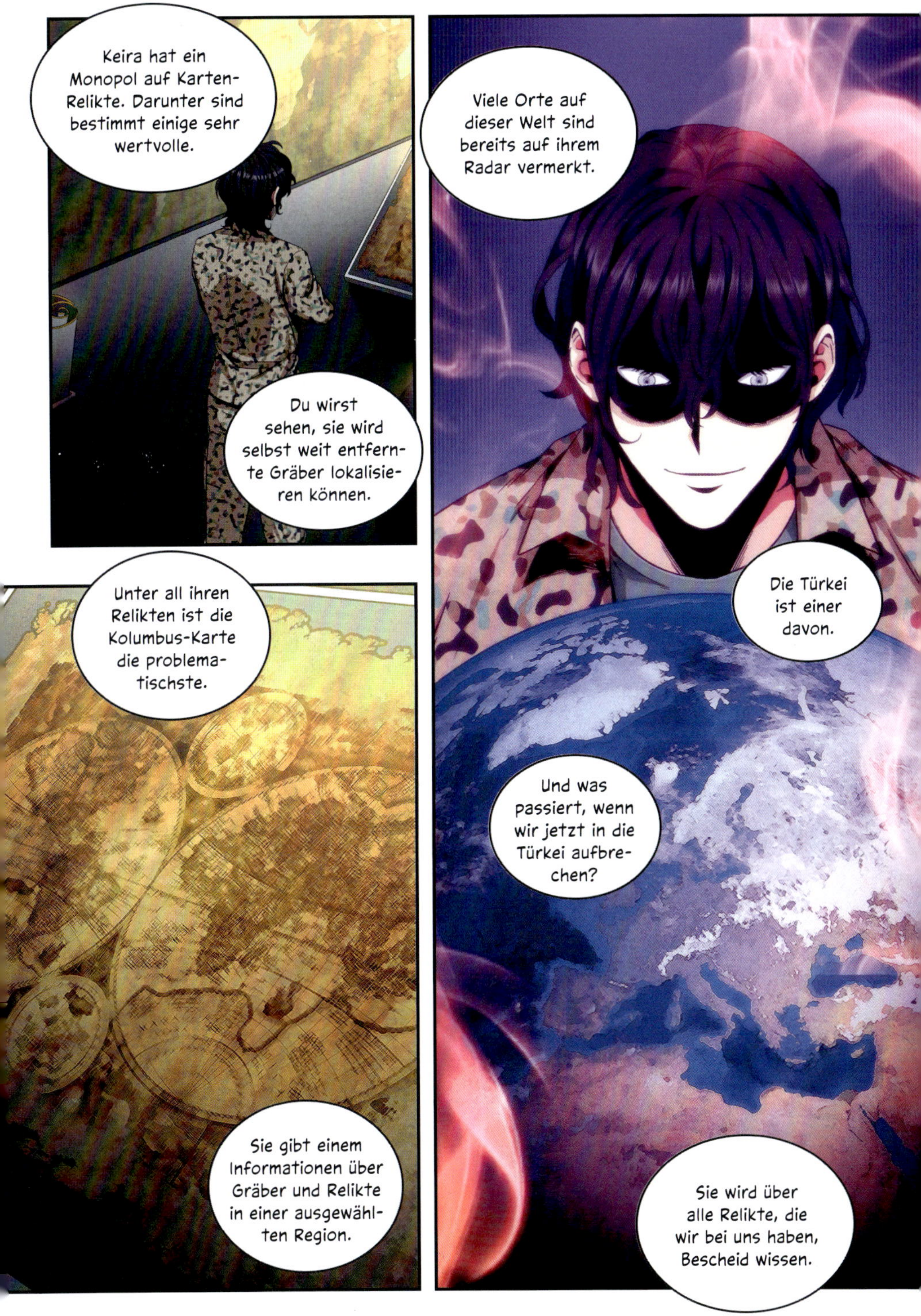
Keira hat ein Monopol auf Karten-Relikte. Darunter sind bestimmt einige sehr wertvolle.
Du wirst sehen, sie wird selbst weit entfernte Gräber lokalisieren können.
Unter all ihren Relikten ist die Kolumbus-Karte die problematischste.
Sie gibt einem Informationen über Gräber und Relikte in einer ausgewählten Region.
Viele Orte auf dieser Welt sind bereits auf ihrem Radar vermerkt.
Die Türkei ist einer davon.
Und was passiert, wenn wir jetzt in die Türkei aufbrechen?
Sie wird über alle Relikte, die wir bei uns haben, Bescheid wissen.

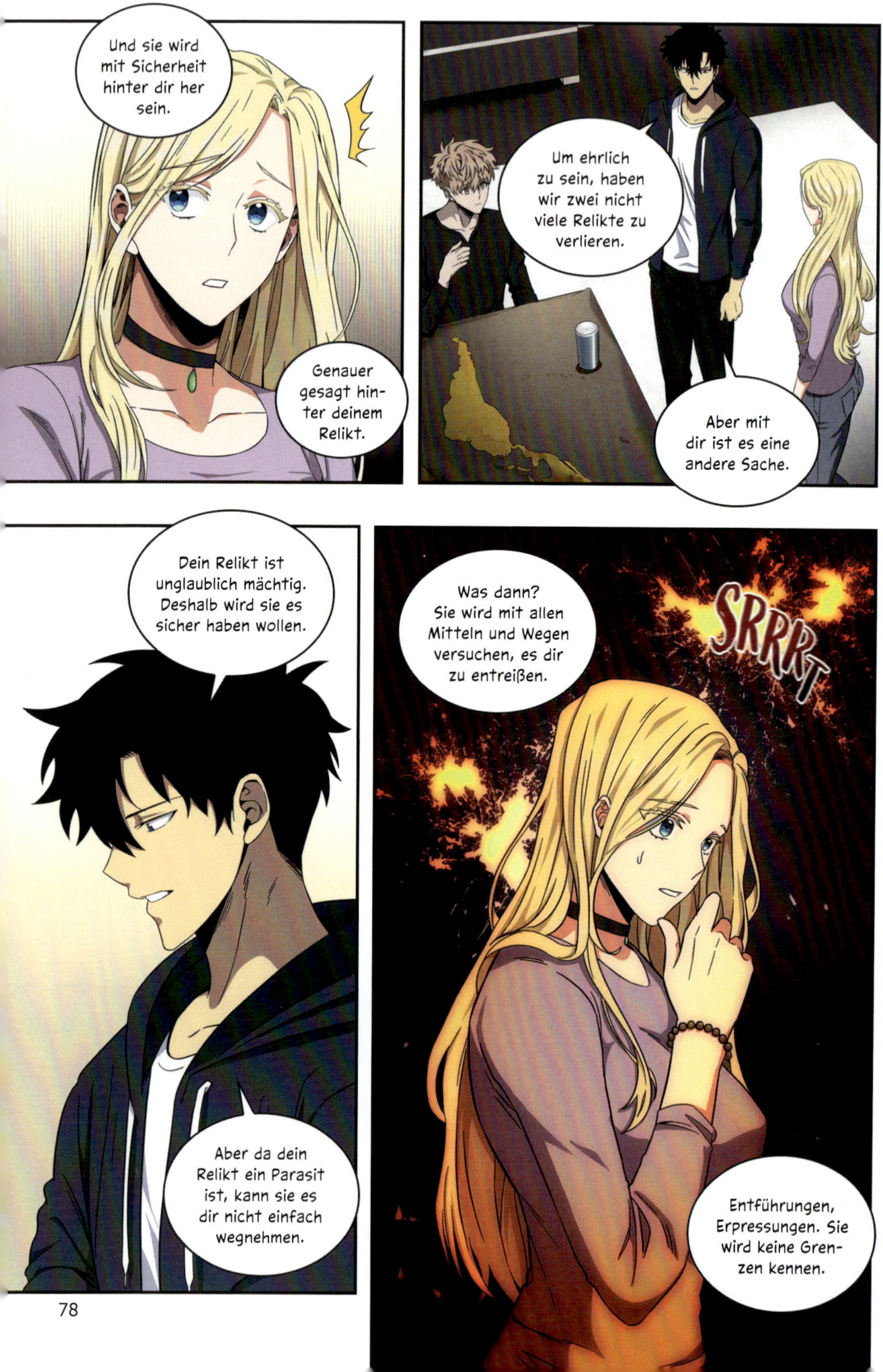
Und sie wird mit Sicherheit hinter dir her sein.
Genauer gesagt hinter deinem Relikt.
Um ehrlich zu sein, haben wir zwei nicht viele Relikte zu verlieren.
Aber mit dir ist es eine andere Sache.
Dein Relikt ist unglaublich mächtig. Deshalb wird sie es sicher haben wollen.
Aber da dein Relikt ein Parasit ist, kann sie es dir nicht einfach wegnehmen.
Was dann? Sie wird mit allen Mitteln und Wegen versuchen, es dir zu entreißen.
SRRRT
Entführungen, Erpressungen. Sie wird keine Grenzen kennen.

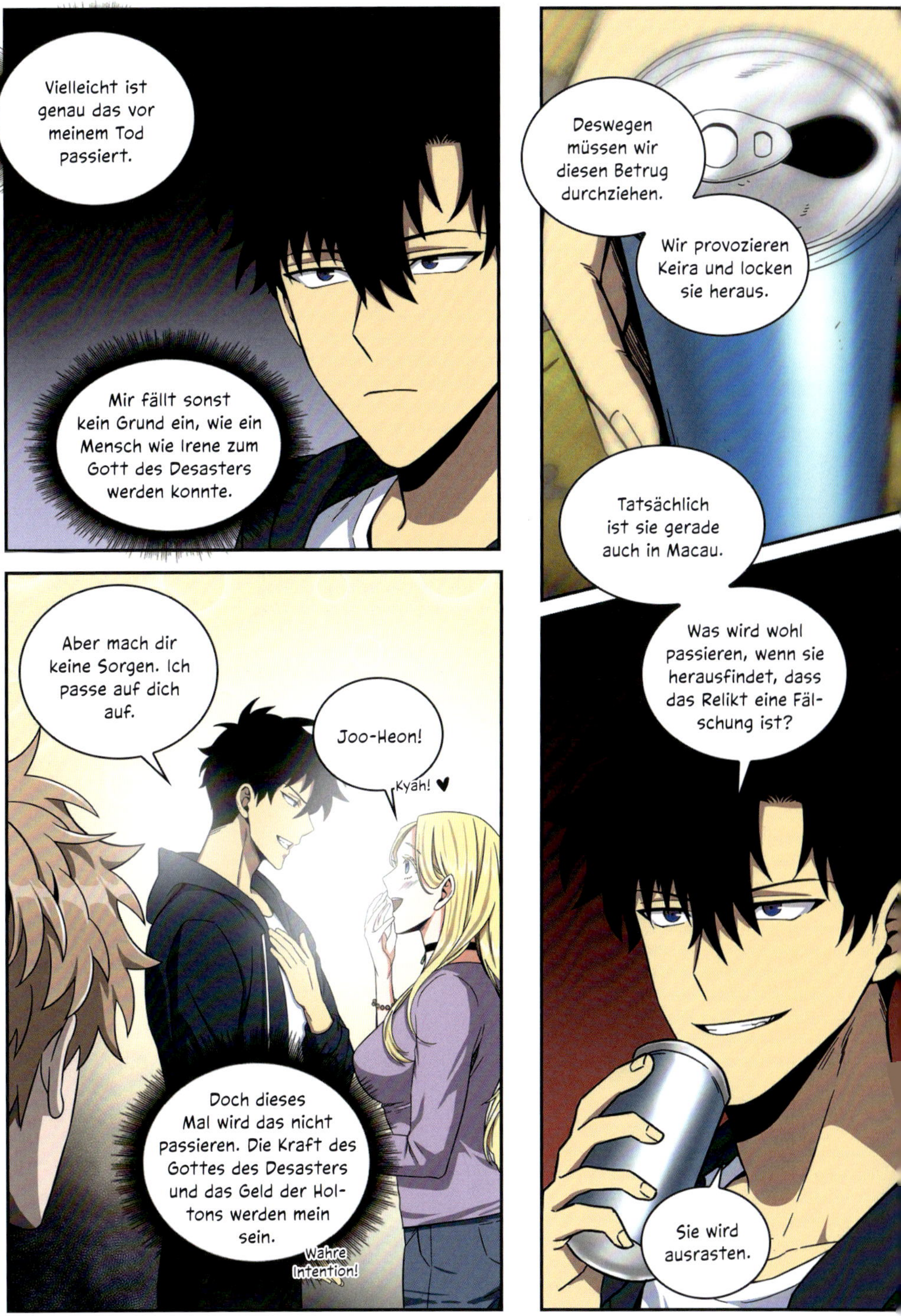
Vielleicht ist genau das vor meinem Tod passiert.
Mir fällt sonst kein Grund ein, wie ein Mensch wie Irene zum Gott des Desasters werden konnte.
Aber mach dir keine Sorgen. Ich passe auf dich auf.
Joo-Heon!
Kyah! ♥
Doch dieses Mal wird das nicht passieren. Die Kraft des Gottes des Desasters und das Geld der Holtons werden mein sein.
Wahre Intention!
Deswegen müssen wir diesen Betrug durchziehen.
Wir provozieren Keira und locken sie heraus.
Tatsächlich ist sie gerade auch in Macau.
Was wird wohl passieren, wenn sie herausfindet, dass das Relikt eine Fälschung ist?
Sie wird ausrasten.

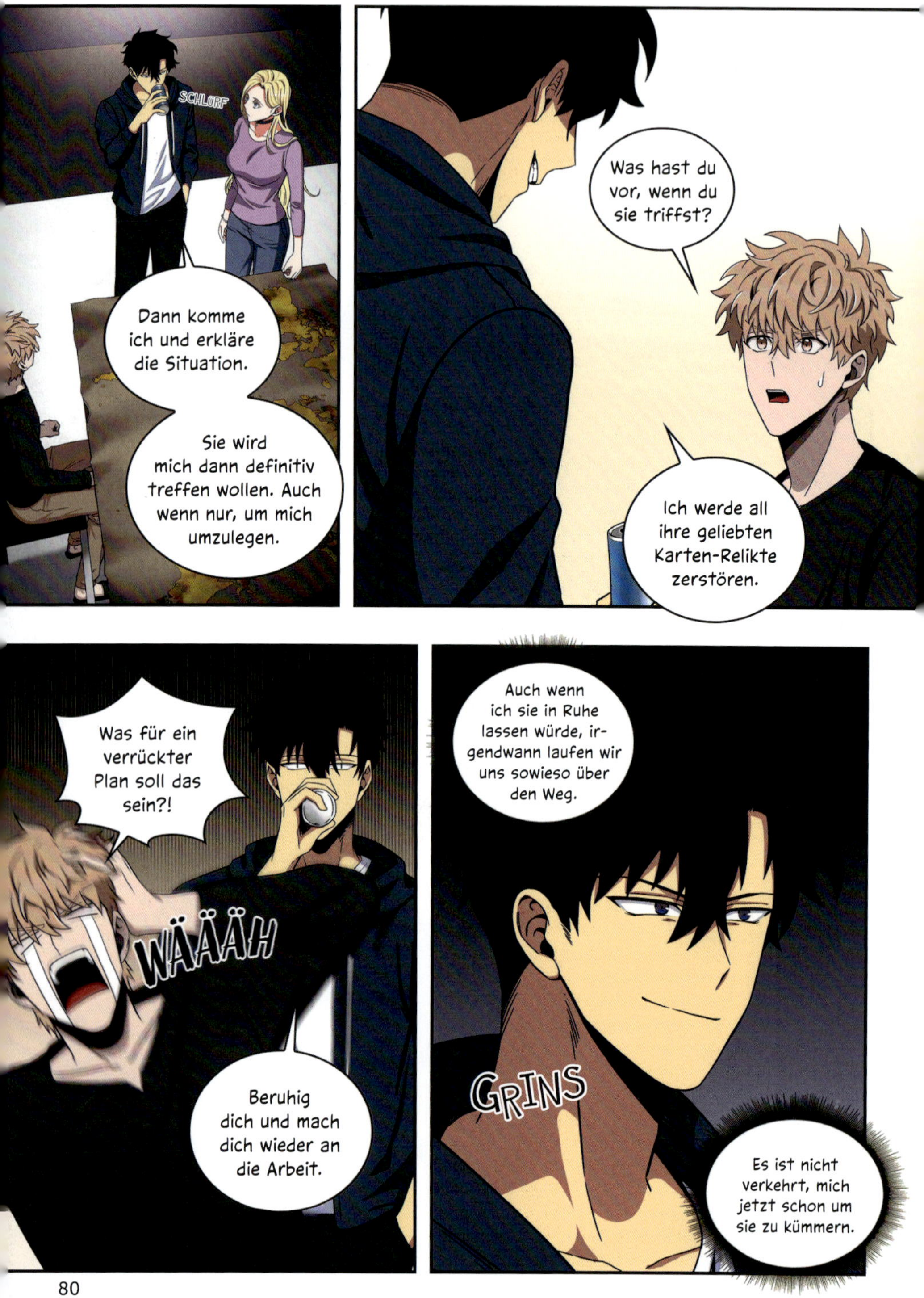
SCHLÜRF
Dann komme ich und erkläre die Situation.
Sie wird mich dann definitiv treffen wollen. Auch wenn nur, um mich umzulegen.
Was hast du vor, wenn du sie triffst?
Ich werde all ihre geliebten Karten-Relikte zerstören.
Was für ein verrückter Plan soll das sein?!
WÄÄÄH
Beruhig dich und mach dich wieder an die Arbeit.
Auch wenn ich sie in Ruhe lassen würde, irgendwann laufen wir uns sowieso über den Weg.
GRINS
Es ist nicht verkehrt, mich jetzt schon um sie zu kümmern.

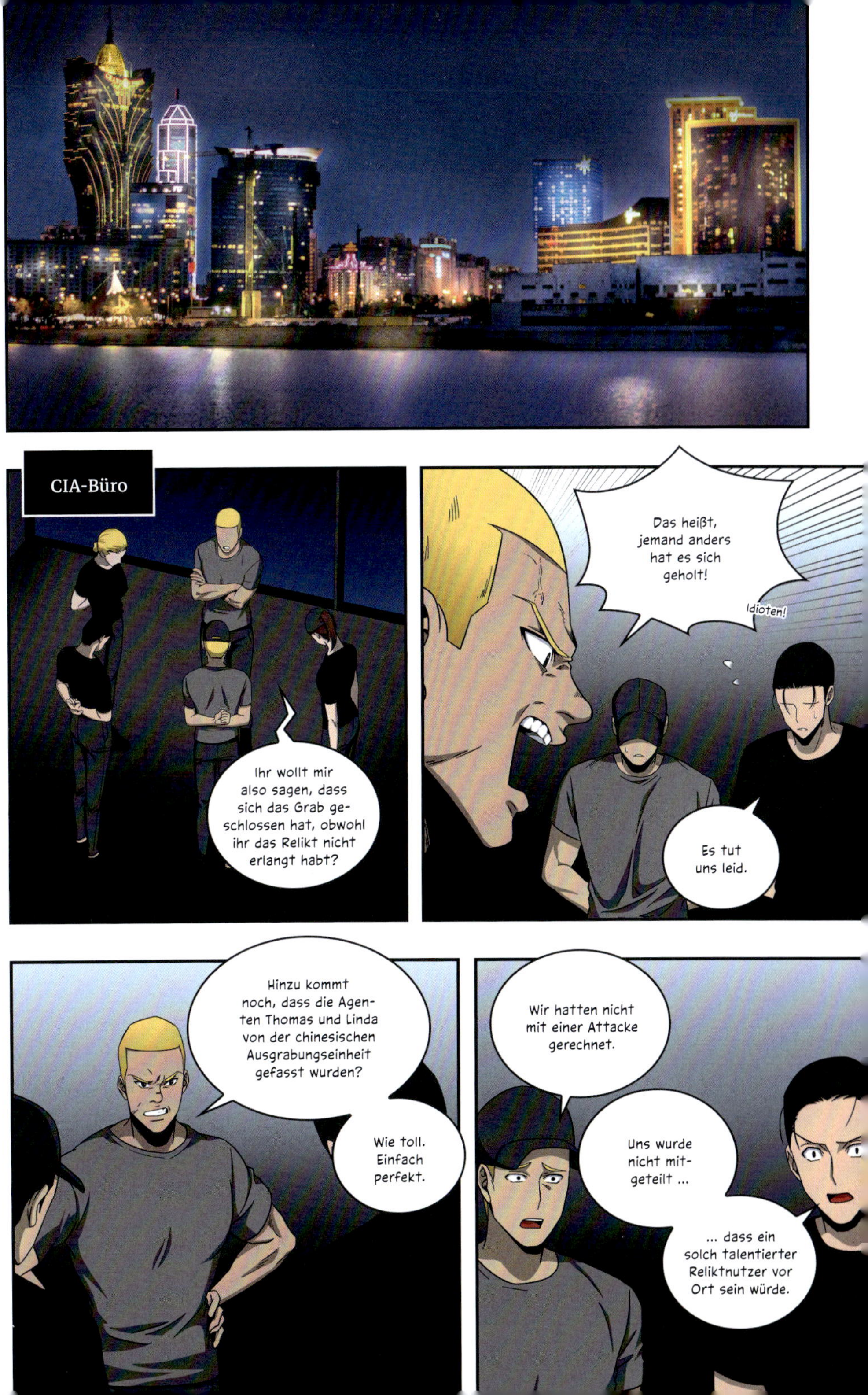
CIA-Büro
Ihr wollt mir also sagen, dass sich das Grab geschlossen hat, obwohl ihr das Relikt nicht erlangt habt?
Das heißt, jemand anders hat es sich geholt!
Idioten!
Es tut uns leid.
Hinzu kommt noch, dass die Agenten Thomas und Linda von der chinesischen Ausgrabungseinheit gefasst wurden?
Wie toll. Einfach perfekt.
Wir hatten nicht mit einer Attacke gerechnet.
Uns wurde nicht mitgeteilt ...
... dass ein solch talentierter Reliktnutzer vor Ort sein würde.

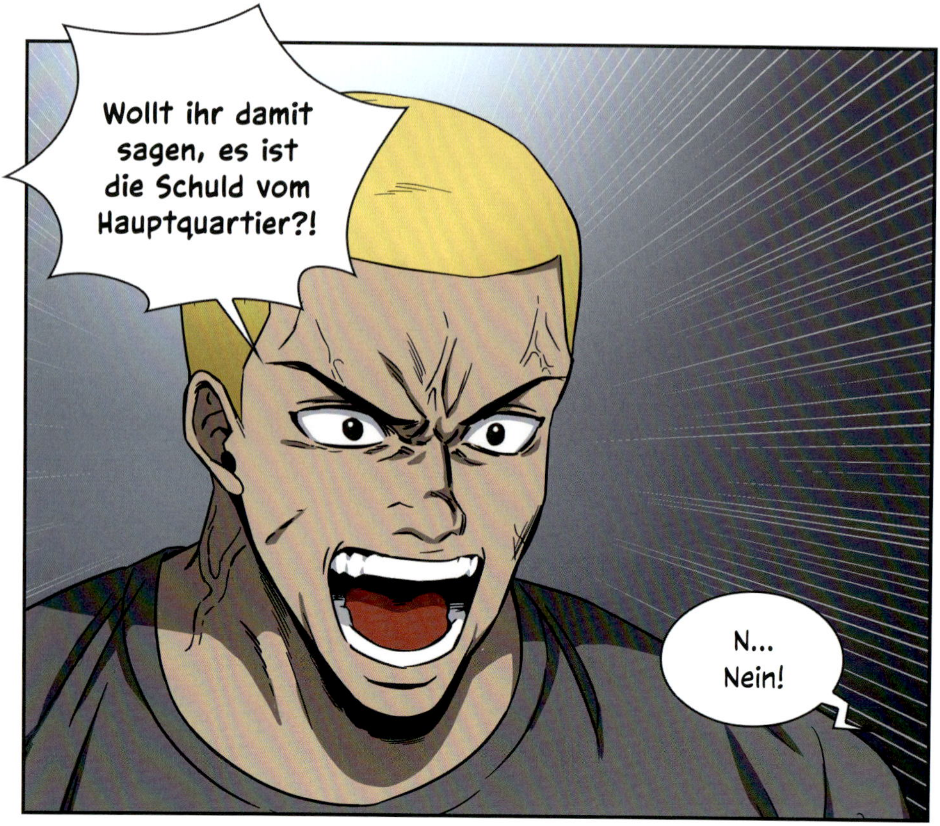
Wollt ihr damit sagen, es ist die Schuld vom Hauptquartier?!
N... Nein!

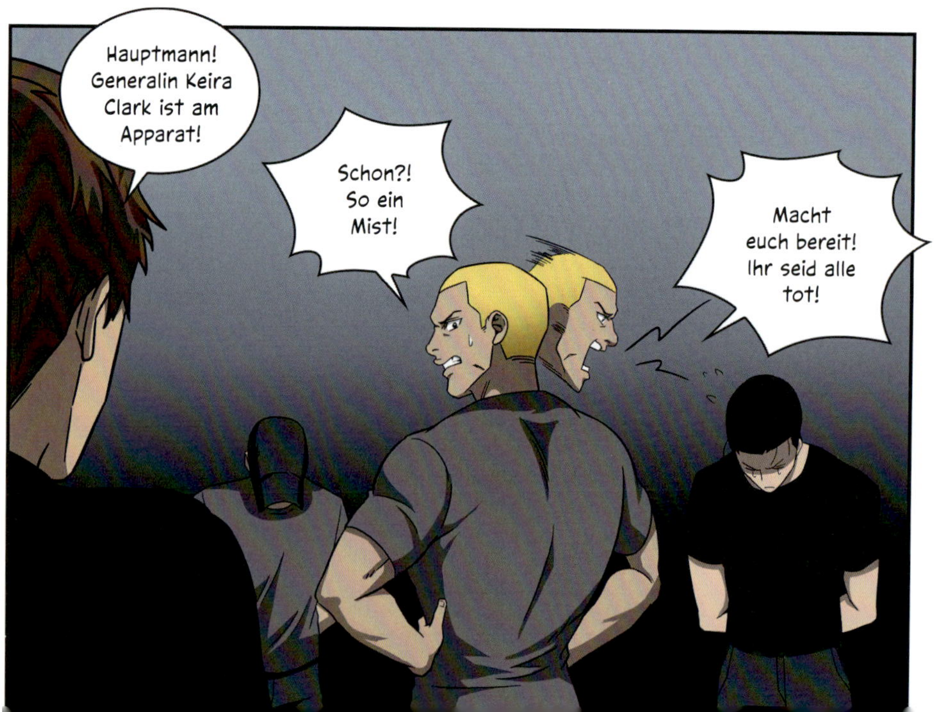
Hauptmann! Generalin Keira Clark ist am Apparat!
Schon?! So ein Mist!
Macht euch bereit! Ihr seid alle tot!

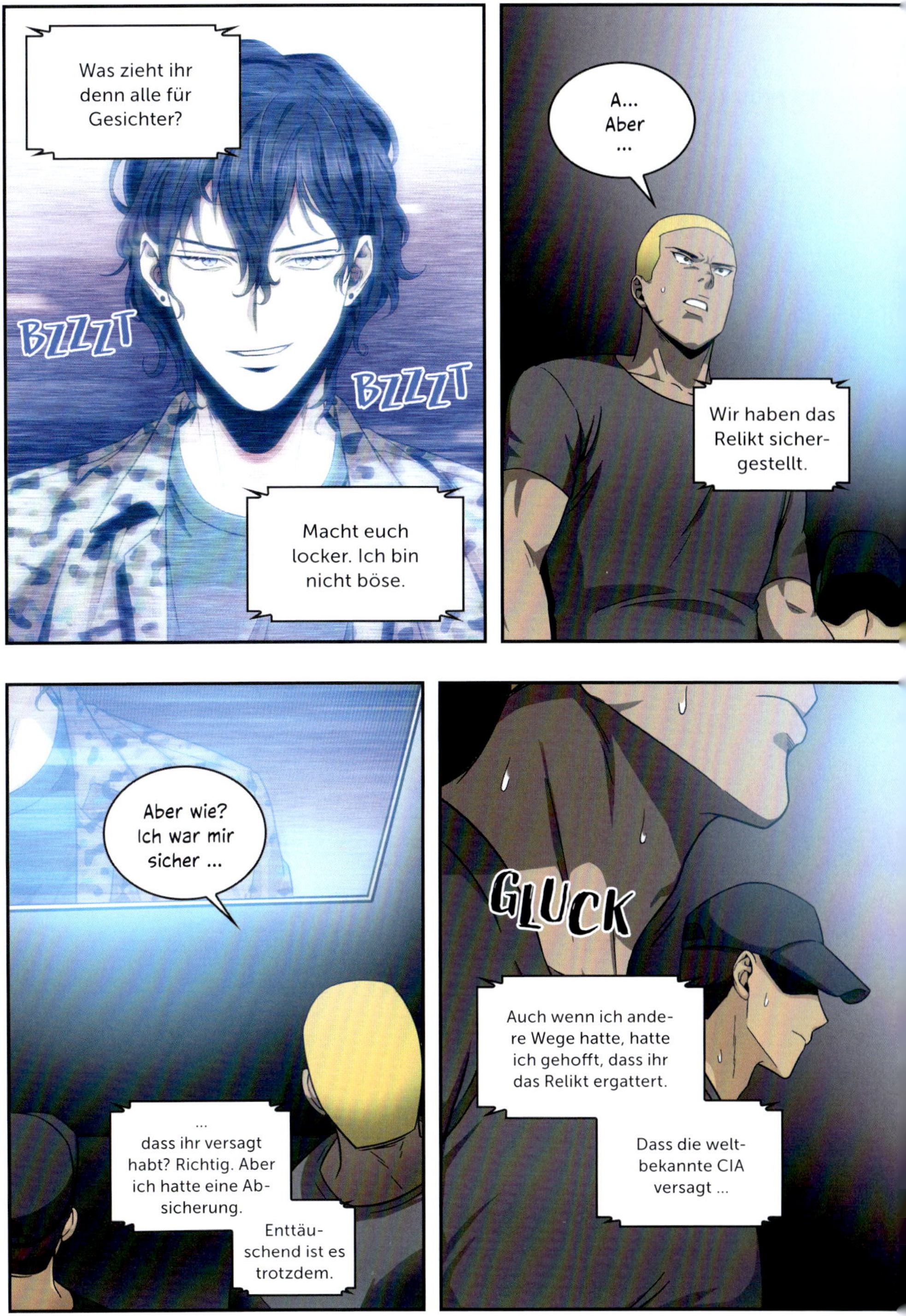
Was zieht ihr denn alle für Gesichter?
BZZZT
BZZZT
Macht euch locker. Ich bin nicht böse.
A... Aber ...
Wir haben das Relikt sicher-gestellt.
Aber wie? Ich war mir sicher ...
... dass ihr versagt habt? Richtig. Aber ich hatte eine Ab-sicherung.
Enttäu-schend ist es trotzdem.
GLUCK
Auch wenn ich ande-re Wege hatte, hatte ich gehofft, dass ihr das Relikt ergattert.
Dass die welt-bekannte CIA versagt ...

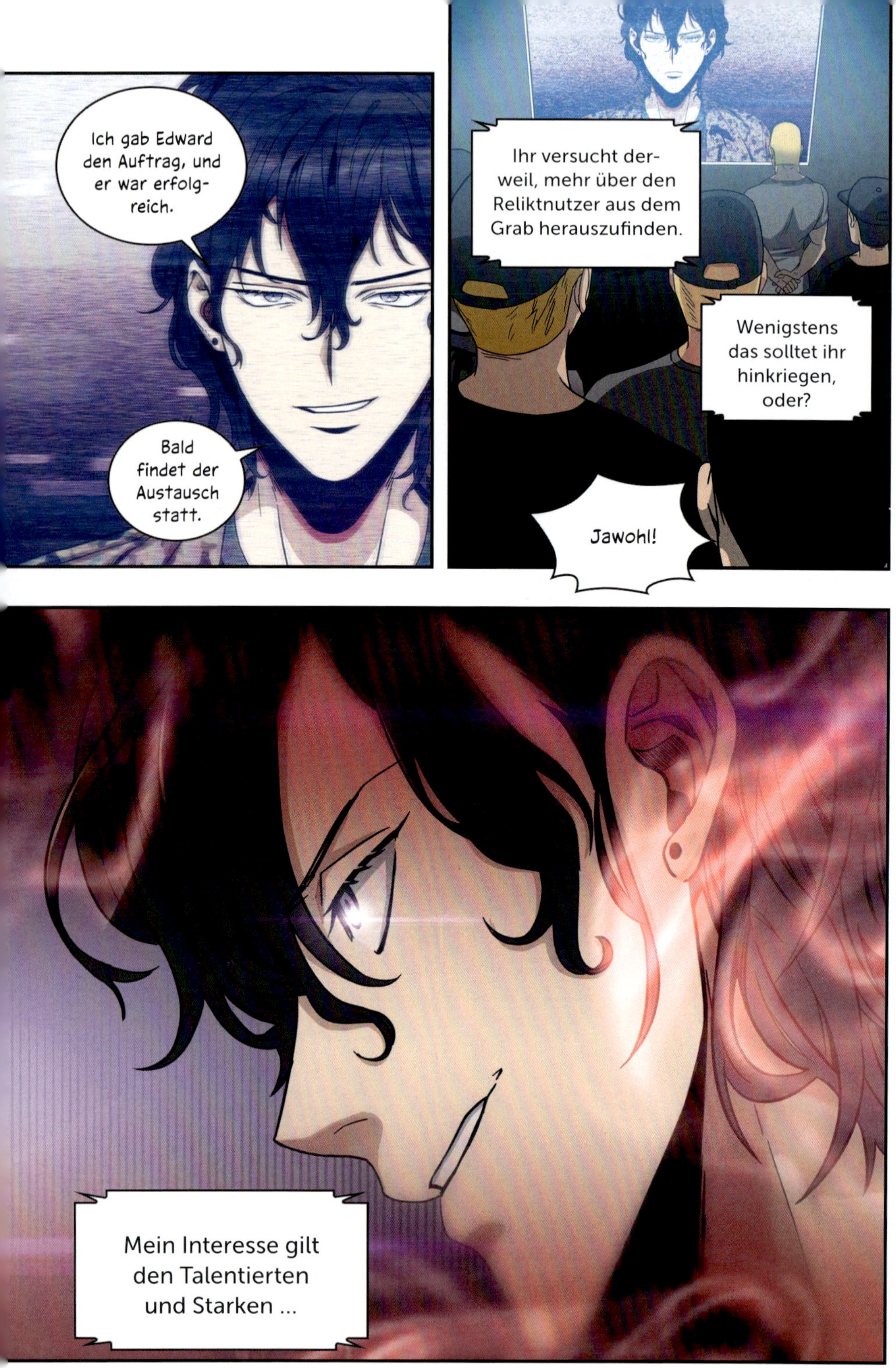
Ich gab Edward den Auftrag, und er war erfolg-reich.
Bald findet der Austausch statt.
Ihr versucht der-weil, mehr über den Reliktnutzer aus dem Grab herauszufinden.
Wenigstens das solltet ihr hinkriegen, oder?
Jawohl!
Mein Interesse gilt den Talentierten und Starken ...

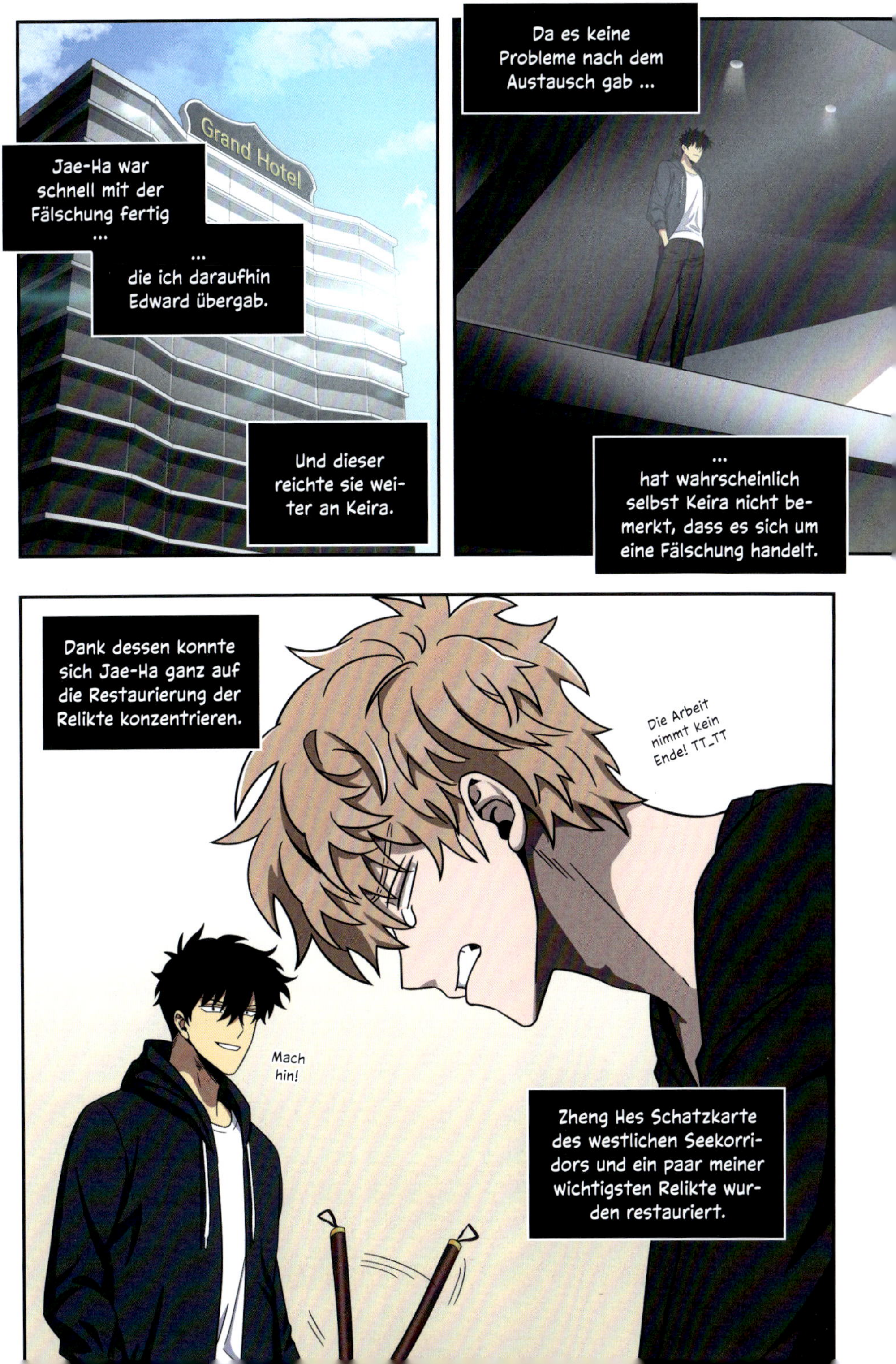
Grand Hotel
Jae-Ha war schnell mit der Fälschung fertig ...
... die ich daraufhin Edward übergab.
Und dieser reichte sie weiter an Keira.
Da es keine Probleme nach dem Austausch gab ...
... hat wahrscheinlich selbst Keira nicht bemerkt, dass es sich um eine Fälschung handelt.
Dank dessen konnte sich Jae-Ha ganz auf die Restaurierung der Relikte konzentrieren.
Die Arbeit nimmt kein Ende! TT_TT
Mach hin!
Zheng Hes Schatzkarte des westlichen Seekorridors und ein paar meiner wichtigsten Relikte wurden restauriert.

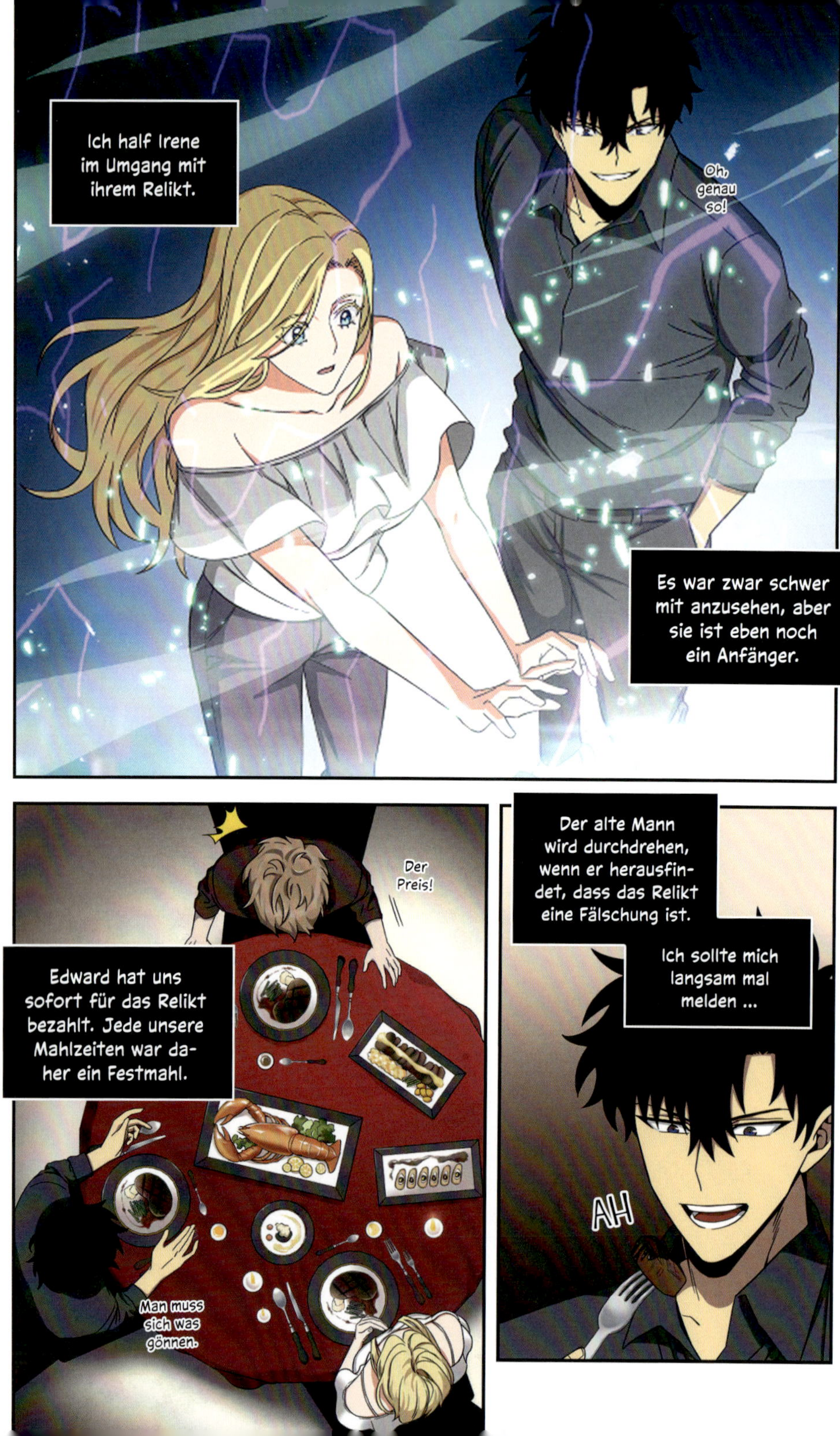
Ich half Irene im Umgang mit ihrem Relikt.
Oh, genau so!
Es war zwar schwer mit anzusehen, aber sie ist eben noch ein Anfänger.
Der Preis!
Edward hat uns sofort für das Relikt bezahlt. Jede unsere Mahlzeiten war daher ein Festmahl.
Man muss sich was gönnen.
Der alte Mann wird durchdrehen, wenn er herausfindet, dass das Relikt eine Fälschung ist.
Ich sollte mich langsam mal melden ...
AH

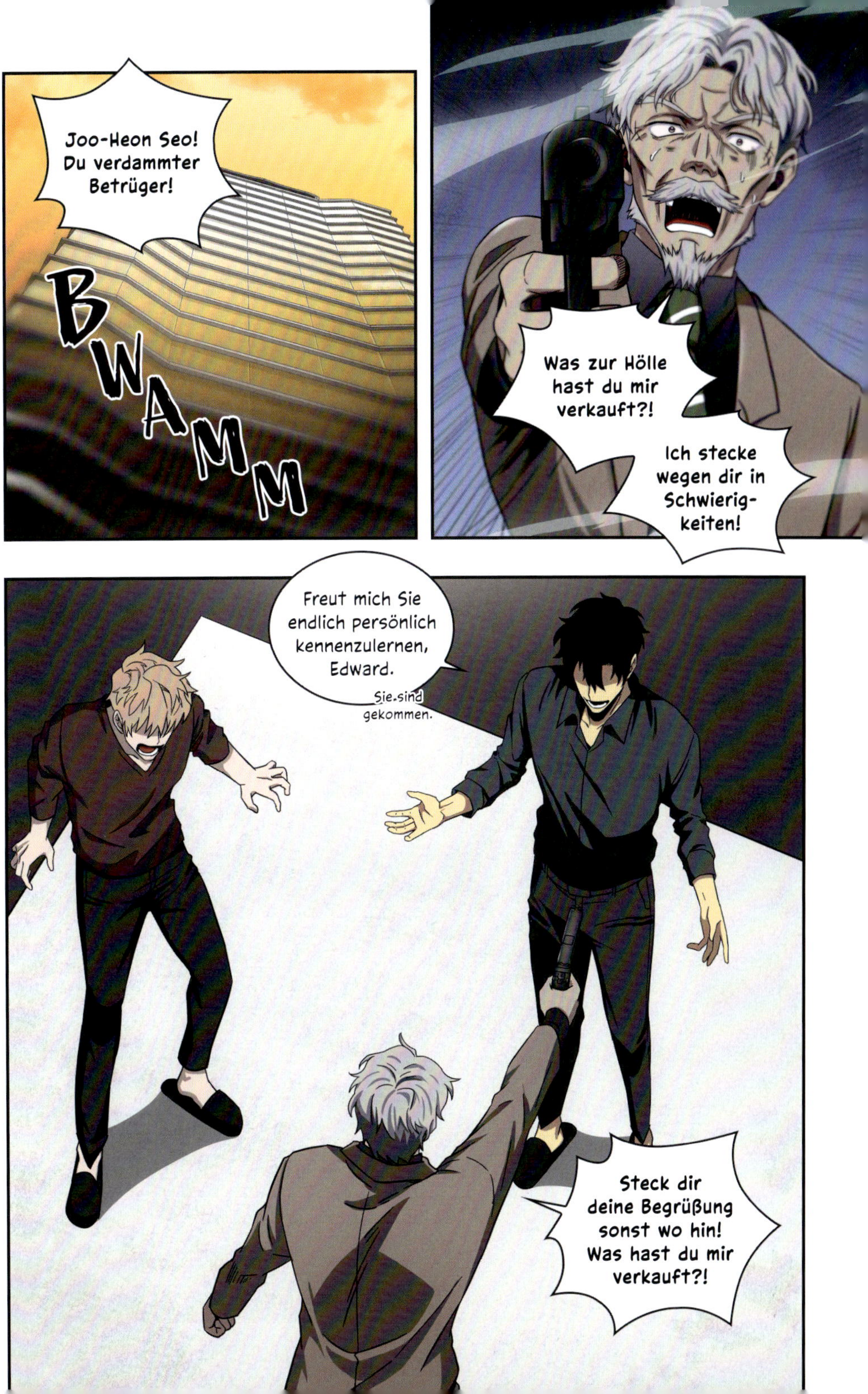
Joo-Heon Seo! Du verdammter Betrüger!
BWAMM
Was zur Hölle hast du mir verkauft?!
Ich stecke wegen dir in Schwierig-keiten!
Freut mich Sie endlich persönlich kennenzulernen, Edward.
Sie sind gekommen.
Steck dir deine Begrüßung sonst wo hin! Was hast du mir verkauft?!

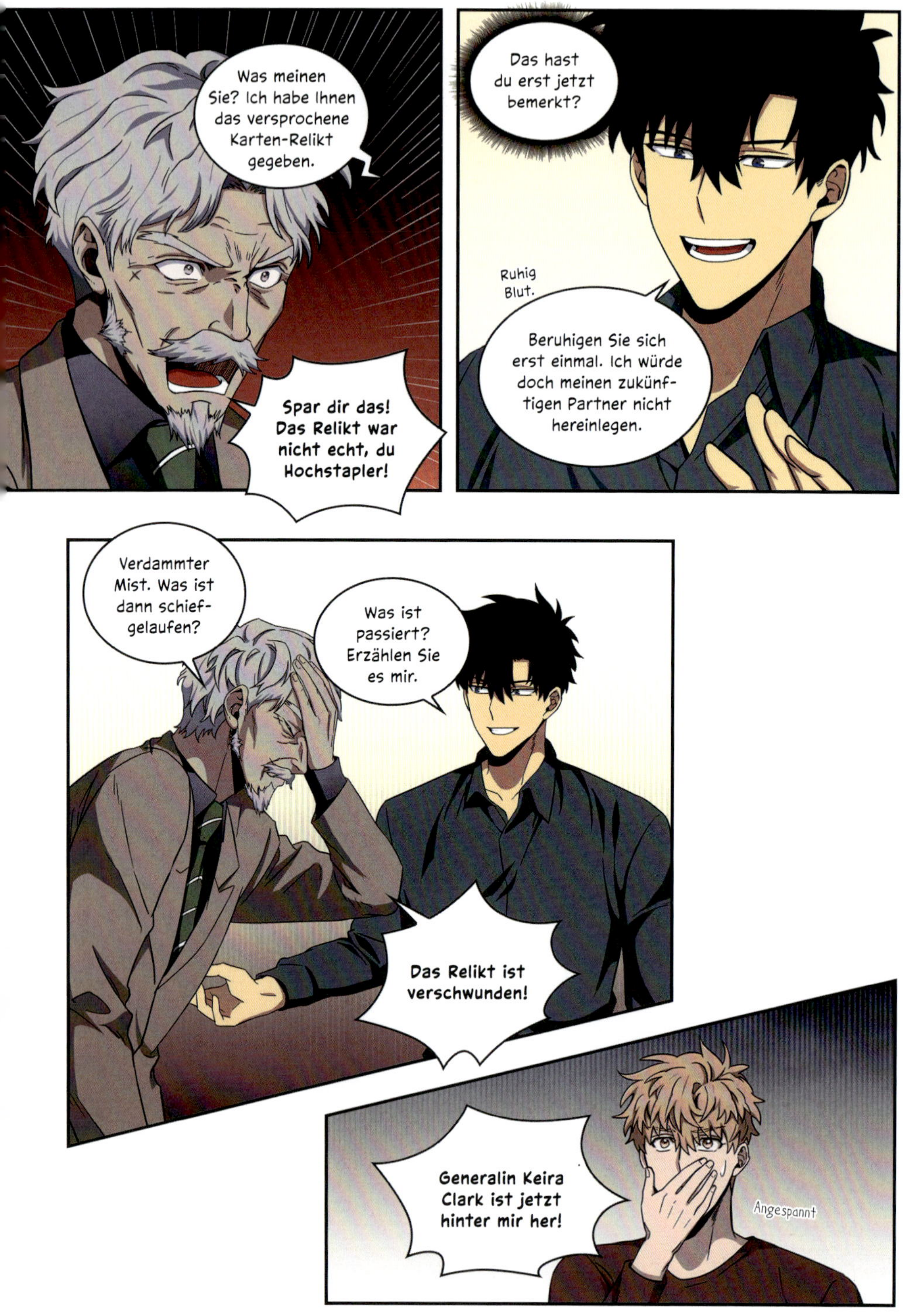
Was meinen Sie? Ich habe Ihnen das versprochene Karten-Relikt gegeben.
Spar dir das! Das Relikt war nicht echt, du Hochstapler!
Das hast du erst jetzt bemerkt?
Ruhig Blut.
Beruhigen Sie sich erst einmal. Ich würde doch meinen zukünftigen Partner nicht hereinlegen.
Verdammter Mist. Was ist dann schiefgelaufen?
Was ist passiert? Erzählen Sie es mir.
Das Relikt ist verschwunden!
Generalin Keira Clark ist jetzt hinter mir her!
Angespannt

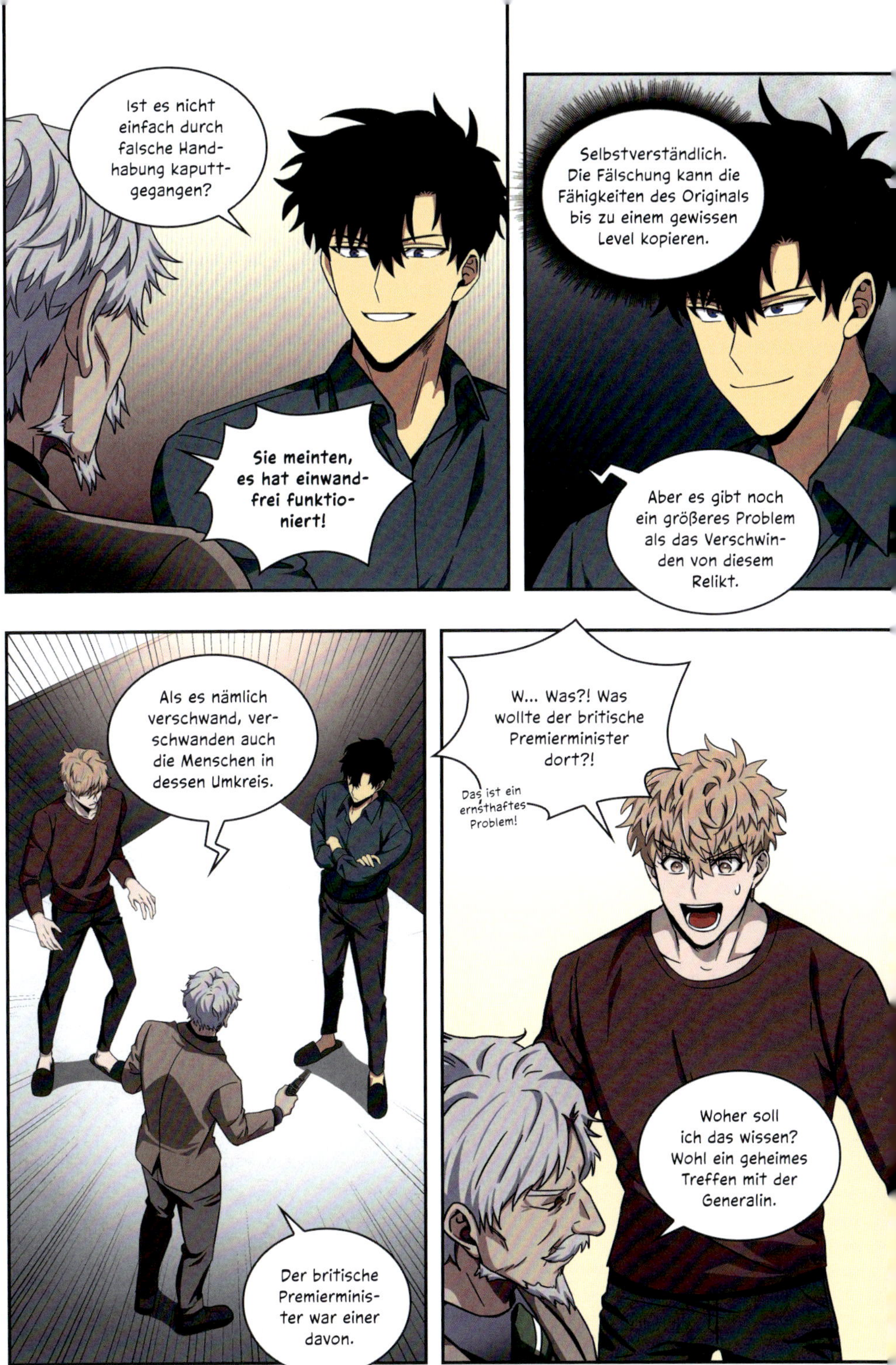
Ist es nicht einfach durch falsche Handhabung kaputtgegangen?
Sie meinten, es hat einwandfrei funktioniert!
Selbstverständlich. Die Fälschung kann die Fähigkeiten des Originals bis zu einem gewissen Level kopieren.
Aber es gibt noch ein größeres Problem als das Verschwinden von diesem Relikt.
Als es nämlich verschwand, verschwanden auch die Menschen in dessen Umkreis.
Der britische Premierminister war einer davon.
W... Was?! Was wollte der britische Premierminister dort?!
Das ist ein ernsthaftes Problem!
Woher soll ich das wissen? Wohl ein geheimes Treffen mit der Generalin.

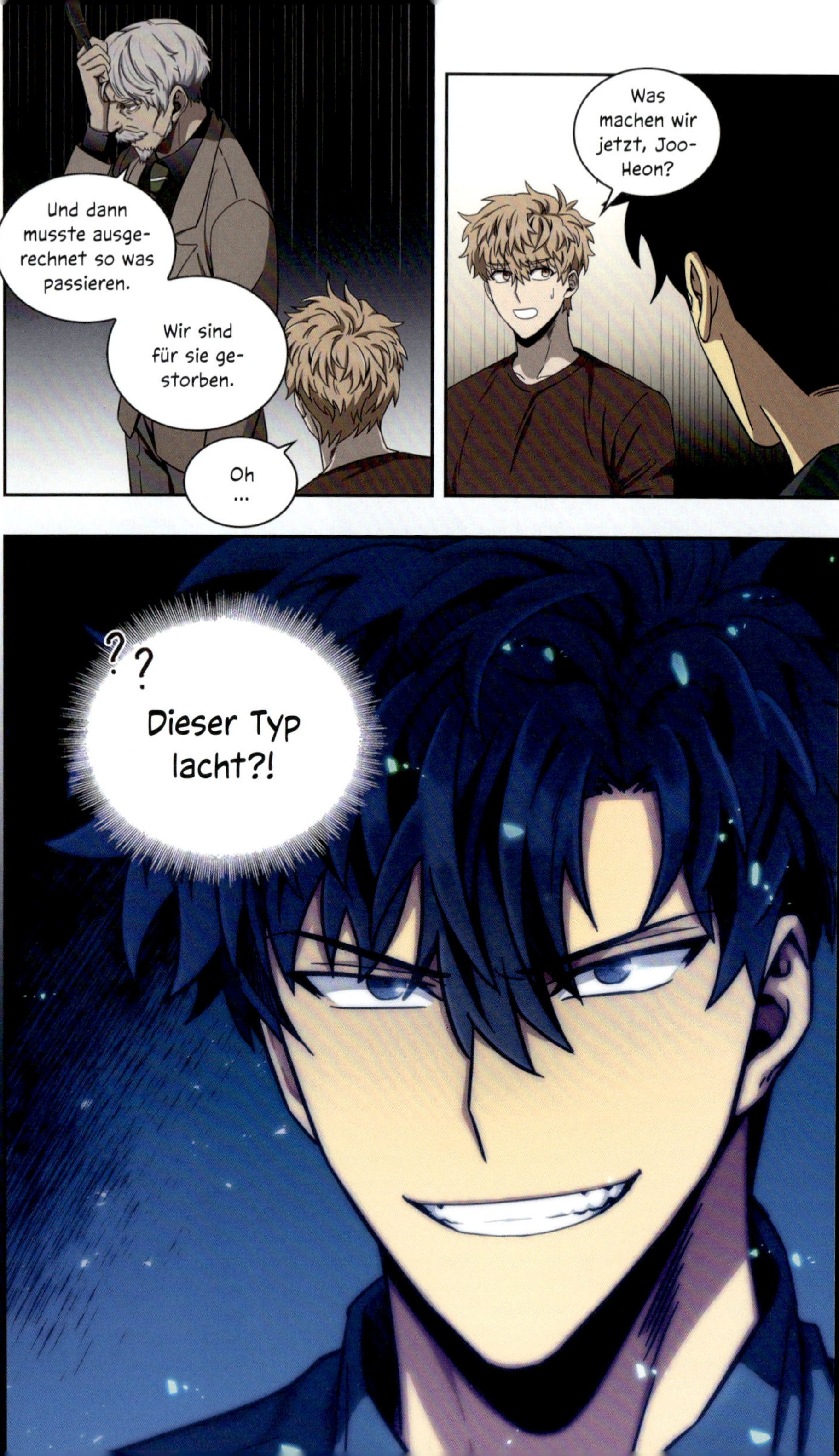
Und dann musste ausgerechnet so was passieren.
Wir sind für sie gestorben.
Oh ...
Was machen wir jetzt, Joo-Heon?
??
Dieser Typ lacht?!

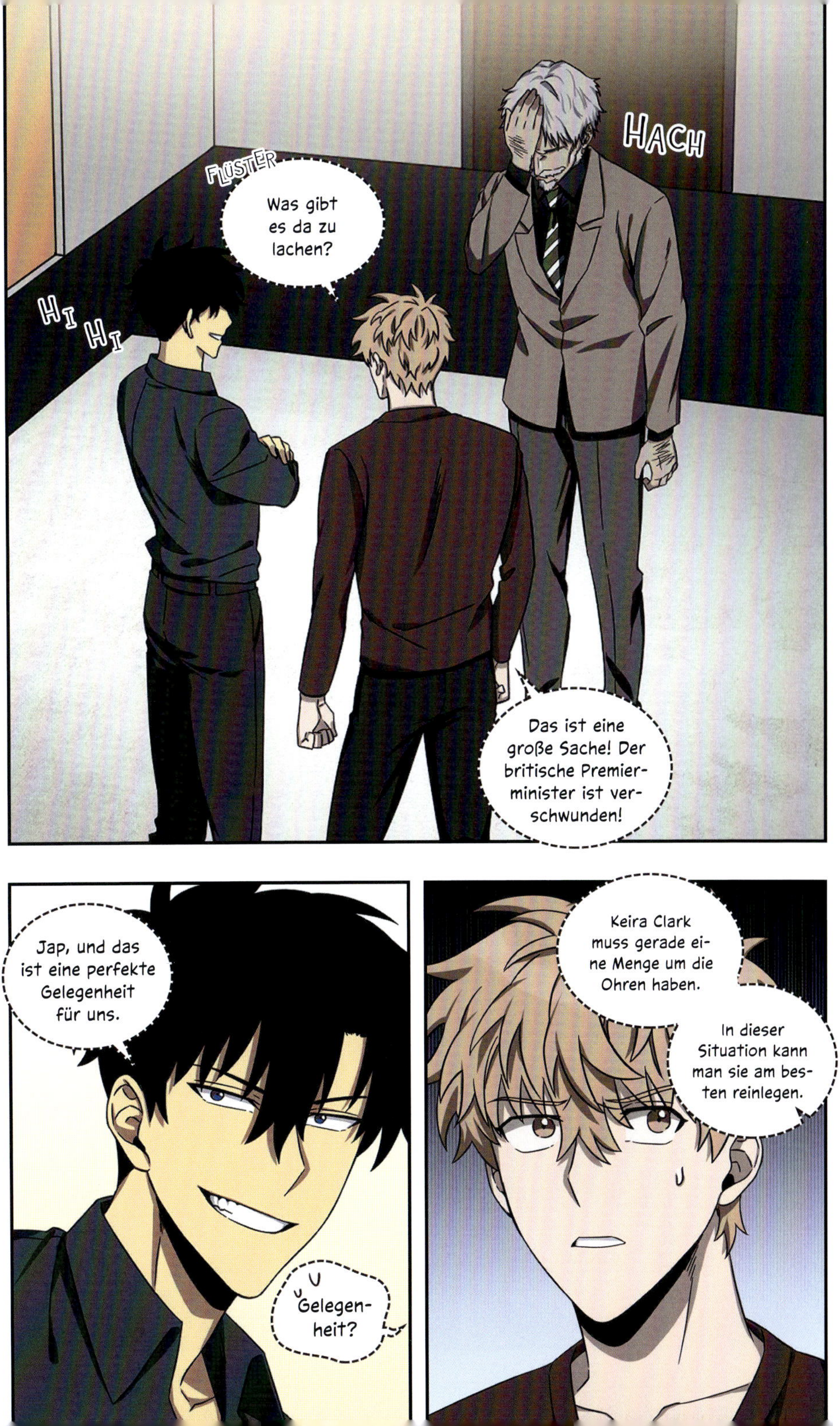
HACH
FLÜSTER
Was gibt es da zu lachen?
HI HI
Das ist eine große Sache! Der britische Premier-minister ist ver-schwunden!
Jap, und das ist eine perfekte Gelegenheit für uns.
Keira Clark muss gerade ei-ne Menge um die Ohren haben.
In dieser Situation kann man sie am bes-ten reinlegen.
Gelegen-heit?

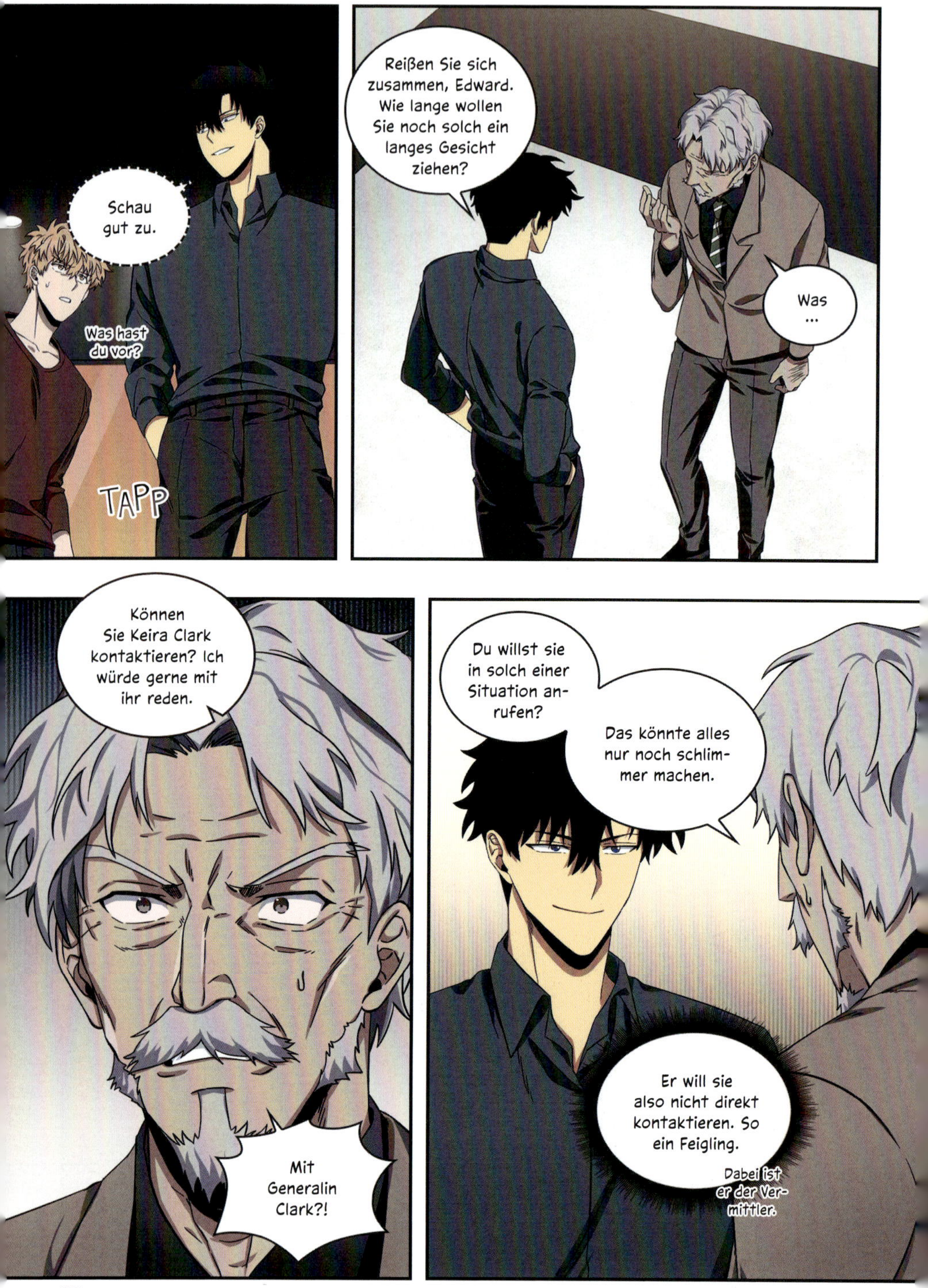
Schau gut zu.
Was hast du vor?
TAPP
Reißen Sie sich zusammen, Edward. Wie lange wollen Sie noch solch ein langes Gesicht ziehen?
Was ...
Können Sie Keira Clark kontaktieren? Ich würde gerne mit ihr reden.
Mit Generalin Clark?!
Du willst sie in solch einer Situation anrufen?
Das könnte alles nur noch schlimmer machen.
Er will sie also nicht direkt kontaktieren. So ein Feigling.
Dabei ist er der Vermittler.

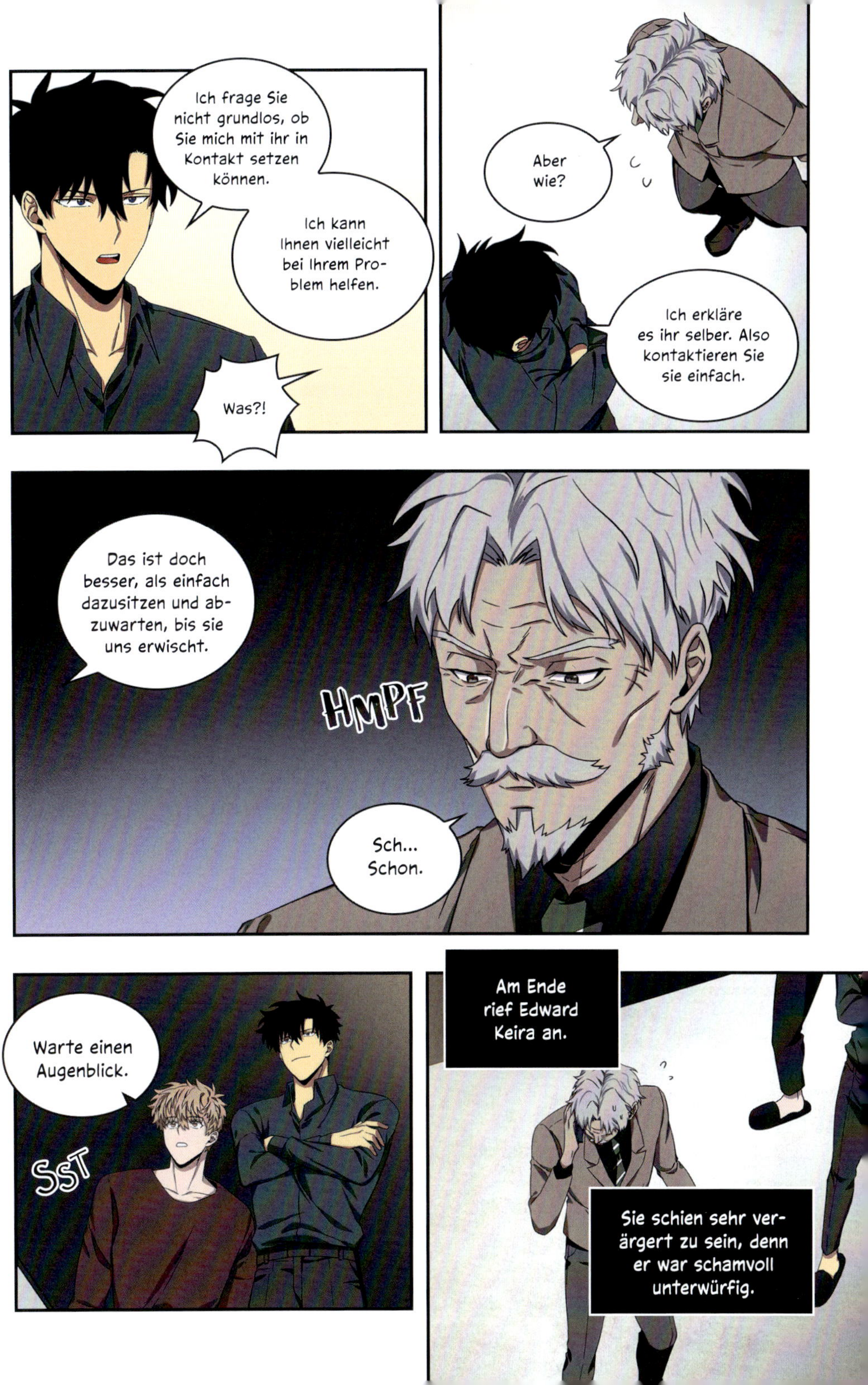
Ich frage Sie nicht grundlos, ob Sie mich mit ihr in Kontakt setzen können.
Ich kann Ihnen vielleicht bei Ihrem Problem helfen.
Was?!
Aber wie?
Ich erkläre es ihr selber. Also kontaktieren Sie sie einfach.
Das ist doch besser, als einfach dazusitzen und abzuwarten, bis sie uns erwischt.
HMPF
Sch... Schon.
Warte einen Augenblick.
SST
Am Ende rief Edward Keira an.
Sie schien sehr verärgert zu sein, denn er war schamvoll unterwürfig.

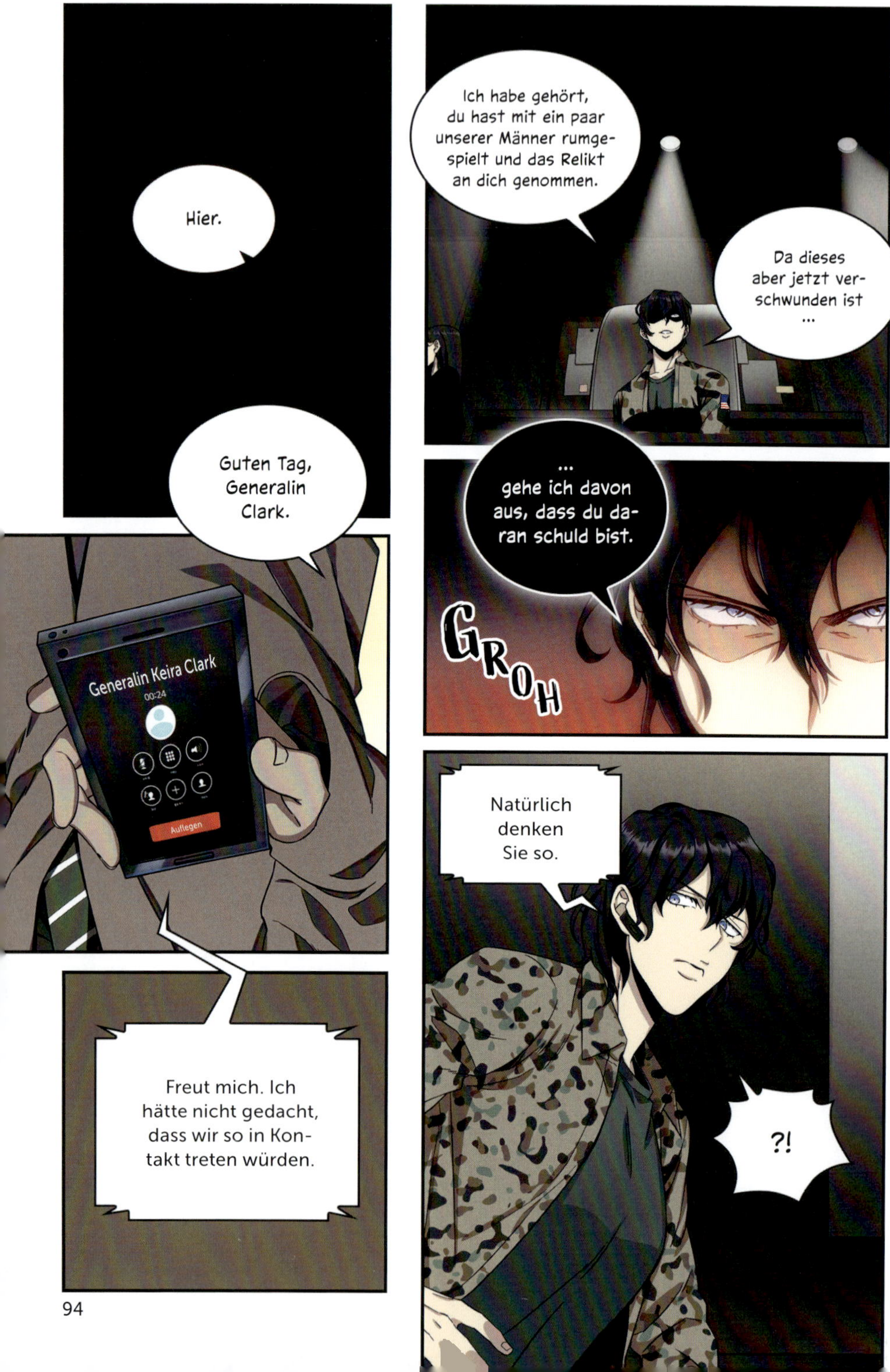
Hier.
Guten Tag, Generalin Clark.
Generalin Keira Clark
00:24
Auflegen
Freut mich. Ich hätte nicht gedacht, dass wir so in Kontakt treten würden.
Ich habe gehört, du hast mit ein paar unserer Männer rumgespielt und das Relikt an dich genommen.
Da dieses aber jetzt verschwunden ist …
… gehe ich davon aus, dass du daran schuld bist.
GROH
Natürlich denken Sie so.
?!

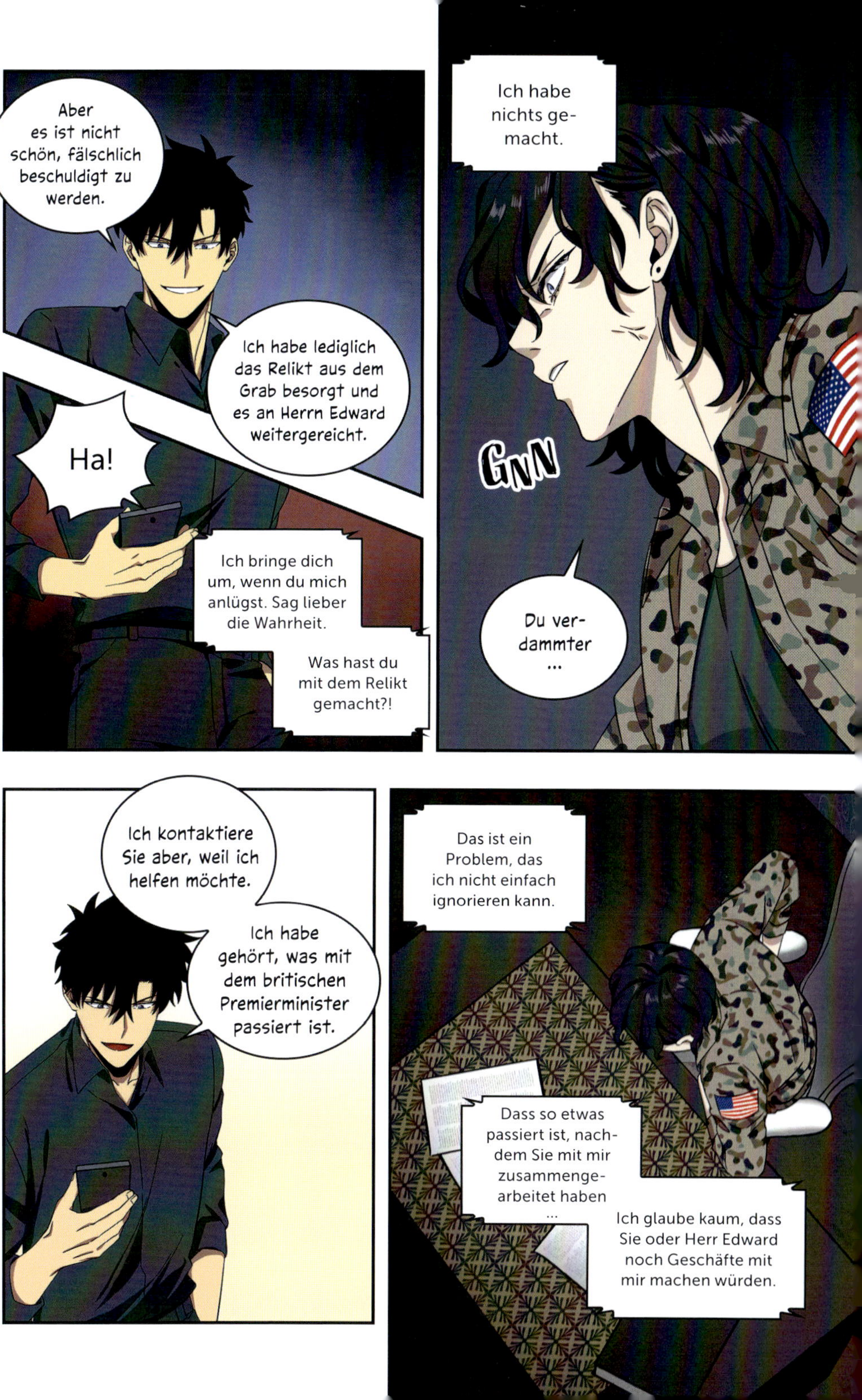
Aber es ist nicht schön, fälschlich beschuldigt zu werden.
Ich habe lediglich das Relikt aus dem Grab besorgt und es an Herrn Edward weitergereicht.
Ha!
Ich bringe dich um, wenn du mich anlügst. Sag lieber die Wahrheit.
Was hast du mit dem Relikt gemacht?!
Ich habe nichts gemacht.
GNN
Du verdammter …
Ich kontaktiere Sie aber, weil ich helfen möchte.
Ich habe gehört, was mit dem britischen Premierminister passiert ist.
Das ist ein Problem, das ich nicht einfach ignorieren kann.
Dass so etwas passiert ist, nachdem Sie mit mir zusammengearbeitet haben …
Ich glaube kaum, dass Sie oder Herr Edward noch Geschäfte mit mir machen würden.

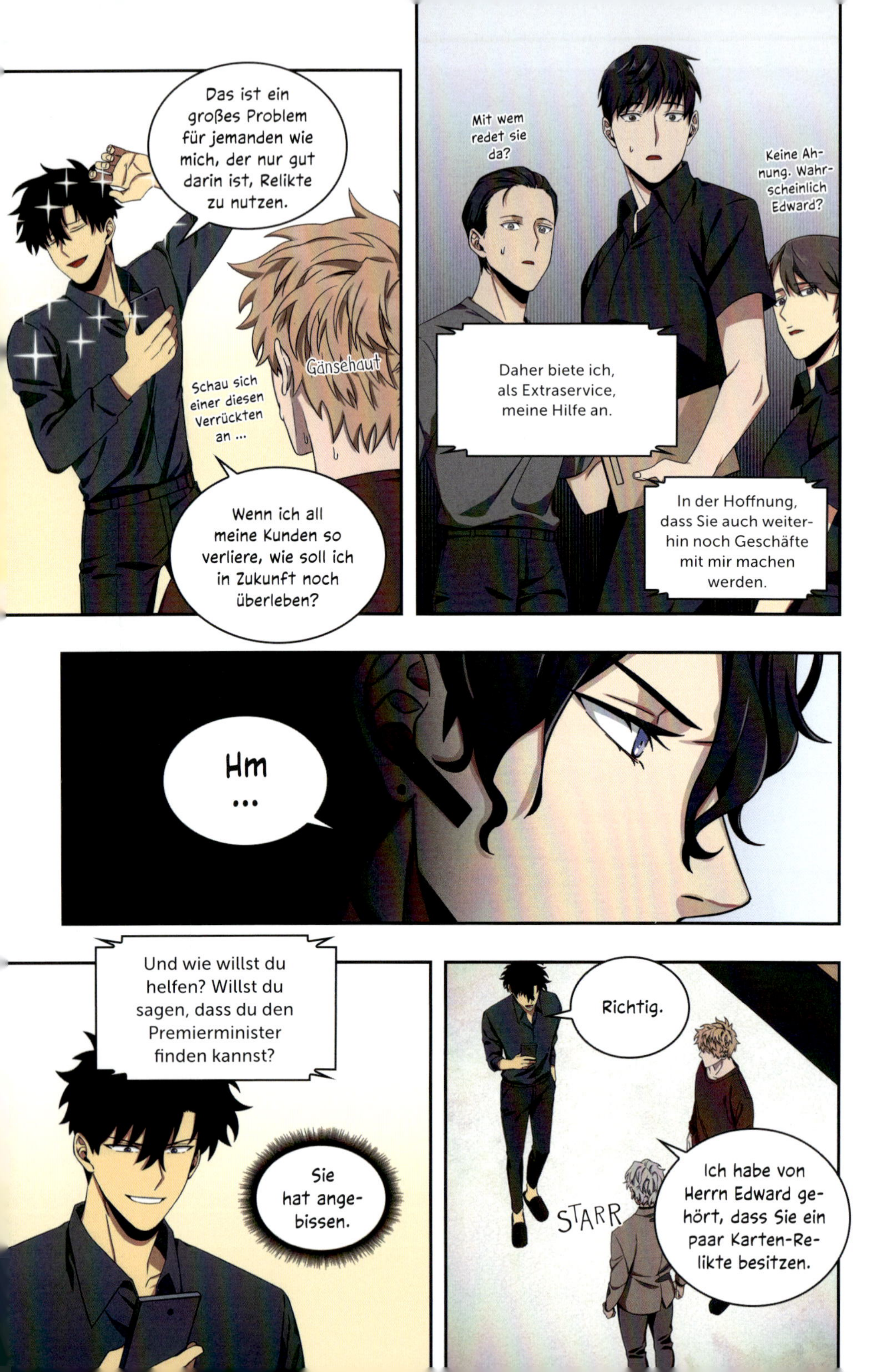
Das ist ein großes Problem für jemanden wie mich, der nur gut darin ist, Relikte zu nutzen.
Gänsehaut
Schau sich einer diesen Verrückten an ...
Wenn ich all meine Kunden so verliere, wie soll ich in Zukunft noch überleben?
Mit wem redet sie da?
Keine Ahnung. Wahrscheinlich Edward?
Daher biete ich, als Extraservice, meine Hilfe an.
In der Hoffnung, dass Sie auch weiterhin noch Geschäfte mit mir machen werden.
Hm ...
Und wie willst du helfen? Willst du sagen, dass du den Premierminister finden kannst?
Sie hat angebissen.
Richtig.
STARR
Ich habe von Herrn Edward gehört, dass Sie ein paar Karten-Relikte besitzen.

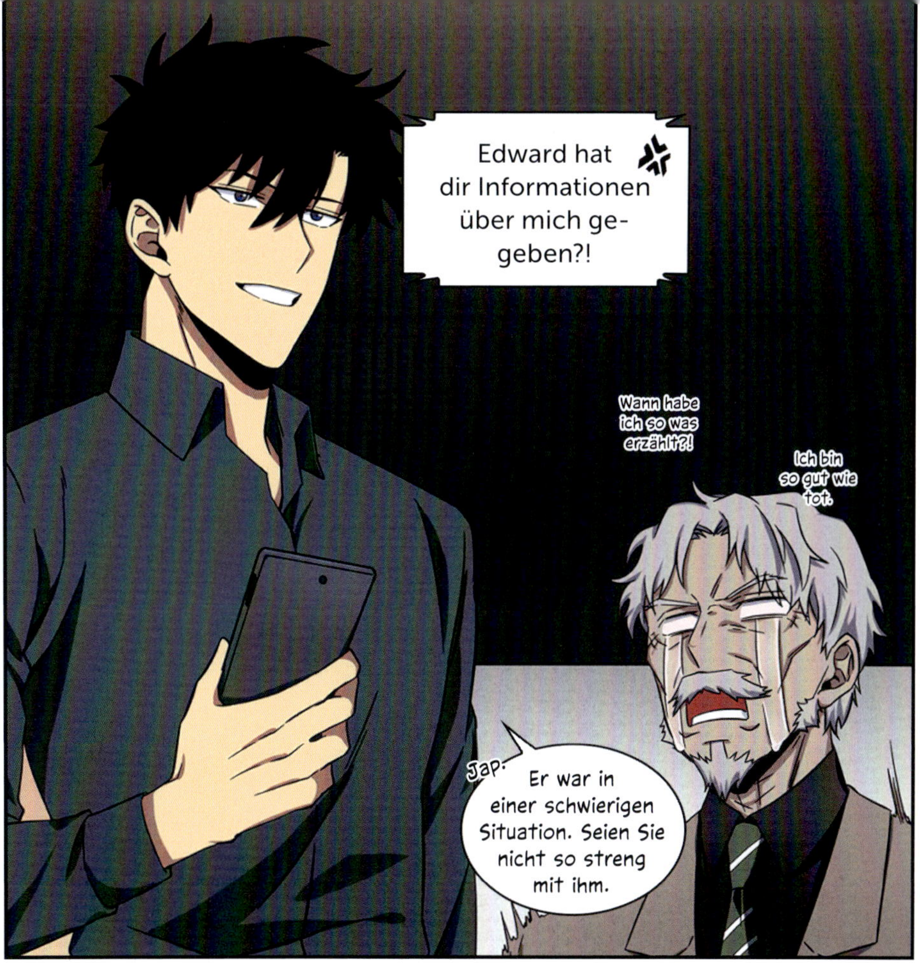
Edward hat dir Informationen über mich ge-geben?!
Wann habe ich so was erzählt?!
Ich bin so gut wie tot.
Jap.
Er war in einer schwierigen Situation. Seien Sie nicht so streng mit ihm.

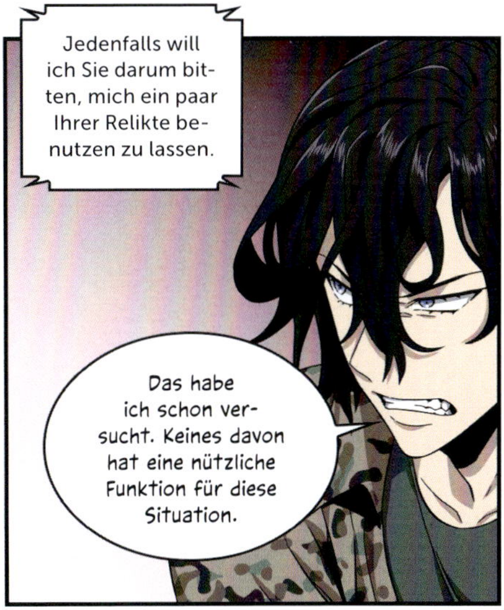
Jedenfalls will ich Sie darum bit-ten, mich ein paar Ihrer Relikte be-nutzen zu lassen.
Das habe ich schon ver-sucht. Keines davon hat eine nützliche Funktion für diese Situation.

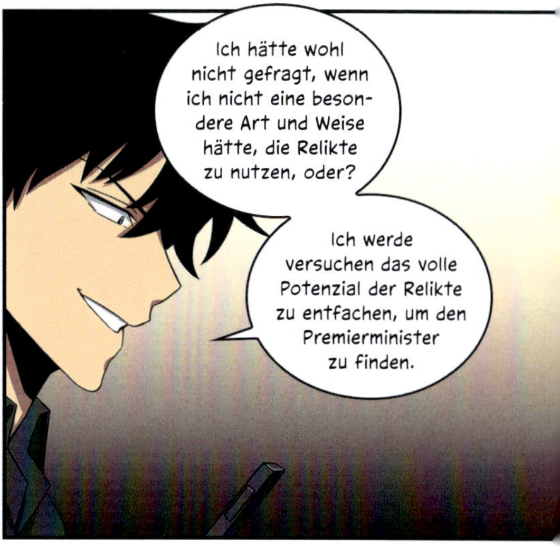
Ich hätte wohl nicht gefragt, wenn ich nicht eine beson-dere Art und Weise hätte, die Relikte zu nutzen, oder?
Ich werde versuchen das volle Potenzial der Relikte zu entfachen, um den Premierminister zu finden.

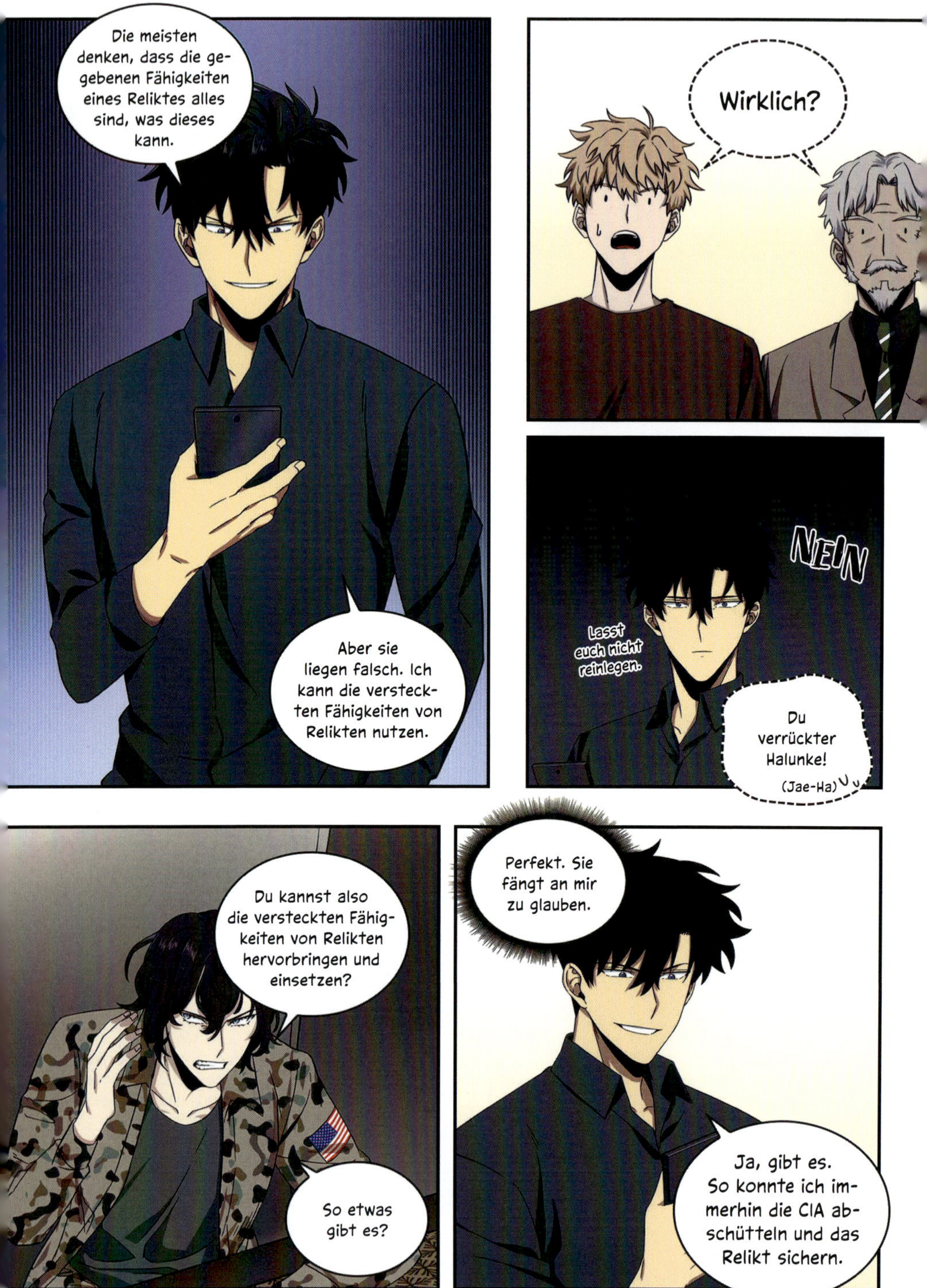

Die meisten denken, dass die gegebenen Fähigkeiten eines Reliktes alles sind, was dieses kann.
Aber sie liegen falsch. Ich kann die versteckten Fähigkeiten von Relikten nutzen.
Wirklich?
NEIN
Lasst euch nicht reinlegen.
Du verrückter Halunke! (Jae-Ha)
Du kannst also die versteckten Fähigkeiten von Relikten hervorbringen und einsetzen?
So etwas gibt es?
Perfekt. Sie fängt an mir zu glauben.
Ja, gibt es. So konnte ich immerhin die CIA abschütteln und das Relikt sichern.

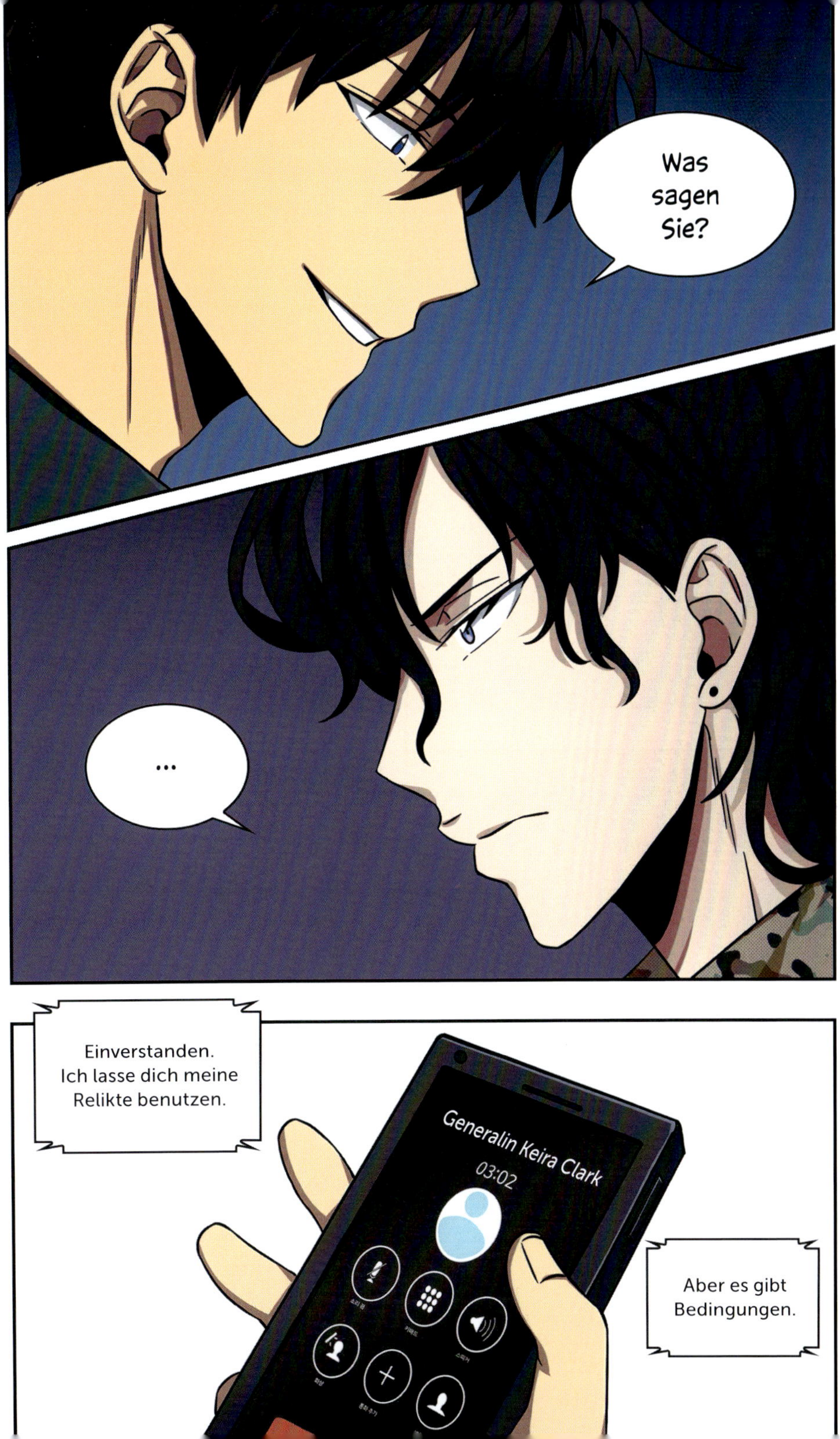
Was sagen Sie?
...
Einverstanden. Ich lasse dich meine Relikte benutzen.
Generalin Keira Clark
03:02
Aber es gibt Bedingungen.

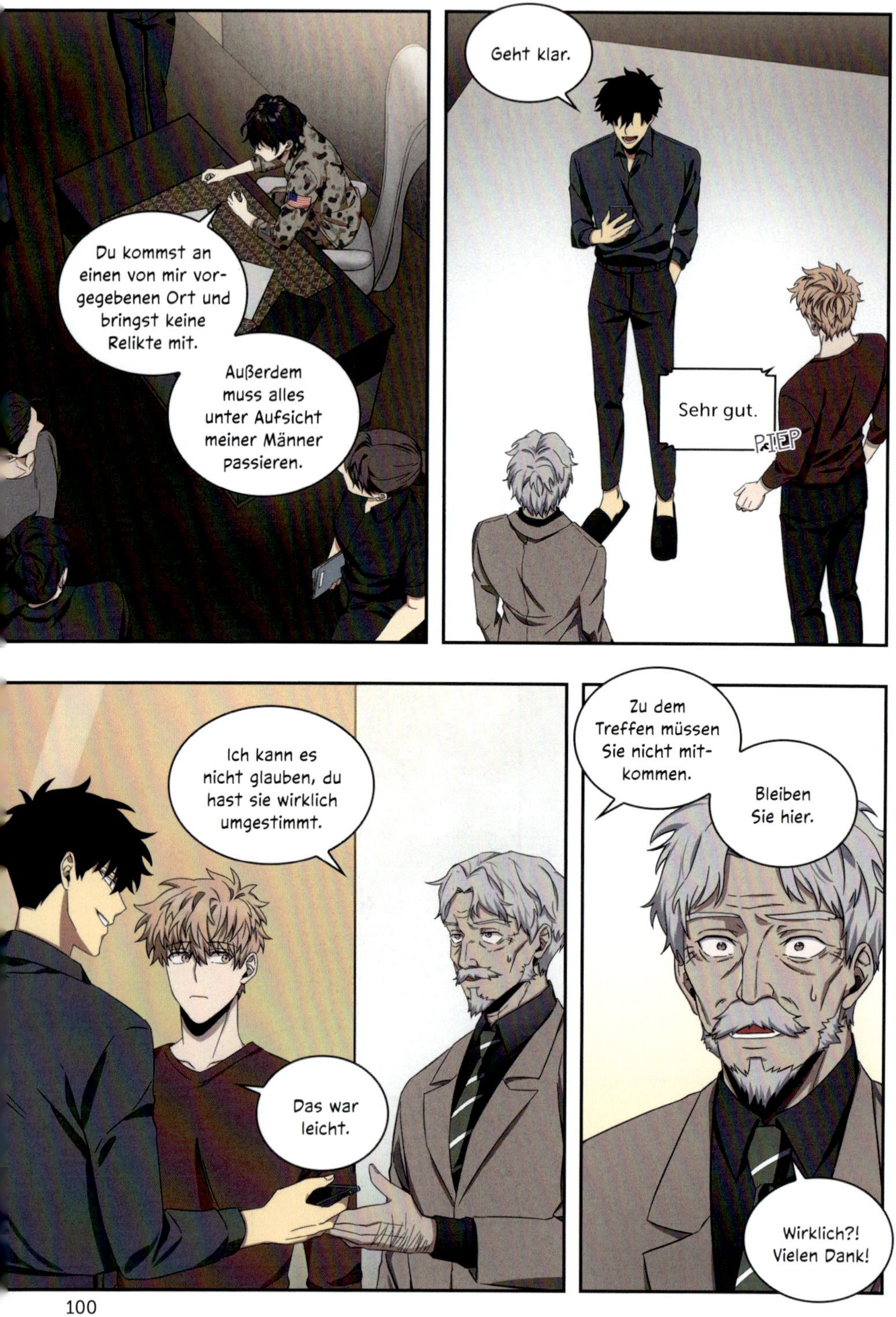
Du kommst an einen von mir vorgegebenen Ort und bringst keine Relikte mit.
Außerdem muss alles unter Aufsicht meiner Männer passieren.
Geht klar.
Sehr gut.
PIEP
Ich kann es nicht glauben, du hast sie wirklich umgestimmt.
Das war leicht.
Zu dem Treffen müssen Sie nicht mitkommen.
Bleiben Sie hier.
Wirklich?! Vielen Dank!

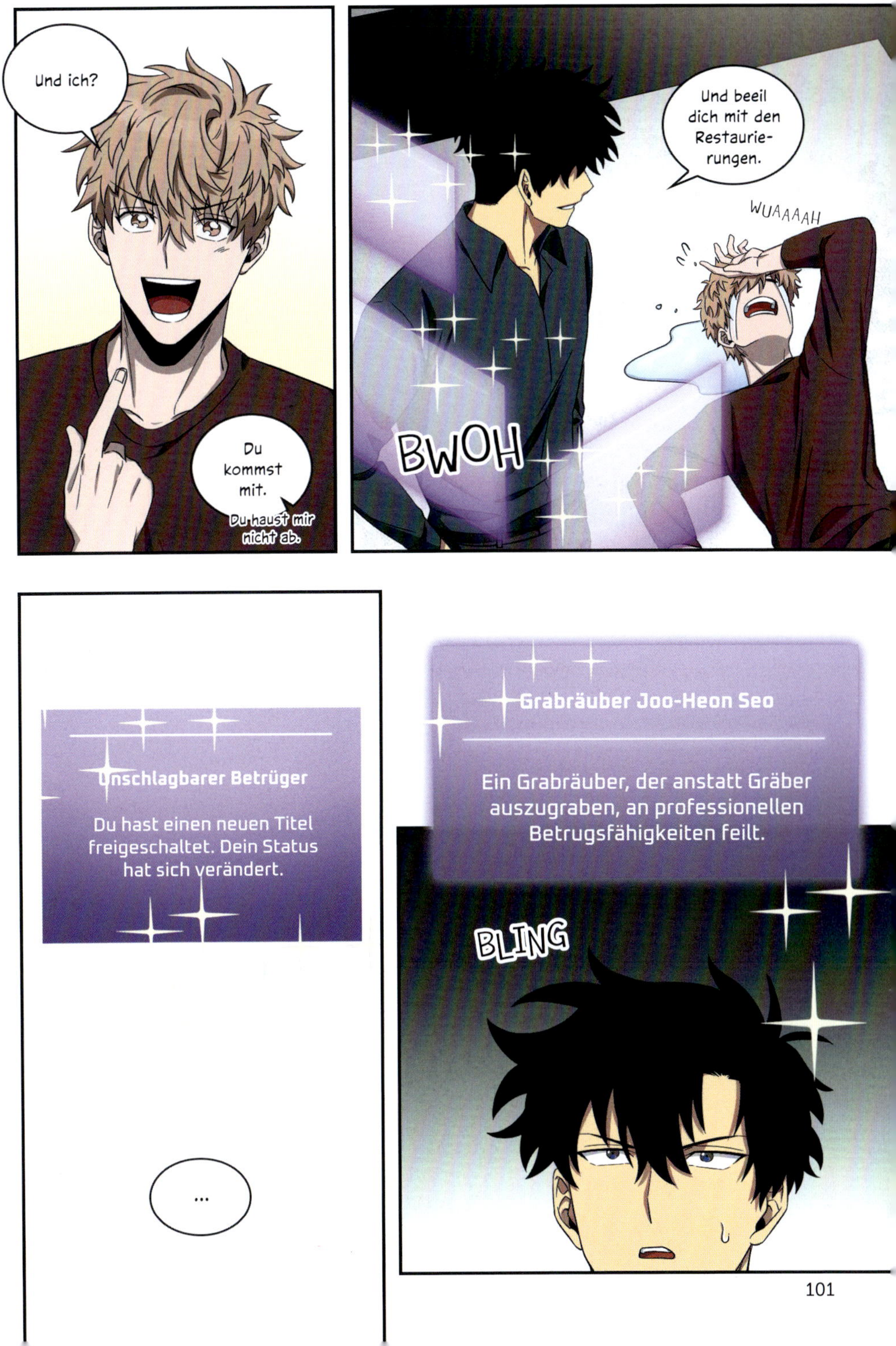
Und ich?
Du kommst mit.
Du haust mir nicht ab.
Und beeil dich mit den Restaurierungen.
WUAAAAH
BWOH
Unschlagbarer Betrüger
Du hast einen neuen Titel freigeschaltet. Dein Status hat sich verändert.
...
Grabräuber Joo-Heon Seo
Ein Grabräuber, der anstatt Gräber auszugraben, an professionellen Betrugsfähigkeiten feilt.
BLING

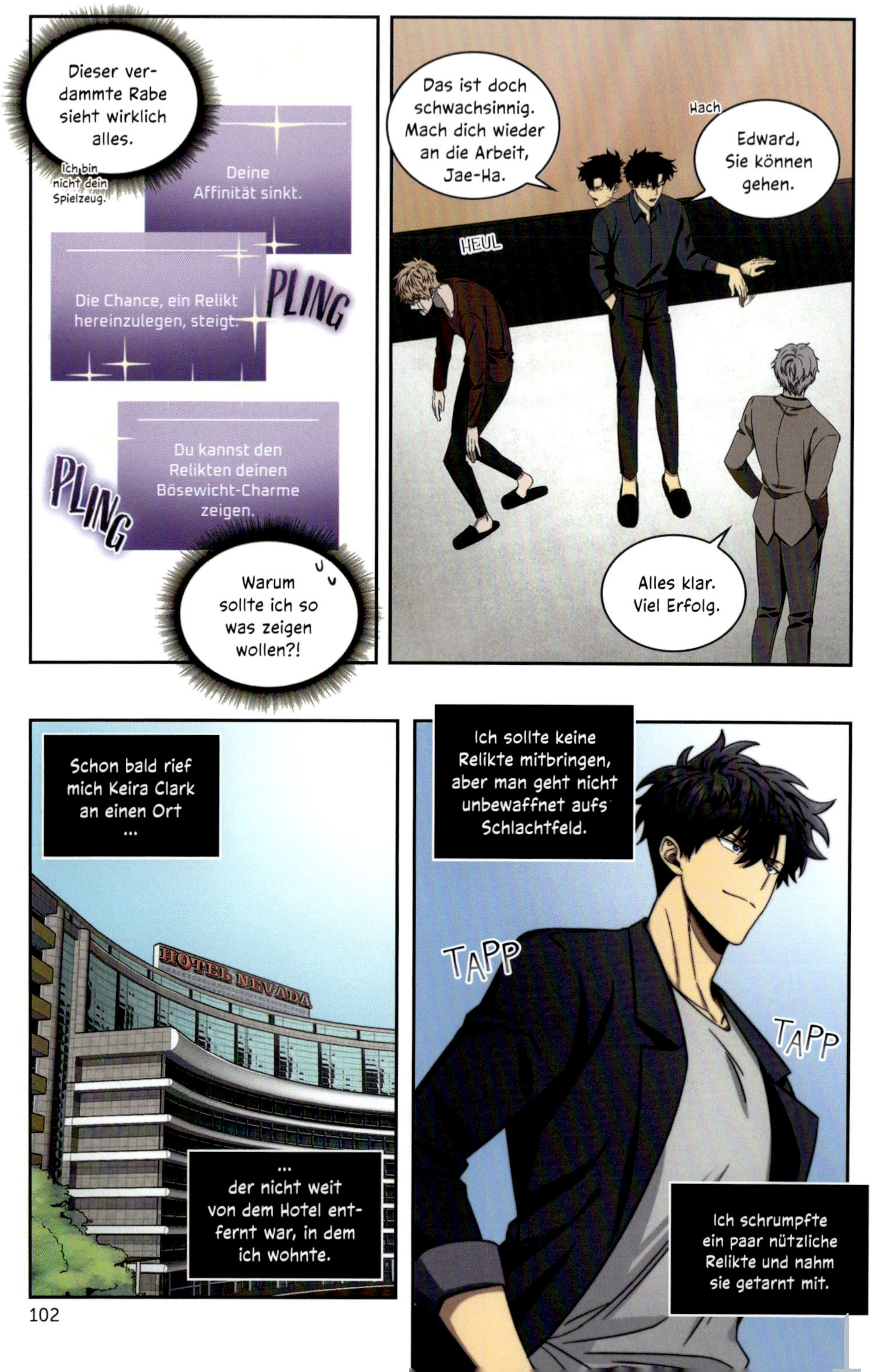

Dieser verdammte Rabe sieht wirklich alles.
Ich bin nicht dein Spielzeug.
Deine Affinität sinkt.
Die Chance, ein Relikt hereinzulegen, steigt.
PLING
Du kannst den Relikten deinen Bösewicht-Charme zeigen.
PLING
Warum sollte ich so was zeigen wollen?!
Das ist doch schwachsinnig. Mach dich wieder an die Arbeit, Jae-Ha.
Hach
Edward, Sie können gehen.
HEUL
Alles klar. Viel Erfolg.
Schon bald rief mich Keira Clark an einen Ort …
HOTEL NEVADA
… der nicht weit von dem Hotel entfernt war, in dem ich wohnte.
Ich sollte keine Relikte mitbringen, aber man geht nicht unbewaffnet aufs Schlachtfeld.
TAPP
TAPP
Ich schrumpfte ein paar nützliche Relikte und nahm sie getarnt mit.

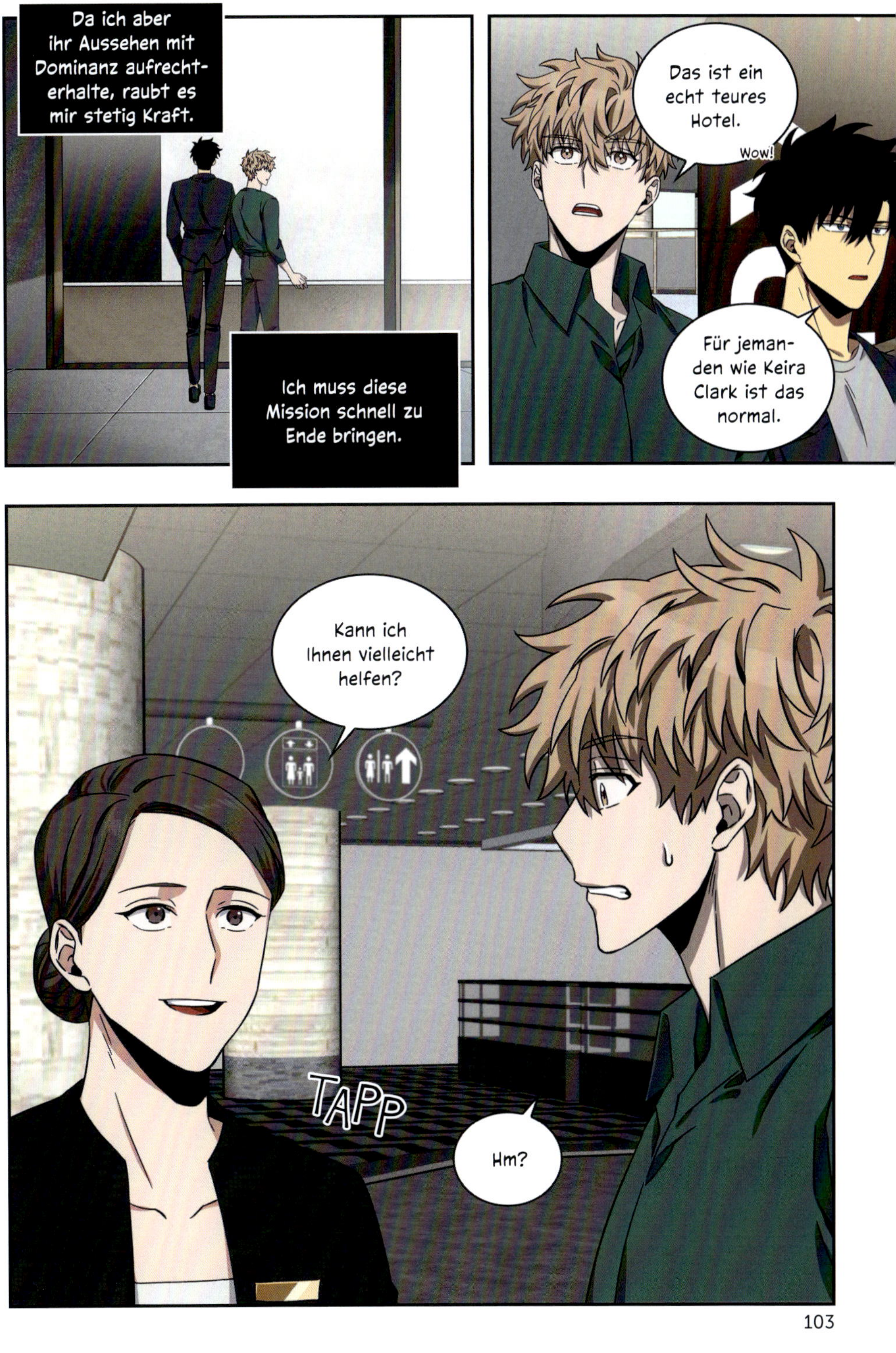

Da ich aber ihr Aussehen mit Dominanz aufrecht-erhalte, raubt es mir stetig Kraft.
Ich muss diese Mission schnell zu Ende bringen.
Das ist ein echt teures Hotel.
Wow!
Für jeman-den wie Keira Clark ist das normal.
Kann ich Ihnen vielleicht helfen?
TAPP
Hm?

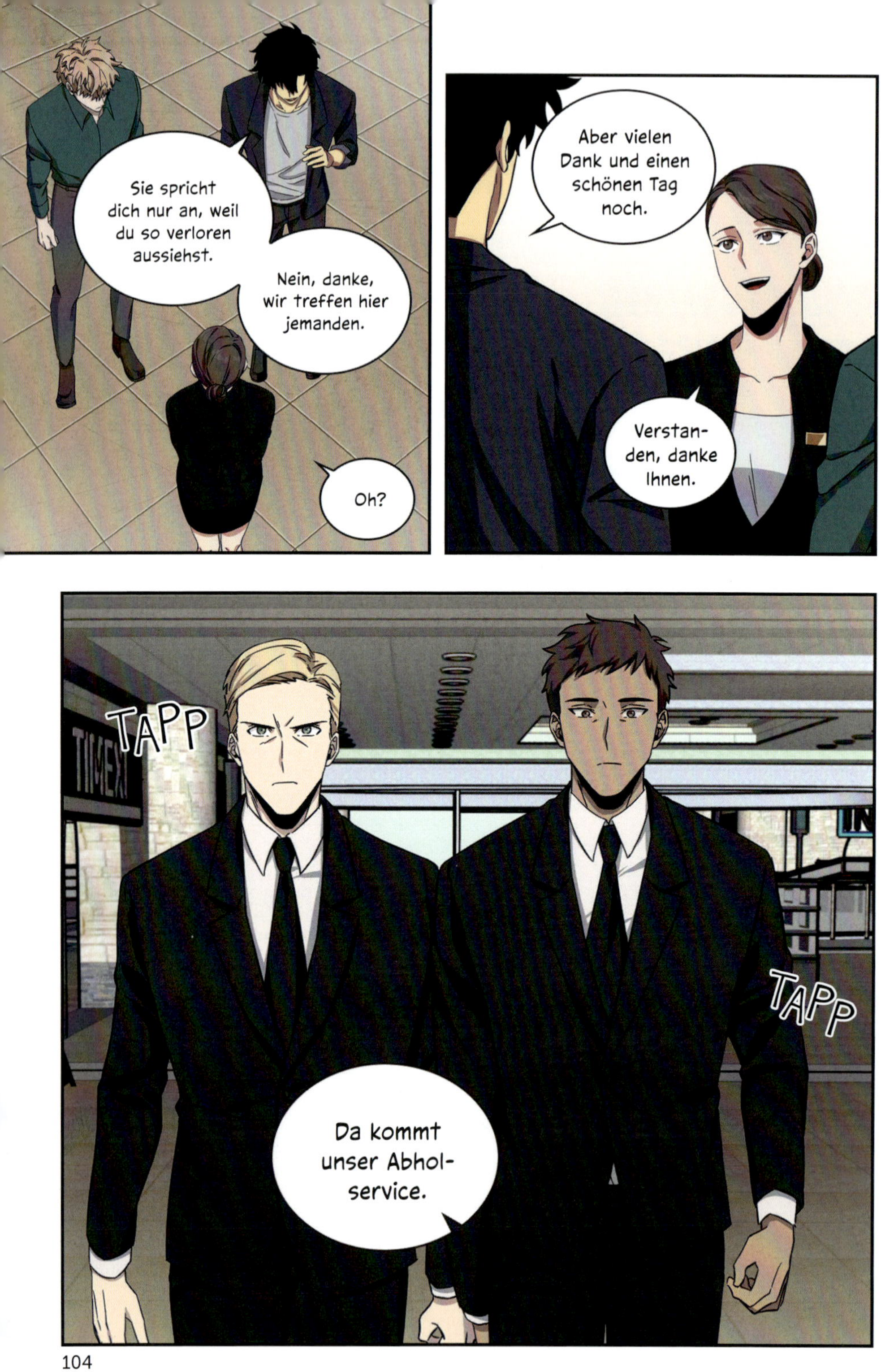
Sie spricht dich nur an, weil du so verloren aussiehst.
Nein, danke, wir treffen hier jemanden.
Oh?
Aber vielen Dank und einen schönen Tag noch.
Verstanden, danke Ihnen.
TAPP
TAPP
Da kommt unser Abholservice.

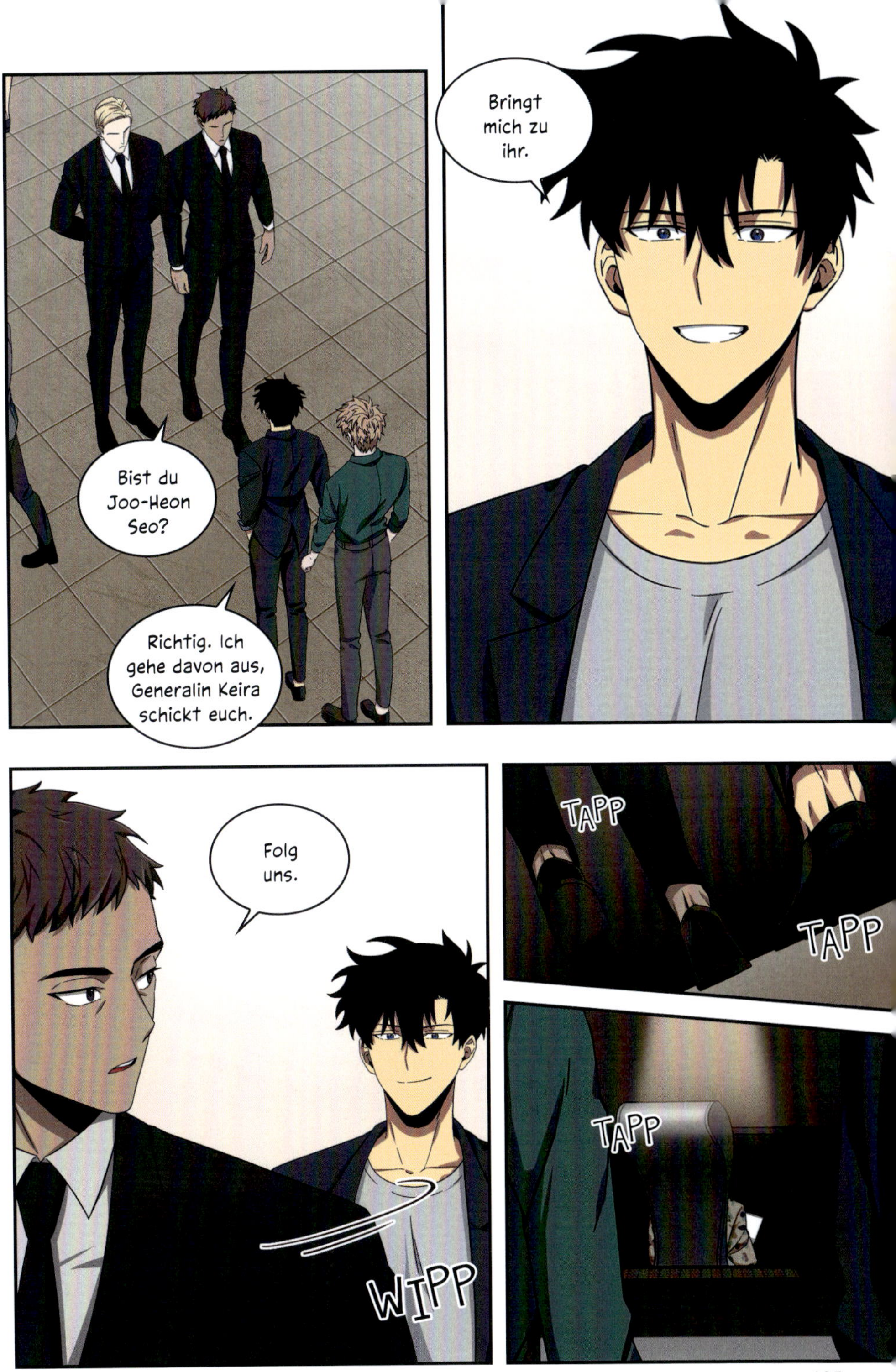
Bist du Joo-Heon Seo?
Richtig. Ich gehe davon aus, Generalin Keira schickt euch.
Bringt mich zu ihr.
Folg uns.
WIPP
TAPP
TAPP
TAPP

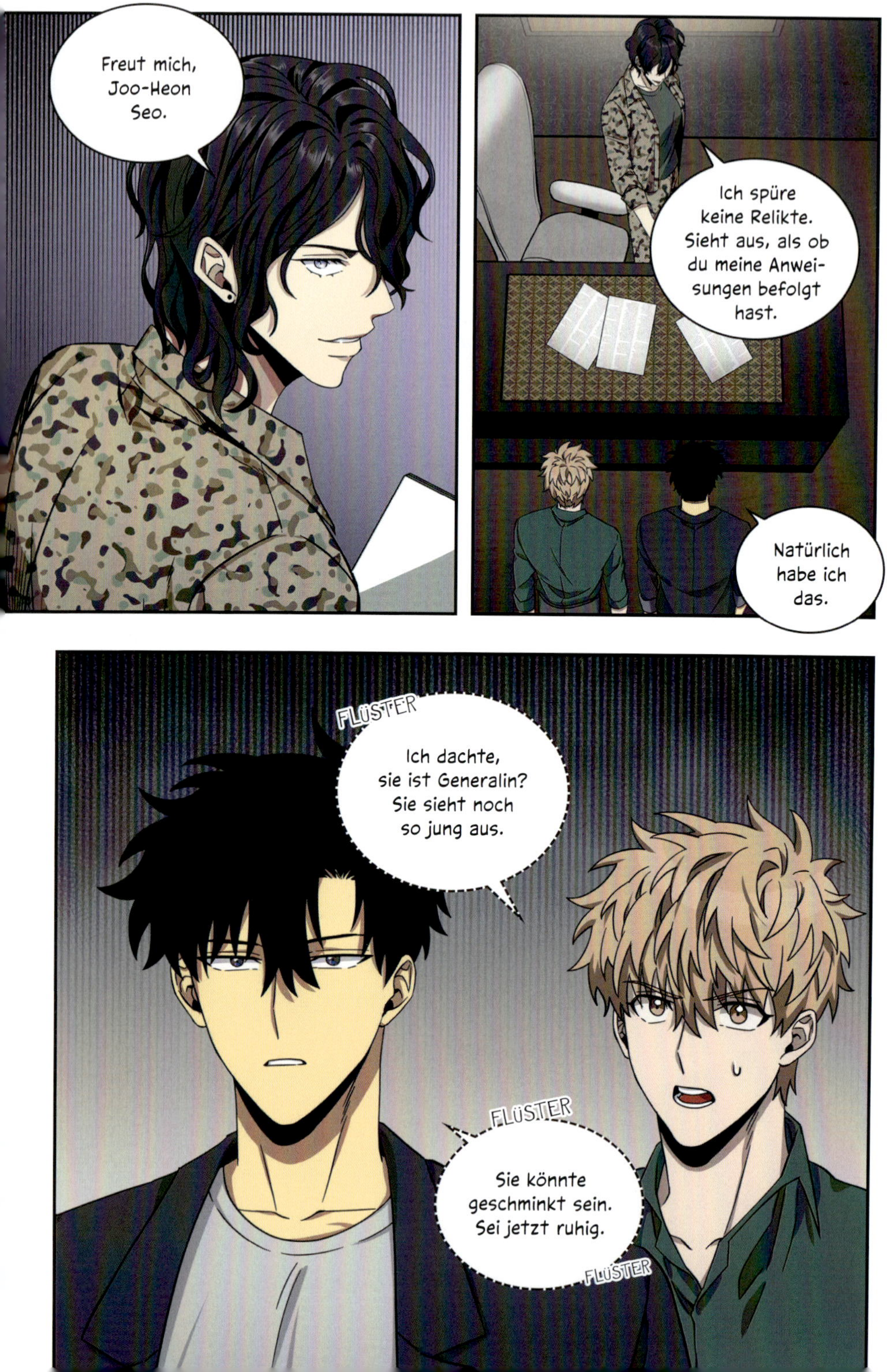
Freut mich, Joo-Heon Seo.
Ich spüre keine Relikte. Sieht aus, als ob du meine Anweisungen befolgt hast.
Natürlich habe ich das.
FLÜSTER
Ich dachte, sie ist Generalin? Sie sieht noch so jung aus.
FLÜSTER
Sie könnte geschminkt sein. Sei jetzt ruhig.
FLÜSTER

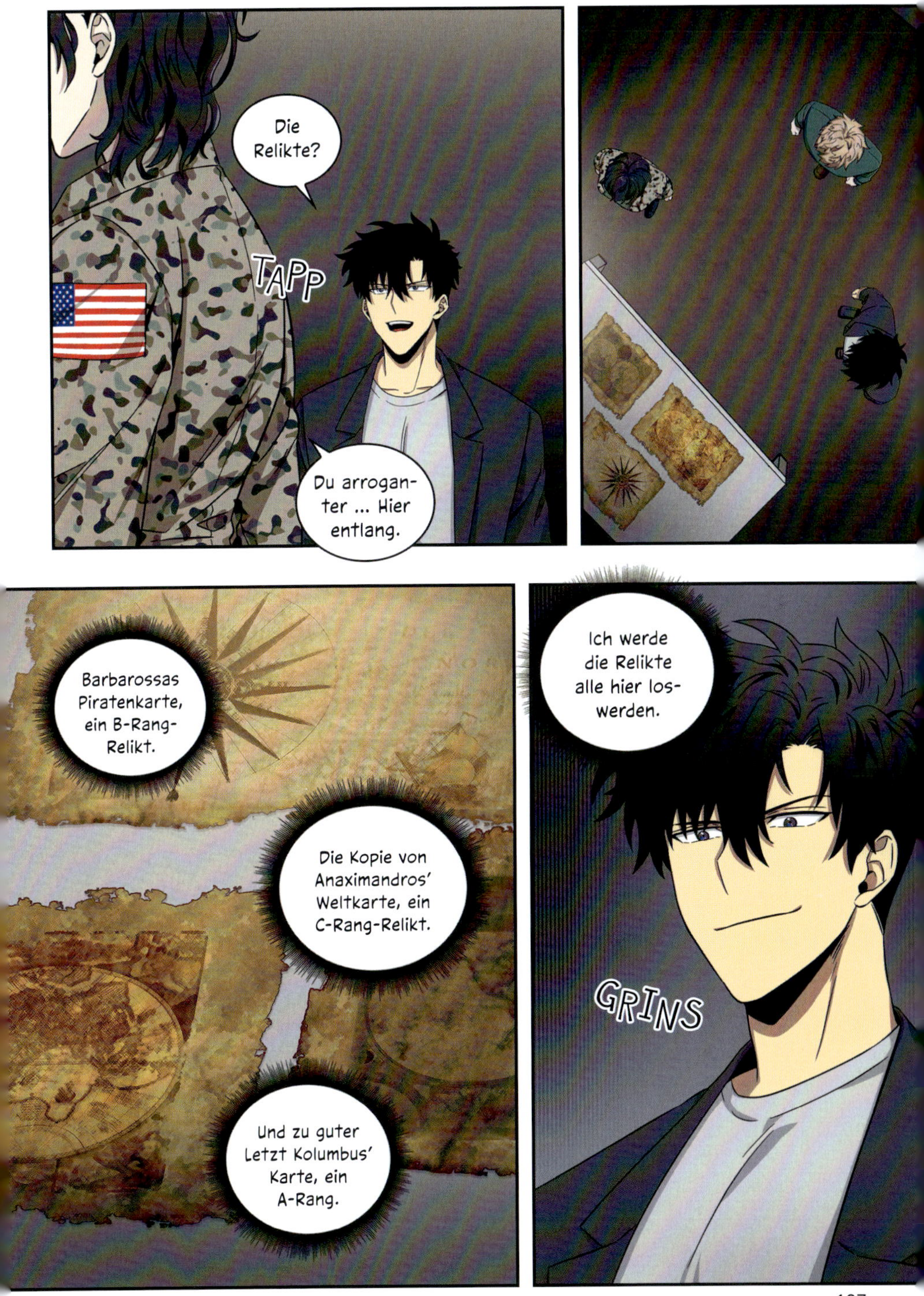
Die Relikte?
TAPP
Du arroganter ... Hier entlang.
Barbarossas Piratenkarte, ein B-Rang-Relikt.
Die Kopie von Anaximandros' Weltkarte, ein C-Rang-Relikt.
Und zu guter Letzt Kolumbus' Karte, ein A-Rang.
Ich werde die Relikte alle hier loswerden.
GRINS

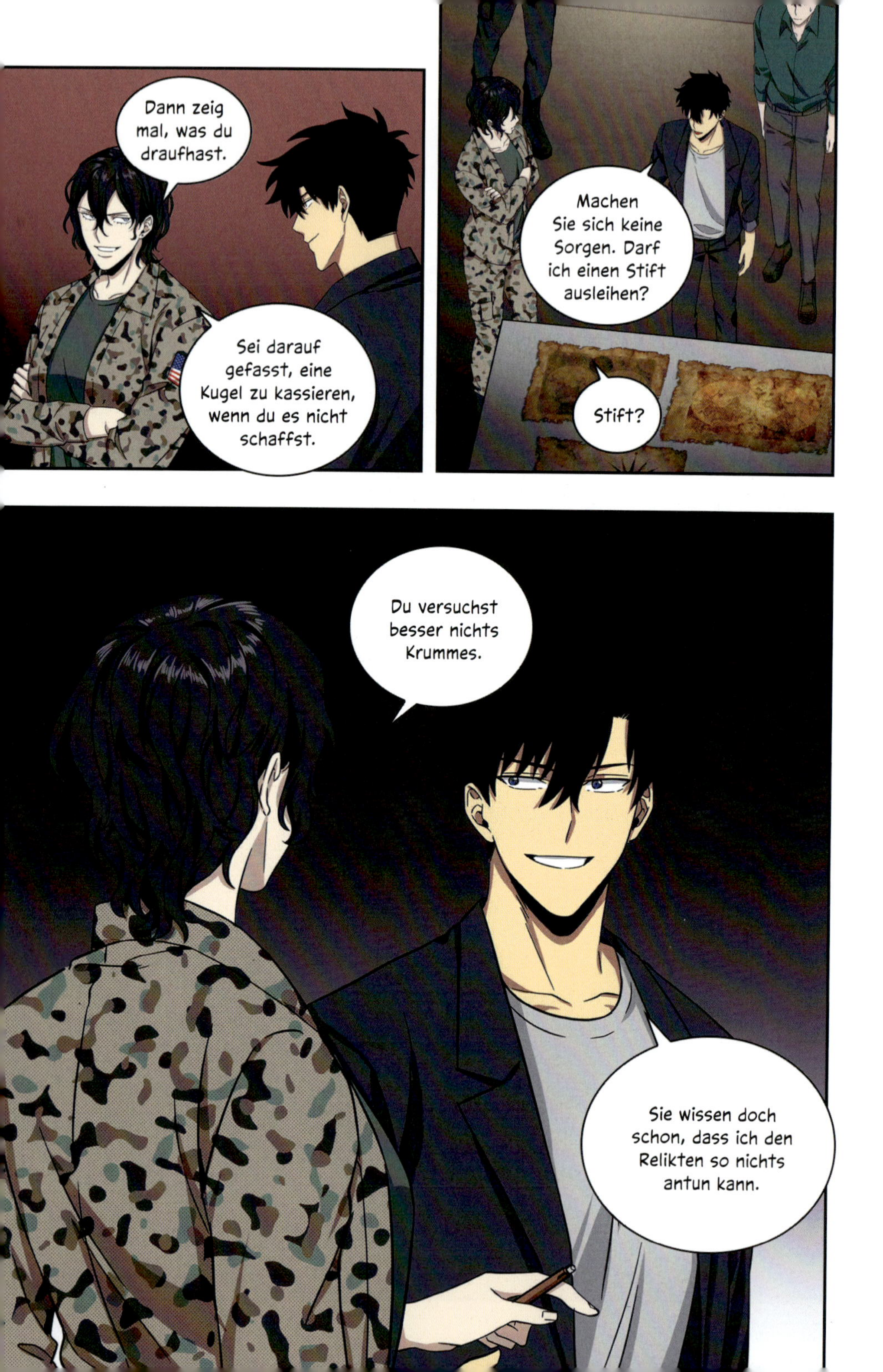
Dann zeig mal, was du draufhast.
Sei darauf gefasst, eine Kugel zu kassieren, wenn du es nicht schaffst.
Machen Sie sich keine Sorgen. Darf ich einen Stift ausleihen?
Stift?
Du versuchst besser nichts Krummes.
Sie wissen doch schon, dass ich den Relikten so nichts antun kann.

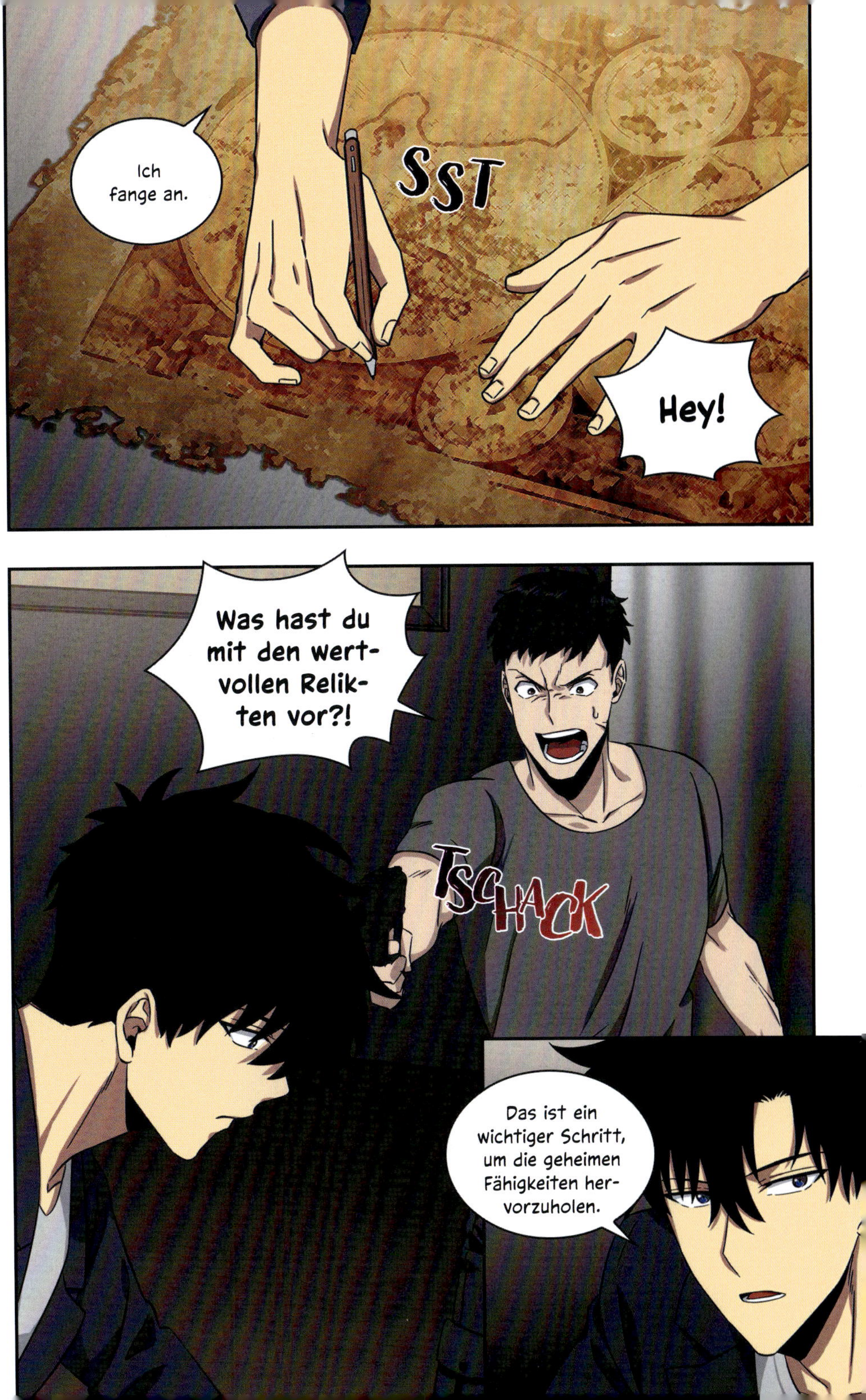
Ich fange an.
SST
Hey!
Was hast du mit den wert-vollen Relik-ten vor?!
TSCHACK
Das ist ein wichtiger Schritt, um die geheimen Fähigkeiten her-vorzuholen.

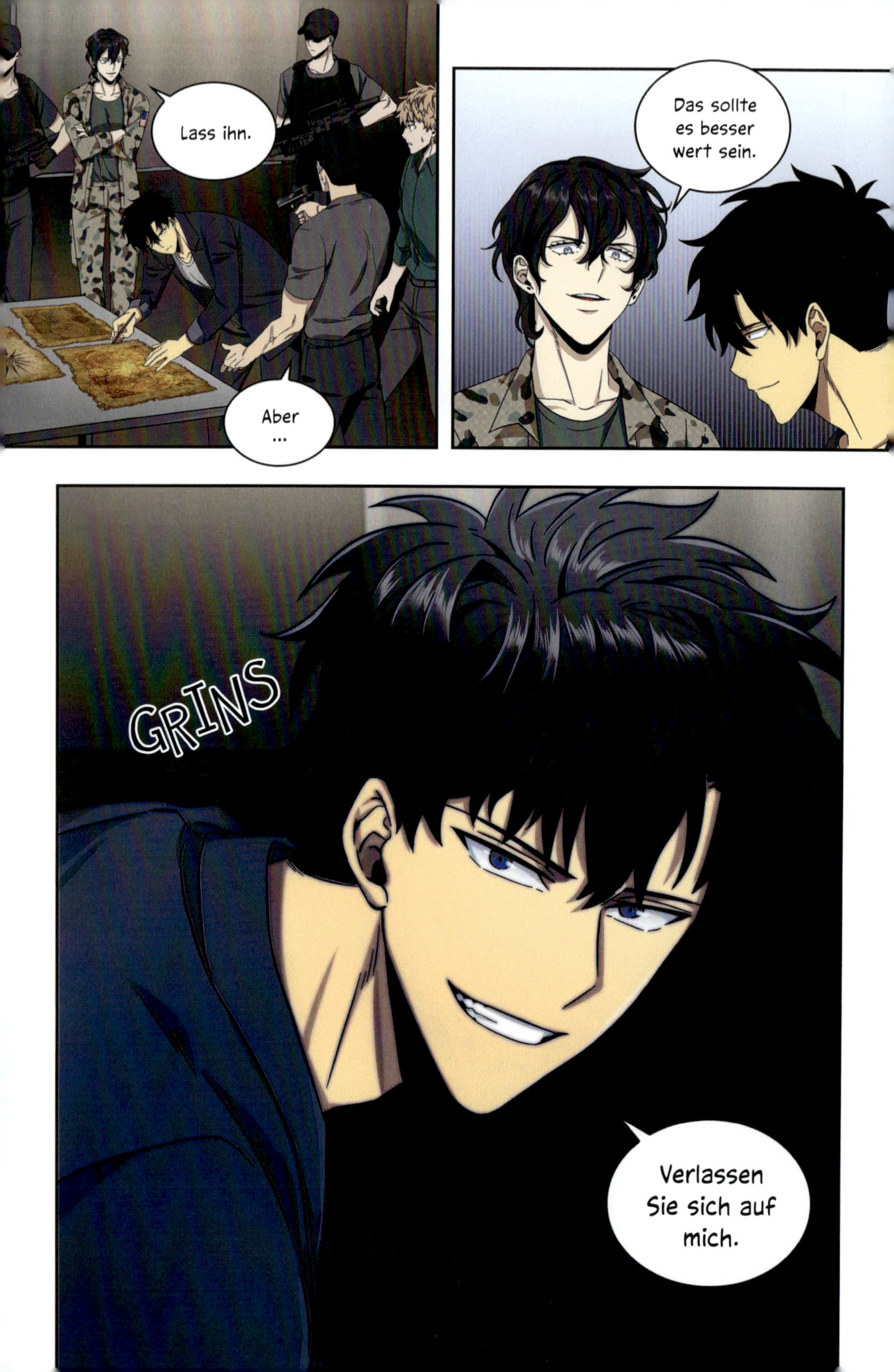
Lass ihn.
Aber ...
Das sollte es besser wert sein.
GRINS
Verlassen Sie sich auf mich.

# Kapitel 8
Irenes Erwachen

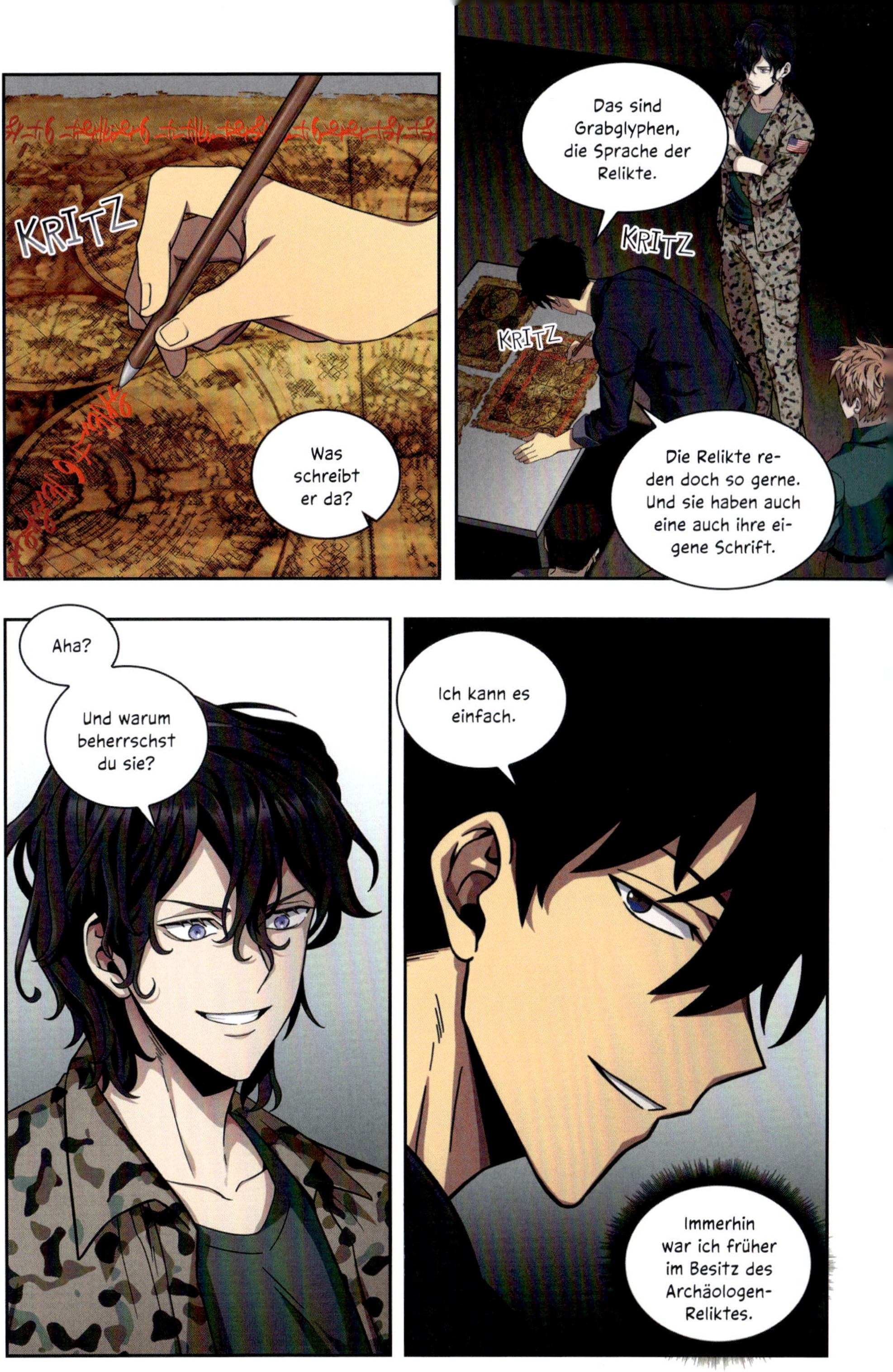
KRITZ
Was schreibt er da?
Das sind Grabglyphen, die Sprache der Relikte.
KRITZ
KRITZ
Die Relikte reden doch so gerne. Und sie haben auch eine auch ihre eigene Schrift.
Aha?
Und warum beherrschst du sie?
Ich kann es einfach.
Immerhin war ich früher im Besitz des Archäologen-Reliktes.

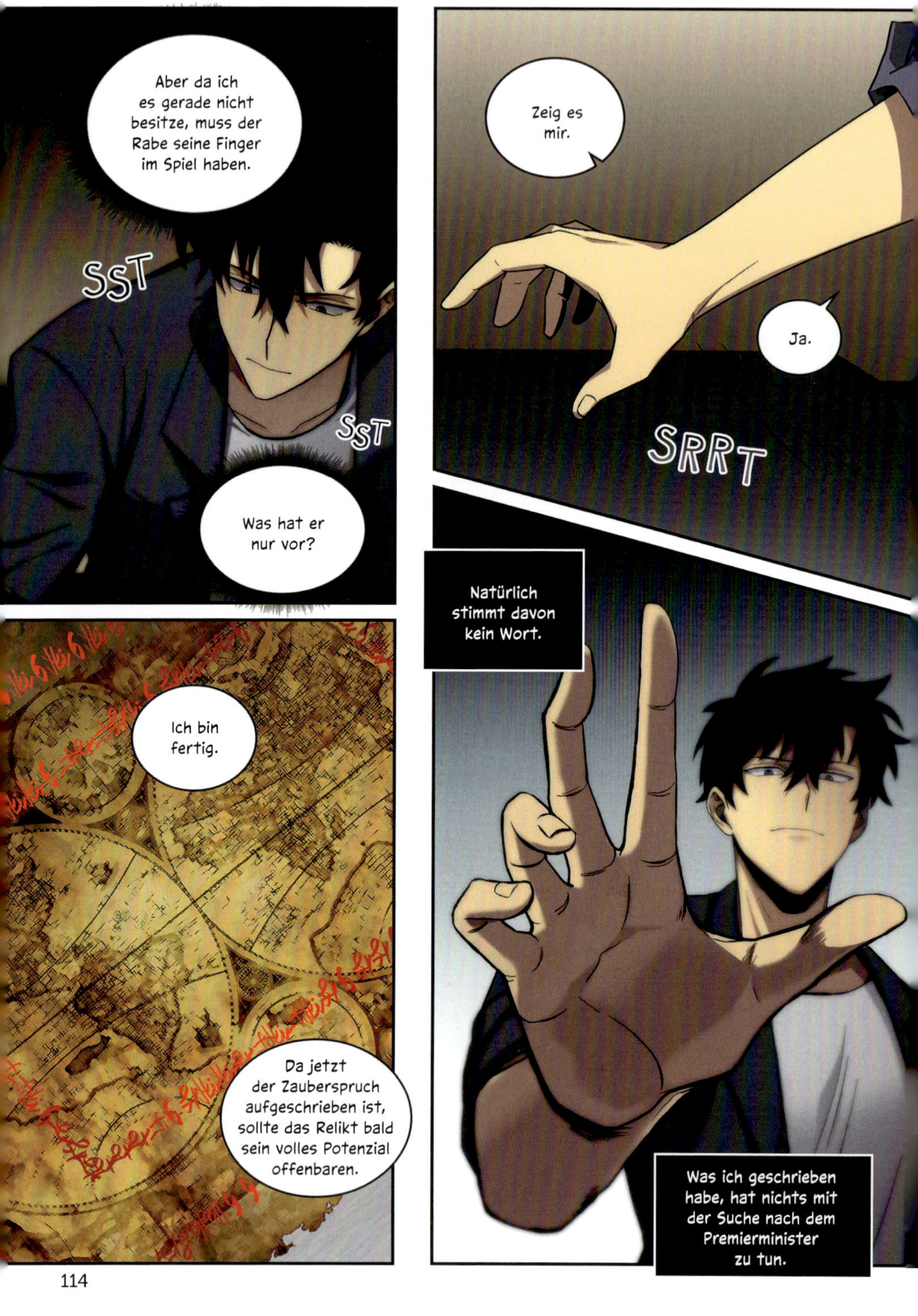
Aber da ich es gerade nicht besitze, muss der Rabe seine Finger im Spiel haben.
SST
SST
Was hat er nur vor?
Ich bin fertig.
Da jetzt der Zauberspruch aufgeschrieben ist, sollte das Relikt bald sein volles Potenzial offenbaren.
Zeig es mir.
Ja.
SRRT
Natürlich stimmt davon kein Wort.
Was ich geschrieben habe, hat nichts mit der Suche nach dem Premierminister zu tun.

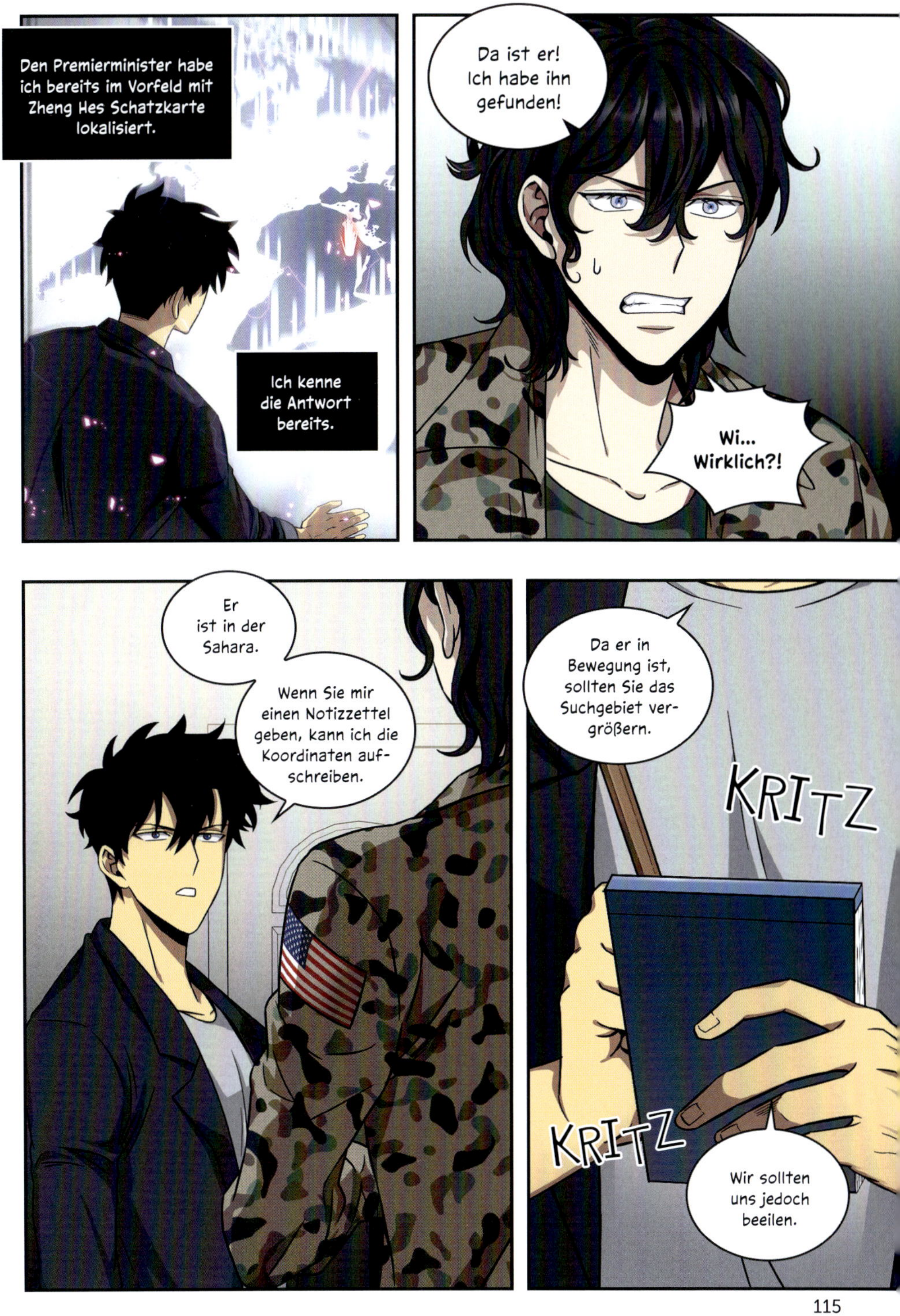

Den Premierminister habe ich bereits im Vorfeld mit Zheng Hes Schatzkarte lokalisiert.
Ich kenne die Antwort bereits.
Da ist er! Ich habe ihn gefunden!
Wi... Wirklich?!
Er ist in der Sahara.
Wenn Sie mir einen Notizzettel geben, kann ich die Koordinaten aufschreiben.
Da er in Bewegung ist, sollten Sie das Suchgebiet vergrößern.
KRITZ
KRITZ
Wir sollten uns jedoch beeilen.

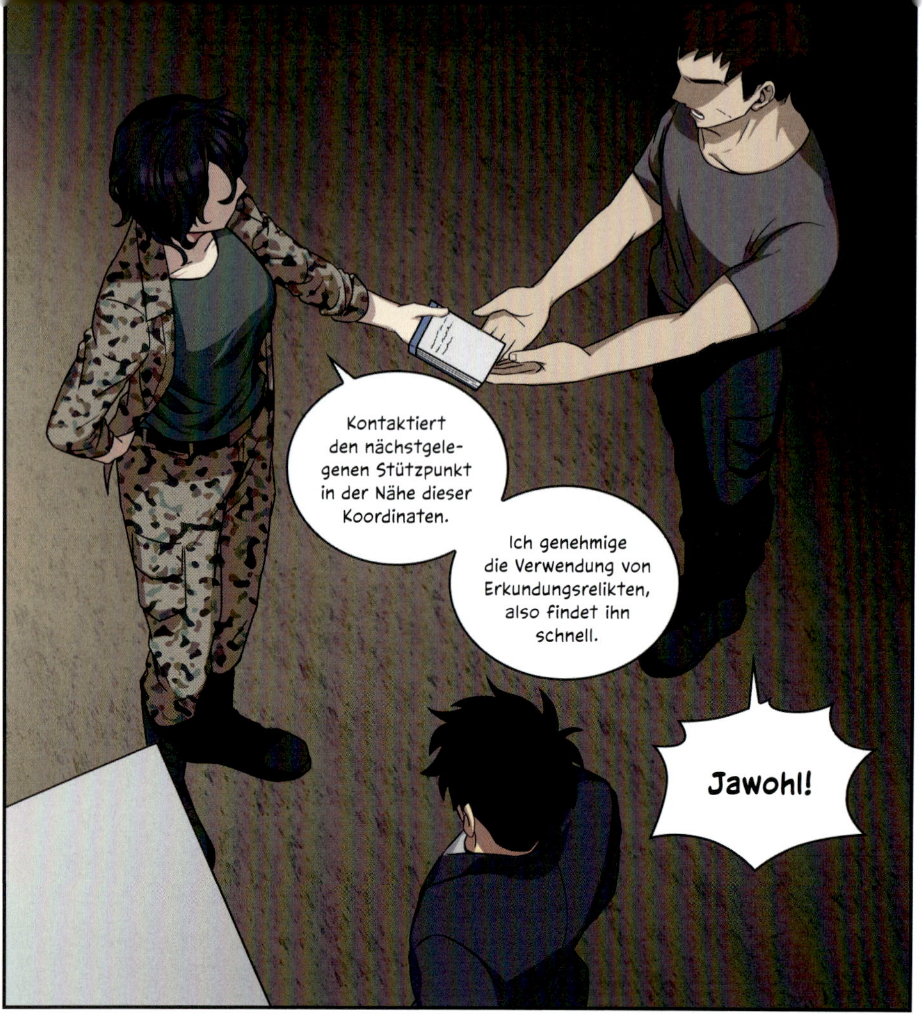
Kontaktiert den nächstgelegenen Stützpunkt in der Nähe dieser Koordinaten.
Ich genehmige die Verwendung von Erkundungsrelikten, also findet ihn schnell.
Jawohl!

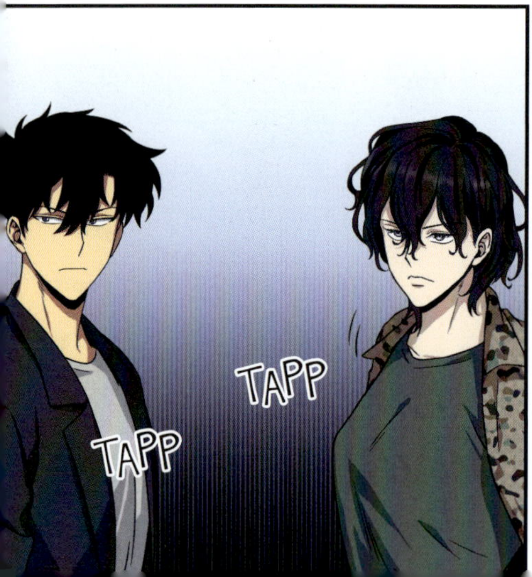
TAPP
TAPP

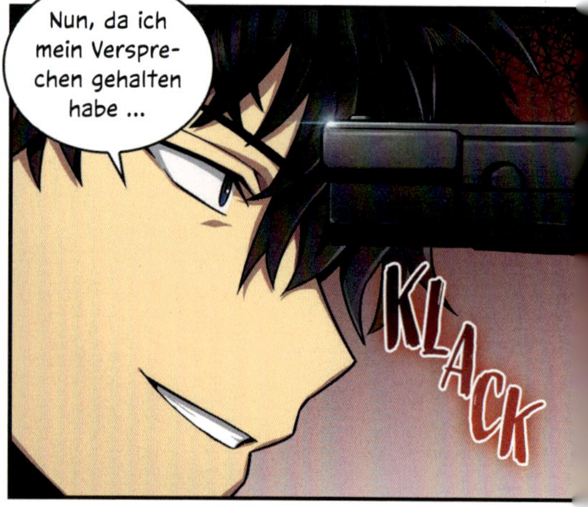
Nun, da ich mein Versprechen gehalten habe ...
KLACK

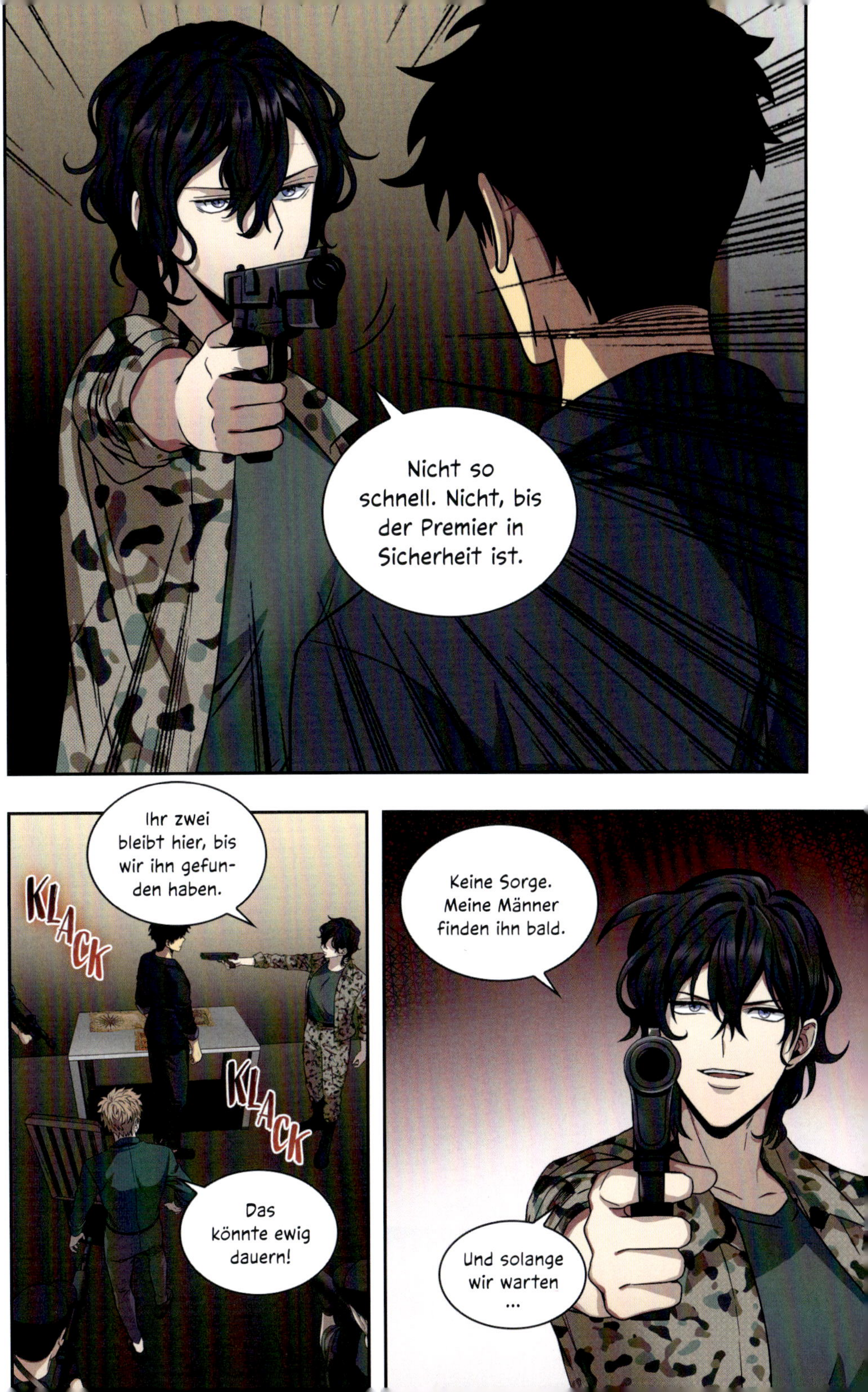
Nicht so schnell. Nicht, bis der Premier in Sicherheit ist.
Ihr zwei bleibt hier, bis wir ihn gefun-den haben.
KLACK
KLACK
Das könnte ewig dauern!
Keine Sorge. Meine Männer finden ihn bald.
Und solange wir warten ...

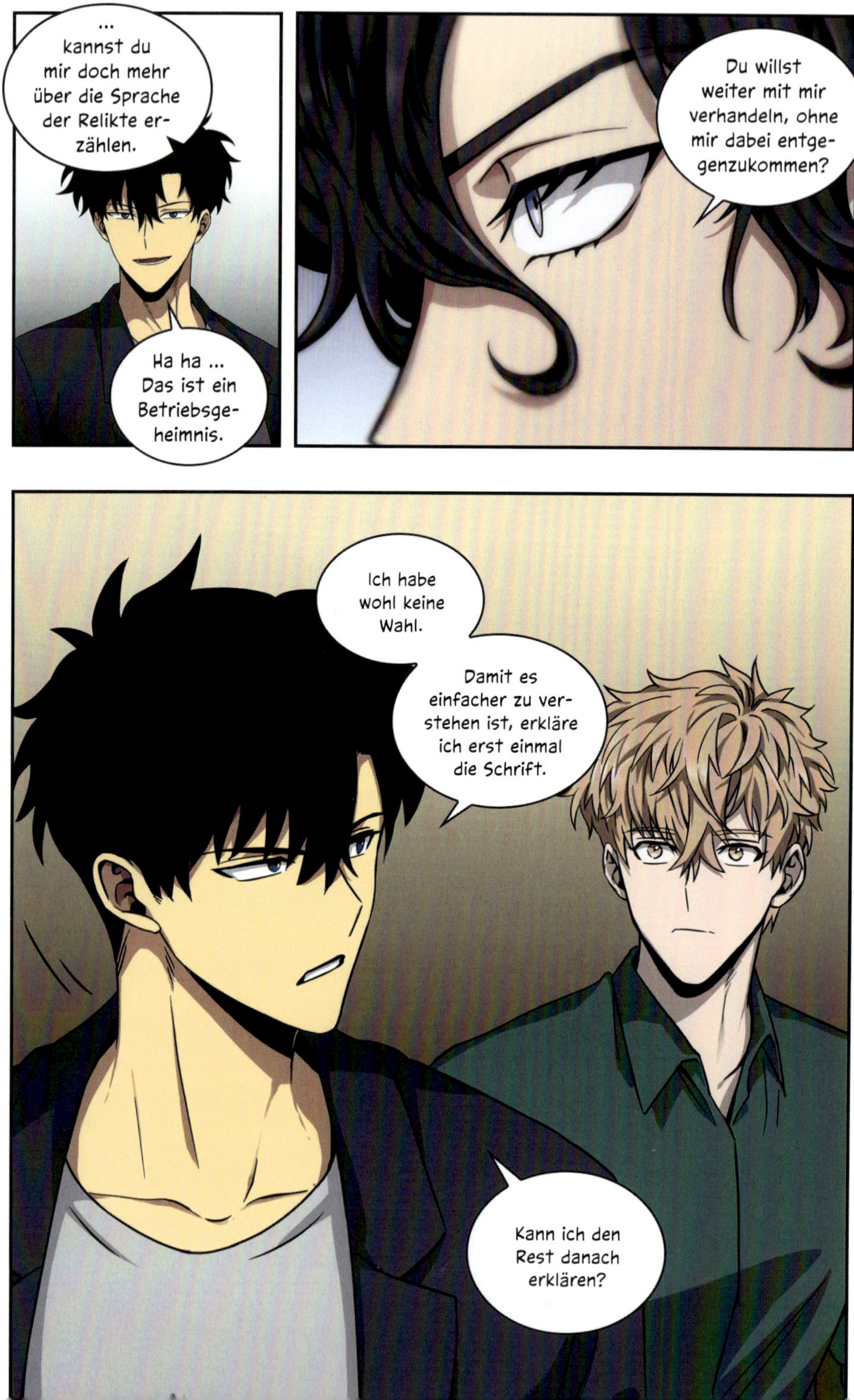
... kannst du mir doch mehr über die Sprache der Relikte erzählen.
Ha ha ... Das ist ein Betriebsgeheimnis.
Du willst weiter mit mir verhandeln, ohne mir dabei entgegenzukommen?
Ich habe wohl keine Wahl.
Damit es einfacher zu verstehen ist, erkläre ich erst einmal die Schrift.
Kann ich den Rest danach erklären?

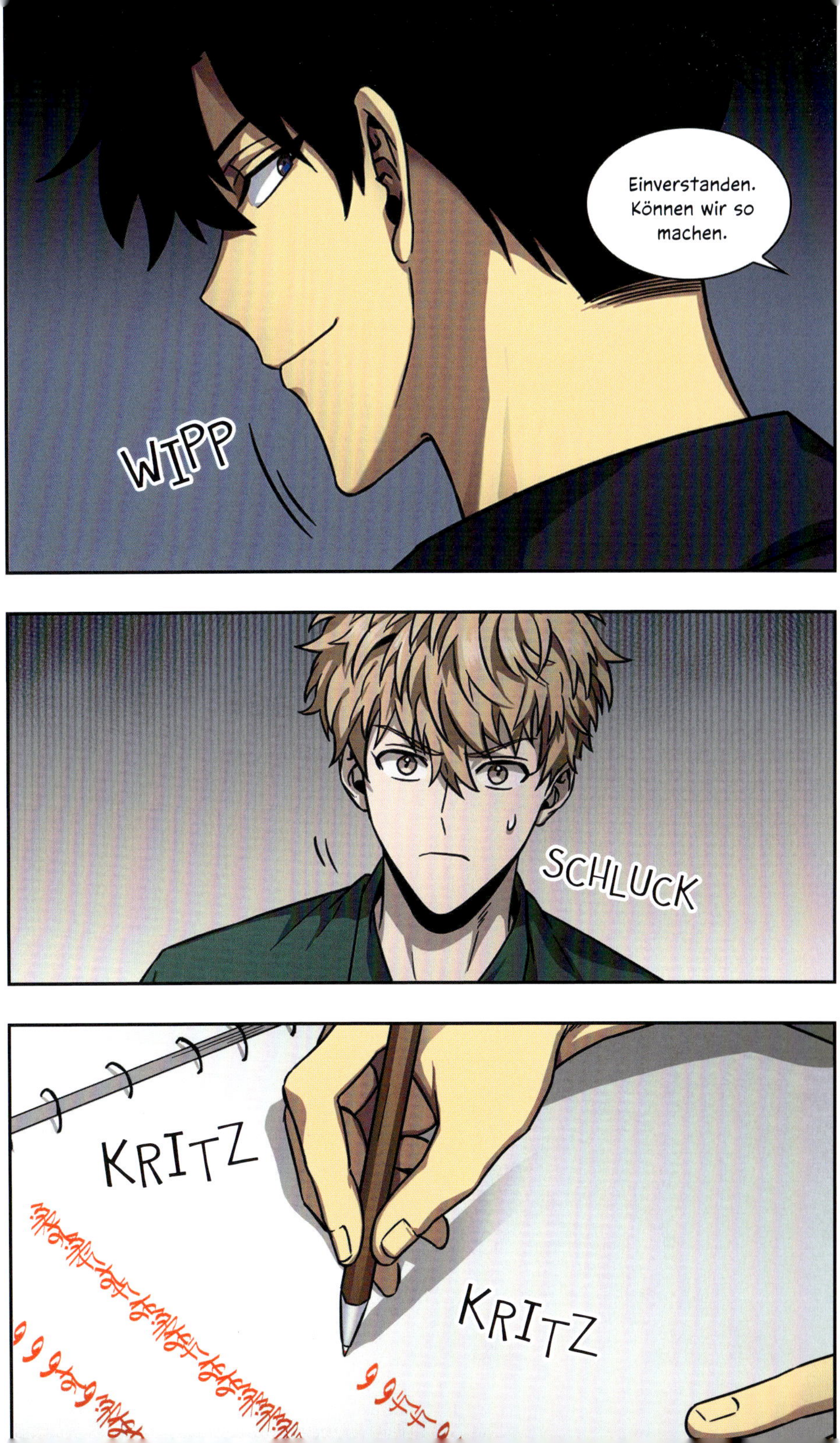
Einverstanden. Können wir so machen.
WIPP
SCHLUCK
KRITZ
KRITZ

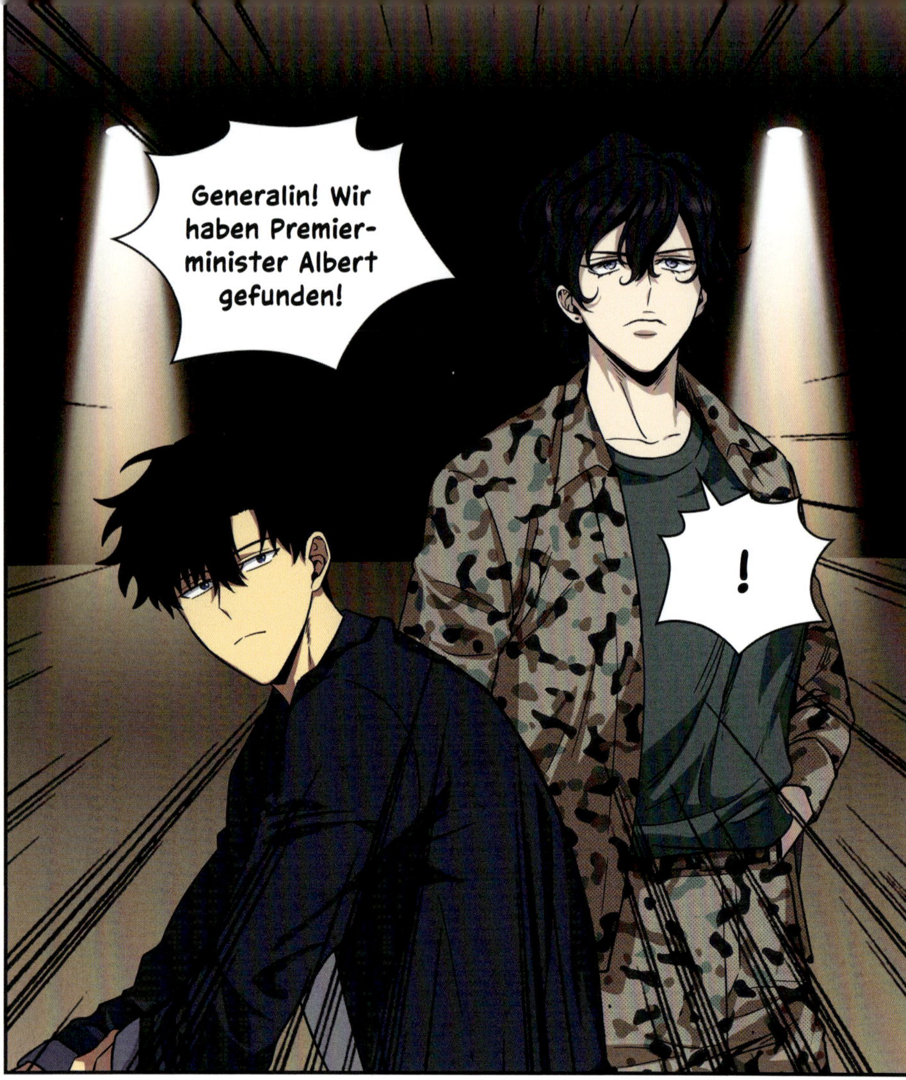
Generalin! Wir haben Premierminister Albert gefunden!
!

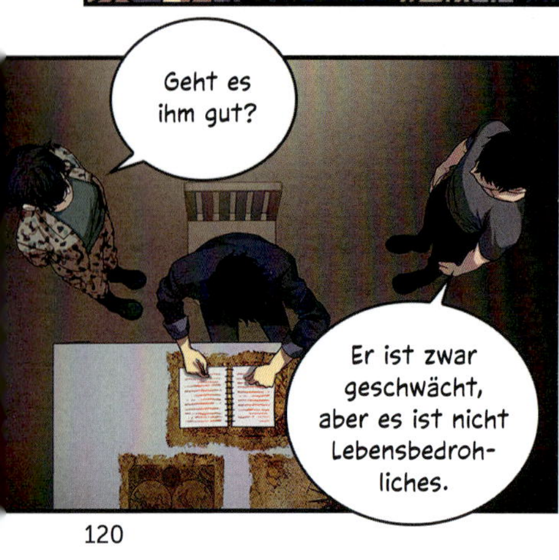
Geht es ihm gut?
Er ist zwar geschwächt, aber es ist nicht Lebensbedrohliches.

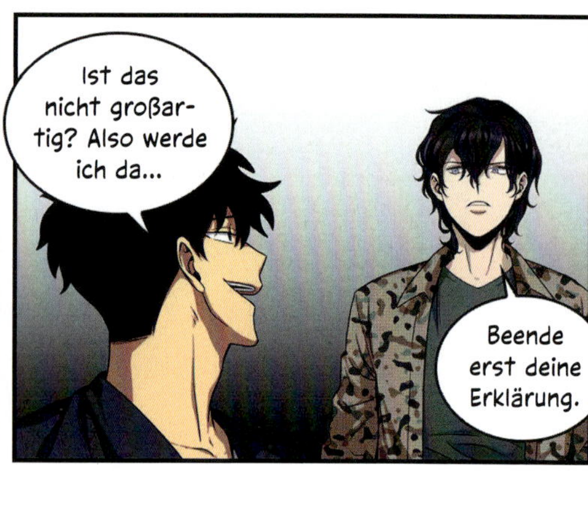
Ist das nicht großartig? Also werde ich da...
Beende erst deine Erklärung.

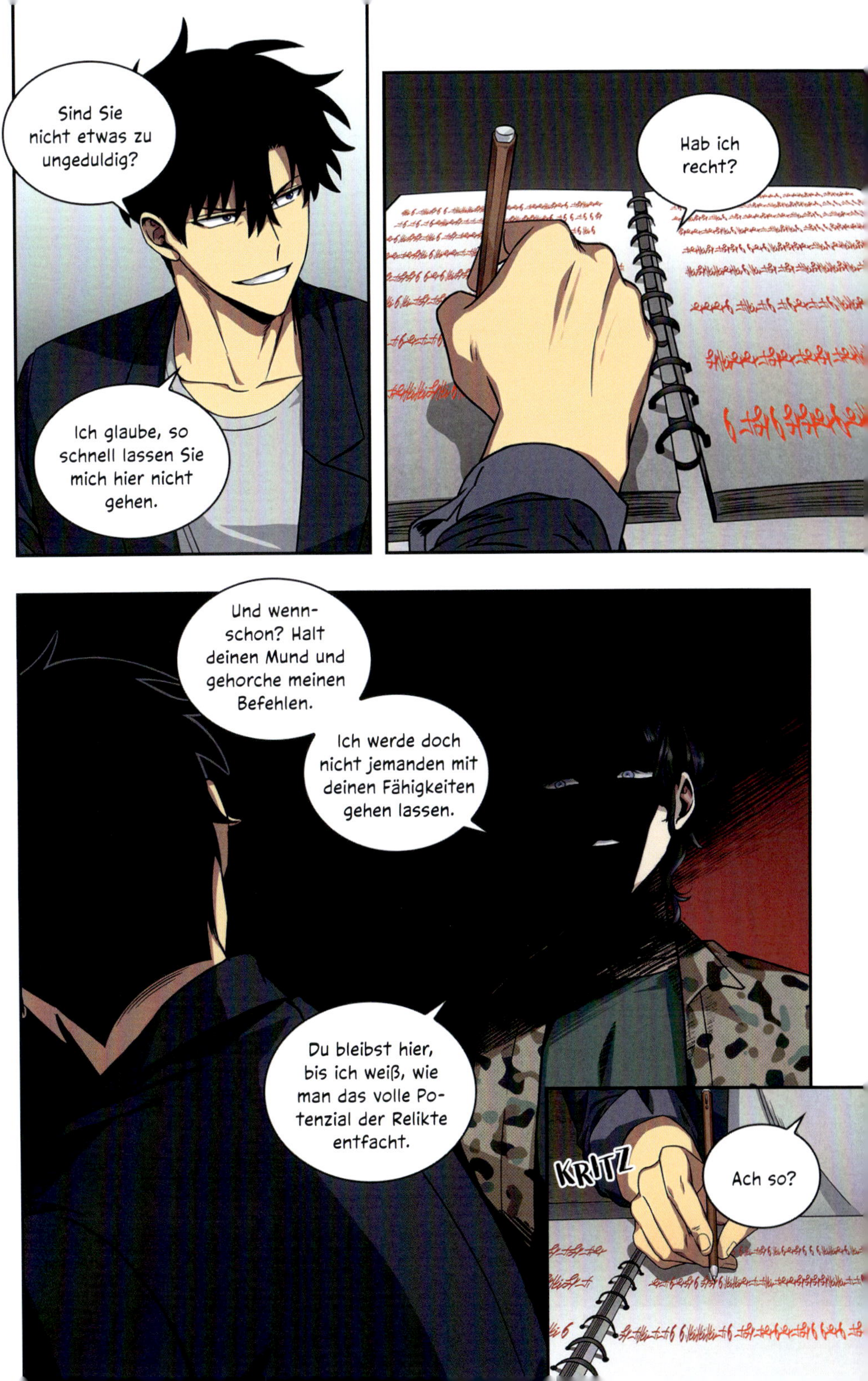
Sind Sie nicht etwas zu ungeduldig?
Ich glaube, so schnell lassen Sie mich hier nicht gehen.
Hab ich recht?
Und wenn-schon? Halt deinen Mund und gehorche meinen Befehlen.
Ich werde doch nicht jemanden mit deinen Fähigkeiten gehen lassen.
Du bleibst hier, bis ich weiß, wie man das volle Po-tenzial der Relikte entfacht.
KRITZ
Ach so?

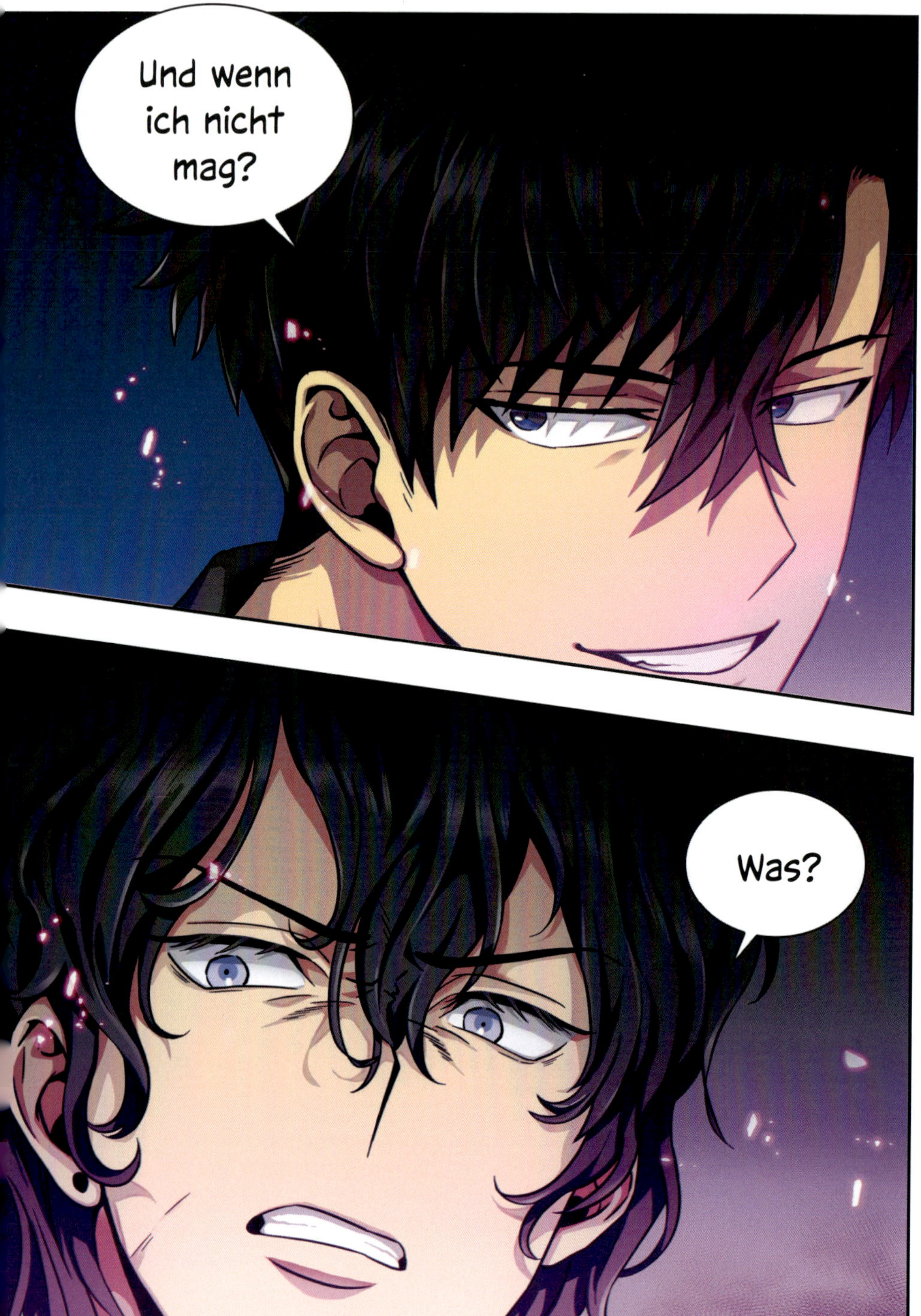
Und wenn ich nicht mag?
Was?

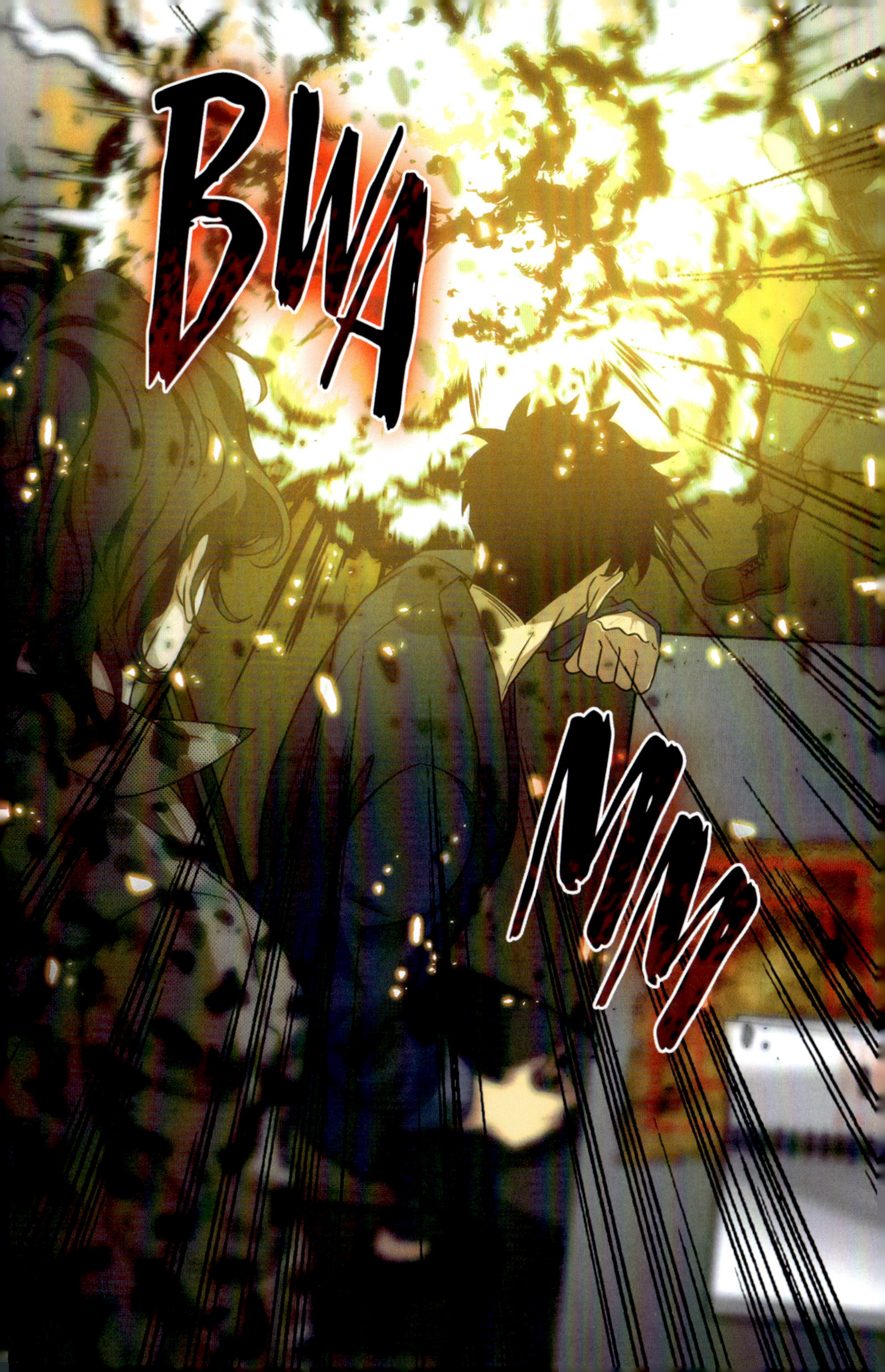
BWA
MMM

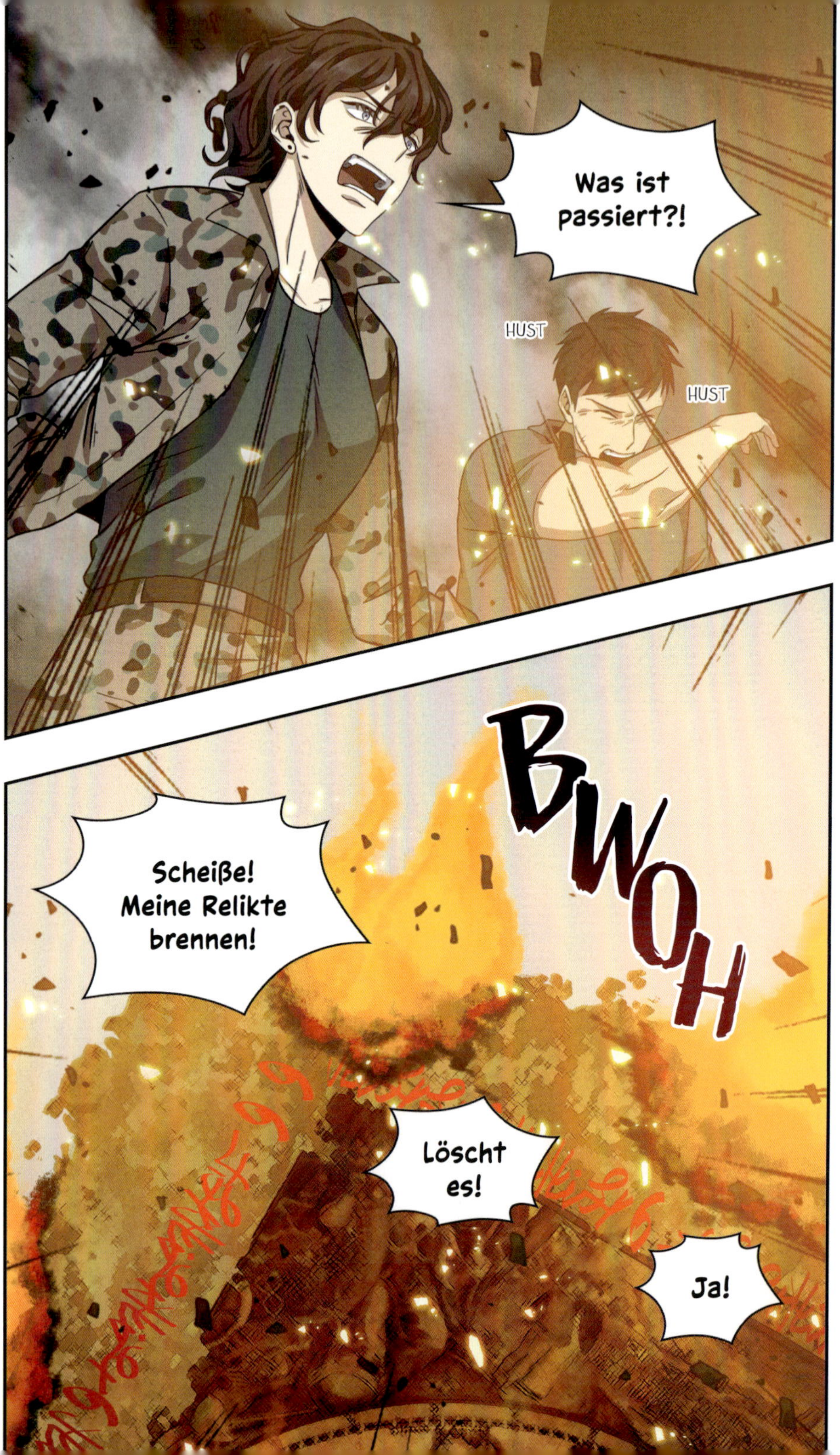
Was ist passiert?!
HUST
HUST
BWOH
Scheiße! Meine Relikte brennen!
Löscht es!
Ja!

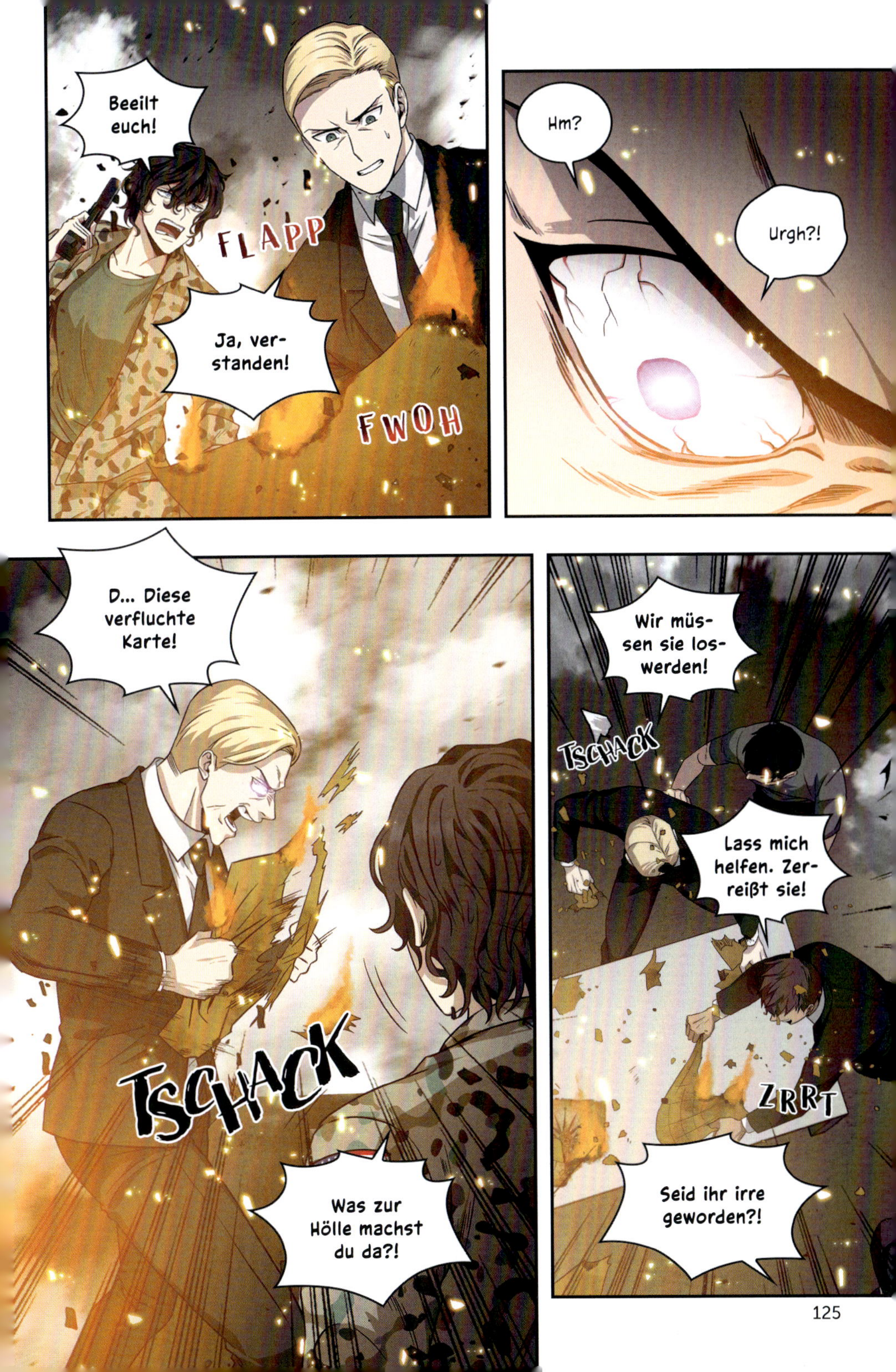
Beeilt euch!
FLAPP
Ja, verstanden!
FWOH
Hm?
Urgh?!
D... Diese verfluchte Karte!
TSCHACK
Was zur Hölle machst du da?!
Wir müssen sie loswerden!
TSCHACK
Lass mich helfen. Zerreißt sie!
ZRRT
Seid ihr irre geworden?!

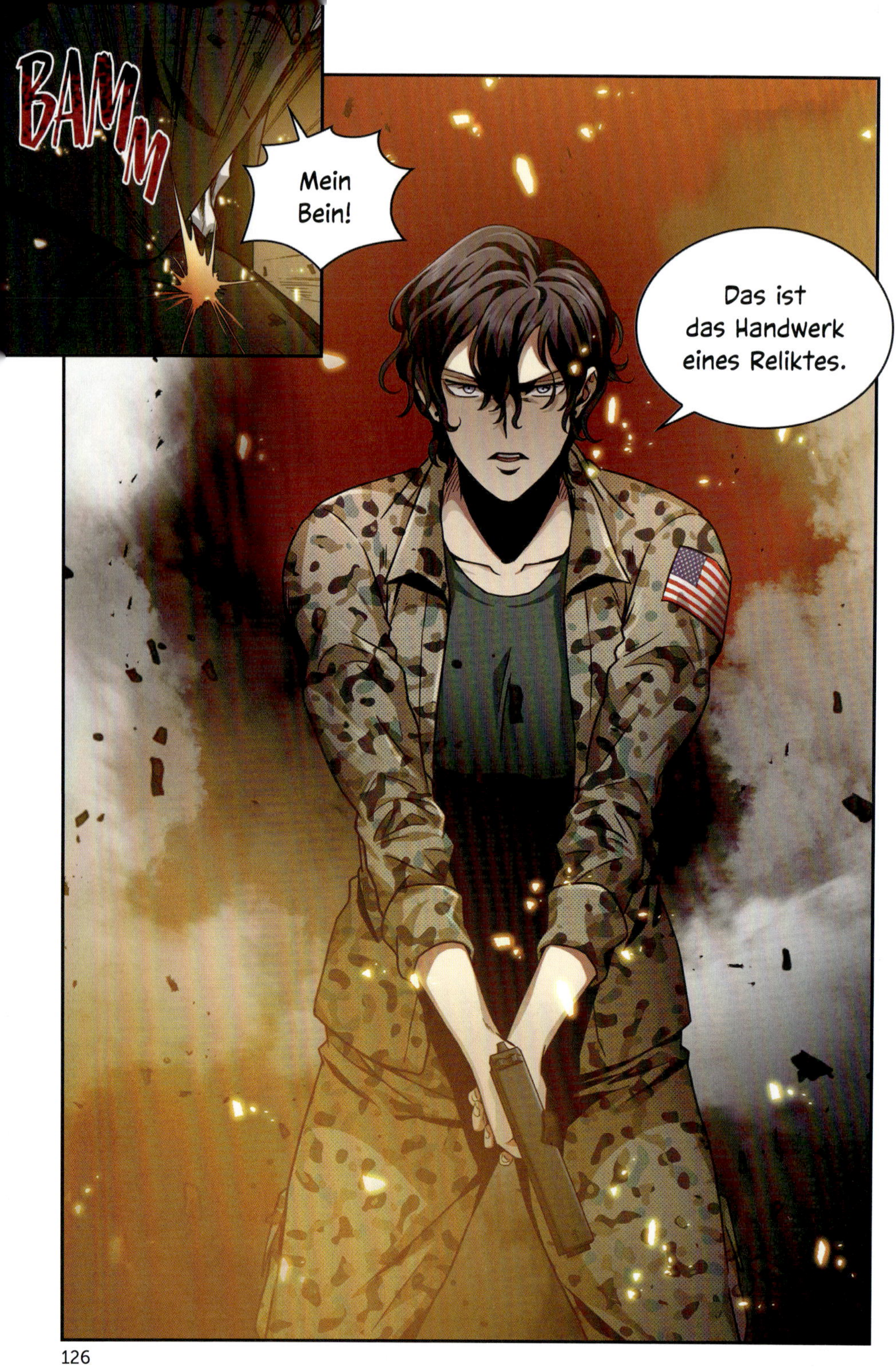
BAMM
Mein Bein!
Das ist das Handwerk eines Reliktes.

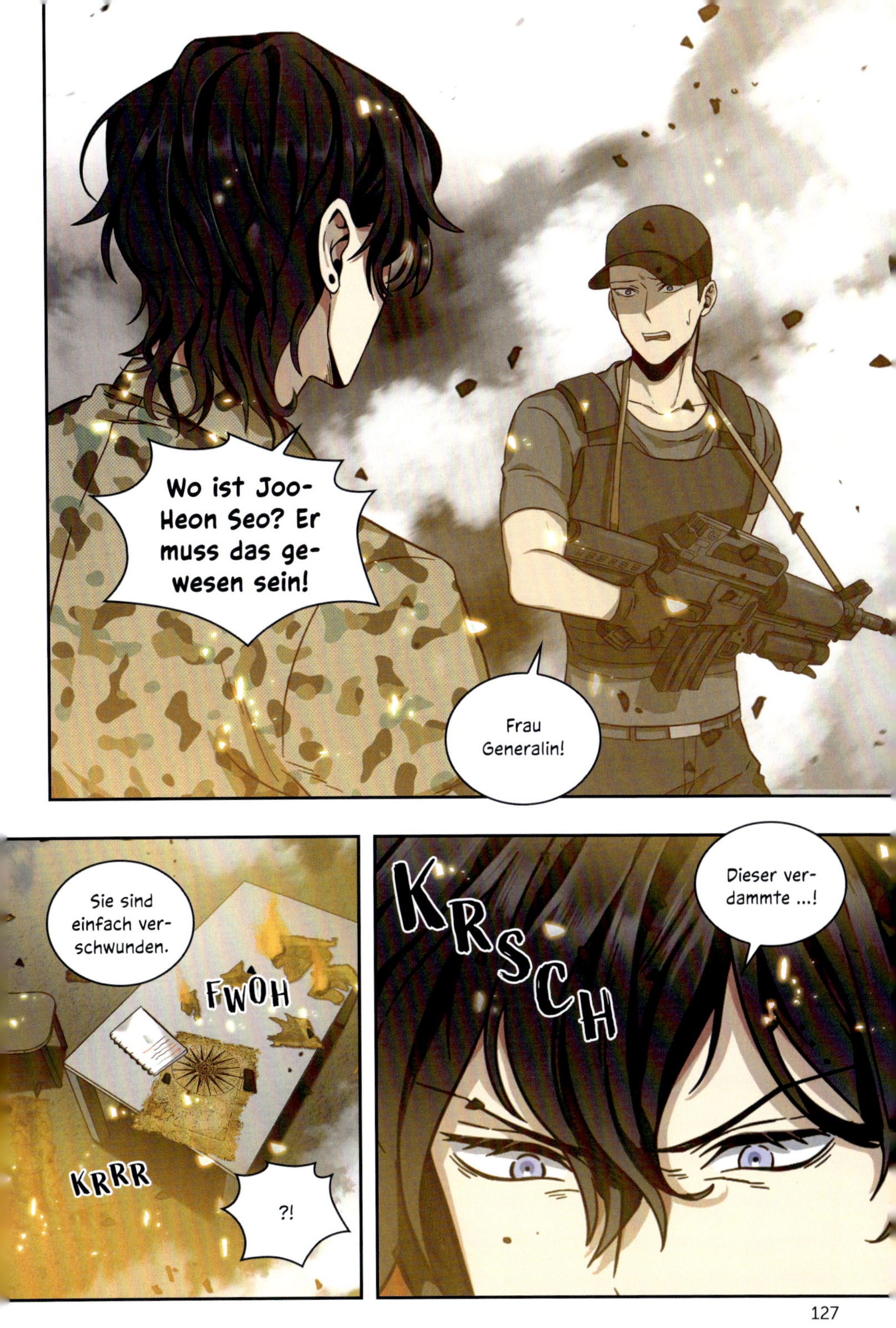
Wo ist Joo-Heon Seo? Er muss das gewesen sein!
Frau Generalin!
Sie sind einfach verschwunden.
FWOH
KRRR
?!
KRSCH
Dieser verdammte ...!

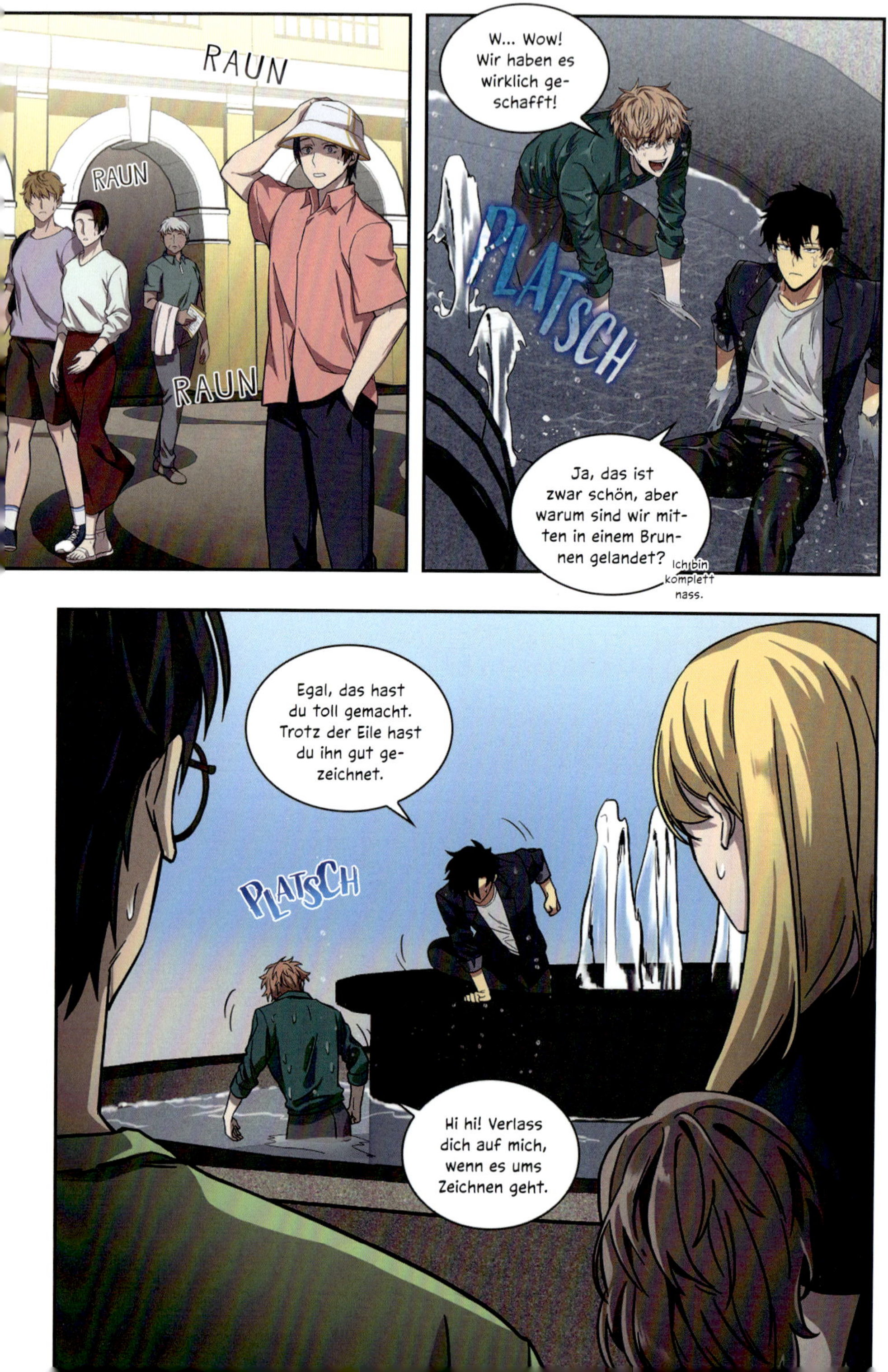
RAUN
RAUN
RAUN
W... Wow! Wir haben es wirklich geschafft!
PLATSCH
Ja, das ist zwar schön, aber warum sind wir mitten in einem Brunnen gelandet?
Ich bin komplett nass.
Egal, das hast du toll gemacht. Trotz der Eile hast du ihn gut gezeichnet.
PLATSCH
Hi hi! Verlass dich auf mich, wenn es ums Zeichnen geht.

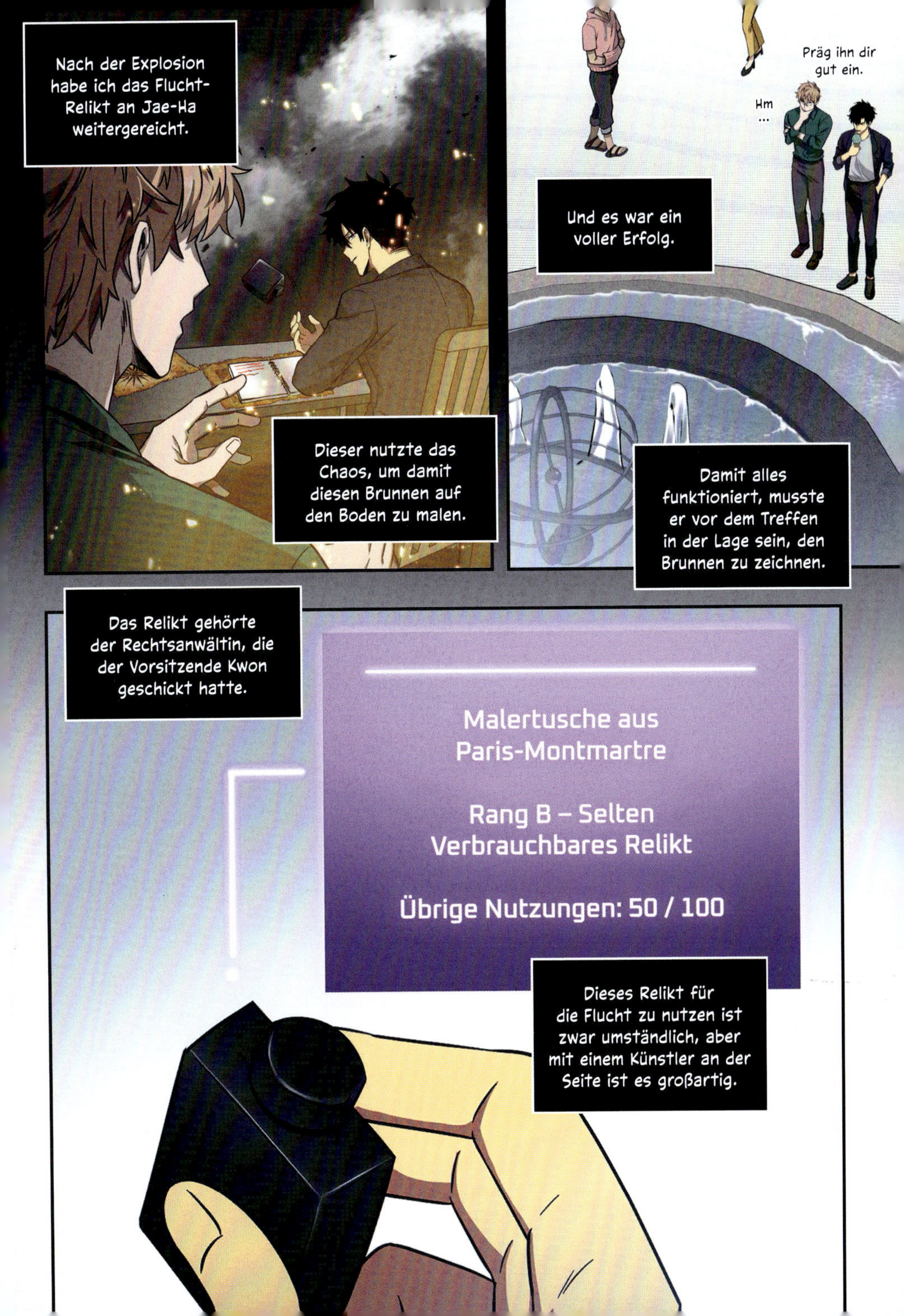

Nach der Explosion habe ich das Flucht-Relikt an Jae-Ha weitergereicht.
Dieser nutzte das Chaos, um damit diesen Brunnen auf den Boden zu malen.
Präg ihn dir gut ein.
Hm …
Und es war ein voller Erfolg.
Damit alles funktioniert, musste er vor dem Treffen in der Lage sein, den Brunnen zu zeichnen.
Das Relikt gehörte der Rechtsanwältin, die der Vorsitzende Kwon geschickt hatte.
Malertusche aus Paris-Montmartre
Rang B – Selten
Verbrauchbares Relikt
Übrige Nutzungen: 50 / 100
Dieses Relikt für die Flucht zu nutzen ist zwar umständlich, aber mit einem Künstler an der Seite ist es großartig.

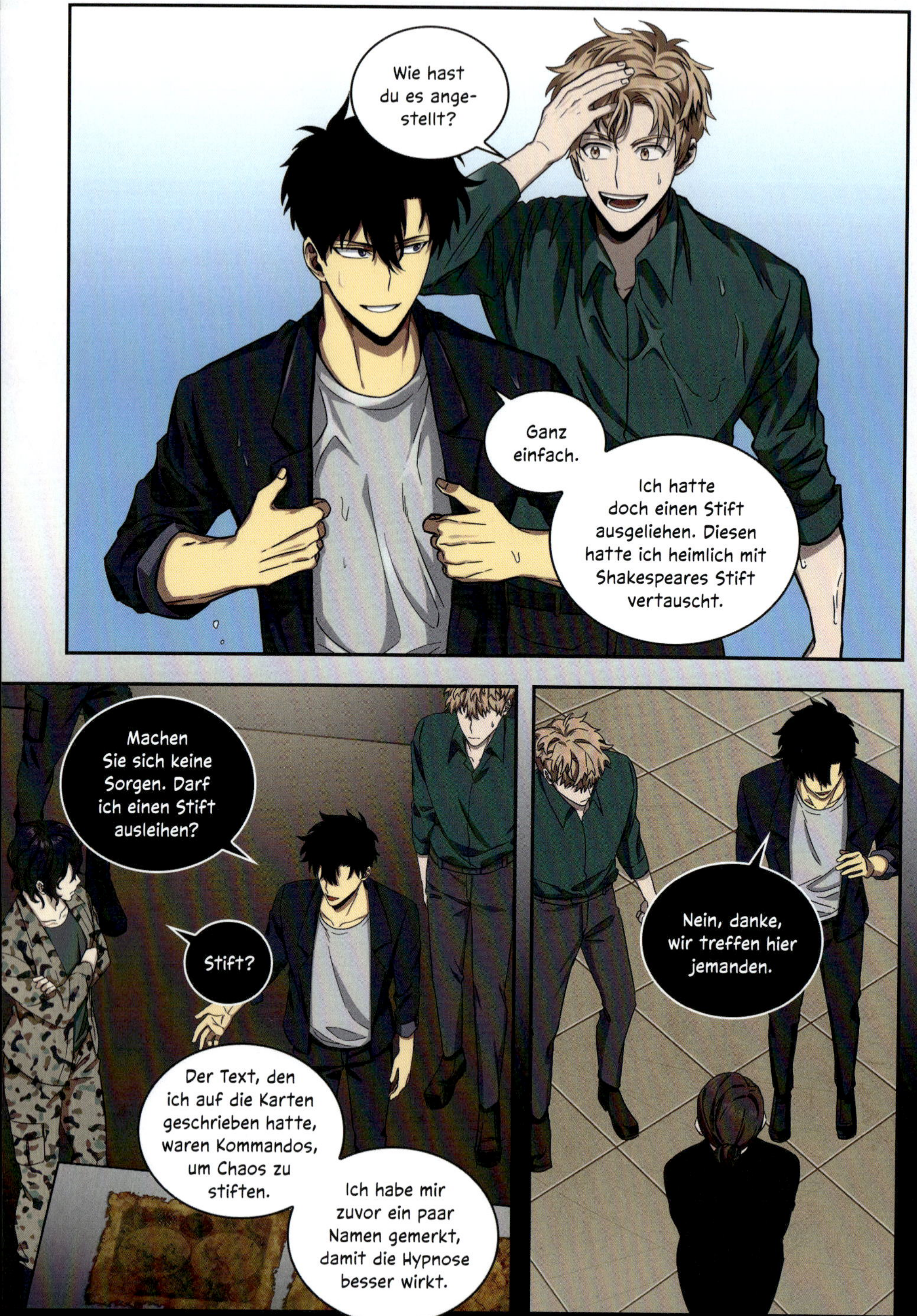
Wie hast du es ange-stellt?
Ganz einfach.
Ich hatte doch einen Stift ausgeliehen. Diesen hatte ich heimlich mit Shakespeares Stift vertauscht.
Machen Sie sich keine Sorgen. Darf ich einen Stift ausleihen?
Stift?
Der Text, den ich auf die Karten geschrieben hatte, waren Kommandos, um Chaos zu stiften.
Ich habe mir zuvor ein paar Namen gemerkt, damit die Hypnose besser wirkt.
Nein, danke, wir treffen hier jemanden.

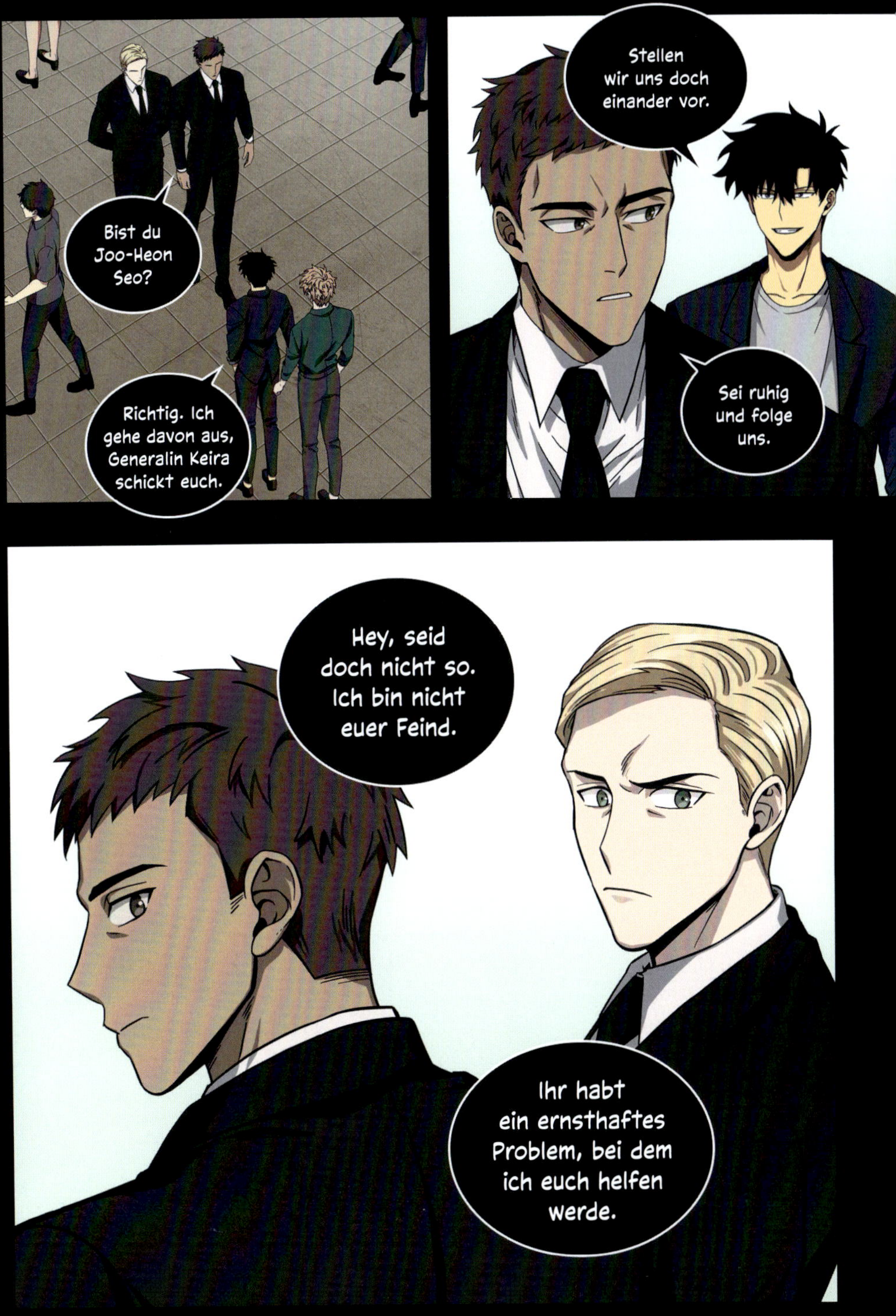
Bist du Joo-Heon Seo?
Richtig. Ich gehe davon aus, Generalin Keira schickt euch.
Stellen wir uns doch einander vor.
Sei ruhig und folge uns.
Hey, seid doch nicht so. Ich bin nicht euer Feind.
Ihr habt ein ernsthaftes Problem, bei dem ich euch helfen werde.

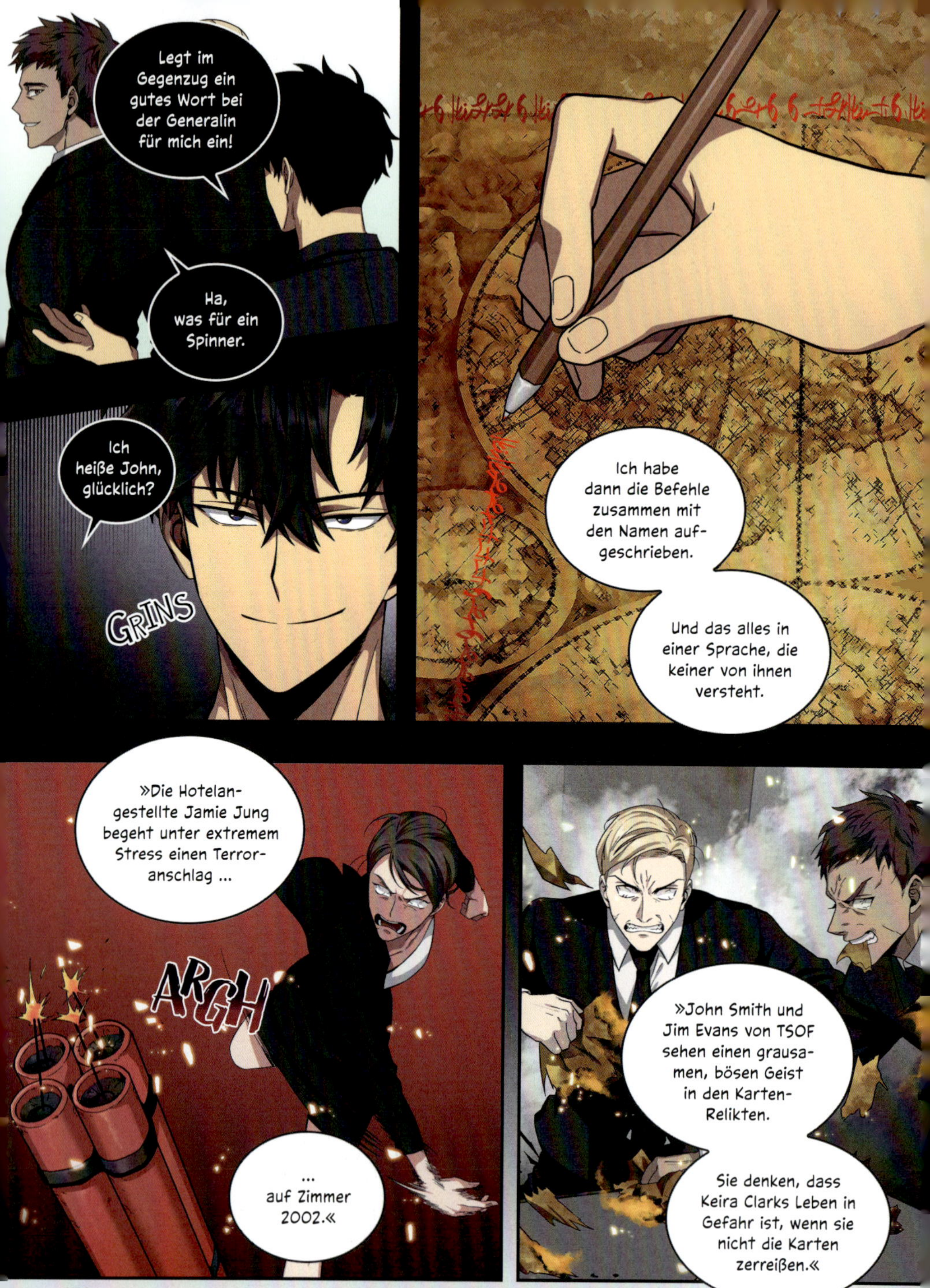

Legt im Gegenzug ein gutes Wort bei der Generalin für mich ein!
Ha, was für ein Spinner.
Ich heiße John, glücklich?
GRINS
Ich habe dann die Befehle zusammen mit den Namen auf-geschrieben.
Und das alles in einer Sprache, die keiner von ihnen versteht.
»Die Hotelan-gestellte Jamie Jung begeht unter extremem Stress einen Terror-anschlag ...
ARGH
... auf Zimmer 2002.«
»John Smith und Jim Evans von TSOF sehen einen grausa-men, bösen Geist in den Karten-Relikten.
Sie denken, dass Keira Clarks Leben in Gefahr ist, wenn sie nicht die Karten zerreißen.«

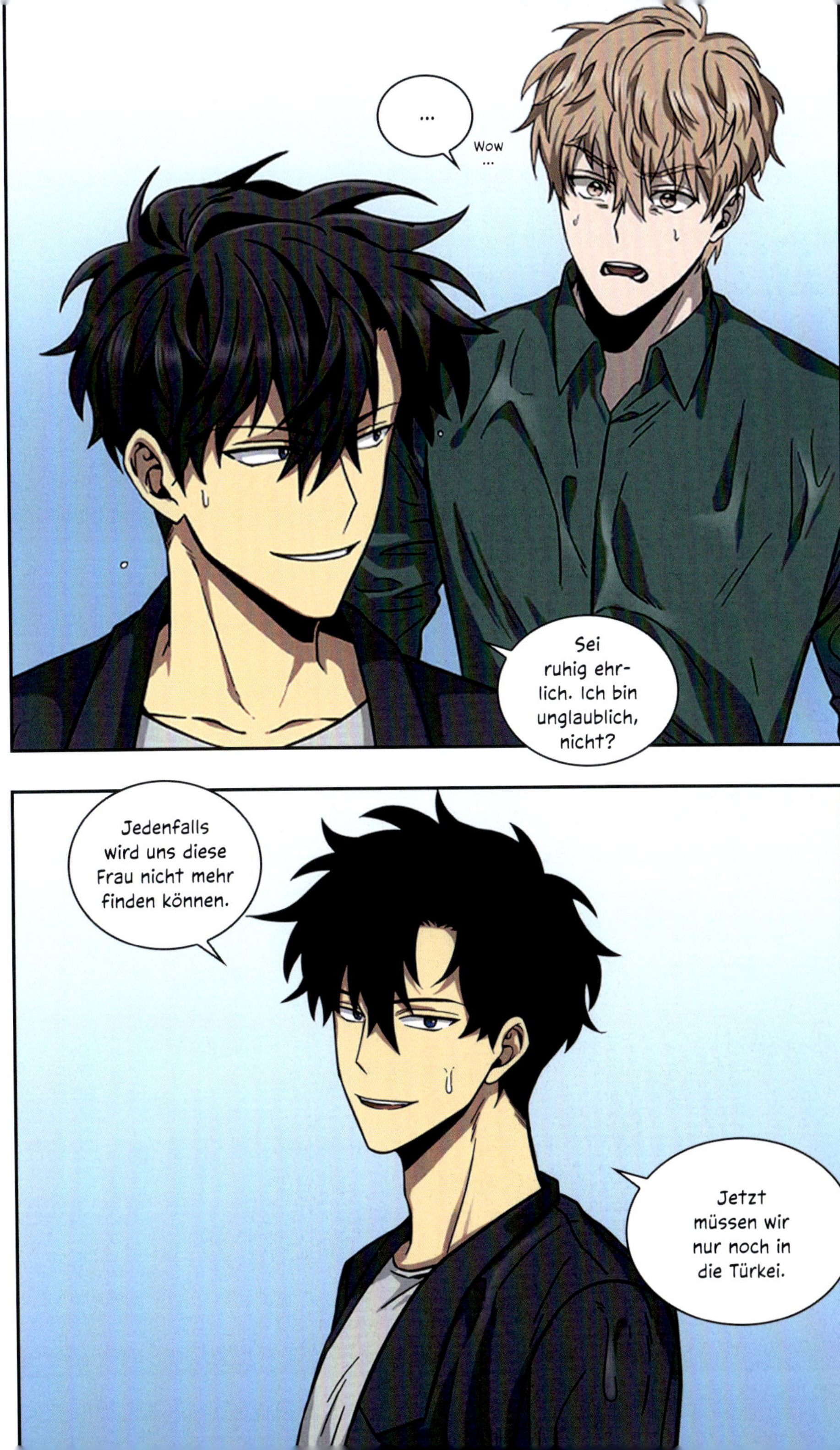
...
Wow ...
Sei ruhig ehr-lich. Ich bin unglaublich, nicht?
Jedenfalls wird uns diese Frau nicht mehr finden können.
Jetzt müssen wir nur noch in die Türkei.

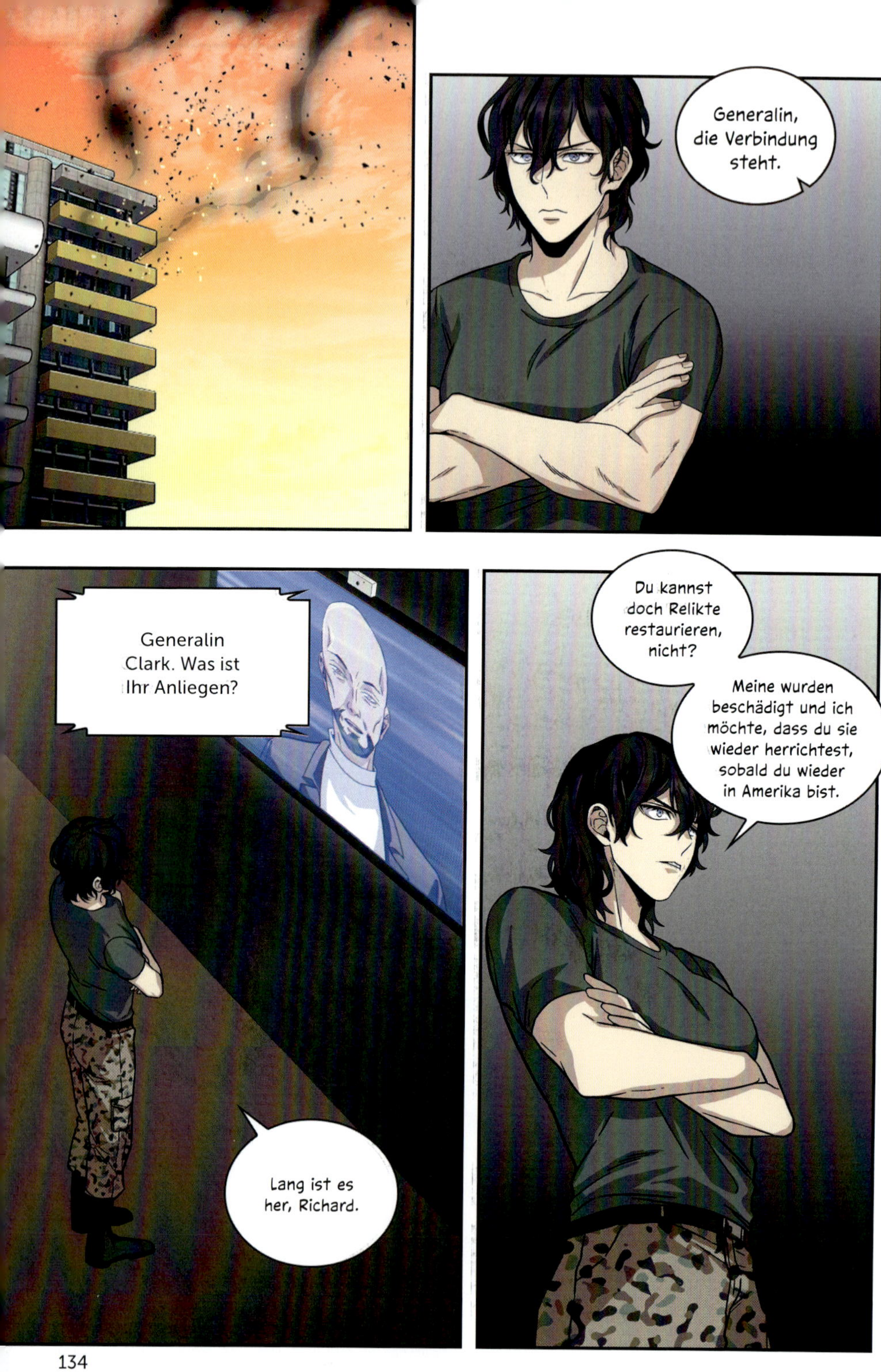
Generalin, die Verbindung steht.
Generalin Clark. Was ist Ihr Anliegen?
Lang ist es her, Richard.
Du kannst doch Relikte restaurieren, nicht?
Meine wurden beschädigt und ich möchte, dass du sie wieder herrichtest, sobald du wieder in Amerika bist.

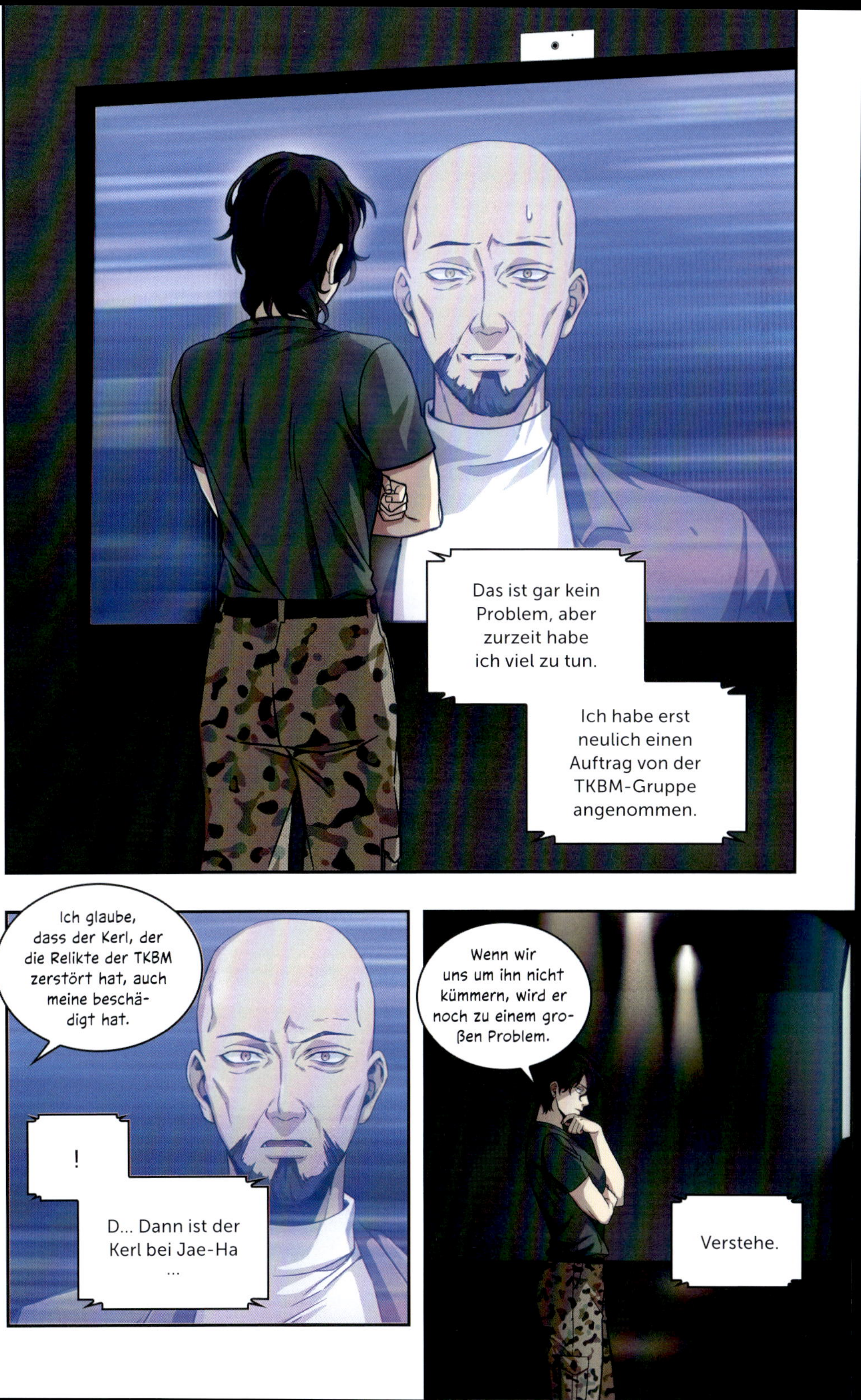
Das ist gar kein Problem, aber zurzeit habe ich viel zu tun.
Ich habe erst neulich einen Auftrag von der TKBM-Gruppe angenommen.
Ich glaube, dass der Kerl, der die Relikte der TKBM zerstört hat, auch meine beschä-digt hat.
!
D... Dann ist der Kerl bei Jae-Ha ...
Wenn wir uns um ihn nicht kümmern, wird er noch zu einem gro-ßen Problem.
Verstehe.

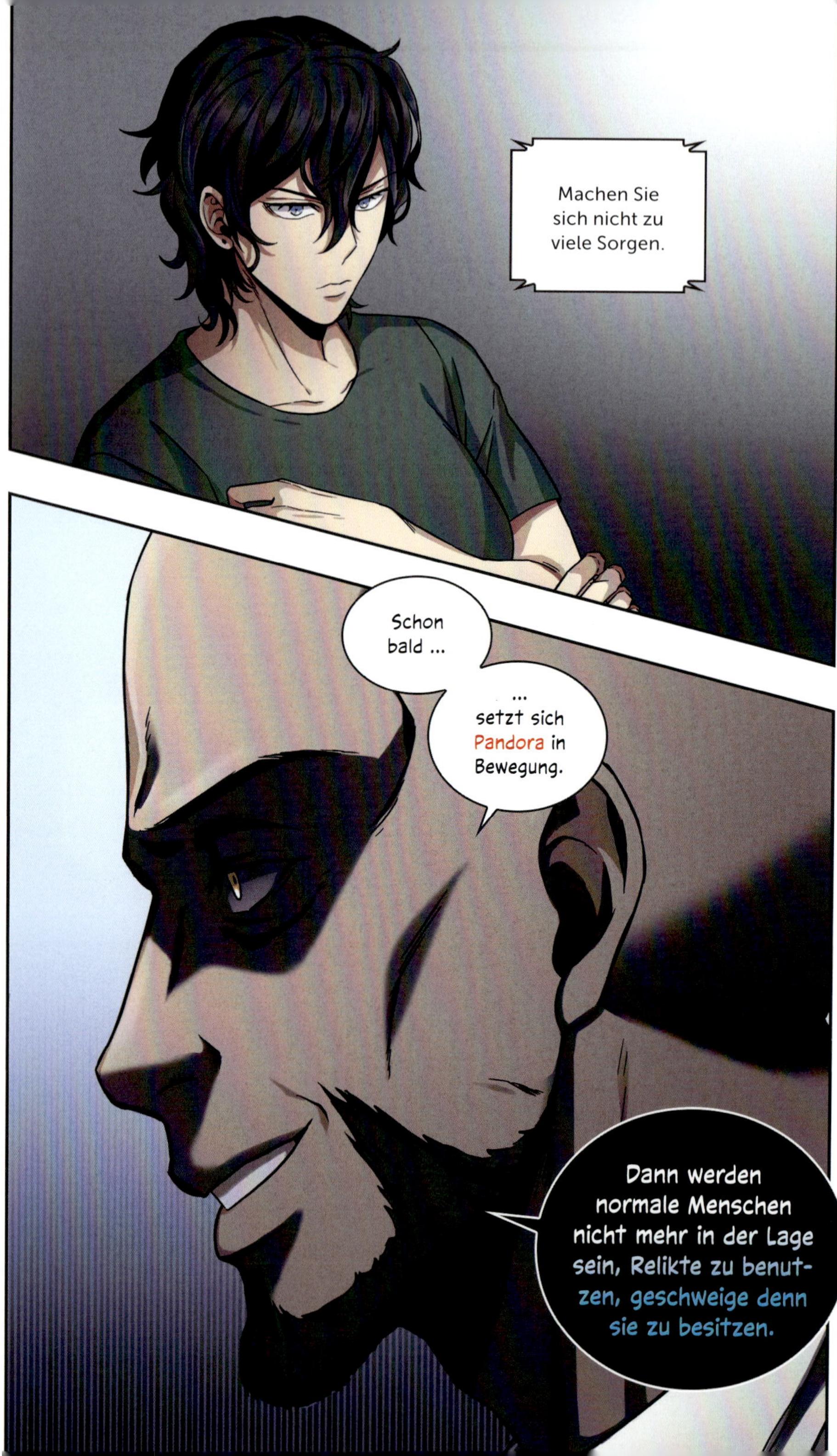
Machen Sie sich nicht zu viele Sorgen.
Schon bald ...
... setzt sich Pandora in Bewegung.
Dann werden normale Menschen nicht mehr in der Lage sein, Relikte zu benutzen, geschweige denn sie zu besitzen.

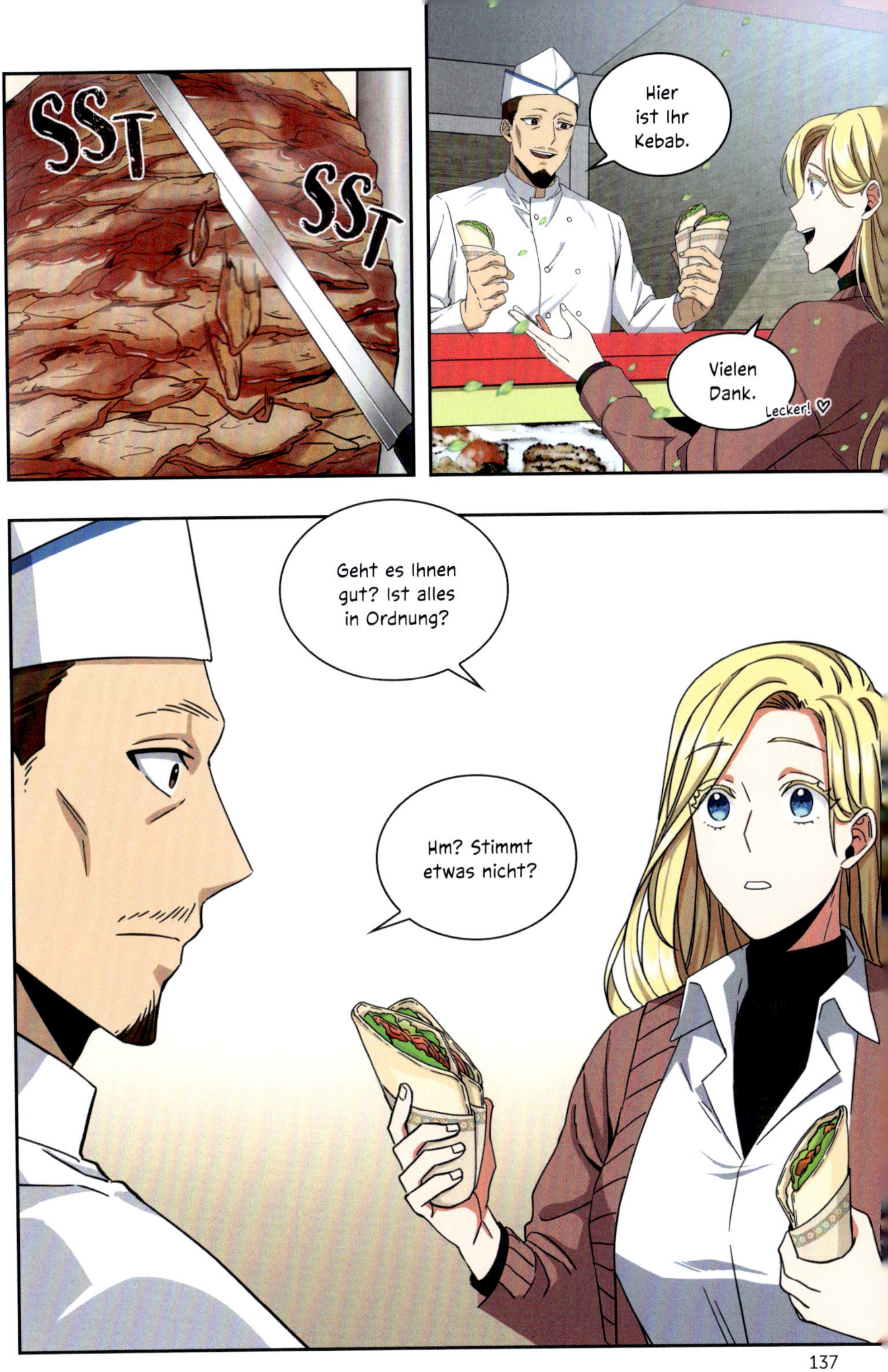
SST
SST
Hier ist Ihr Kebab.
Vielen Dank.
Lecker! ♡
Geht es Ihnen gut? Ist alles in Ordnung?
Hm? Stimmt etwas nicht?

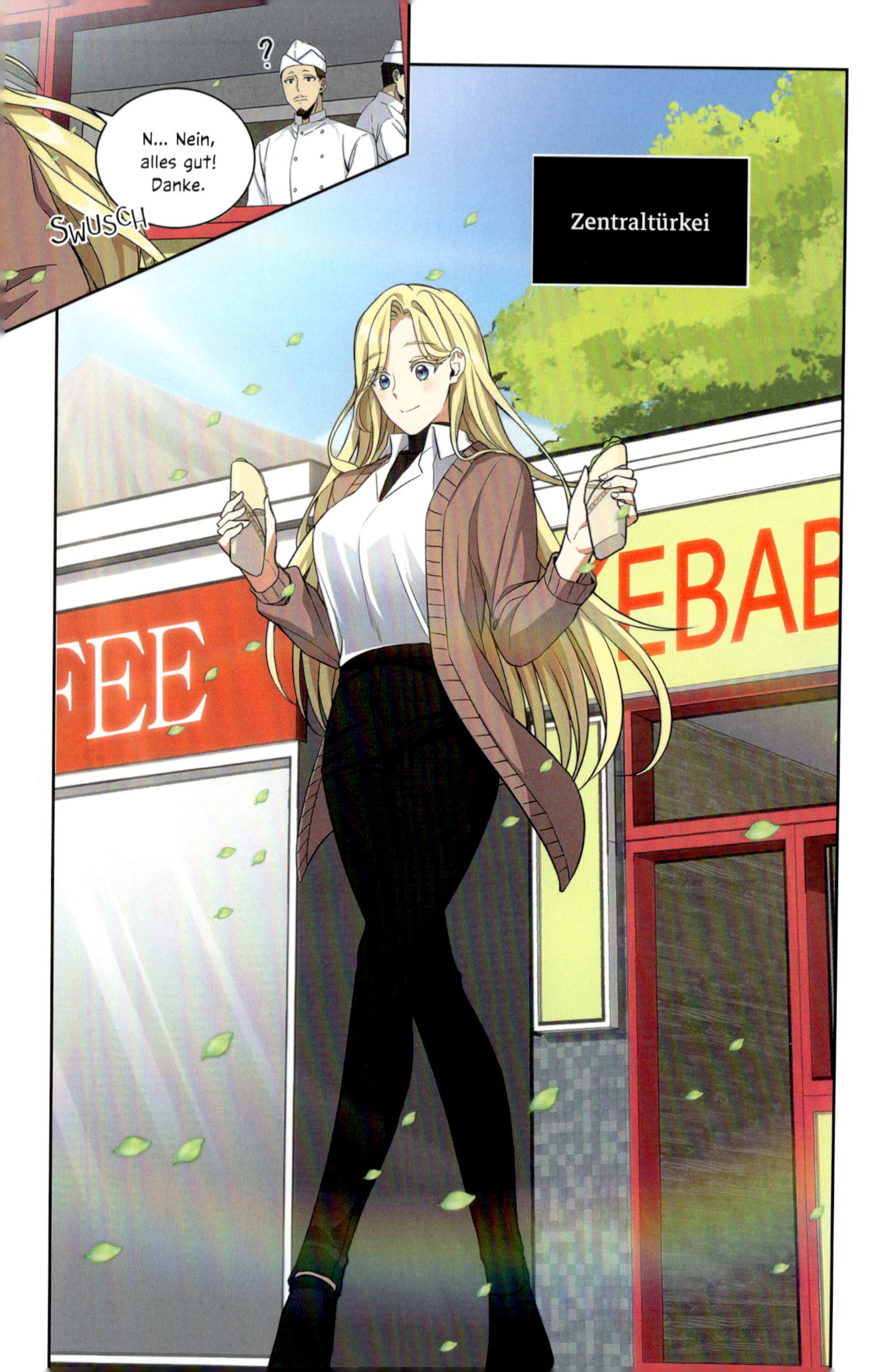
?
N... Nein, alles gut! Danke.
SWUSCH
Zentraltürkei
FEE
EBAB

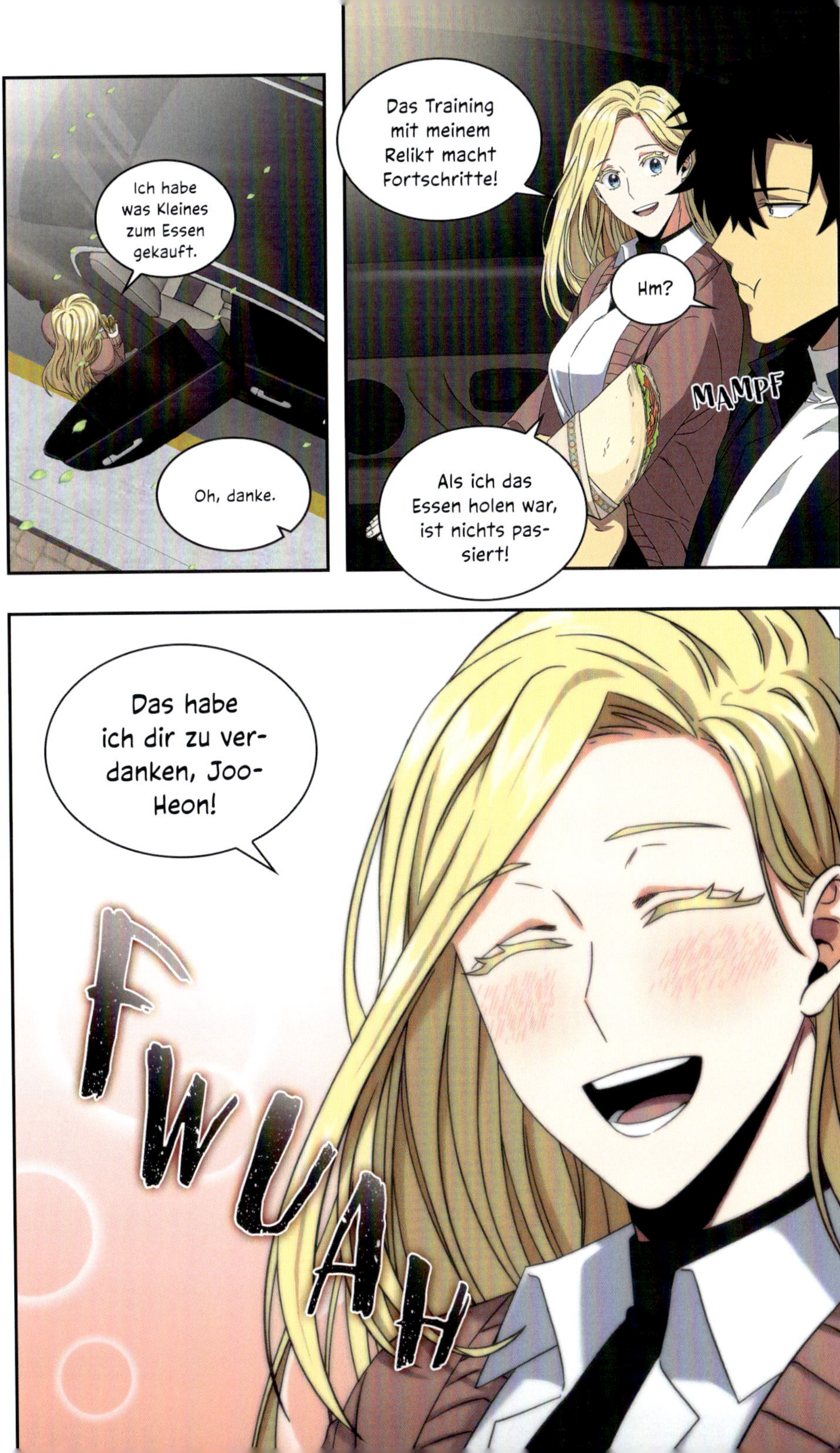

Ich habe was Kleines zum Essen gekauft.
Oh, danke.
Das Training mit meinem Relikt macht Fortschritte!
Hm?
MAMPF
Als ich das Essen holen war, ist nichts pas-siert!
Das habe ich dir zu ver-danken, Joo-Heon!
FWUAH

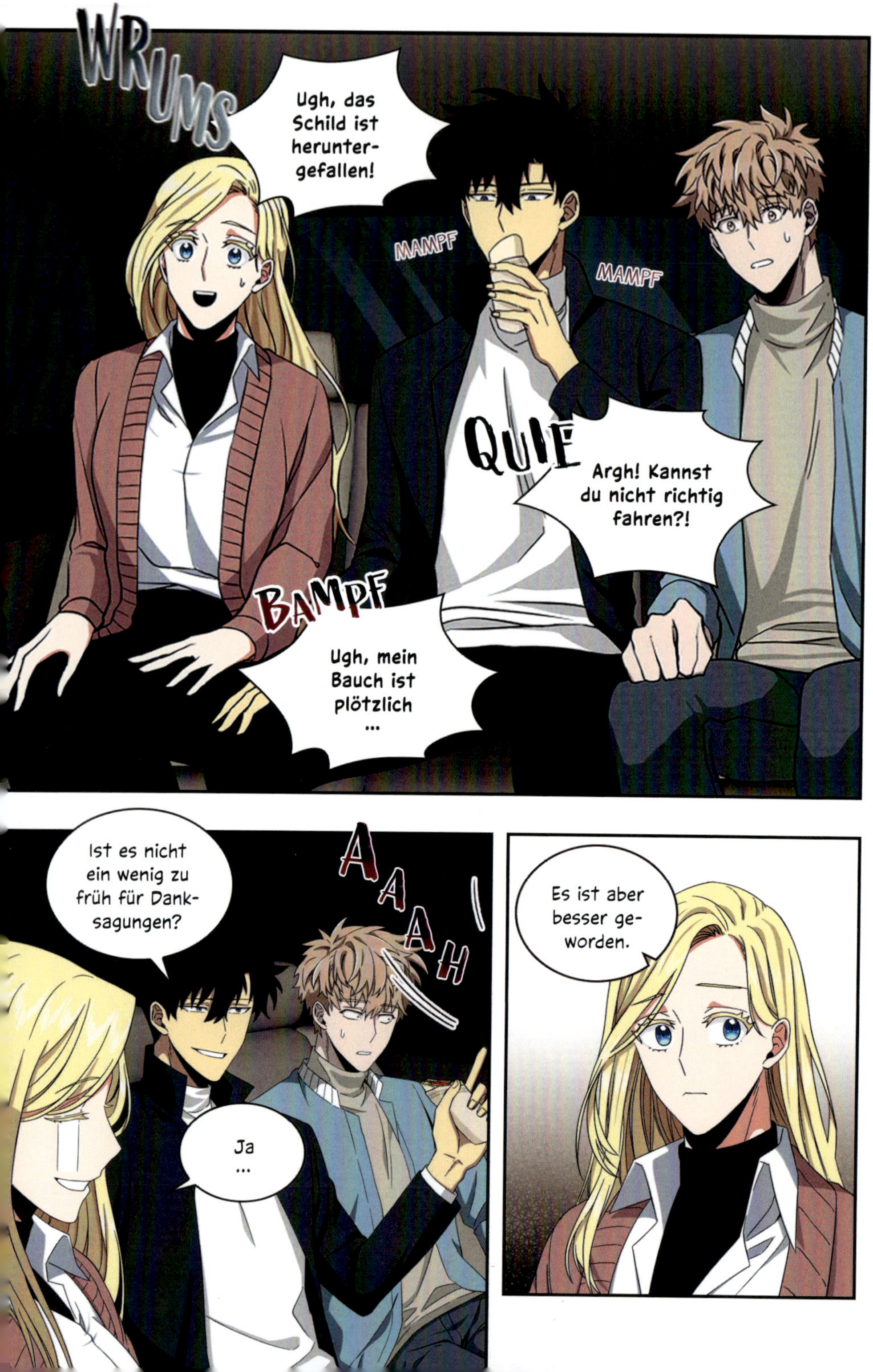
WRUMS
Ugh, das Schild ist herunter-gefallen!
MAMPF
MAMPF
QUIE
Argh! Kannst du nicht richtig fahren?!
BAMPF
Ugh, mein Bauch ist plötzlich …
Ist es nicht ein wenig zu früh für Dank-sagungen?
AAAH
Ja …
Es ist aber besser ge-worden.

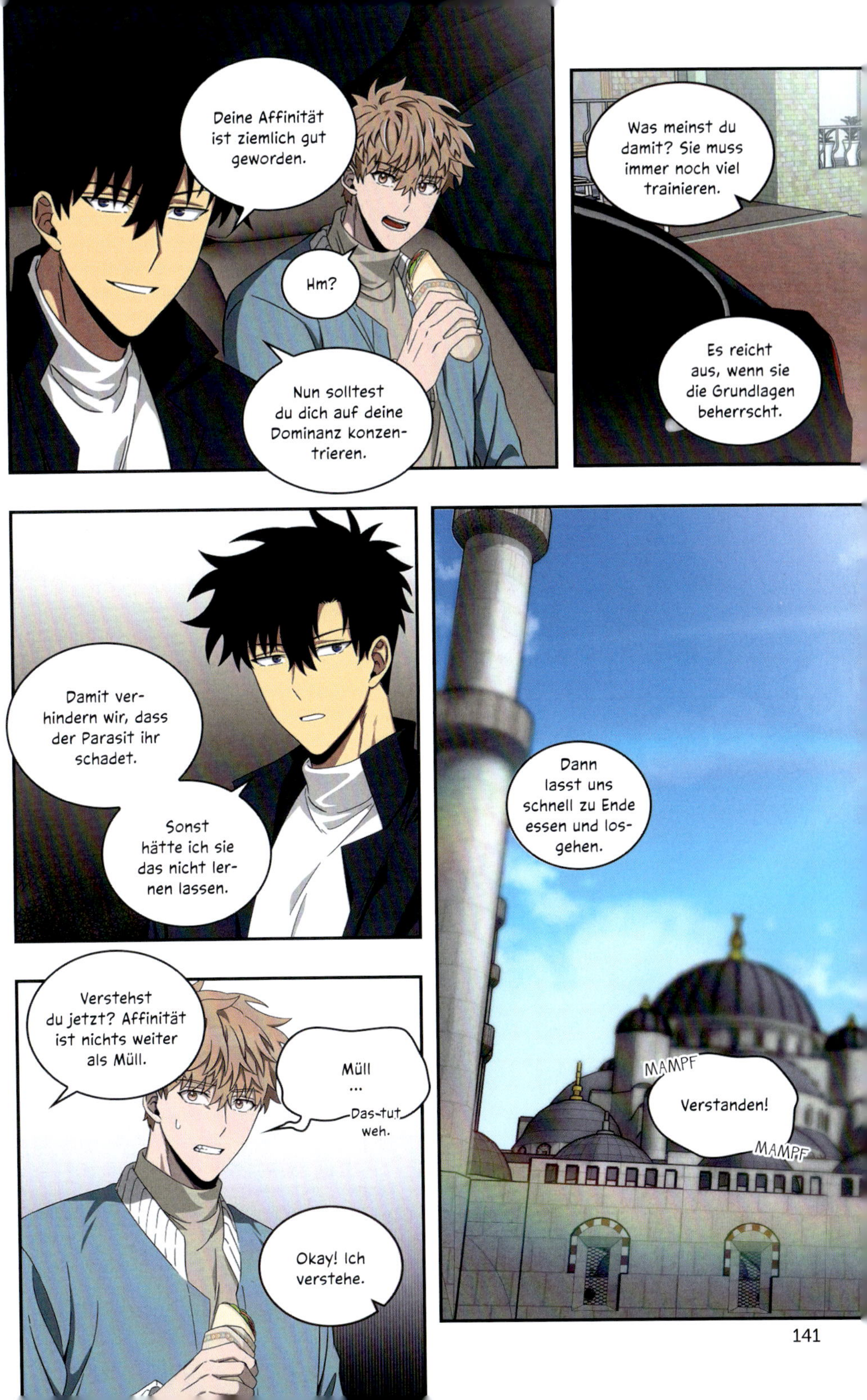
Deine Affinität ist ziemlich gut geworden.
Hm?
Nun solltest du dich auf deine Dominanz konzentrieren.
Was meinst du damit? Sie muss immer noch viel trainieren.
Es reicht aus, wenn sie die Grundlagen beherrscht.
Damit verhindern wir, dass der Parasit ihr schadet.
Sonst hätte ich sie das nicht lernen lassen.
Verstehst du jetzt? Affinität ist nichts weiter als Müll.
Müll …
Das tut weh.
Okay! Ich verstehe.
Dann lasst uns schnell zu Ende essen und losgehen.
MAMPF
Verstanden!
MAMPF

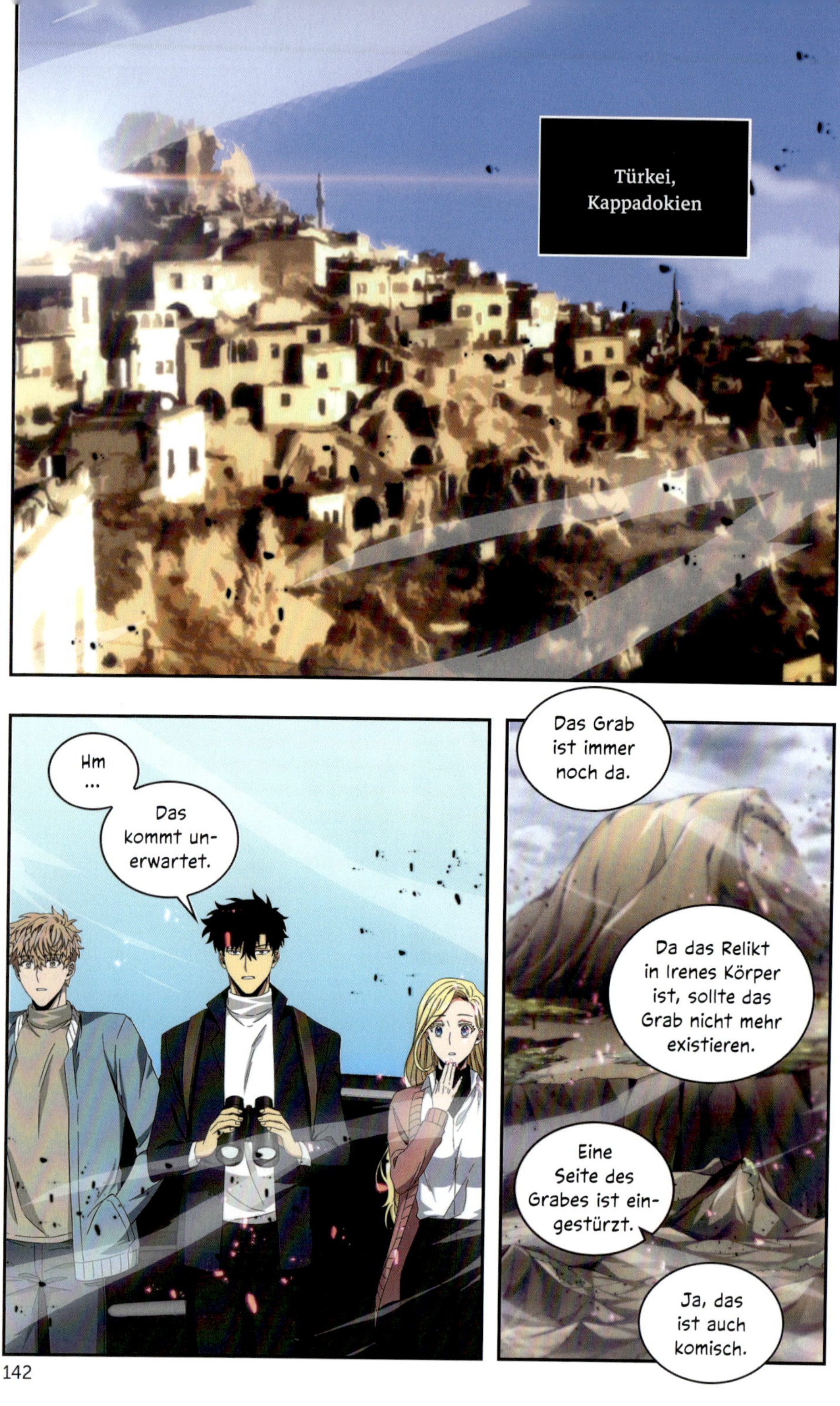
Türkei,
Kappadokien
Hm ...
Das kommt unerwartet.
Das Grab ist immer noch da.
Da das Relikt in Irenes Körper ist, sollte das Grab nicht mehr existieren.
Eine Seite des Grabes ist eingestürzt.
Ja, das ist auch komisch.

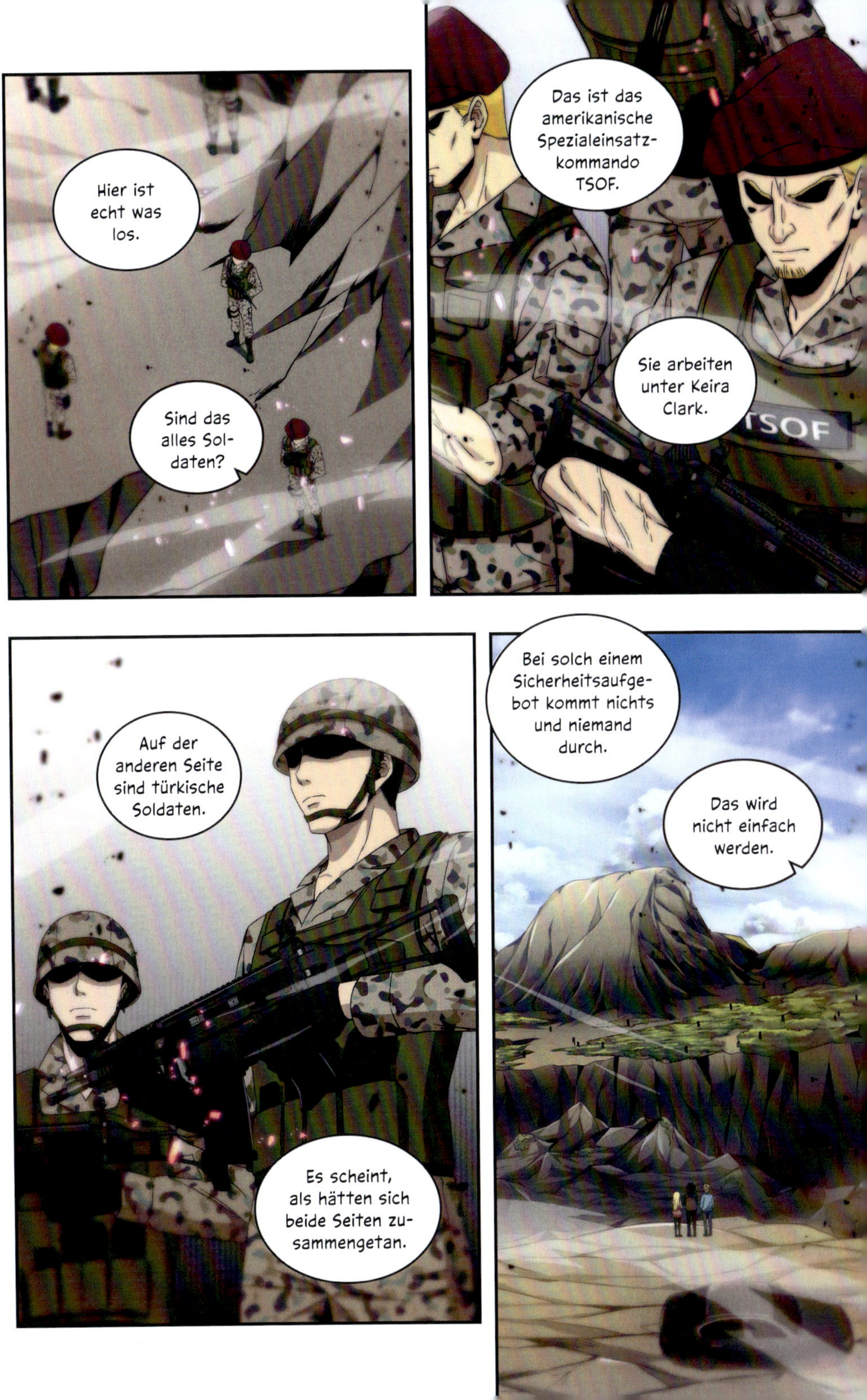
Hier ist echt was los.
Sind das alles Soldaten?
Das ist das amerikanische Spezialeinsatzkommando TSOF.
Sie arbeiten unter Keira Clark.
TSOF
Auf der anderen Seite sind türkische Soldaten.
Es scheint, als hätten sich beide Seiten zusammengetan.
Bei solch einem Sicherheitsaufgebot kommt nichts und niemand durch.
Das wird nicht einfach werden.

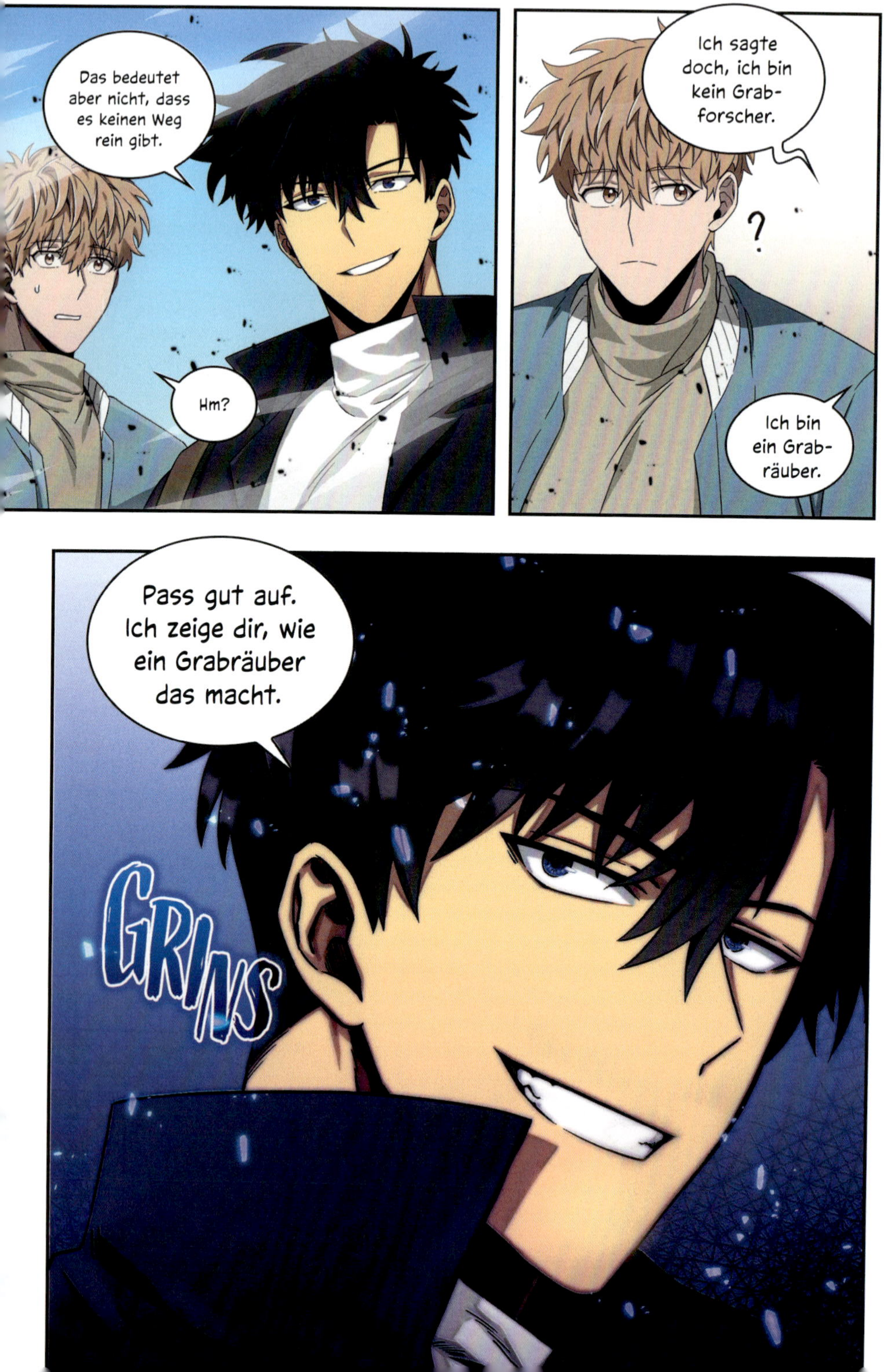
Das bedeutet aber nicht, dass es keinen Weg rein gibt.
Hm?
Ich sagte doch, ich bin kein Grab-forscher.
?
Ich bin ein Grab-räuber.
Pass gut auf. Ich zeige dir, wie ein Grabräuber das macht.
GRINS

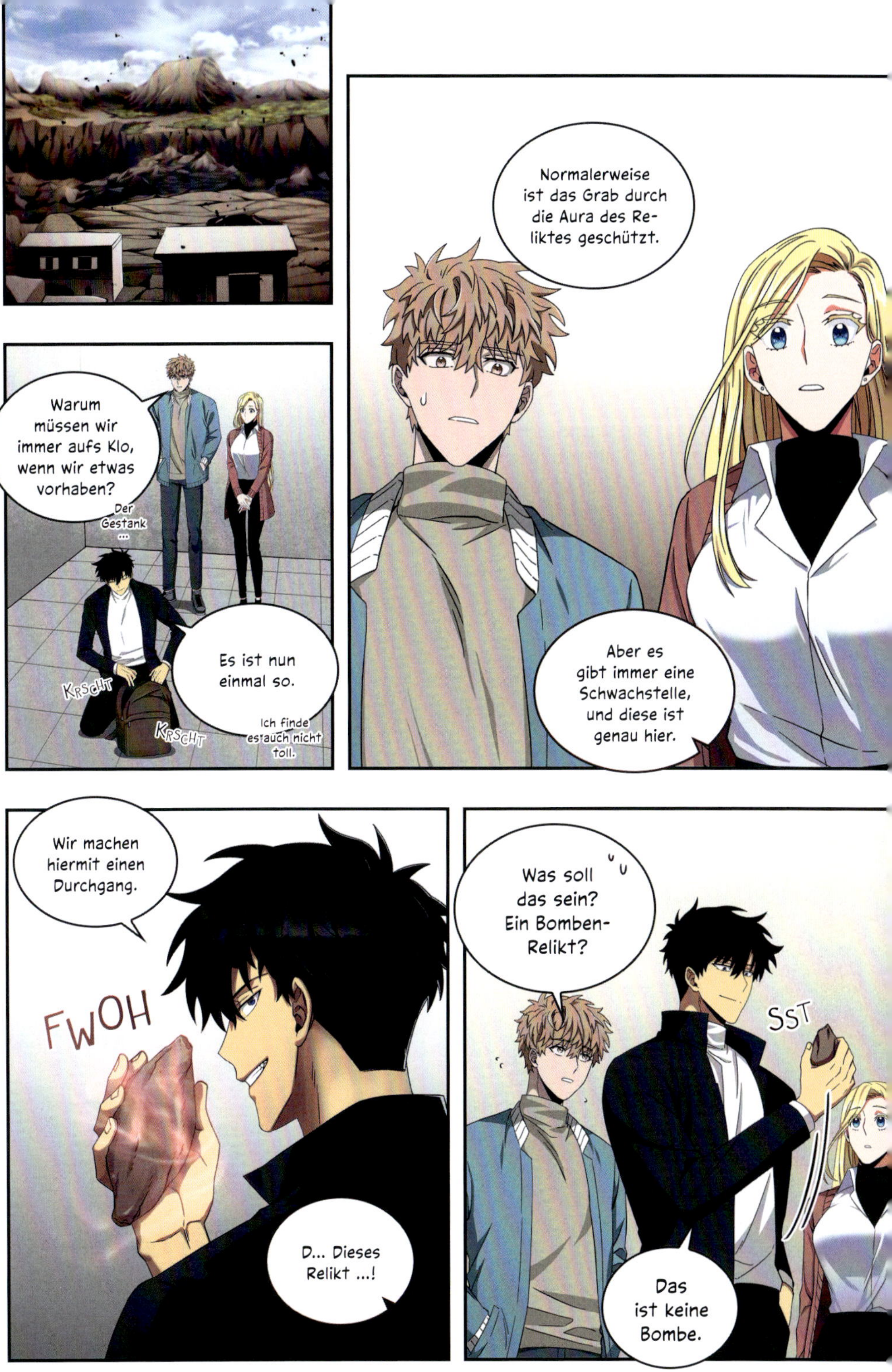
Normalerweise ist das Grab durch die Aura des Reliktes geschützt.
Warum müssen wir immer aufs Klo, wenn wir etwas vorhaben?
Der Gestank ...
KRSCHT
Es ist nun einmal so.
KRSCHT
Ich finde es auch nicht toll.
Aber es gibt immer eine Schwachstelle, und diese ist genau hier.
Wir machen hiermit einen Durchgang.
FWOH
D... Dieses Relikt ...!
Was soll das sein? Ein Bomben-Relikt?
SST
Das ist keine Bombe.

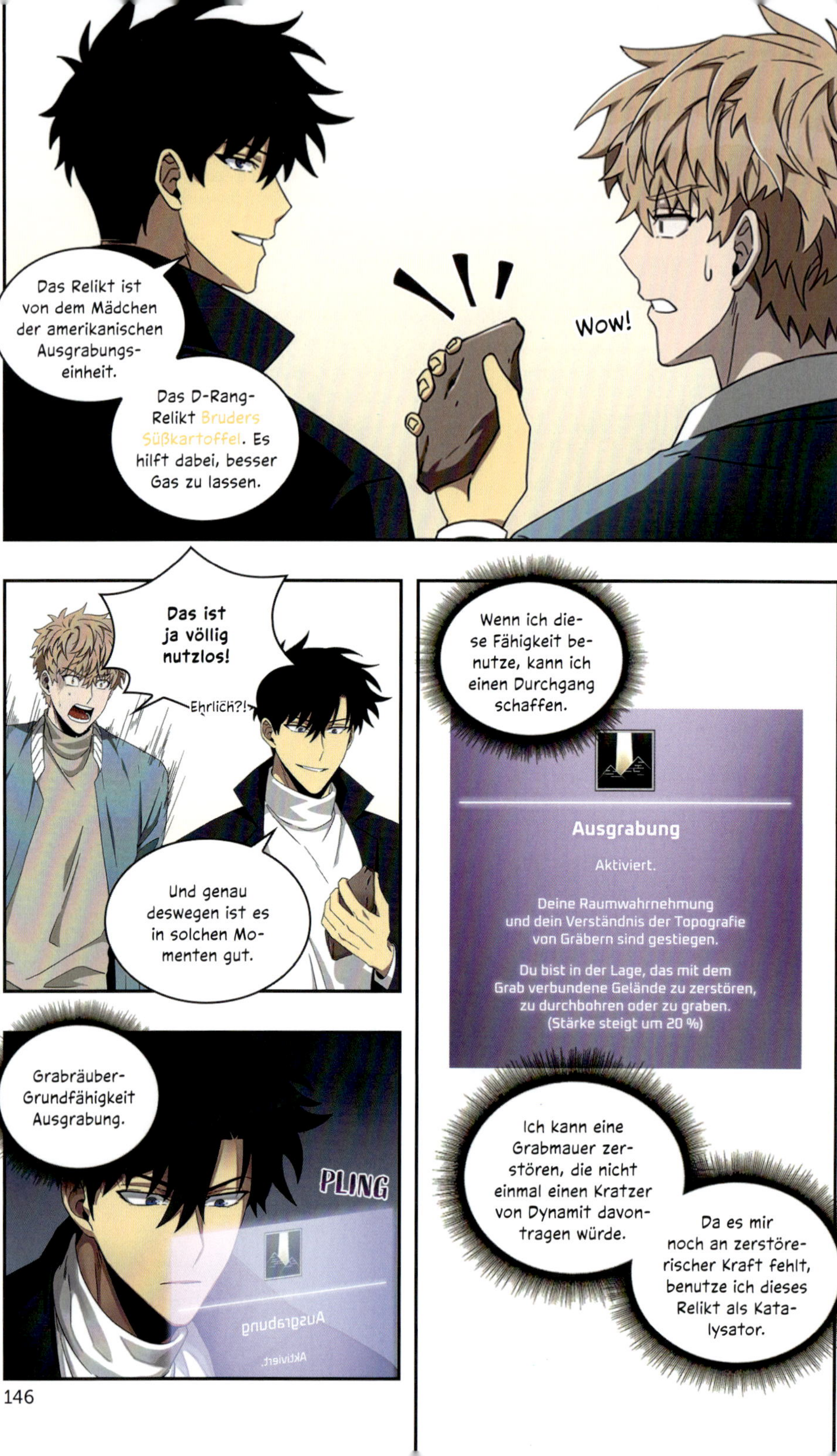
Das Relikt ist von dem Mädchen der amerikanischen Ausgrabungs-einheit.
Das D-Rang-Relikt Bruders Süßkartoffel. Es hilft dabei, besser Gas zu lassen.
WOW!
Das ist ja völlig nutzlos!
Ehrlich?!
Und genau deswegen ist es in solchen Momenten gut.
Grabräuber-Grundfähigkeit Ausgrabung.
PLING
Wenn ich diese Fähigkeit benutze, kann ich einen Durchgang schaffen.
Ausgrabung
Aktiviert.
Deine Raumwahrnehmung und dein Verständnis der Topografie von Gräbern sind gestiegen.
Du bist in der Lage, das mit dem Grab verbundene Gelände zu zerstören, zu durchbohren oder zu graben. (Stärke steigt um 20 %)
Ich kann eine Grabmauer zerstören, die nicht einmal einen Kratzer von Dynamit davontragen würde.
Da es mir noch an zerstörerischer Kraft fehlt, benutze ich dieses Relikt als Katalysator.

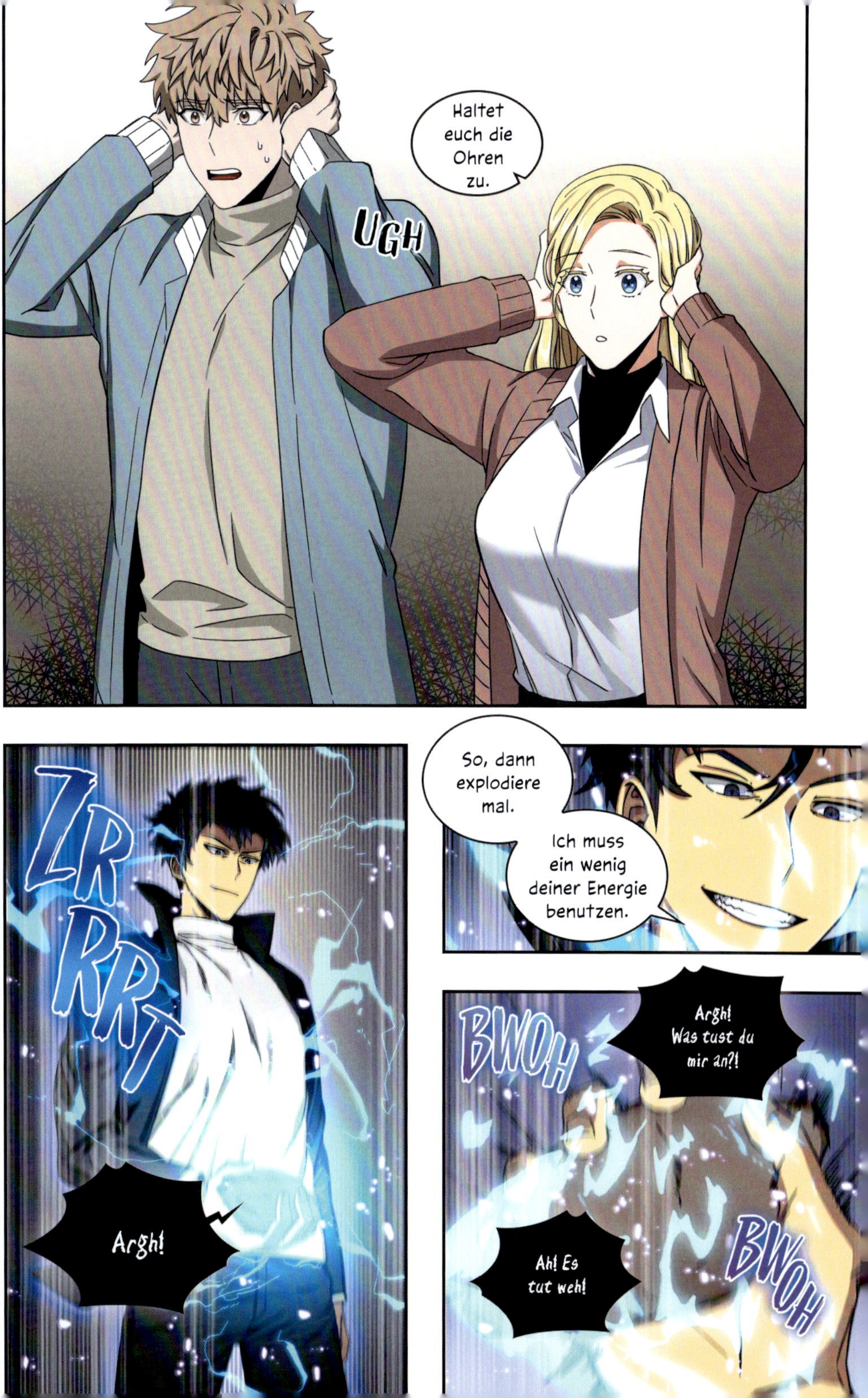
Haltet euch die Ohren zu.
UGH
ZRRRT
Argh!
So, dann explodiere mal.
Ich muss ein wenig deiner Energie benutzen.
BWOH
Argh! Was tust du mir an?!
Ah! Es tut weh!
BWOH

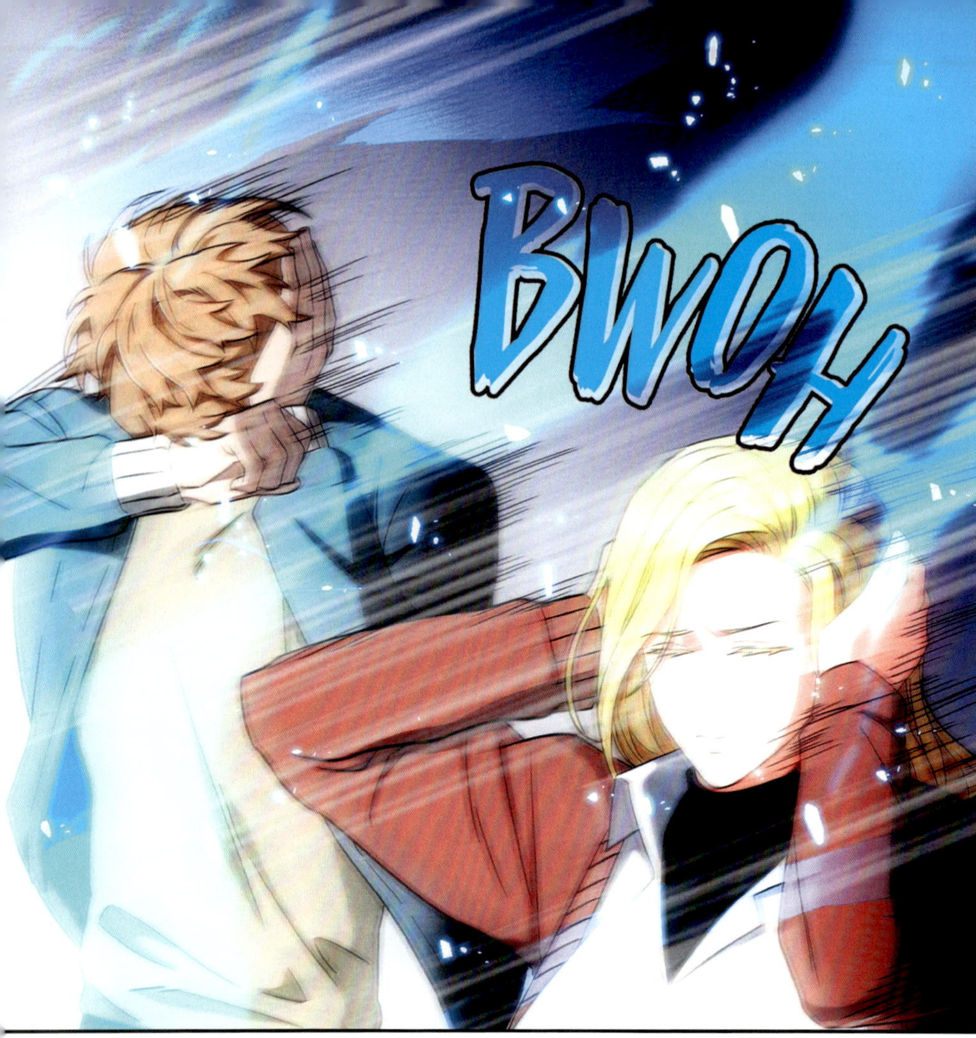
BWOH

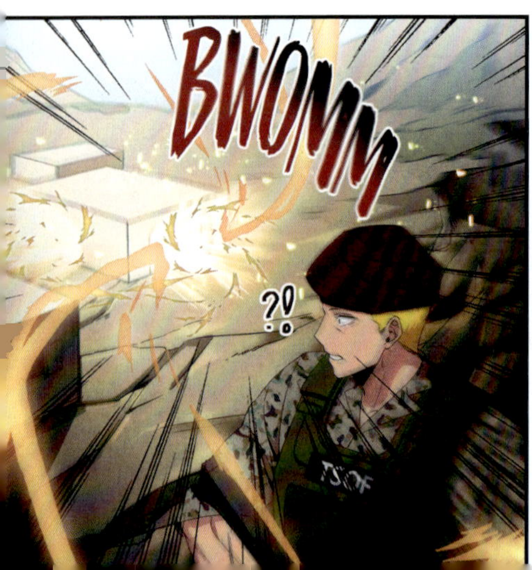
BWOMM
?!

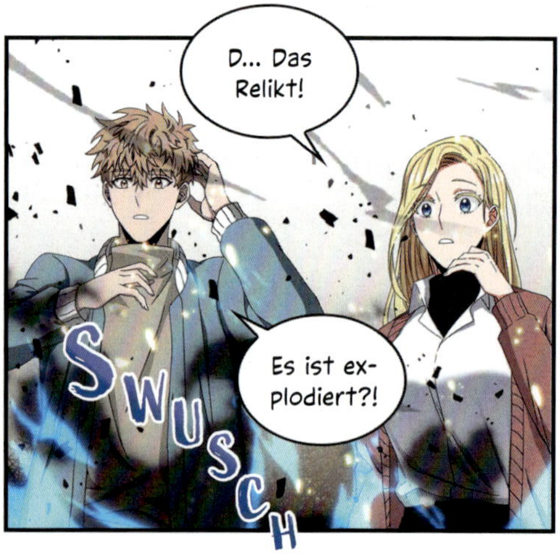
D... Das Relikt!
Es ist explodiert?!
SWUSCH

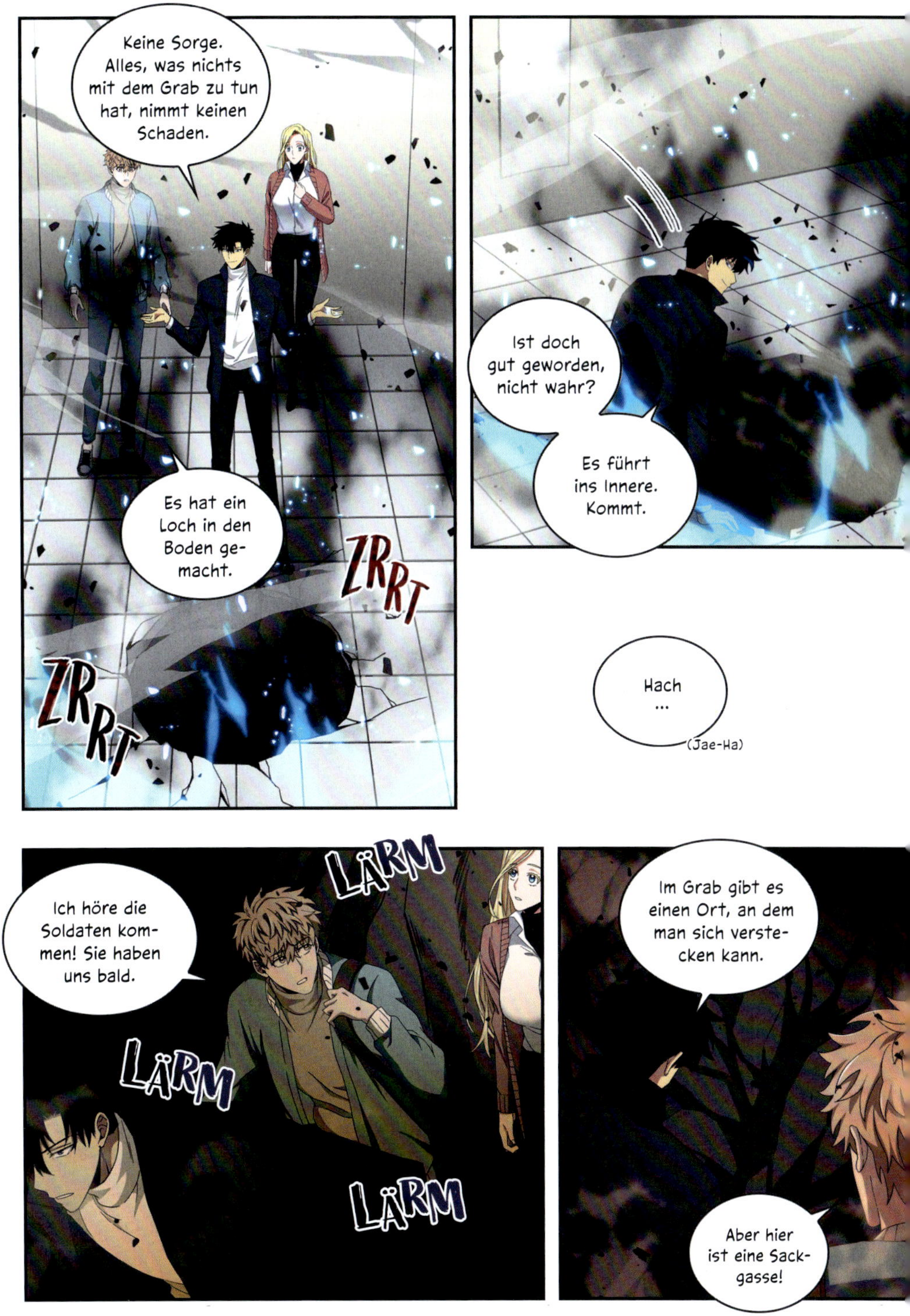
Keine Sorge. Alles, was nichts mit dem Grab zu tun hat, nimmt keinen Schaden.
Es hat ein Loch in den Boden gemacht.
ZRRRT
ZRRRT
Ist doch gut geworden, nicht wahr?
Es führt ins Innere. Kommt.
Hach ...
(Jae-Ha)
Ich höre die Soldaten kommen! Sie haben uns bald.
LÄRM
LÄRM
LÄRM
Im Grab gibt es einen Ort, an dem man sich verstecken kann.
Aber hier ist eine Sackgasse!

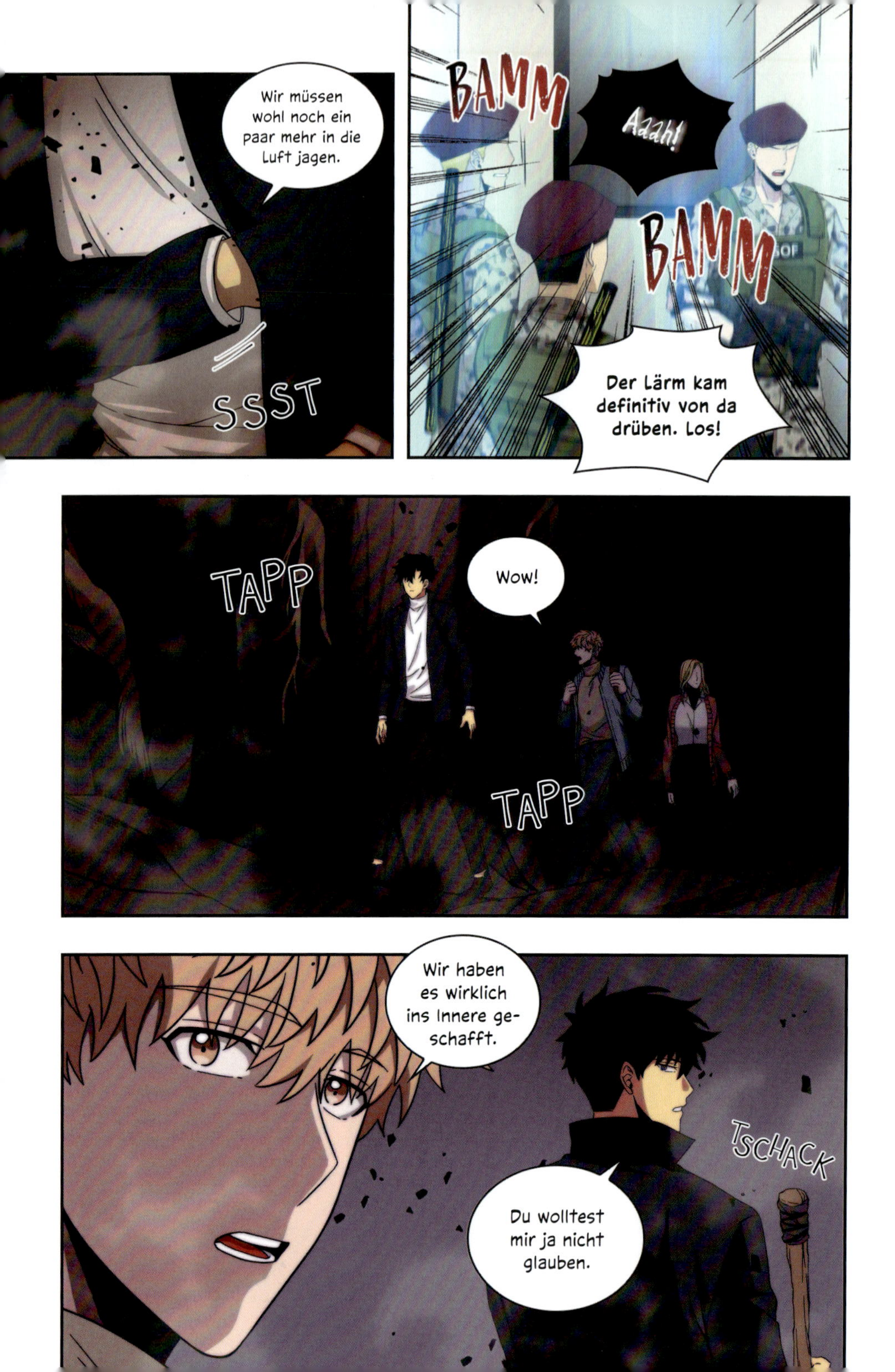
Wir müssen wohl noch ein paar mehr in die Luft jagen.
SSST
BAMM
Aaah!
BAMM
Der Lärm kam definitiv von da drüben. Los!
TAPP
Wow!
TAPP
Wir haben es wirklich ins Innere geschafft.
TSCHACK
Du wolltest mir ja nicht glauben.

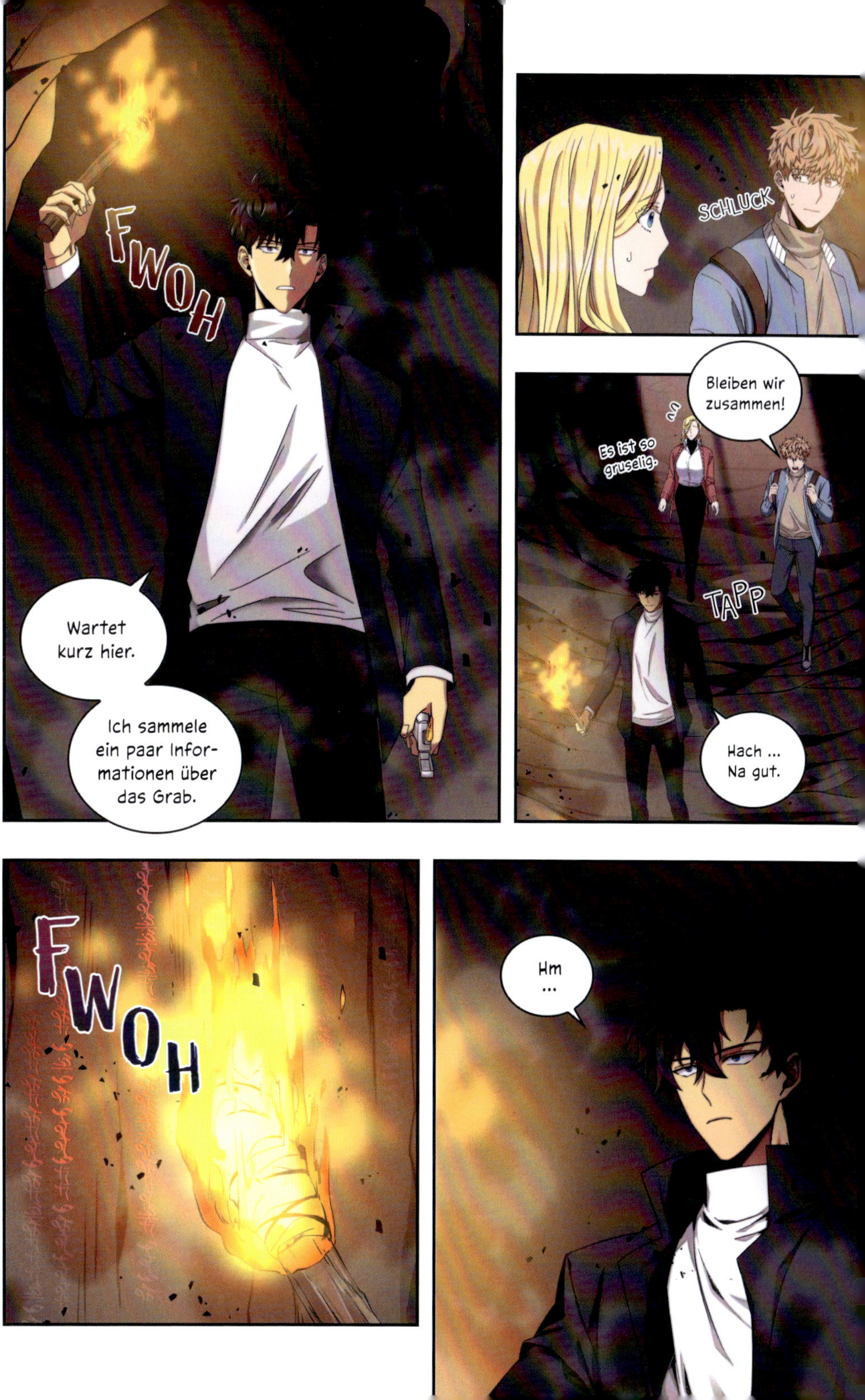

FWOH
Wartet kurz hier.
Ich sammele ein paar Informationen über das Grab.
SCHLUCK
Bleiben wir zusammen!
Es ist so gruselig.
TAPP
Hach … Na gut.
FWOH
Hm …

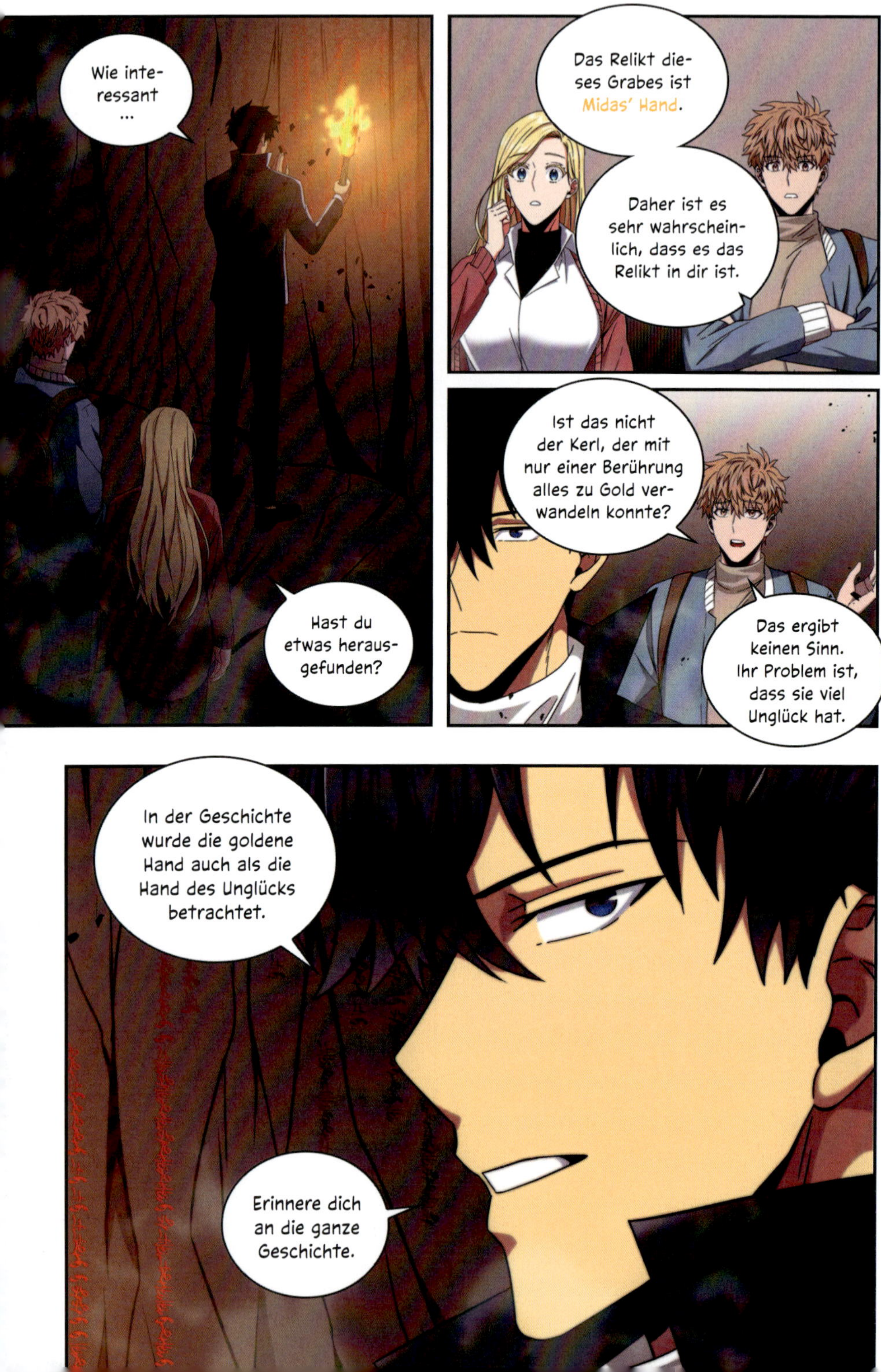
Wie interessant ...
Hast du etwas herausgefunden?
Das Relikt dieses Grabes ist Midas' Hand.
Daher ist es sehr wahrscheinlich, dass es das Relikt in dir ist.
Ist das nicht der Kerl, der mit nur einer Berührung alles zu Gold verwandeln konnte?
Das ergibt keinen Sinn. Ihr Problem ist, dass sie viel Unglück hat.
In der Geschichte wurde die goldene Hand auch als die Hand des Unglücks betrachtet.
Erinnere dich an die ganze Geschichte.

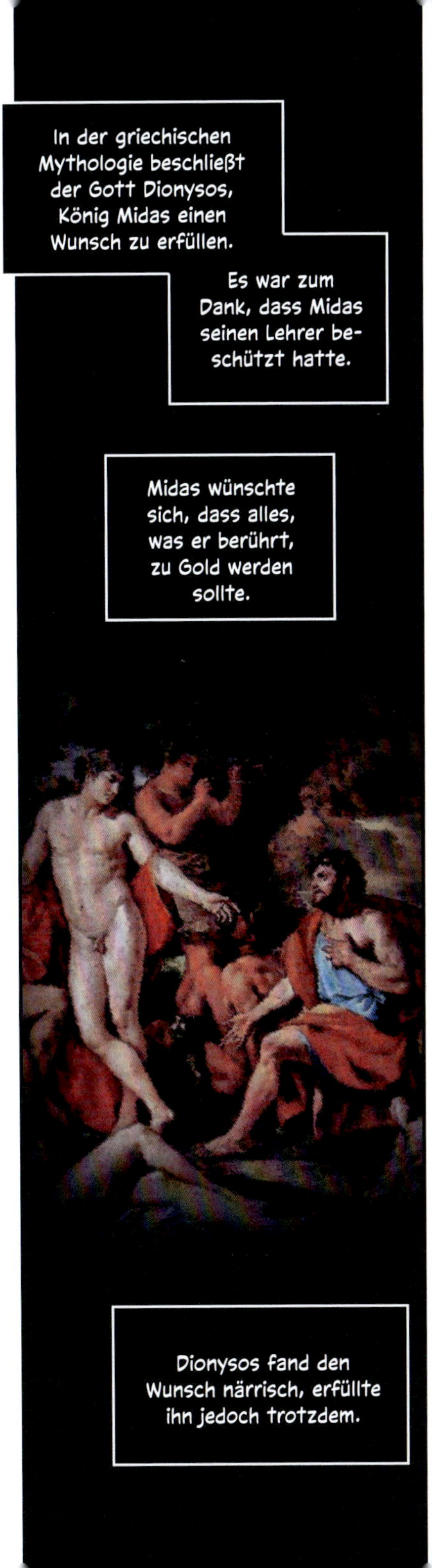
In der griechischen Mythologie beschließt der Gott Dionysos, König Midas einen Wunsch zu erfüllen.
Es war zum Dank, dass Midas seinen Lehrer beschützt hatte.
Midas wünschte sich, dass alles, was er berührt, zu Gold werden sollte.
Dionysos fand den Wunsch närrisch, erfüllte ihn jedoch trotzdem.

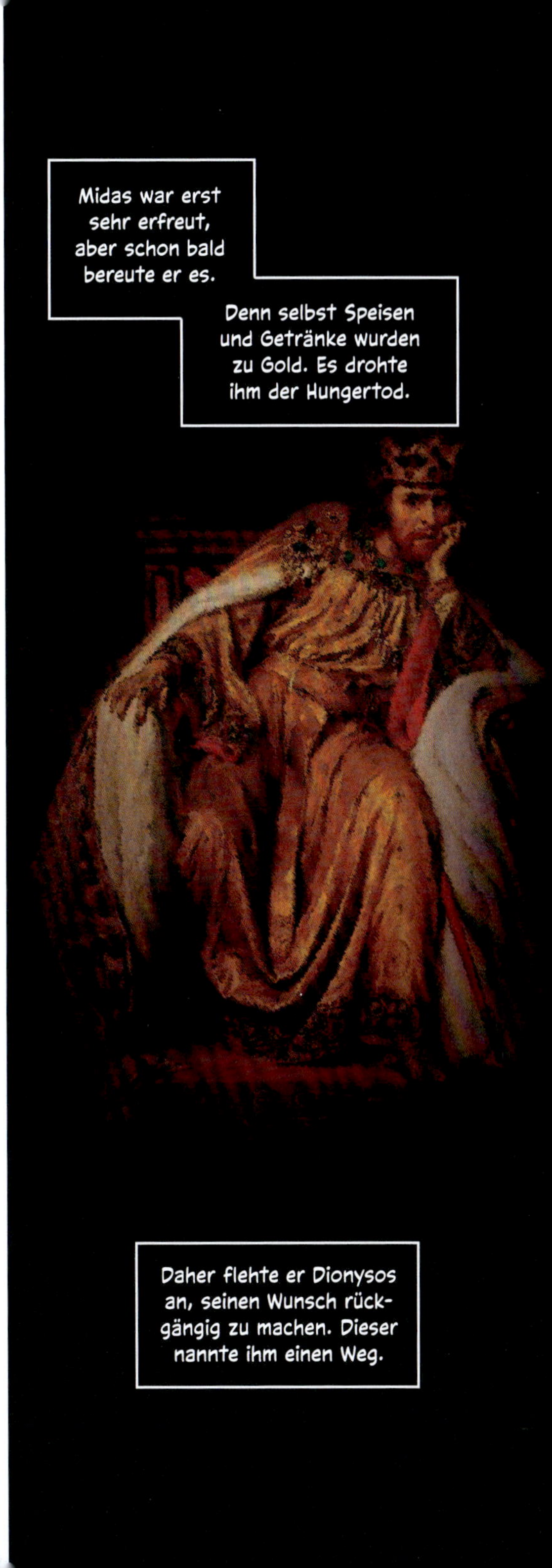
Midas war erst sehr erfreut, aber schon bald bereute er es.
Denn selbst Speisen und Getränke wurden zu Gold. Es drohte ihm der Hungertod.
Daher flehte er Dionysos an, seinen Wunsch rückgängig zu machen. Dieser nannte ihm einen Weg.

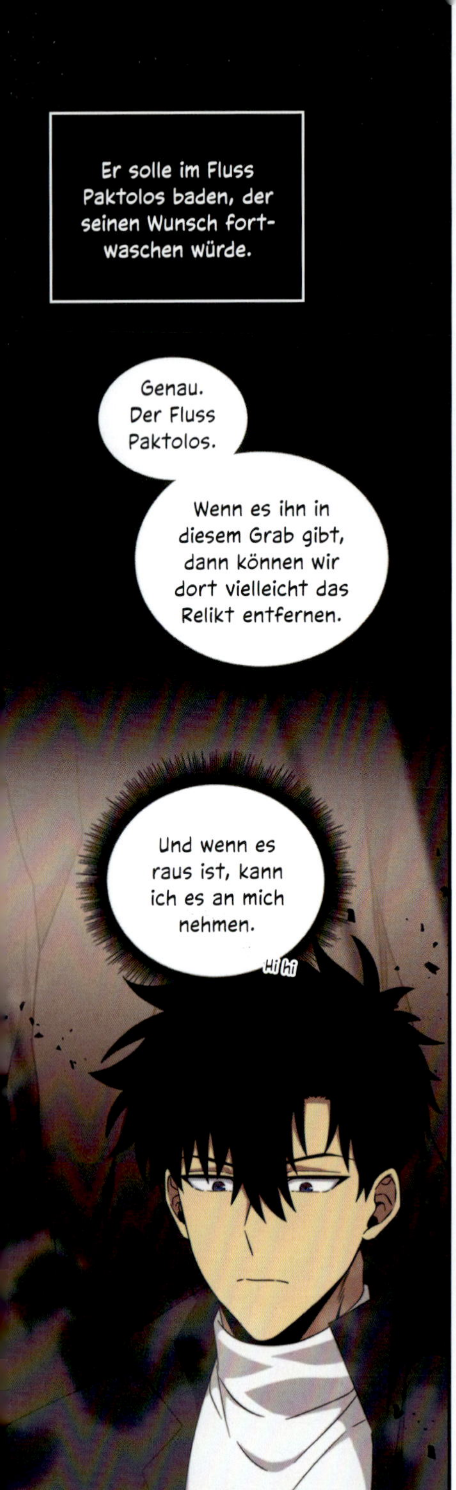
Er solle im Fluss Paktolos baden, der seinen Wunsch fort-waschen würde.
Genau. Der Fluss Paktolos.
Wenn es ihn in diesem Grab gibt, dann können wir dort vielleicht das Relikt entfernen.
Und wenn es raus ist, kann ich es an mich nehmen.
Hi hi

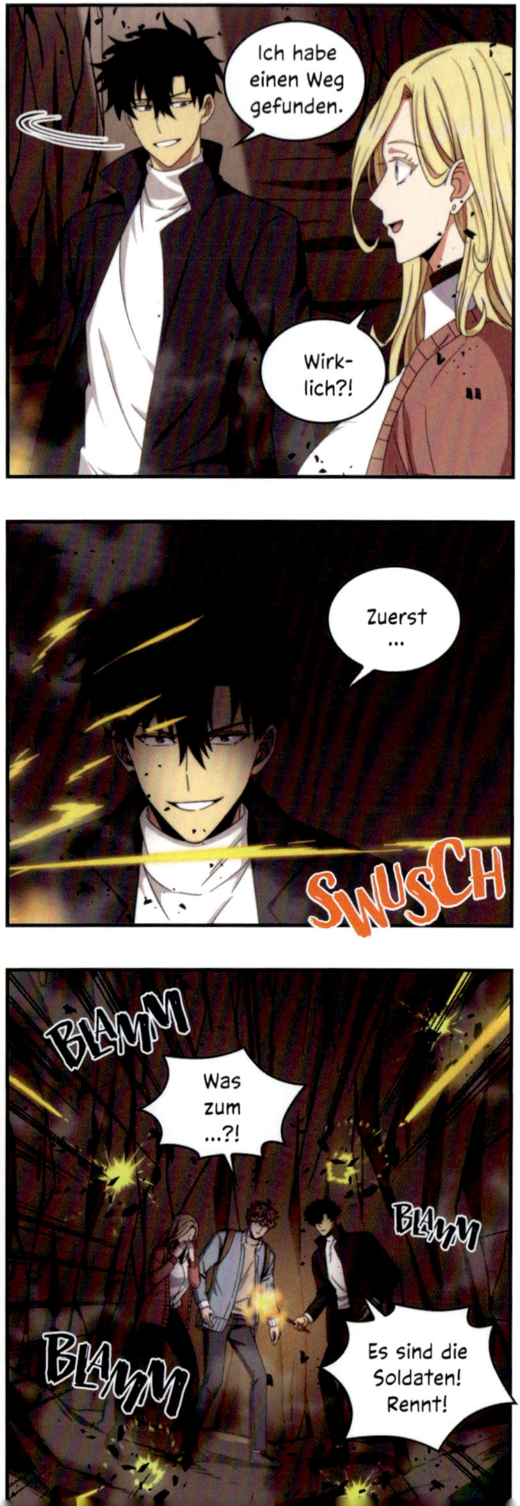
Ich habe einen Weg gefunden.
Wirk-lich?!
Zuerst ...
SWUSCH
BLAMM
Was zum ...?!
BLAMM
BLAMM
Es sind die Soldaten! Rennt!

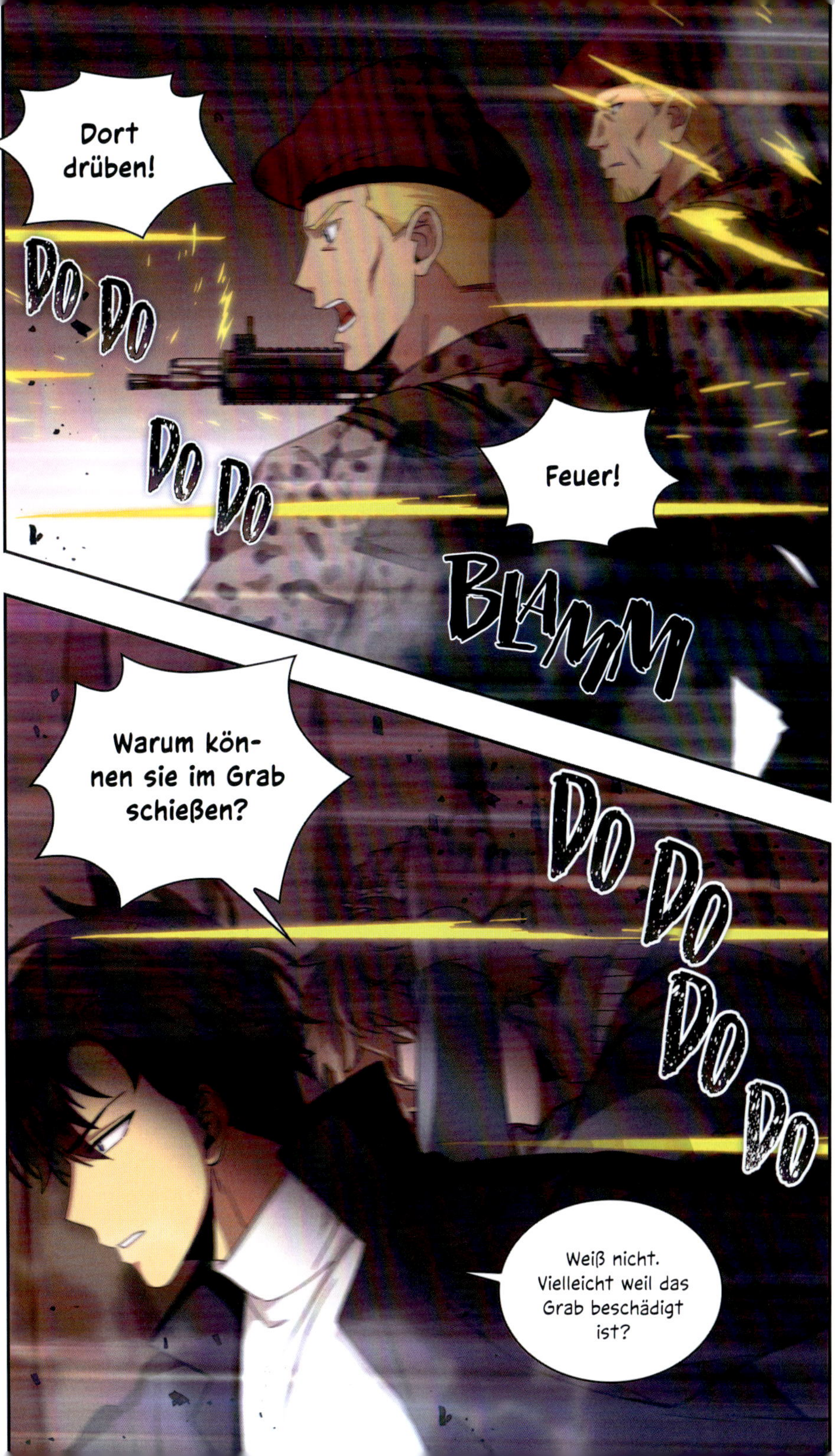
Dort drüben!
DO DO
DO DO
Feuer!
BLAMM
Warum kön-
nen sie im Grab
schießen?
DO DO DO DO
Weiß nicht.
Vielleicht weil das
Grab beschädigt
ist?

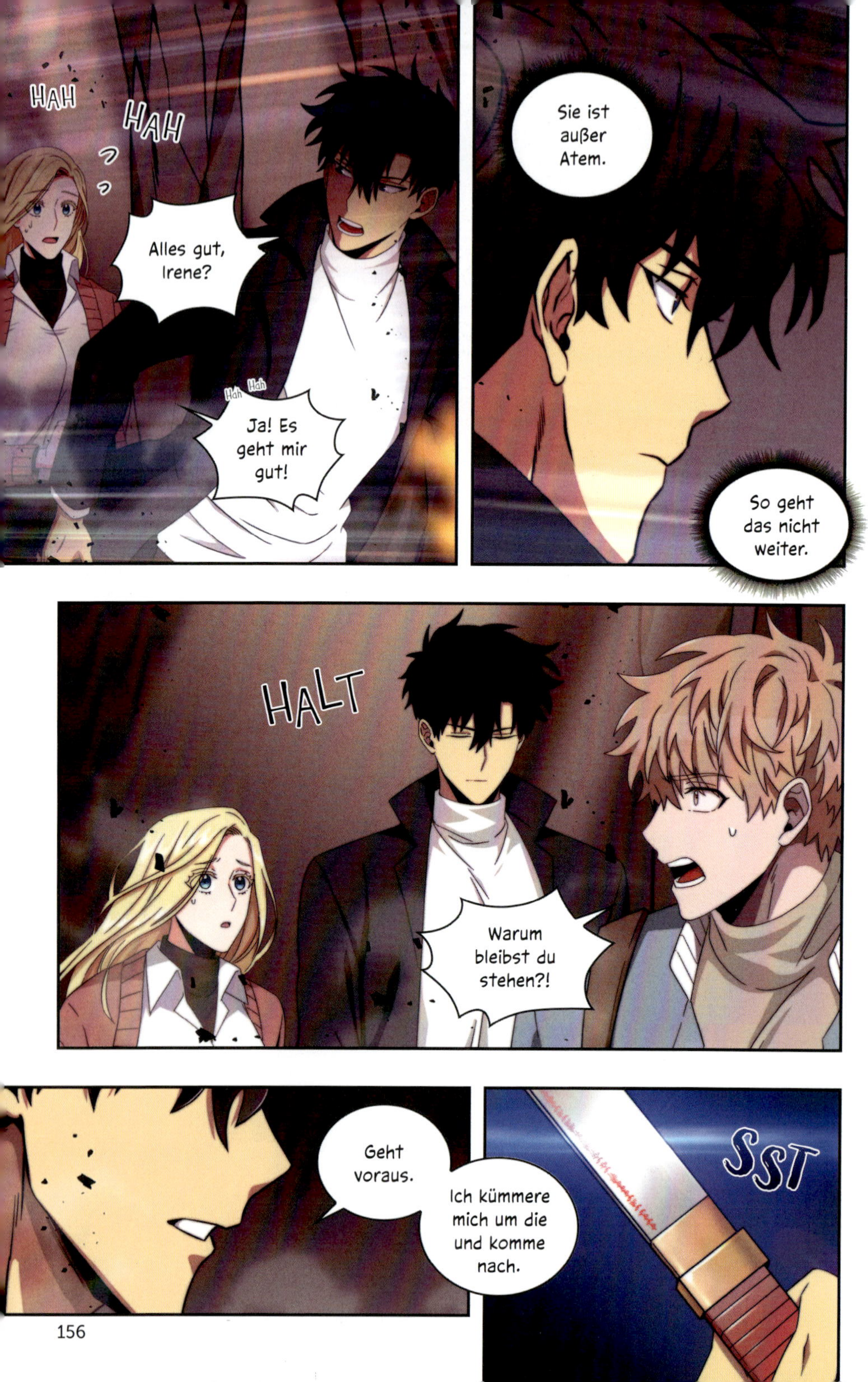
HAH
HAH
Alles gut, Irene?
Hah Hah
Ja! Es geht mir gut!
Sie ist außer Atem.
So geht das nicht weiter.
HALT
Warum bleibst du stehen?!
Geht voraus.
Ich kümmere mich um die und komme nach.
SST

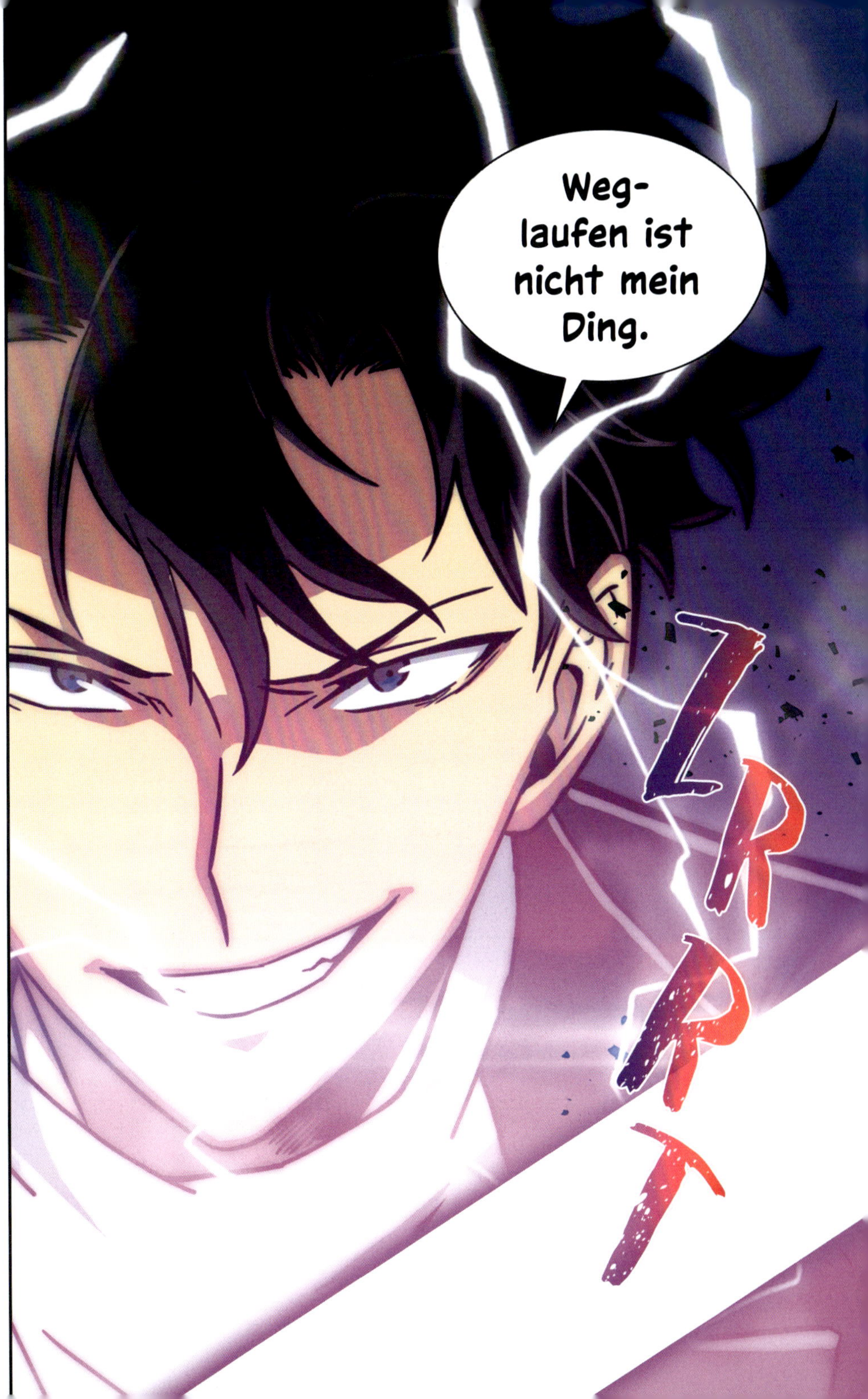
Weg-
laufen ist
nicht mein
Ding.
ZRRT

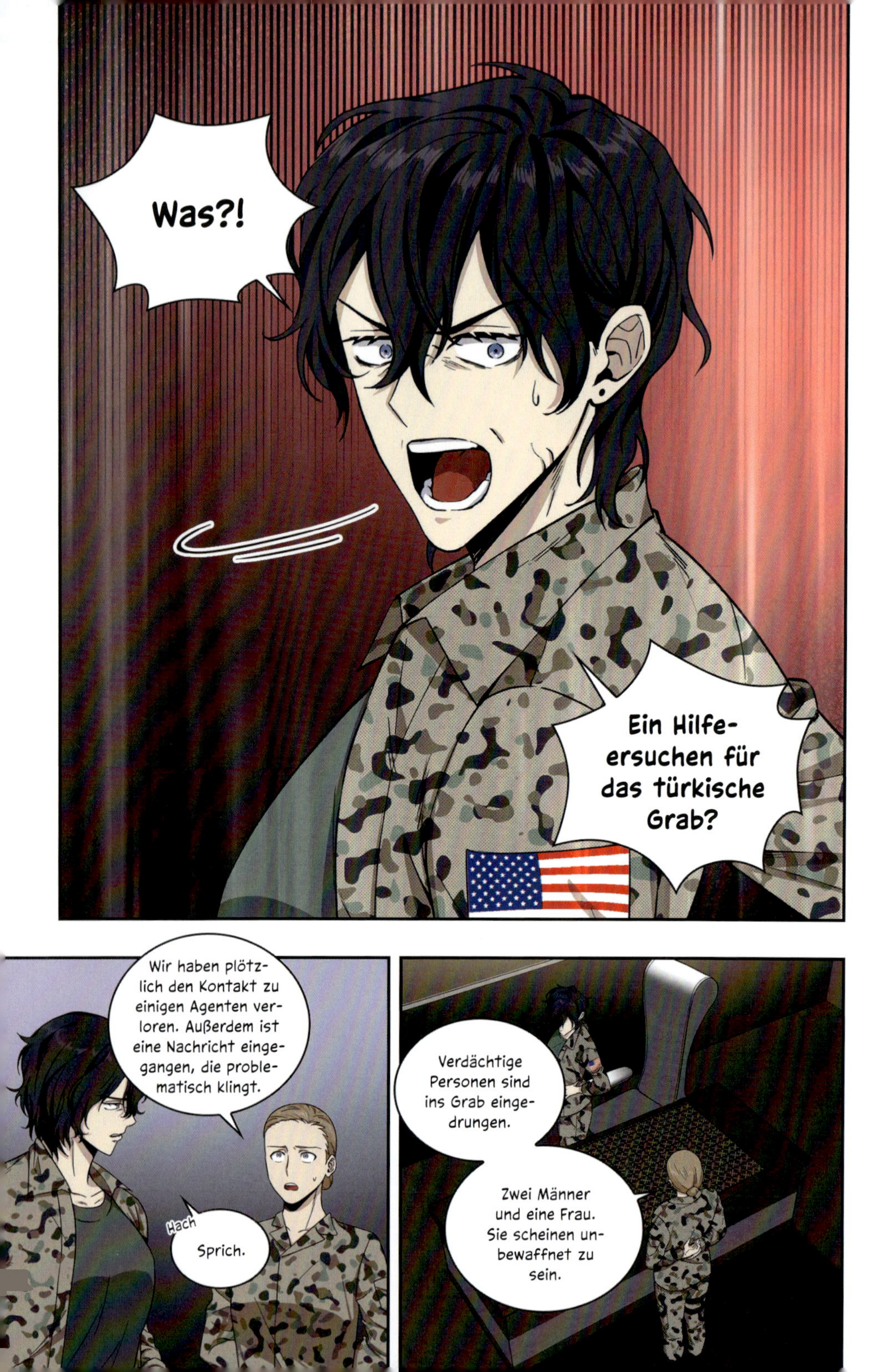
Was?!
Ein Hilfe-ersuchen für das türkische Grab?
Wir haben plötzlich den Kontakt zu einigen Agenten verloren. Außerdem ist eine Nachricht eingegangen, die problematisch klingt.
Hach
Sprich.
Verdächtige Personen sind ins Grab eingedrungen.
Zwei Männer und eine Frau. Sie scheinen unbewaffnet zu sein.

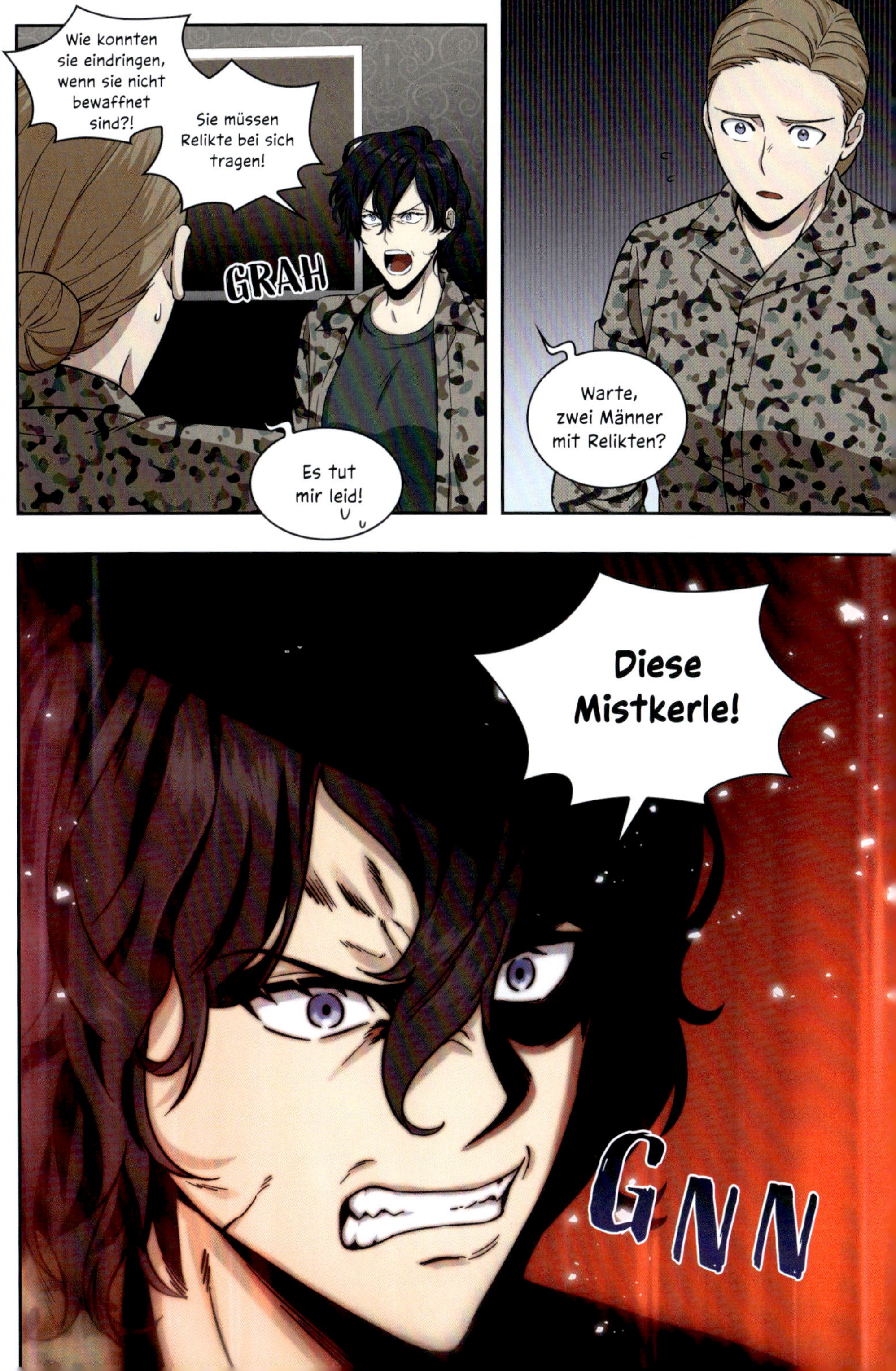
Wie konnten sie eindringen, wenn sie nicht bewaffnet sind?!
Sie müssen Relikte bei sich tragen!
GRAH
Es tut mir leid!
Warte, zwei Männer mit Relikten?
Diese Mistkerle!
GNN

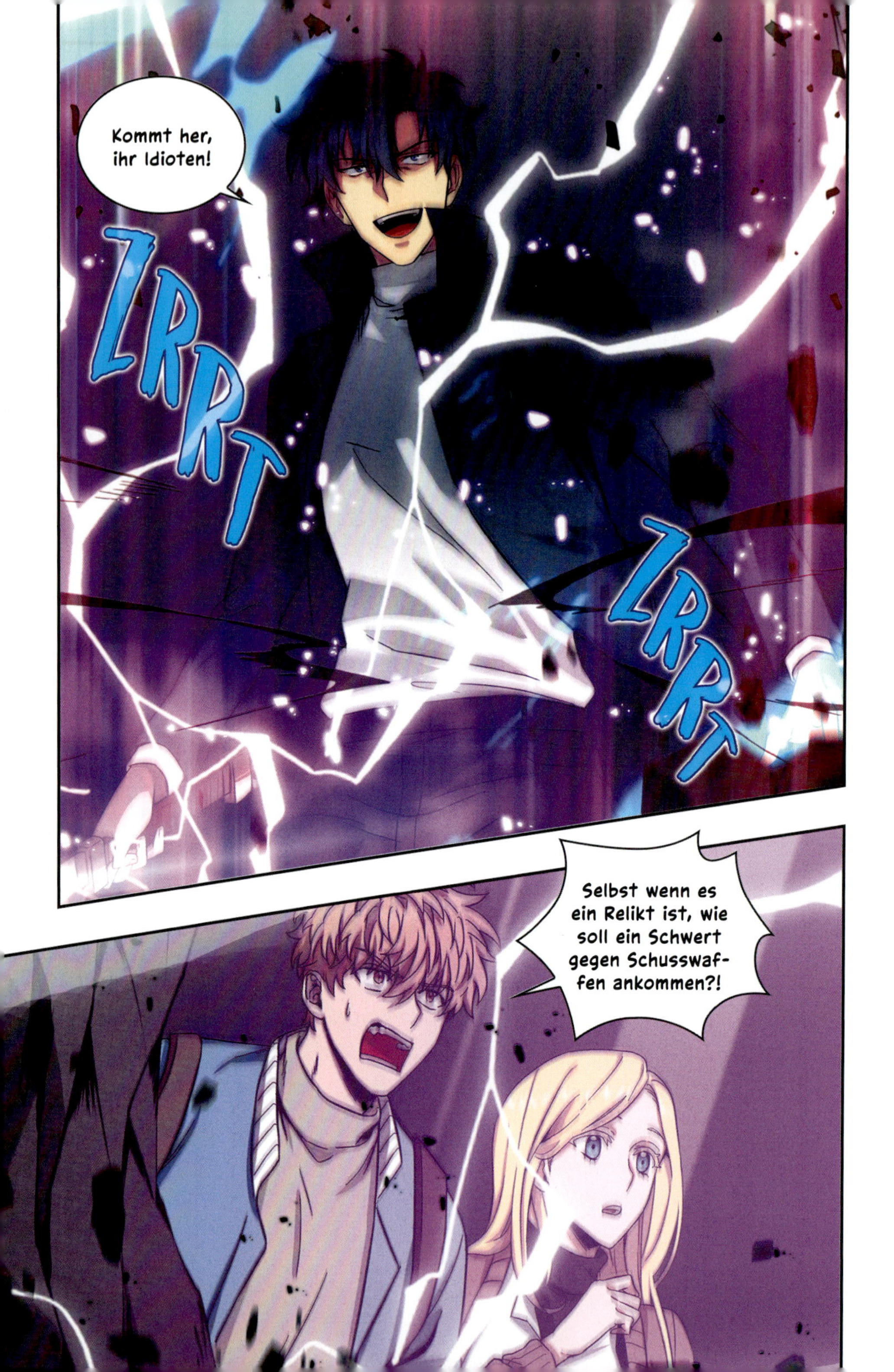
Kommt her, ihr Idioten!
ZRRT
ZRRT
Selbst wenn es ein Relikt ist, wie soll ein Schwert gegen Schusswaf-fen ankommen?!

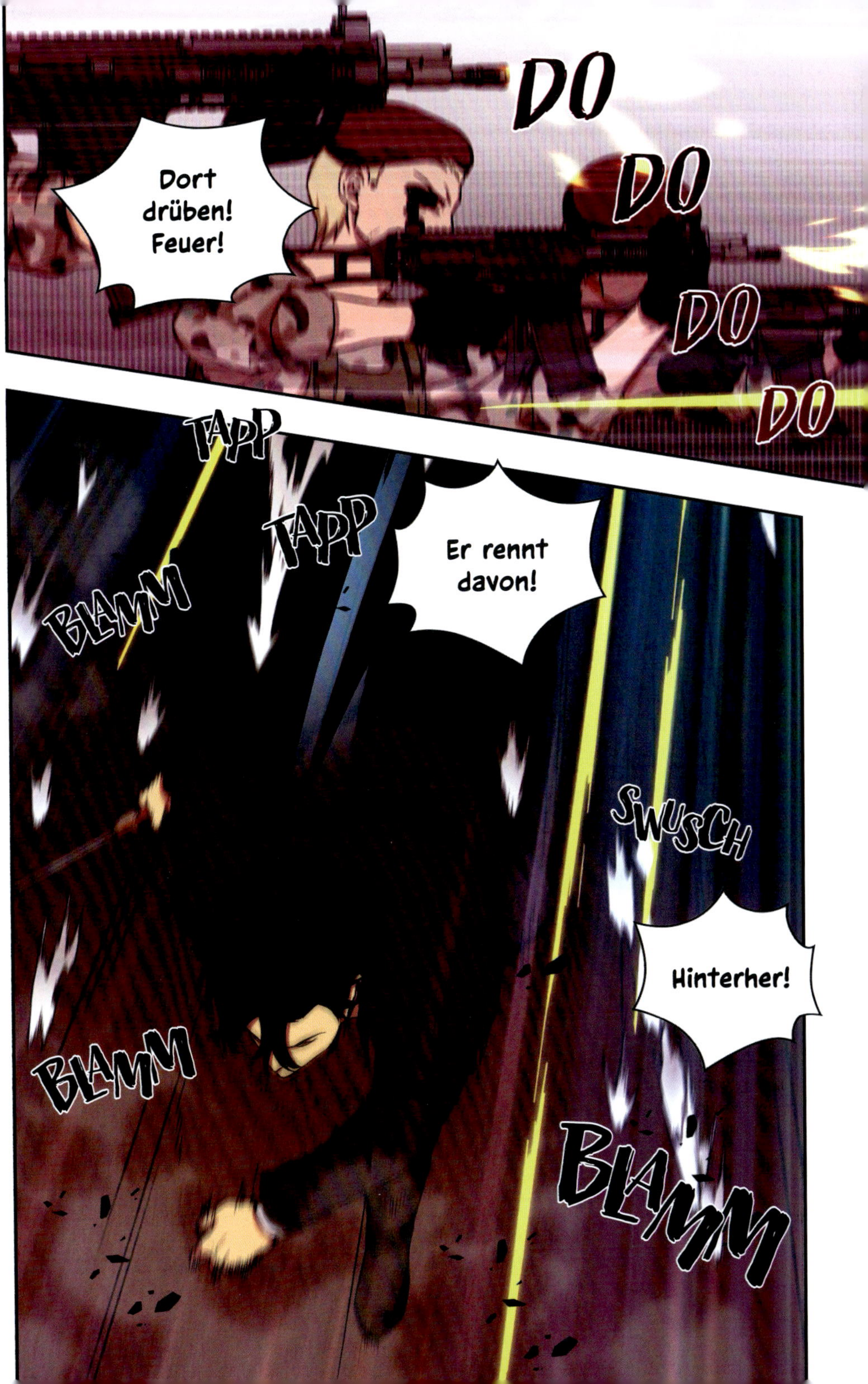
Dort drüben! Feuer!
DO
DO
DO
DO
TAPP
TAPP
Er rennt davon!
BLAMM
SWUSCH
Hinterher!
BLAMM
BLAMM

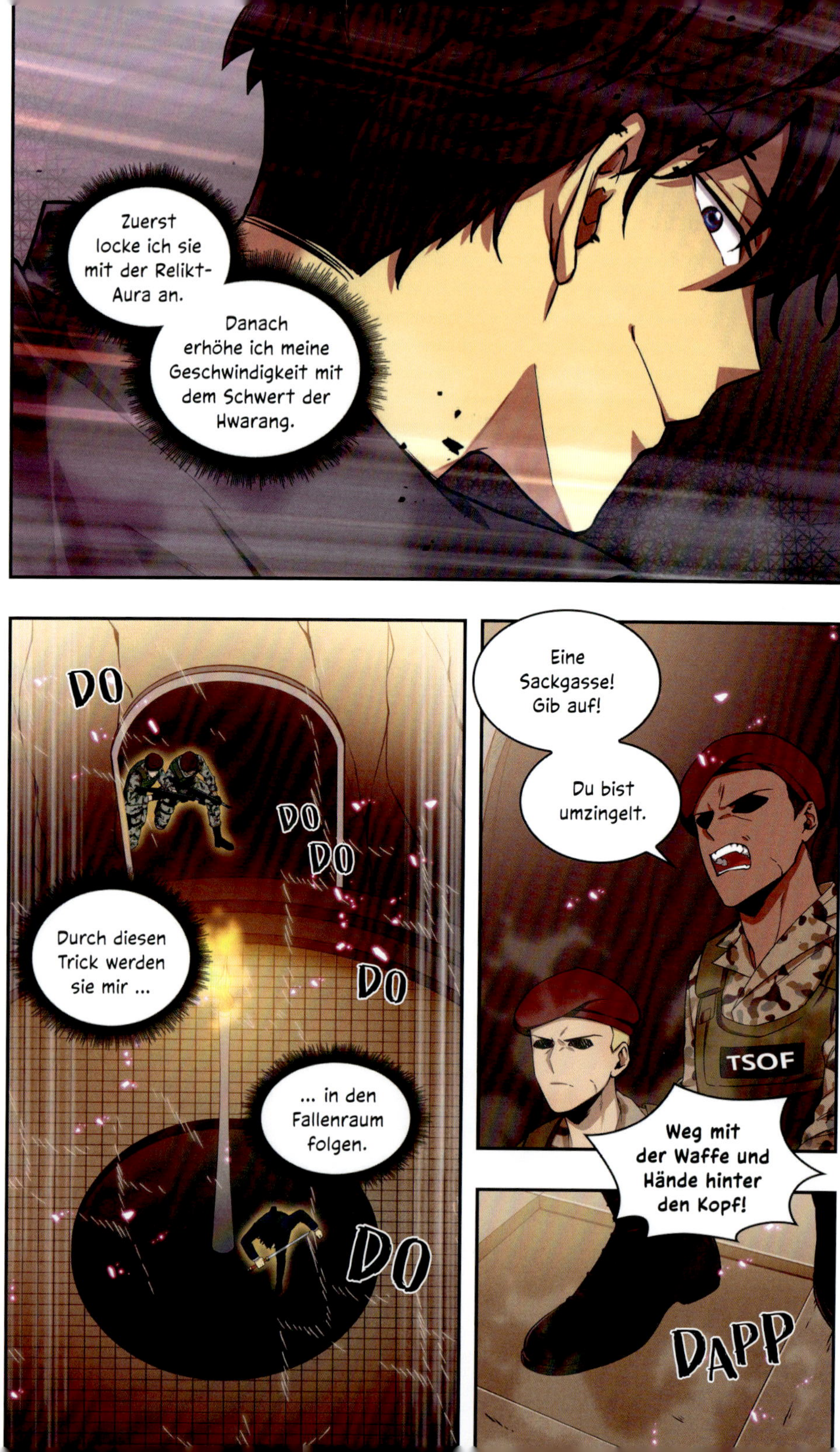
Zuerst locke ich sie mit der Relikt-Aura an.
Danach erhöhe ich meine Geschwindigkeit mit dem Schwert der Hwarang.
DO
DO
DO
Durch diesen Trick werden sie mir ...
DO
... in den Fallenraum folgen.
DO
Eine Sackgasse! Gib auf!
Du bist umzingelt.
TSOF
Weg mit der Waffe und Hände hinter den Kopf!
DAPP

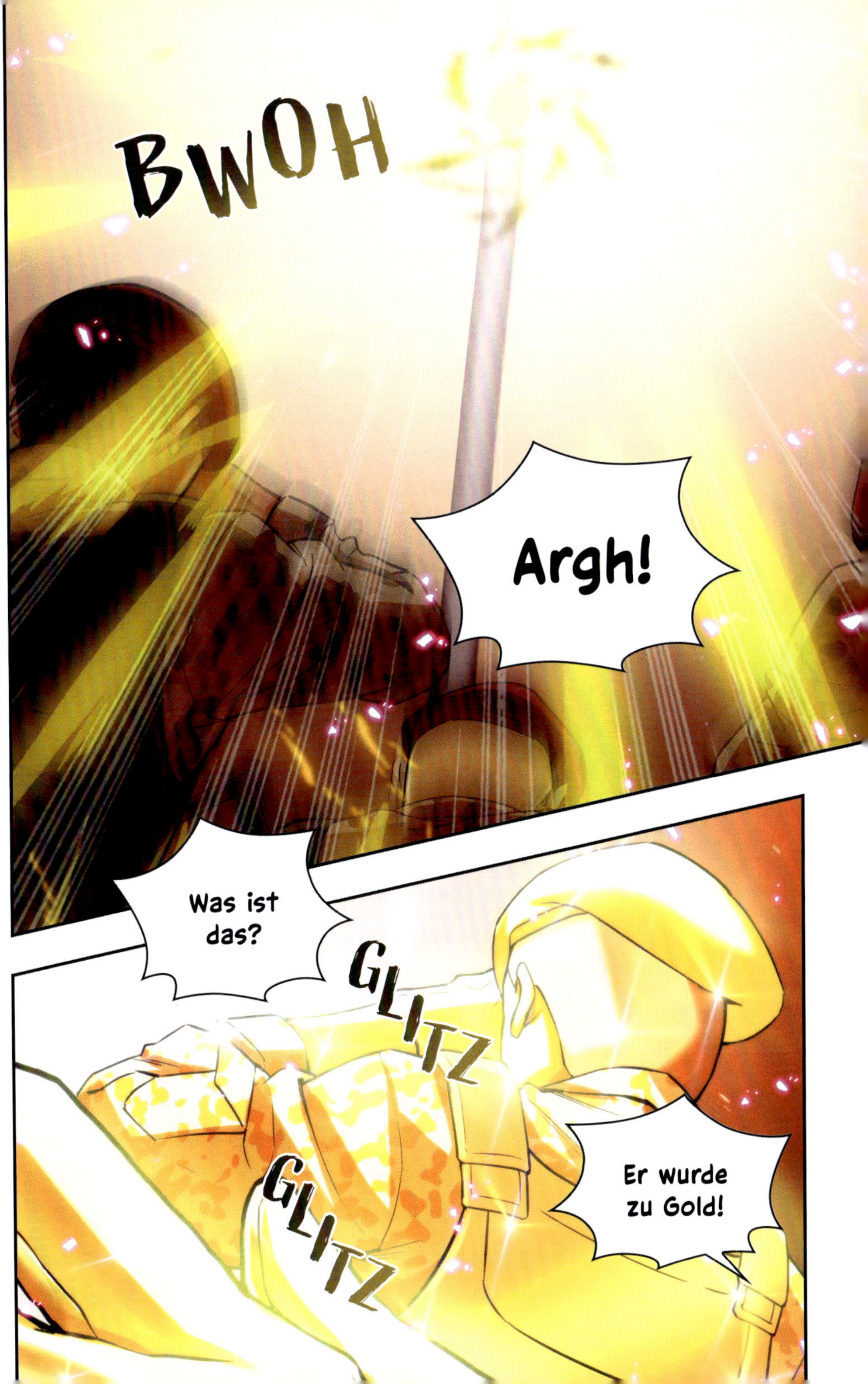
BWOH
Argh!
Was ist das?
GLITZ
GLITZ
Er wurde zu Gold!

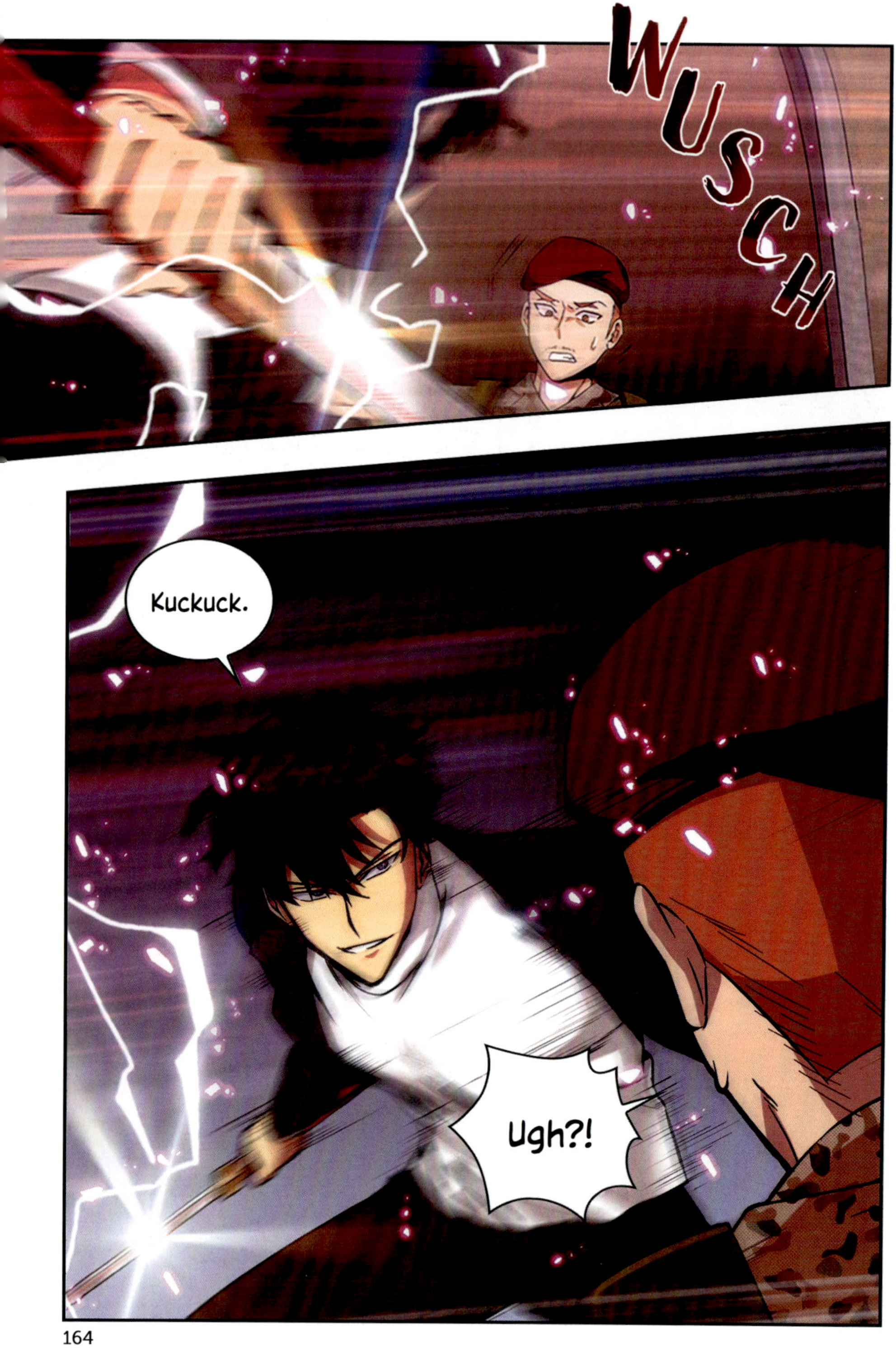
WUSCH
Kuckuck.
Ugh?!

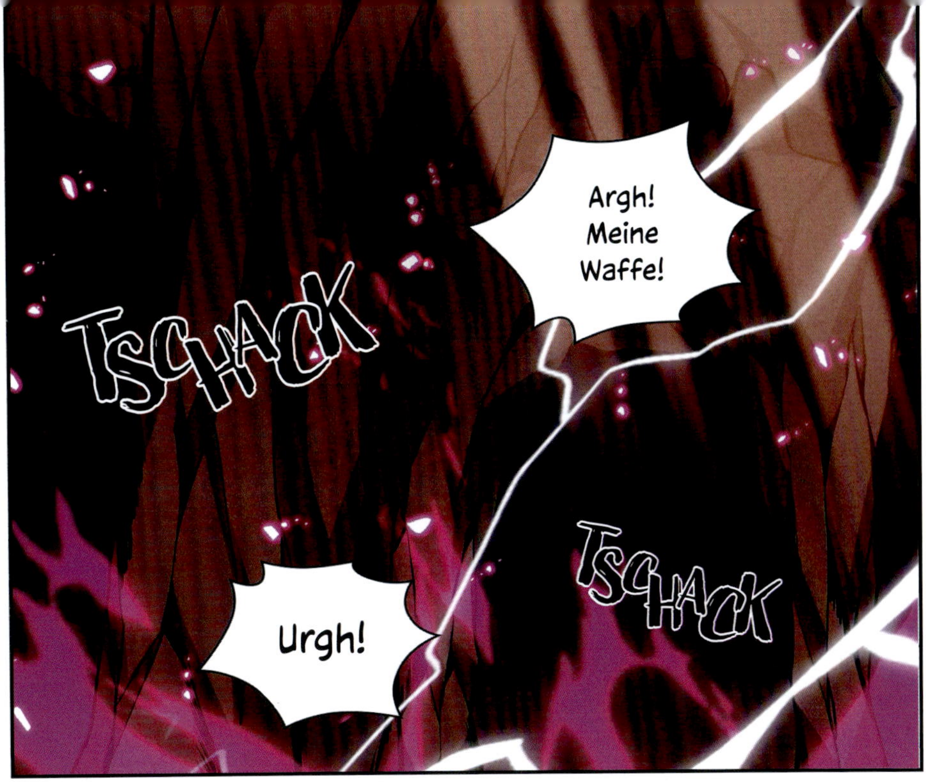
Argh!
Meine
Waffe!
TSCHACK
Urgh!
TSCHACK

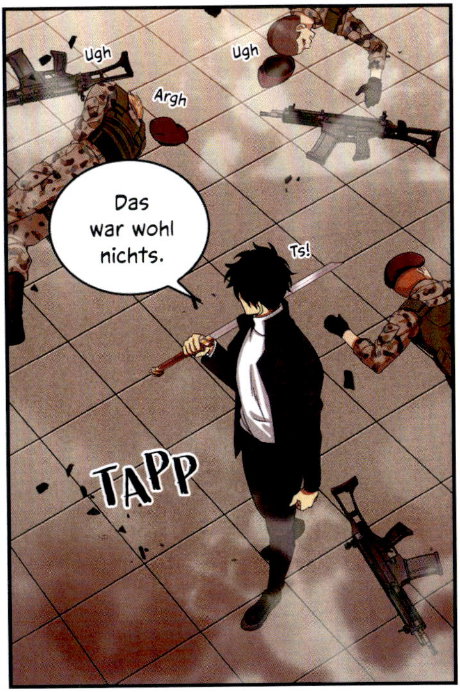
Ugh
Ugh
Argh
Das
war wohl
nichts.
Ts!
TAPP

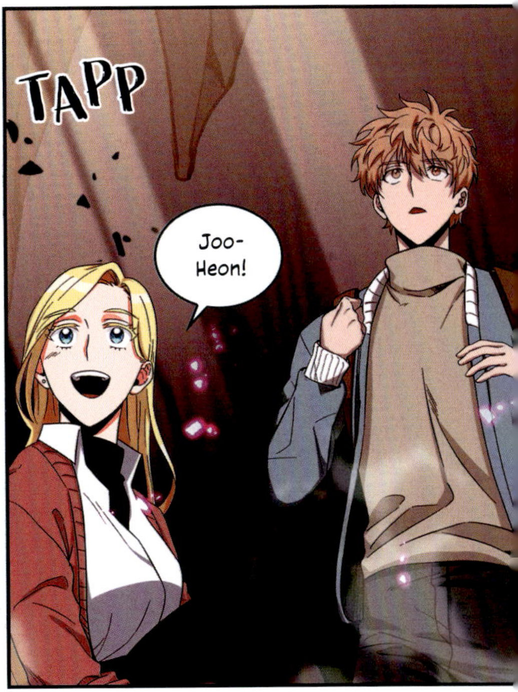
TAPP
Joo-
Heon!

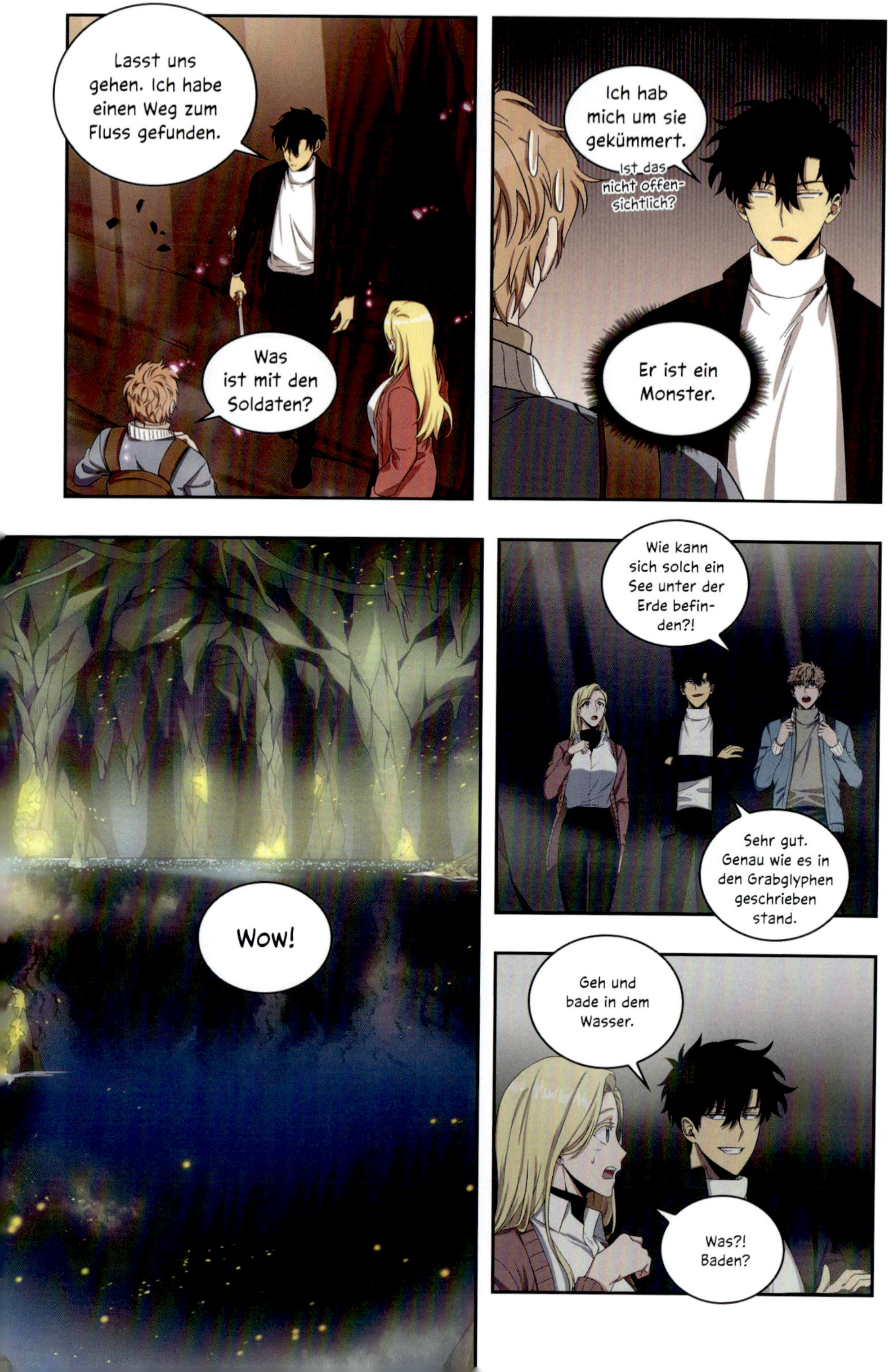

Lasst uns gehen. Ich habe einen Weg zum Fluss gefunden.
Was ist mit den Soldaten?
Ich hab mich um sie gekümmert.
Ist das nicht offen-sichtlich?
Er ist ein Monster.
Wow!
Wie kann sich solch ein See unter der Erde befin-den?!
Sehr gut. Genau wie es in den Grabglyphen geschrieben stand.
Geh und bade in dem Wasser.
Was?! Baden?

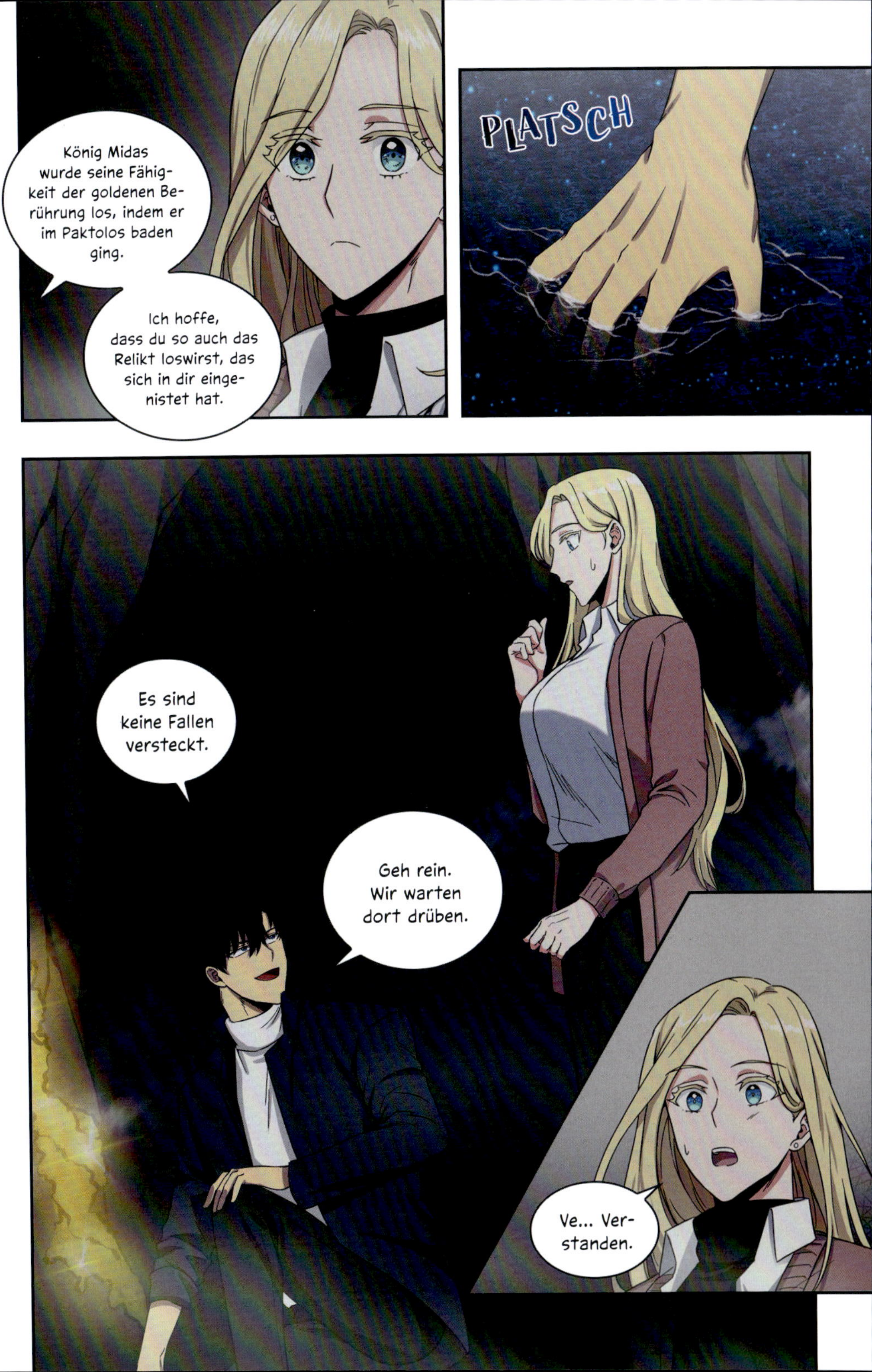
König Midas wurde seine Fähigkeit der goldenen Berührung los, indem er im Paktolos baden ging.
Ich hoffe, dass du so auch das Relikt loswirst, das sich in dir eingenistet hat.
PLATSCH
Es sind keine Fallen versteckt.
Geh rein. Wir warten dort drüben.
Ve... Verstanden.

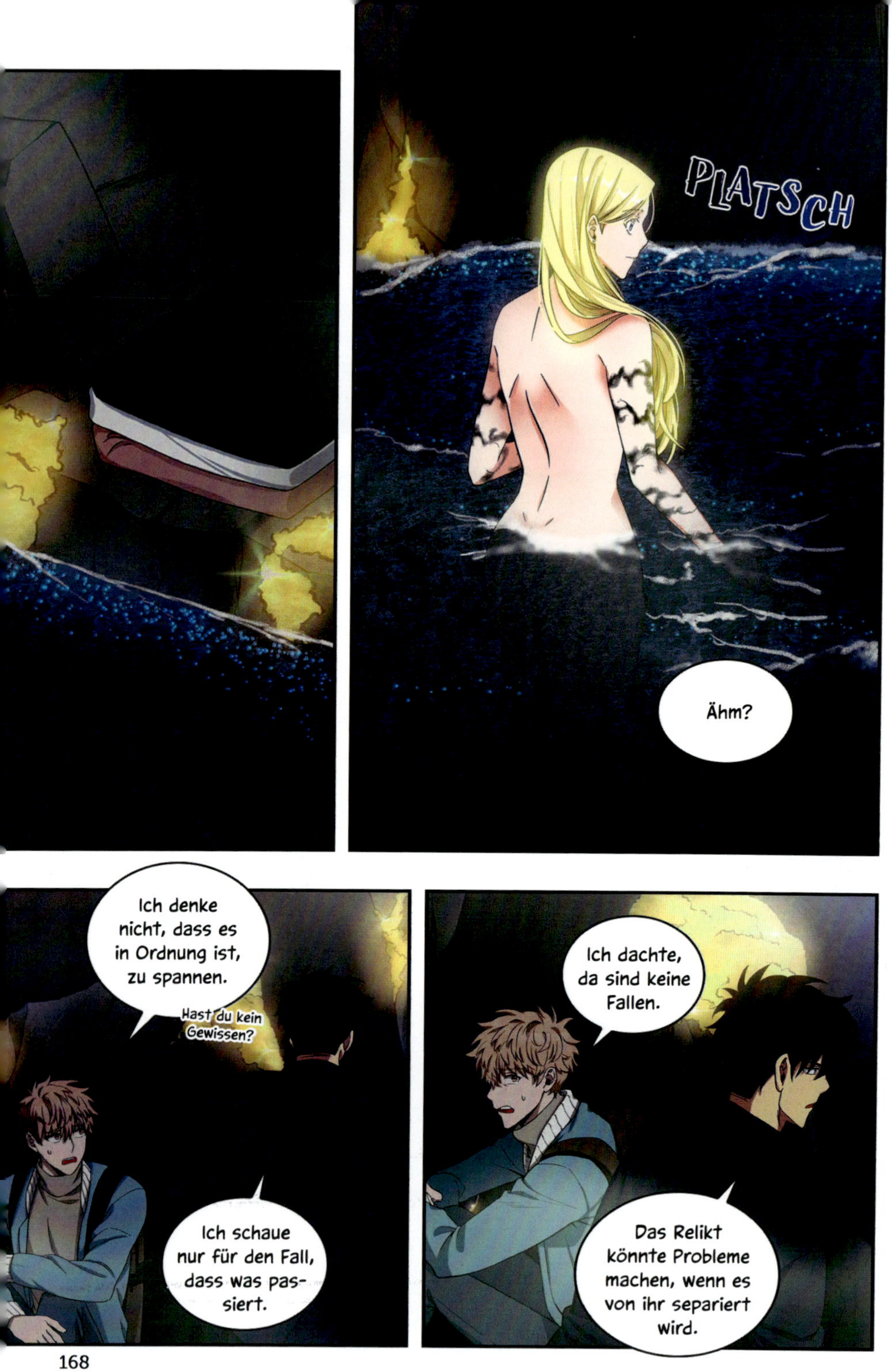
PLATSCH
Ähm?
Ich denke nicht, dass es in Ordnung ist, zu spannen.
Hast du kein Gewissen?
Ich schaue nur für den Fall, dass was passiert.
Ich dachte, da sind keine Fallen.
Das Relikt könnte Probleme machen, wenn es von ihr separiert wird.

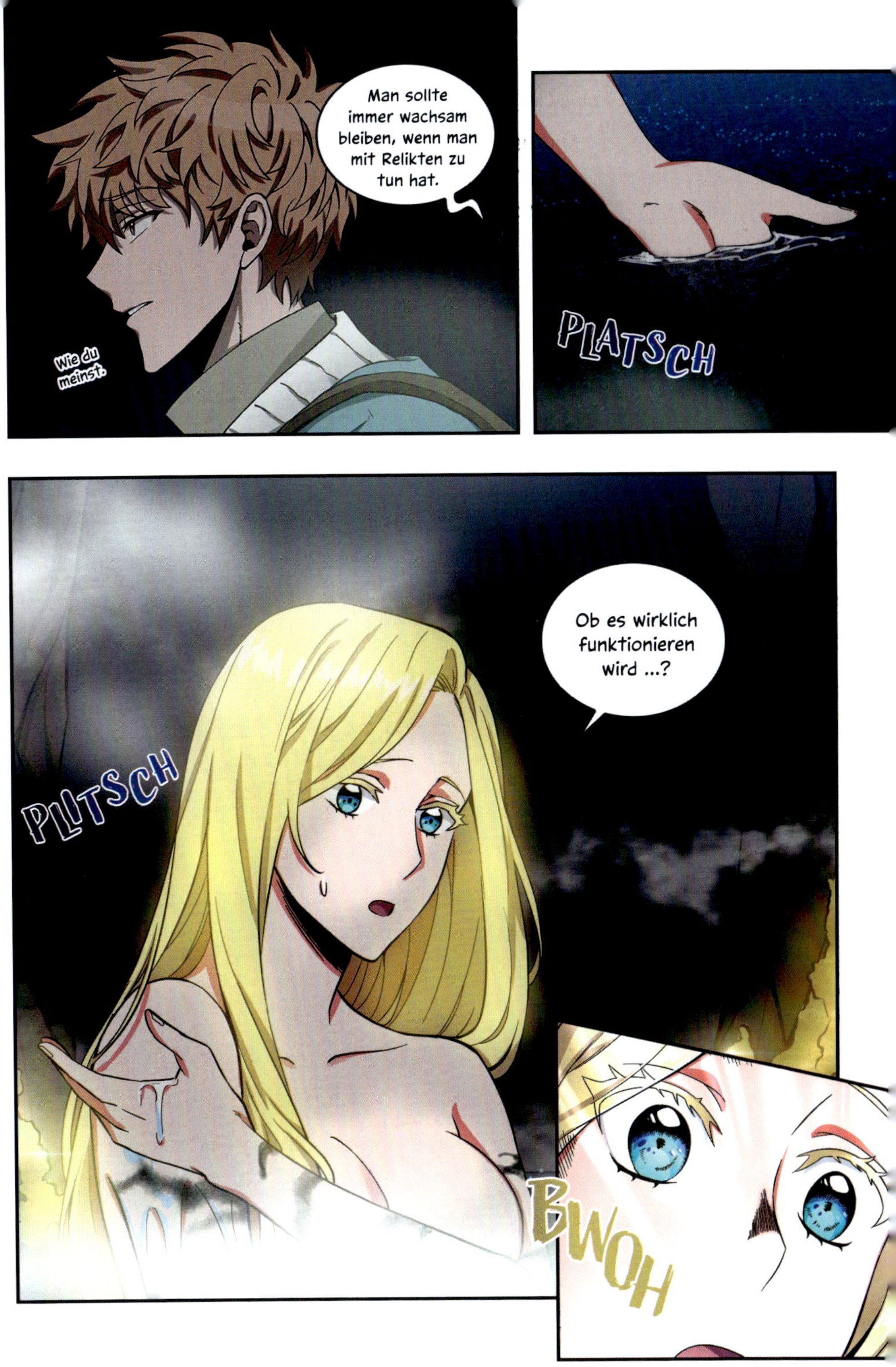
Man sollte immer wachsam bleiben, wenn man mit Relikten zu tun hat.
Wie du meinst.
PLATSCH
Ob es wirklich funktionieren wird ...?
PLITSCH
BWOH

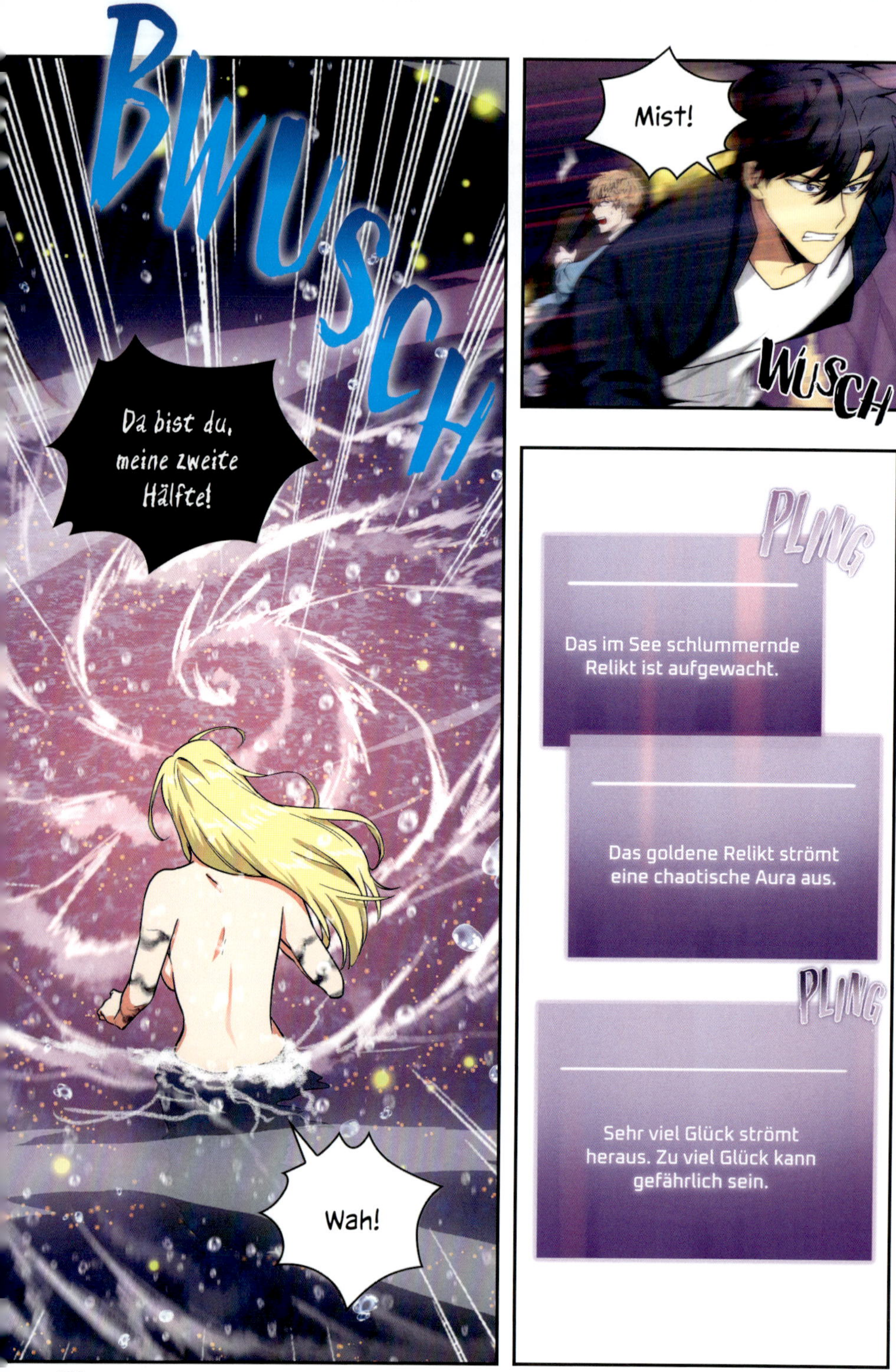
BWUSCH
Da bist du, meine zweite Hälfte!
Wah!
Mist!
WUSCH
PLING
Das im See schlummernde Relikt ist aufgewacht.
Das goldene Relikt strömt eine chaotische Aura aus.
PLING
Sehr viel Glück strömt heraus. Zu viel Glück kann gefährlich sein.

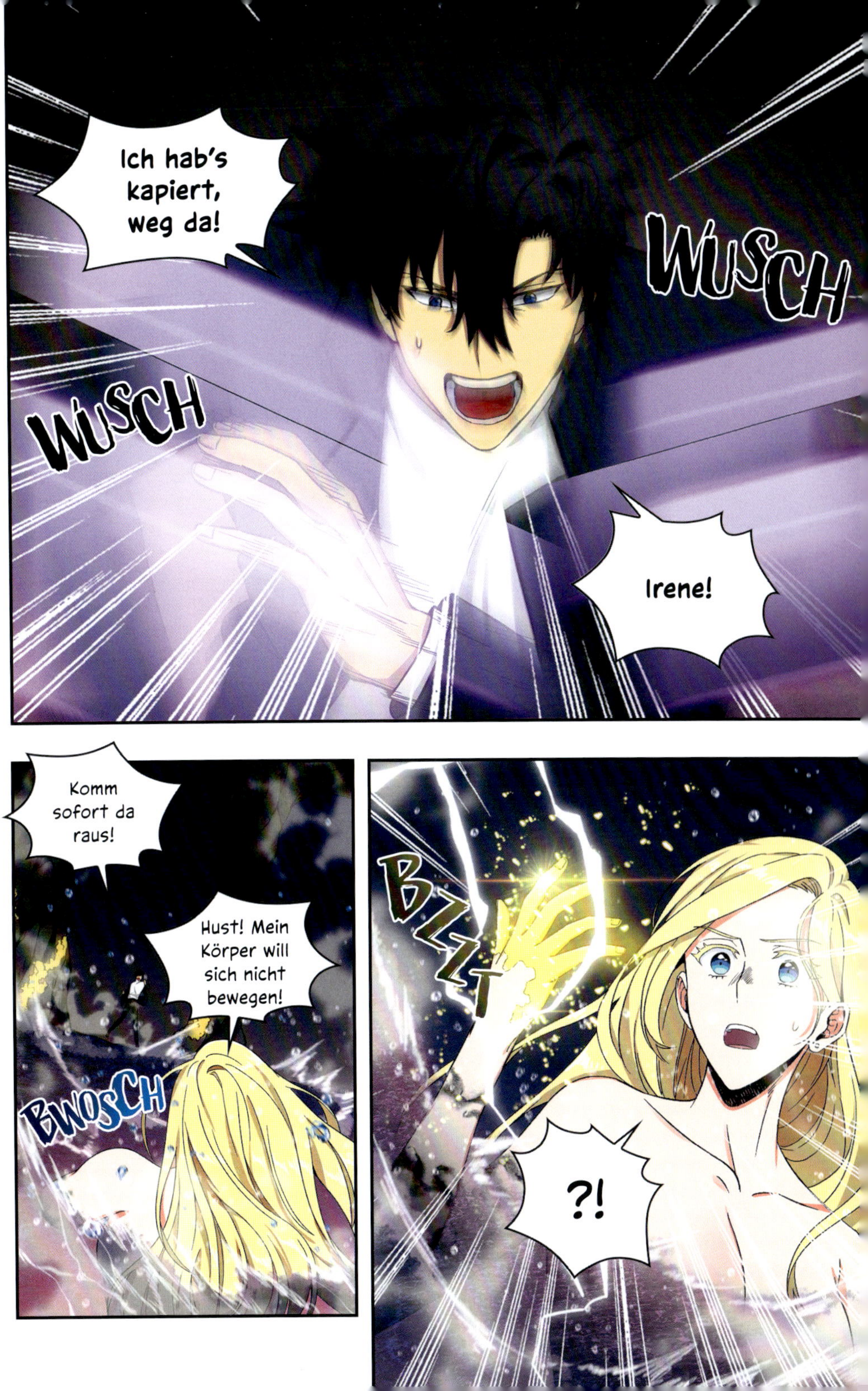
Ich hab's kapiert, weg da!
WUSCH
WUSCH
Irene!
Komm sofort da raus!
Hust! Mein Körper will sich nicht bewegen!
BWOSCH
BZZT
?!

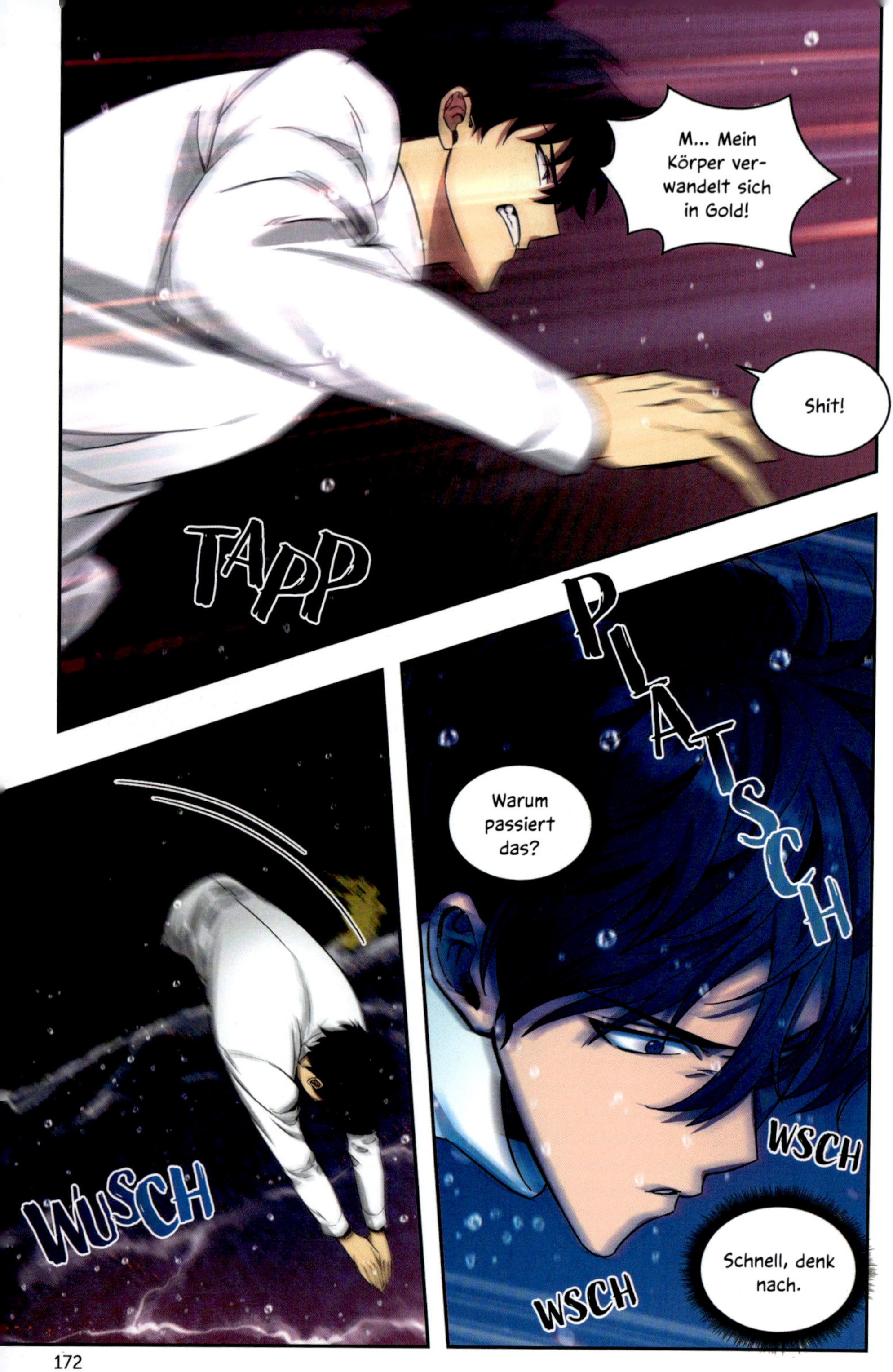
M... Mein Körper verwandelt sich in Gold!
Shit!
TAPP
PLATSCH
Warum passiert das?
WUSCH
WSCH
WSCH
Schnell, denk nach.

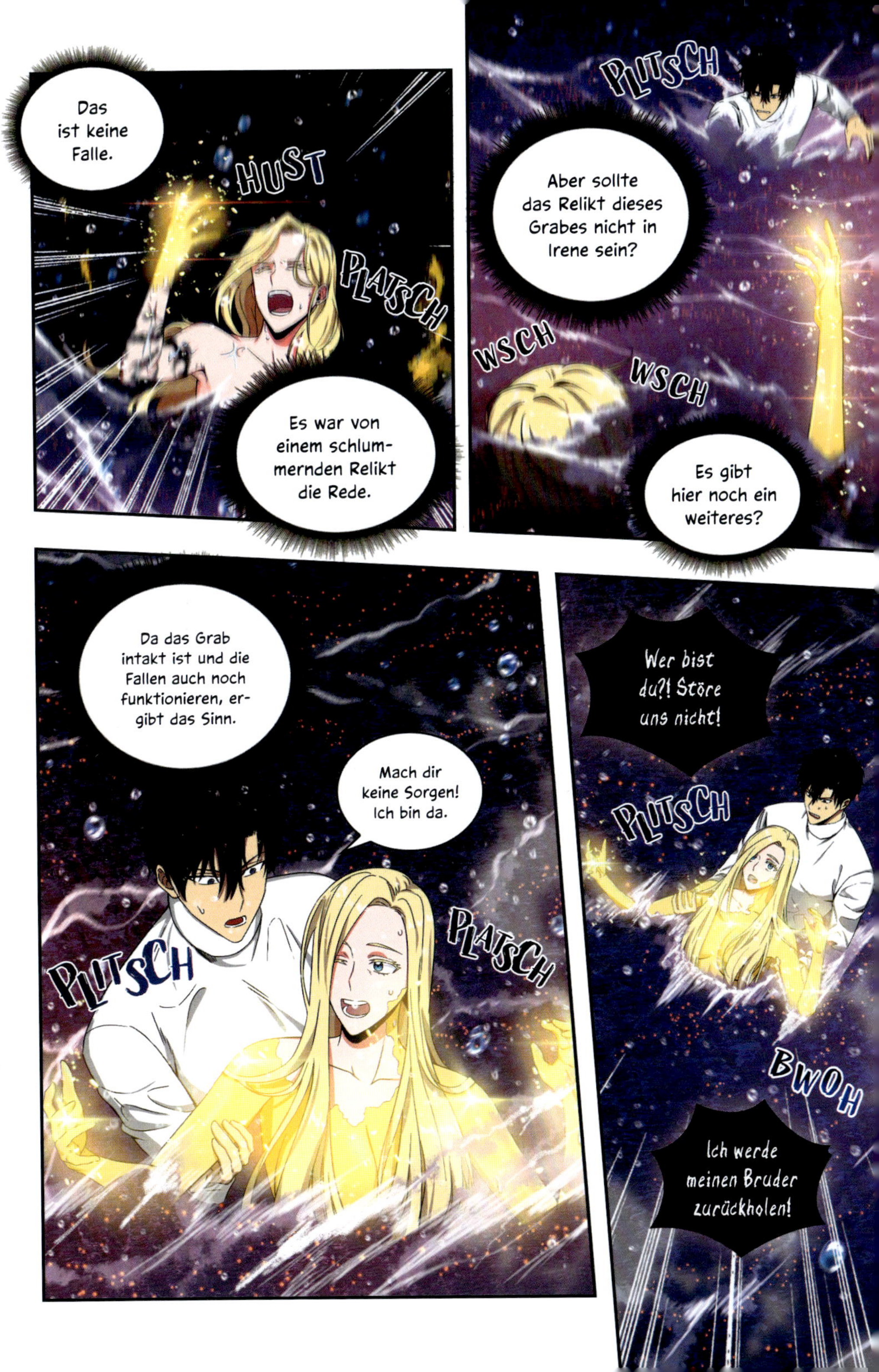
Das ist keine Falle.
HUST
PLATSCH
Es war von einem schlummernden Relikt die Rede.
PLITSCH
Aber sollte das Relikt dieses Grabes nicht in Irene sein?
WSCH
WSCH
Es gibt hier noch ein weiteres?
Da das Grab intakt ist und die Fallen auch noch funktionieren, ergibt das Sinn.
Mach dir keine Sorgen! Ich bin da.
PLITSCH
PLATSCH
Wer bist du?! Störe uns nicht!
PLITSCH
BWOH
Ich werde meinen Bruder zurückholen!

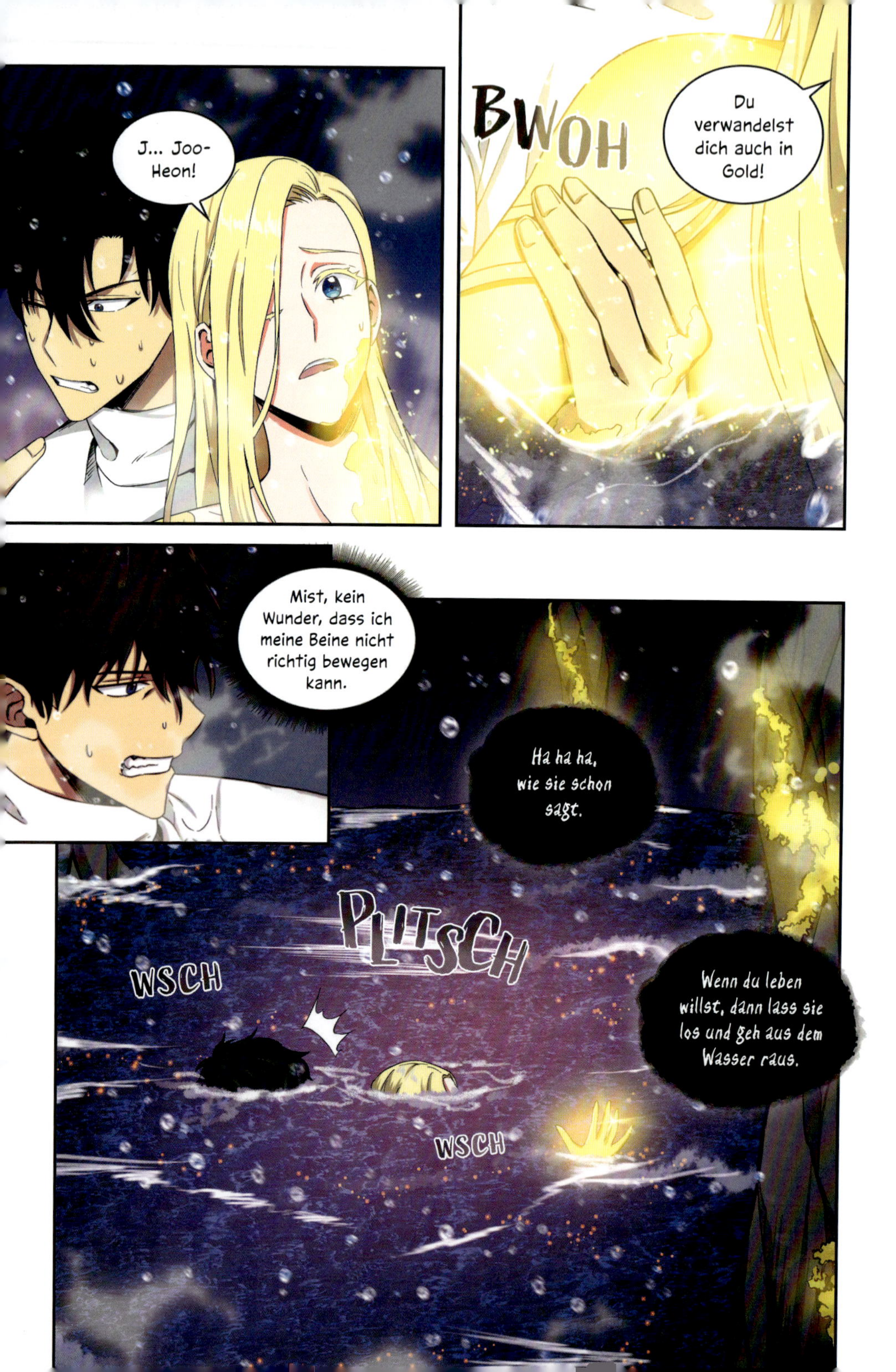
J... Joo-Heon!
BWOH
Du verwandelst dich auch in Gold!
Mist, kein Wunder, dass ich meine Beine nicht richtig bewegen kann.
Ha ha ha, wie sie schon sagt.
PLITSCH
WSCH
Wenn du leben willst, dann lass sie los und geh aus dem Wasser raus.
WSCH

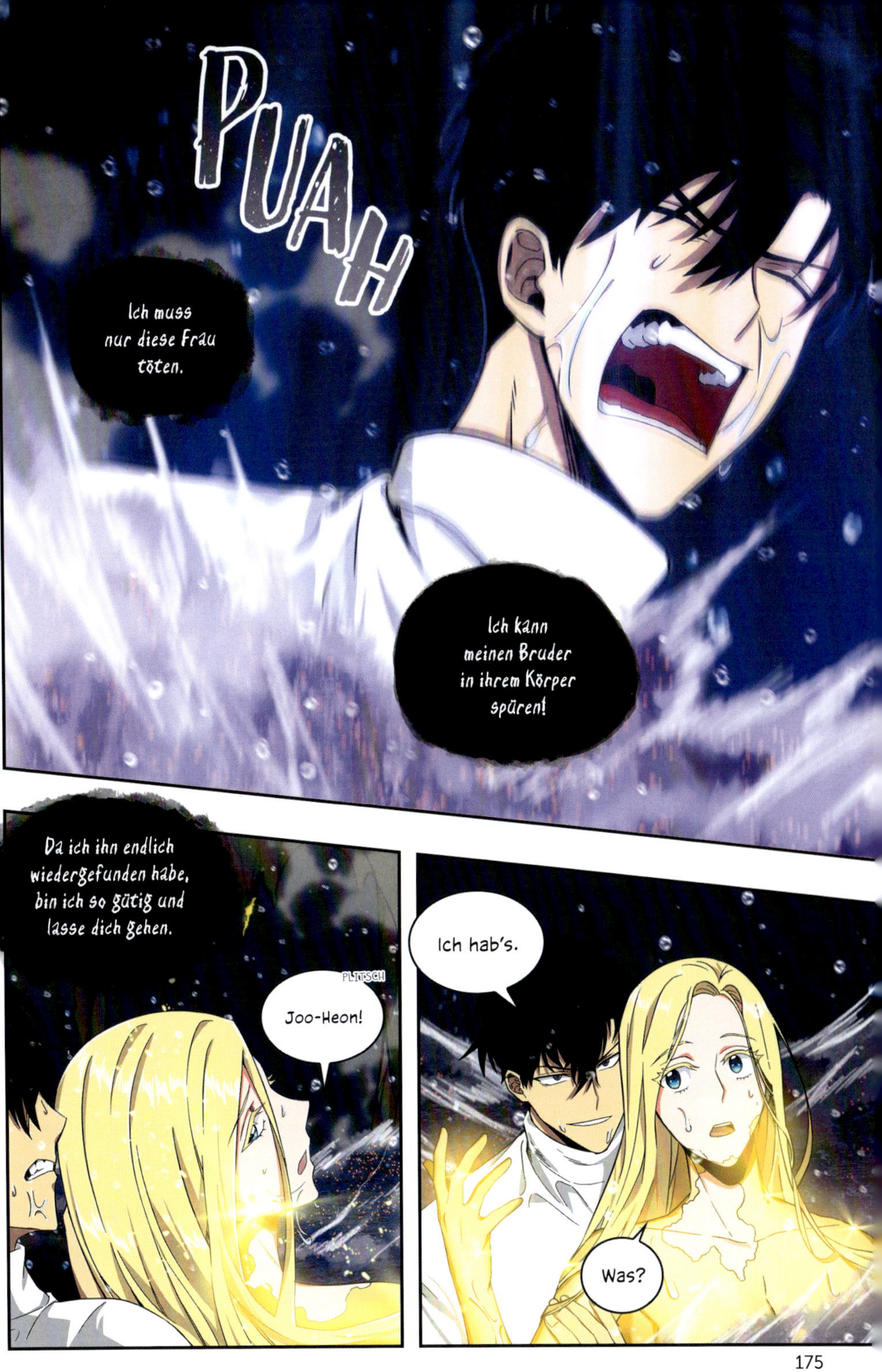
PUAH
Ich muss nur diese Frau töten.
Ich kann meinen Bruder in ihrem Körper spüren!
Da ich ihn endlich wiedergefunden habe, bin ich so gütig und lasse dich gehen.
PLITSCH
Joo-Heon!
Ich hab's.
Was?

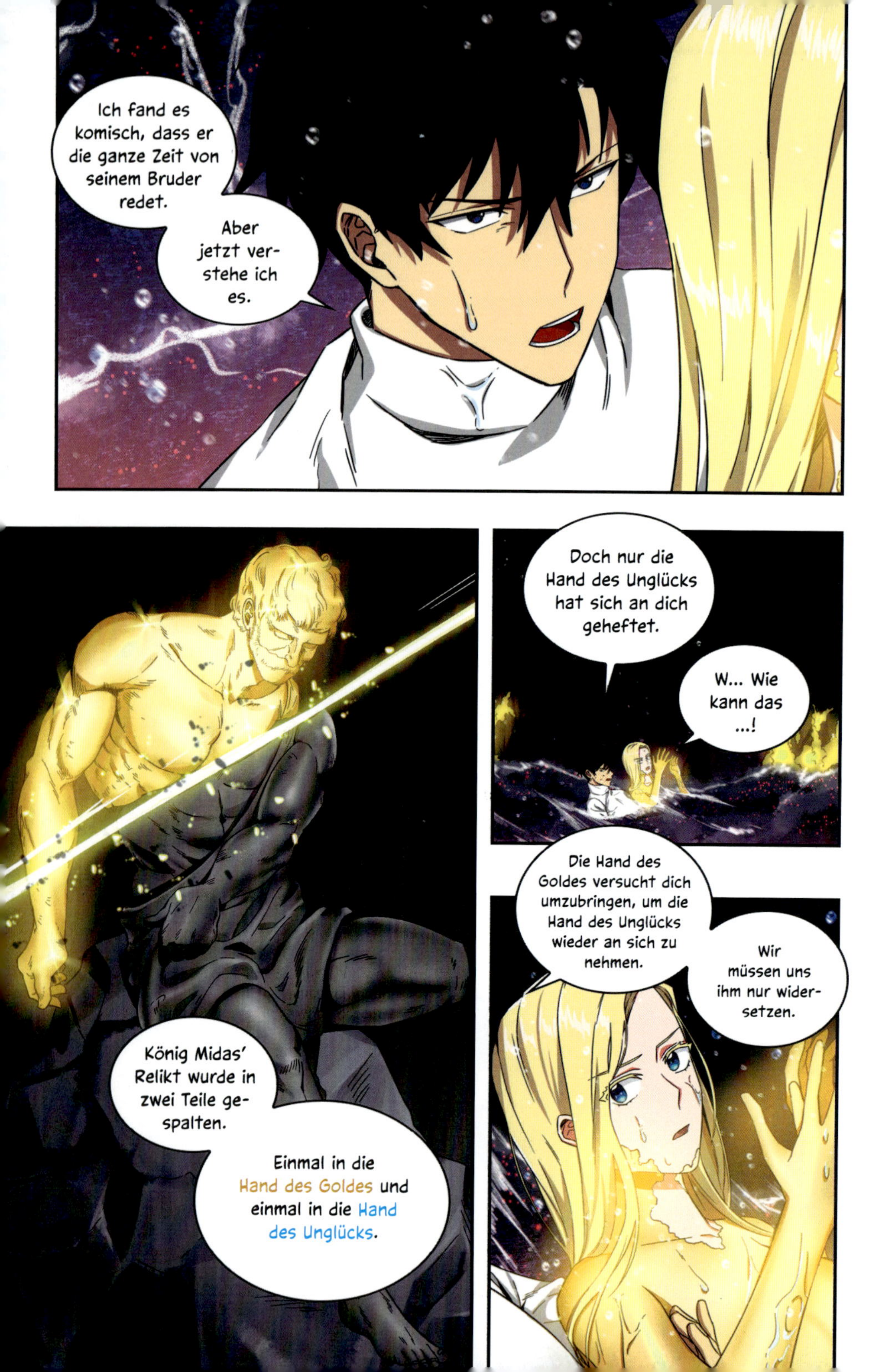
Ich fand es komisch, dass er die ganze Zeit von seinem Bruder redet.
Aber jetzt verstehe ich es.
König Midas' Relikt wurde in zwei Teile gespalten.
Einmal in die Hand des Goldes und einmal in die Hand des Unglücks.
Doch nur die Hand des Unglücks hat sich an dich geheftet.
W... Wie kann das ...!
Die Hand des Goldes versucht dich umzubringen, um die Hand des Unglücks wieder an sich zu nehmen.
Wir müssen uns ihm nur widersetzen.

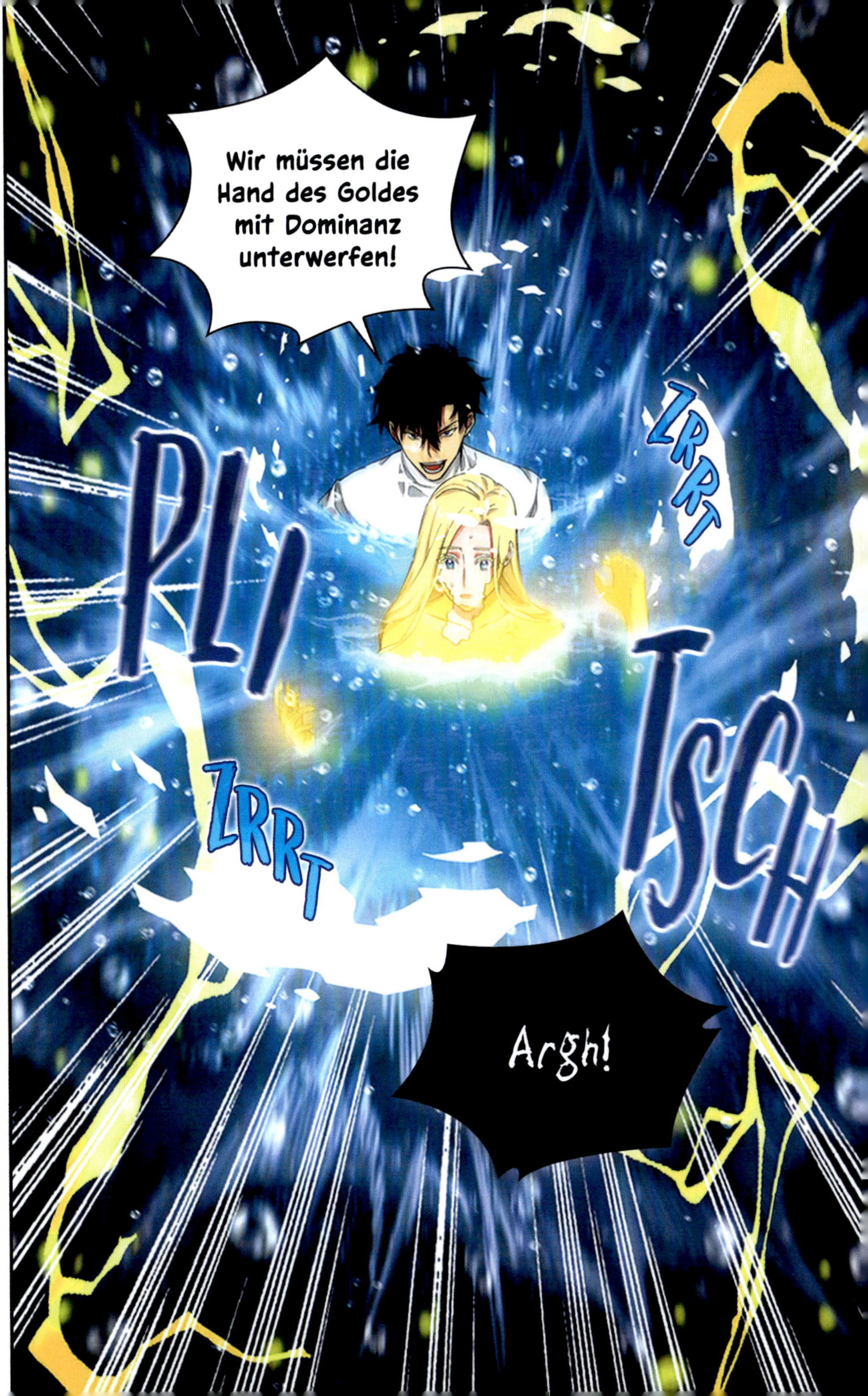
Wir müssen die Hand des Goldes mit Dominanz unterwerfen!
ZRRRT
PLI
TSCH
ZRRRT
Argh!

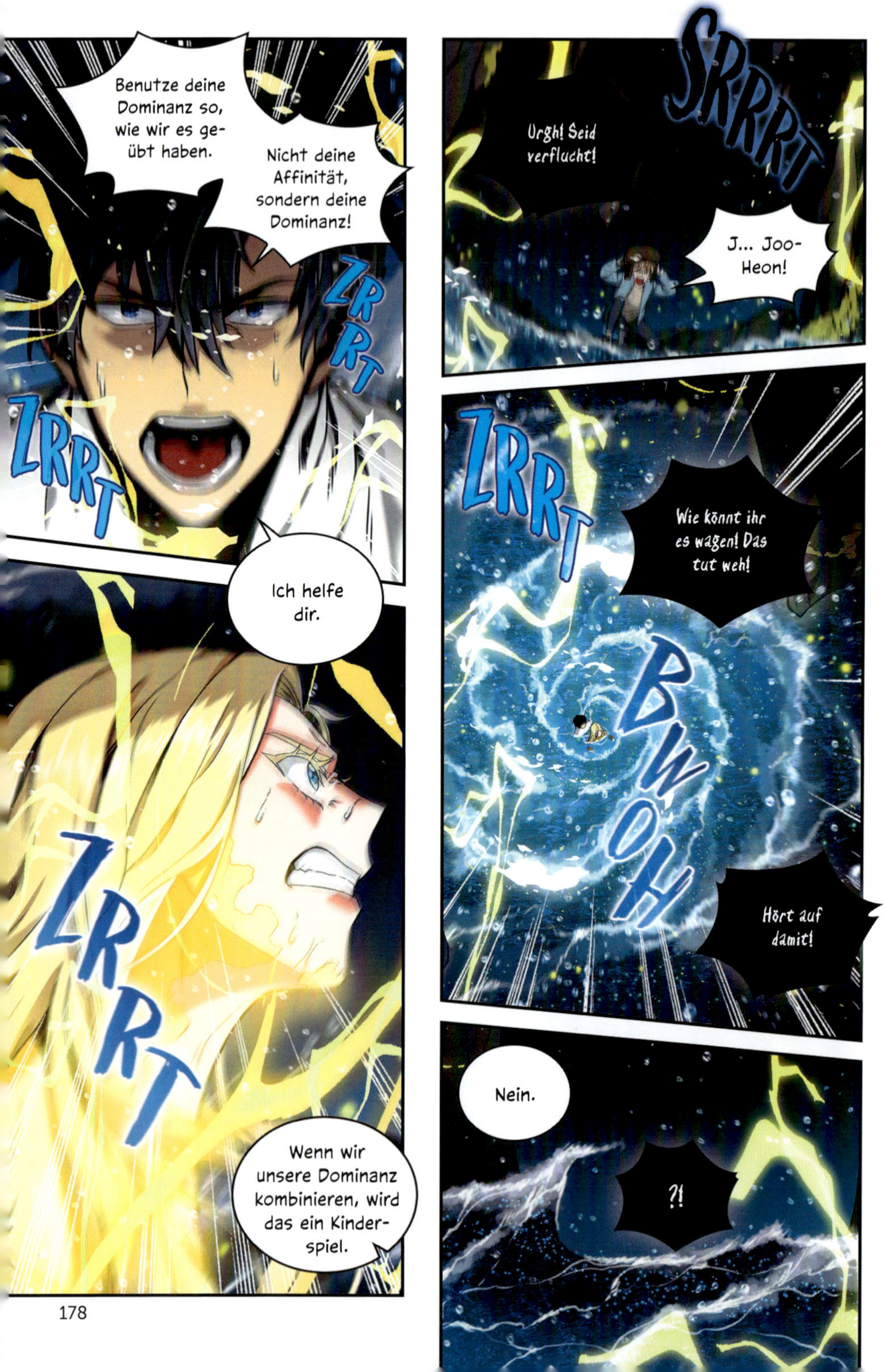
Benutze deine Dominanz so, wie wir es geübt haben.
Nicht deine Affinität, sondern deine Dominanz!
ZRRRT
ZRRT
Ich helfe dir.
ZRRRT
Wenn wir unsere Dominanz kombinieren, wird das ein Kinderspiel.
SRRRRT
Urgh! Seid verflucht!
J... Joo-Heon!
ZRRRT
Wie könnt ihr es wagen! Das tut weh!
BWOOH
Hört auf damit!
Nein.
?!

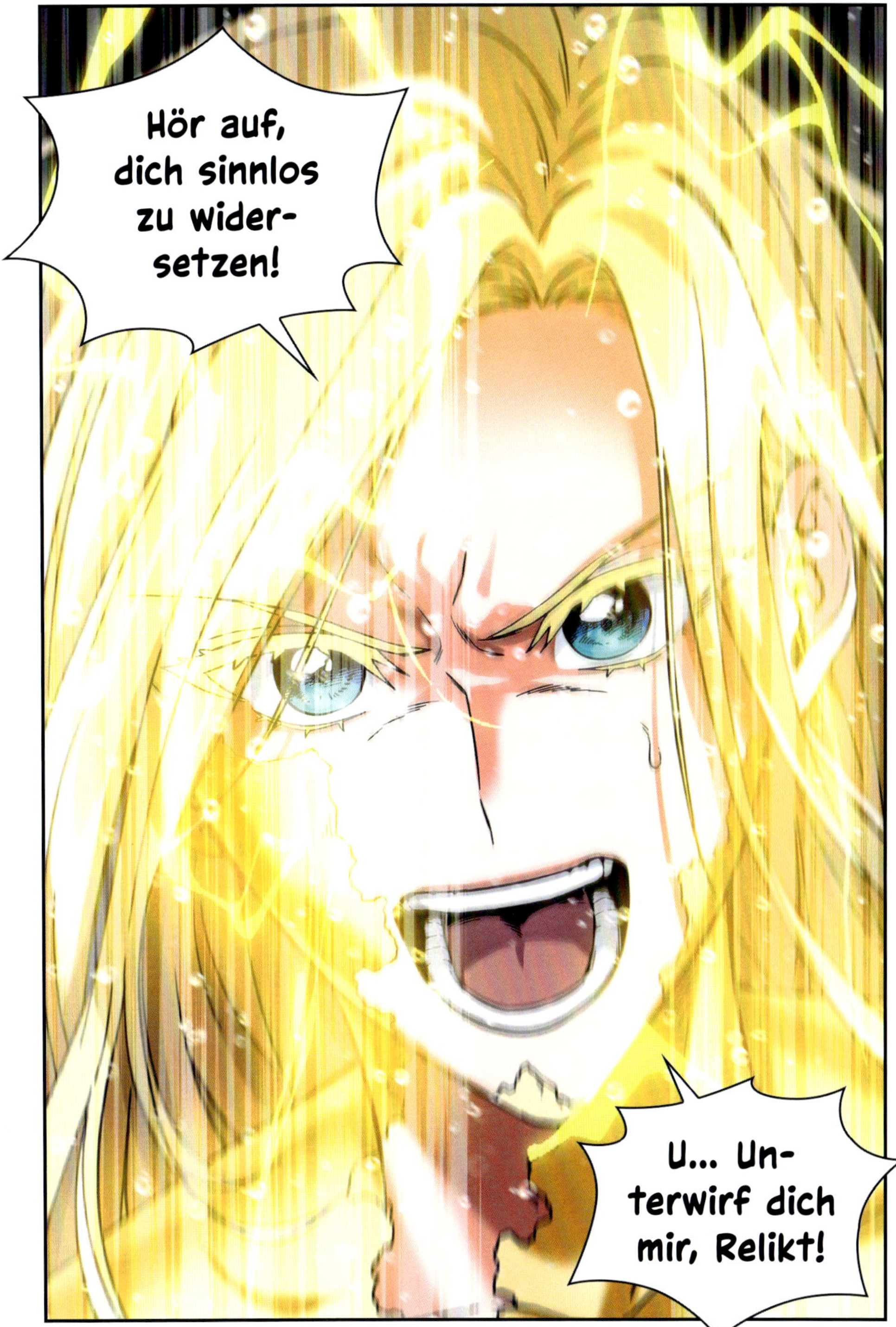
Hör auf, dich sinnlos zu wider-setzen!
U... Un-terwirf dich mir, Relikt!

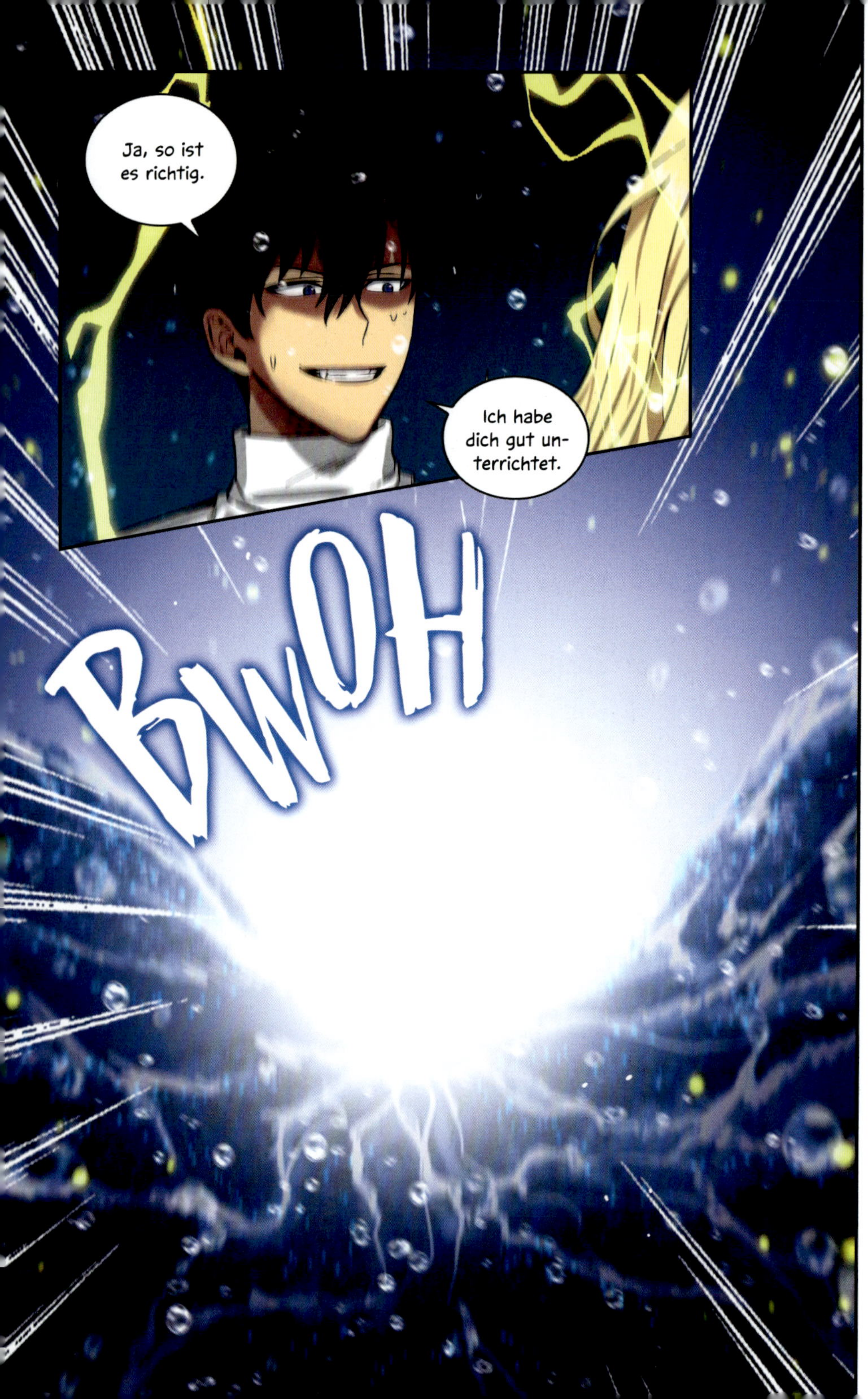
Ja, so ist es richtig.
Ich habe dich gut unterrichtet.
BWOH

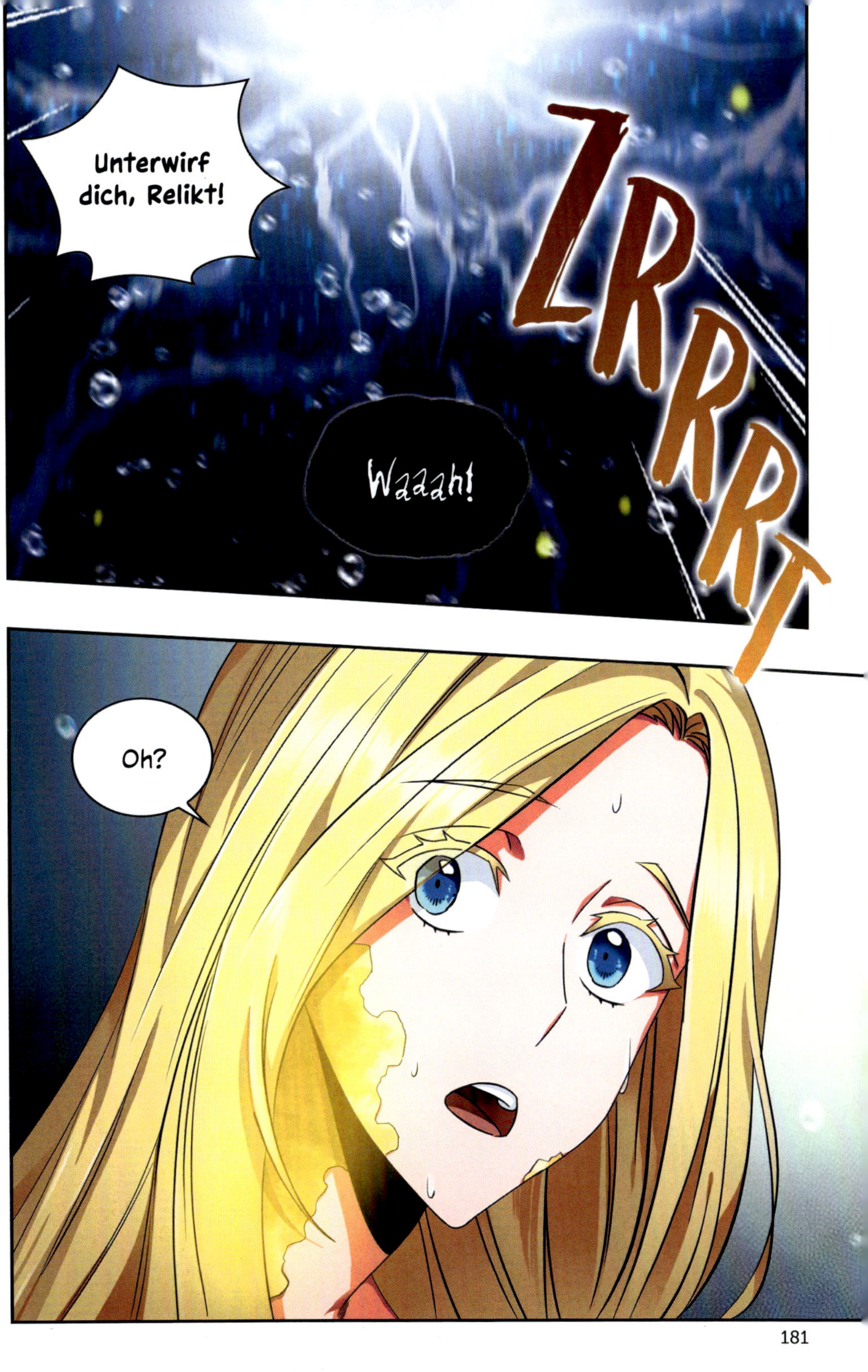
Unterwirf dich, Relikt!
ZRRRRT
Waaah!
Oh?

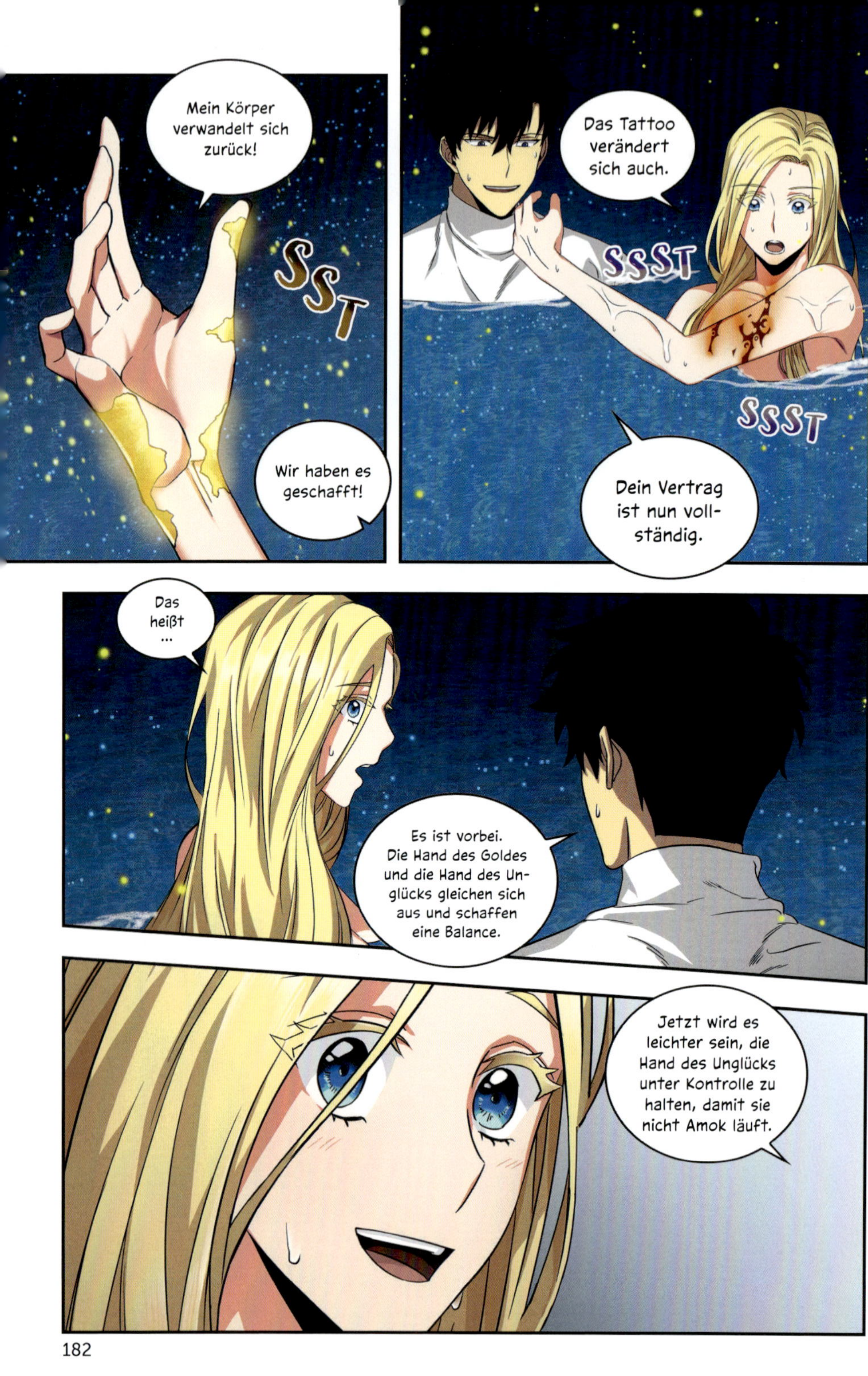
Mein Körper verwandelt sich zurück!
SST
Wir haben es geschafft!
Das Tattoo verändert sich auch.
SSST
SSST
Dein Vertrag ist nun voll-ständig.
Das heißt ...
Es ist vorbei. Die Hand des Goldes und die Hand des Un-glücks gleichen sich aus und schaffen eine Balance.
Jetzt wird es leichter sein, die Hand des Unglücks unter Kontrolle zu halten, damit sie nicht Amok läuft.

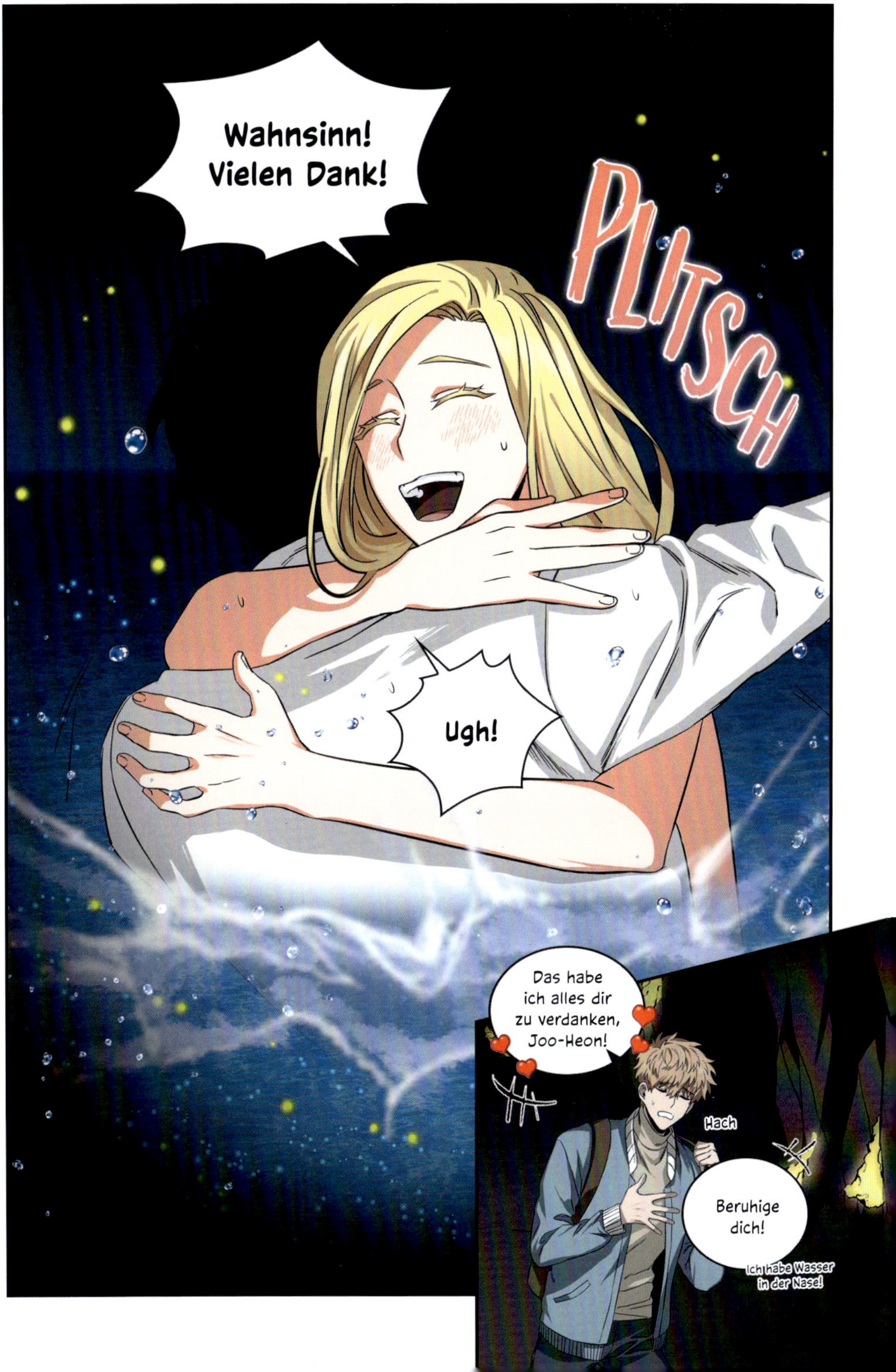
Wahnsinn!
Vielen Dank!
PLITSCH
Ugh!
Das habe ich alles dir zu verdanken, Joo-Heon!
Hach
Beruhige dich!
Ich habe Wasser in der Nase!

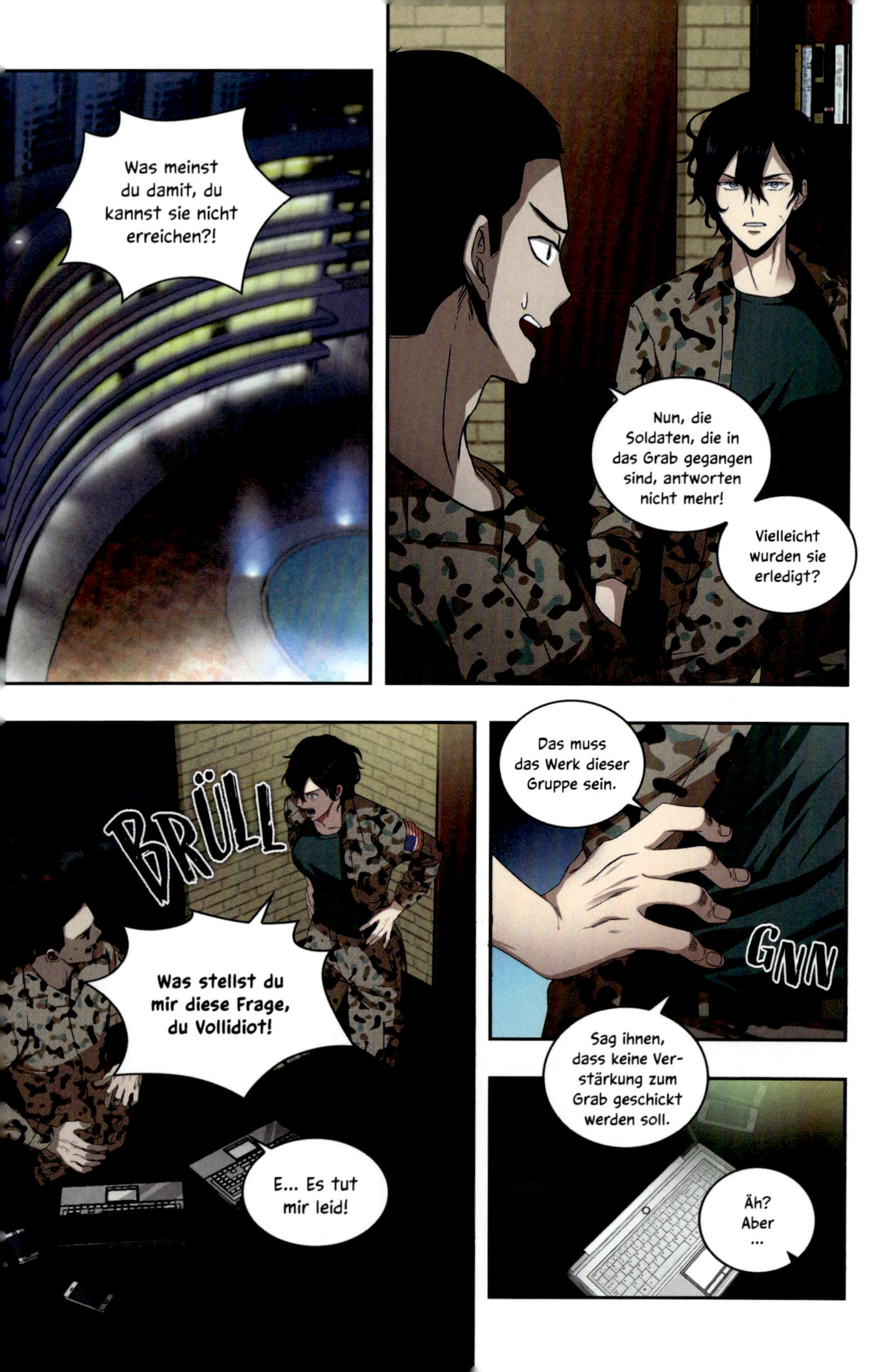
Was meinst du damit, du kannst sie nicht erreichen?!
Nun, die Soldaten, die in das Grab gegangen sind, antworten nicht mehr!
Vielleicht wurden sie erledigt?
BRÜLL
Was stellst du mir diese Frage, du Vollidiot!
E... Es tut mir leid!
Das muss das Werk dieser Gruppe sein.
GNN
Sag ihnen, dass keine Verstärkung zum Grab geschickt werden soll.
Äh? Aber ...

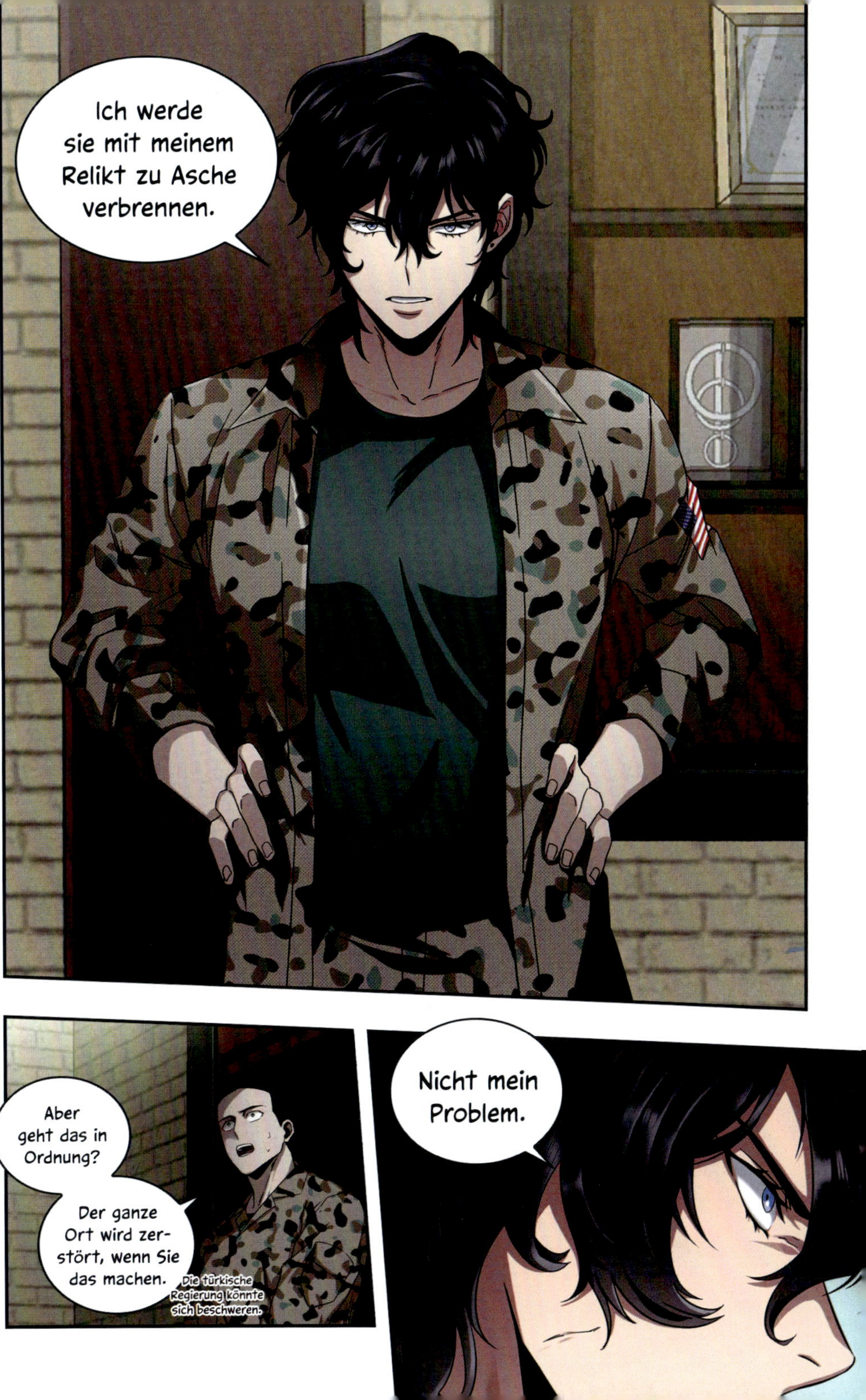
Ich werde sie mit meinem Relikt zu Asche verbrennen.
Aber geht das in Ordnung?
Der ganze Ort wird zerstört, wenn Sie das machen.
Die türkische Regierung könnte sich beschweren.
Nicht mein Problem.

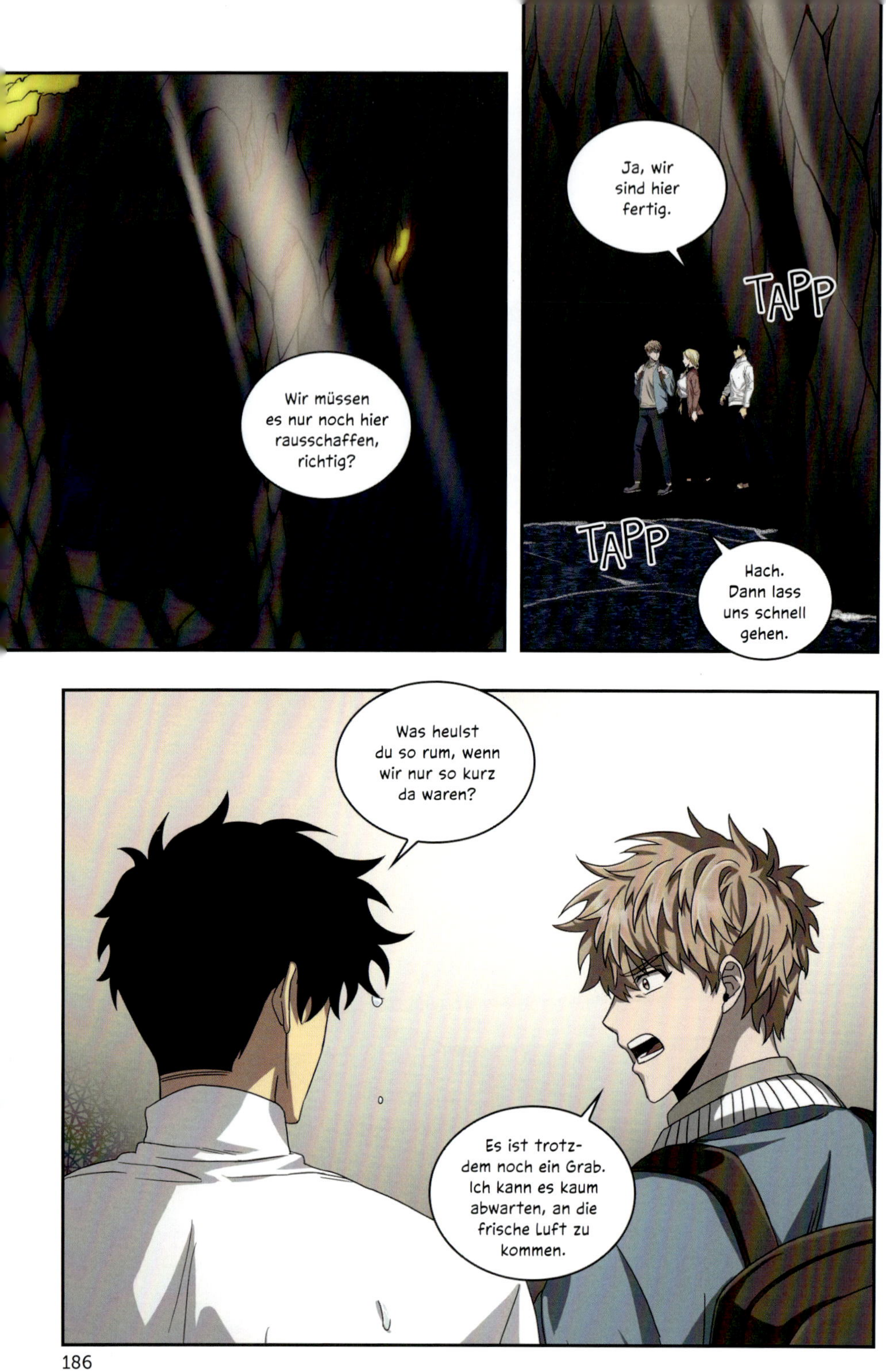
Wir müssen es nur noch hier rausschaffen, richtig?
Ja, wir sind hier fertig.
TAPP
TAPP
Hach. Dann lass uns schnell gehen.
Was heulst du so rum, wenn wir nur so kurz da waren?
Es ist trotz-dem noch ein Grab. Ich kann es kaum abwarten, an die frische Luft zu kommen.

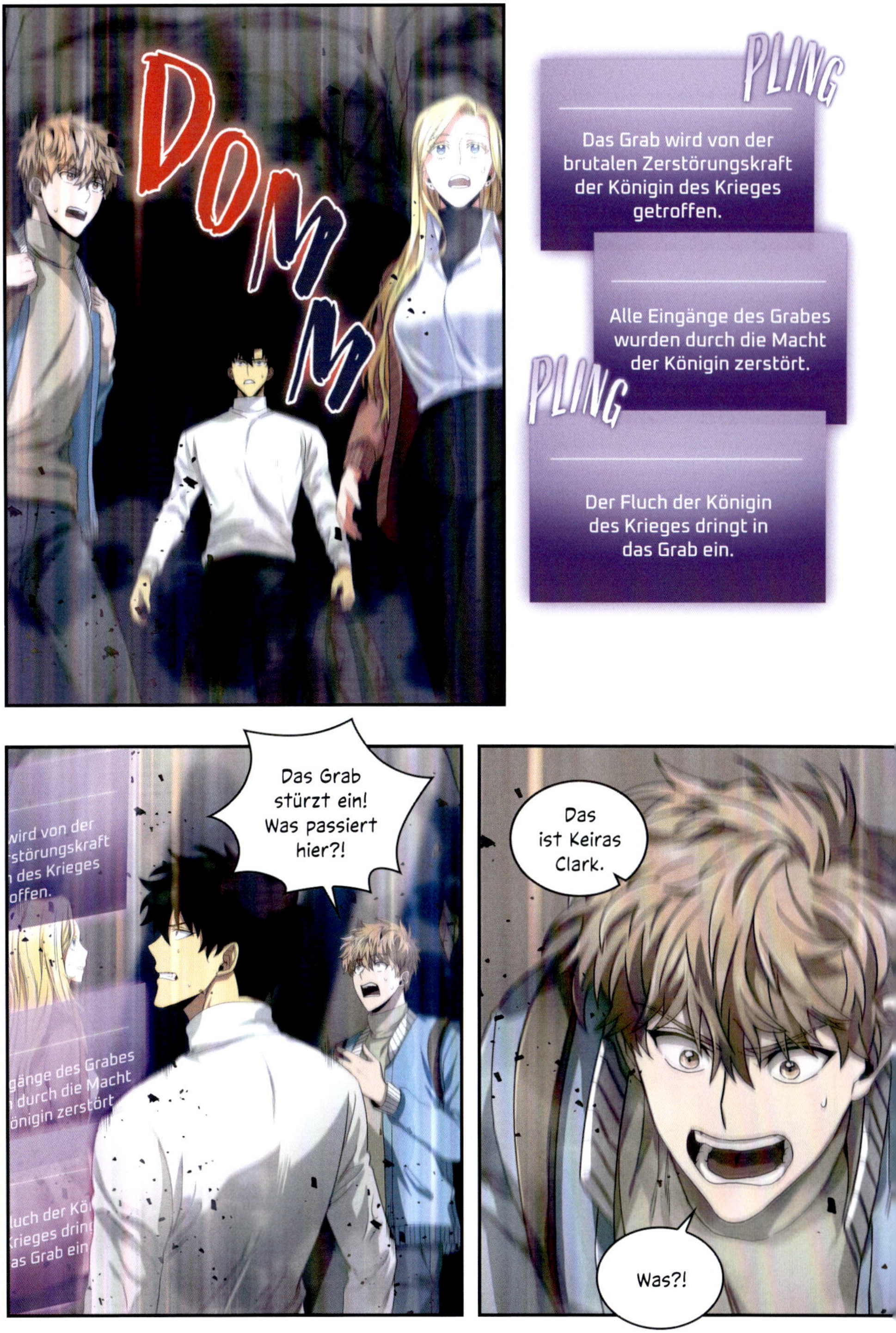
DOMM
PLING
Das Grab wird von der brutalen Zerstörungskraft der Königin des Krieges getroffen.
Alle Eingänge des Grabes wurden durch die Macht der Königin zerstört.
PLING
Der Fluch der Königin des Krieges dringt in das Grab ein.
Das Grab stürzt ein! Was passiert hier?!
Das ist Keiras Clark.
Was?!

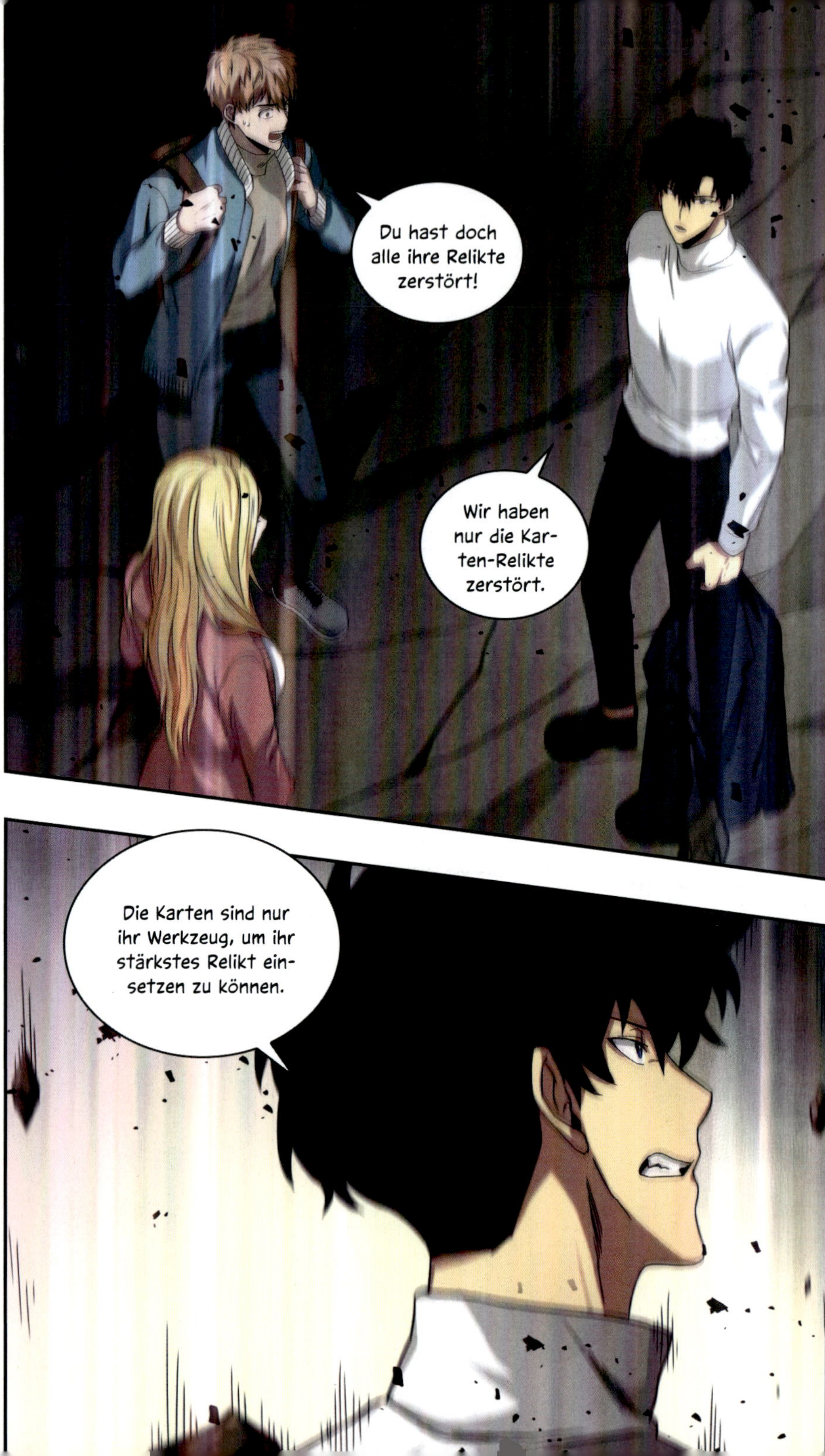
Du hast doch alle ihre Relikte zerstört!
Wir haben nur die Karten-Relikte zerstört.
Die Karten sind nur ihr Werkzeug, um ihr stärkstes Relikt einsetzen zu können.

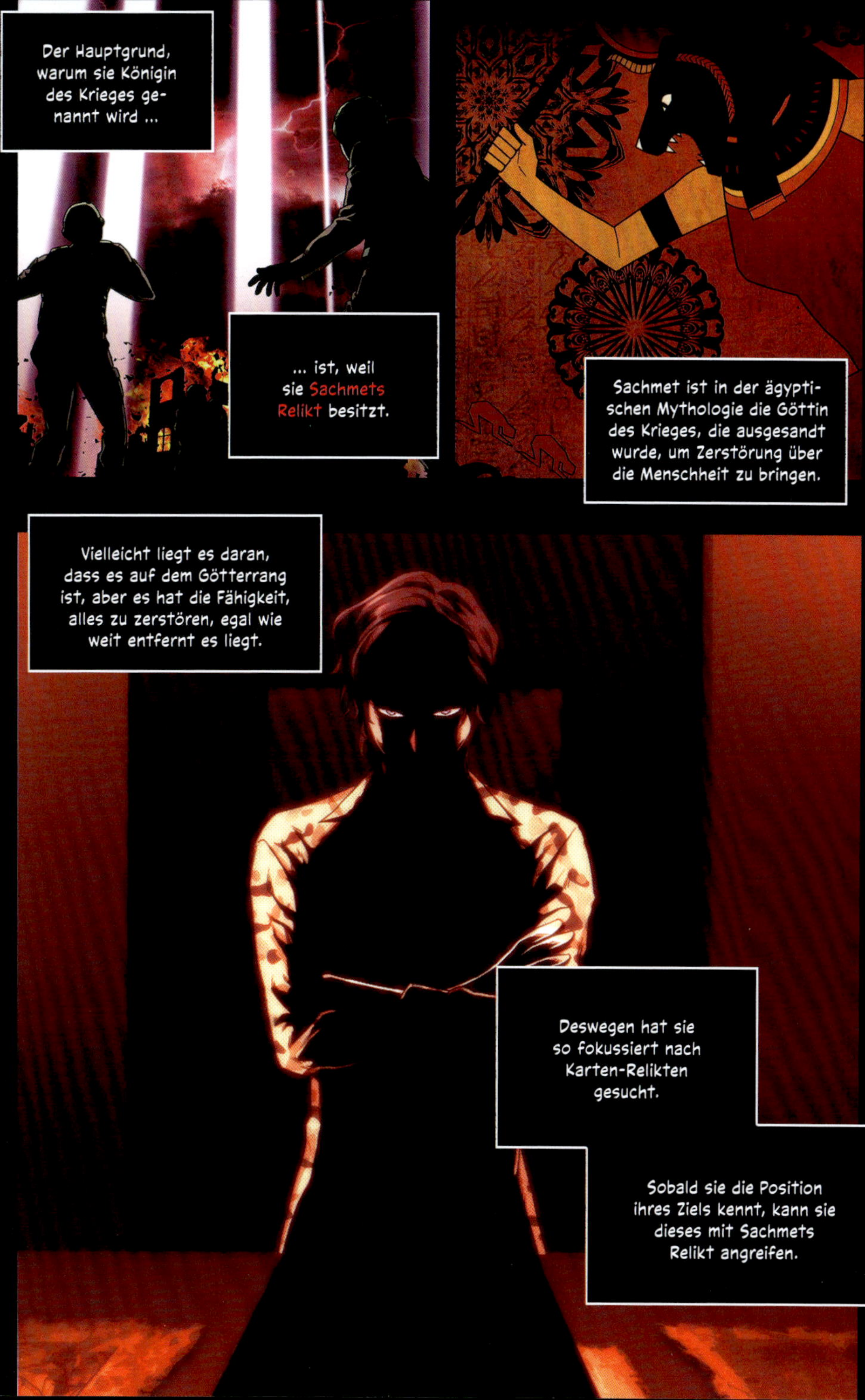
Der Hauptgrund, warum sie Königin des Krieges genannt wird ...
... ist, weil sie Sachmets Relikt besitzt.
Sachmet ist in der ägyptischen Mythologie die Göttin des Krieges, die ausgesandt wurde, um Zerstörung über die Menschheit zu bringen.
Vielleicht liegt es daran, dass es auf dem Götterrang ist, aber es hat die Fähigkeit, alles zu zerstören, egal wie weit entfernt es liegt.
Deswegen hat sie so fokussiert nach Karten-Relikten gesucht.
Sobald sie die Position ihres Ziels kennt, kann sie dieses mit Sachmets Relikt angreifen.

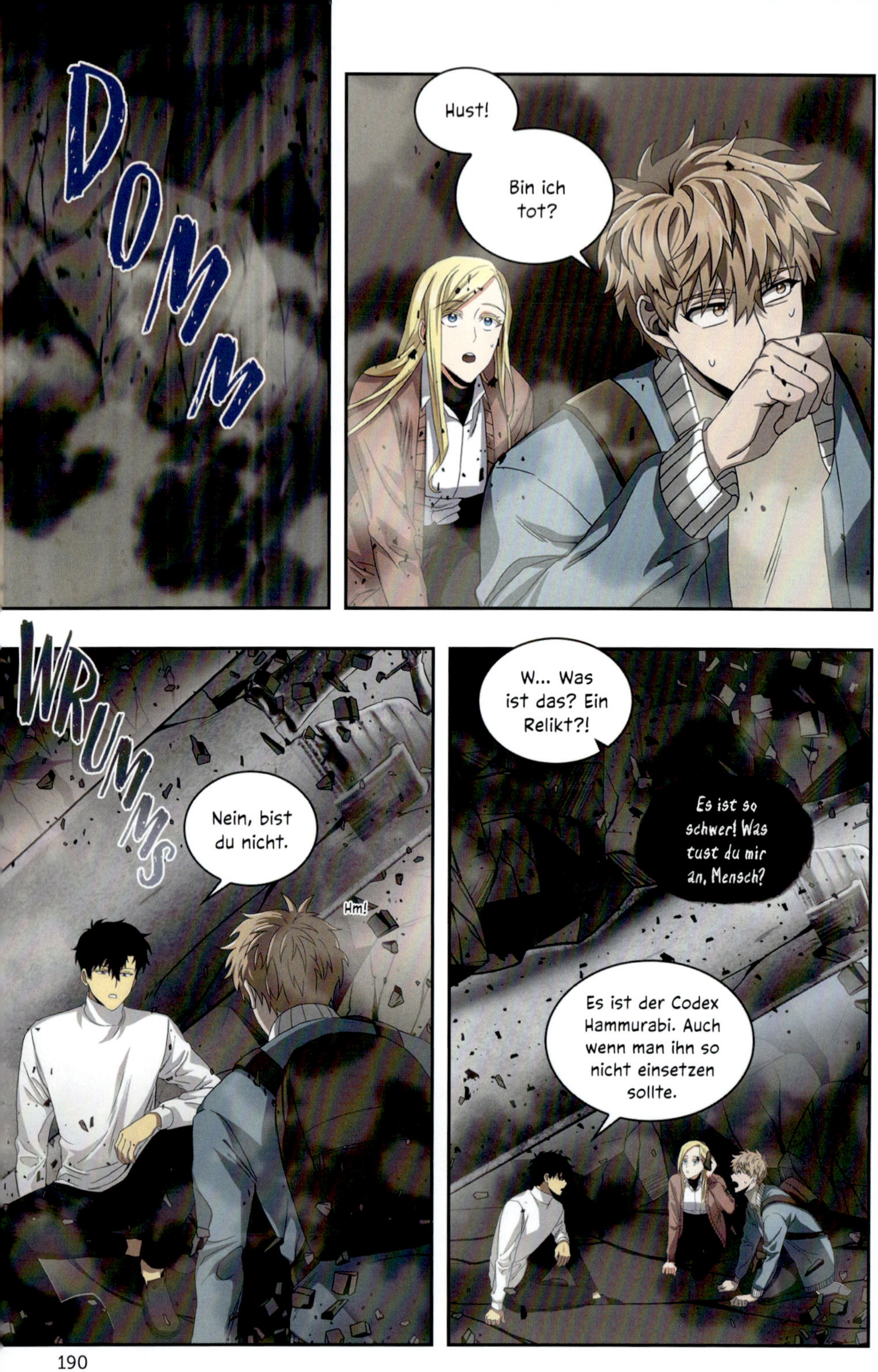
DOMM
Hust!
Bin ich tot?
WRUMMS
Nein, bist du nicht.
Hm!
W... Was ist das? Ein Relikt?!
Es ist so schwer! Was tust du mir an, Mensch?
Es ist der Codex Hammurabi. Auch wenn man ihn so nicht einsetzen sollte.

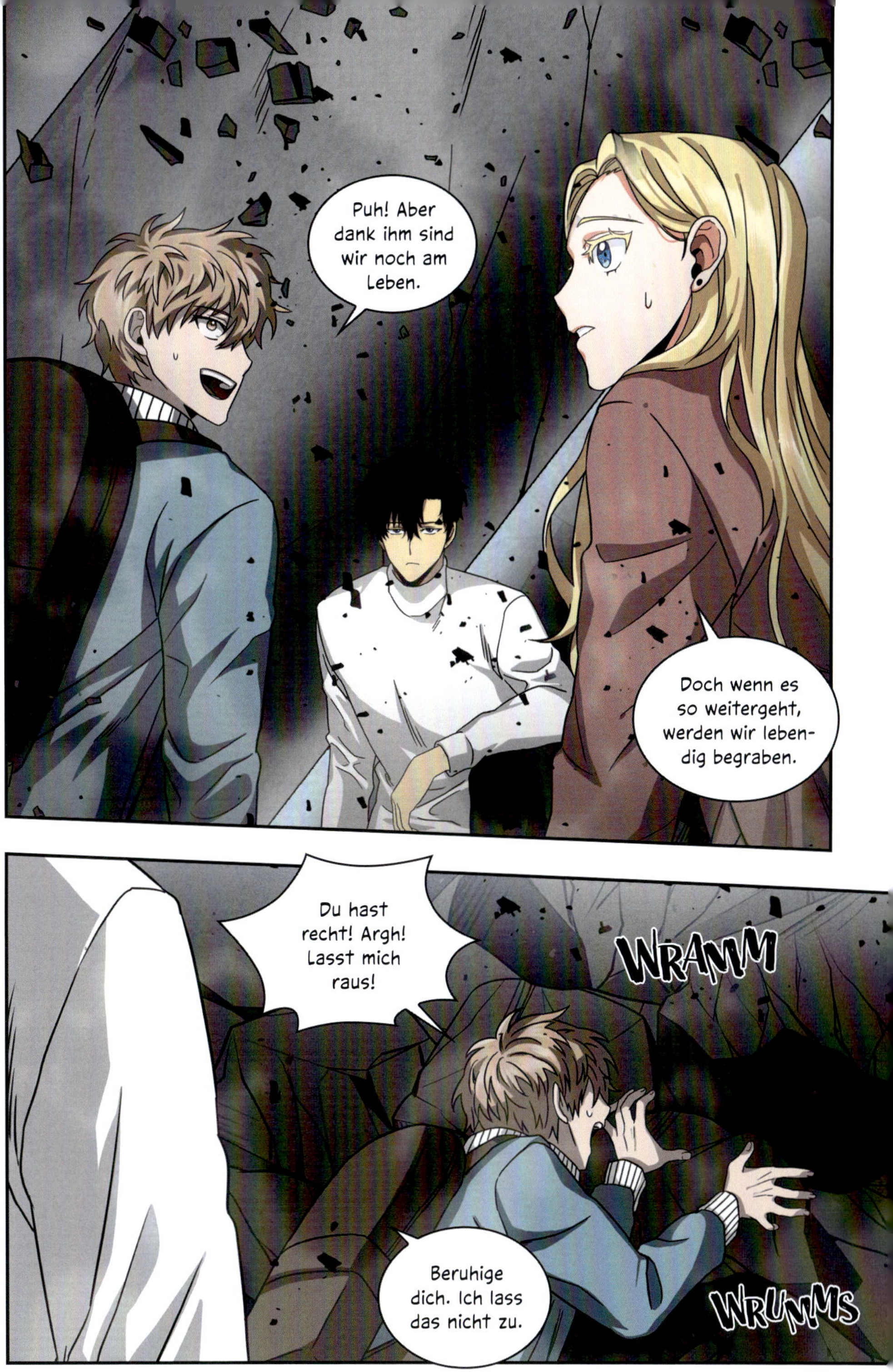
Puh! Aber dank ihm sind wir noch am Leben.
Doch wenn es so weitergeht, werden wir lebendig begraben.
Du hast recht! Argh! Lasst mich raus!
WRAMM
Beruhige dich. Ich lass das nicht zu.
WRUMMS

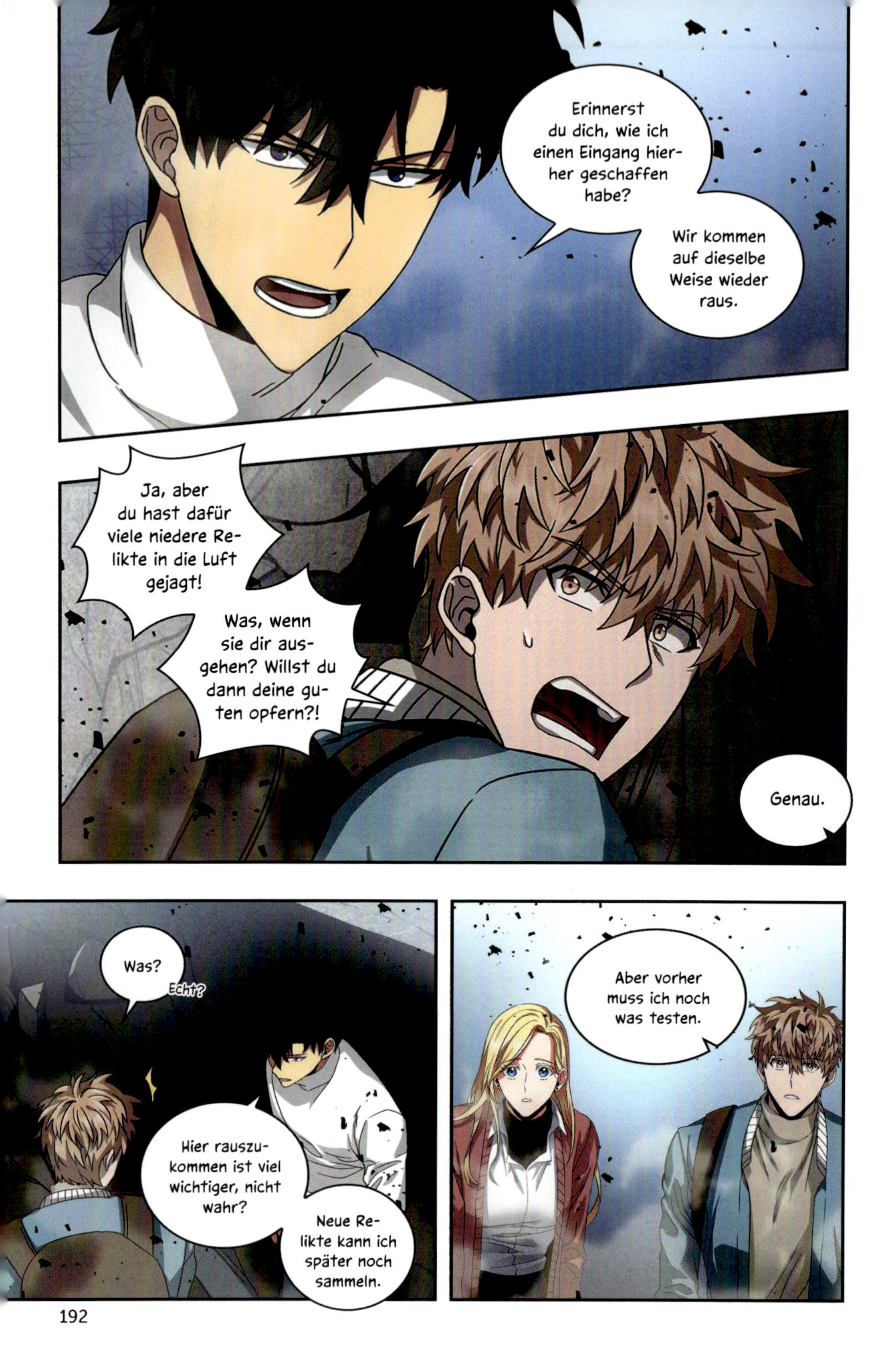
Erinnerst du dich, wie ich einen Eingang hierher geschaffen habe?
Wir kommen auf dieselbe Weise wieder raus.
Ja, aber du hast dafür viele niedere Relikte in die Luft gejagt!
Was, wenn sie dir ausgehen? Willst du dann deine guten opfern?!
Genau.
Was?
Echt?
Hier rauszukommen ist viel wichtiger, nicht wahr?
Neue Relikte kann ich später noch sammeln.
Aber vorher muss ich noch was testen.

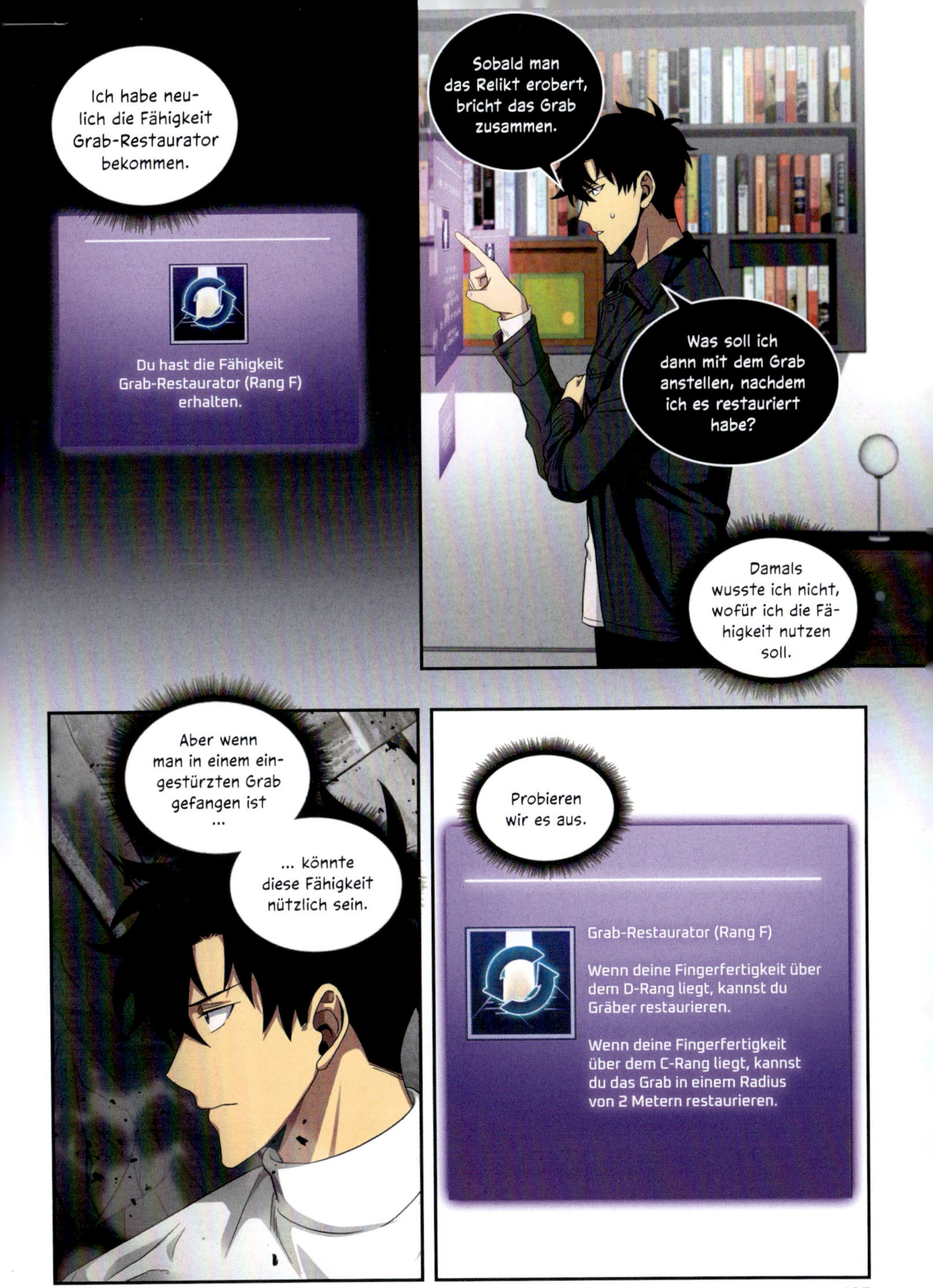
Ich habe neulich die Fähigkeit Grab-Restaurator bekommen.
Du hast die Fähigkeit Grab-Restaurator (Rang F) erhalten.
Sobald man das Relikt erobert, bricht das Grab zusammen.
Was soll ich dann mit dem Grab anstellen, nachdem ich es restauriert habe?
Damals wusste ich nicht, wofür ich die Fähigkeit nutzen soll.
Aber wenn man in einem eingestürzten Grab gefangen ist ...
... könnte diese Fähigkeit nützlich sein.
Probieren wir es aus.
Grab-Restaurator (Rang F)
Wenn deine Fingerfertigkeit über dem D-Rang liegt, kannst du Gräber restaurieren.
Wenn deine Fingerfertigkeit über dem C-Rang liegt, kannst du das Grab in einem Radius von 2 Metern restaurieren.

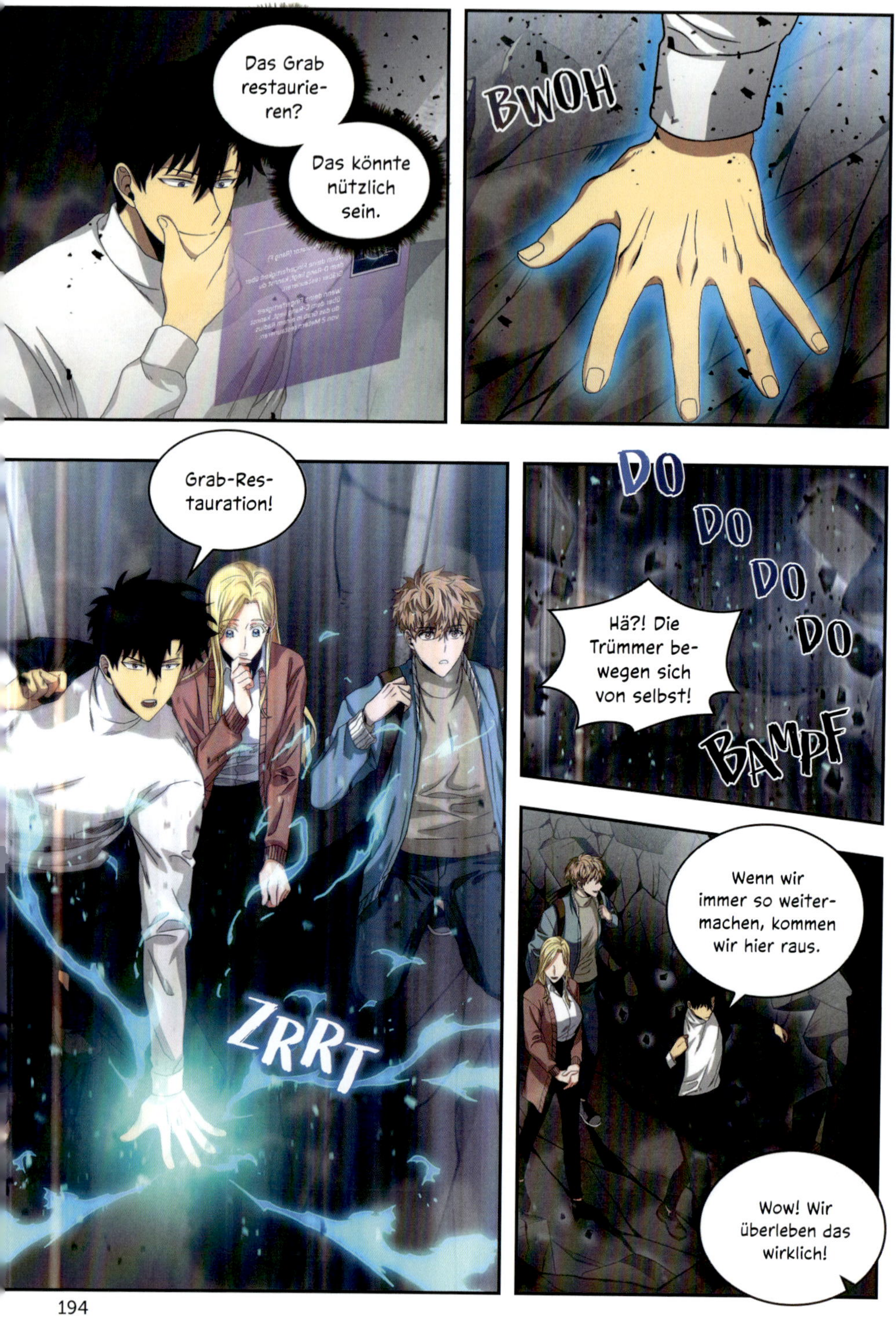

Das Grab restaurieren?
Das könnte nützlich sein.
BWOH
Grab-Restauration!
ZRRT
DO DO DO DO
Hä?! Die Trümmer bewegen sich von selbst!
BAMPF
Wenn wir immer so weitermachen, kommen wir hier raus.
Wow! Wir überleben das wirklich!

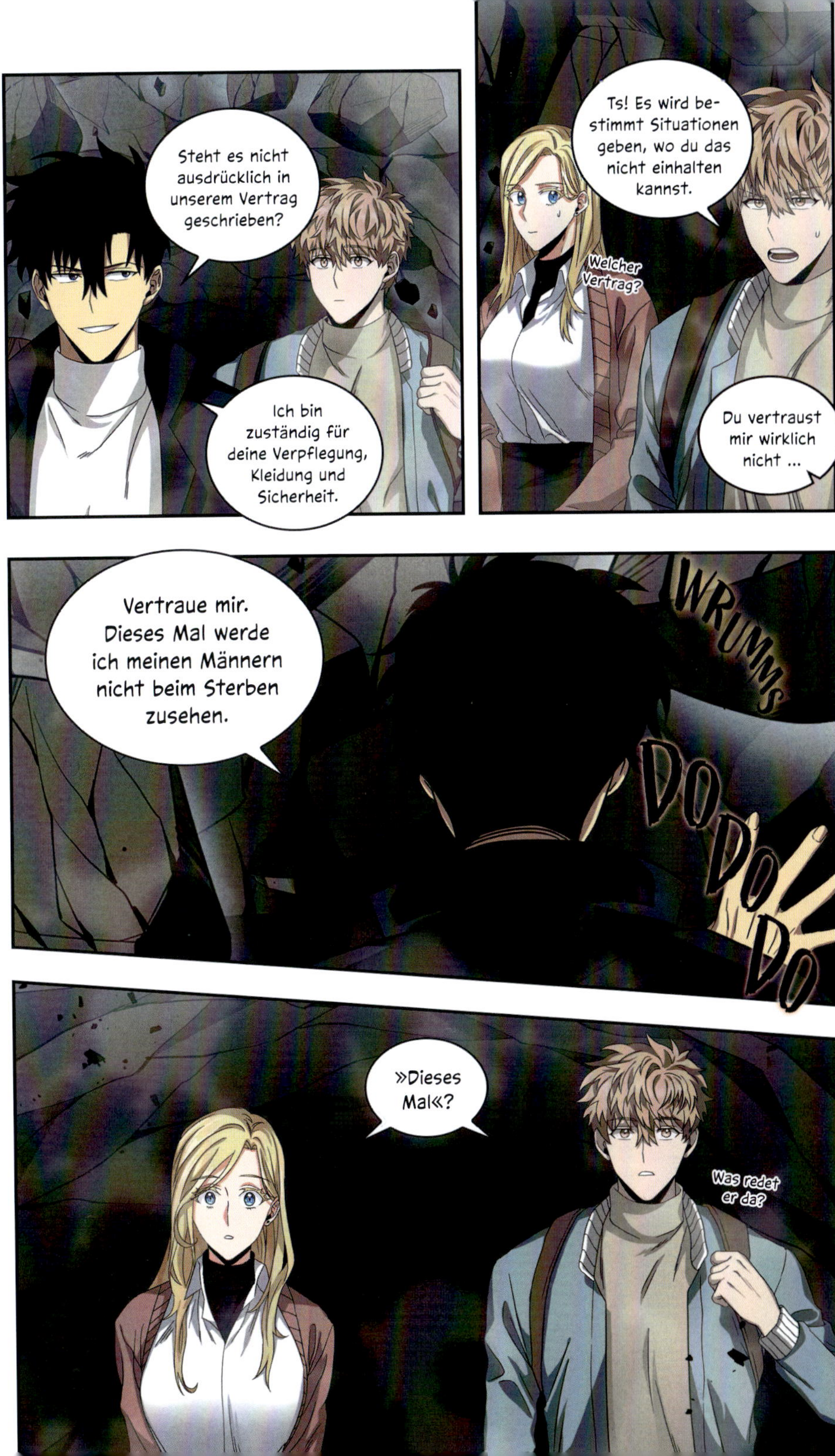
Steht es nicht ausdrücklich in unserem Vertrag geschrieben?
Ich bin zuständig für deine Verpflegung, Kleidung und Sicherheit.
Ts! Es wird bestimmt Situationen geben, wo du das nicht einhalten kannst.
Welcher Vertrag?
Du vertraust mir wirklich nicht ...
Vertraue mir. Dieses Mal werde ich meinen Männern nicht beim Sterben zusehen.
WRUMMS
DODODODO
»Dieses Mal«?
Was redet er da?

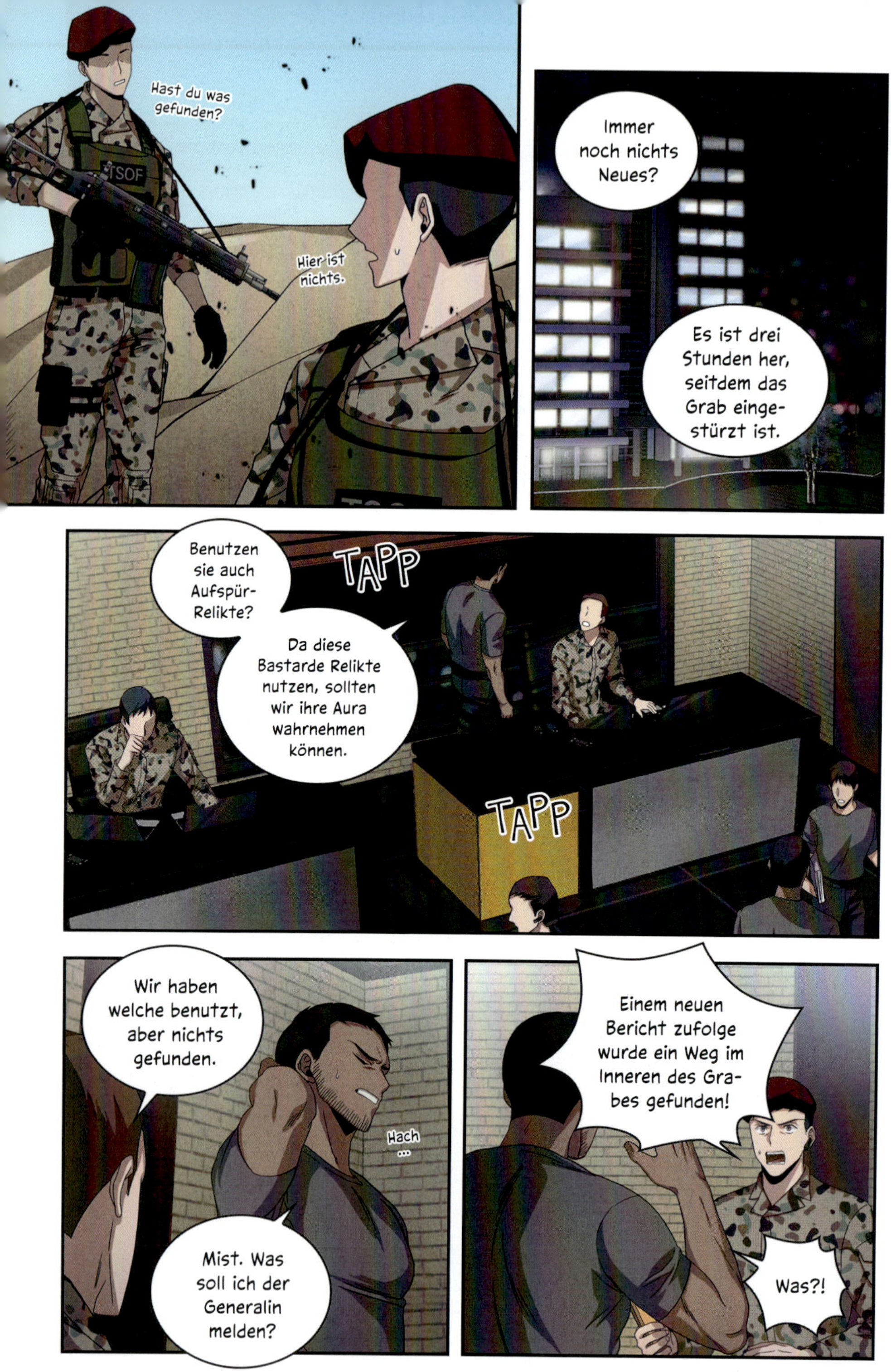
Hast du was gefunden?
Hier ist nichts.
Immer noch nichts Neues?
Es ist drei Stunden her, seitdem das Grab eingestürzt ist.
Benutzen sie auch Aufspür-Relikte?
TAPP
Da diese Bastarde Relikte nutzen, sollten wir ihre Aura wahrnehmen können.
TAPP
Wir haben welche benutzt, aber nichts gefunden.
Hach …
Mist. Was soll ich der Generalin melden?
Einem neuen Bericht zufolge wurde ein Weg im Inneren des Grabes gefunden!
Was?!

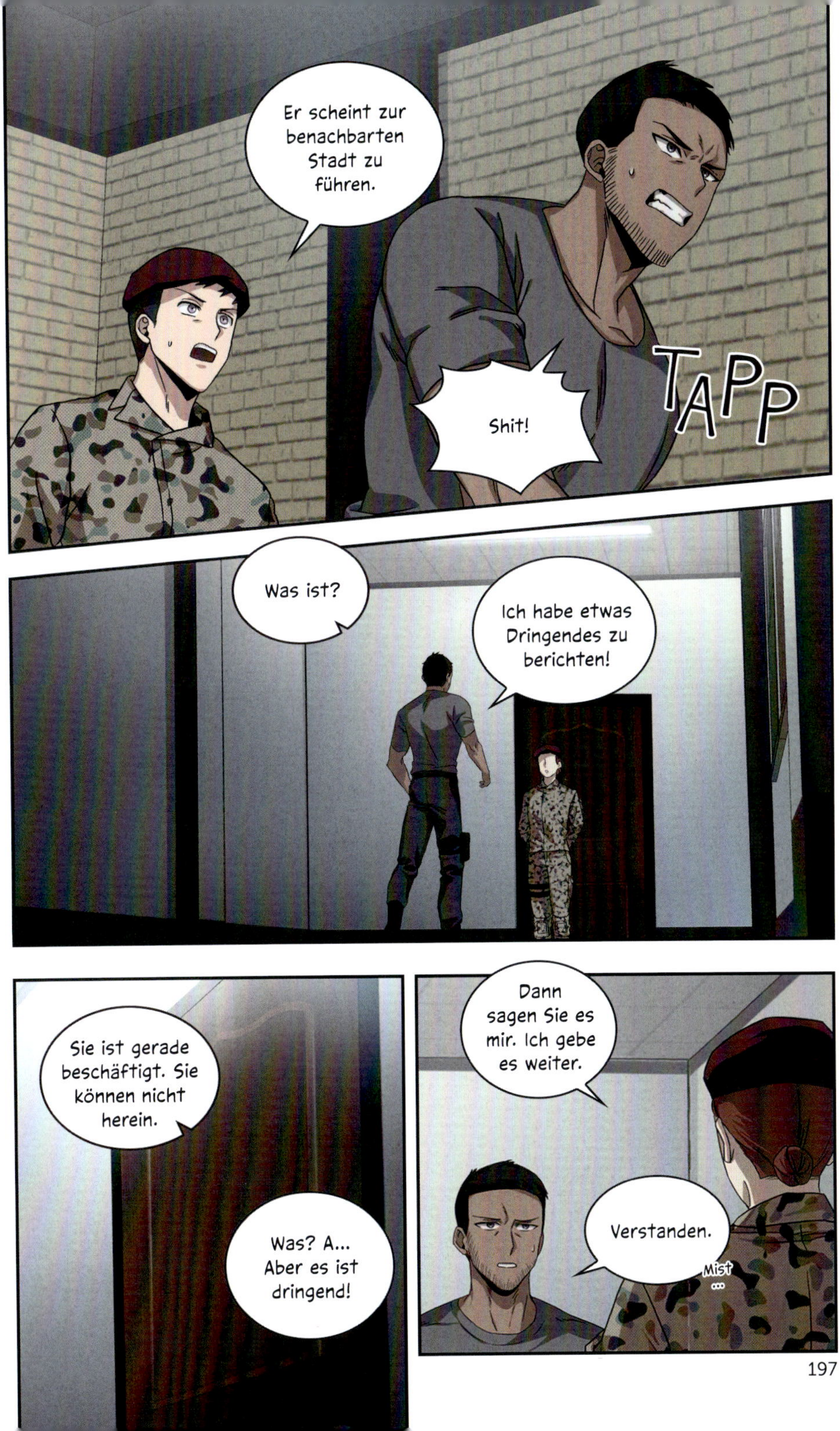
Er scheint zur benachbarten Stadt zu führen.
Shit!
TAPP
Was ist?
Ich habe etwas Dringendes zu berichten!
Sie ist gerade beschäftigt. Sie können nicht herein.
Was? A... Aber es ist dringend!
Dann sagen Sie es mir. Ich gebe es weiter.
Verstanden.
Mist ...

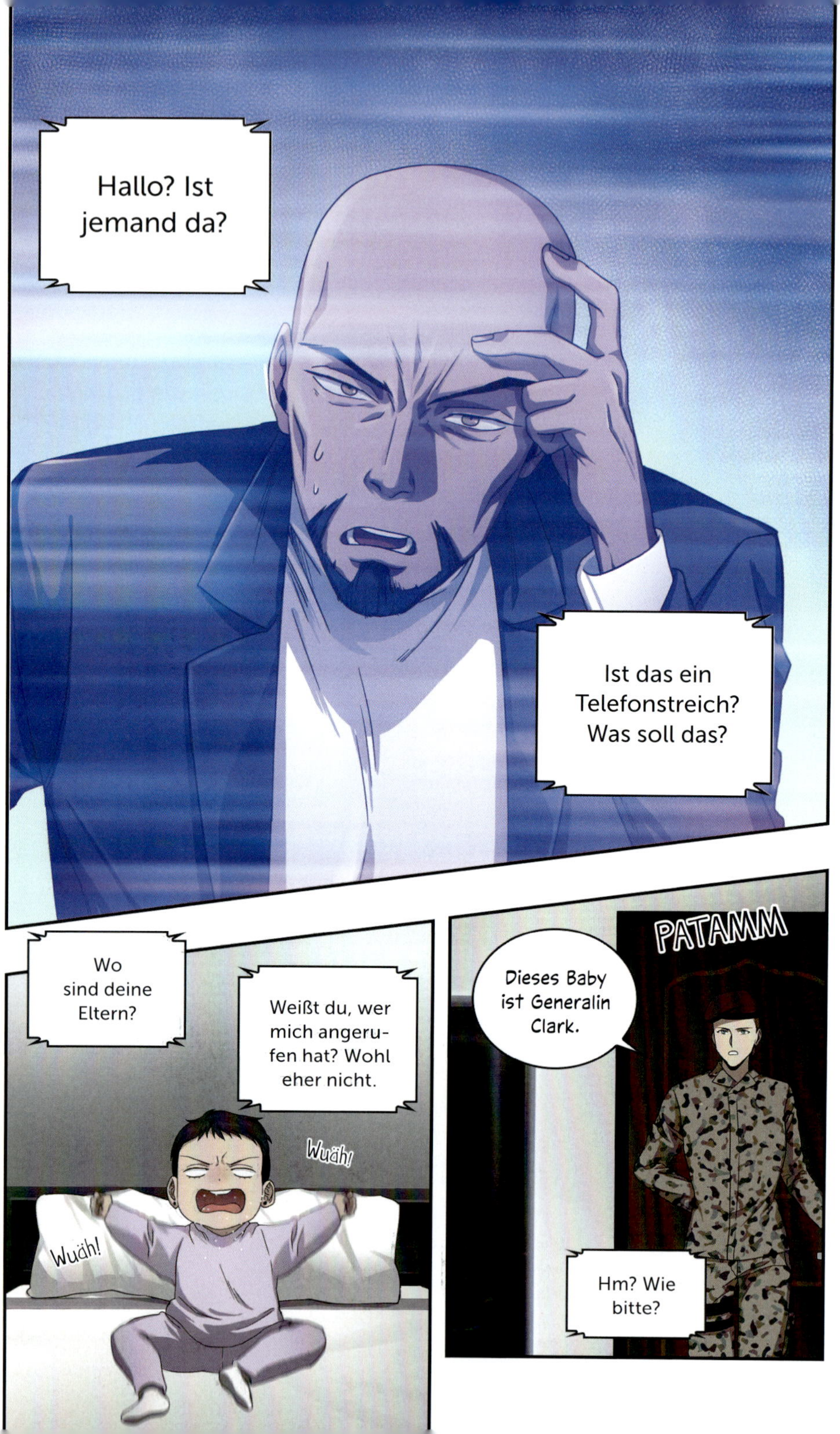

Hallo? Ist jemand da?
Ist das ein Telefonstreich? Was soll das?
Wo sind deine Eltern?
Weißt du, wer mich angerufen hat? Wohl eher nicht.
Wuäh!
Wuäh!
PATAMM
Dieses Baby ist Generalin Clark.
Hm? Wie bitte?

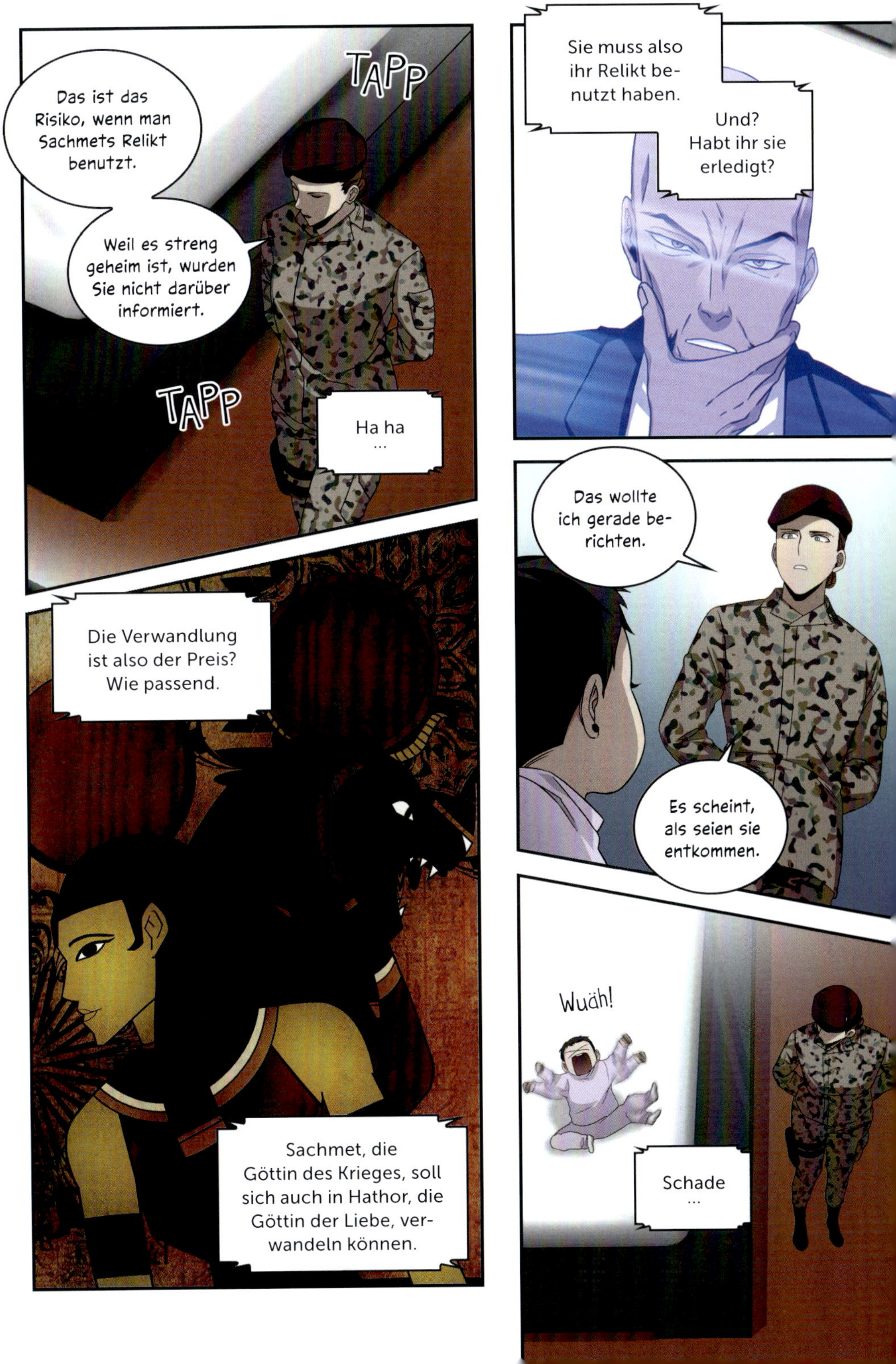
TAPP
Das ist das Risiko, wenn man Sachmets Relikt benutzt.
Weil es streng geheim ist, wurden Sie nicht darüber informiert.
TAPP
Ha ha …
Die Verwandlung ist also der Preis? Wie passend.
Sachmet, die Göttin des Krieges, soll sich auch in Hathor, die Göttin der Liebe, verwandeln können.
Sie muss also ihr Relikt benutzt haben.
Und? Habt ihr sie erledigt?
Das wollte ich gerade berichten.
Es scheint, als seien sie entkommen.
Wuäh!
Schade …

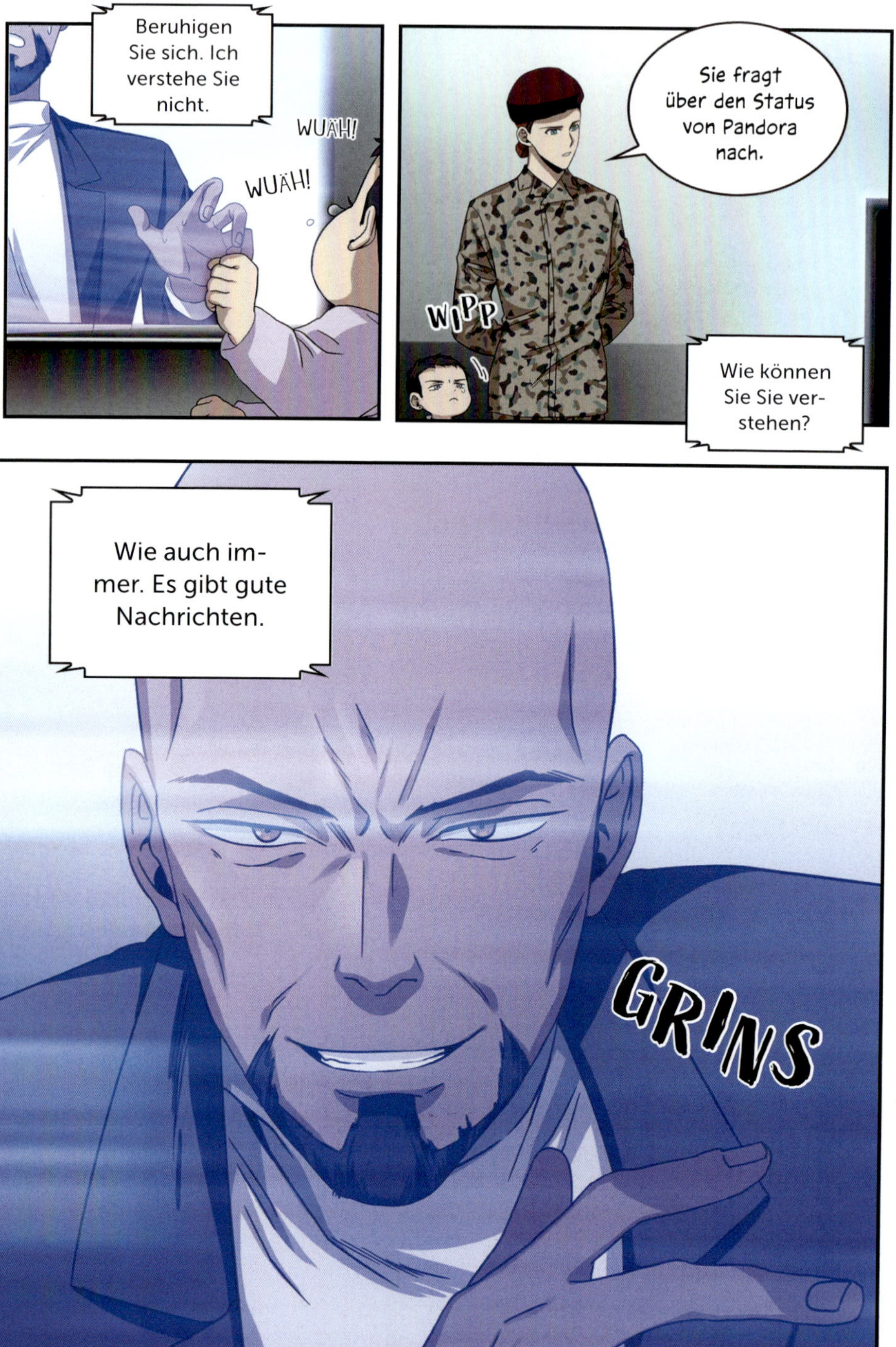

Beruhigen Sie sich. Ich verstehe Sie nicht.
WUÄH!
WUÄH!
Sie fragt über den Status von Pandora nach.
WIPP
Wie können Sie Sie verstehen?
Wie auch immer. Es gibt gute Nachrichten.
GRINS

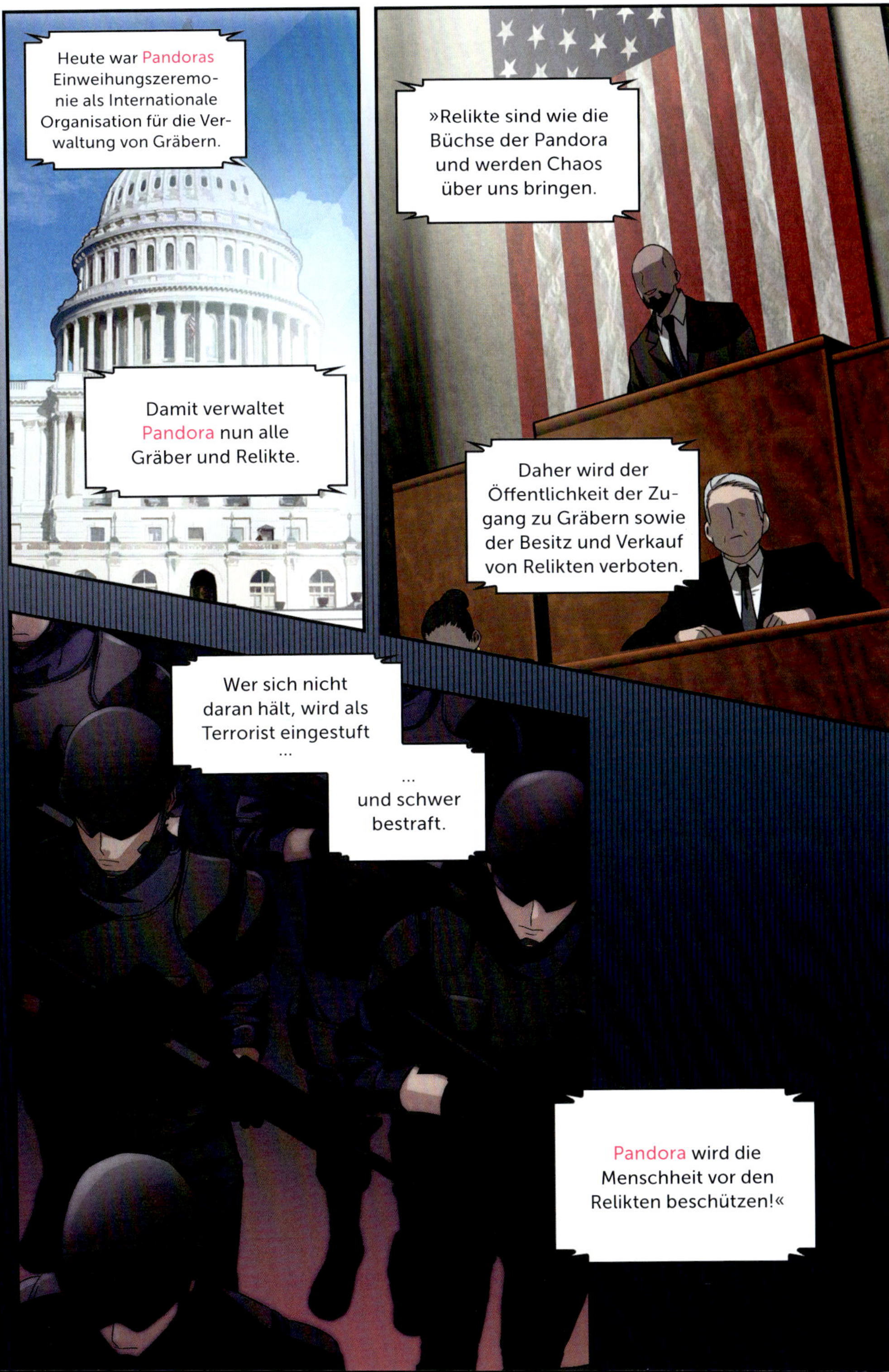
Heute war Pandoras Einweihungszeremonie als Internationale Organisation für die Verwaltung von Gräbern.
Damit verwaltet Pandora nun alle Gräber und Relikte.
»Relikte sind wie die Büchse der Pandora und werden Chaos über uns bringen.
Daher wird der Öffentlichkeit der Zugang zu Gräbern sowie der Besitz und Verkauf von Relikten verboten.
Wer sich nicht daran hält, wird als Terrorist eingestuft …
… und schwer bestraft.
Pandora wird die Menschheit vor den Relikten beschützen!«

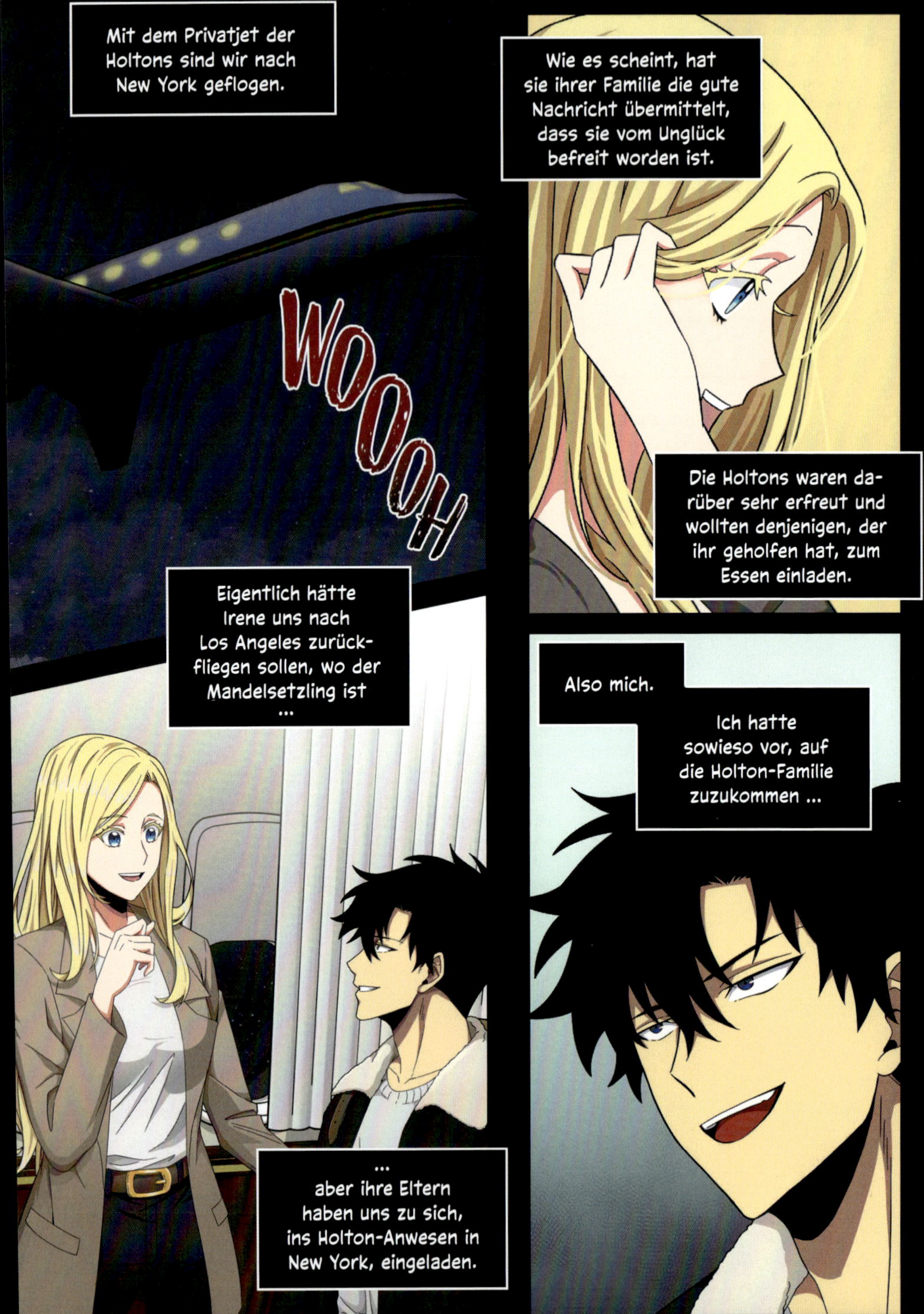
Mit dem Privatjet der Holtons sind wir nach New York geflogen.
WOOOH
Eigentlich hätte Irene uns nach Los Angeles zurückfliegen sollen, wo der Mandelsetzling ist …
… aber ihre Eltern haben uns zu sich, ins Holton-Anwesen in New York, eingeladen.
Wie es scheint, hat sie ihrer Familie die gute Nachricht übermittelt, dass sie vom Unglück befreit worden ist.
Die Holtons waren darüber sehr erfreut und wollten denjenigen, der ihr geholfen hat, zum Essen einladen.
Also mich.
Ich hatte sowieso vor, auf die Holton-Familie zuzukommen …

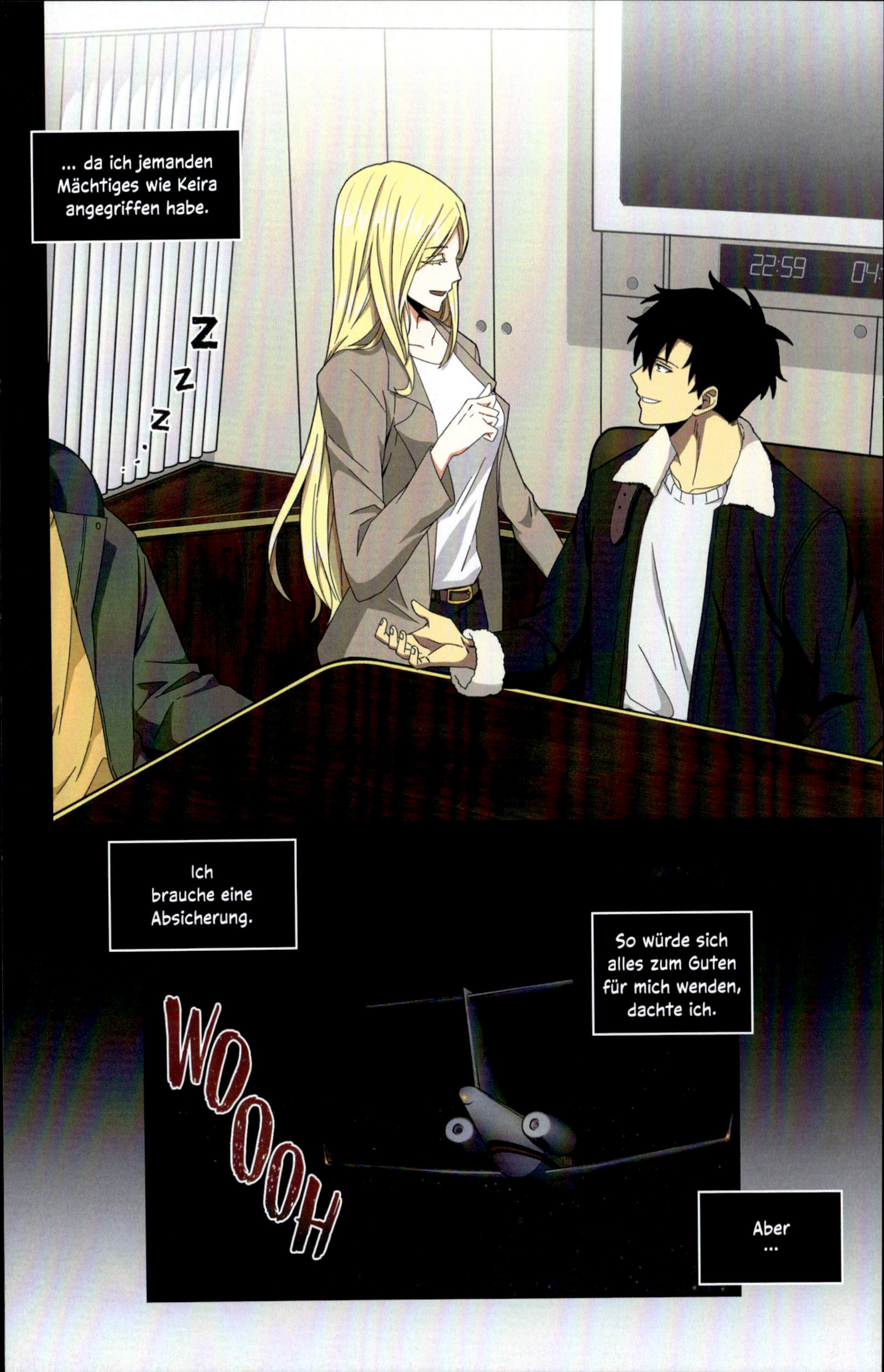
... da ich jemanden Mächtiges wie Keira angegriffen habe.
22:59
Z
Z
Z
Ich brauche eine Absicherung.
So würde sich alles zum Guten für mich wenden, dachte ich.
WOOOOH
Aber ...

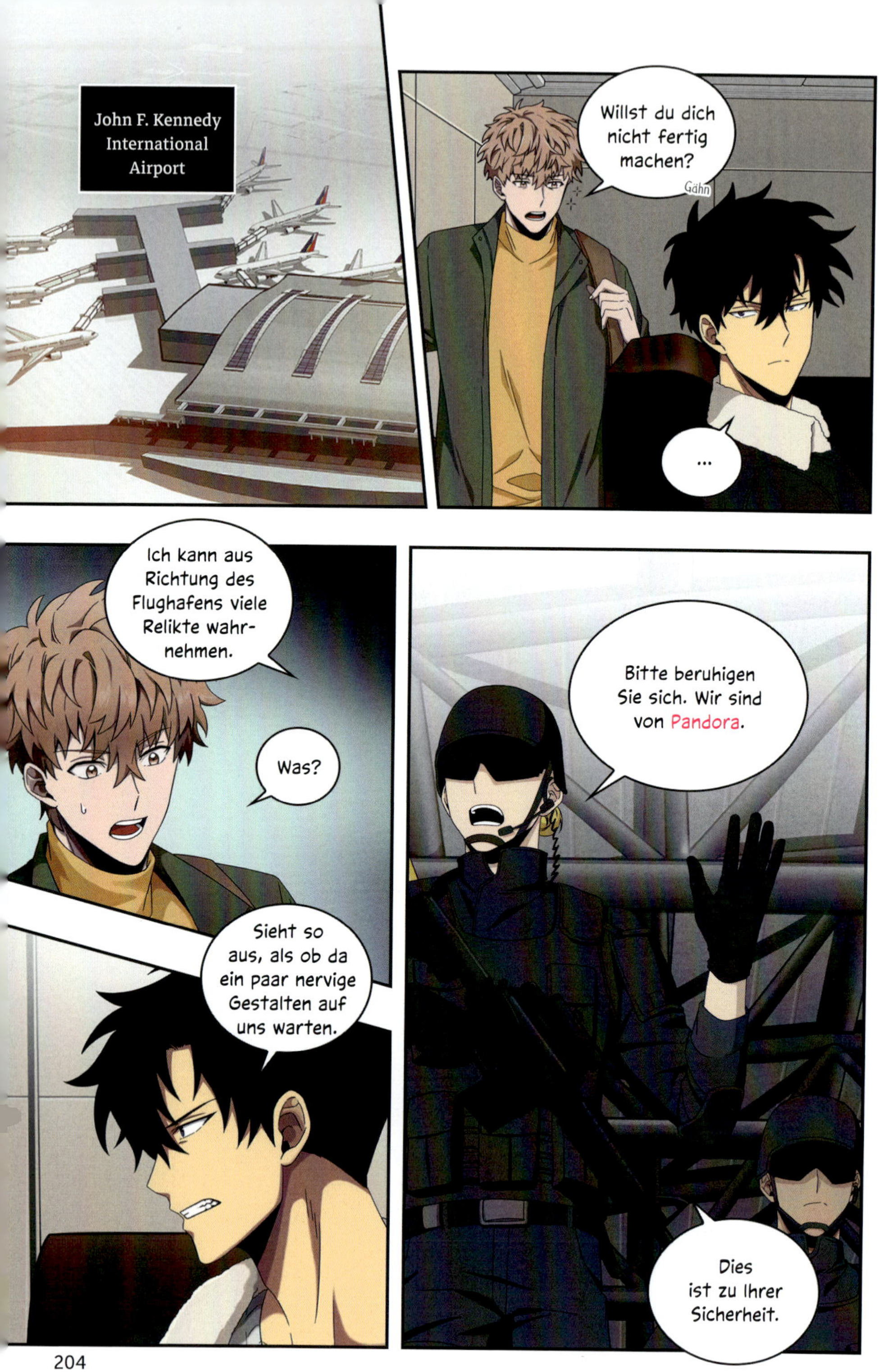
John F. Kennedy International Airport
Willst du dich nicht fertig machen?
Gähn
...
Ich kann aus Richtung des Flughafens viele Relikte wahr-nehmen.
Was?
Sieht so aus, als ob da ein paar nervige Gestalten auf uns warten.
Bitte beruhigen Sie sich. Wir sind von Pandora.
Dies ist zu Ihrer Sicherheit.

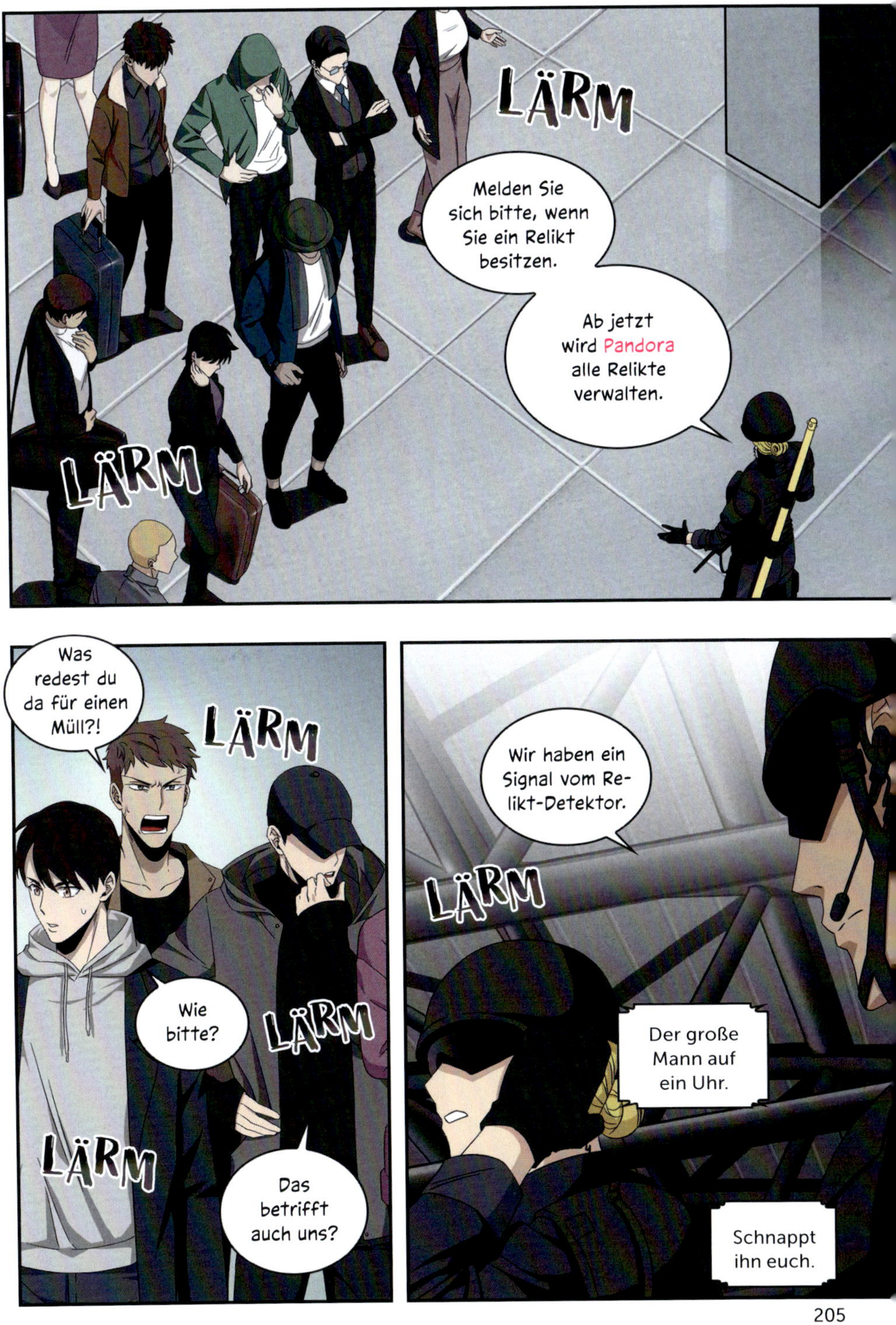
LÄRM
Melden Sie sich bitte, wenn Sie ein Relikt besitzen.
Ab jetzt wird Pandora alle Relikte verwalten.
LÄRM
Was redest du da für einen Müll?!
LÄRM
Wie bitte?
LÄRM
LÄRM
Das betrifft auch uns?
Wir haben ein Signal vom Relikt-Detektor.
LÄRM
Der große Mann auf ein Uhr.
Schnappt ihn euch.

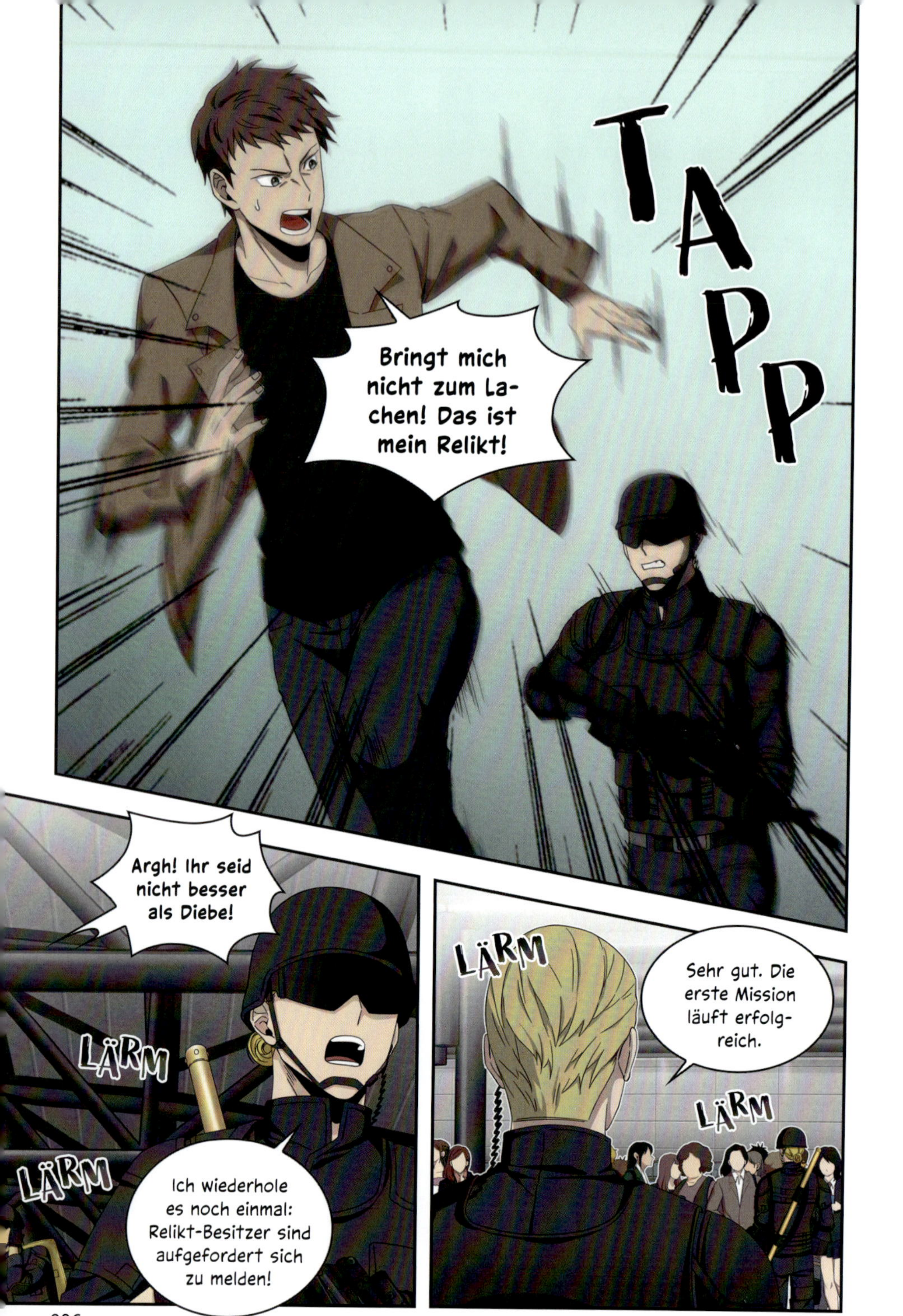
TAPP
Bringt mich nicht zum Lachen! Das ist mein Relikt!
Argh! Ihr seid nicht besser als Diebe!
LÄRM
LÄRM
Ich wiederhole es noch einmal: Relikt-Besitzer sind aufgefordert sich zu melden!
LÄRM
Sehr gut. Die erste Mission läuft erfolgreich.
LÄRM

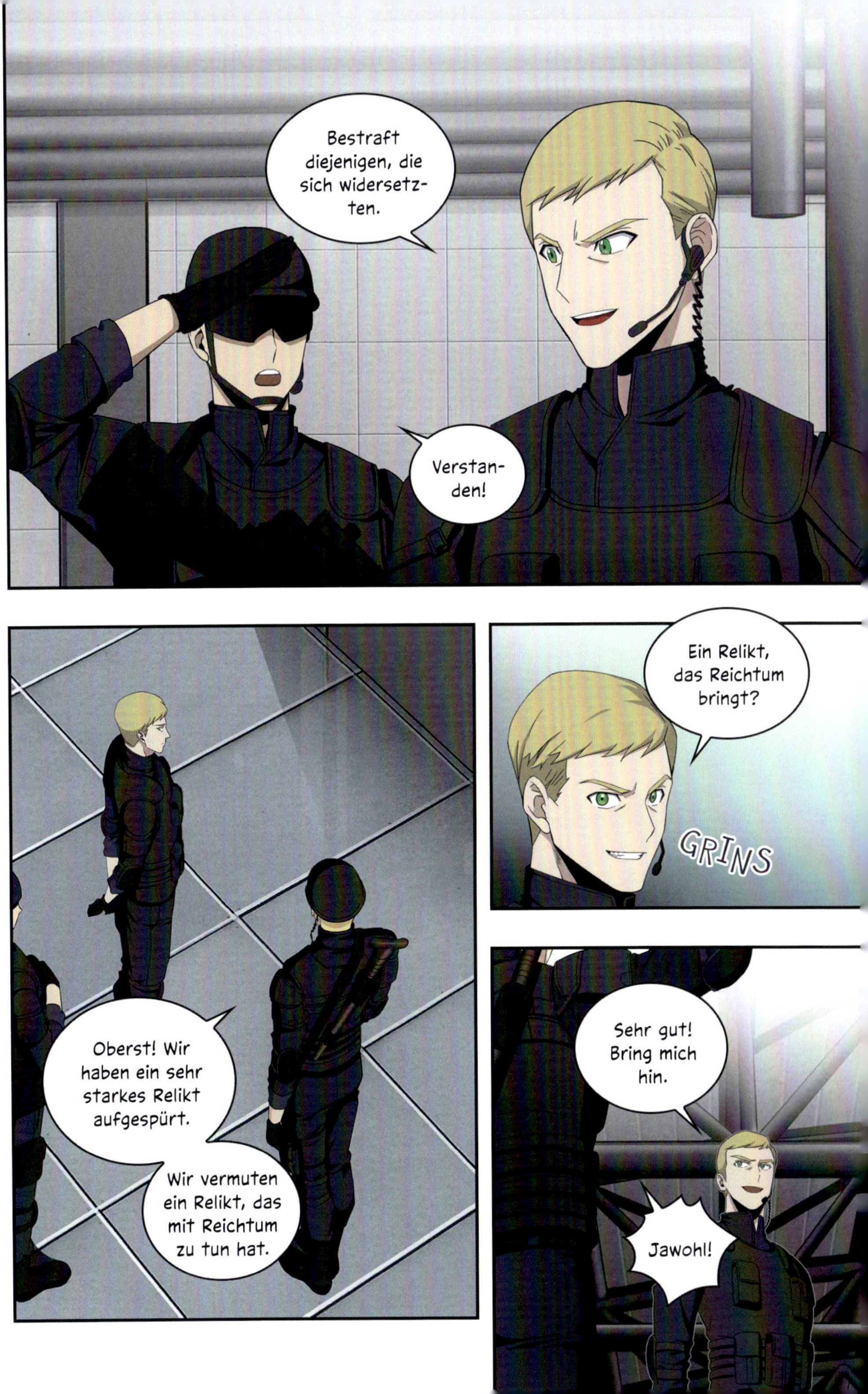
Bestraft diejenigen, die sich widersetz-ten.
Verstan-den!
Oberst! Wir haben ein sehr starkes Relikt aufgespürt.
Wir vermuten ein Relikt, das mit Reichtum zu tun hat.
Ein Relikt, das Reichtum bringt?
GRINS
Sehr gut! Bring mich hin.
Jawohl!

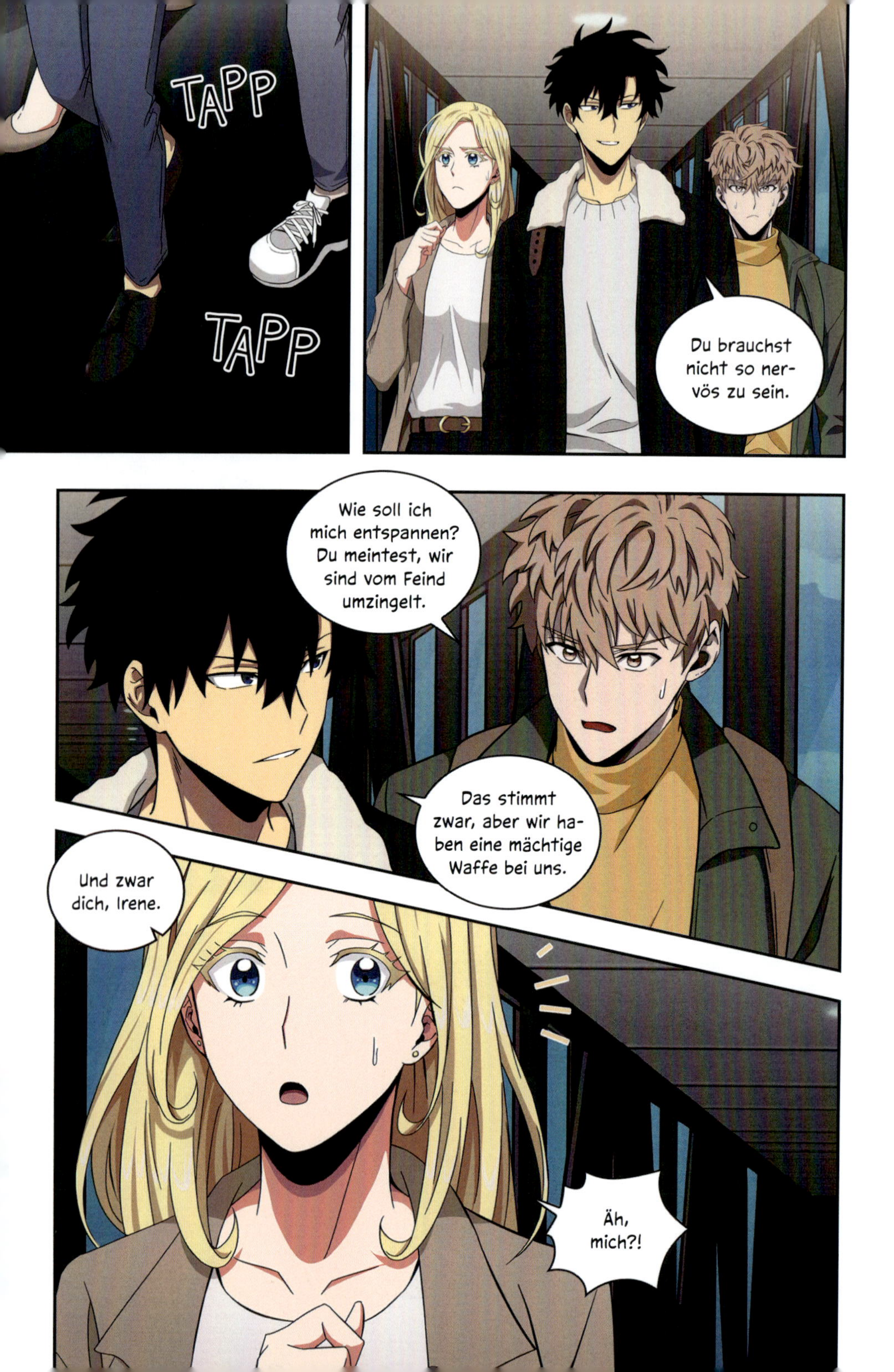
TAPP
TAPP
Du brauchst nicht so ner-vös zu sein.
Wie soll ich mich entspannen? Du meintest, wir sind vom Feind umzingelt.
Das stimmt zwar, aber wir ha-ben eine mächtige Waffe bei uns.
Und zwar dich, Irene.
Äh, mich?!

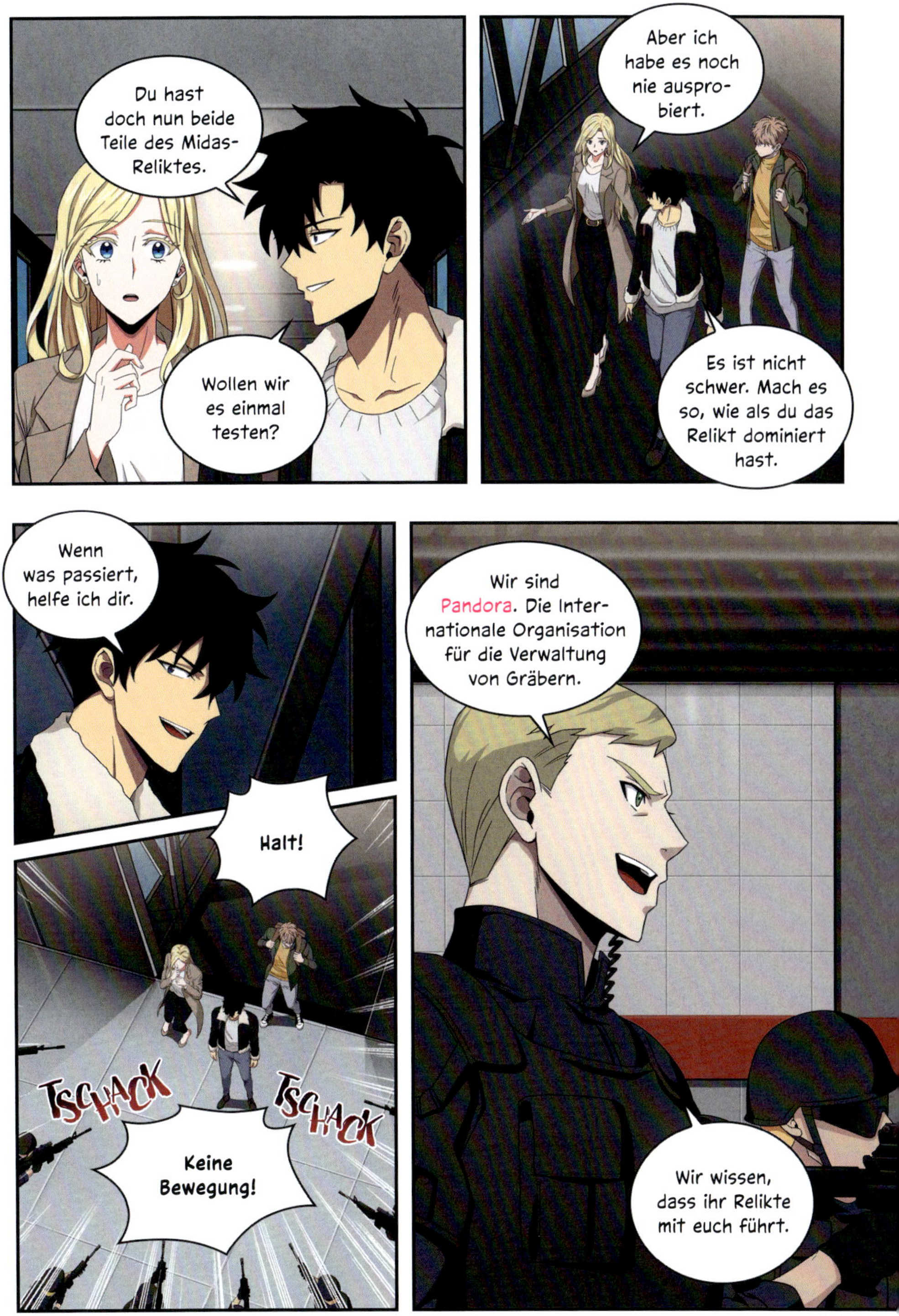
Du hast doch nun beide Teile des Midas-Reliktes.
Wollen wir es einmal testen?
Aber ich habe es noch nie ausprobiert.
Es ist nicht schwer. Mach es so, wie als du das Relikt dominiert hast.
Wenn was passiert, helfe ich dir.
Halt!
TSCHACK
TSCHACK
Keine Bewegung!
Wir sind Pandora. Die Internationale Organisation für die Verwaltung von Gräbern.
Wir wissen, dass ihr Relikte mit euch führt.

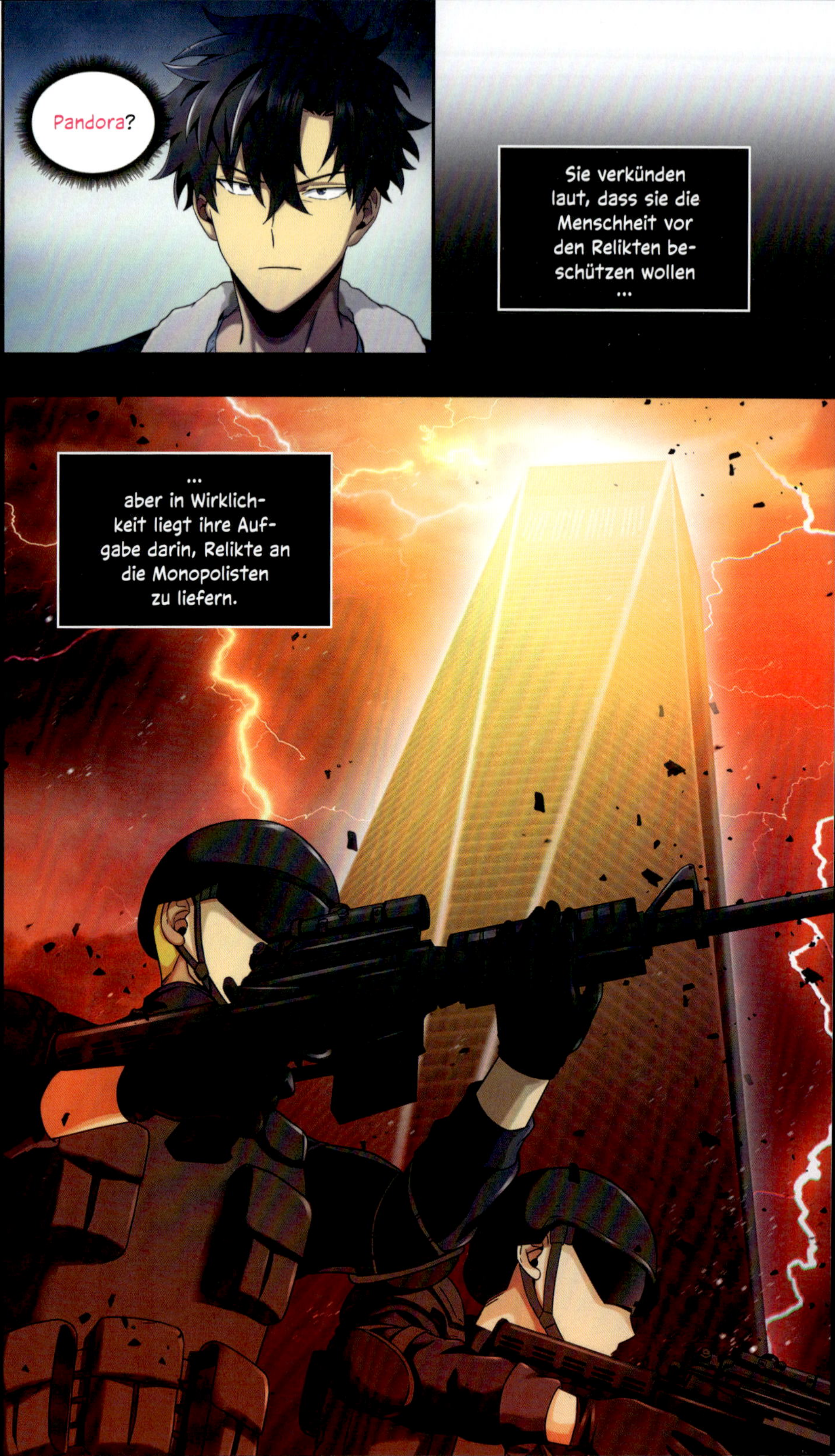
Pandora?
Sie verkünden laut, dass sie die Menschheit vor den Relikten beschützen wollen ...
... aber in Wirklichkeit liegt ihre Aufgabe darin, Relikte an die Monopolisten zu liefern.

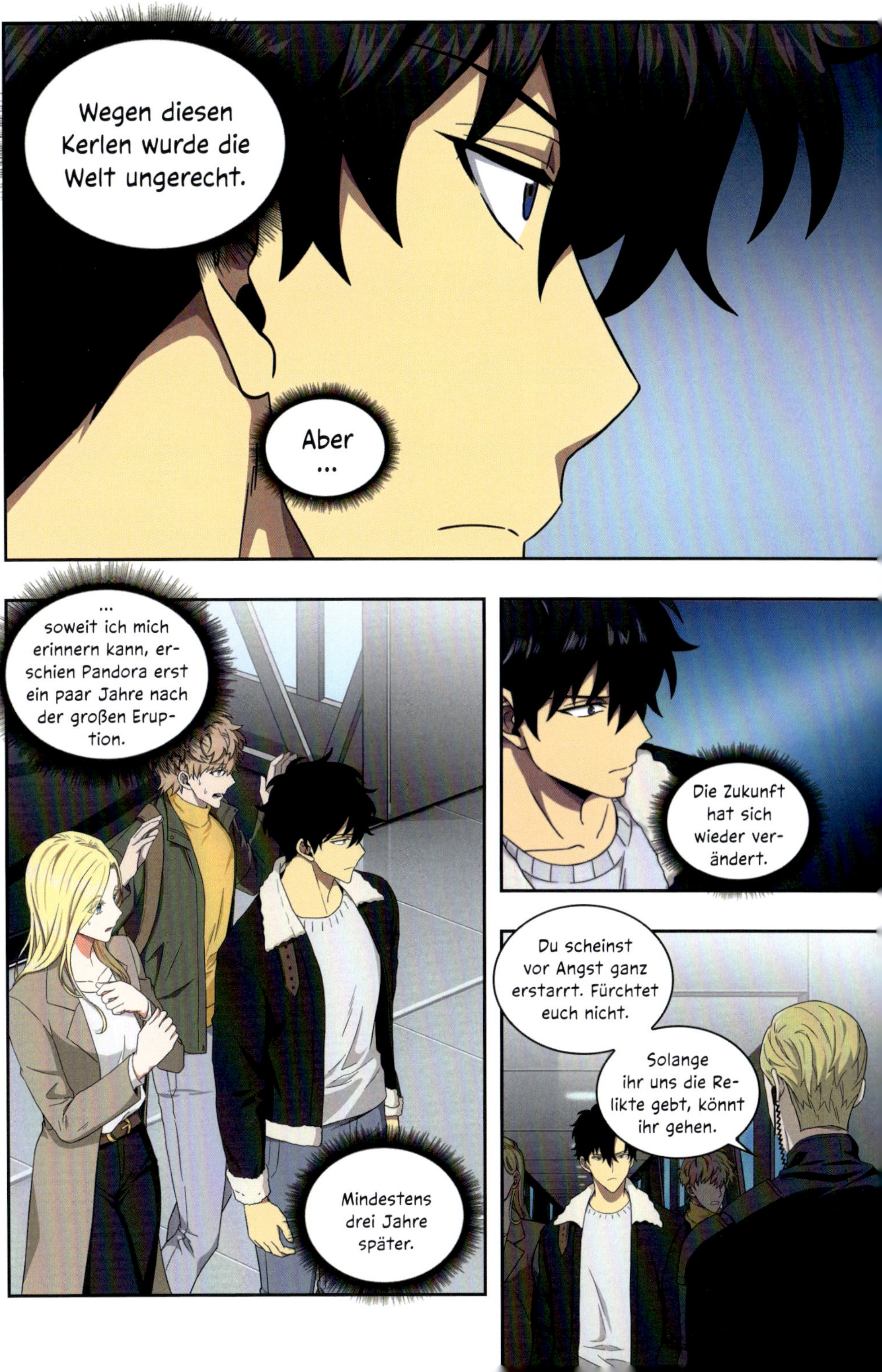

Wegen diesen Kerlen wurde die Welt ungerecht.
Aber ...
... soweit ich mich erinnern kann, erschien Pandora erst ein paar Jahre nach der großen Eruption.
Mindestens drei Jahre später.
Die Zukunft hat sich wieder verändert.
Du scheinst vor Angst ganz erstarrt. Fürchtet euch nicht.
Solange ihr uns die Relikte gebt, könnt ihr gehen.

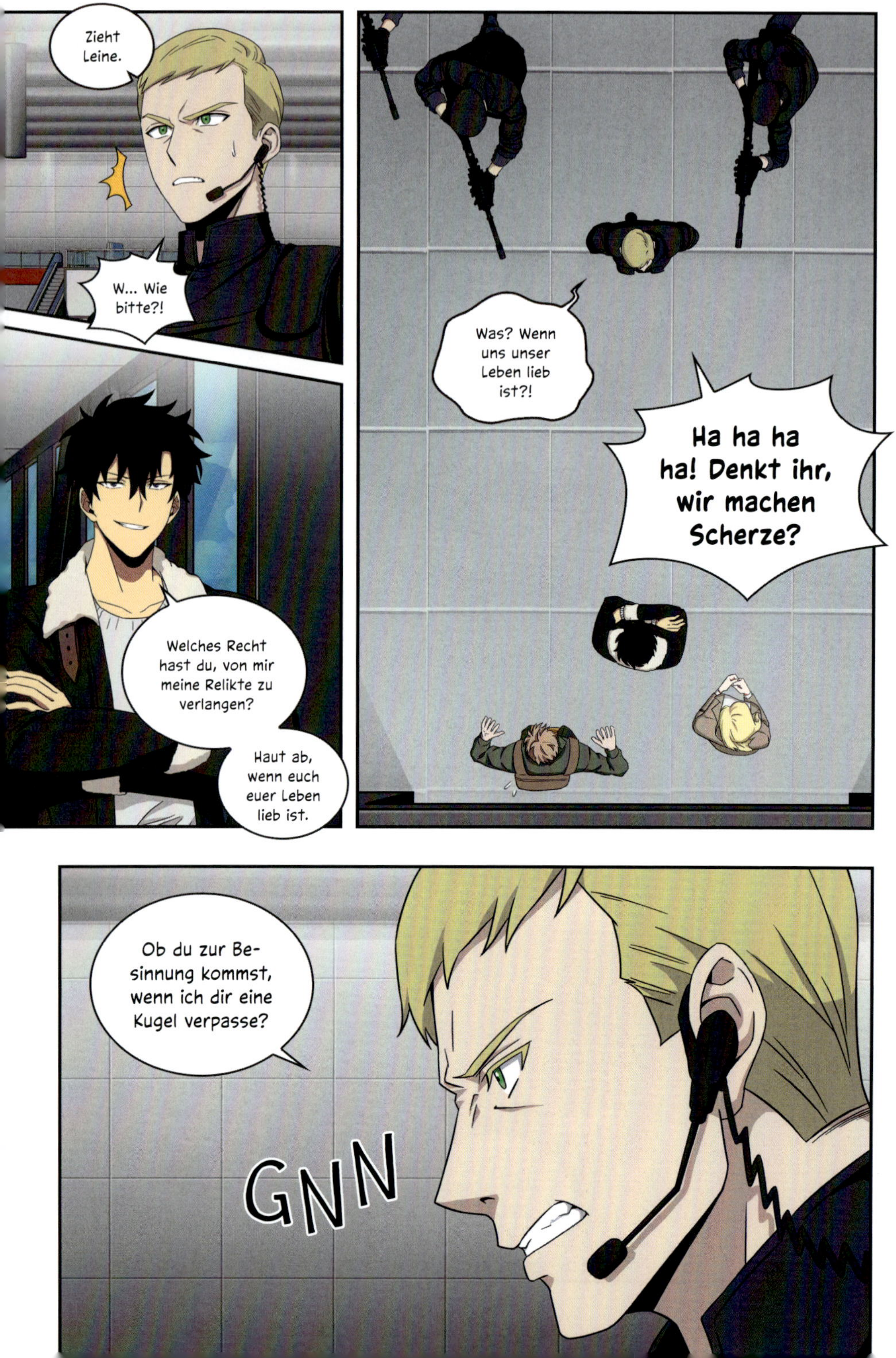
Zieht Leine.
W... Wie bitte?!
Welches Recht hast du, von mir meine Relikte zu verlangen?
Haut ab, wenn euch euer Leben lieb ist.
Was? Wenn uns unser Leben lieb ist?!
Ha ha ha ha! Denkt ihr, wir machen Scherze?
Ob du zur Besinnung kommst, wenn ich dir eine Kugel verpasse?
GNN

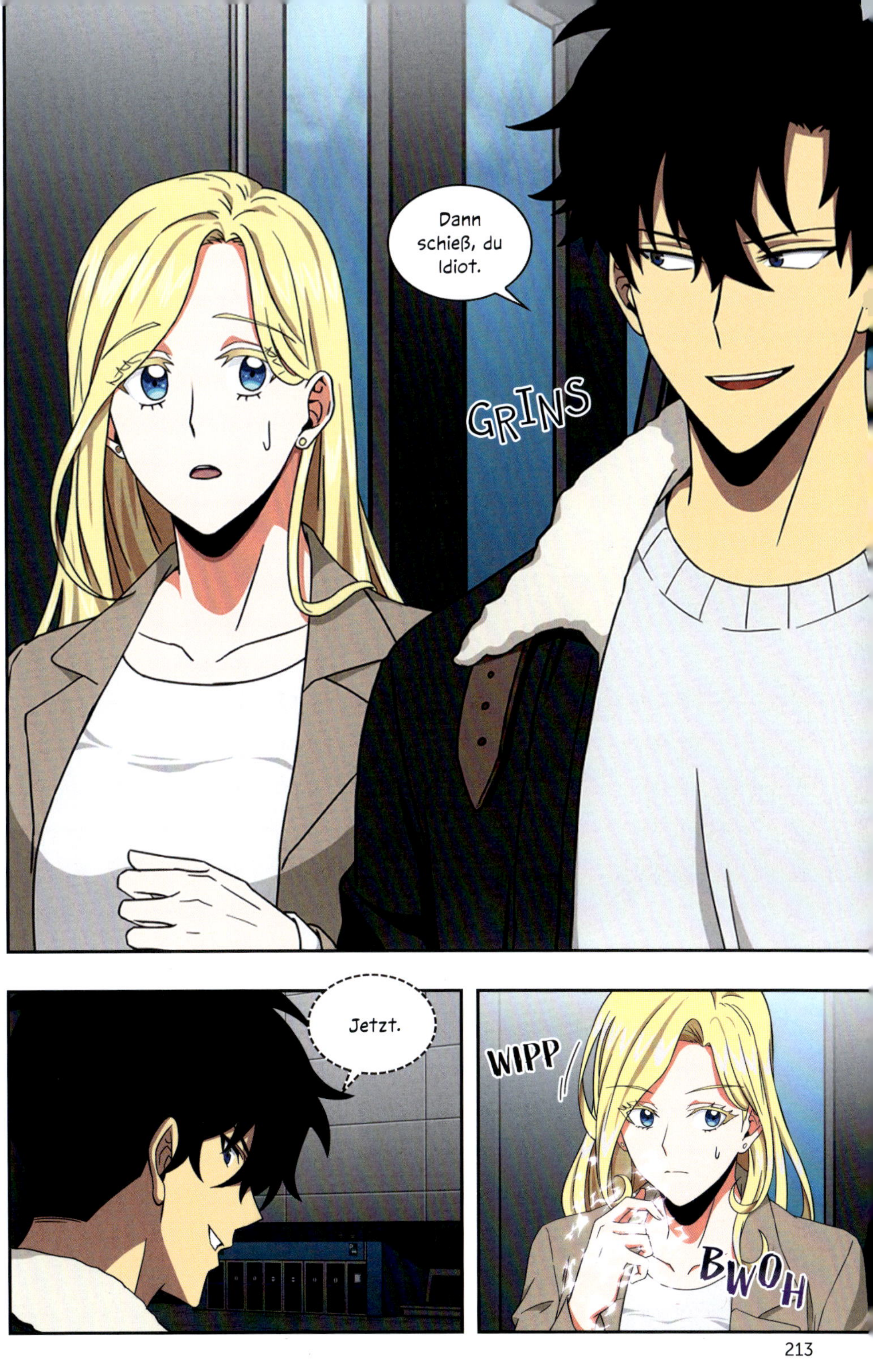
Dann schieß, du Idiot.
GRINS
Jetzt.
WIPP
BWOH

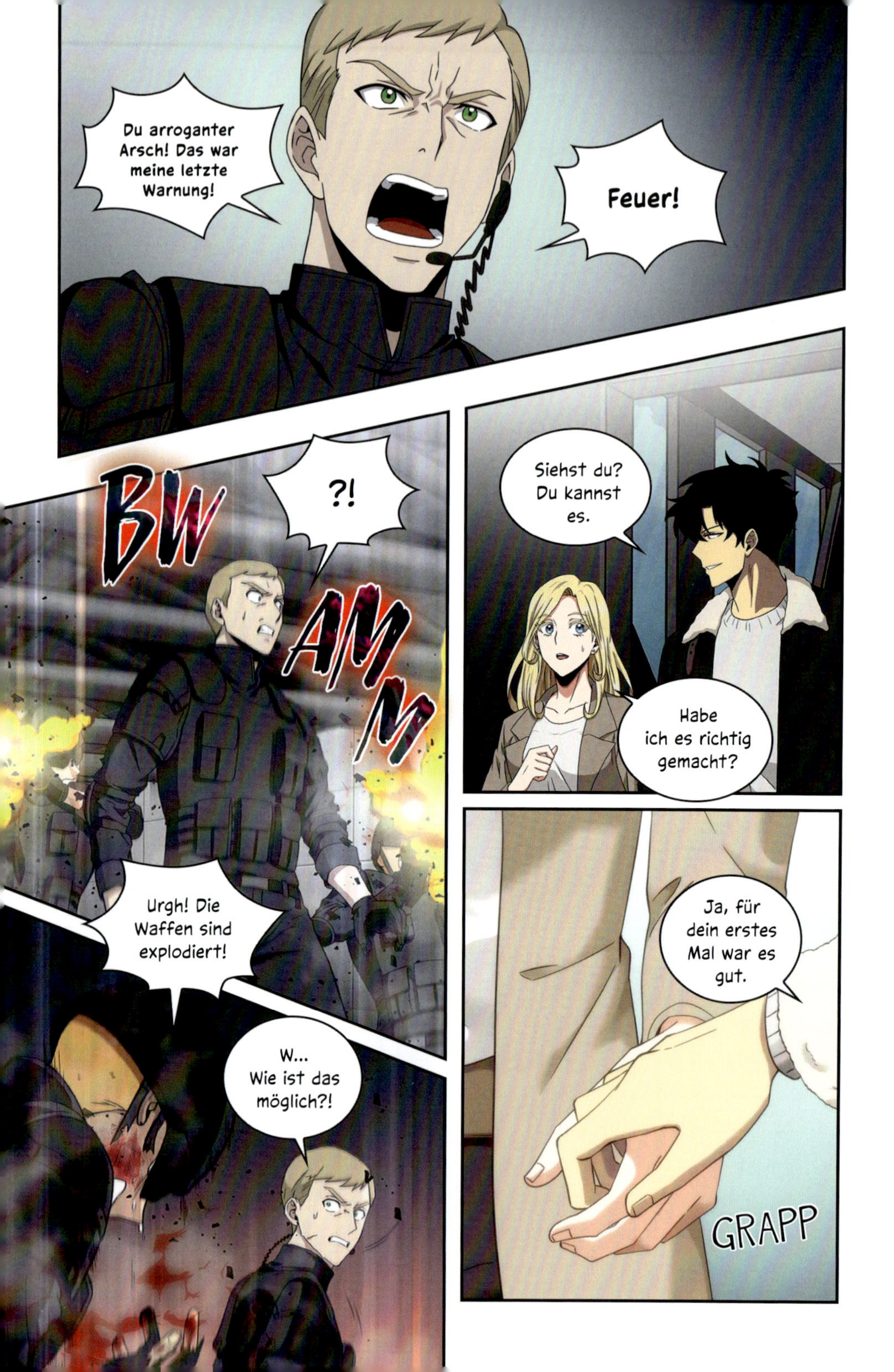
Du arroganter Arsch! Das war meine letzte Warnung!
Feuer!
BWAMM
?!
Siehst du? Du kannst es.
Habe ich es richtig gemacht?
Urgh! Die Waffen sind explodiert!
W... Wie ist das möglich?!
Ja, für dein erstes Mal war es gut.
GRAPP

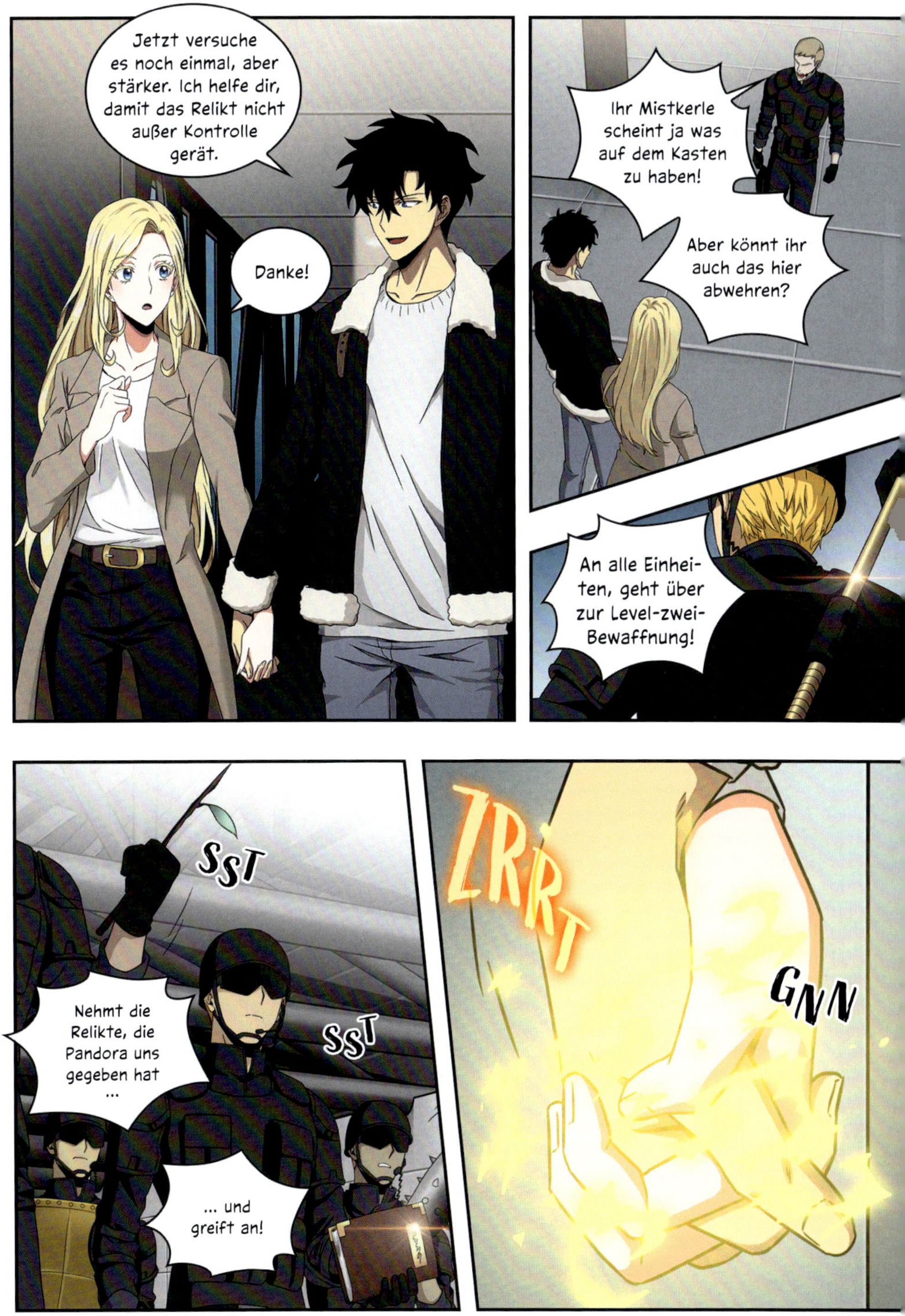
Jetzt versuche es noch einmal, aber stärker. Ich helfe dir, damit das Relikt nicht außer Kontrolle gerät.
Danke!
Ihr Mistkerle scheint ja was auf dem Kasten zu haben!
Aber könnt ihr auch das hier abwehren?
An alle Einheiten, geht über zur Level-zwei-Bewaffnung!
SST
SST
Nehmt die Relikte, die Pandora uns gegeben hat …
… und greift an!
ZRRT
GNN

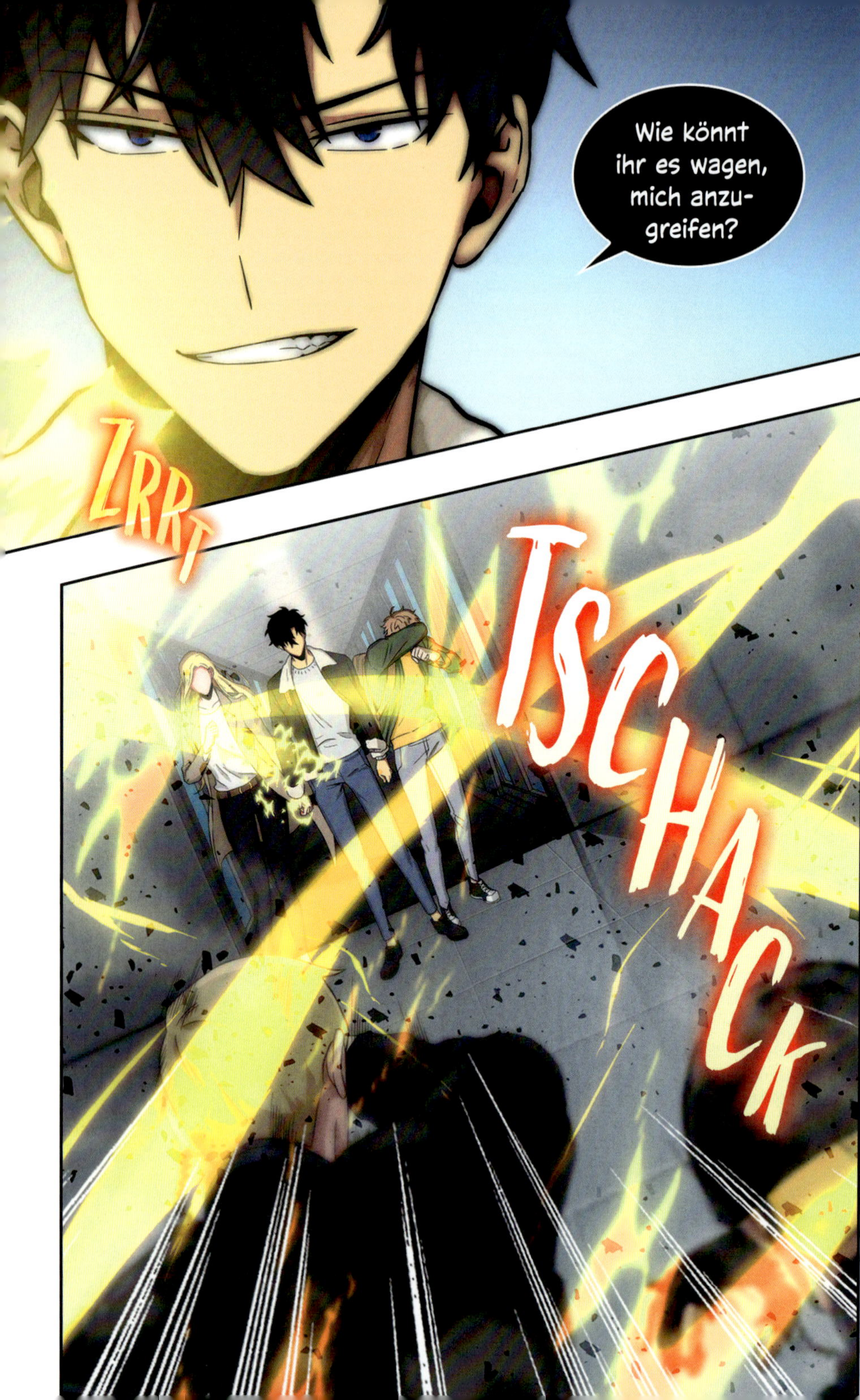
Wie könnt ihr es wagen, mich anzu-greifen?
ZRRT
TSCHACK

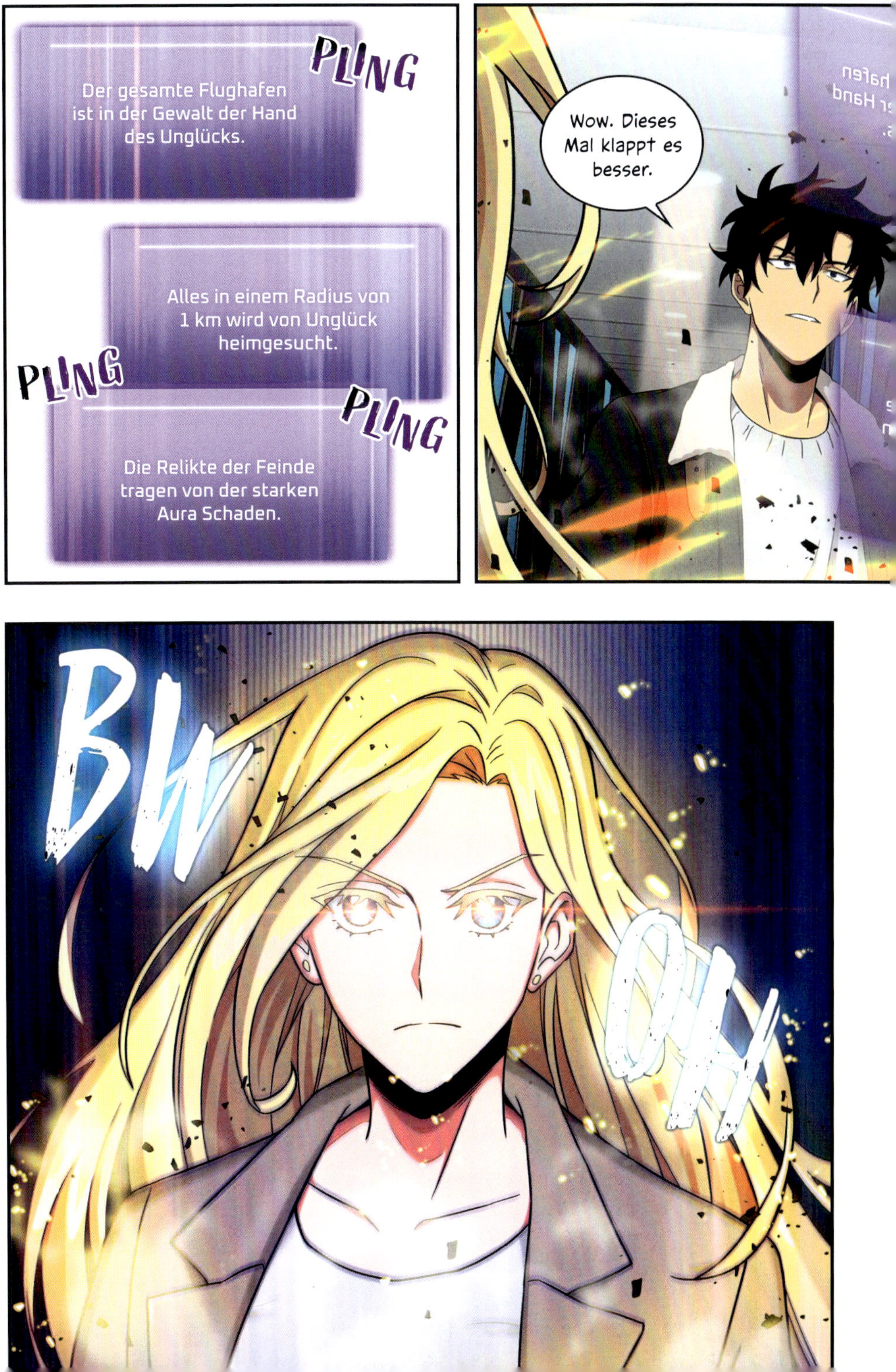
Der gesamte Flughafen ist in der Gewalt der Hand des Unglücks.
PLING
Alles in einem Radius von 1 km wird von Unglück heimgesucht.
PLING
PLING
Die Relikte der Feinde tragen von der starken Aura Schaden.
Wow. Dieses Mal klappt es besser.
BW
OH

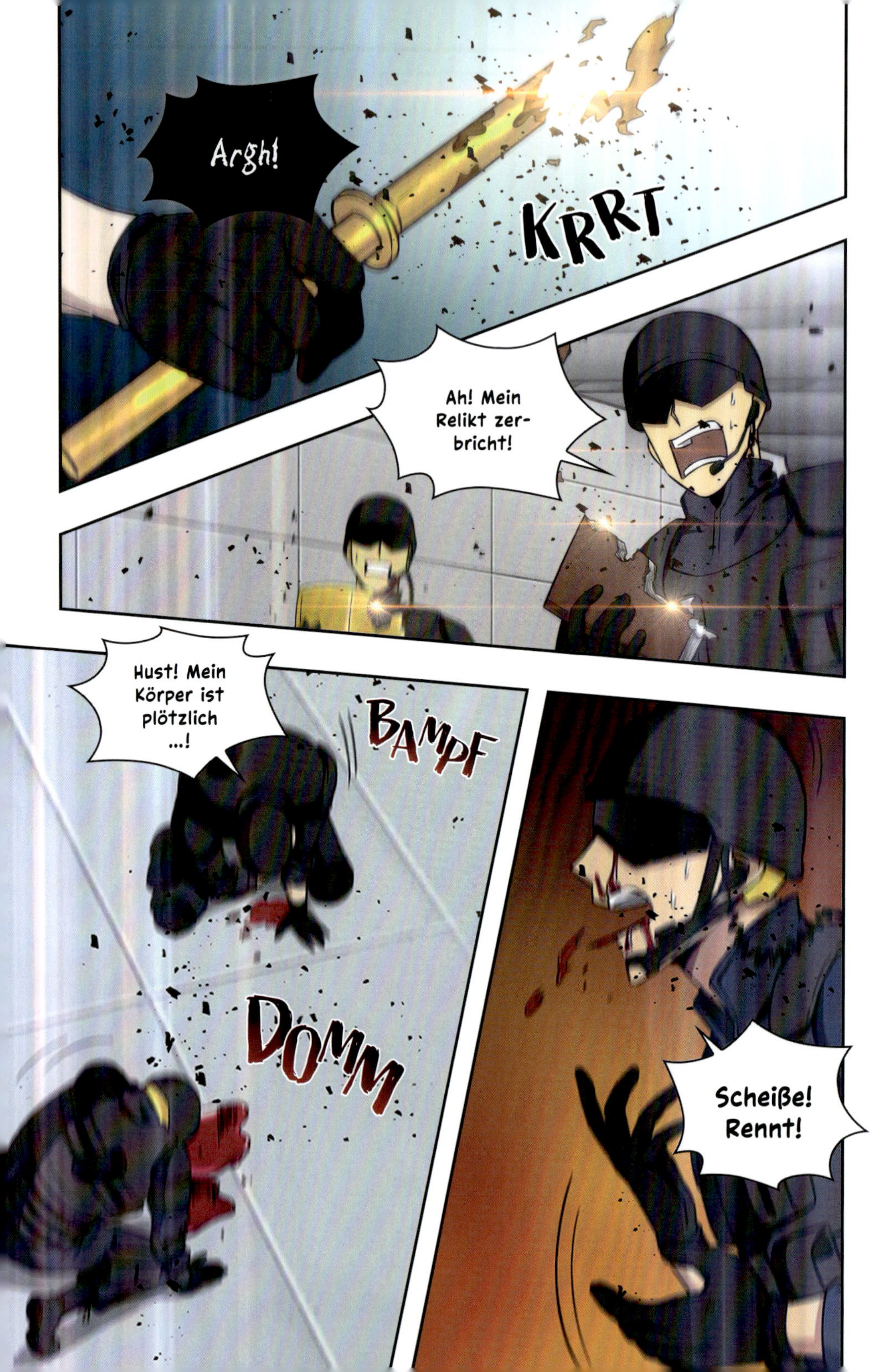
Argh!
KRRT
Ah! Mein Relikt zerbricht!
Hust! Mein Körper ist plötzlich ...!
BAMPF
DOMM
Scheiße! Rennt!

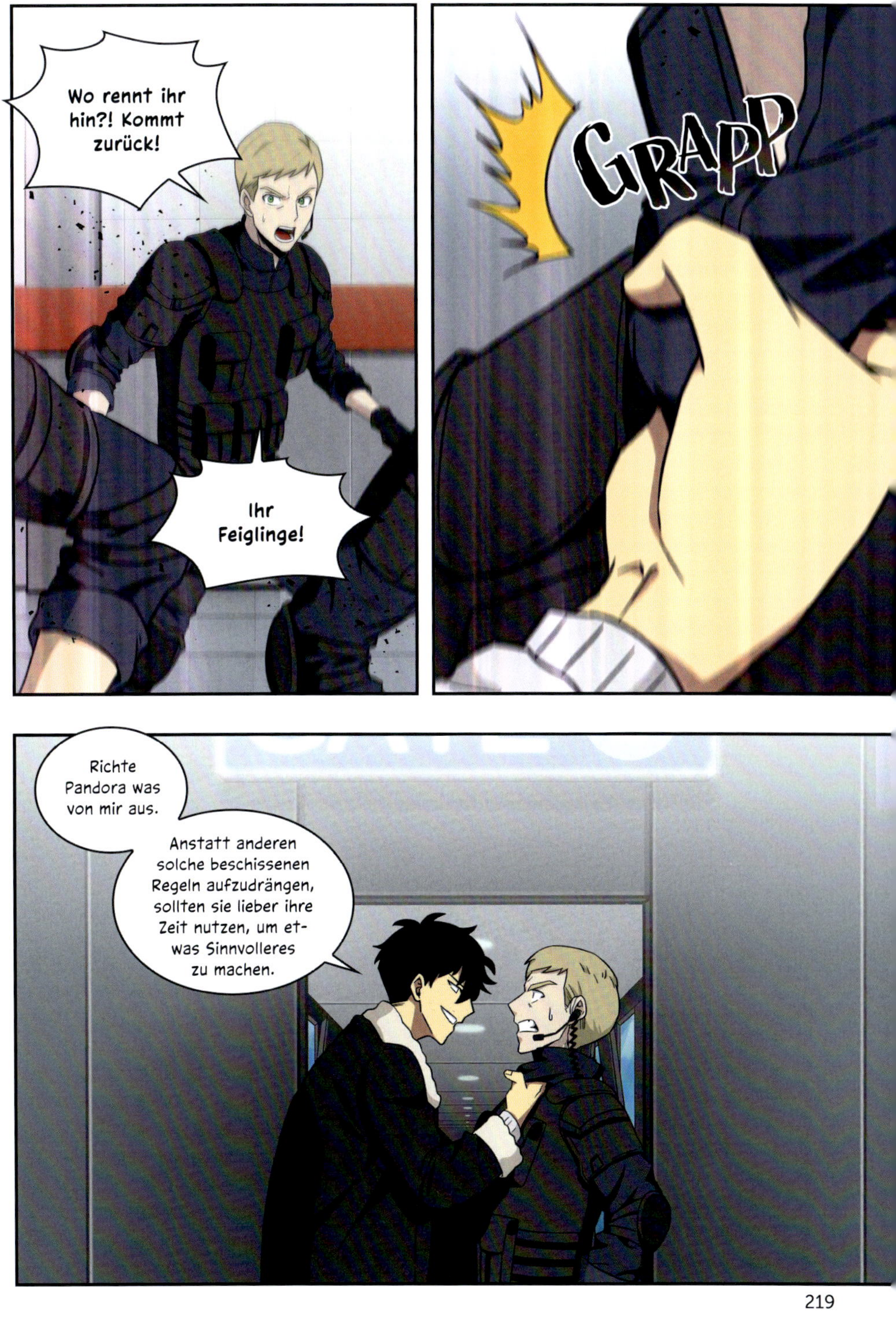
Wo rennt ihr hin?! Kommt zurück!
Ihr Feiglinge!
GRAPP
Richte Pandora was von mir aus.
Anstatt anderen solche beschissenen Regeln aufzudrängen, sollten sie lieber ihre Zeit nutzen, um etwas Sinnvolleres zu machen.

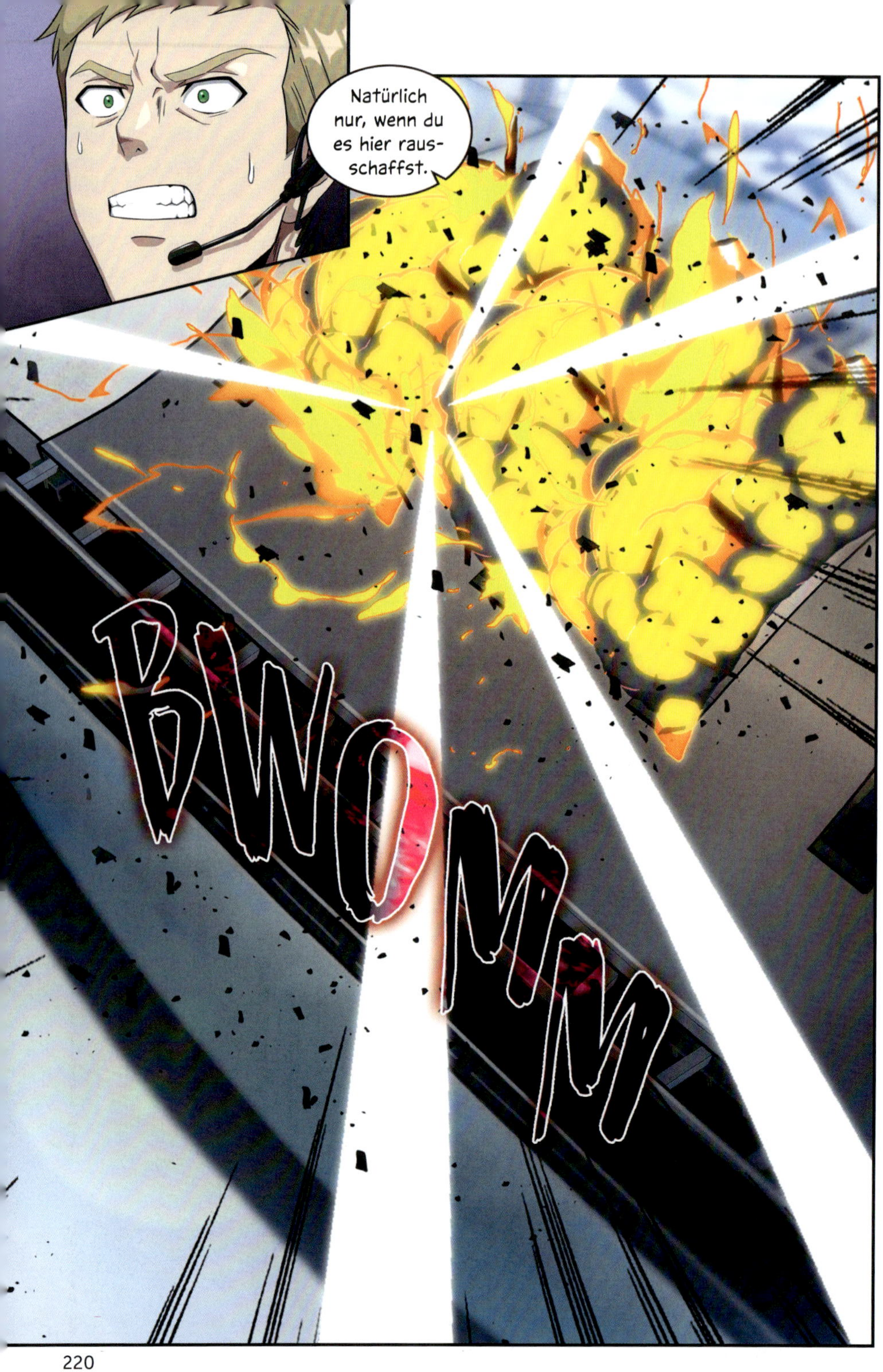
Natürlich nur, wenn du es hier rausschaffst.
BWOMM

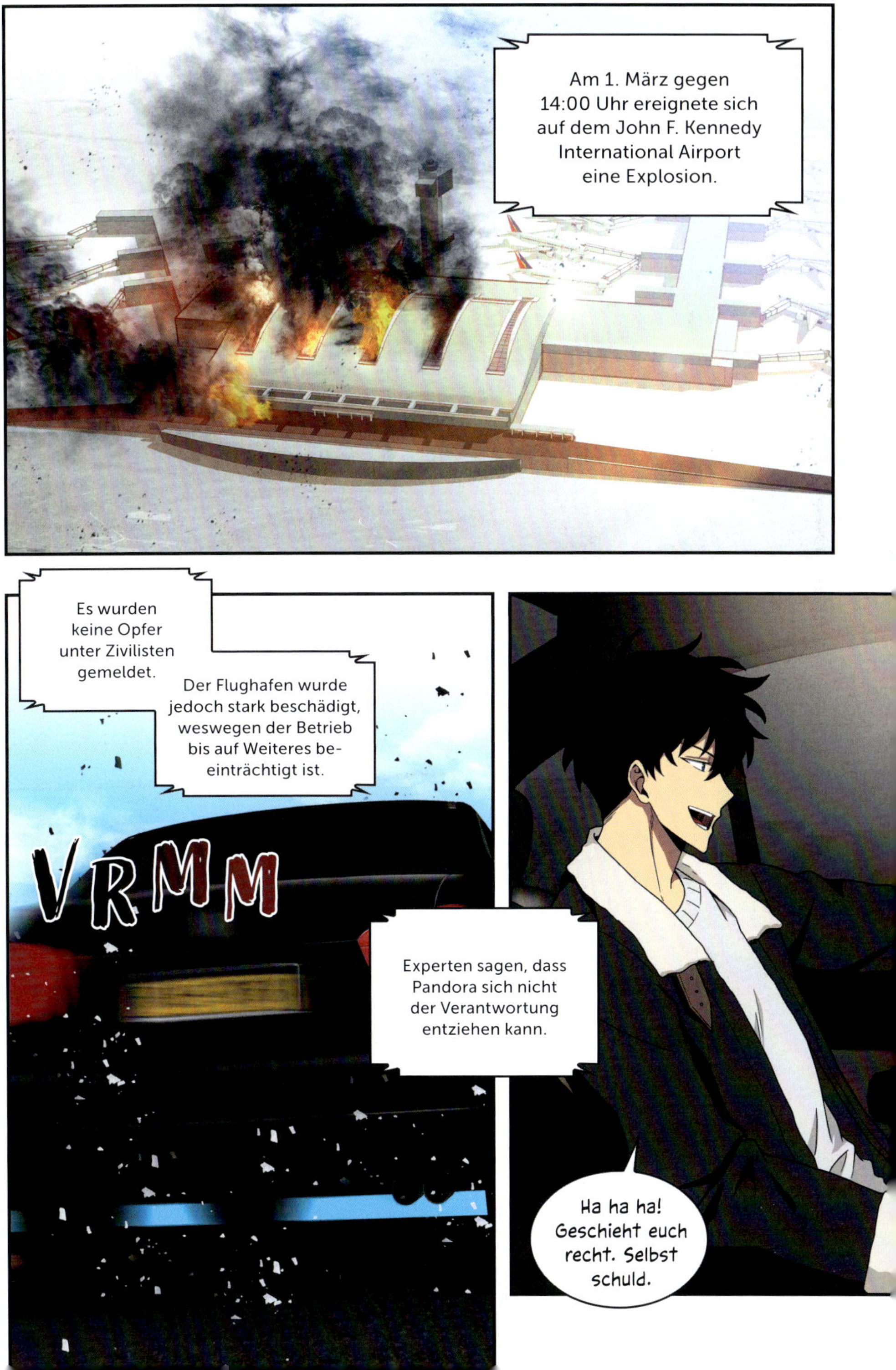

Am 1. März gegen 14:00 Uhr ereignete sich auf dem John F. Kennedy International Airport eine Explosion.
Es wurden keine Opfer unter Zivilisten gemeldet.
Der Flughafen wurde jedoch stark beschädigt, weswegen der Betrieb bis auf Weiteres beeinträchtigt ist.
VRMM
Experten sagen, dass Pandora sich nicht der Verantwortung entziehen kann.
Ha ha ha! Geschieht euch recht. Selbst schuld.

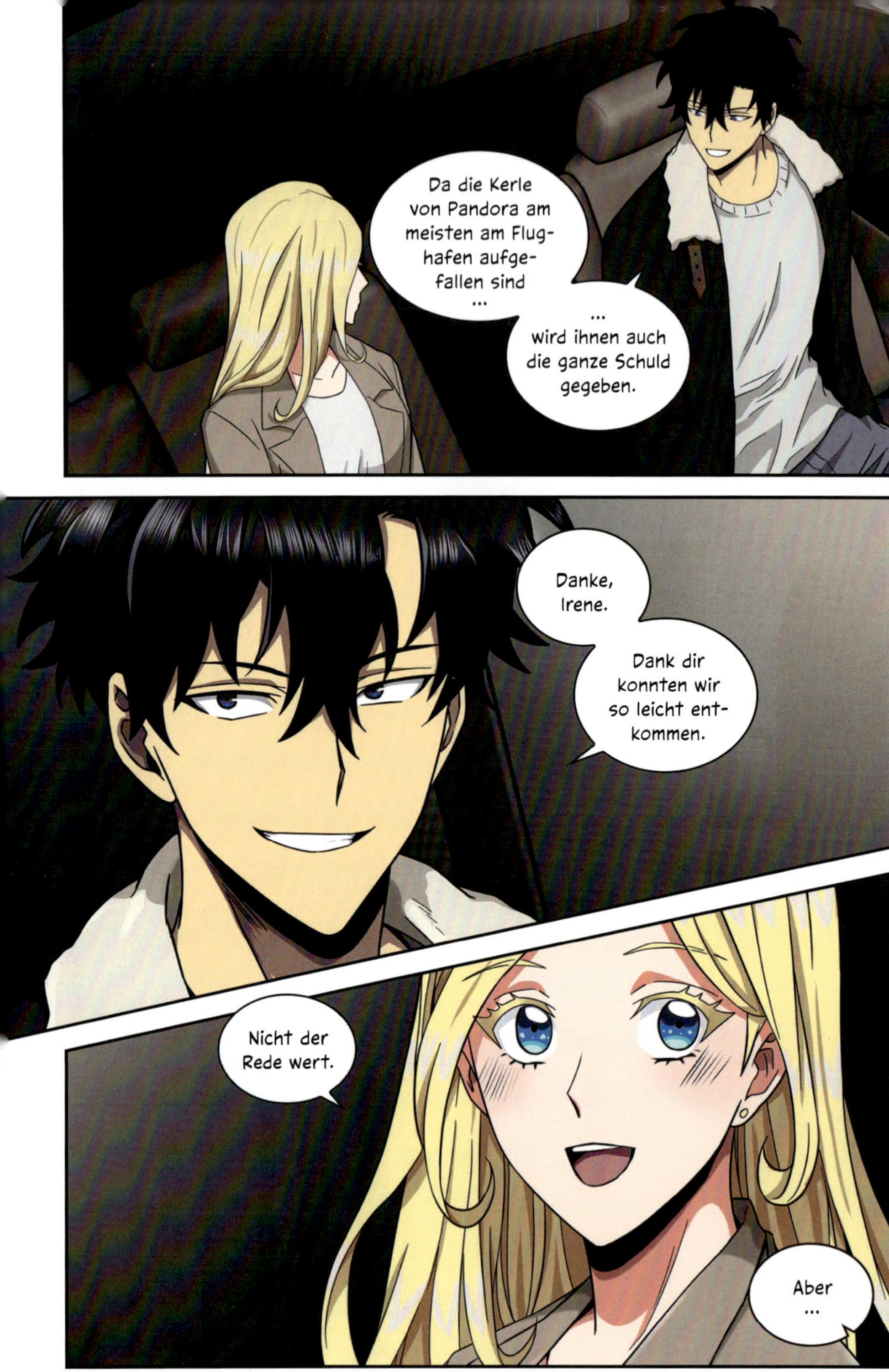
Da die Kerle von Pandora am meisten am Flughafen aufgefallen sind ...
... wird ihnen auch die ganze Schuld gegeben.
Danke, Irene.
Dank dir konnten wir so leicht entkommen.
Nicht der Rede wert.
Aber ...

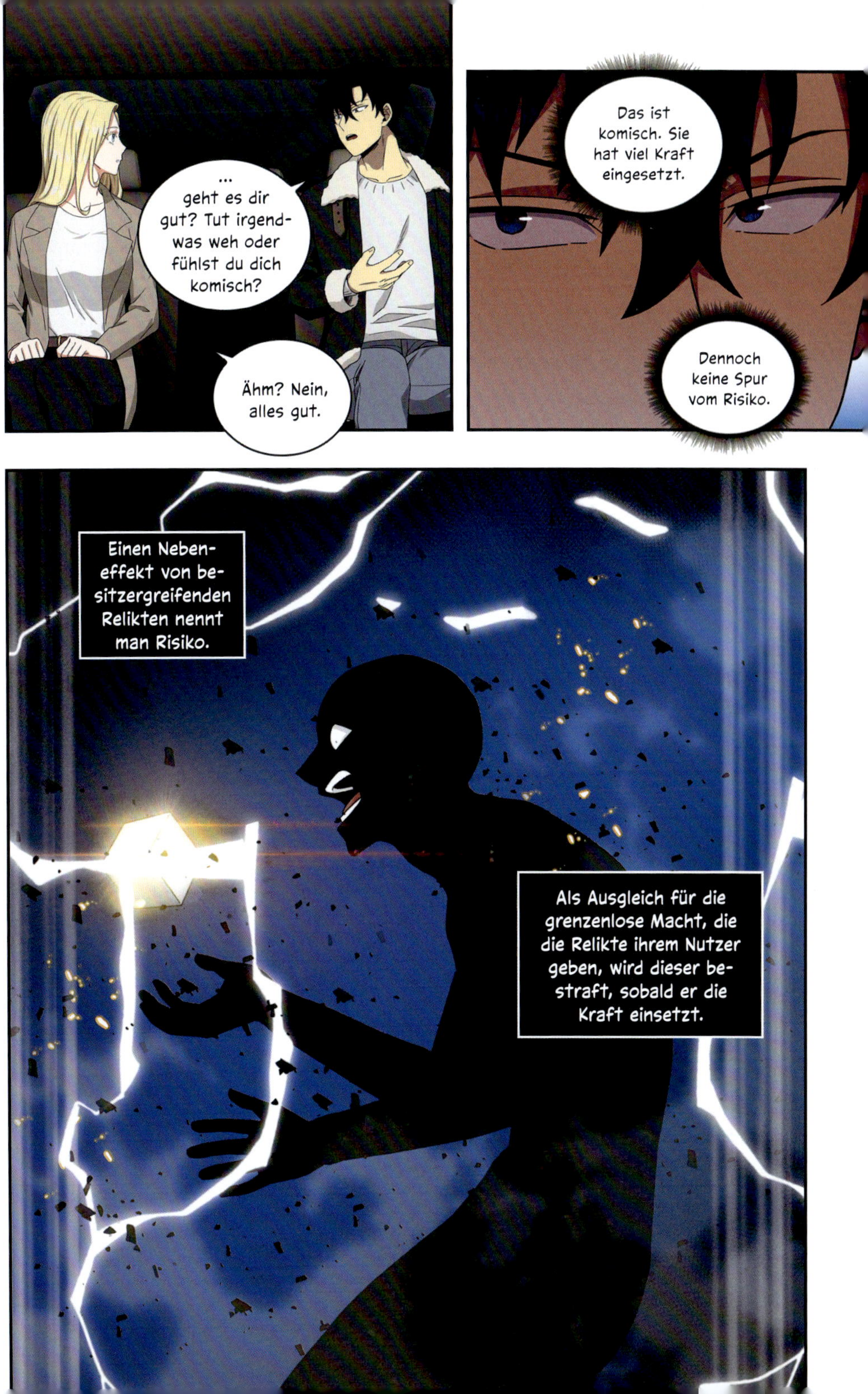

... geht es dir gut? Tut irgendwas weh oder fühlst du dich komisch?
Ähm? Nein, alles gut.
Das ist komisch. Sie hat viel Kraft eingesetzt.
Dennoch keine Spur vom Risiko.
Einen Nebeneffekt von besitzergreifenden Relikten nennt man Risiko.
Als Ausgleich für die grenzenlose Macht, die die Relikte ihrem Nutzer geben, wird dieser bestraft, sobald er die Kraft einsetzt.

# Kapitel 9
Xu Fus Relikt

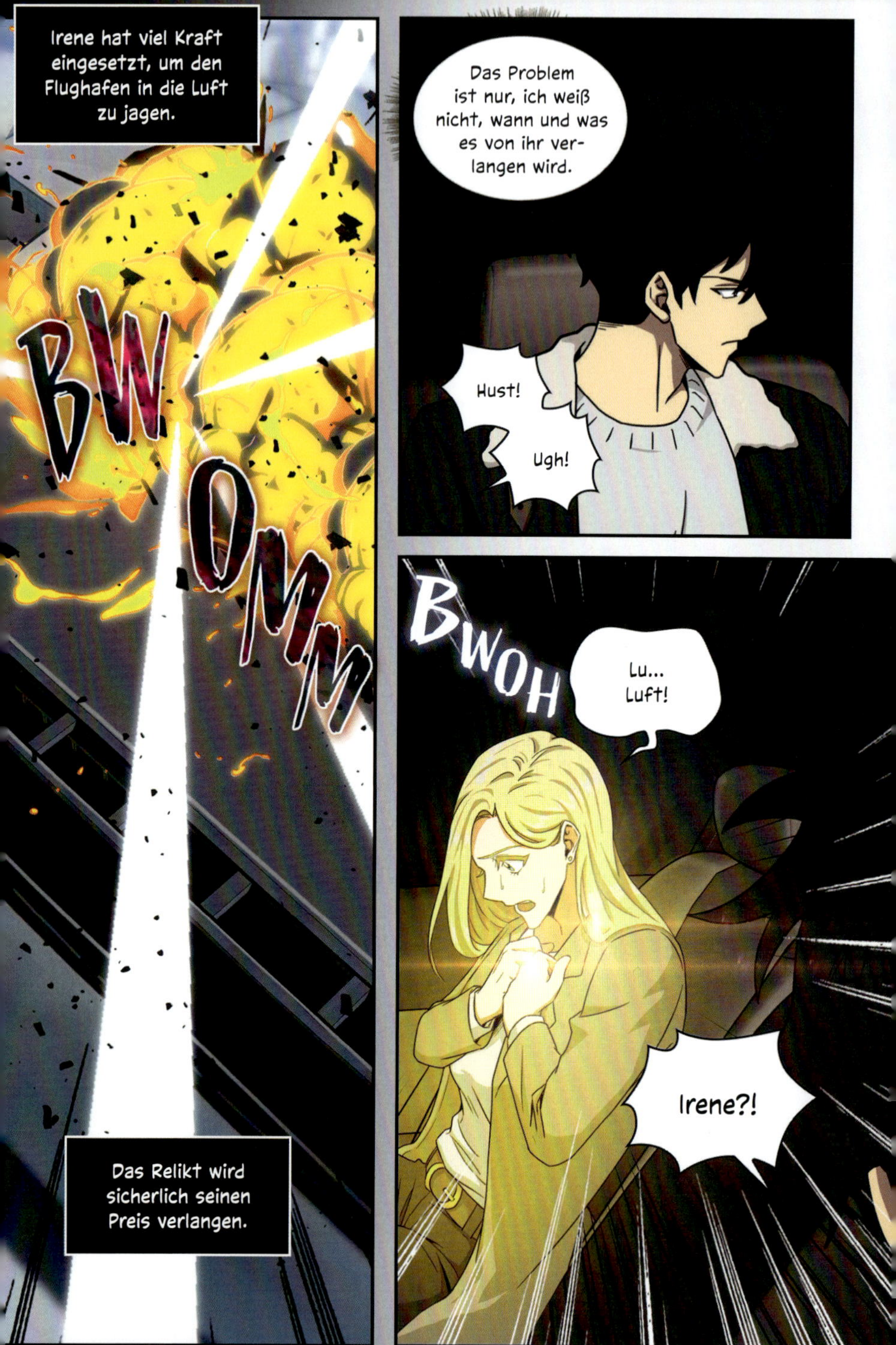
Irene hat viel Kraft eingesetzt, um den Flughafen in die Luft zu jagen.
BWOMM
Das Relikt wird sicherlich seinen Preis verlangen.
Das Problem ist nur, ich weiß nicht, wann und was es von ihr verlangen wird.
Hust!
Ugh!
BWOH
Lu... Luft!
Irene?!

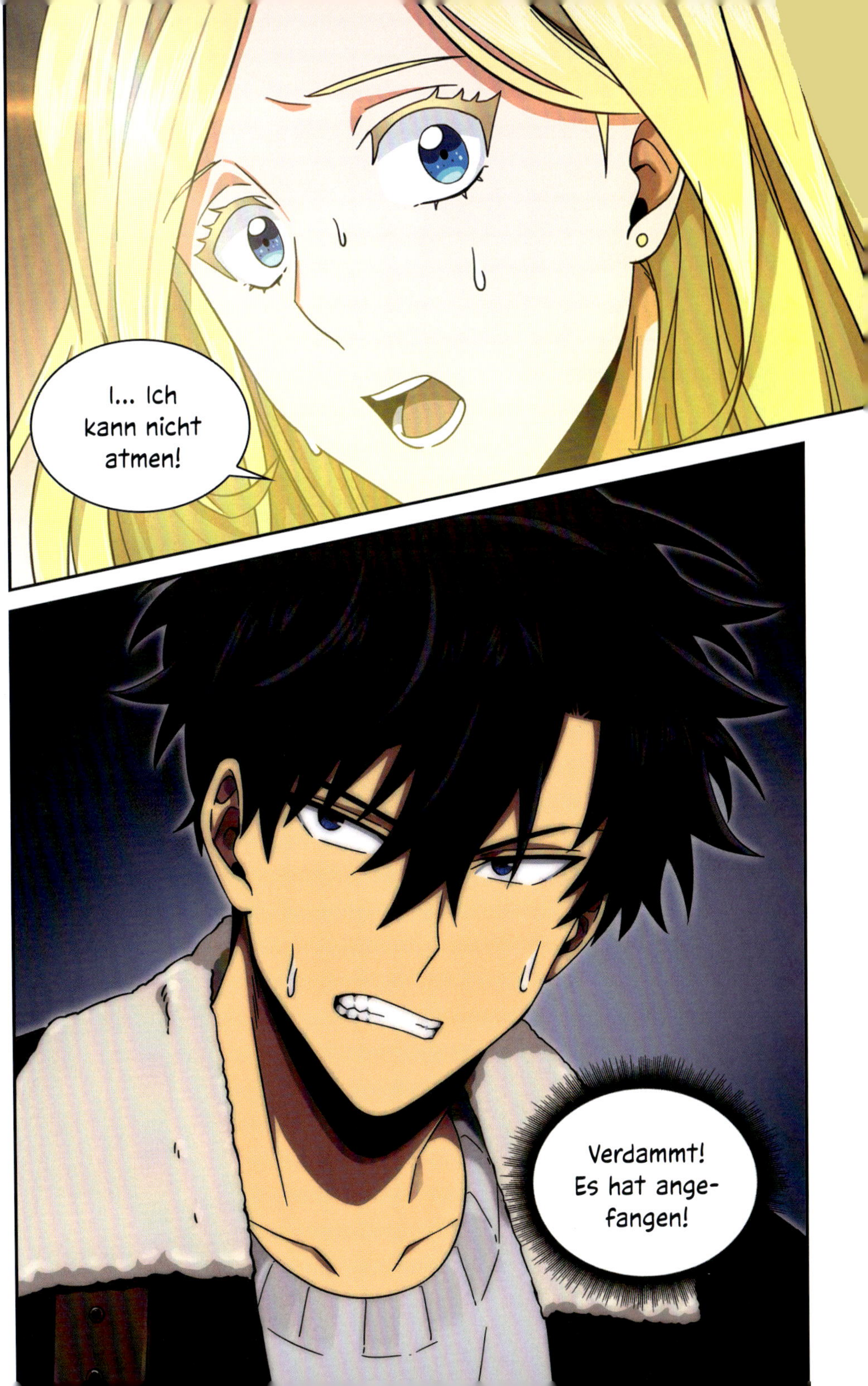
I... Ich kann nicht atmen!
Verdammt! Es hat ange- fangen!

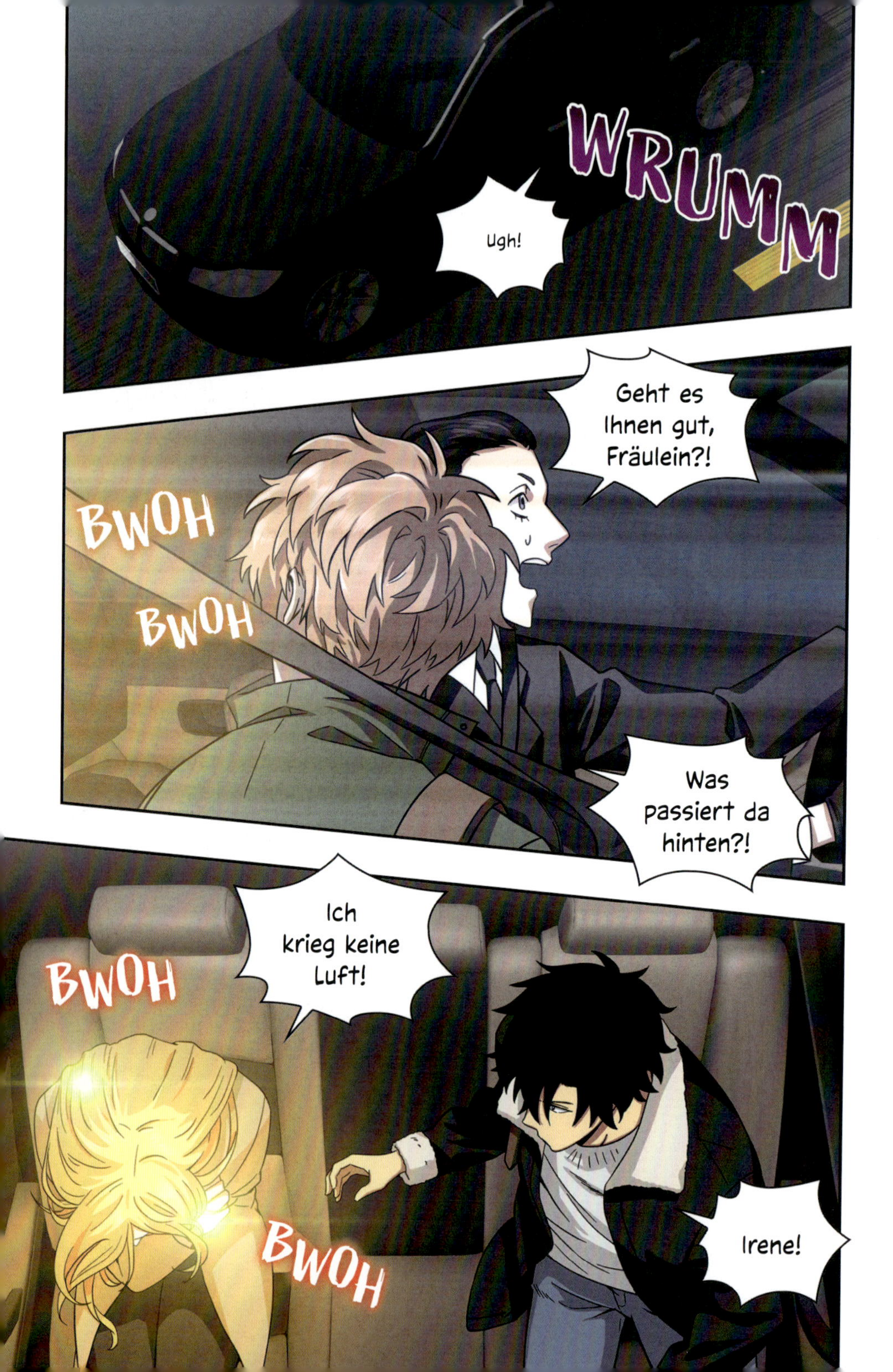
WRUMM
Ugh!
Geht es Ihnen gut, Fräulein?!
BWOH
BWOH
Was passiert da hinten?!
Ich krieg keine Luft!
BWOH
BWOH
Irene!

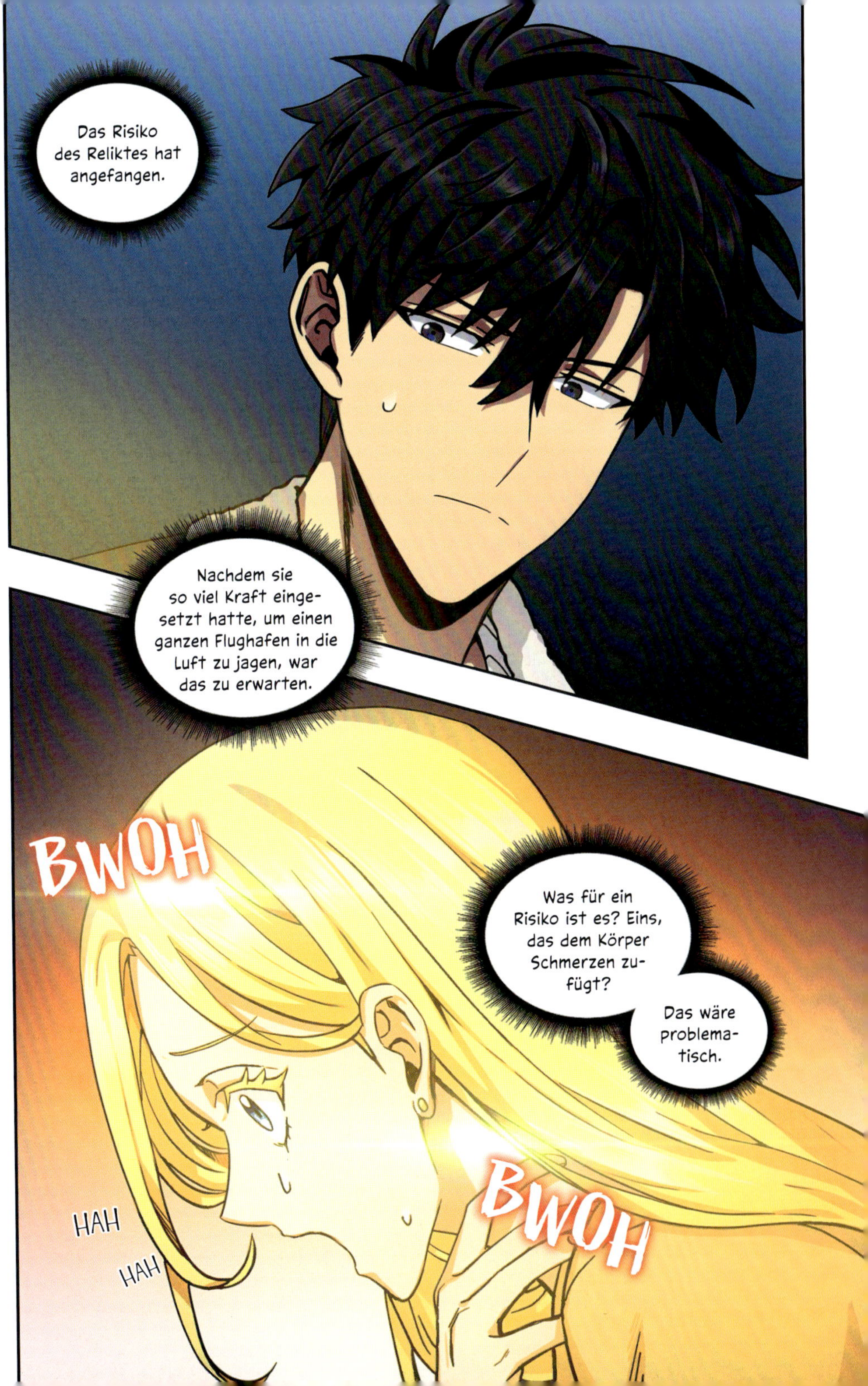
Das Risiko des Reliktes hat angefangen.
Nachdem sie so viel Kraft einge-setzt hatte, um einen ganzen Flughafen in die Luft zu jagen, war das zu erwarten.
BWOH
Was für ein Risiko ist es? Eins, das dem Körper Schmerzen zu-fügt?
Das wäre problema-tisch.
BWOH
HAH
HAH

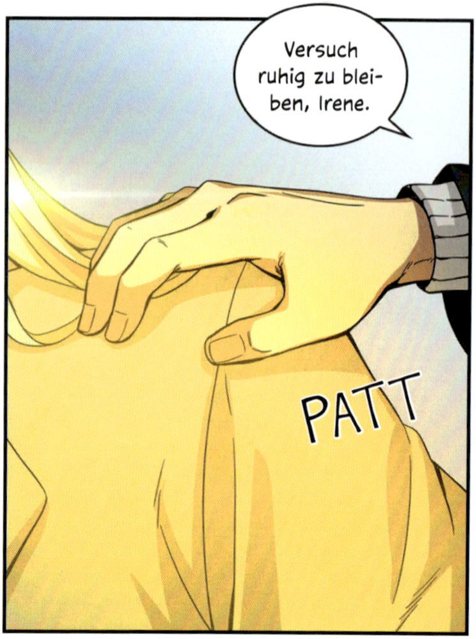
Versuch ruhig zu bleiben, Irene.
PATT

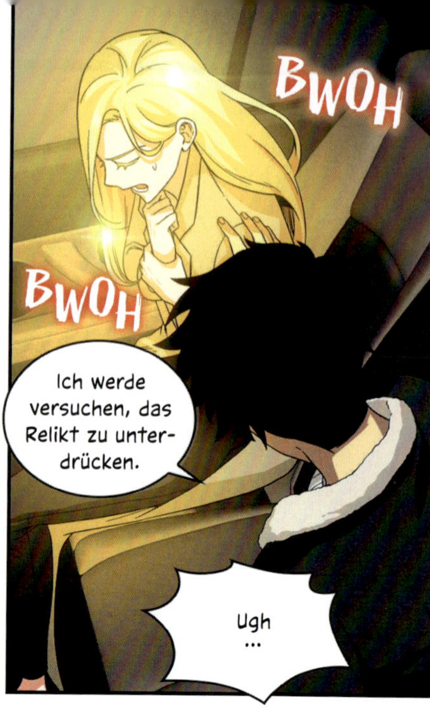
BWOH
BWOH
Ich werde versuchen, das Relikt zu unterdrücken.
Ugh ...

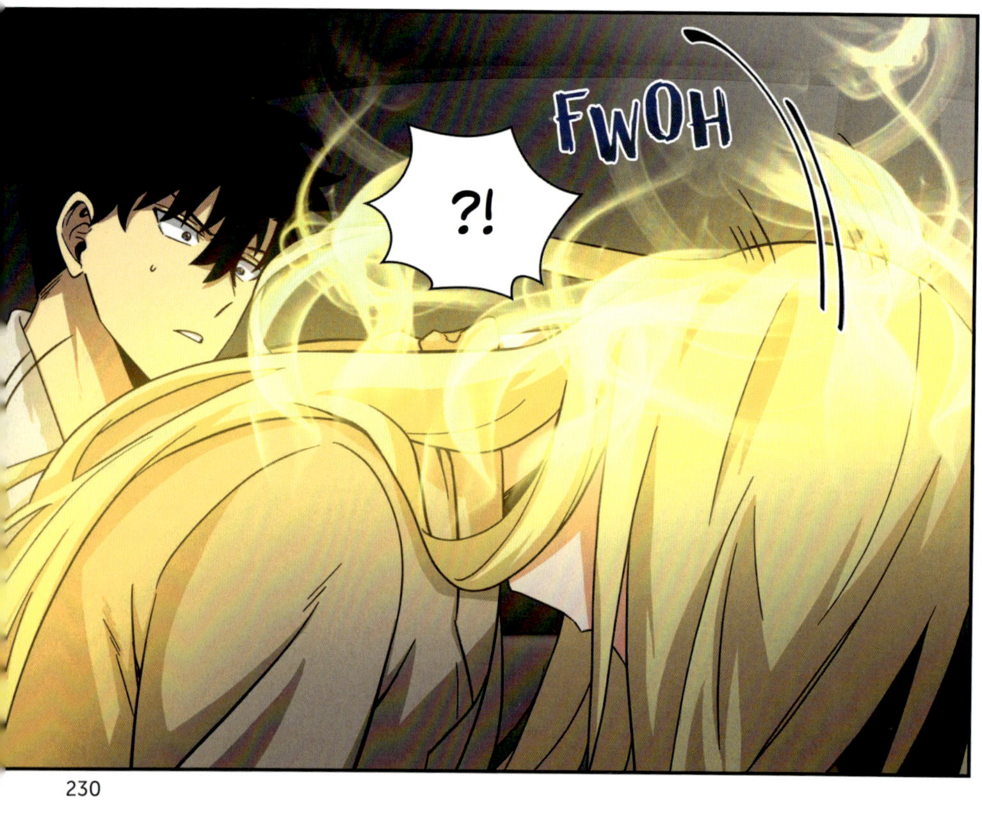
FWOH
?!

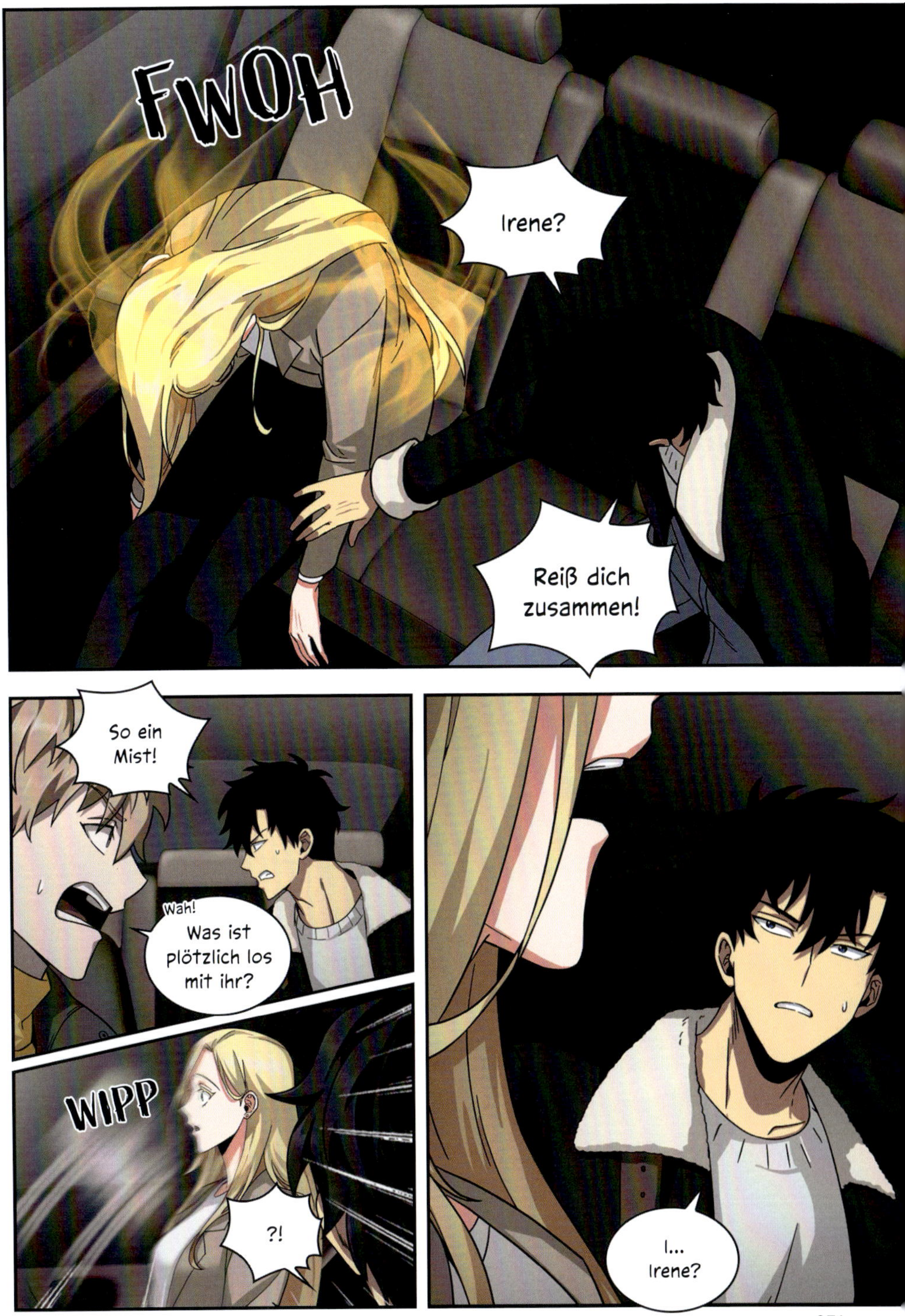
FWOH
Irene?
Reiß dich zusammen!
So ein Mist!
Wah!
Was ist plötzlich los mit ihr?
WIPP
?!
I... Irene?

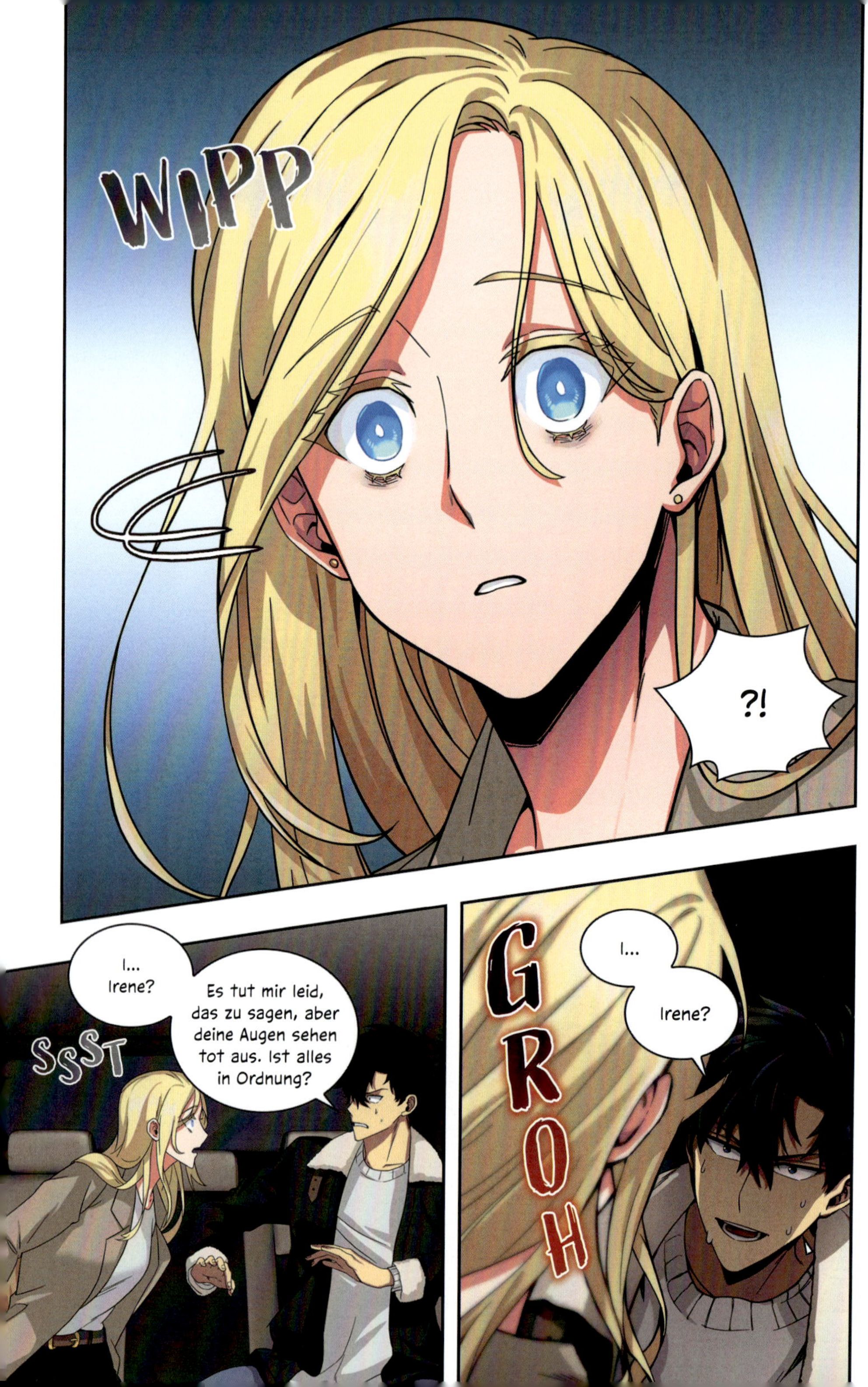
WIPP
?!
I...
Irene?
Es tut mir leid, das zu sagen, aber deine Augen sehen tot aus. Ist alles in Ordnung?
SSST
GROH
I...
Irene?

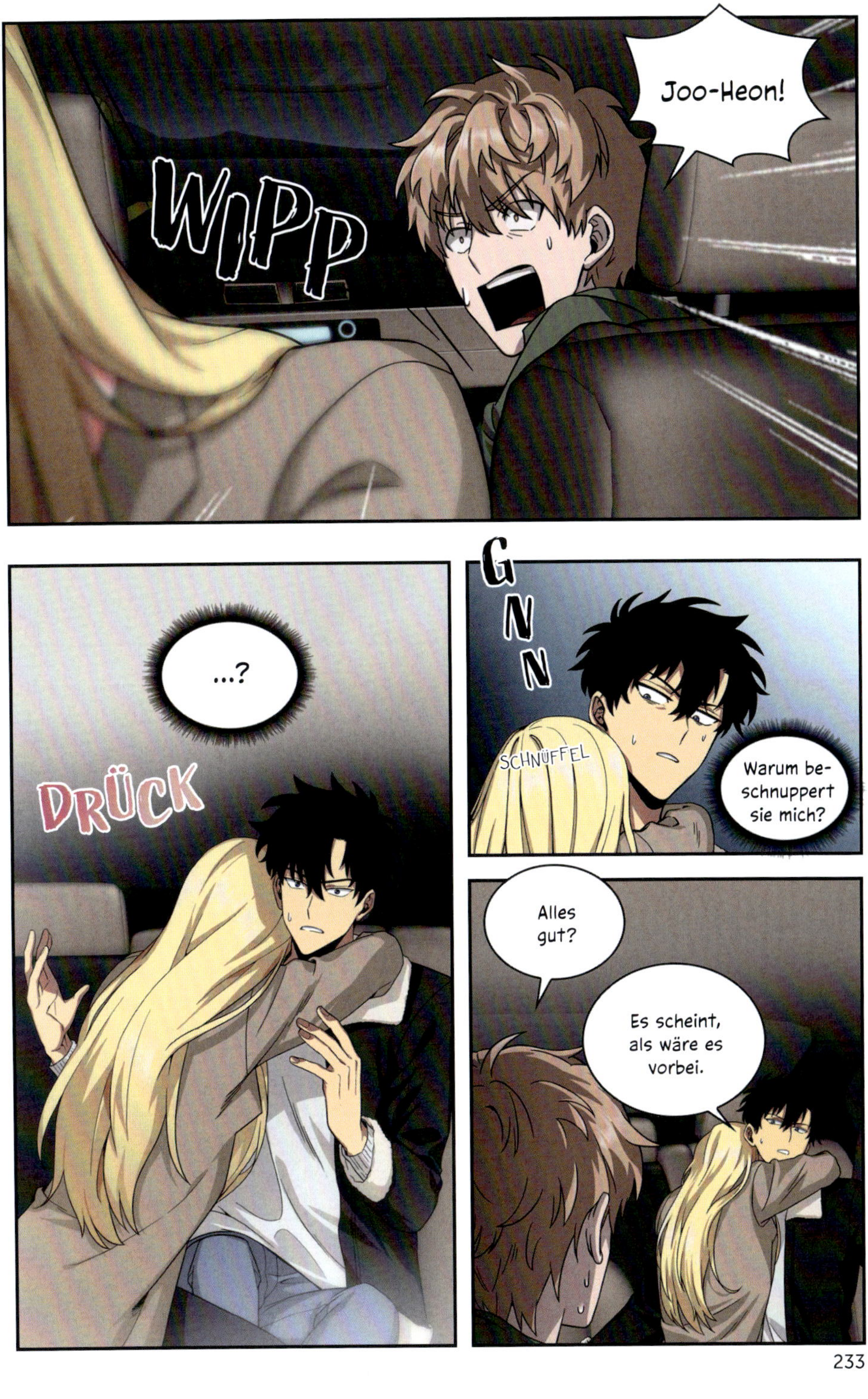
Joo-Heon!
WIPP
...?
DRÜCK
GNN
SCHNÜFFEL
Warum beschnuppert sie mich?
Alles gut?
Es scheint, als wäre es vorbei.

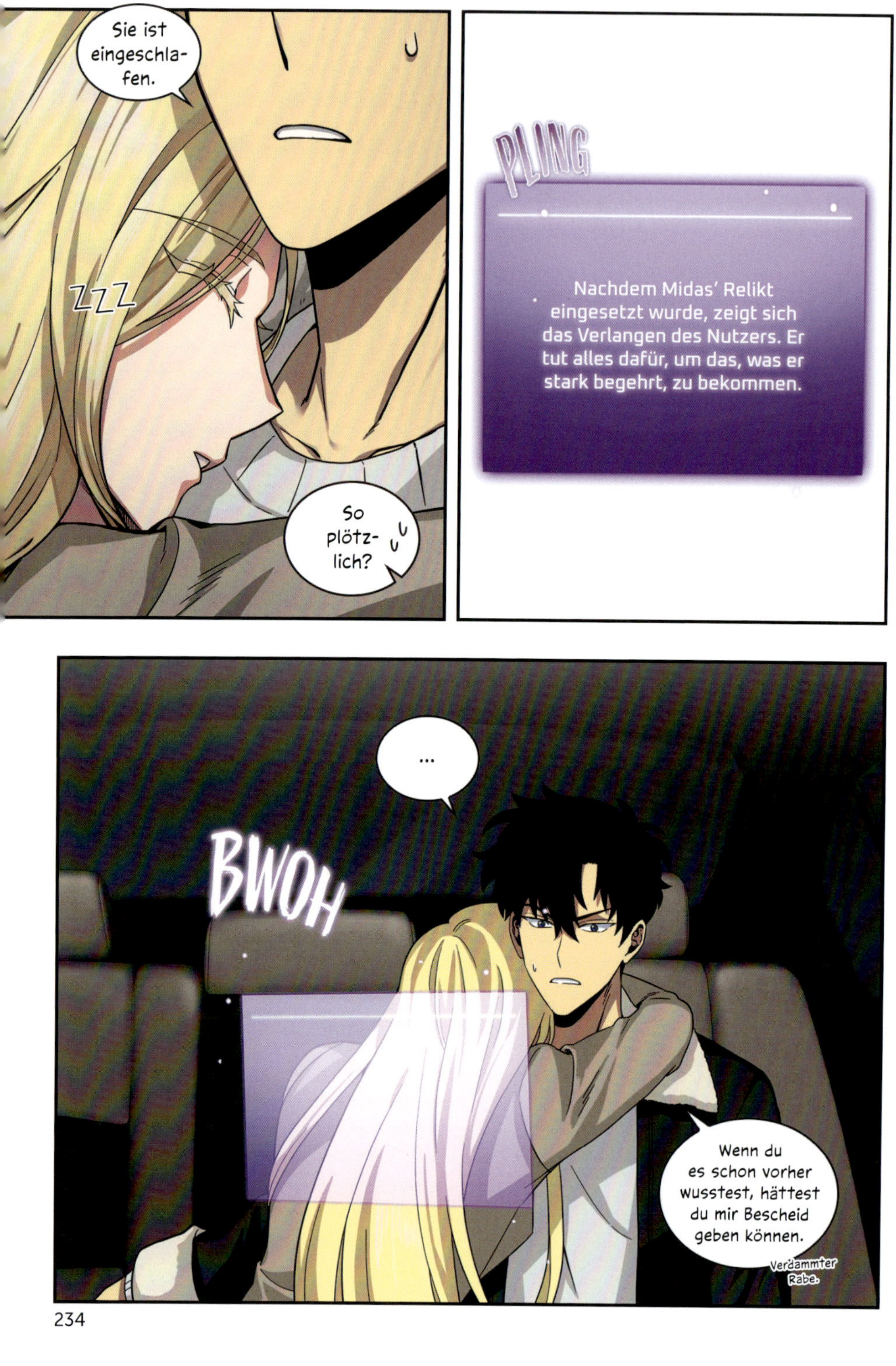
Sie ist eingeschlafen.
ZZZ
So plötzlich?
PLING
Nachdem Midas' Relikt eingesetzt wurde, zeigt sich das Verlangen des Nutzers. Er tut alles dafür, um das, was er stark begehrt, zu bekommen.
...
BWOH
Wenn du es schon vorher wusstest, hättest du mir Bescheid geben können.
Verdammter Rabe.

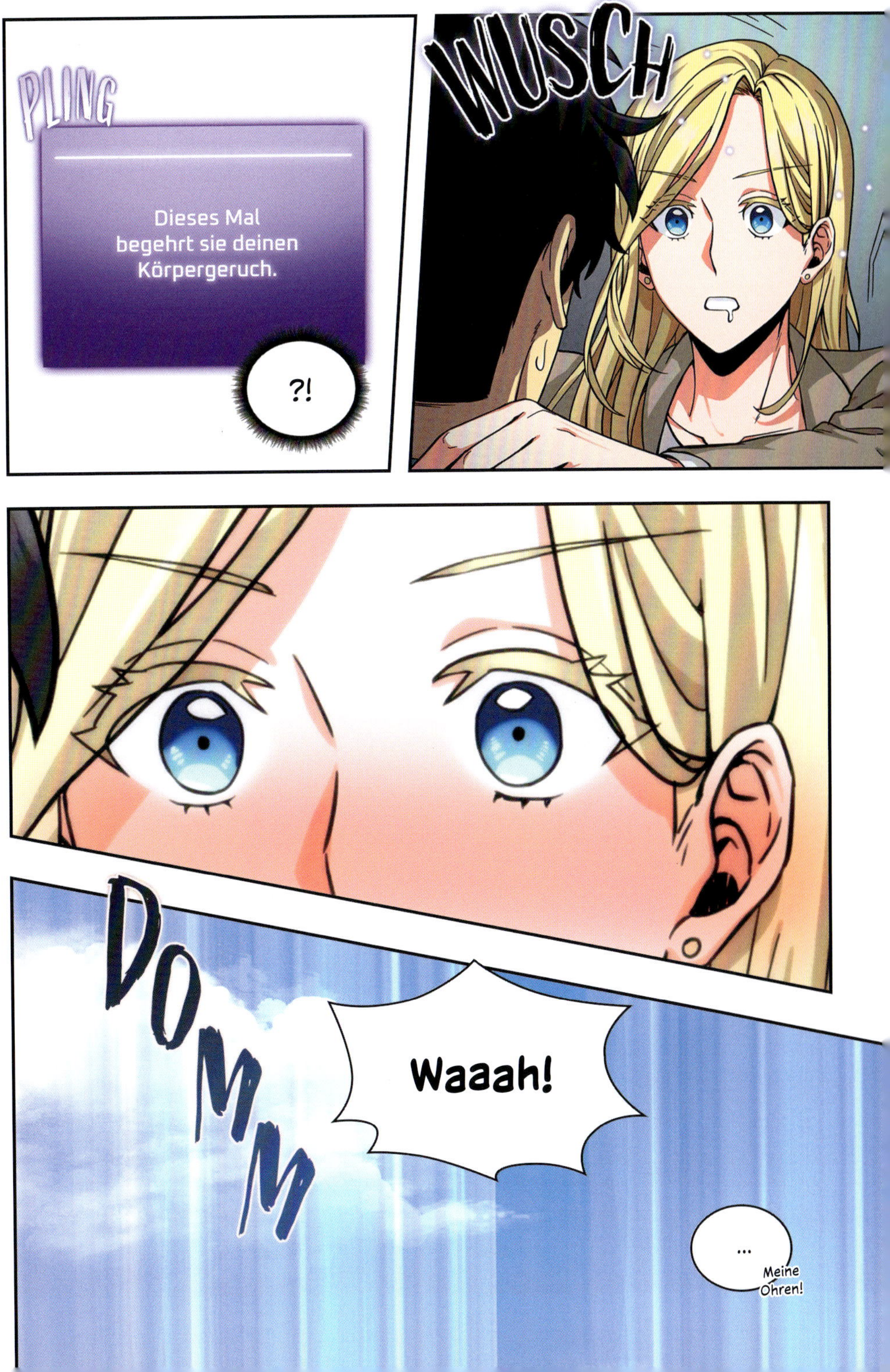
PLING
Dieses Mal begehrt sie deinen Körpergeruch.
?!
WUSCH
DOMM
Waaah!
...
Meine Ohren!

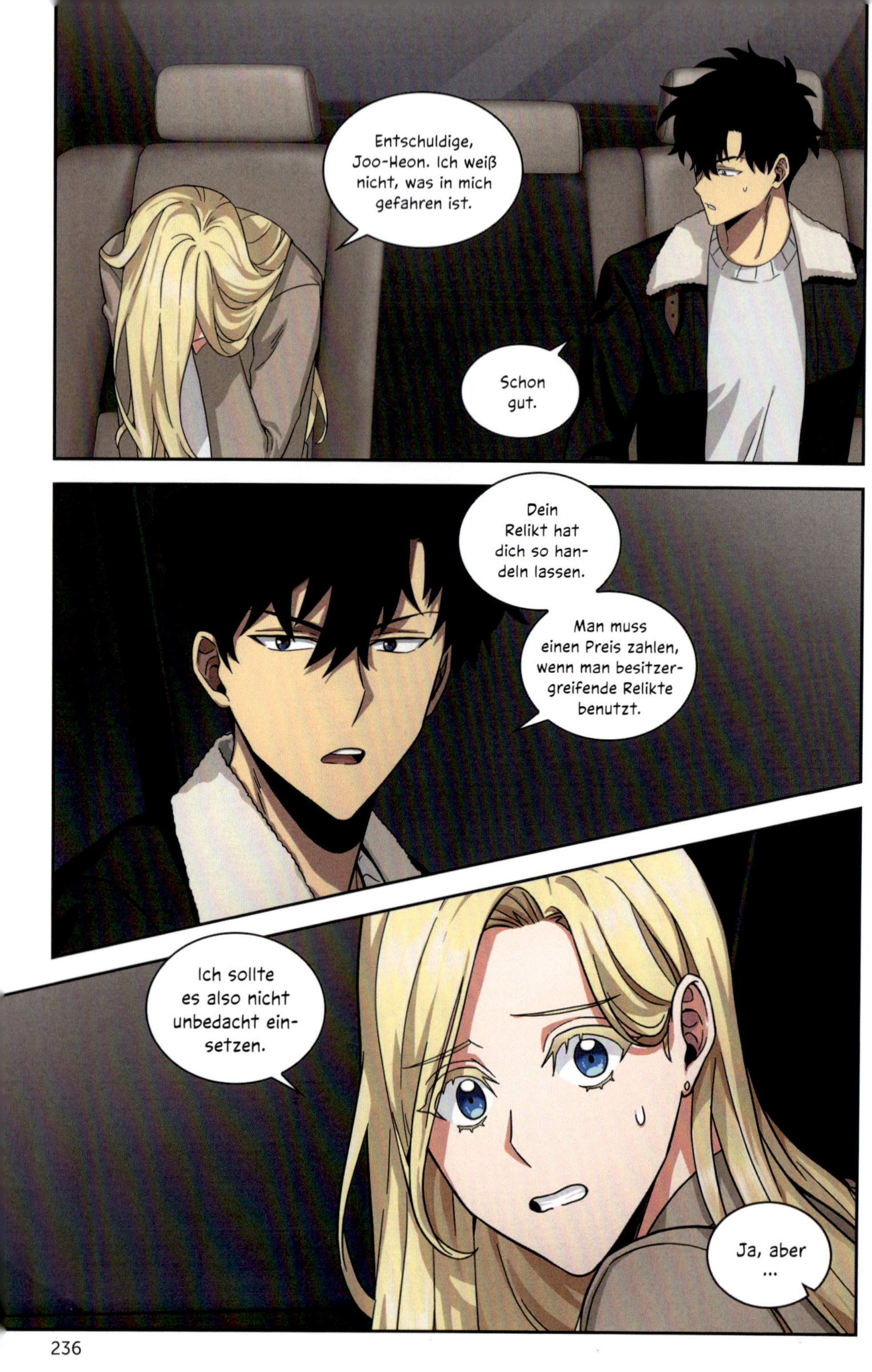
Entschuldige, Joo-Heon. Ich weiß nicht, was in mich gefahren ist.
Schon gut.
Dein Relikt hat dich so handeln lassen.
Man muss einen Preis zahlen, wenn man besitzergreifende Relikte benutzt.
Ich sollte es also nicht unbedacht einsetzen.
Ja, aber ...

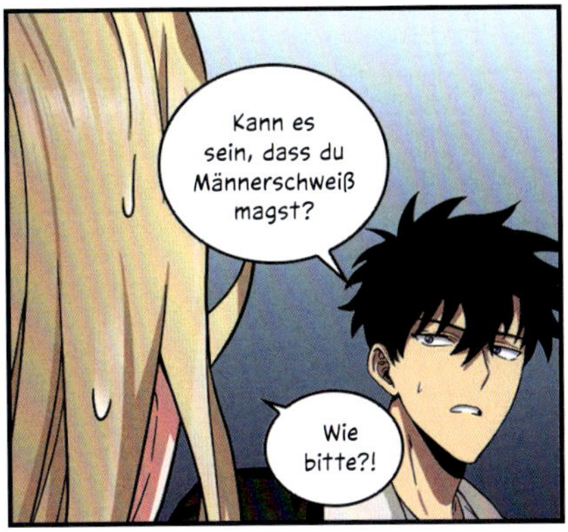
Kann es sein, dass du Männerschweiß magst?
Wie bitte?!

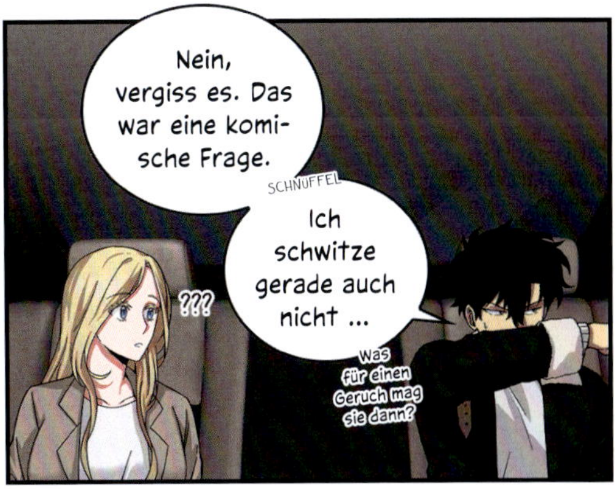
Nein, vergiss es. Das war eine komische Frage.
SCHNÜFFEL
Ich schwitze gerade auch nicht ...
???
Was für einen Geruch mag sie dann?

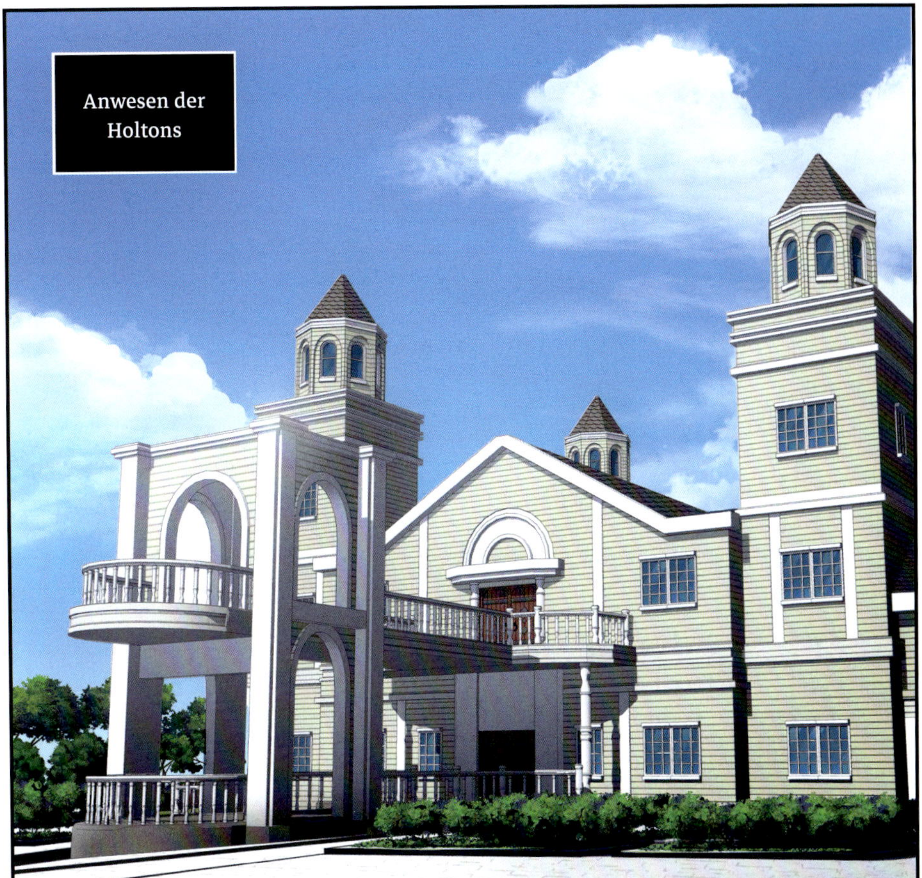
Anwesen der Holtons

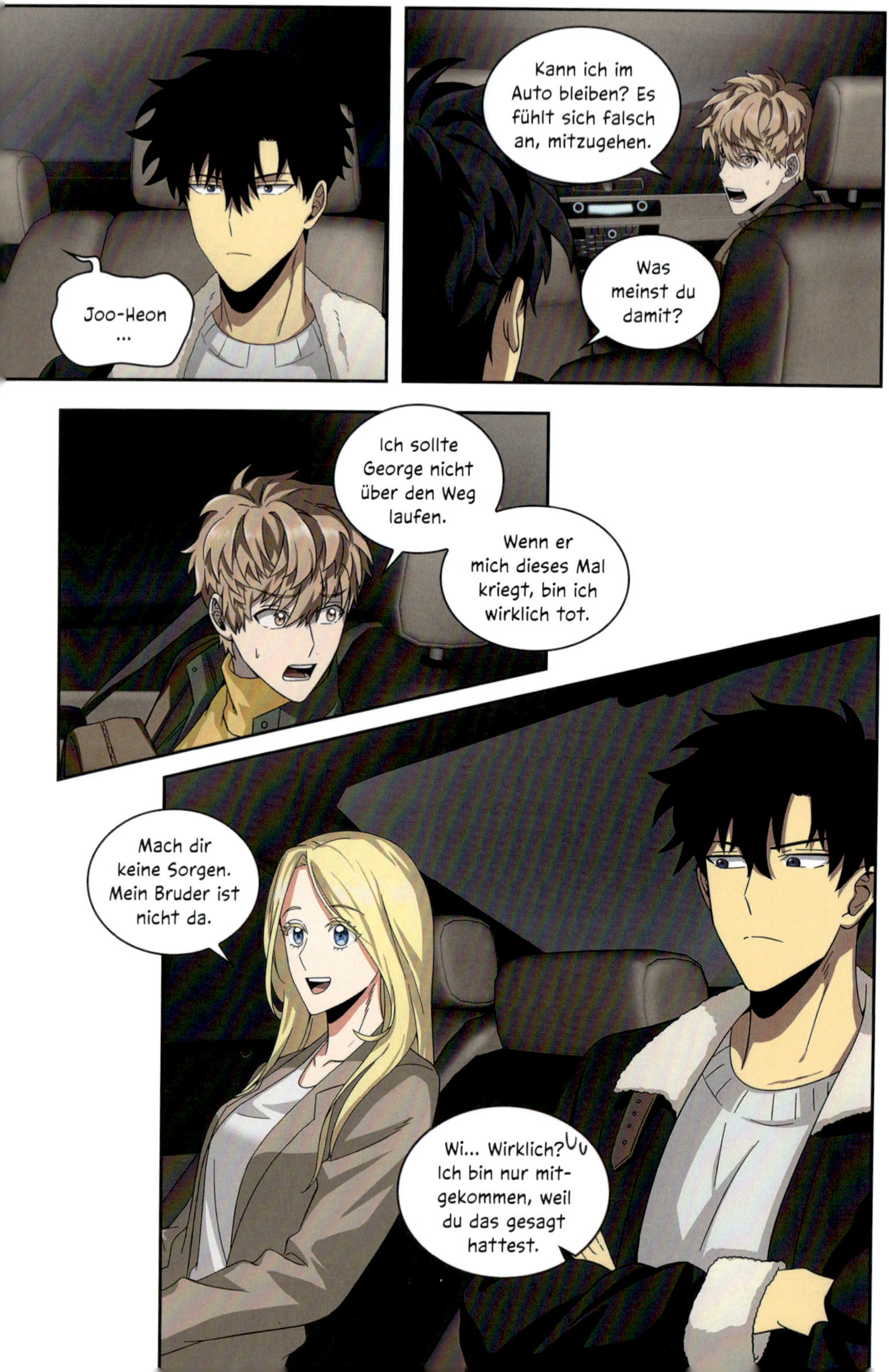
Joo-Heon ...
Kann ich im Auto bleiben? Es fühlt sich falsch an, mitzugehen.
Was meinst du damit?
Ich sollte George nicht über den Weg laufen.
Wenn er mich dieses Mal kriegt, bin ich wirklich tot.
Mach dir keine Sorgen. Mein Bruder ist nicht da.
Wi... Wirklich? Ich bin nur mitgekommen, weil du das gesagt hattest.

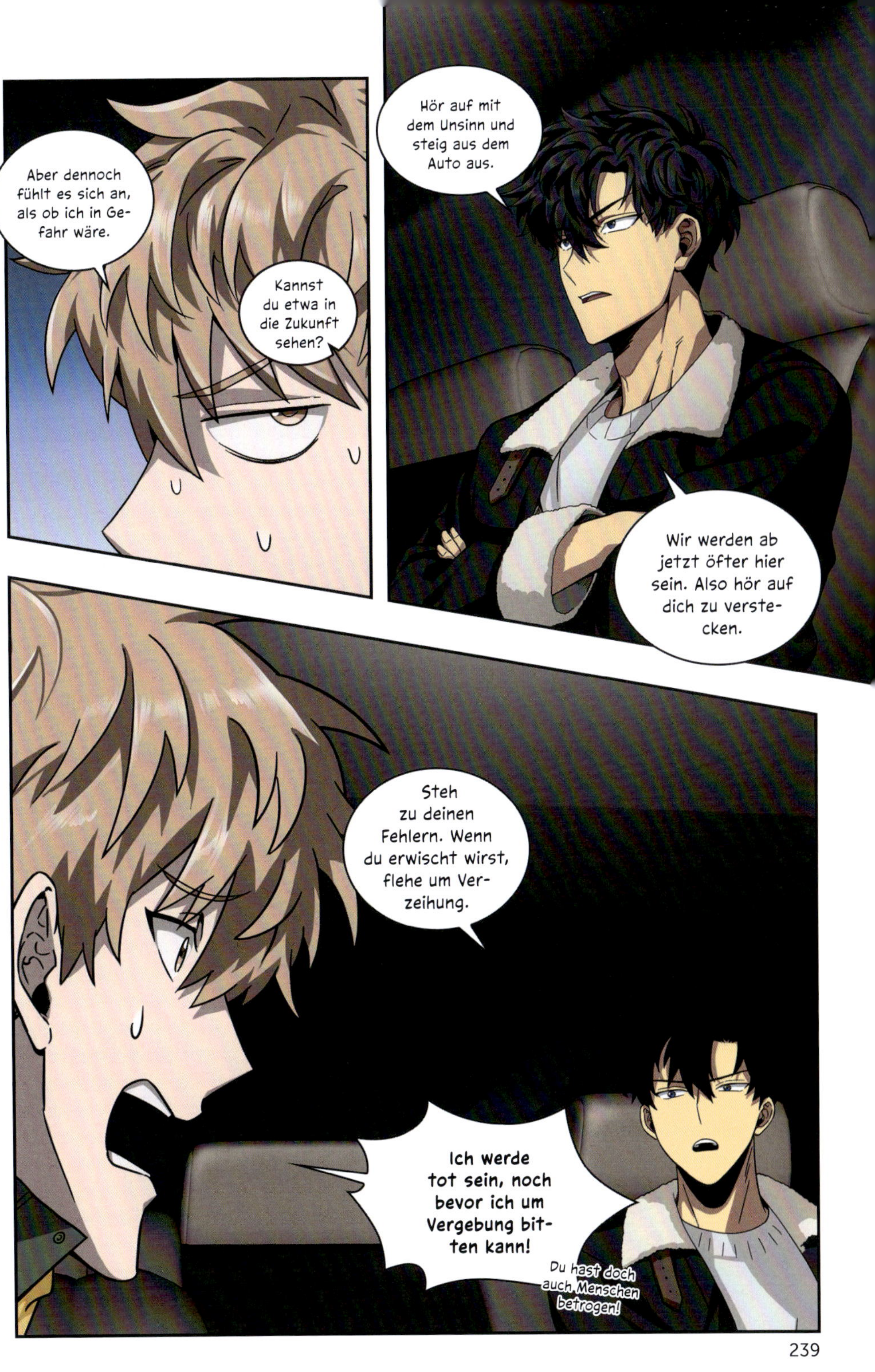
Aber dennoch fühlt es sich an, als ob ich in Gefahr wäre.
Kannst du etwa in die Zukunft sehen?
Hör auf mit dem Unsinn und steig aus dem Auto aus.
Wir werden ab jetzt öfter hier sein. Also hör auf dich zu verstecken.
Steh zu deinen Fehlern. Wenn du erwischt wirst, flehe um Verzeihung.
Ich werde tot sein, noch bevor ich um Vergebung bitten kann!
Du hast doch auch Menschen betrogen!

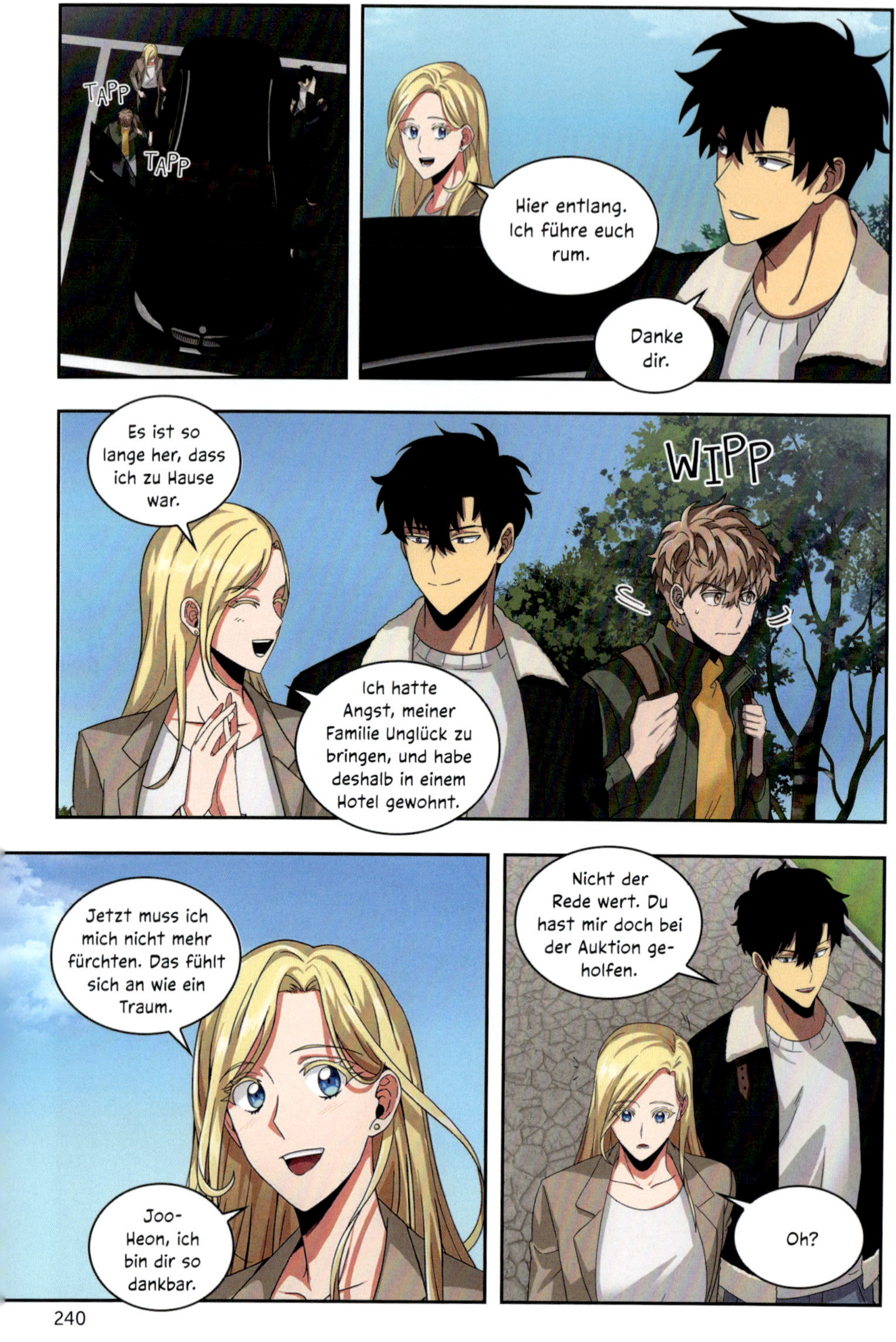
TAPP
TAPP
Hier entlang. Ich führe euch rum.
Danke dir.
Es ist so lange her, dass ich zu Hause war.
WIPP
Ich hatte Angst, meiner Familie Unglück zu bringen, und habe deshalb in einem Hotel gewohnt.
Jetzt muss ich mich nicht mehr fürchten. Das fühlt sich an wie ein Traum.
Joo-Heon, ich bin dir so dankbar.
Nicht der Rede wert. Du hast mir doch bei der Auktion geholfen.
Oh?

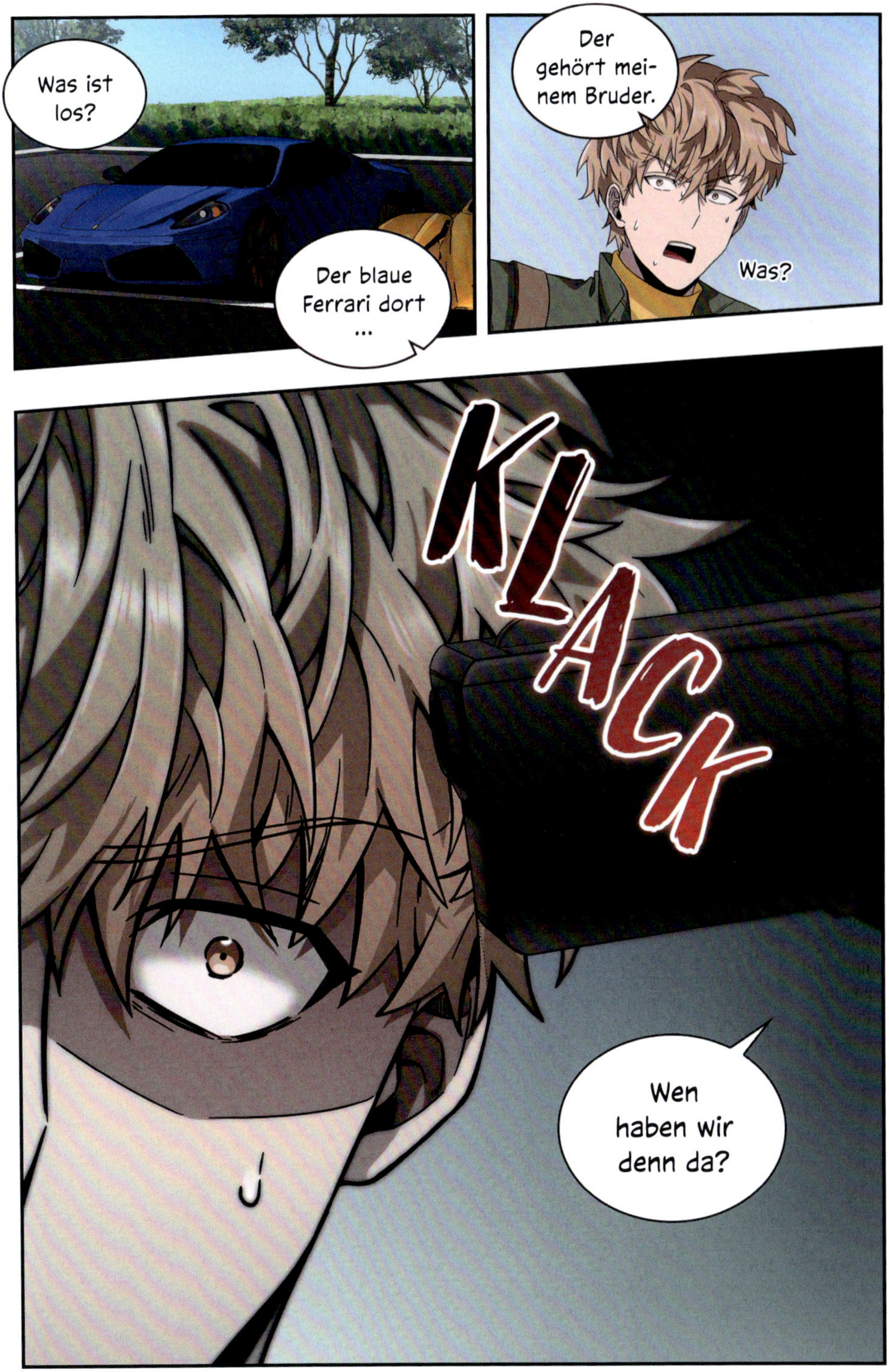
Was ist los?
Der blaue Ferrari dort ...
Der gehört meinem Bruder.
Was?
KLACK
Wen haben wir denn da?

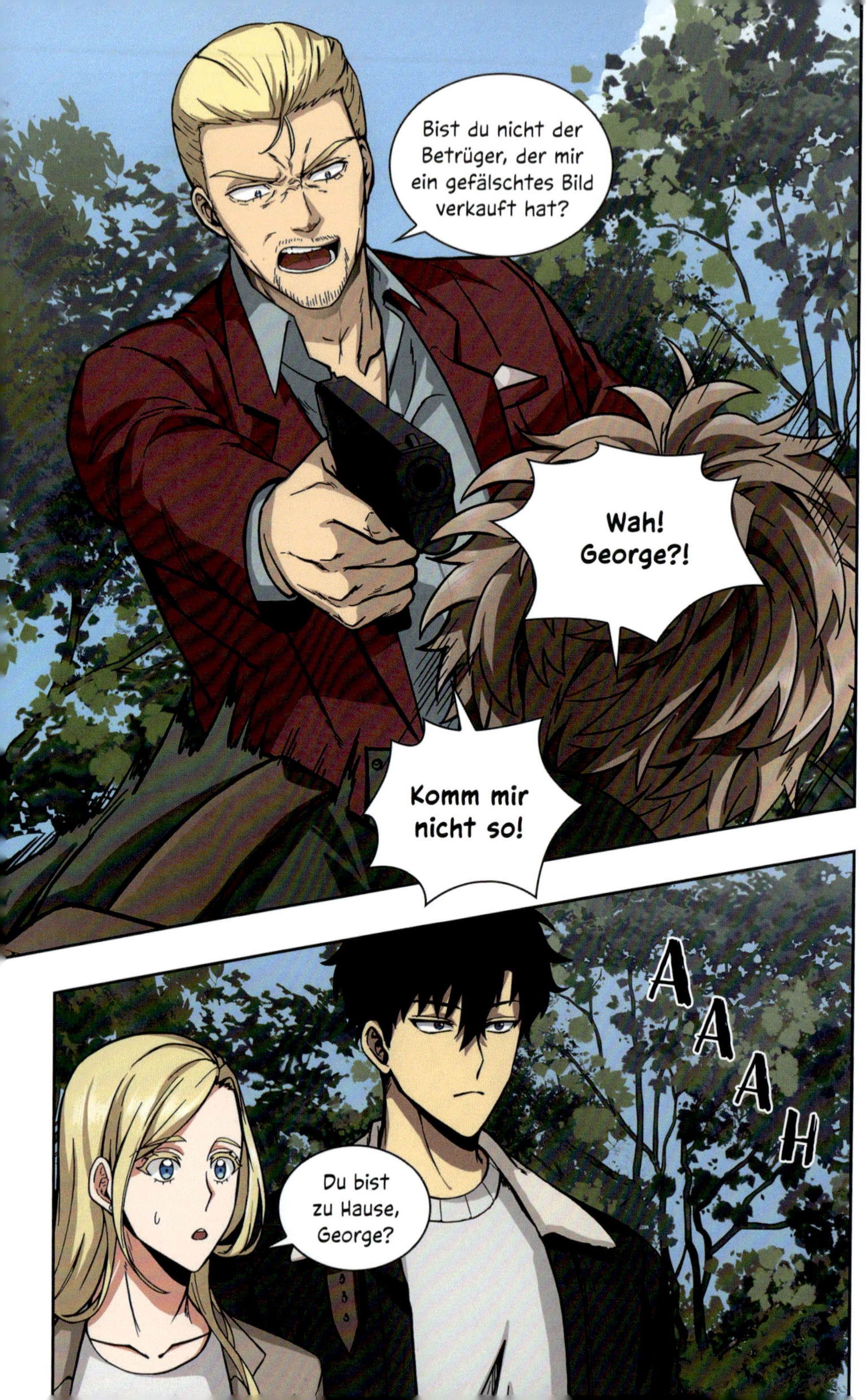
Bist du nicht der Betrüger, der mir ein gefälschtes Bild verkauft hat?
Wah! George?!
Komm mir nicht so!
AAAAH
Du bist zu Hause, George?

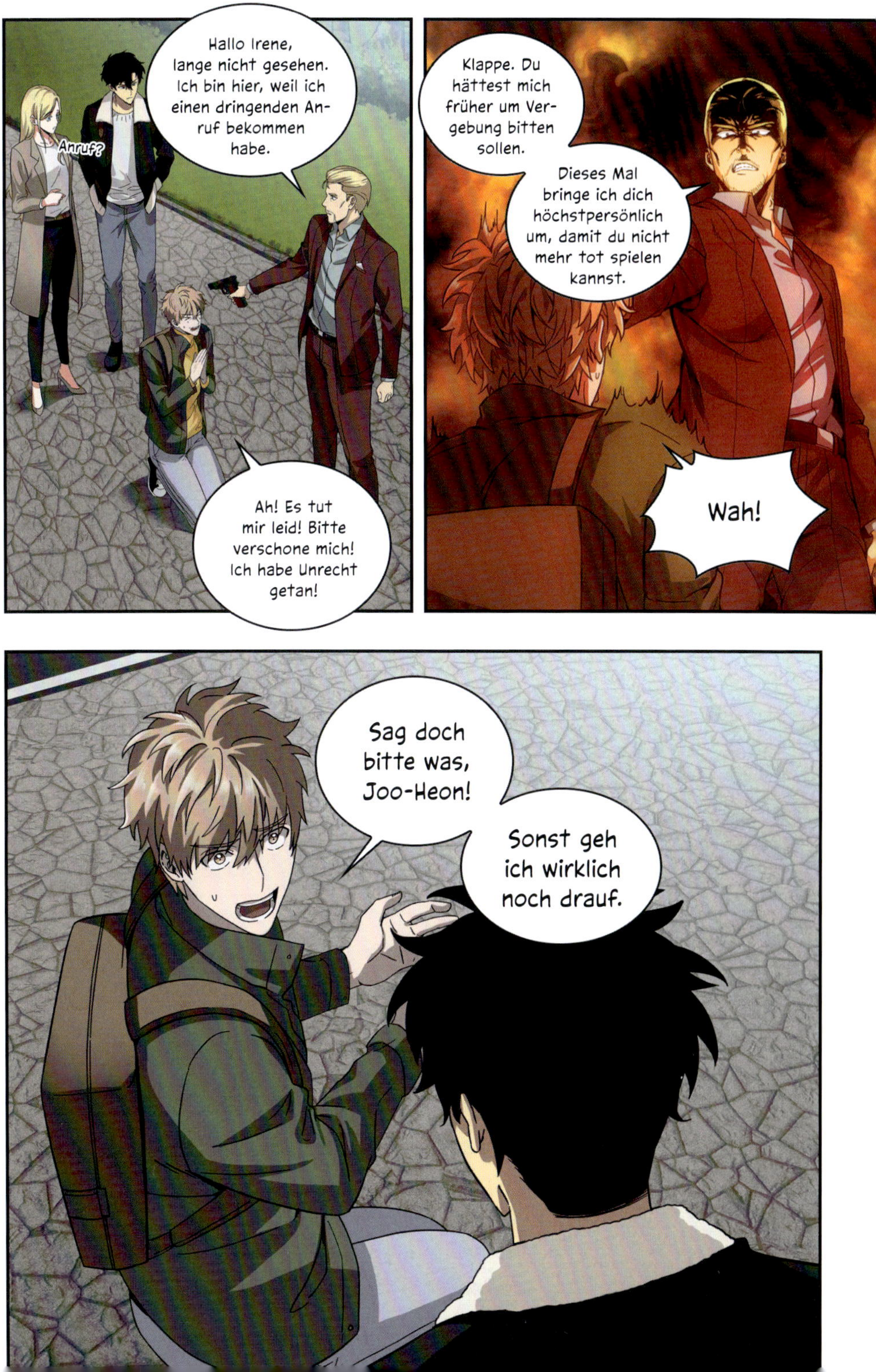
Hallo Irene, lange nicht gesehen. Ich bin hier, weil ich einen dringenden Anruf bekommen habe.
Anruf?
Ah! Es tut mir leid! Bitte verschone mich! Ich habe Unrecht getan!
Klappe. Du hättest mich früher um Vergebung bitten sollen.
Dieses Mal bringe ich dich höchstpersönlich um, damit du nicht mehr tot spielen kannst.
Wah!
Sag doch bitte was, Joo-Heon!
Sonst geh ich wirklich noch drauf.

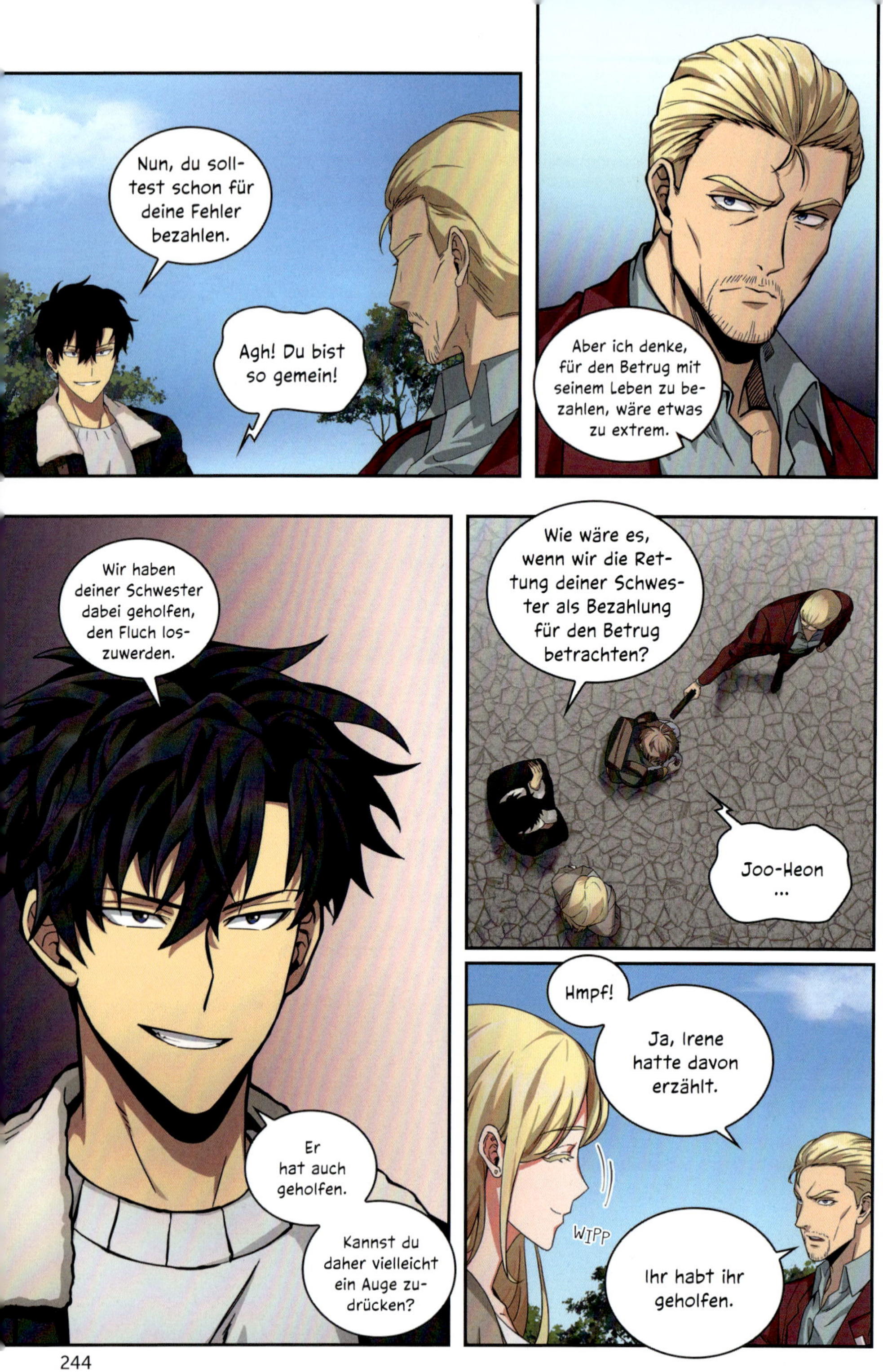
Nun, du solltest schon für deine Fehler bezahlen.
Agh! Du bist so gemein!
Aber ich denke, für den Betrug mit seinem Leben zu bezahlen, wäre etwas zu extrem.
Wir haben deiner Schwester dabei geholfen, den Fluch loszuwerden.
Er hat auch geholfen.
Kannst du daher vielleicht ein Auge zudrücken?
Wie wäre es, wenn wir die Rettung deiner Schwester als Bezahlung für den Betrug betrachten?
Joo-Heon ...
Hmpf!
Ja, Irene hatte davon erzählt.
WIPP
Ihr habt ihr geholfen.

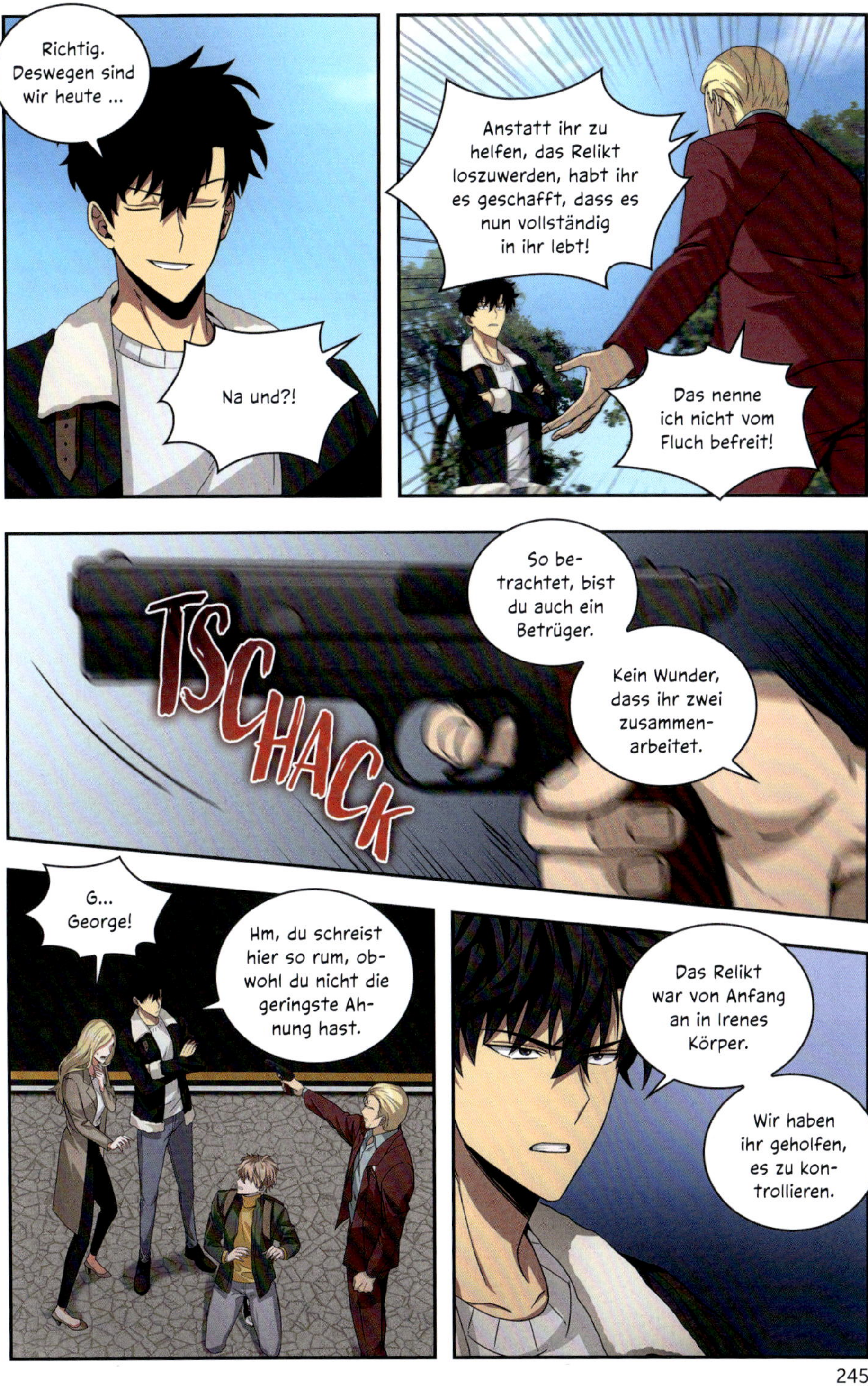
Richtig. Deswegen sind wir heute ...
Na und?!
Anstatt ihr zu helfen, das Relikt loszuwerden, habt ihr es geschafft, dass es nun vollständig in ihr lebt!
Das nenne ich nicht vom Fluch befreit!
TSCHACK
So betrachtet, bist du auch ein Betrüger.
Kein Wunder, dass ihr zwei zusammenarbeitet.
G... George!
Hm, du schreist hier so rum, obwohl du nicht die geringste Ahnung hast.
Das Relikt war von Anfang an in Irenes Körper.
Wir haben ihr geholfen, es zu kontrollieren.

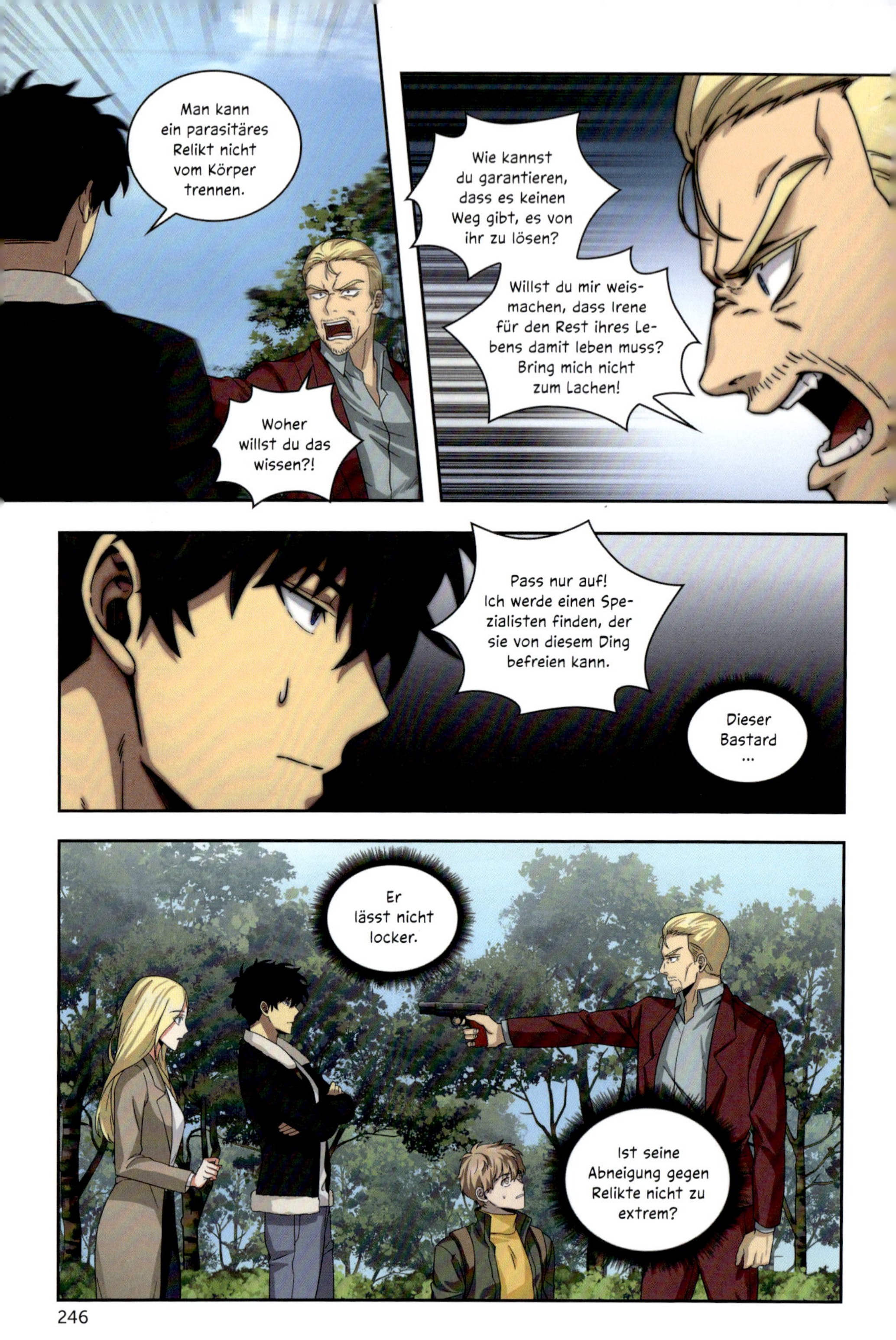
Man kann ein parasitäres Relikt nicht vom Körper trennen.
Woher willst du das wissen?!
Wie kannst du garantieren, dass es keinen Weg gibt, es von ihr zu lösen?
Willst du mir weismachen, dass Irene für den Rest ihres Lebens damit leben muss? Bring mich nicht zum Lachen!
Pass nur auf! Ich werde einen Spezialisten finden, der sie von diesem Ding befreien kann.
Dieser Bastard ...
Er lässt nicht locker.
Ist seine Abneigung gegen Relikte nicht zu extrem?

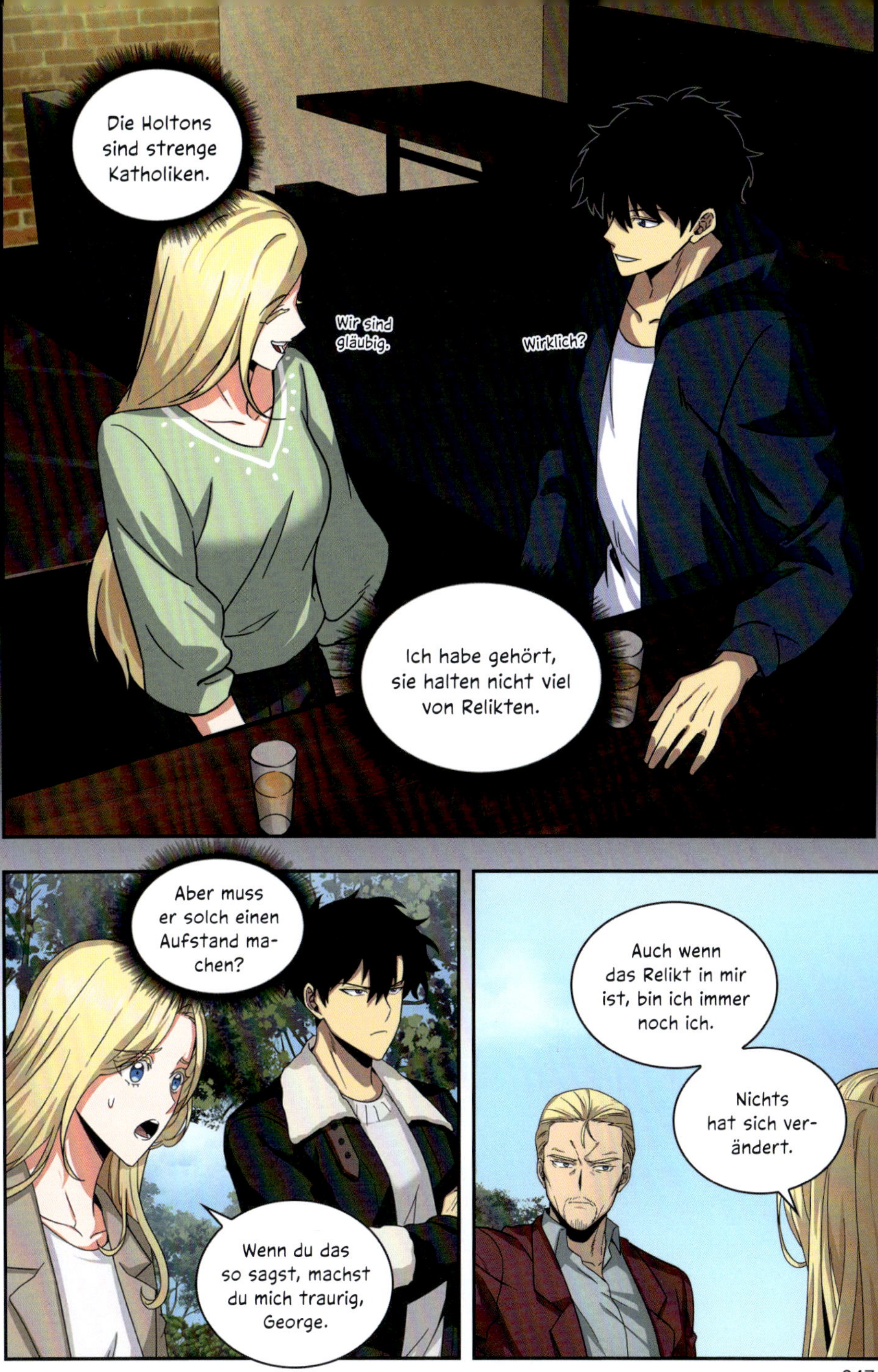
Die Holtons sind strenge Katholiken.
Wir sind gläubig.
Wirklich?
Ich habe gehört, sie halten nicht viel von Relikten.
Aber muss er solch einen Aufstand machen?
Wenn du das so sagst, machst du mich traurig, George.
Auch wenn das Relikt in mir ist, bin ich immer noch ich.
Nichts hat sich verändert.

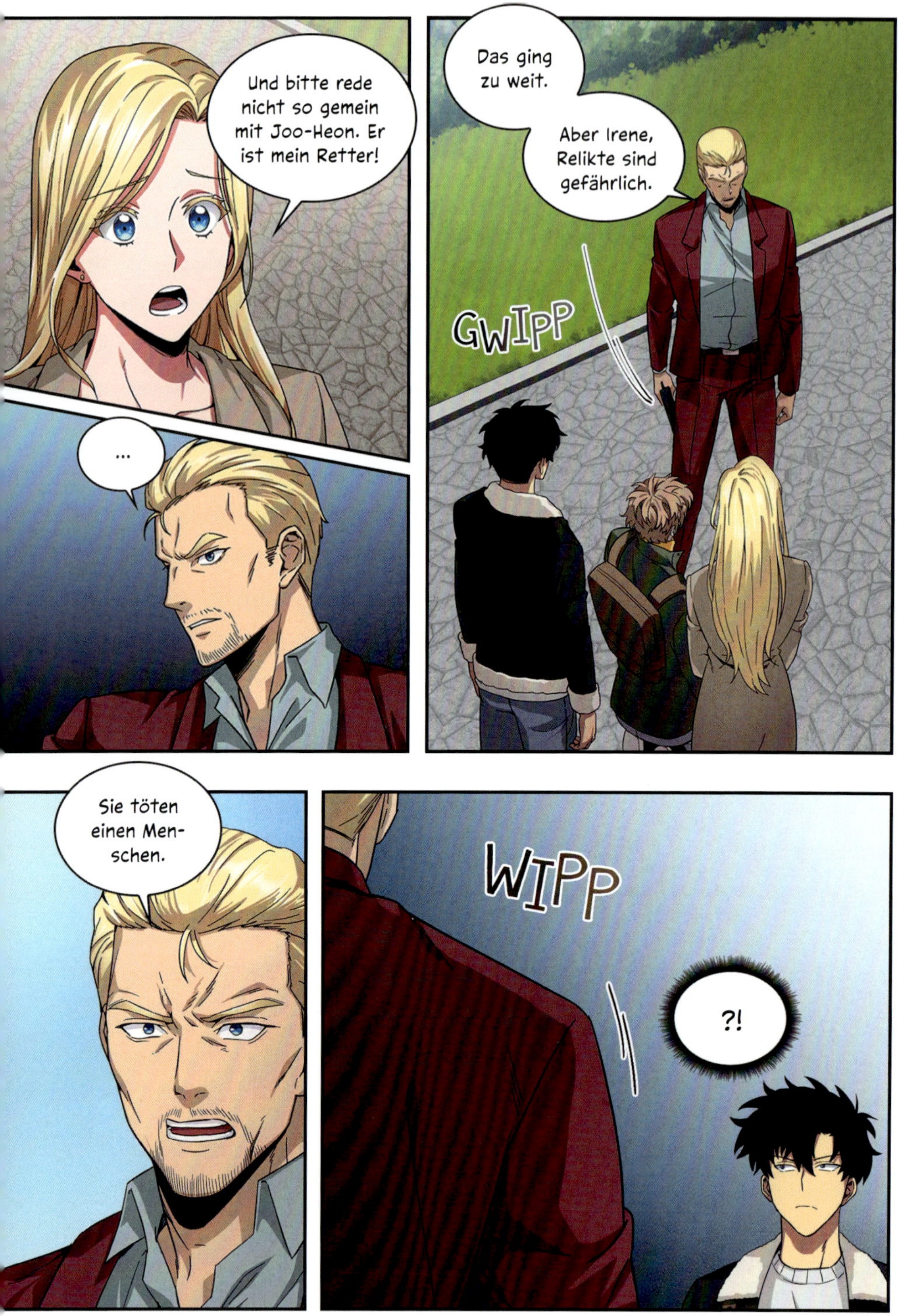
Und bitte rede nicht so gemein mit Joo-Heon. Er ist mein Retter!
...
Das ging zu weit.
Aber Irene, Relikte sind gefährlich.
GWIPP
Sie töten einen Menschen.
WIPP
?!

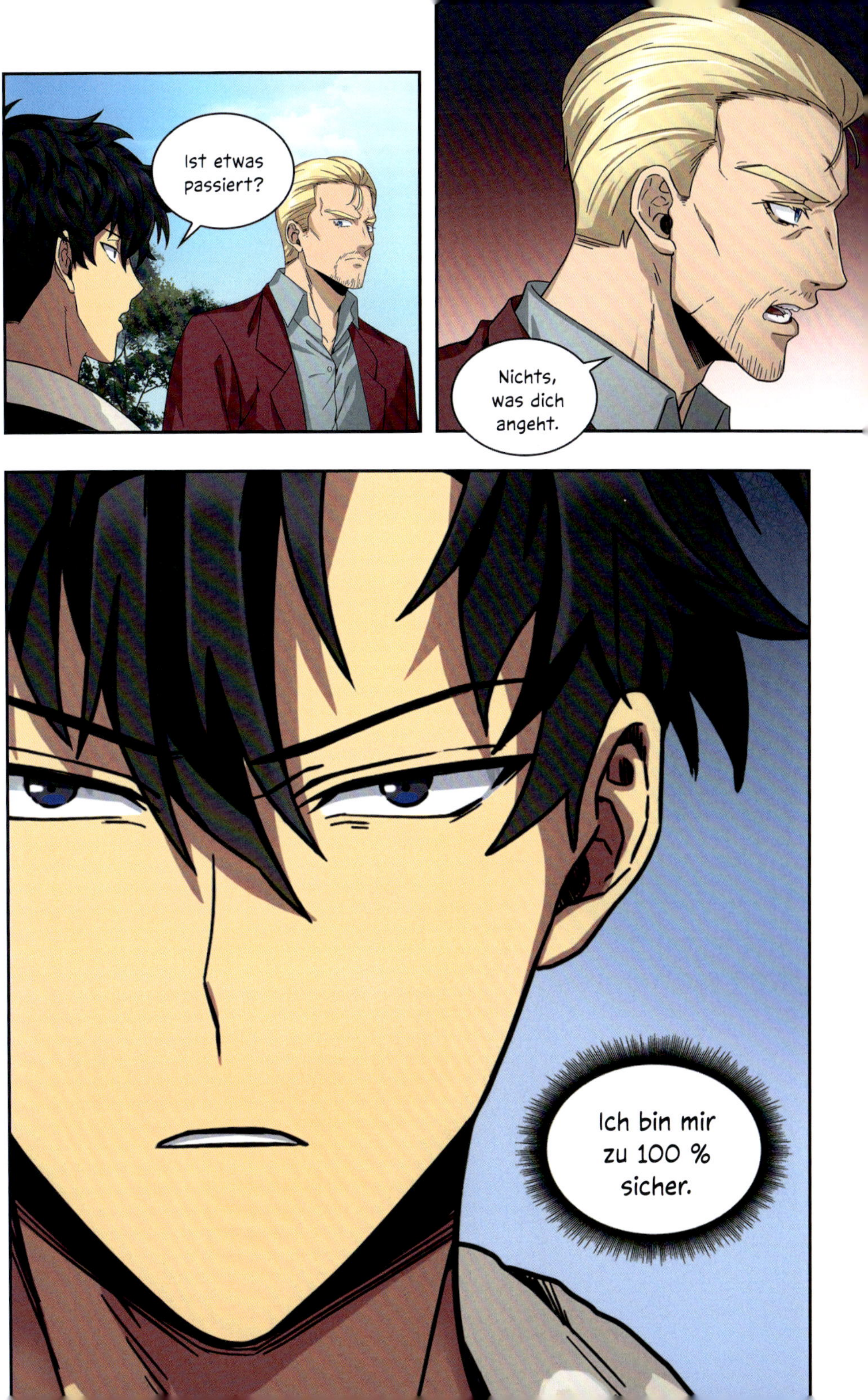
Ist etwas passiert?
Nichts, was dich angeht.
Ich bin mir zu 100 % sicher.

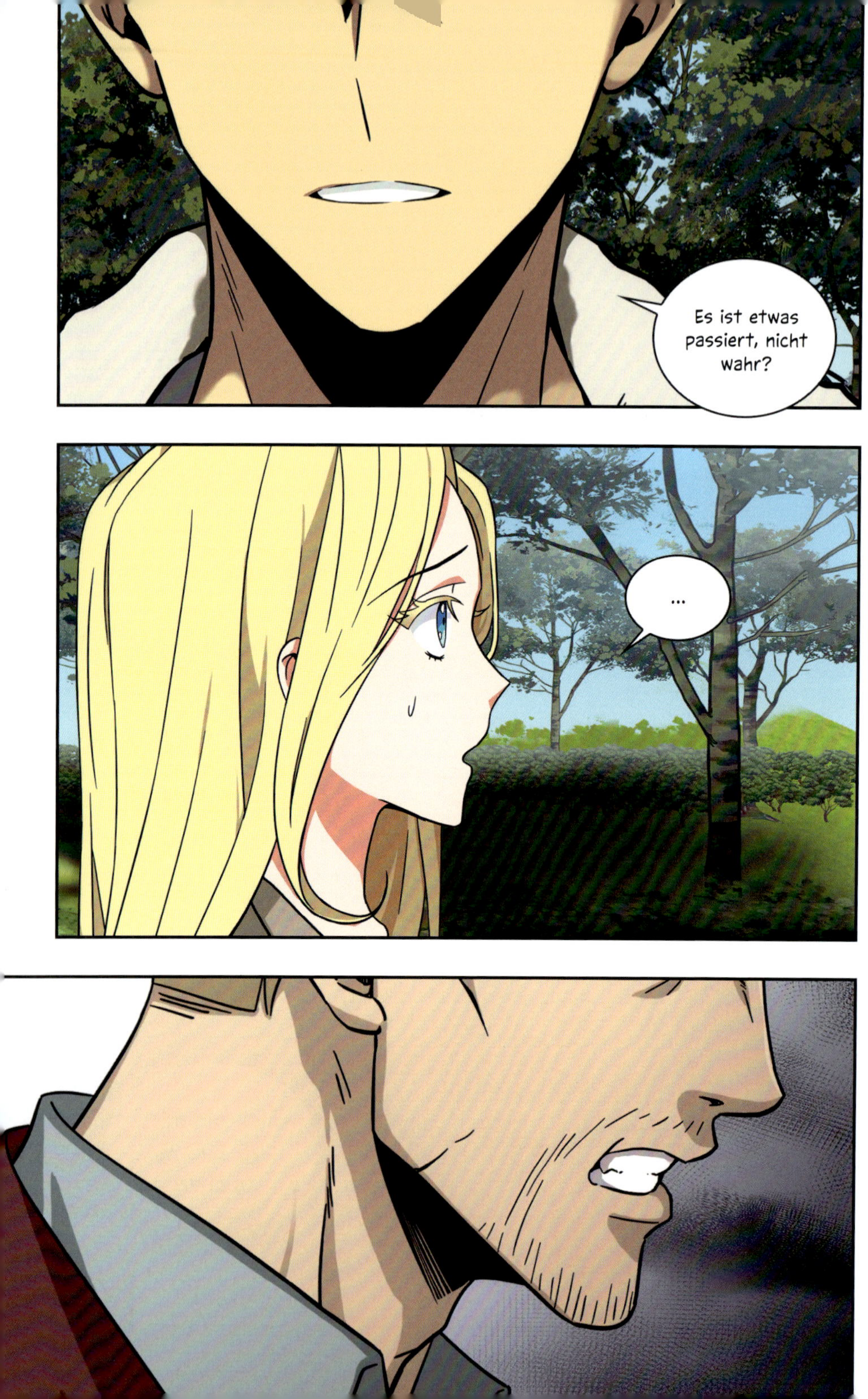
Es ist etwas passiert, nicht wahr?
...

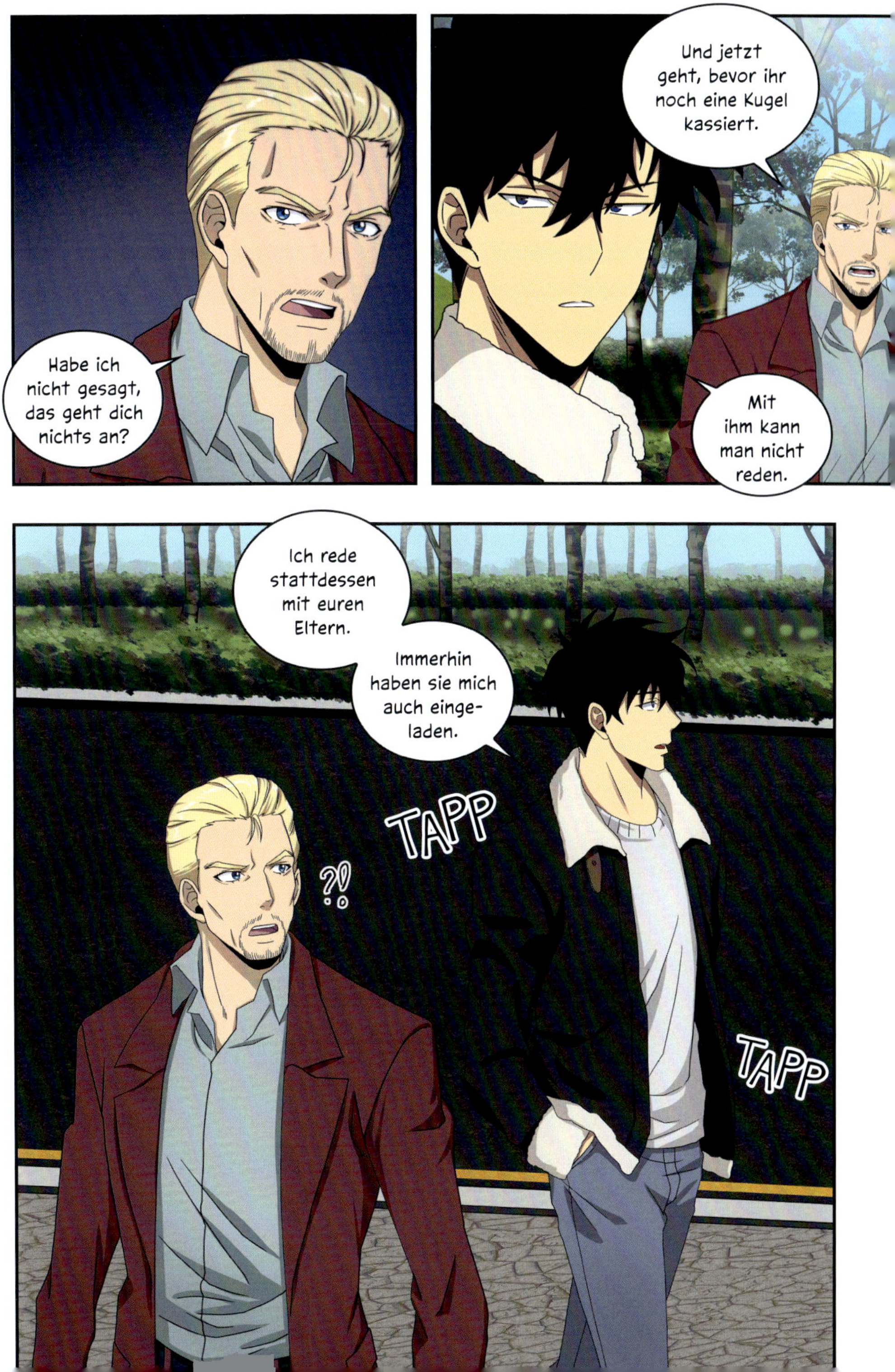
Habe ich nicht gesagt, das geht dich nichts an?
Und jetzt geht, bevor ihr noch eine Kugel kassiert.
Mit ihm kann man nicht reden.
Ich rede stattdessen mit euren Eltern.
Immerhin haben sie mich auch einge-laden.
TAPP
?!
TAPP

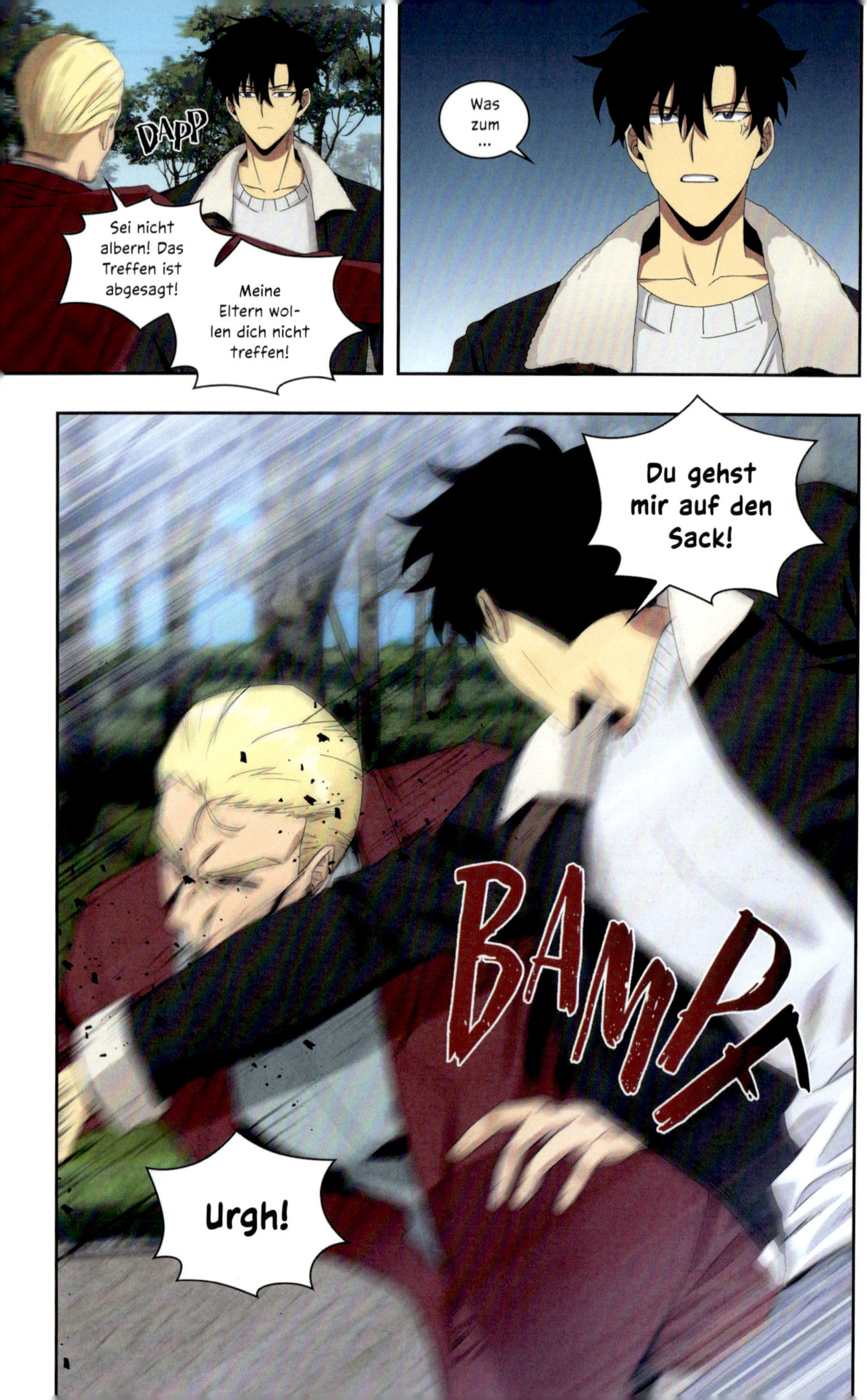
DAPP
Sei nicht albern! Das Treffen ist abgesagt!
Meine Eltern wollen dich nicht treffen!
Was zum ...
Du gehst mir auf den Sack!
BAMF
Urgh!

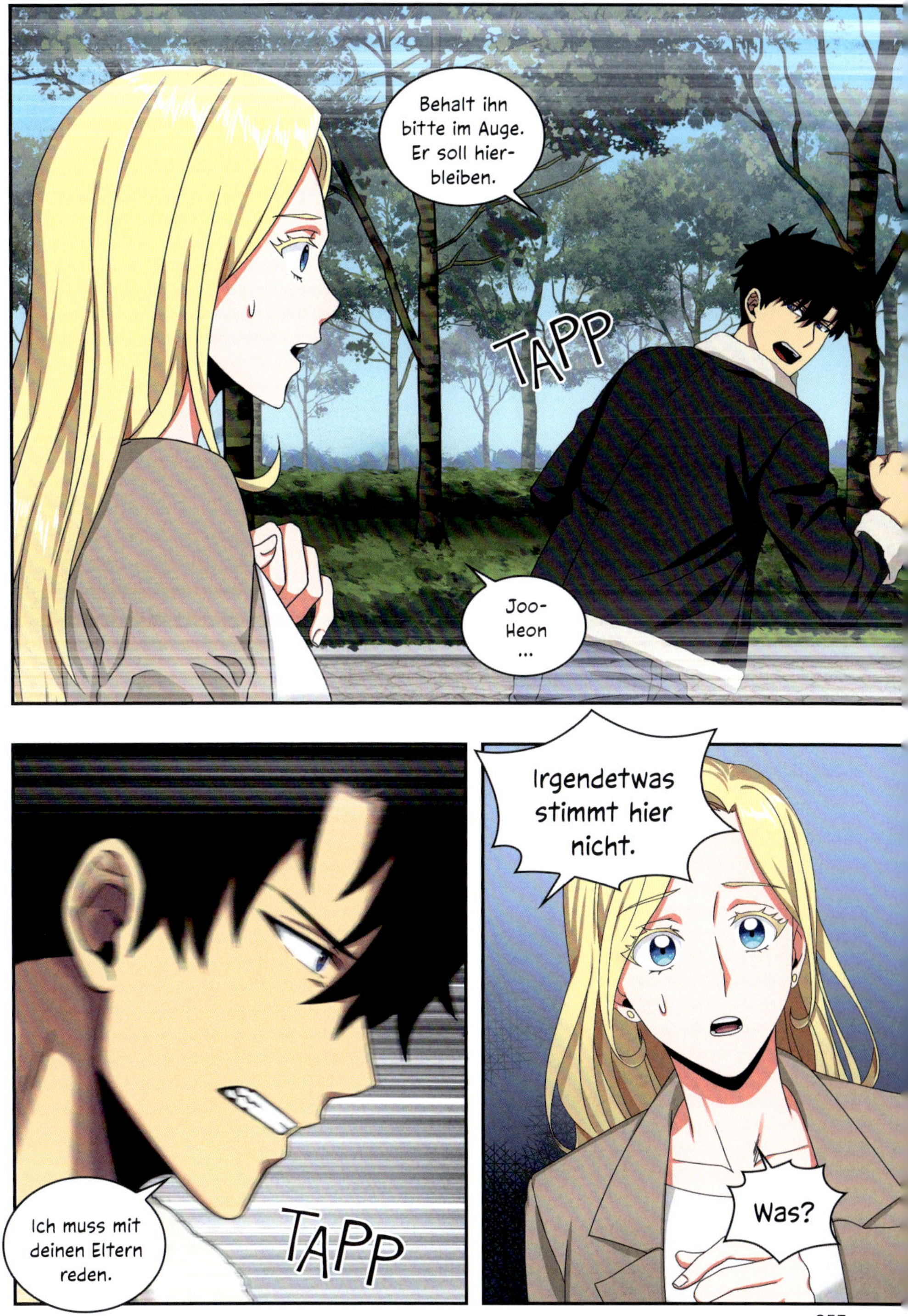
Behalt ihn bitte im Auge. Er soll hier-bleiben.
TAPP
Joo-Heon ...
Irgendetwas stimmt hier nicht.
Was?
TAPP
Ich muss mit deinen Eltern reden.

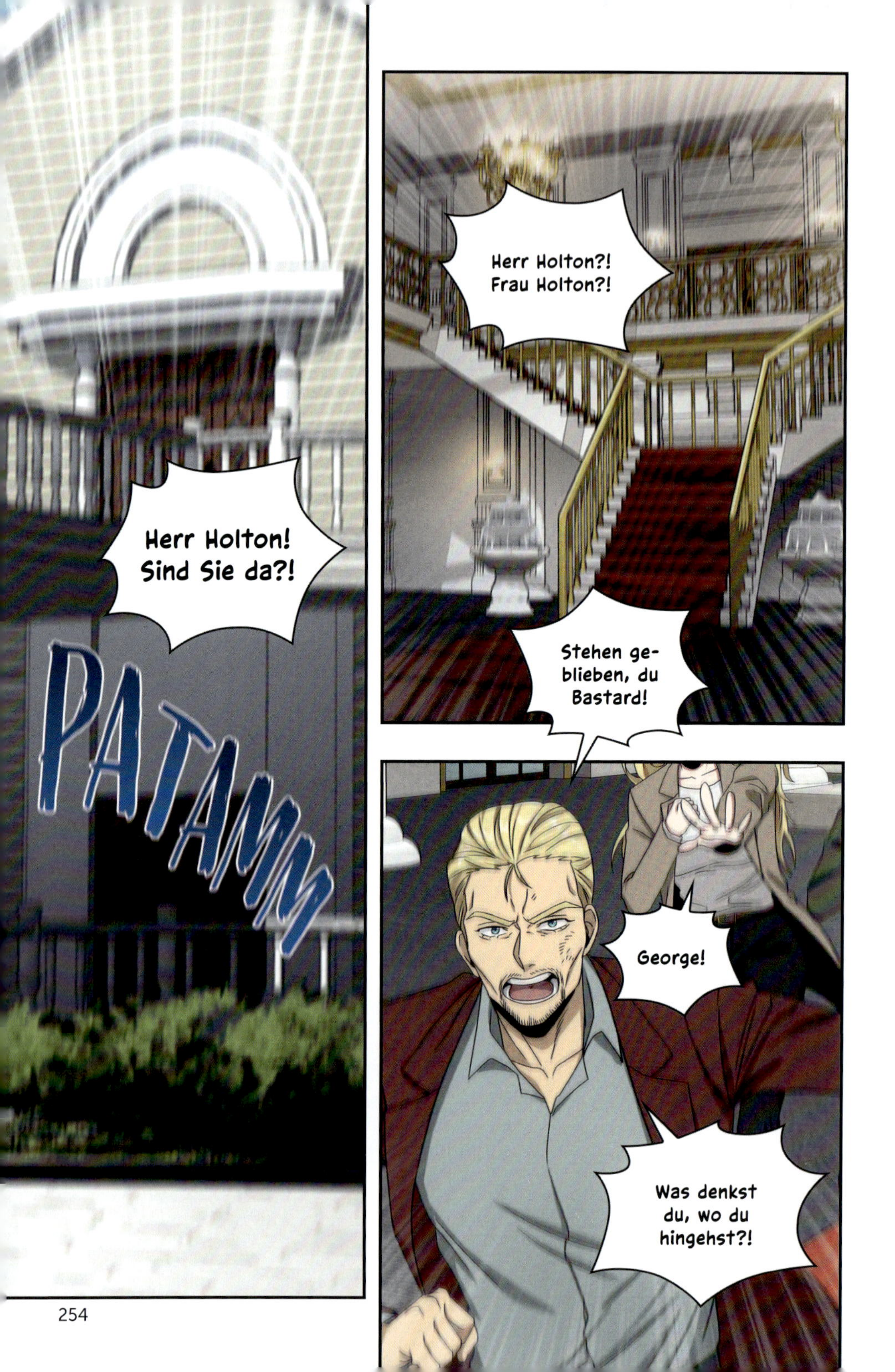
Herr Holton! Sind Sie da?!
PATAMM
Herr Holton?! Frau Holton?!
Stehen geblieben, du Bastard!
George!
Was denkst du, wo du hingehst?!

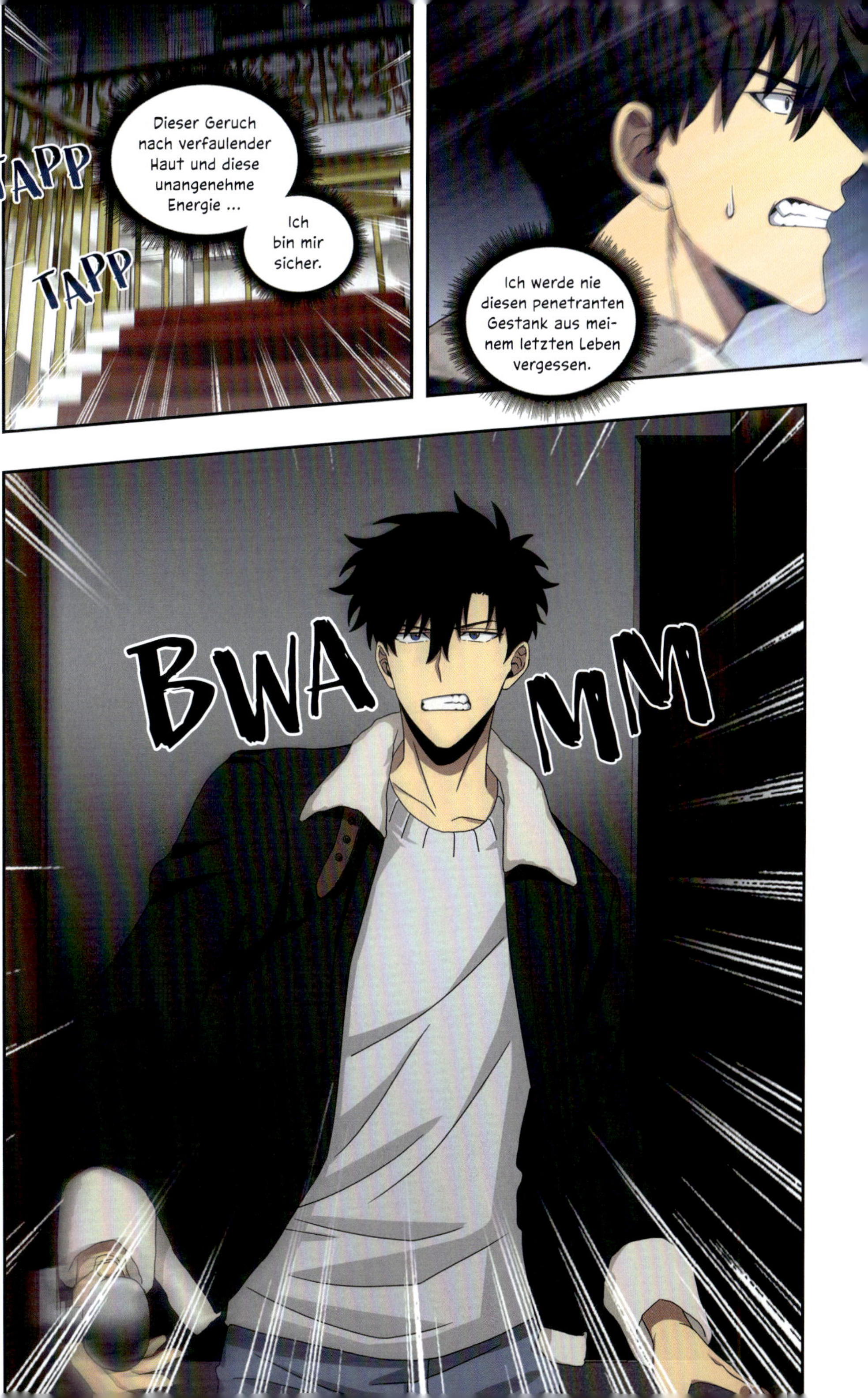
TAPP
TAPP
Dieser Geruch nach verfaulender Haut und diese unangenehme Energie ...
Ich bin mir sicher.
Ich werde nie diesen penetranten Gestank aus meinem letzten Leben vergessen.
BWAMM

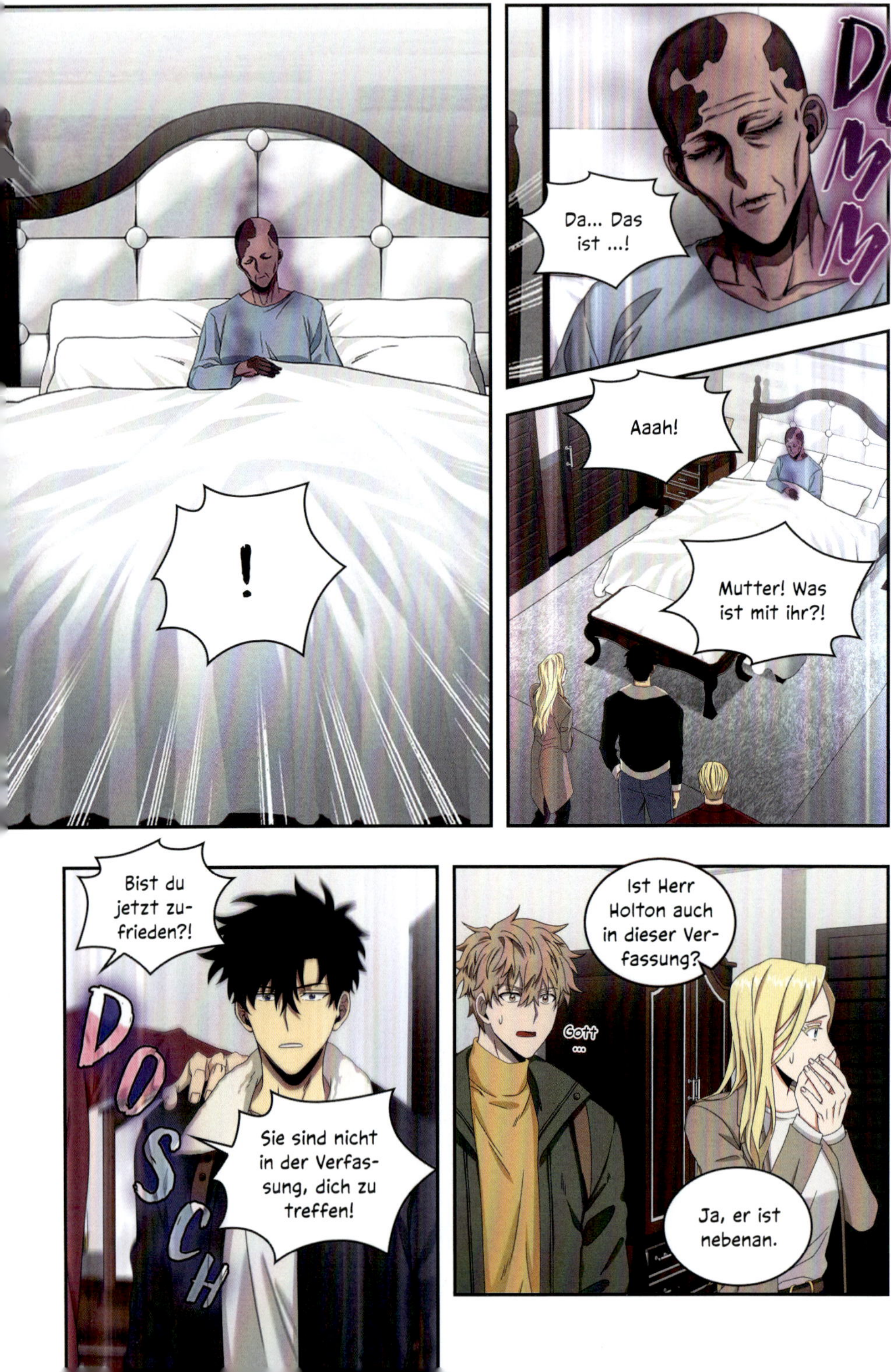
!
DOMM
Da... Das ist ...!
Aaah!
Mutter! Was ist mit ihr?!
Bist du jetzt zu-frieden?!
DOSCH
Sie sind nicht in der Verfas-sung, dich zu treffen!
Ist Herr Holton auch in dieser Ver-fassung?
Gott ...
Ja, er ist nebenan.

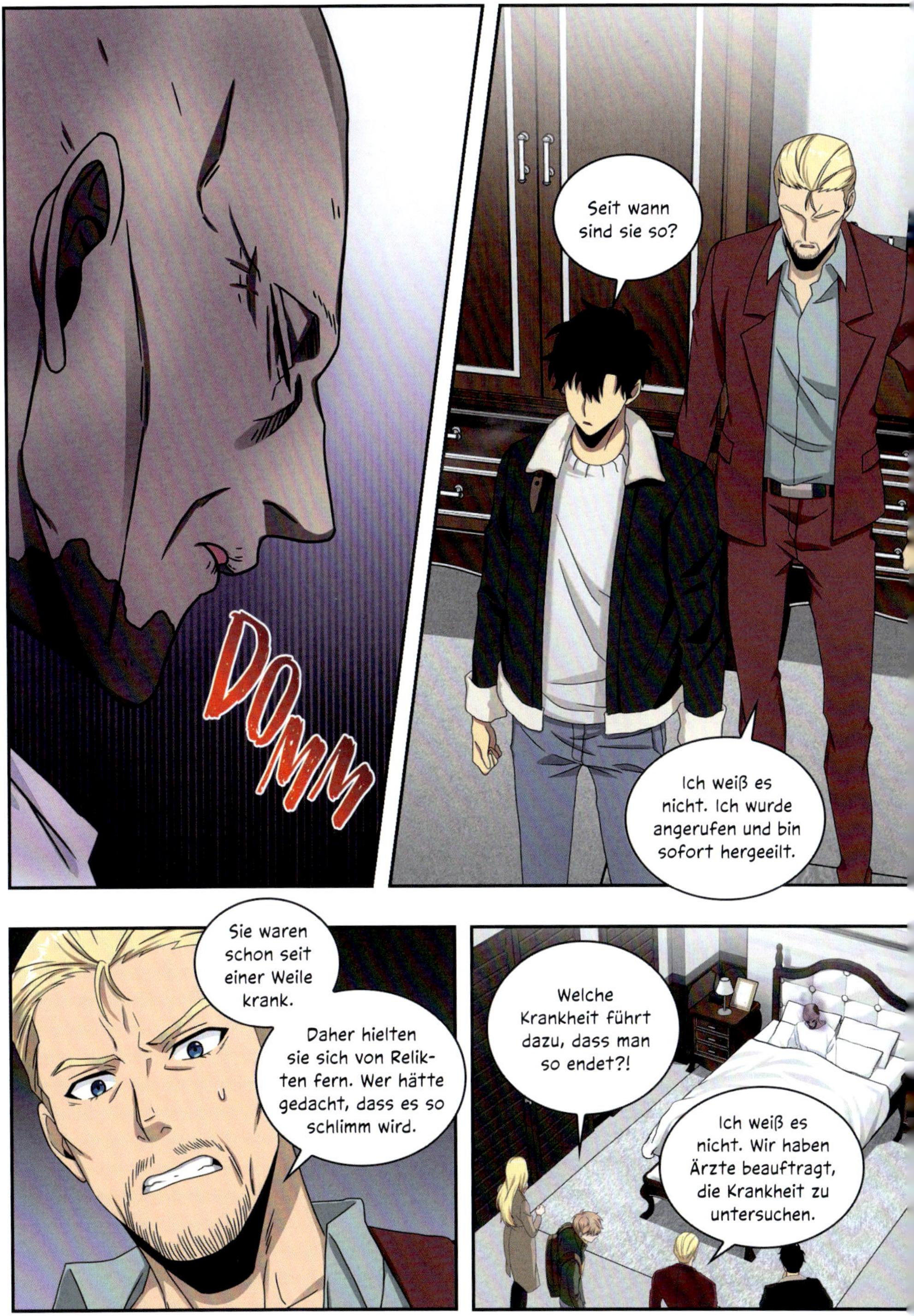
DOMM
Seit wann sind sie so?
Ich weiß es nicht. Ich wurde angerufen und bin sofort hergeeilt.
Sie waren schon seit einer Weile krank.
Daher hielten sie sich von Relik-ten fern. Wer hätte gedacht, dass es so schlimm wird.
Welche Krankheit führt dazu, dass man so endet?!
Ich weiß es nicht. Wir haben Ärzte beauftragt, die Krankheit zu untersuchen.

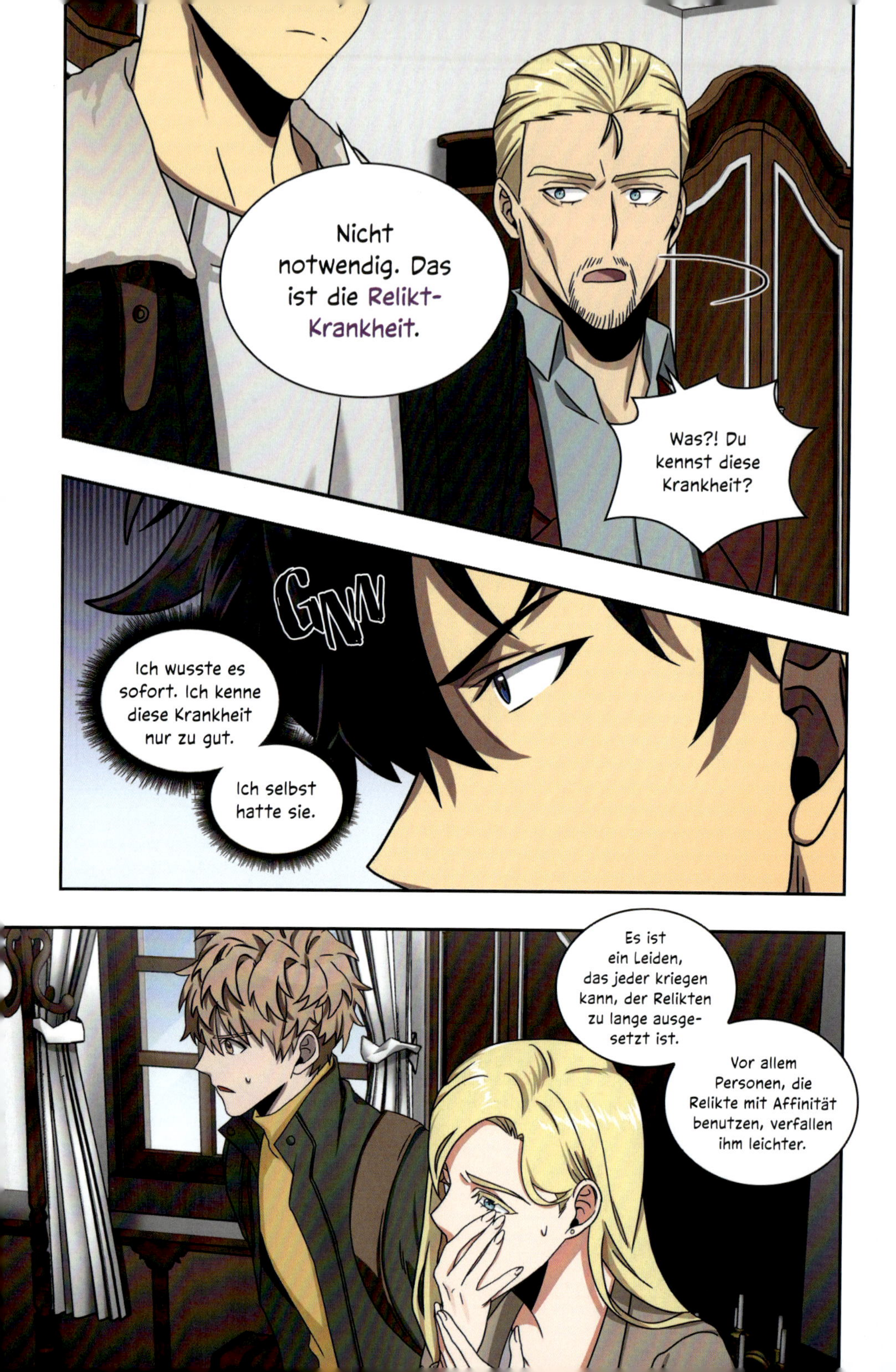
Nicht notwendig. Das ist die Relikt-Krankheit.
Was?! Du kennst diese Krankheit?
GNN
Ich wusste es sofort. Ich kenne diese Krankheit nur zu gut.
Ich selbst hatte sie.
Es ist ein Leiden, das jeder kriegen kann, der Relikten zu lange ausgesetzt ist.
Vor allem Personen, die Relikte mit Affinität benutzen, verfallen ihm leichter.

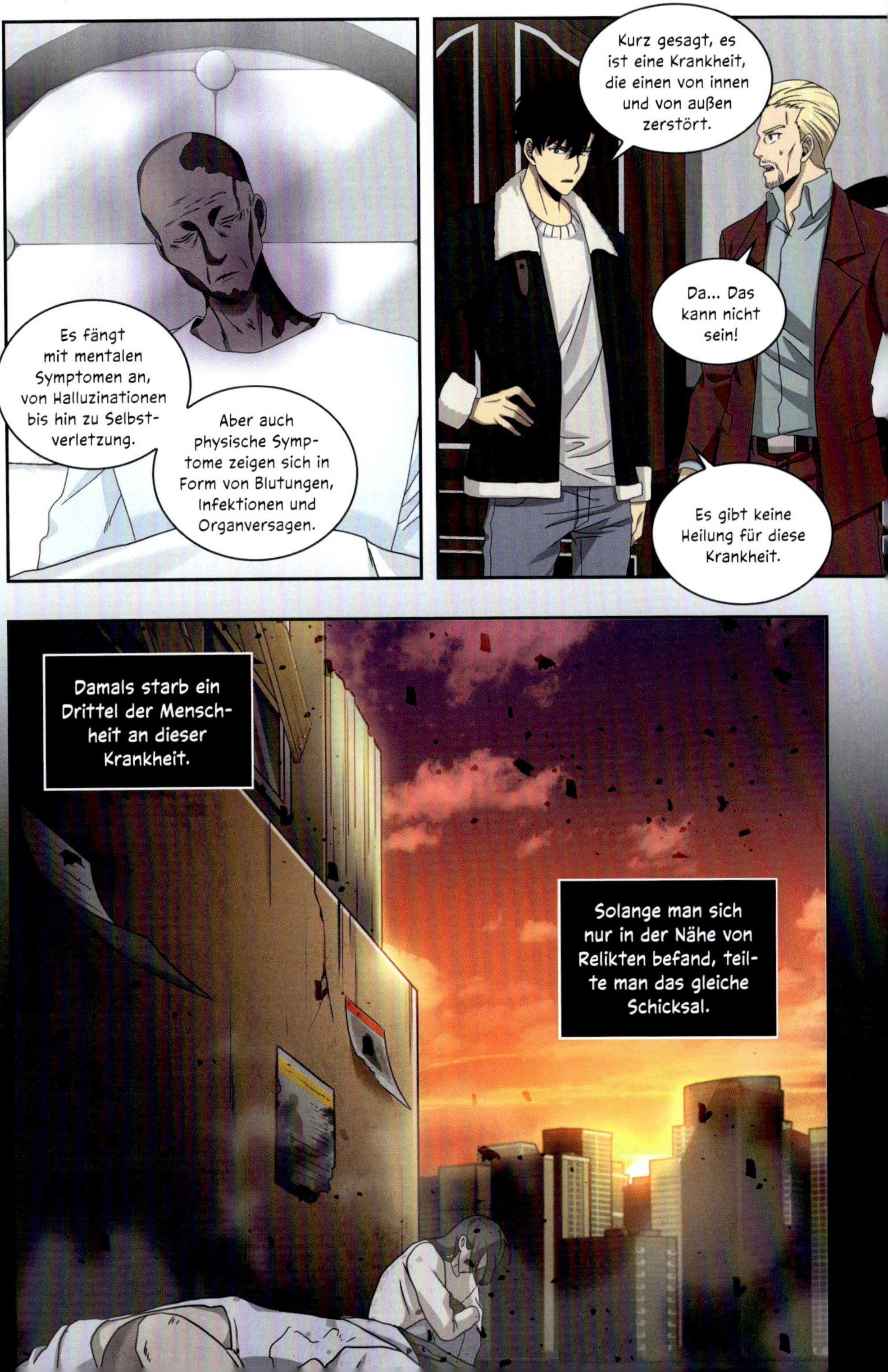
Es fängt mit mentalen Symptomen an, von Halluzinationen bis hin zu Selbstverletzung.
Aber auch physische Symptome zeigen sich in Form von Blutungen, Infektionen und Organversagen.
Kurz gesagt, es ist eine Krankheit, die einen von innen und von außen zerstört.
Da... Das kann nicht sein!
Es gibt keine Heilung für diese Krankheit.
Damals starb ein Drittel der Menschheit an dieser Krankheit.
Solange man sich nur in der Nähe von Relikten befand, teilte man das gleiche Schicksal.

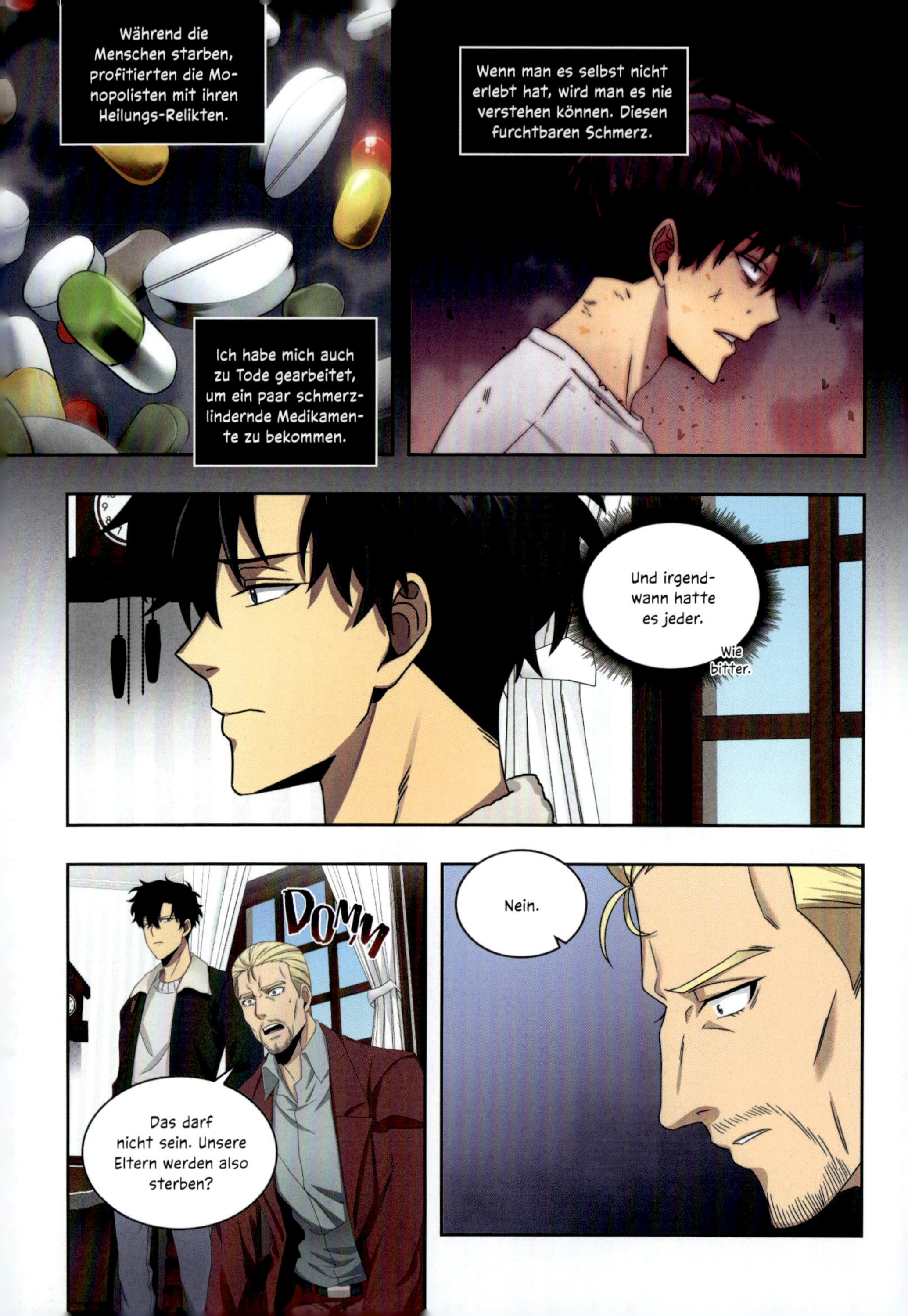
Während die Menschen starben, profitierten die Monopolisten mit ihren Heilungs-Relikten.
Wenn man es selbst nicht erlebt hat, wird man es nie verstehen können. Diesen furchtbaren Schmerz.
Ich habe mich auch zu Tode gearbeitet, um ein paar schmerzlindernde Medikamente zu bekommen.
Und irgendwann hatte es jeder.
Wie bitter.
DOMM
Das darf nicht sein. Unsere Eltern werden also sterben?
Nein.

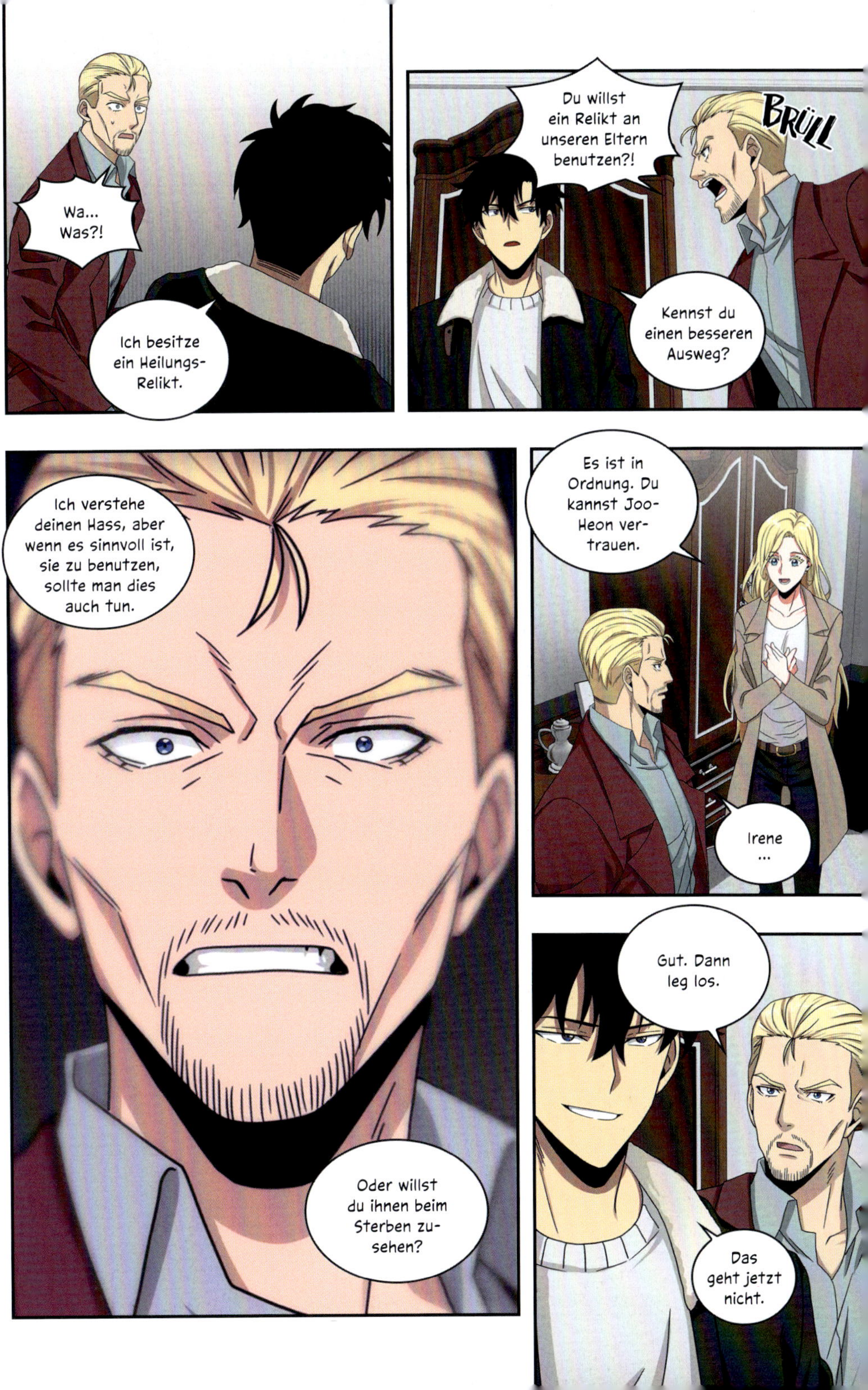
Wa...
Was?!
Ich besitze ein Heilungs-Relikt.
Du willst ein Relikt an unseren Eltern benutzen?!
BRÜLL
Kennst du einen besseren Ausweg?
Ich verstehe deinen Hass, aber wenn es sinnvoll ist, sie zu benutzen, sollte man dies auch tun.
Oder willst du ihnen beim Sterben zusehen?
Es ist in Ordnung. Du kannst Joo-Heon vertrauen.
Irene ...
Gut. Dann leg los.
Das geht jetzt nicht.

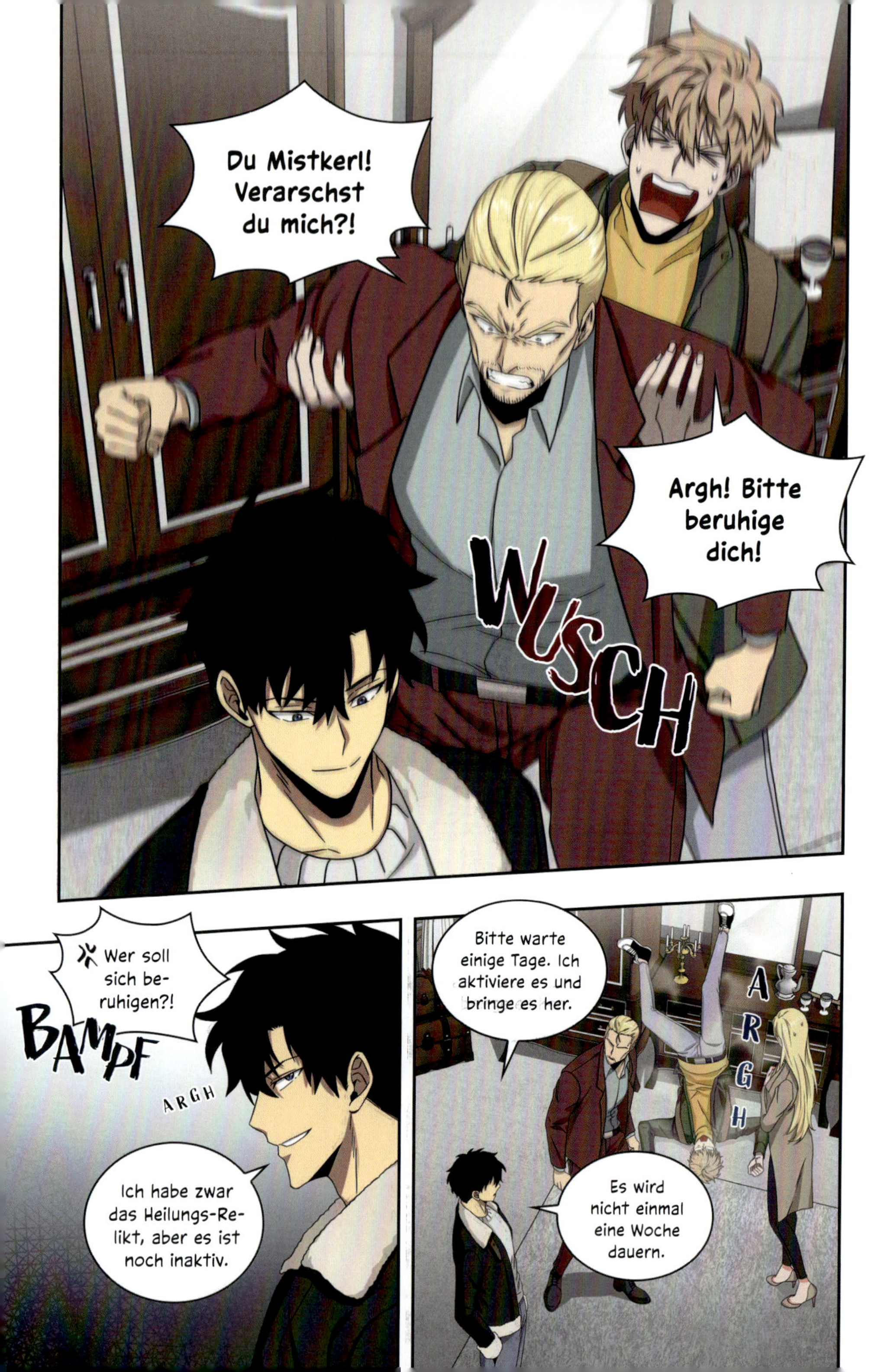
Du Mistkerl! Verarschst du mich?!
Argh! Bitte beruhige dich!
WUSCH
Wer soll sich be-ruhigen?!
BAMPF
ARGH
Ich habe zwar das Heilungs-Relikt, aber es ist noch inaktiv.
Bitte warte einige Tage. Ich aktiviere es und bringe es her.
ARGH
Es wird nicht einmal eine Woche dauern.

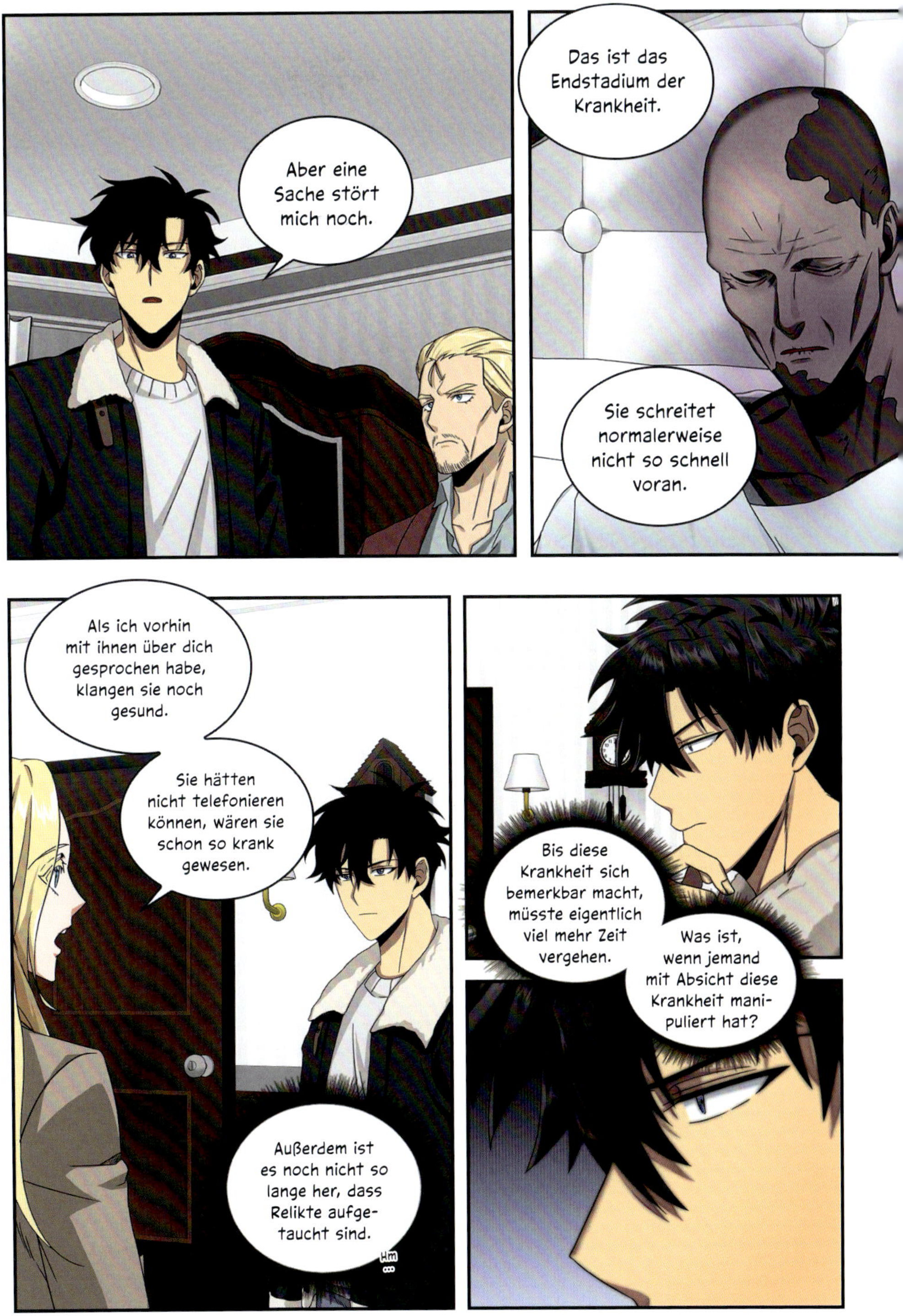
Aber eine Sache stört mich noch.
Das ist das Endstadium der Krankheit.
Sie schreitet normalerweise nicht so schnell voran.
Als ich vorhin mit ihnen über dich gesprochen habe, klangen sie noch gesund.
Sie hätten nicht telefonieren können, wären sie schon so krank gewesen.
Außerdem ist es noch nicht so lange her, dass Relikte aufgetaucht sind.
Hm
Bis diese Krankheit sich bemerkbar macht, müsste eigentlich viel mehr Zeit vergehen.
Was ist, wenn jemand mit Absicht diese Krankheit manipuliert hat?

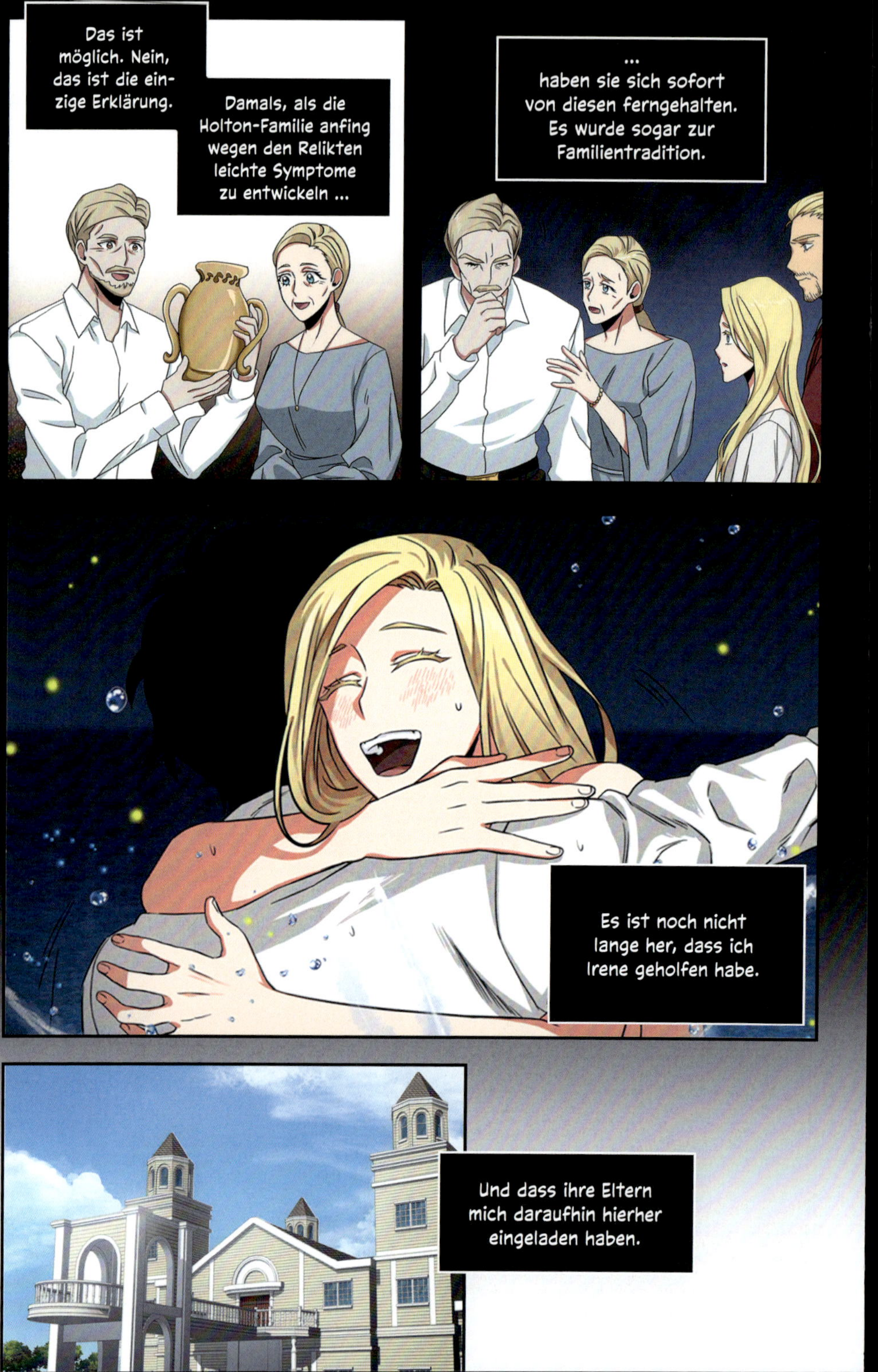
Das ist möglich. Nein, das ist die einzige Erklärung.
Damals, als die Holton-Familie anfing wegen den Relikten leichte Symptome zu entwickeln ...
... haben sie sich sofort von diesen ferngehalten. Es wurde sogar zur Familientradition.
Es ist noch nicht lange her, dass ich Irene geholfen habe.
Und dass ihre Eltern mich daraufhin hierher eingeladen haben.

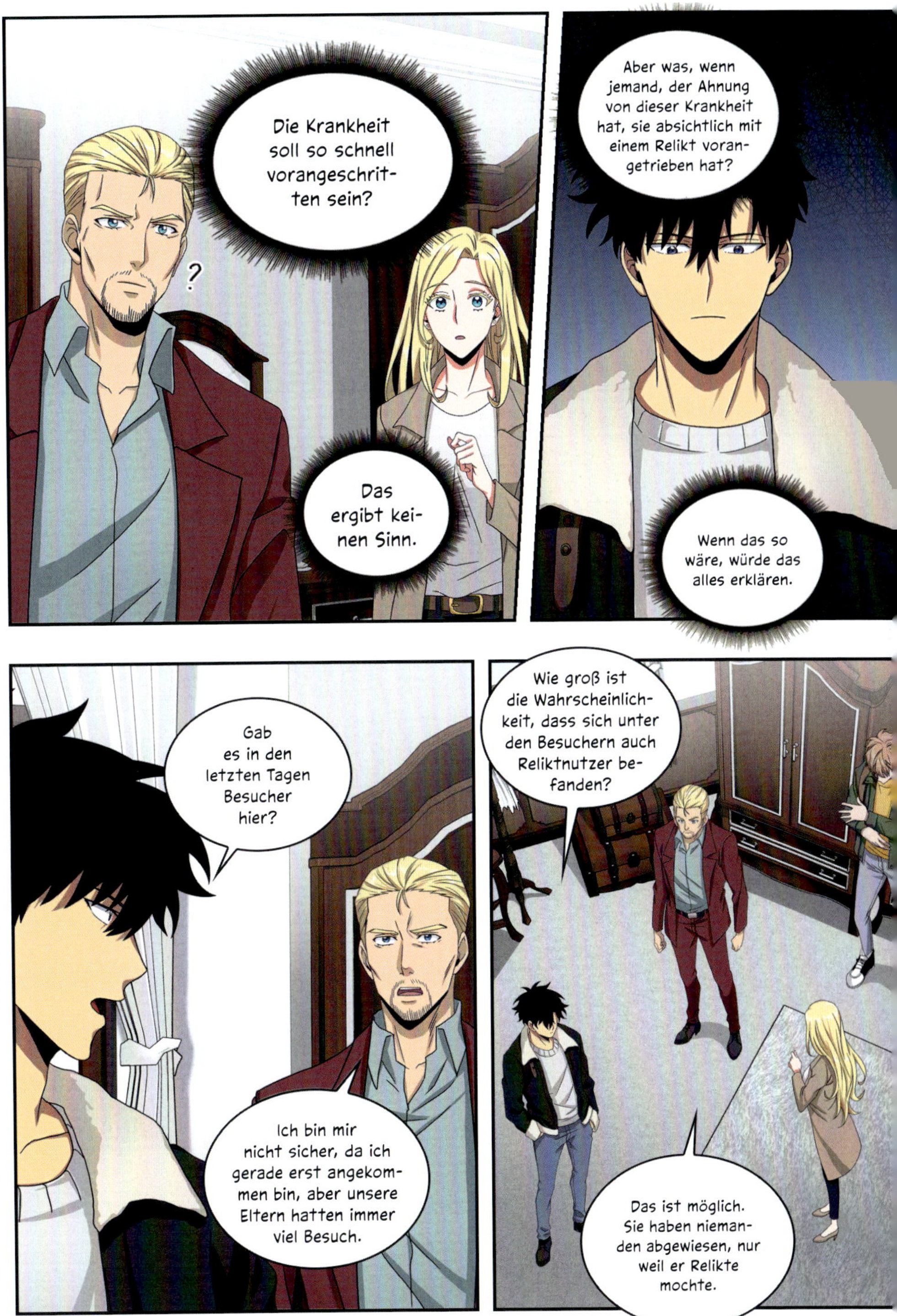
Die Krankheit soll so schnell vorangeschritten sein?
Das ergibt keinen Sinn.
Aber was, wenn jemand, der Ahnung von dieser Krankheit hat, sie absichtlich mit einem Relikt vorangetrieben hat?
Wenn das so wäre, würde das alles erklären.
Gab es in den letzten Tagen Besucher hier?
Ich bin mir nicht sicher, da ich gerade erst angekommen bin, aber unsere Eltern hatten immer viel Besuch.
Wie groß ist die Wahrscheinlichkeit, dass sich unter den Besuchern auch Reliktnutzer befanden?
Das ist möglich. Sie haben niemanden abgewiesen, nur weil er Relikte mochte.

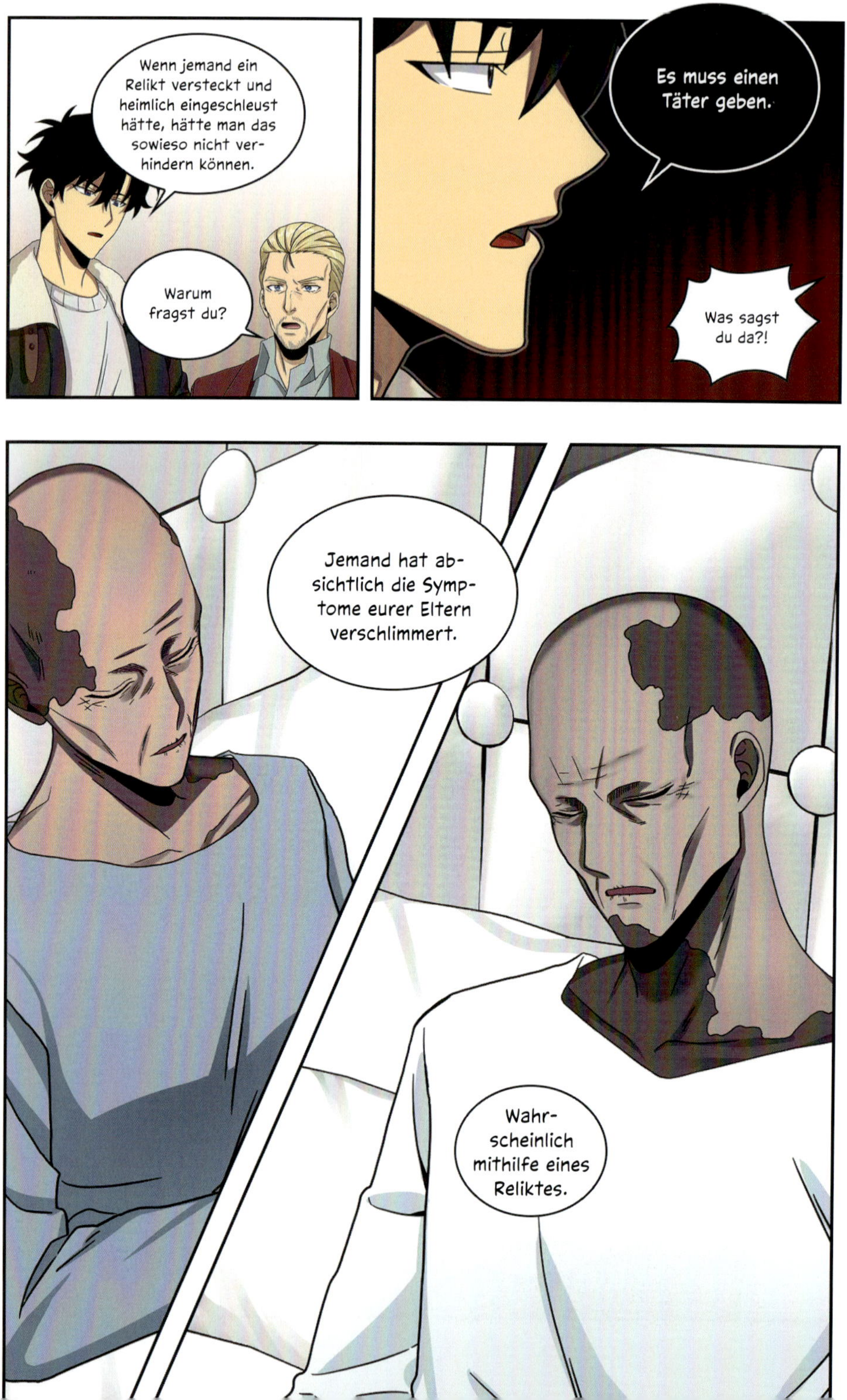
Wenn jemand ein Relikt versteckt und heimlich eingeschleust hätte, hätte man das sowieso nicht verhindern können.
Warum fragst du?
Es muss einen Täter geben.
Was sagst du da?!
Jemand hat absichtlich die Symptome eurer Eltern verschlimmert.
Wahrscheinlich mithilfe eines Reliktes.

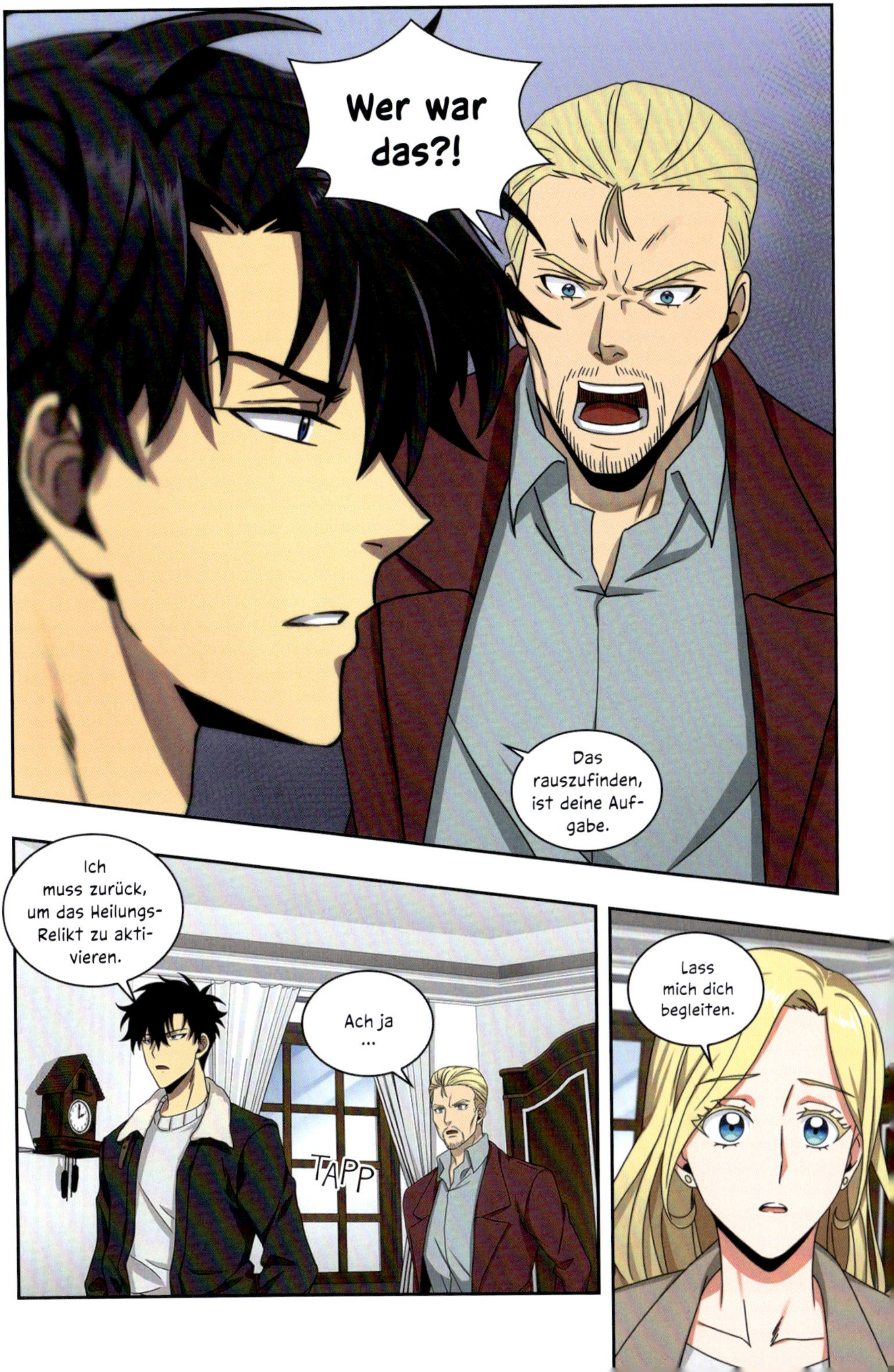
Wer war das?!
Das rauszufinden, ist deine Aufgabe.
Ich muss zurück, um das Heilungs-Relikt zu aktivieren.
Ach ja ...
TAPP
Lass mich dich begleiten.

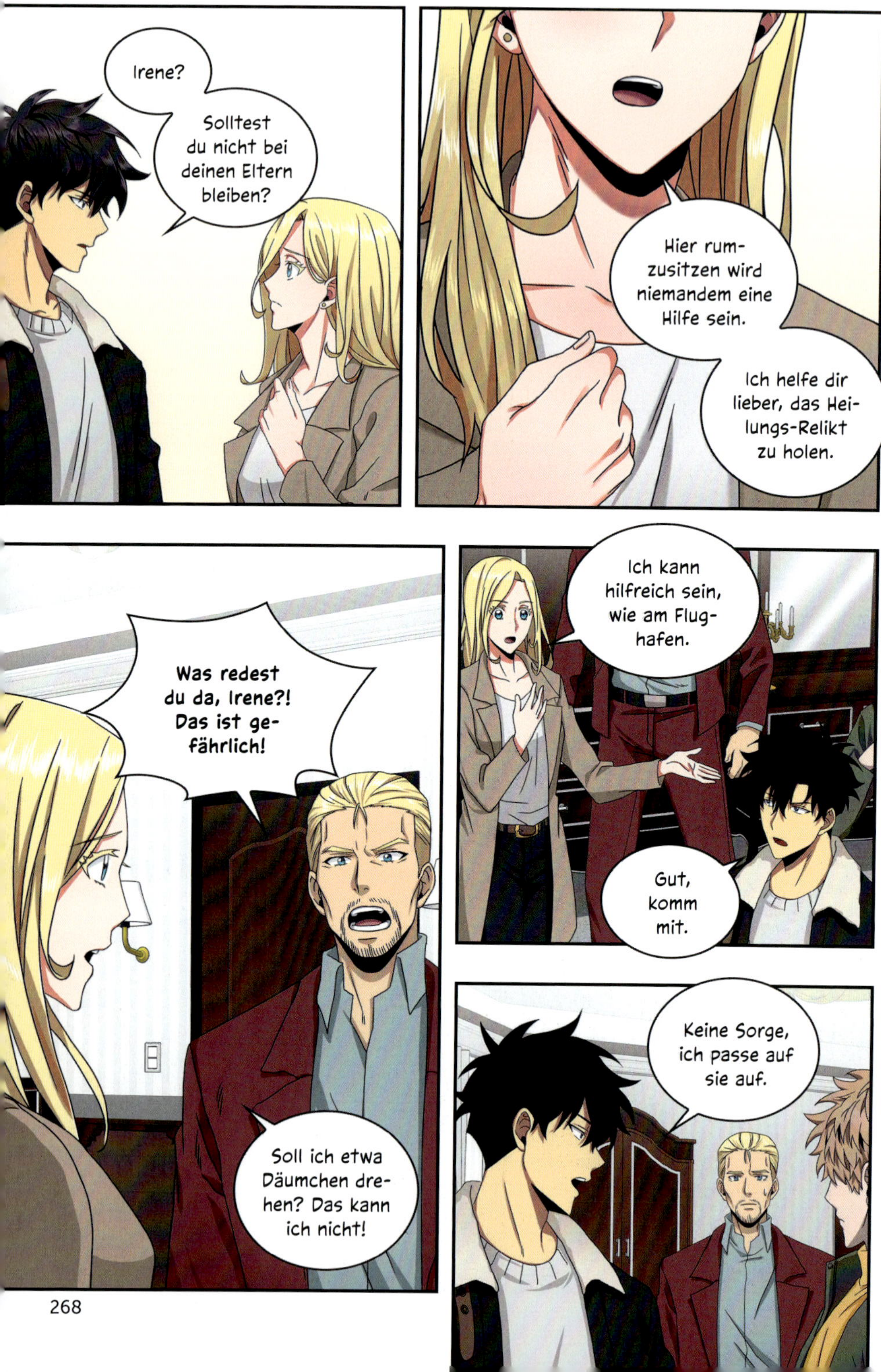
Irene?
Solltest du nicht bei deinen Eltern bleiben?
Hier rum-zusitzen wird niemandem eine Hilfe sein.
Ich helfe dir lieber, das Hei-lungs-Relikt zu holen.
Was redest du da, Irene?! Das ist ge-fährlich!
Soll ich etwa Däumchen dre-hen? Das kann ich nicht!
Ich kann hilfreich sein, wie am Flug-hafen.
Gut, komm mit.
Keine Sorge, ich passe auf sie auf.

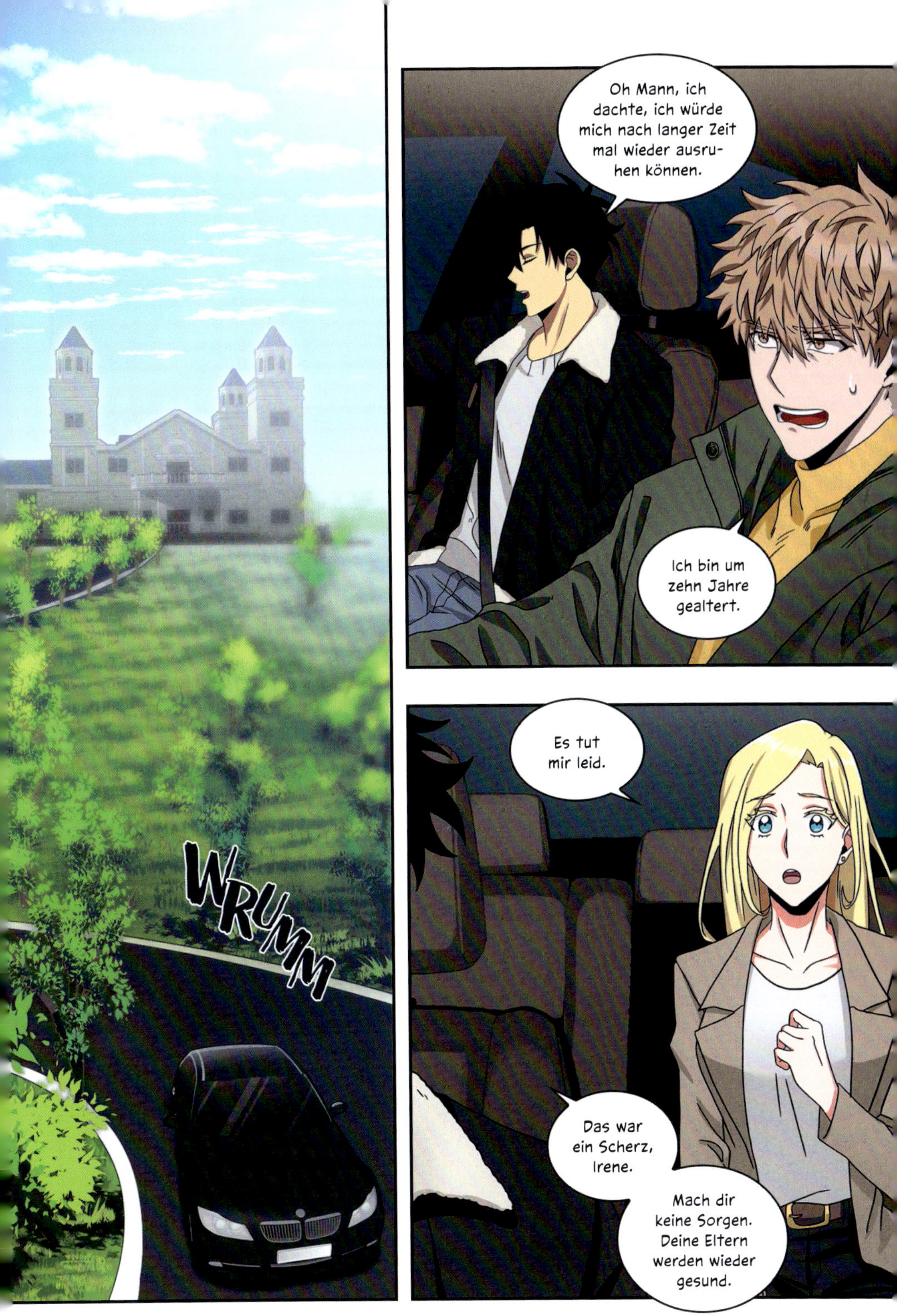
WRUMM
Oh Mann, ich dachte, ich würde mich nach langer Zeit mal wieder ausruhen können.
Ich bin um zehn Jahre gealtert.
Es tut mir leid.
Das war ein Scherz, Irene.
Mach dir keine Sorgen. Deine Eltern werden wieder gesund.

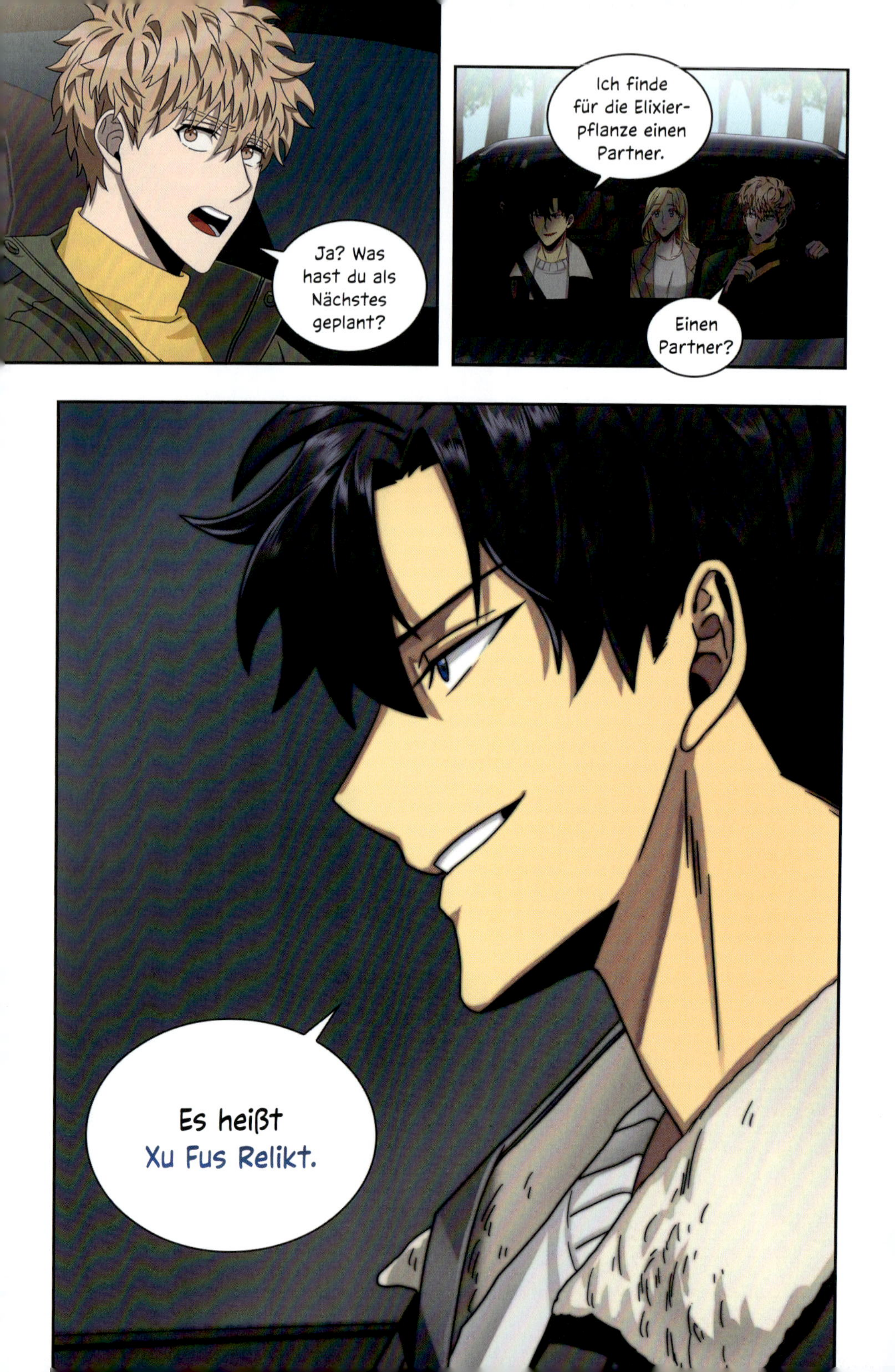
Ja? Was hast du als Nächstes geplant?
Ich finde für die Elixier-pflanze einen Partner.
Einen Partner?
Es heißt Xu Fus Relikt.

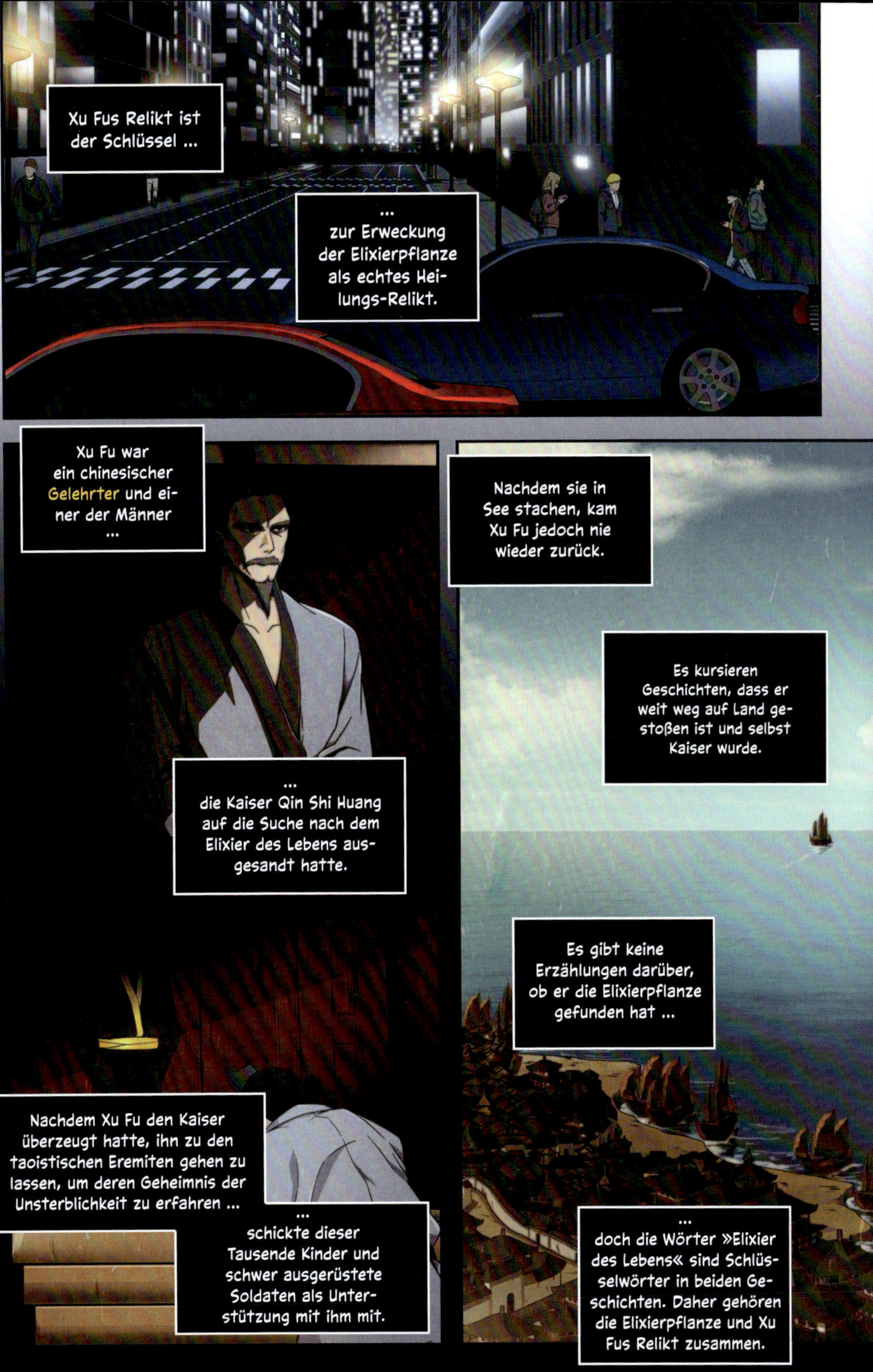
Xu Fus Relikt ist der Schlüssel ...
... zur Erweckung der Elixierpflanze als echtes Heilungs-Relikt.
Xu Fu war ein chinesischer Gelehrter und einer der Männer ...
... die Kaiser Qin Shi Huang auf die Suche nach dem Elixier des Lebens ausgesandt hatte.
Nachdem Xu Fu den Kaiser überzeugt hatte, ihn zu den taoistischen Eremiten gehen zu lassen, um deren Geheimnis der Unsterblichkeit zu erfahren ...
... schickte dieser Tausende Kinder und schwer ausgerüstete Soldaten als Unterstützung mit ihm mit.
Nachdem sie in See stachen, kam Xu Fu jedoch nie wieder zurück.
Es kursieren Geschichten, dass er weit weg auf Land gestoßen ist und selbst Kaiser wurde.
Es gibt keine Erzählungen darüber, ob er die Elixierpflanze gefunden hat ...
... doch die Wörter »Elixier des Lebens« sind Schlüsselwörter in beiden Geschichten. Daher gehören die Elixierpflanze und Xu Fus Relikt zusammen.

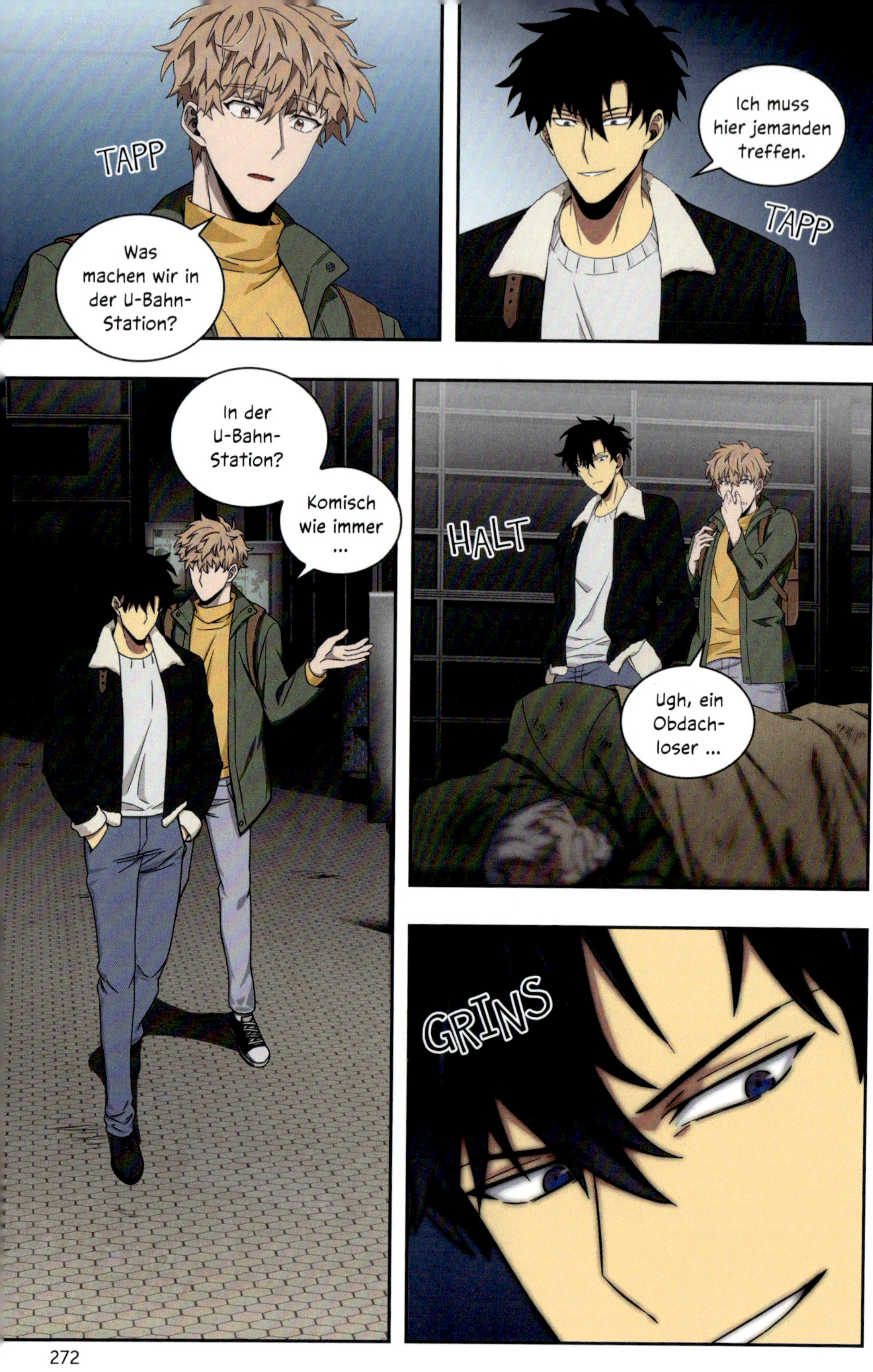
TAPP
Was machen wir in der U-Bahn-Station?
Ich muss hier jemanden treffen.
TAPP
In der U-Bahn-Station?
Komisch wie immer ...
HALT
Ugh, ein Obdach-loser ...
GRINS

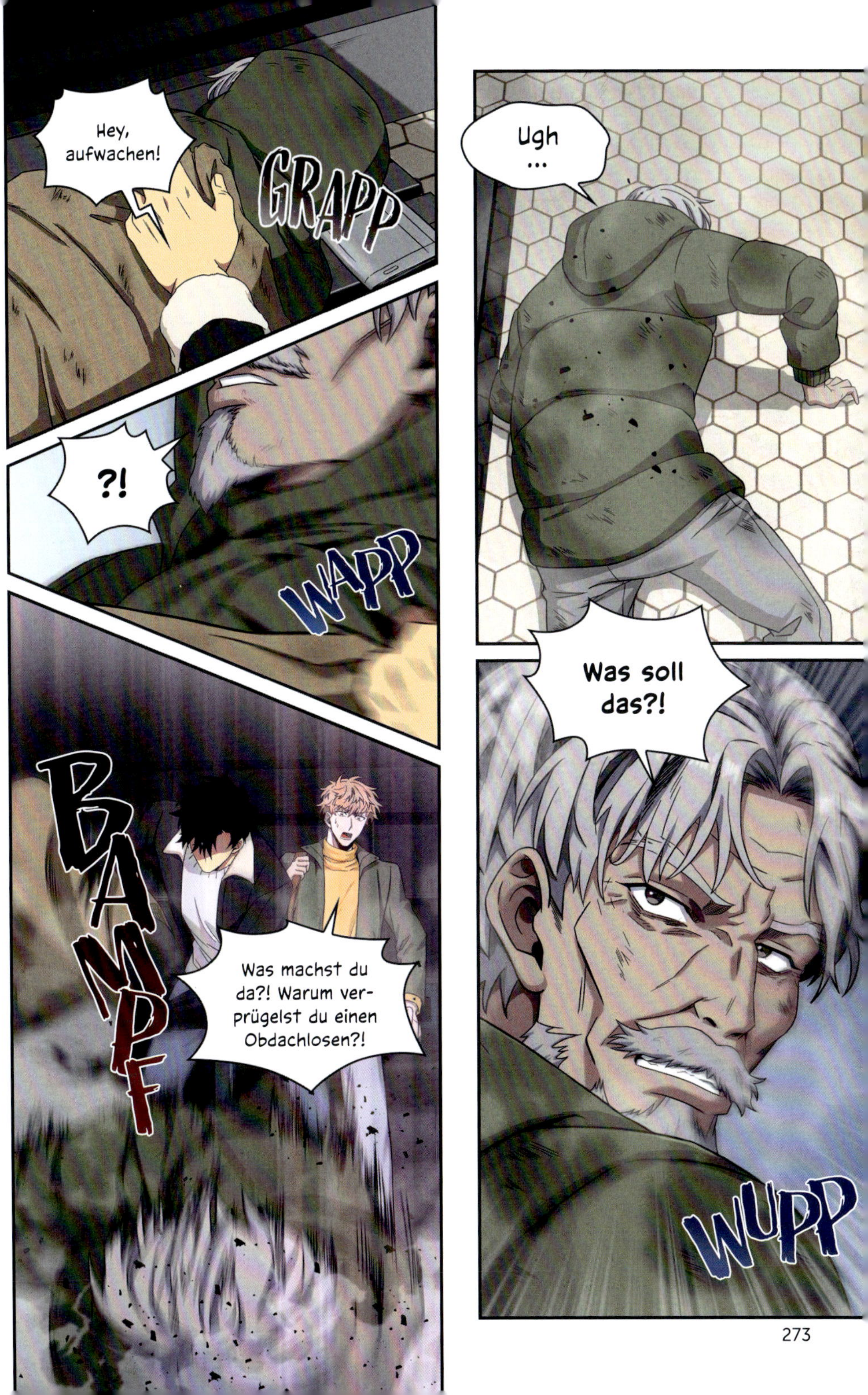
Hey, aufwachen!
GRAPP
?!
WAPP
BAMPF
Was machst du da?! Warum verprügelst du einen Obdachlosen?!
Ugh ...
Was soll das?!
WUPP

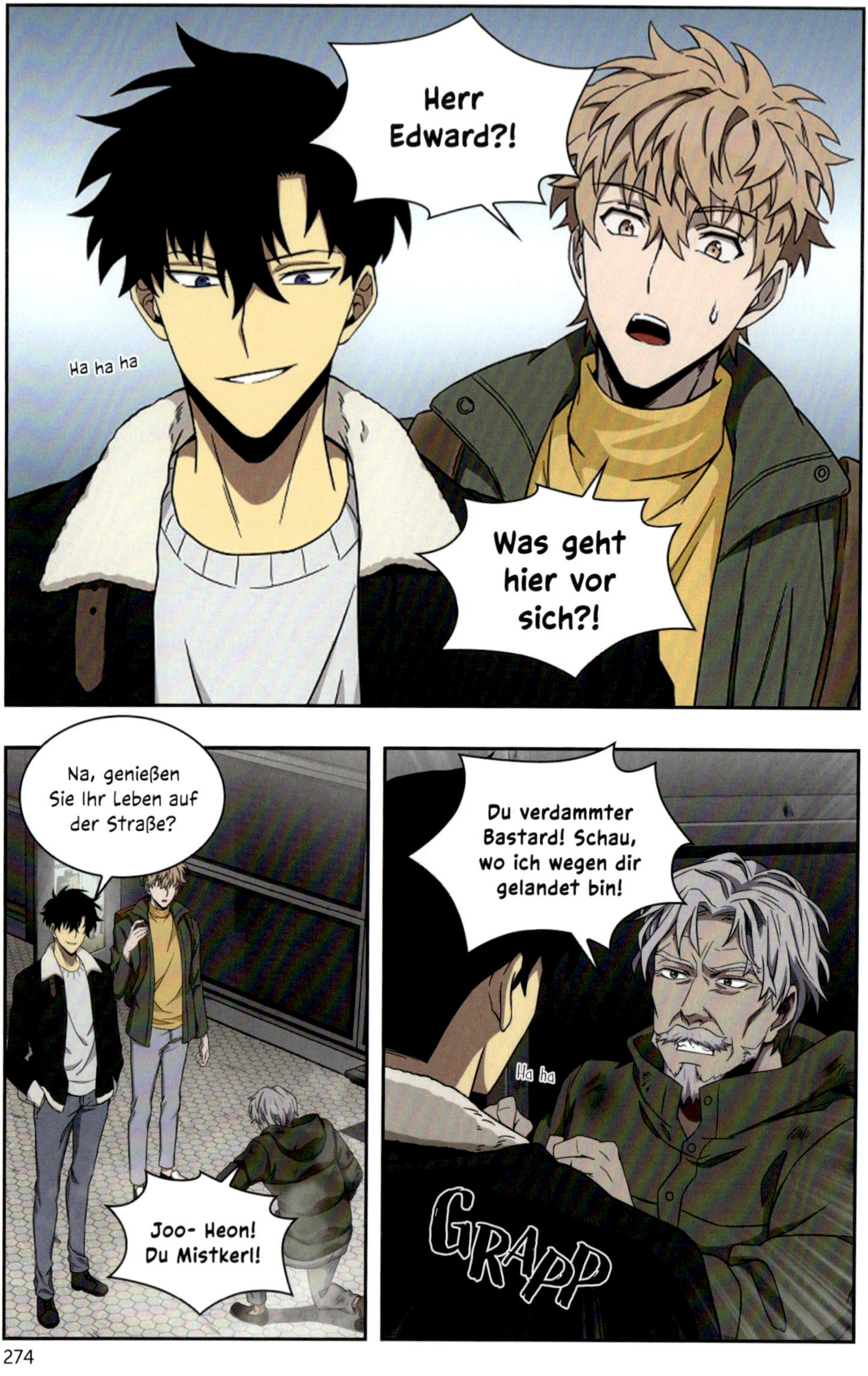
Herr Edward?!
Ha ha ha
Was geht hier vor sich?!
Na, genießen Sie Ihr Leben auf der Straße?
Joo- Heon! Du Mistkerl!
Du verdammter Bastard! Schau, wo ich wegen dir gelandet bin!
Ha ha
GRAPP

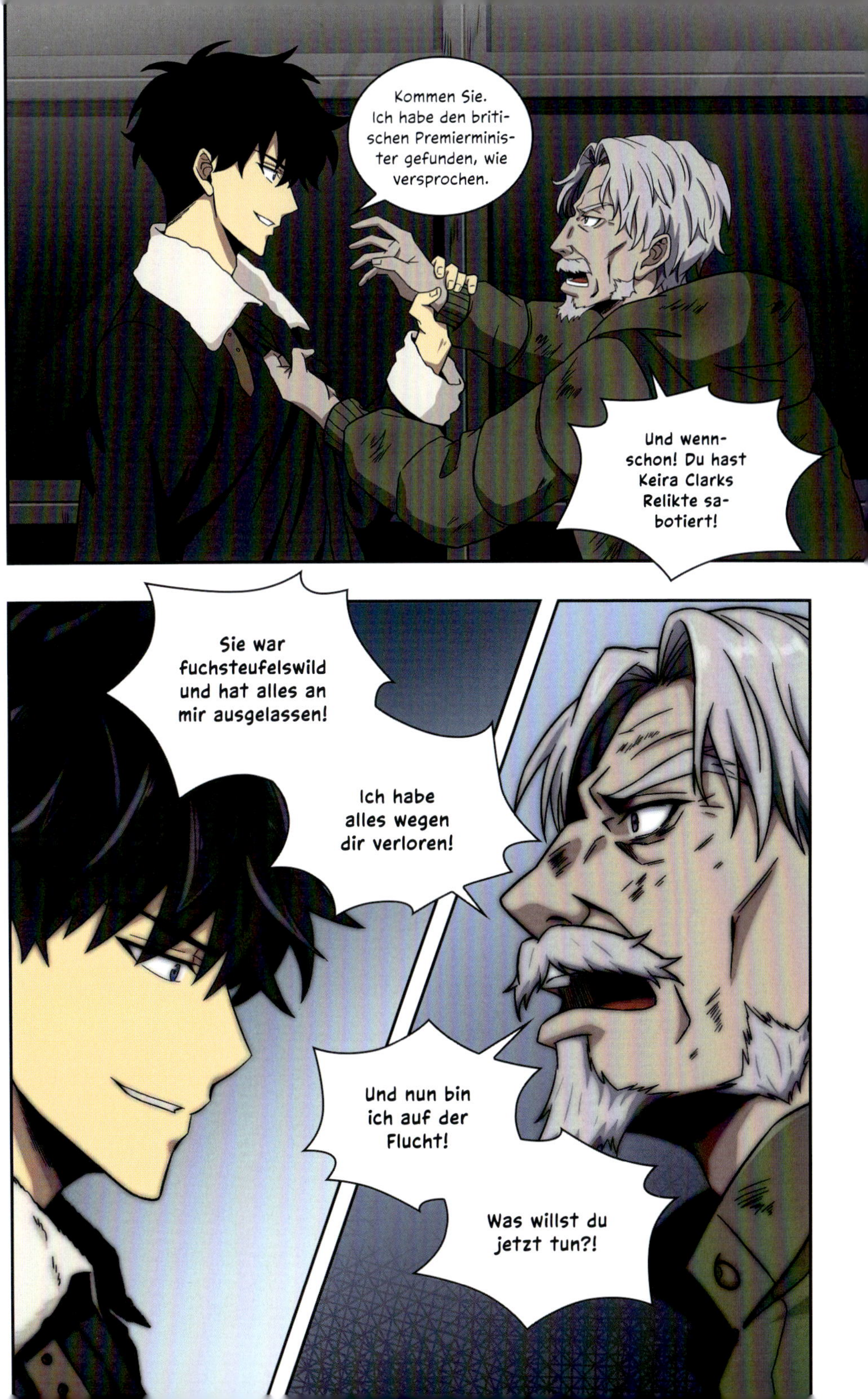
Kommen Sie.
Ich habe den britischen Premierminister gefunden, wie versprochen.
Und wennschon! Du hast Keira Clarks Relikte sabotiert!
Sie war fuchsteufelswild und hat alles an mir ausgelassen!
Ich habe alles wegen dir verloren!
Und nun bin ich auf der Flucht!
Was willst du jetzt tun?!

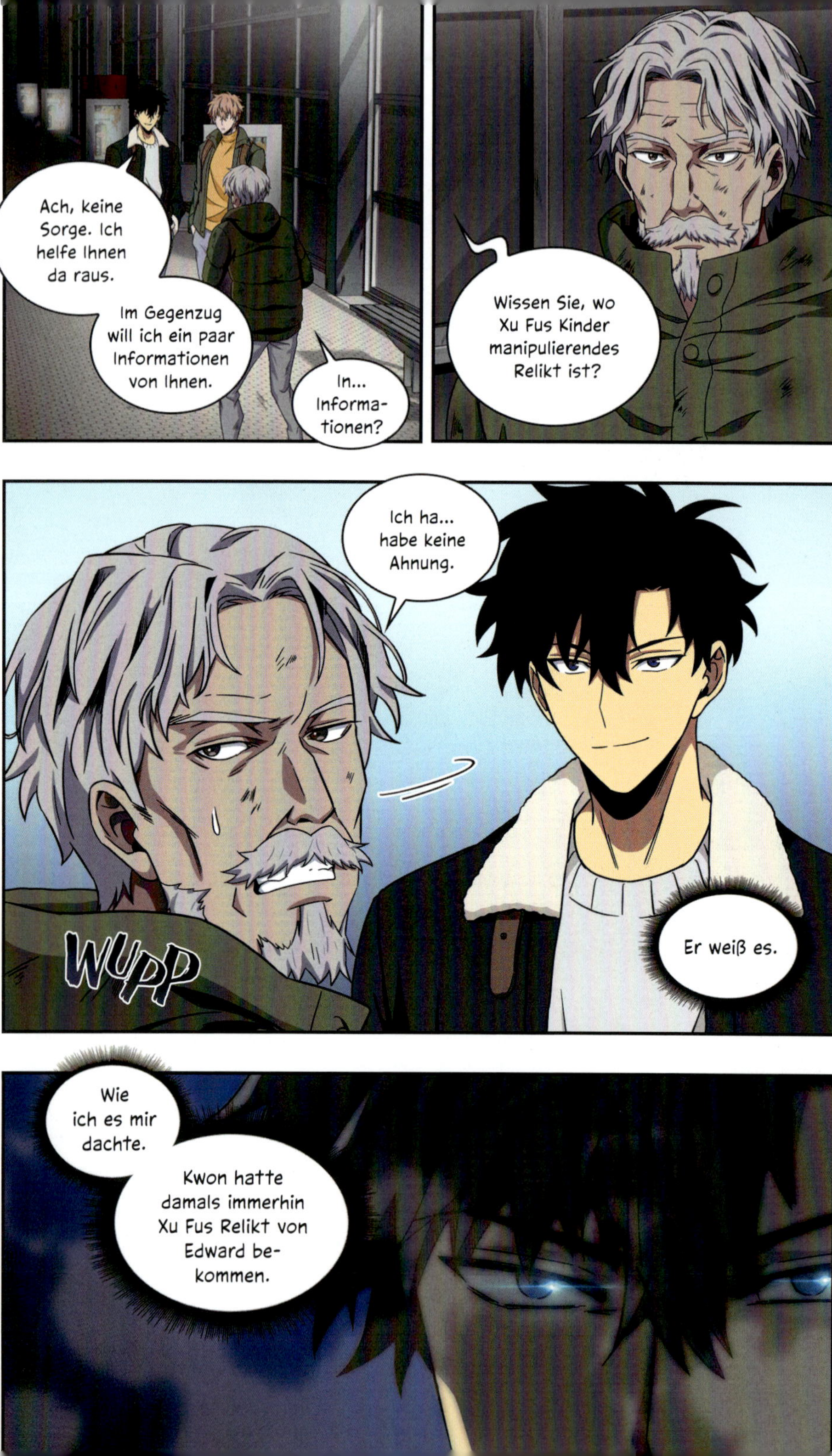
Ach, keine Sorge. Ich helfe Ihnen da raus.
Im Gegenzug will ich ein paar Informationen von Ihnen.
In... Informa-tionen?
Wissen Sie, wo Xu Fus Kinder manipulierendes Relikt ist?
Ich ha... habe keine Ahnung.
WUPP
Er weiß es.
Wie ich es mir dachte.
Kwon hatte damals immerhin Xu Fus Relikt von Edward be-kommen.

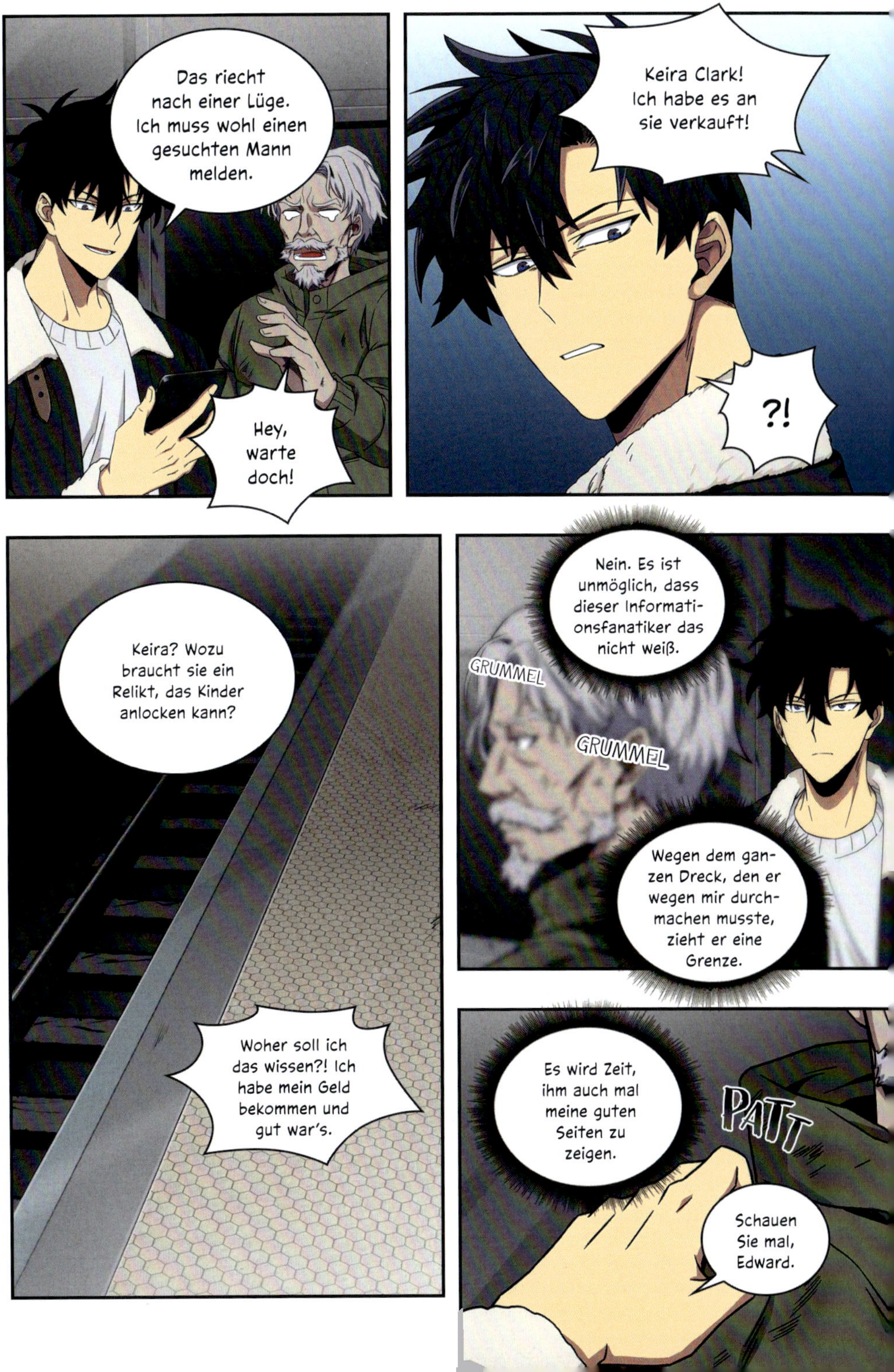
Das riecht nach einer Lüge. Ich muss wohl einen gesuchten Mann melden.
Hey, warte doch!
Keira Clark! Ich habe es an sie verkauft!
?!
Keira? Wozu braucht sie ein Relikt, das Kinder anlocken kann?
Woher soll ich das wissen?! Ich habe mein Geld bekommen und gut war's.
Nein. Es ist unmöglich, dass dieser Informati-onsfanatiker das nicht weiß.
GRUMMEL
GRUMMEL
Wegen dem gan-zen Dreck, den er wegen mir durch-machen musste, zieht er eine Grenze.
Es wird Zeit, ihm auch mal meine guten Seiten zu zeigen.
PATT
Schauen Sie mal, Edward.

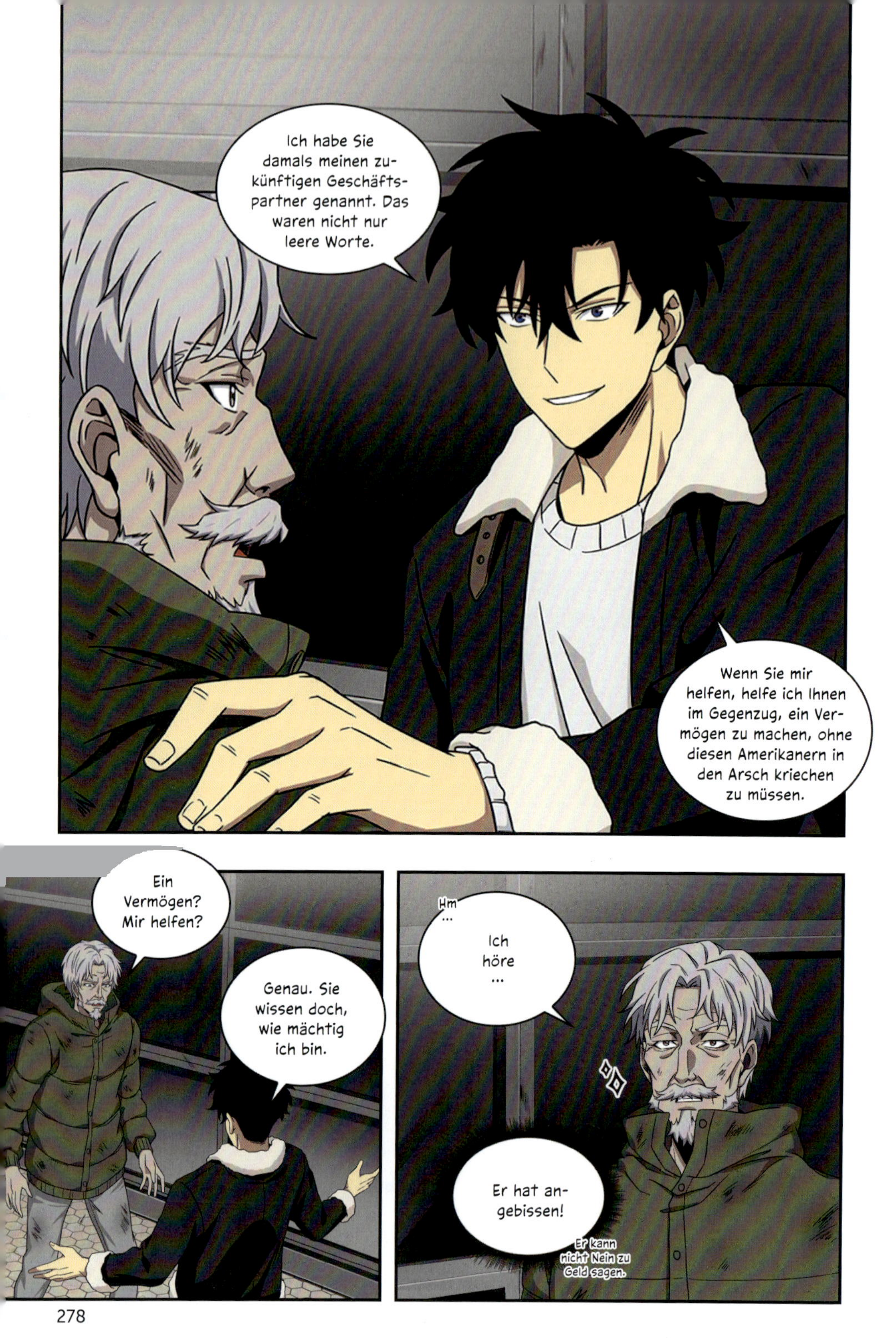
Ich habe Sie damals meinen zukünftigen Geschäftspartner genannt. Das waren nicht nur leere Worte.
Wenn Sie mir helfen, helfe ich Ihnen im Gegenzug, ein Vermögen zu machen, ohne diesen Amerikanern in den Arsch kriechen zu müssen.
Ein Vermögen? Mir helfen?
Genau. Sie wissen doch, wie mächtig ich bin.
Hm ...
Ich höre ...
Er hat angebissen!
Er kann nicht Nein zu Geld sagen.

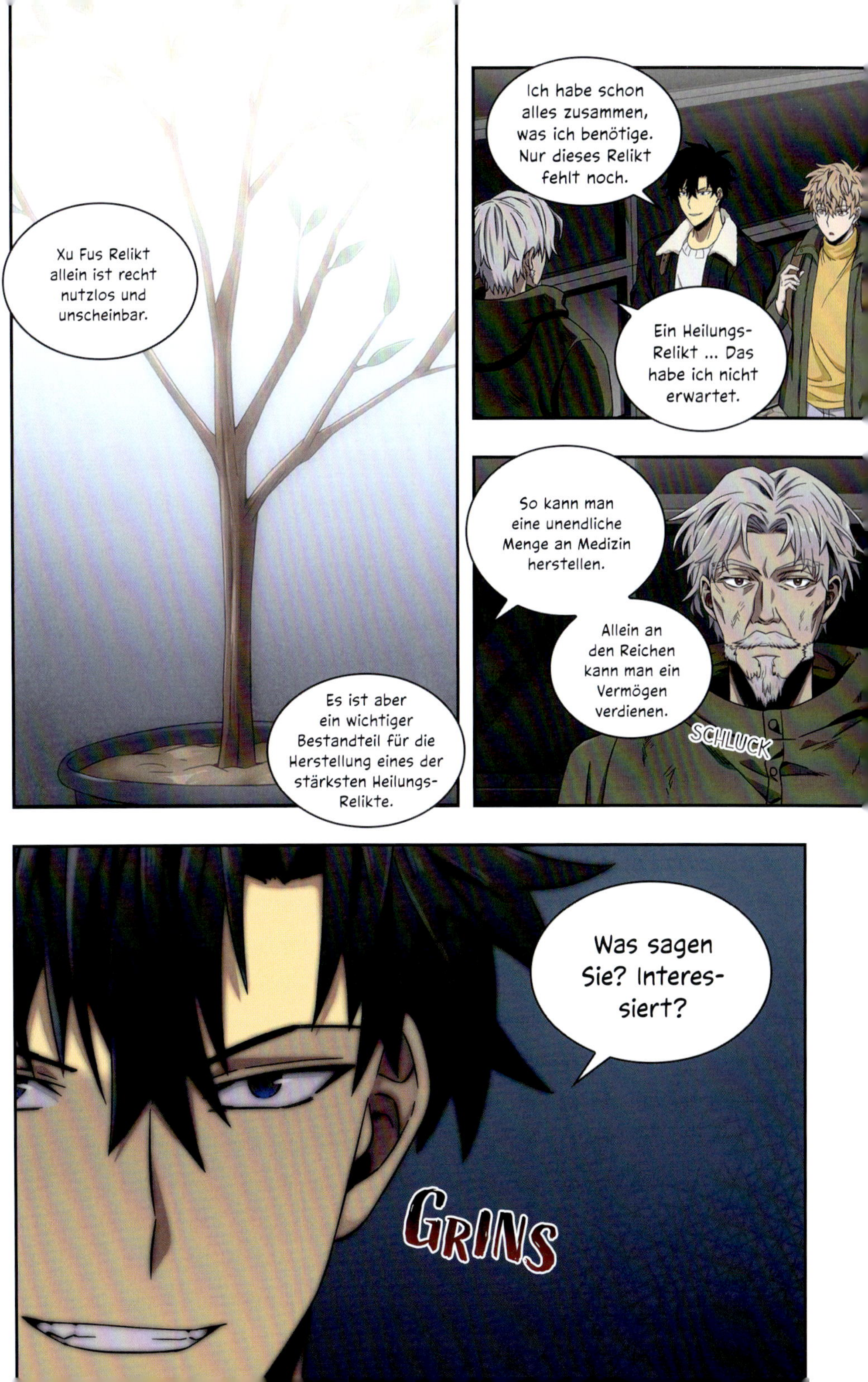
Xu Fus Relikt allein ist recht nutzlos und unscheinbar.
Es ist aber ein wichtiger Bestandteil für die Herstellung eines der stärksten Heilungs-Relikte.
Ich habe schon alles zusammen, was ich benötige. Nur dieses Relikt fehlt noch.
Ein Heilungs-Relikt ... Das habe ich nicht erwartet.
So kann man eine unendliche Menge an Medizin herstellen.
Allein an den Reichen kann man ein Vermögen verdienen.
SCHLUCK
Was sagen Sie? Interes-siert?
GRINS

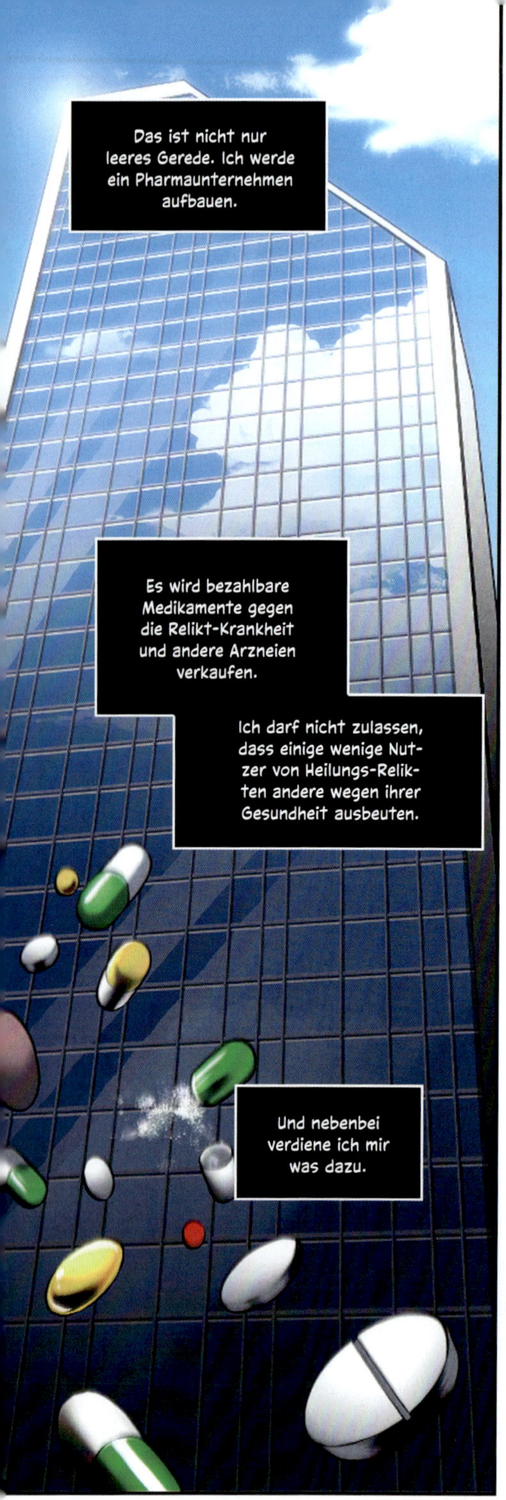
Das ist nicht nur leeres Gerede. Ich werde ein Pharmaunternehmen aufbauen.
Es wird bezahlbare Medikamente gegen die Relikt-Krankheit und andere Arzneien verkaufen.
Ich darf nicht zulassen, dass einige wenige Nutzer von Heilungs-Relikten andere wegen ihrer Gesundheit ausbeuten.
Und nebenbei verdiene ich mir was dazu.

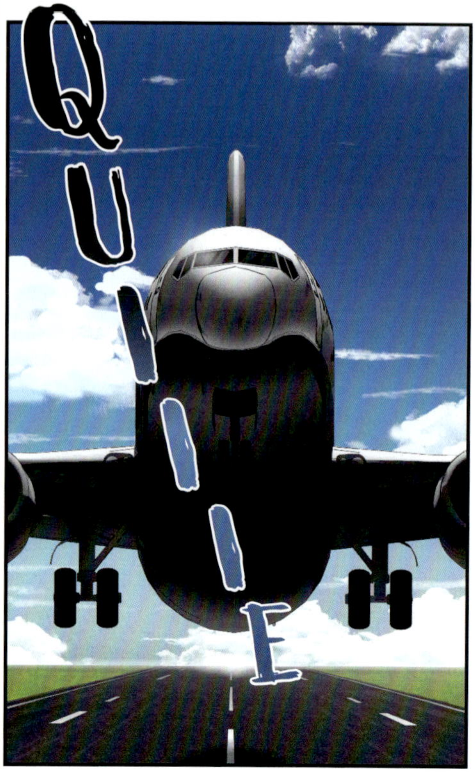
QUIIIIE

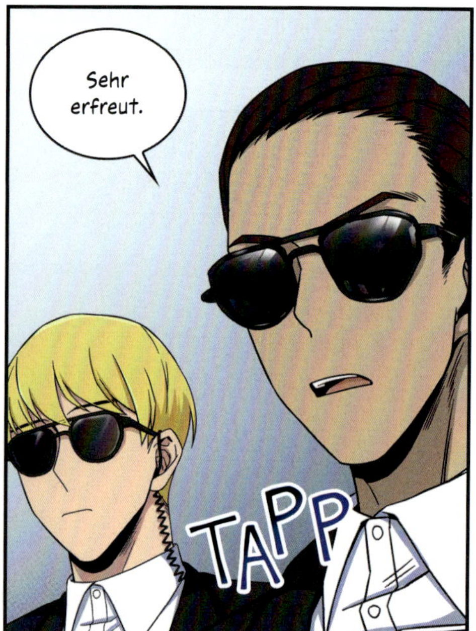
Sehr erfreut.
TAPP

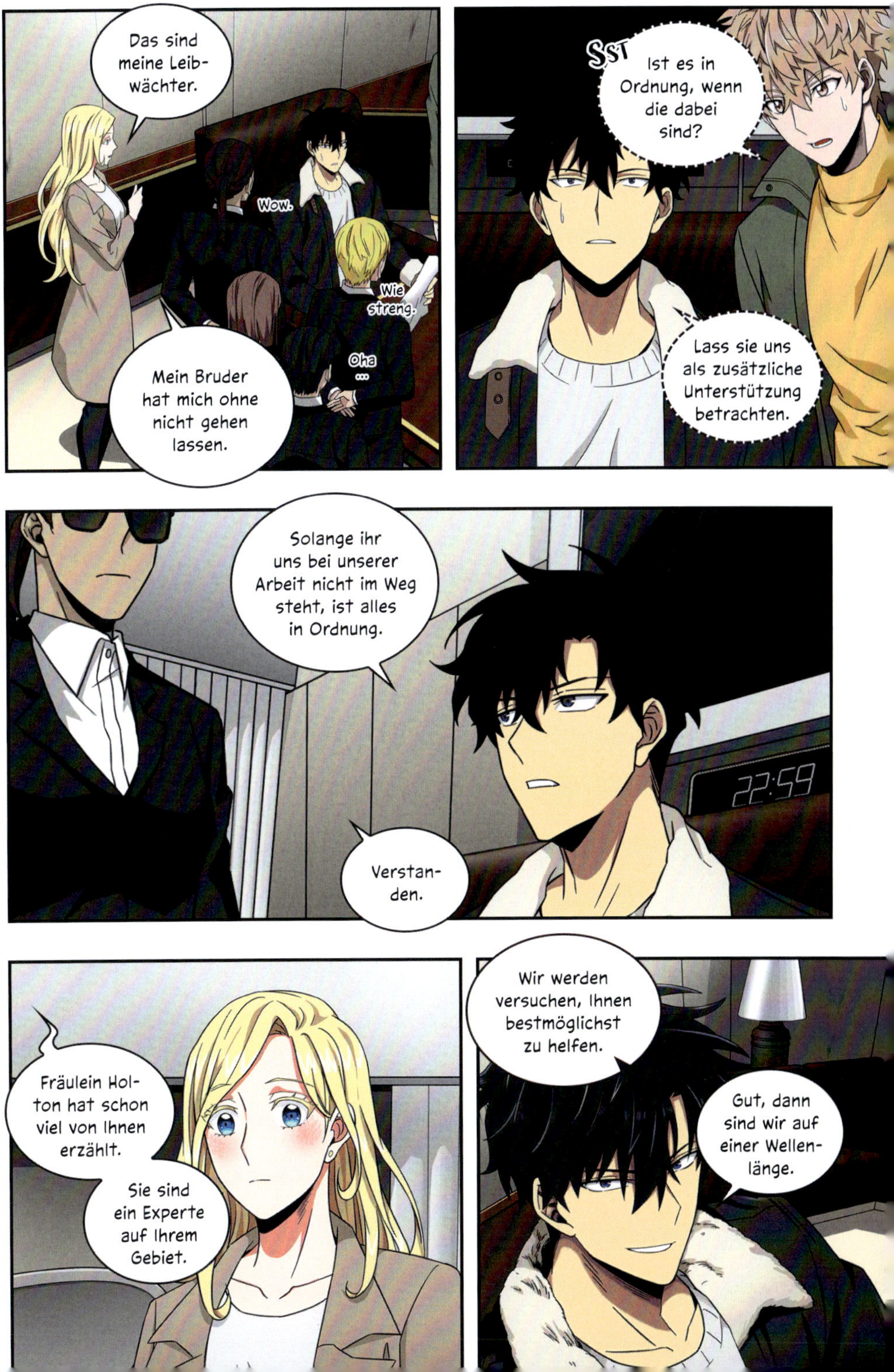
Das sind meine Leibwächter.
Wow.
Wie streng.
Oha ...
Mein Bruder hat mich ohne nicht gehen lassen.
SST
Ist es in Ordnung, wenn die dabei sind?
Lass sie uns als zusätzliche Unterstützung betrachten.
Solange ihr uns bei unserer Arbeit nicht im Weg steht, ist alles in Ordnung.
22:59
Verstanden.
Fräulein Holton hat schon viel von Ihnen erzählt.
Sie sind ein Experte auf Ihrem Gebiet.
Wir werden versuchen, Ihnen bestmöglichst zu helfen.
Gut, dann sind wir auf einer Wellenlänge.

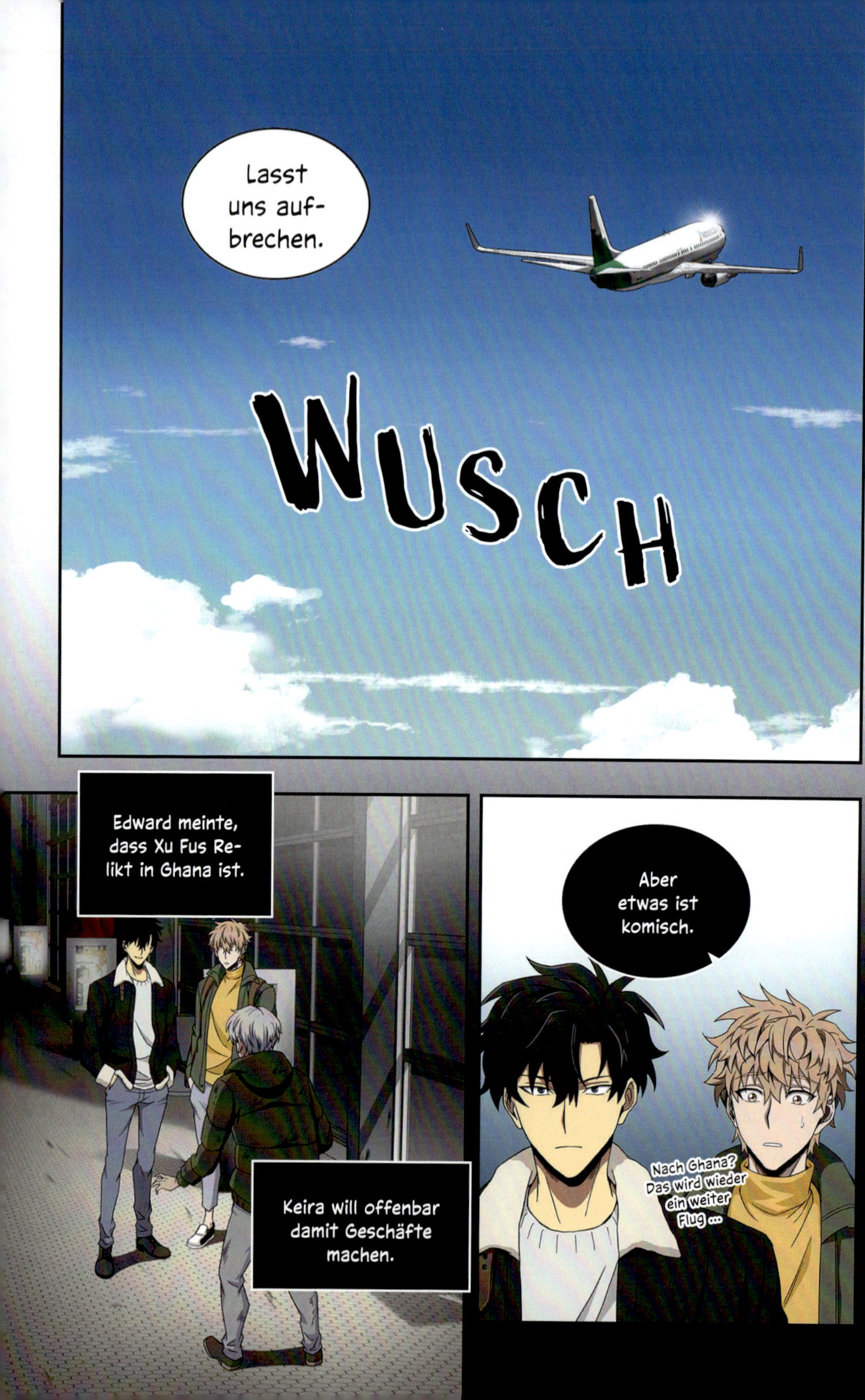
Lasst uns auf-brechen.
WUSCH
Edward meinte, dass Xu Fus Re-likt in Ghana ist.
Keira will offenbar damit Geschäfte machen.
Aber etwas ist komisch.
Nach Ghana? Das wird wieder ein weiter Flug ...

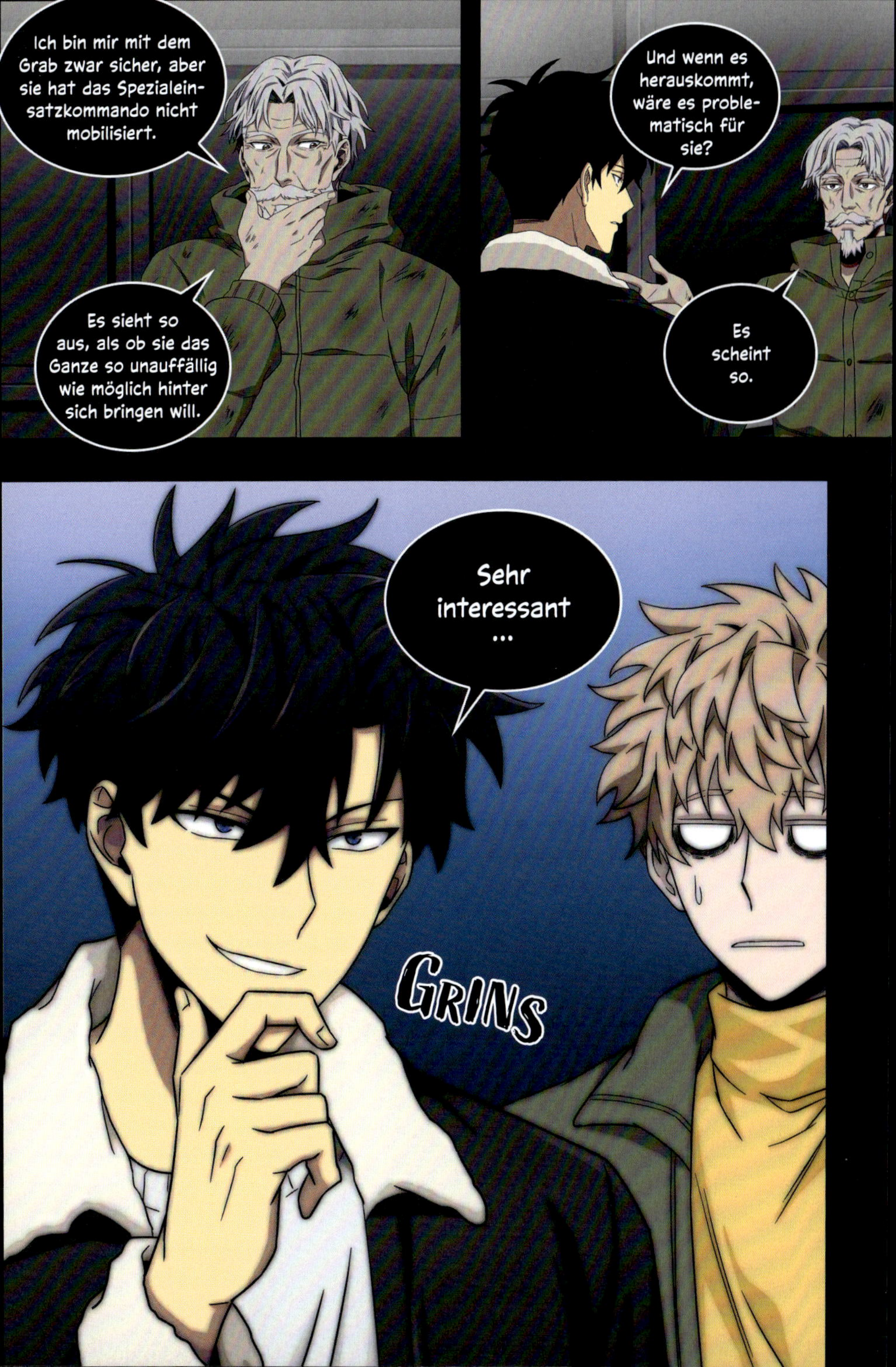
Ich bin mir mit dem Grab zwar sicher, aber sie hat das Spezialeinsatzkommando nicht mobilisiert.
Es sieht so aus, als ob sie das Ganze so unauffällig wie möglich hinter sich bringen will.
Und wenn es herauskommt, wäre es problematisch für sie?
Es scheint so.
Sehr interessant ...
GRINS

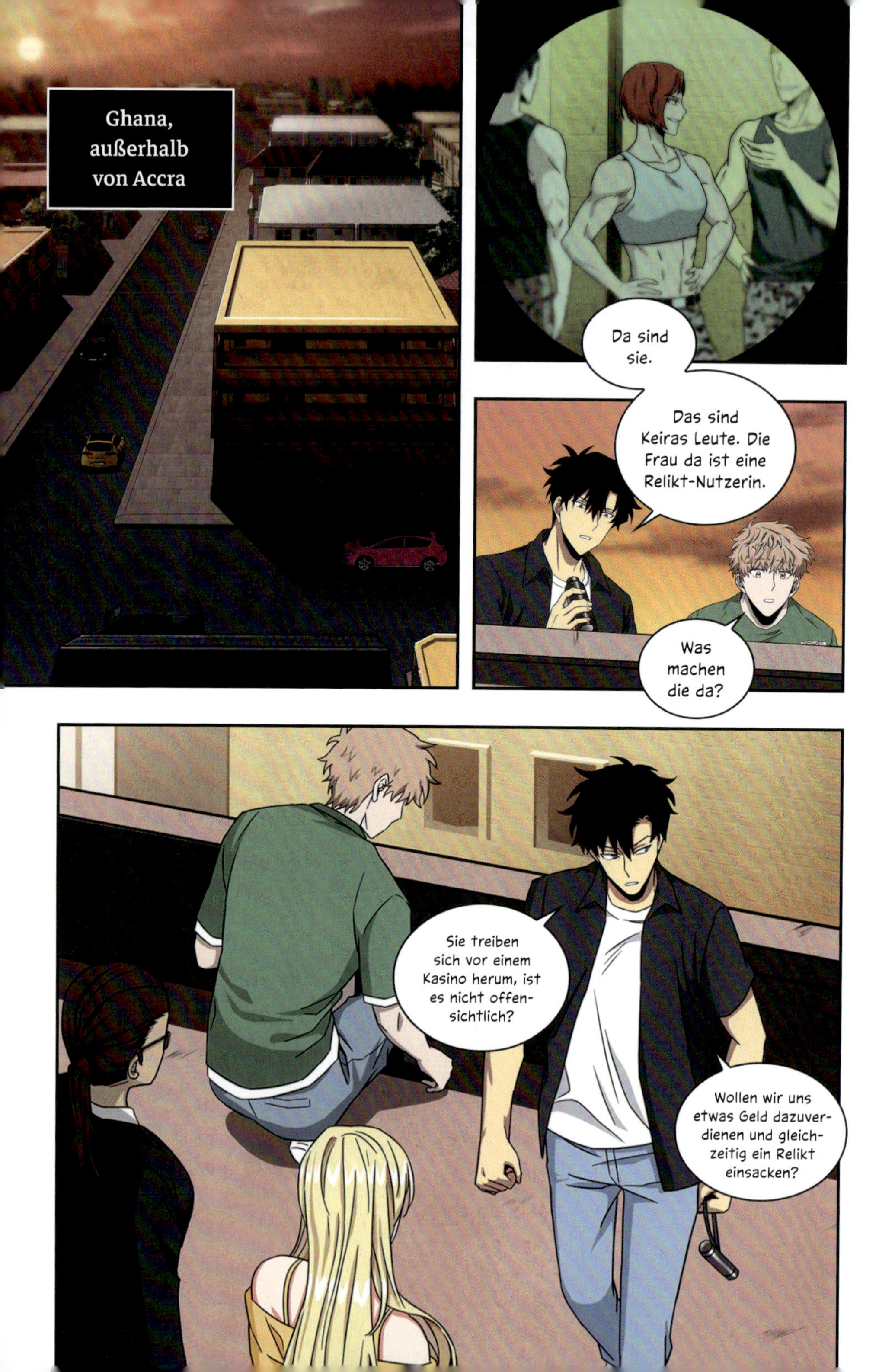

Ghana, außerhalb von Accra
Da sind sie.
Das sind Keiras Leute. Die Frau da ist eine Relikt-Nutzerin.
Was machen die da?
Sie treiben sich vor einem Kasino herum, ist es nicht offensichtlich?
Wollen wir uns etwas Geld dazuverdienen und gleichzeitig ein Relikt einsacken?

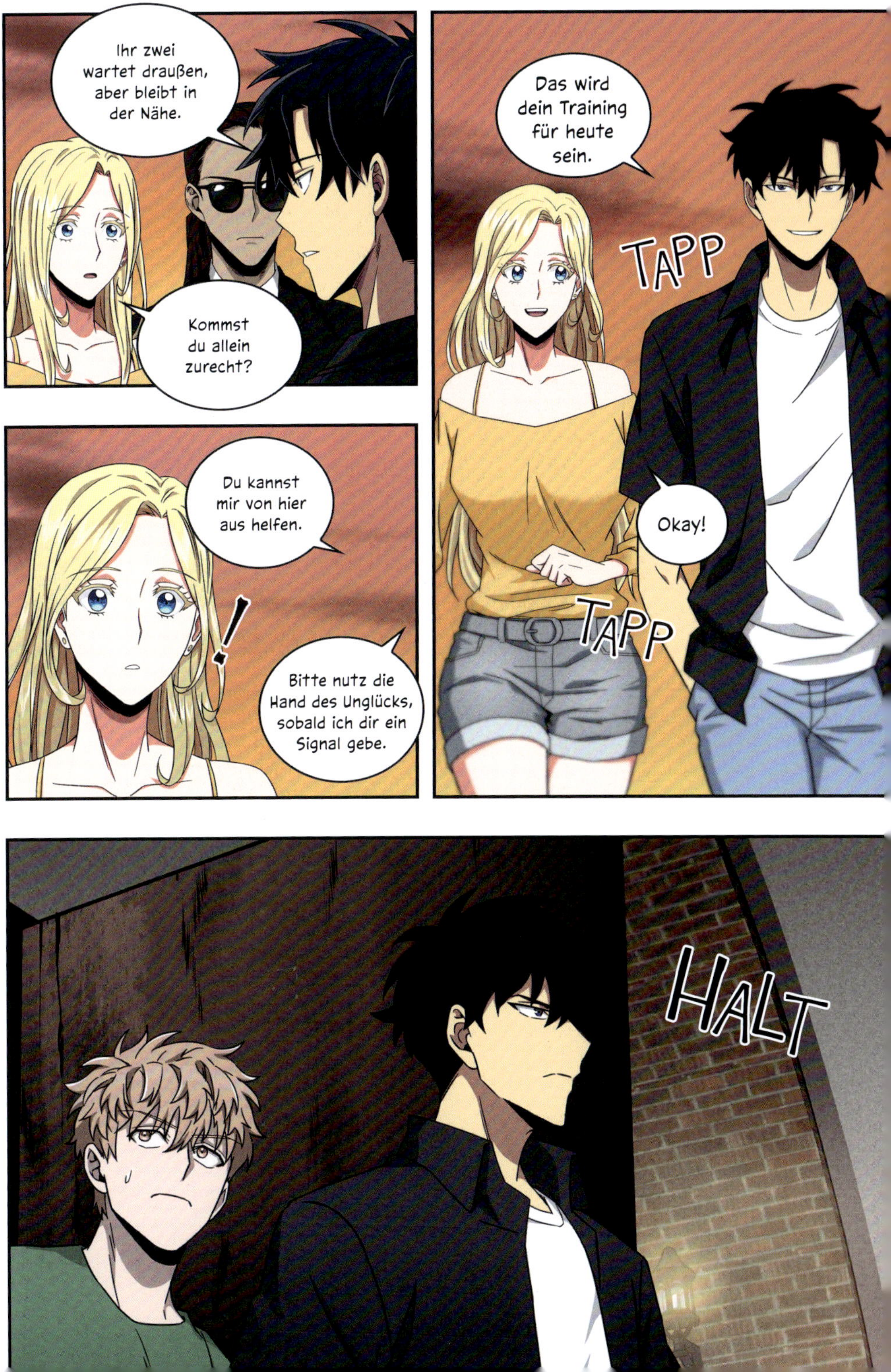
Ihr zwei wartet draußen, aber bleibt in der Nähe.
Kommst du allein zurecht?
Du kannst mir von hier aus helfen.
Bitte nutz die Hand des Unglücks, sobald ich dir ein Signal gebe.
Das wird dein Training für heute sein.
TAPP
Okay!
TAPP
HALT

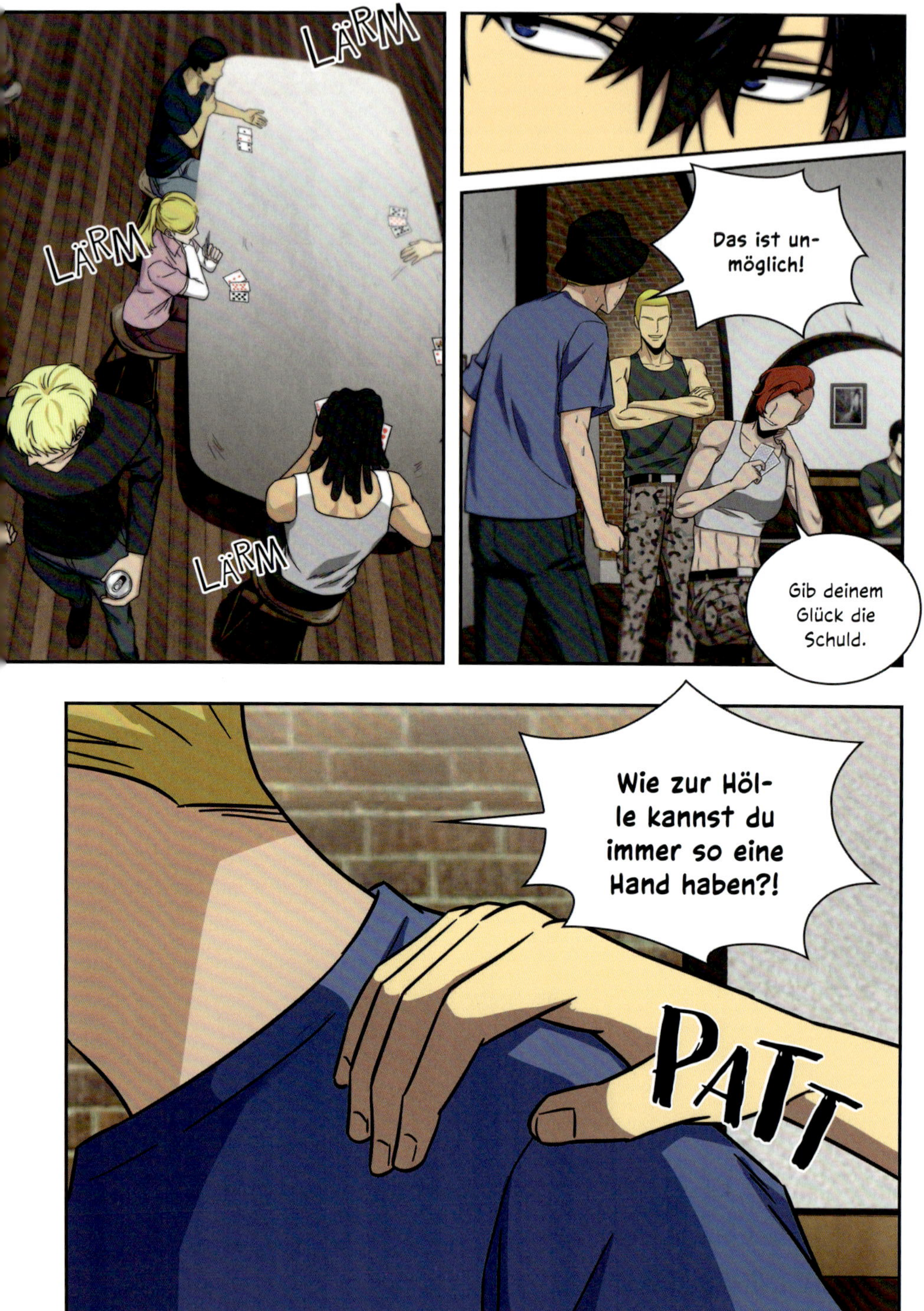
LÄRM
LÄRM
LÄRM
Das ist unmöglich!
Gib deinem Glück die Schuld.
Wie zur Hölle kannst du immer so eine Hand haben?!
PATT

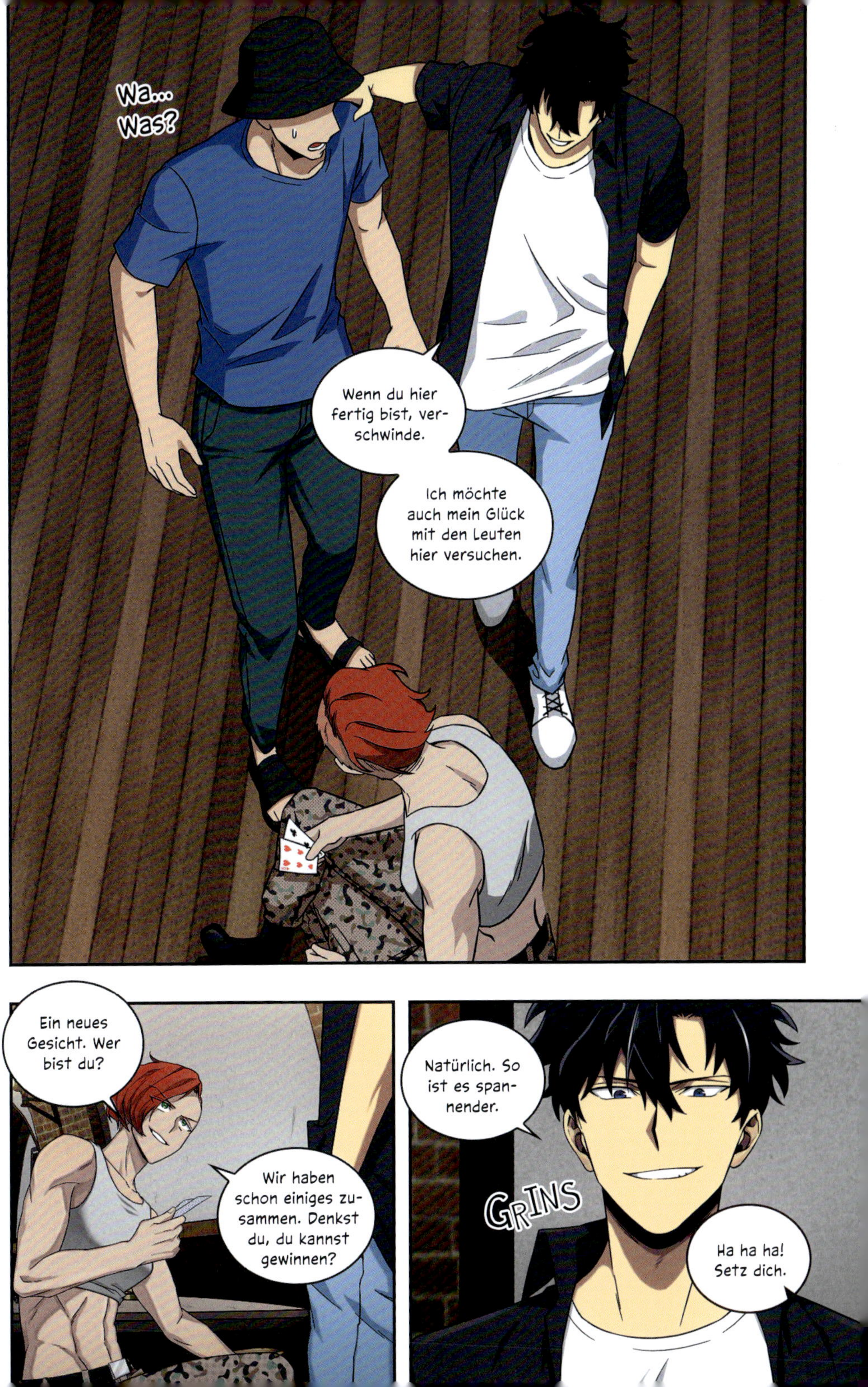
Wa... Was?
Wenn du hier fertig bist, verschwinde.
Ich möchte auch mein Glück mit den Leuten hier versuchen.
Ein neues Gesicht. Wer bist du?
Wir haben schon einiges zusammen. Denkst du, du kannst gewinnen?
Natürlich. So ist es spannender.
GRINS
Ha ha ha! Setz dich.

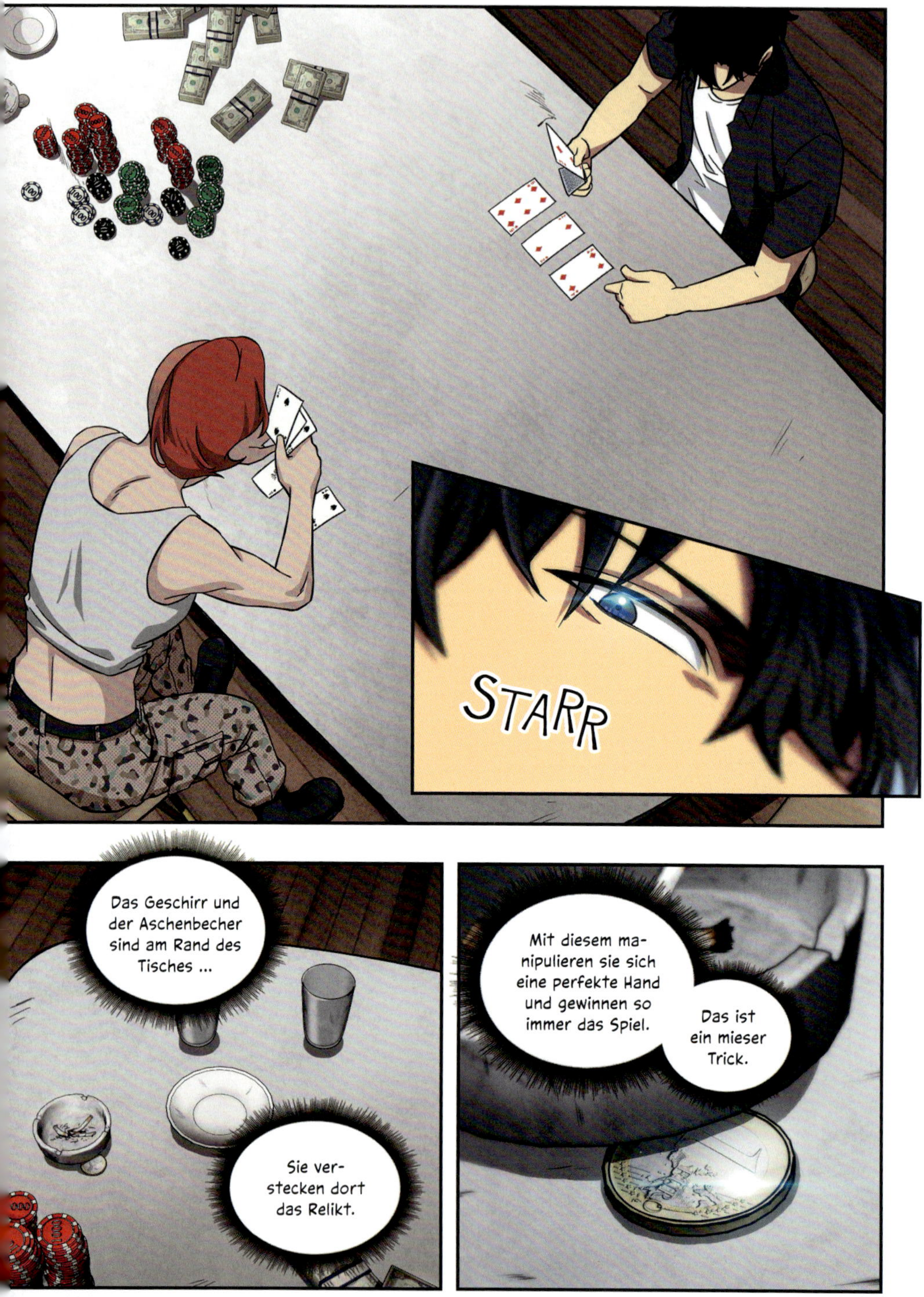
STARR
Das Geschirr und der Aschenbecher sind am Rand des Tisches ...
Sie verstecken dort das Relikt.
Mit diesem manipulieren sie sich eine perfekte Hand und gewinnen so immer das Spiel.
Das ist ein mieser Trick.

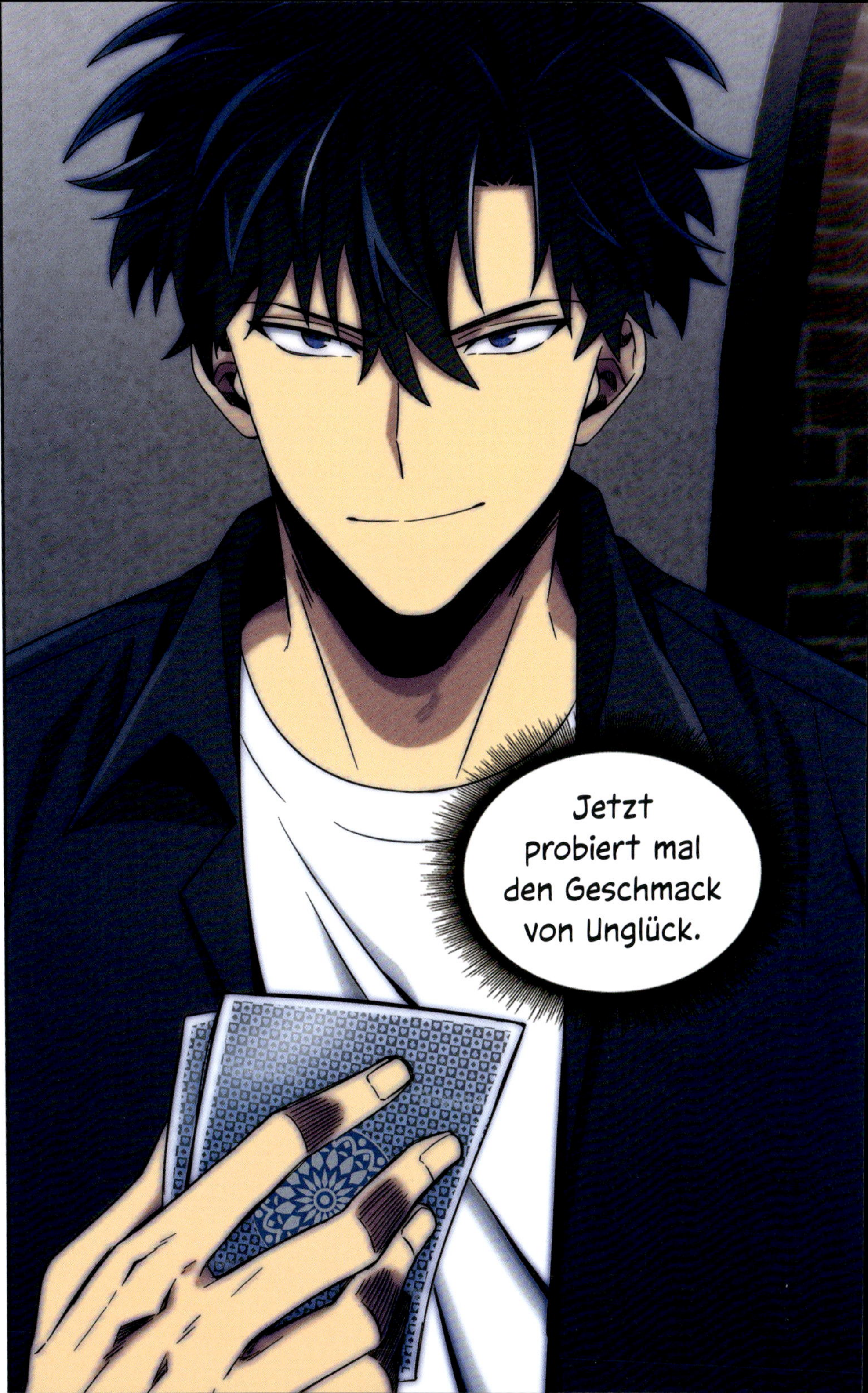
Jetzt probiert mal den Geschmack von Unglück.

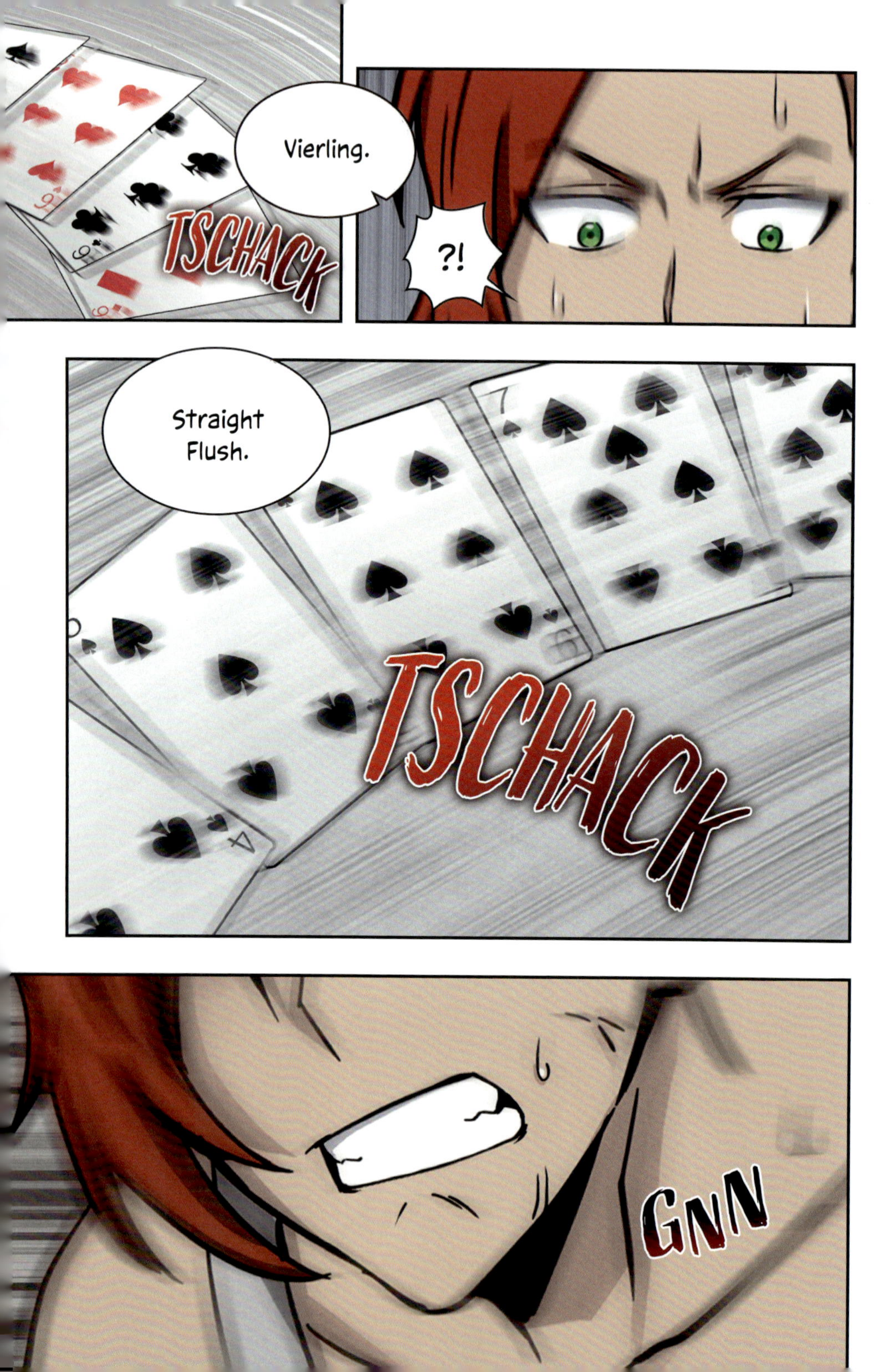
Vierling.
TSCHACK
?!
Straight Flush.
TSCHACK
GNN

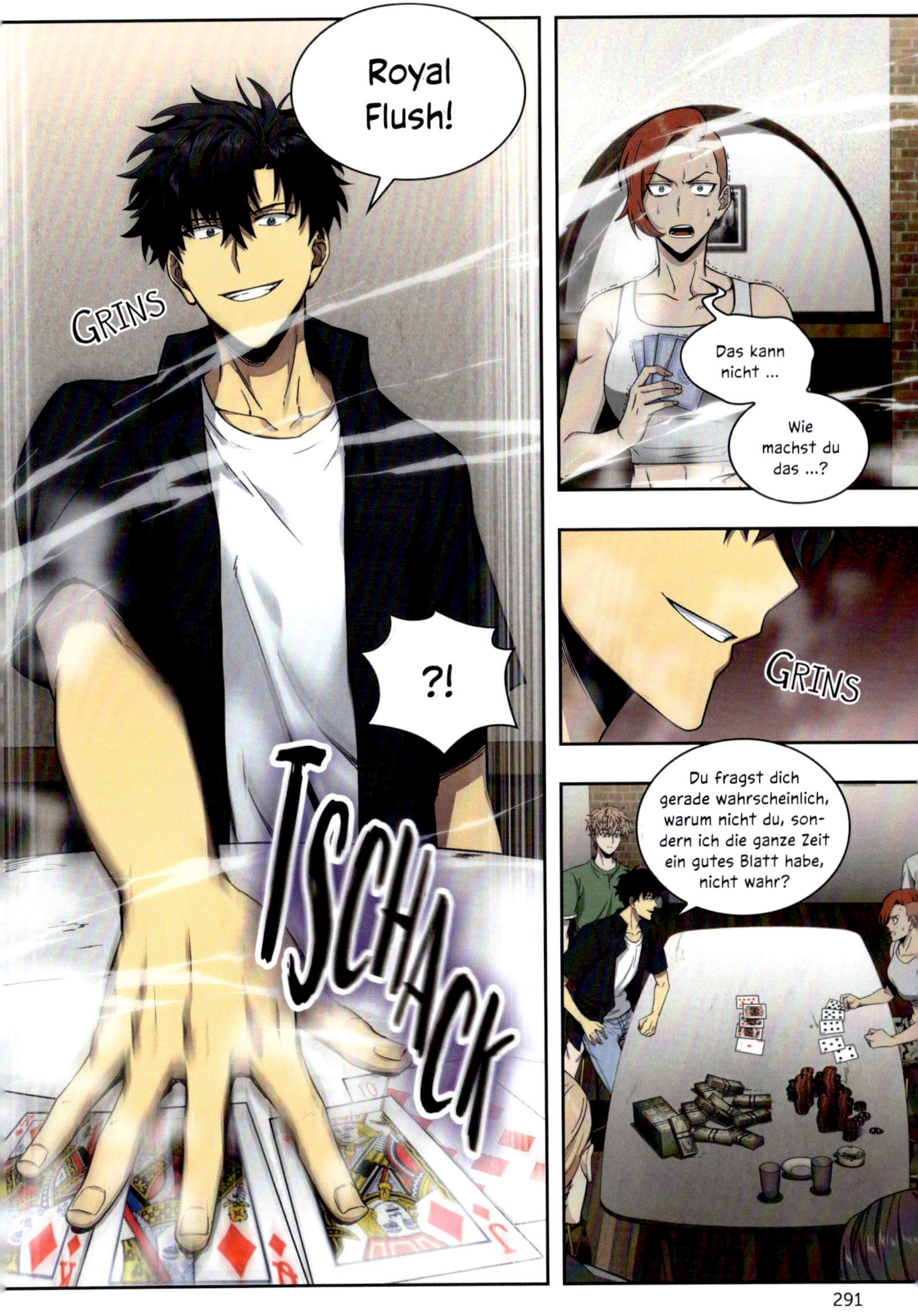
Royal Flush!
GRINS
?!
TSCHACK
Das kann nicht ...
Wie machst du das ...?
GRINS
Du fragst dich gerade wahrscheinlich, warum nicht du, sondern ich die ganze Zeit ein gutes Blatt habe, nicht wahr?

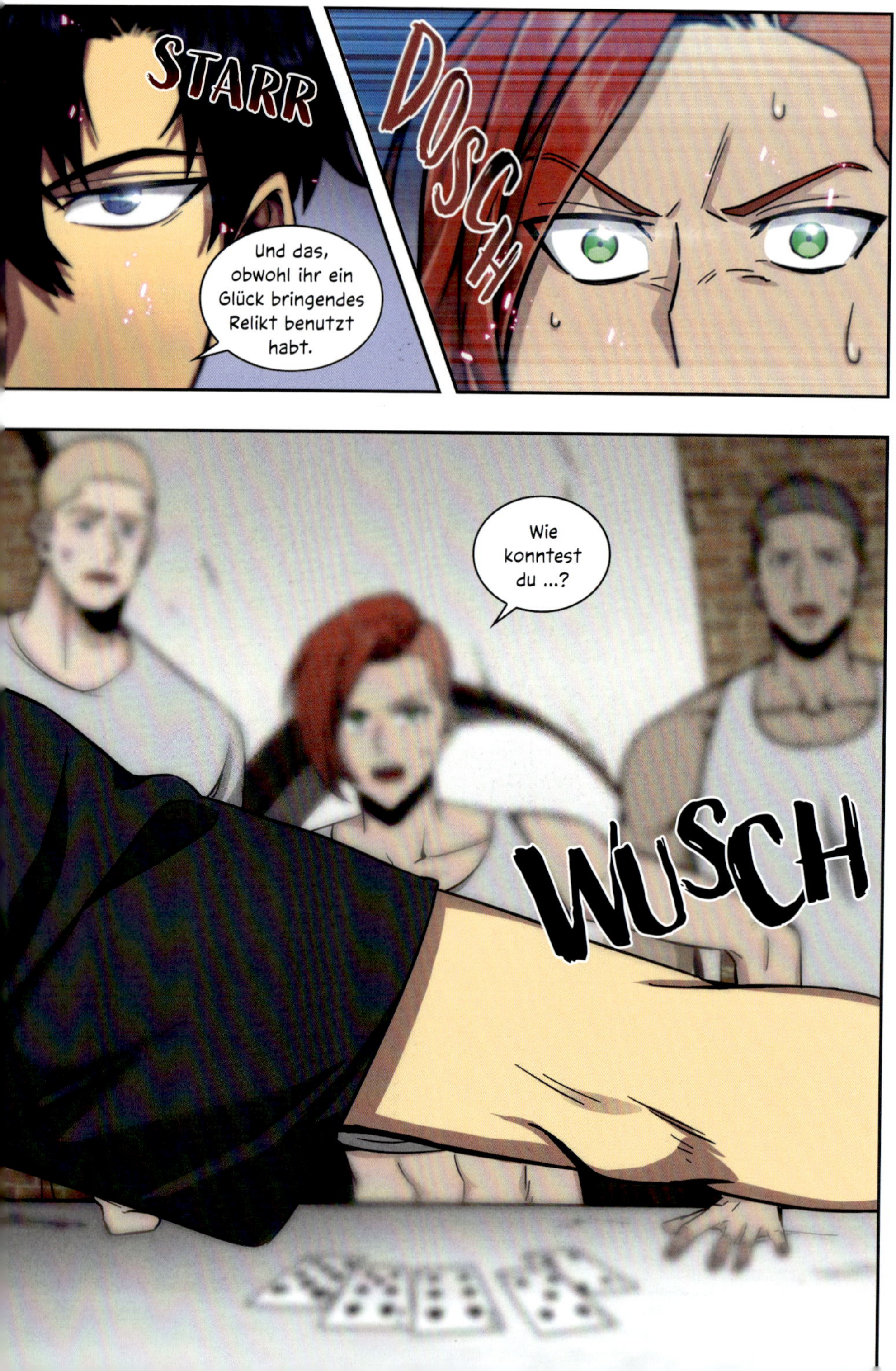
STARR
Und das, obwohl ihr ein Glück bringendes Relikt benutzt habt.
DOSCH
Wie konntest du ...?
WUSCH

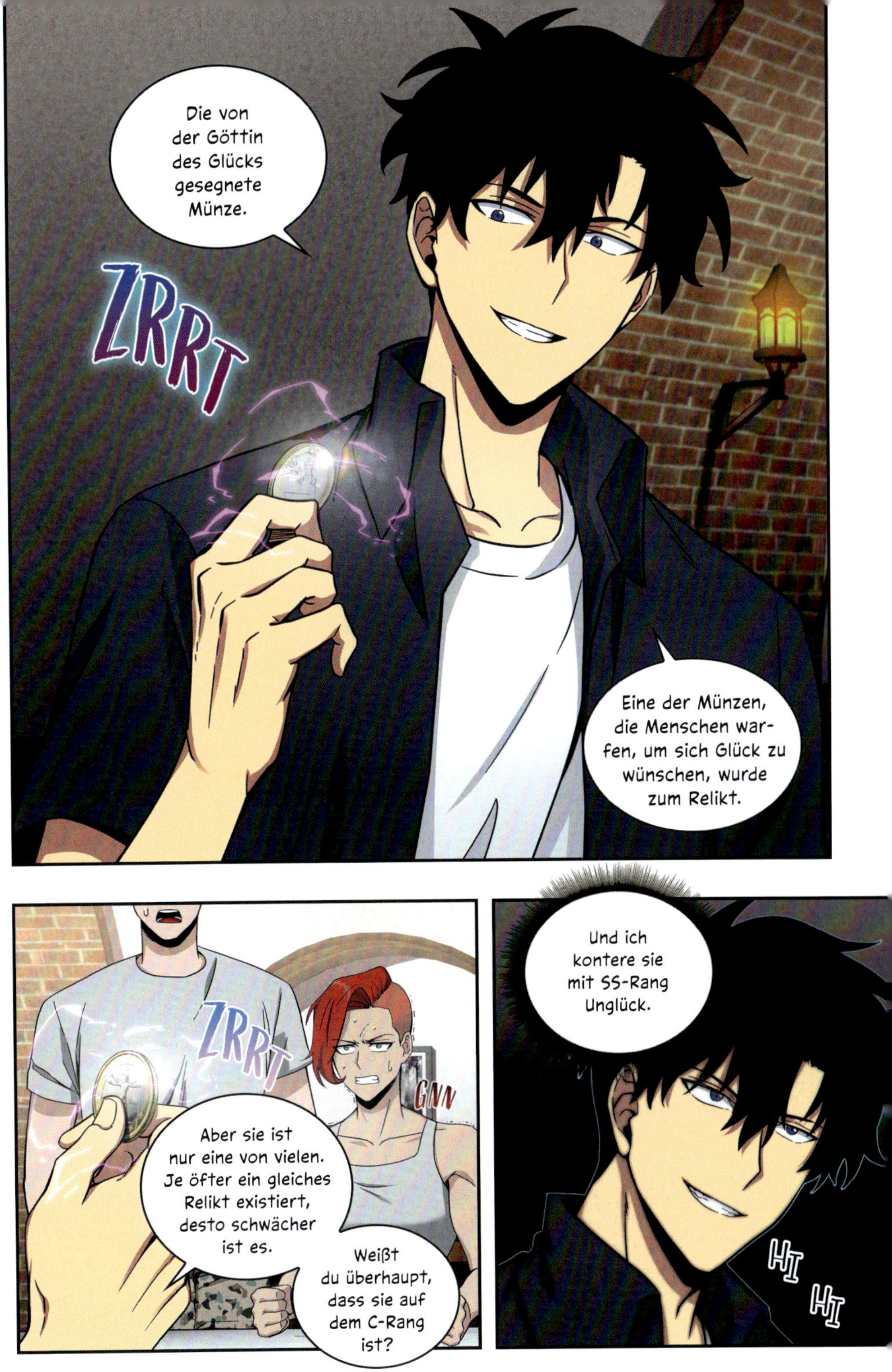
Die von der Göttin des Glücks gesegnete Münze.
ZRRT
Eine der Münzen, die Menschen warfen, um sich Glück zu wünschen, wurde zum Relikt.
ZRRT
GNN
Aber sie ist nur eine von vielen. Je öfter ein gleiches Relikt existiert, desto schwächer ist es.
Weißt du überhaupt, dass sie auf dem C-Rang ist?
Und ich kontere sie mit SS-Rang Unglück.
HI HI

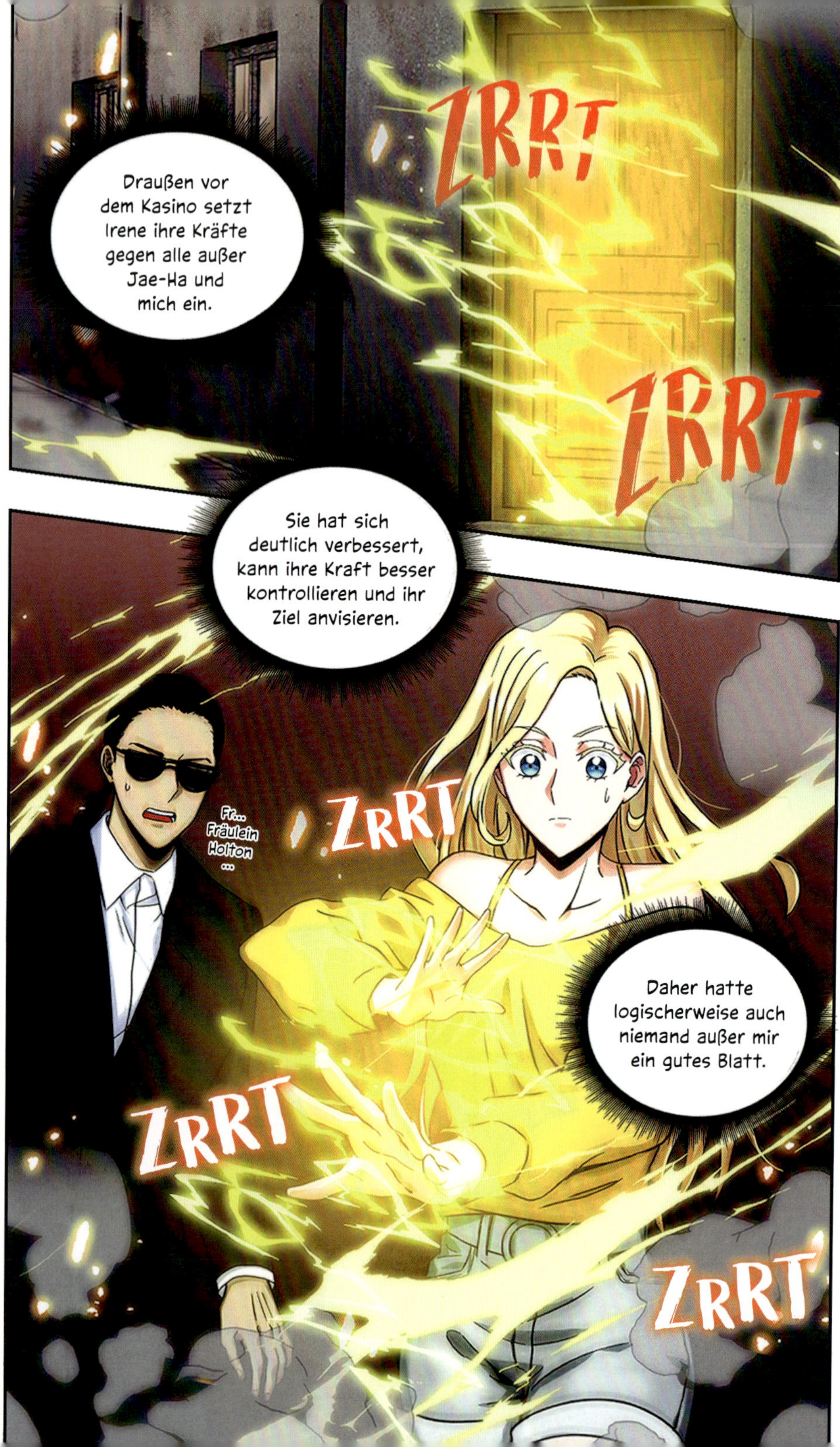
Draußen vor dem Kasino setzt Irene ihre Kräfte gegen alle außer Jae-Ha und mich ein.
ZRRT
ZRRT
Sie hat sich deutlich verbessert, kann ihre Kraft besser kontrollieren und ihr Ziel anvisieren.
ZRRT
Fr... Fräulein Holton ...
Daher hatte logischerweise auch niemand außer mir ein gutes Blatt.
ZRRT
ZRRT

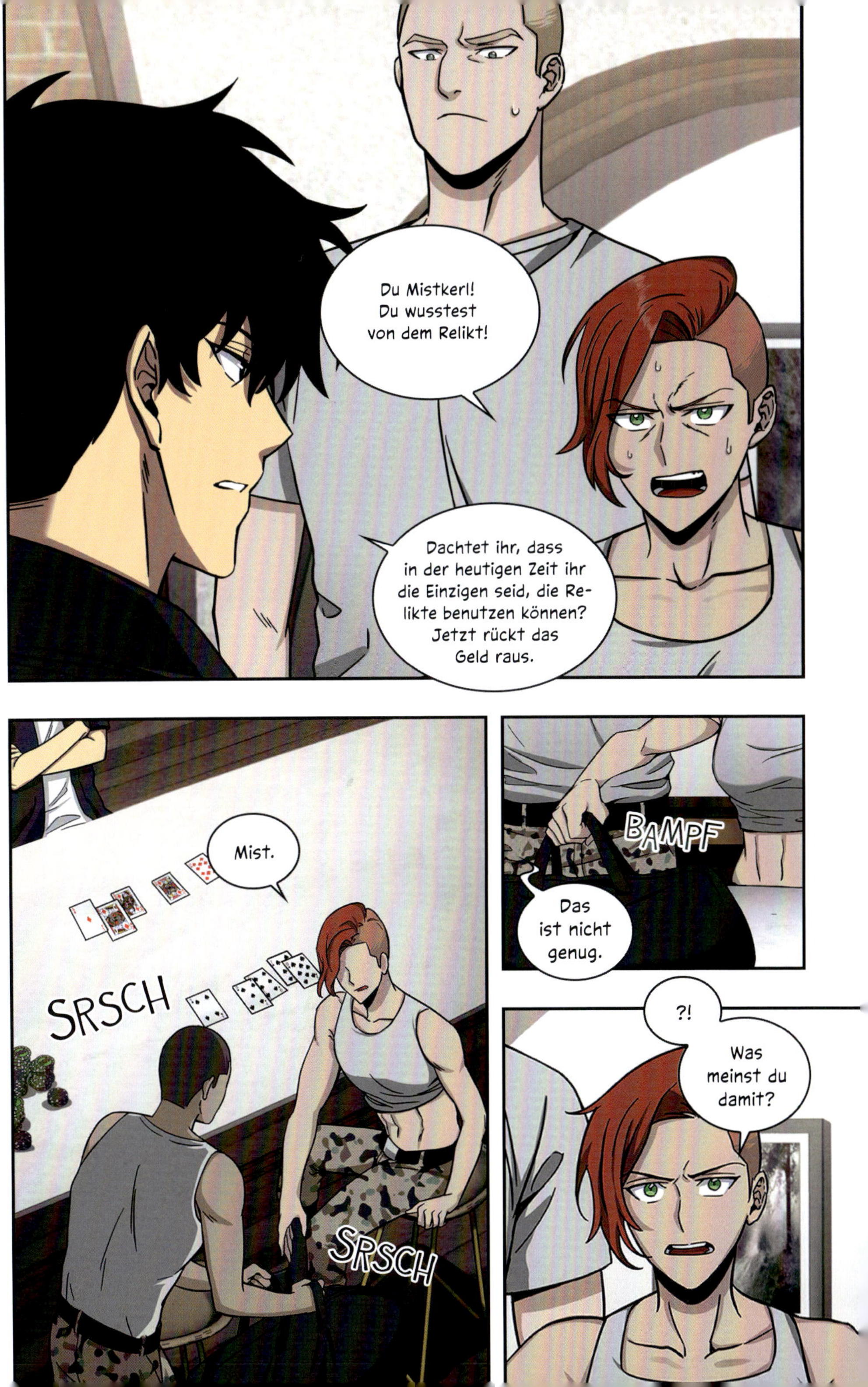
Du Mistkerl! Du wusstest von dem Relikt!
Dachtet ihr, dass in der heutigen Zeit ihr die Einzigen seid, die Relikte benutzen können? Jetzt rückt das Geld raus.
Mist.
SRSCH
SRSCH
BAMPF
Das ist nicht genug.
?!
Was meinst du damit?

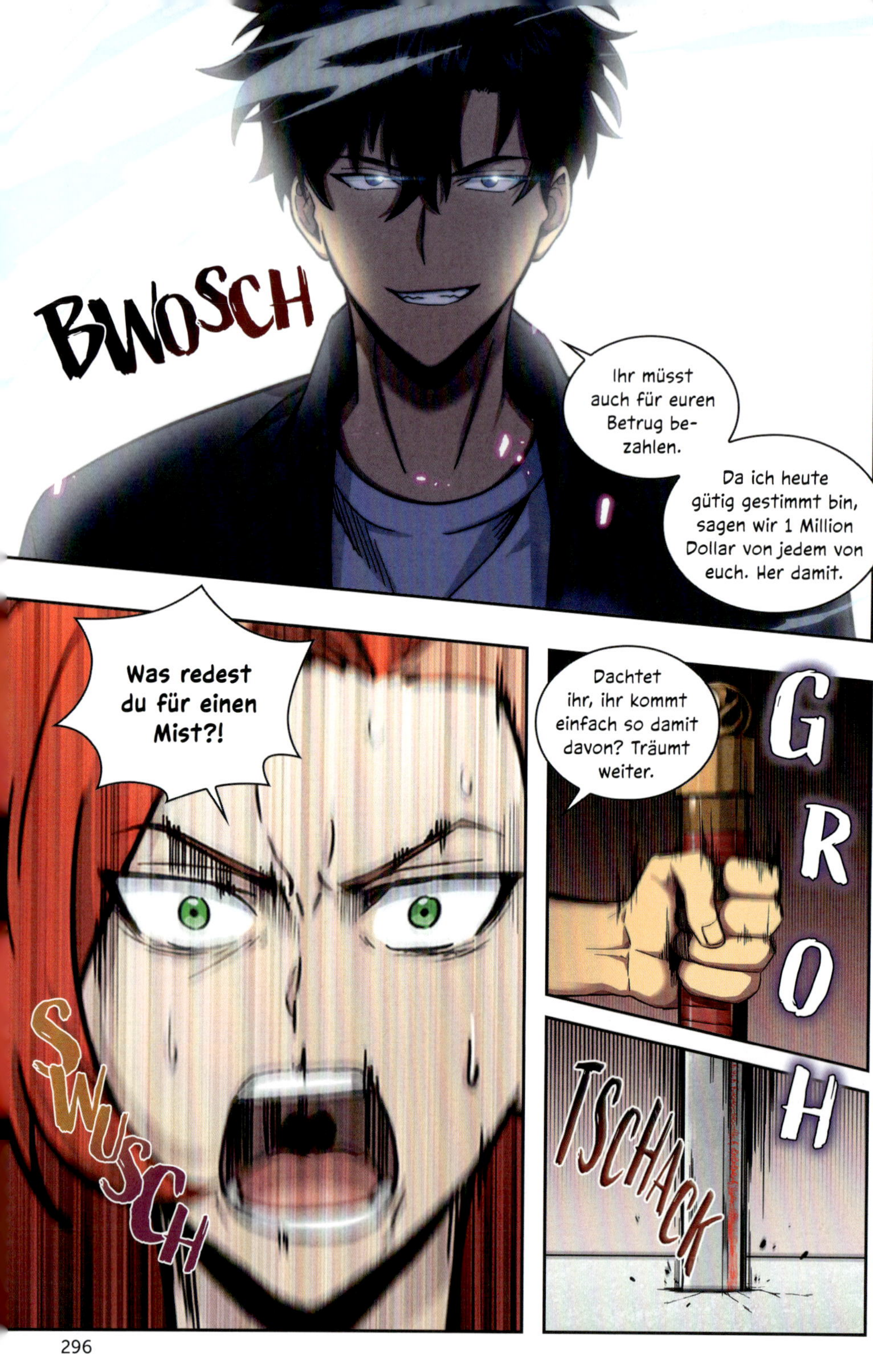
BWOSCH
Ihr müsst auch für euren Betrug bezahlen.
Da ich heute gütig gestimmt bin, sagen wir 1 Million Dollar von jedem von euch. Her damit.
Was redest du für einen Mist?!
SWUSCH
Dachtet ihr, ihr kommt einfach so damit davon? Träumt weiter.
GROH
TSCHACK

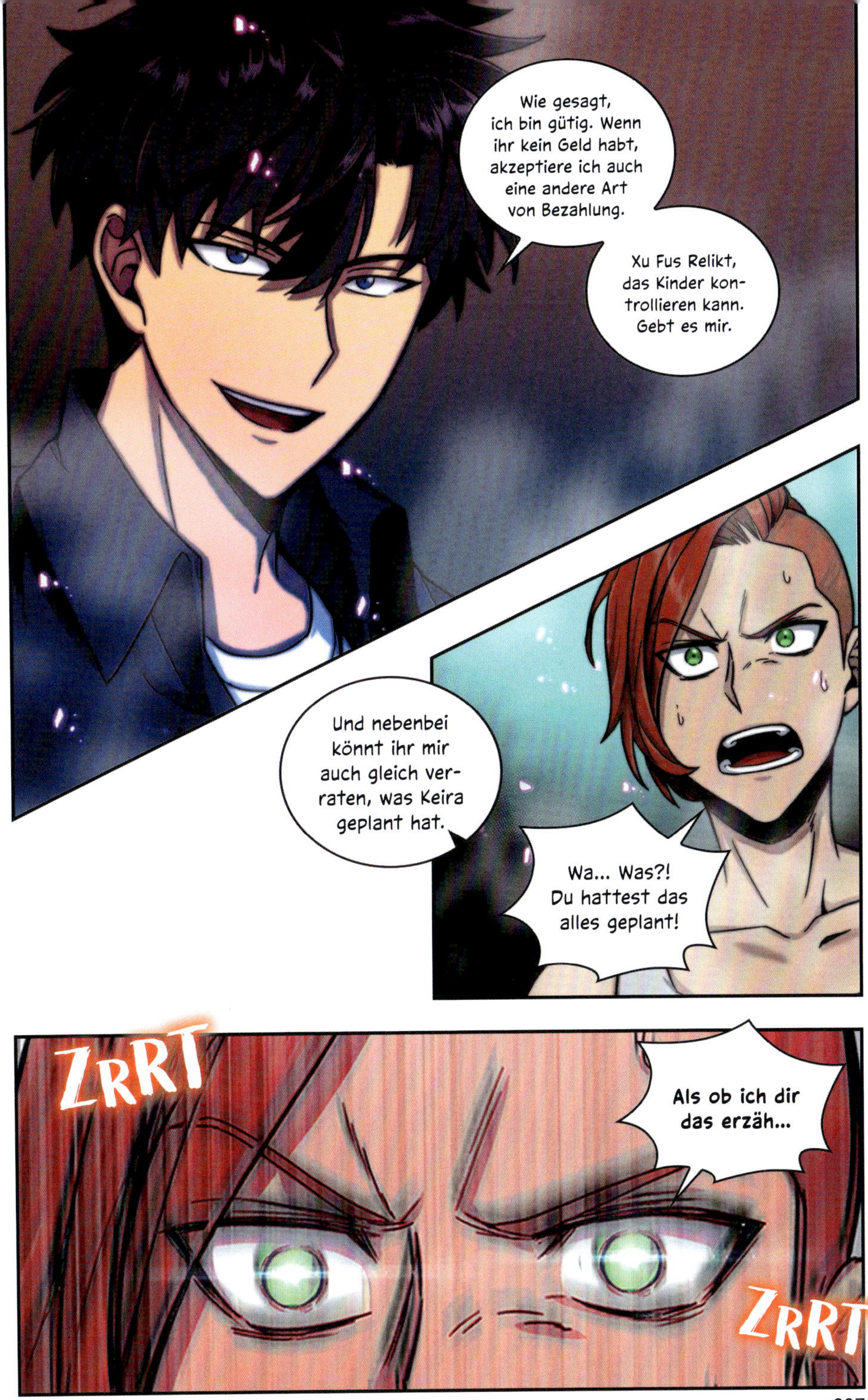
Wie gesagt, ich bin gütig. Wenn ihr kein Geld habt, akzeptiere ich auch eine andere Art von Bezahlung.
Xu Fus Relikt, das Kinder kontrollieren kann. Gebt es mir.
Und nebenbei könnt ihr mir auch gleich verraten, was Keira geplant hat.
Wa... Was?! Du hattest das alles geplant!
ZRRT
Als ob ich dir das erzäh...
ZRRT

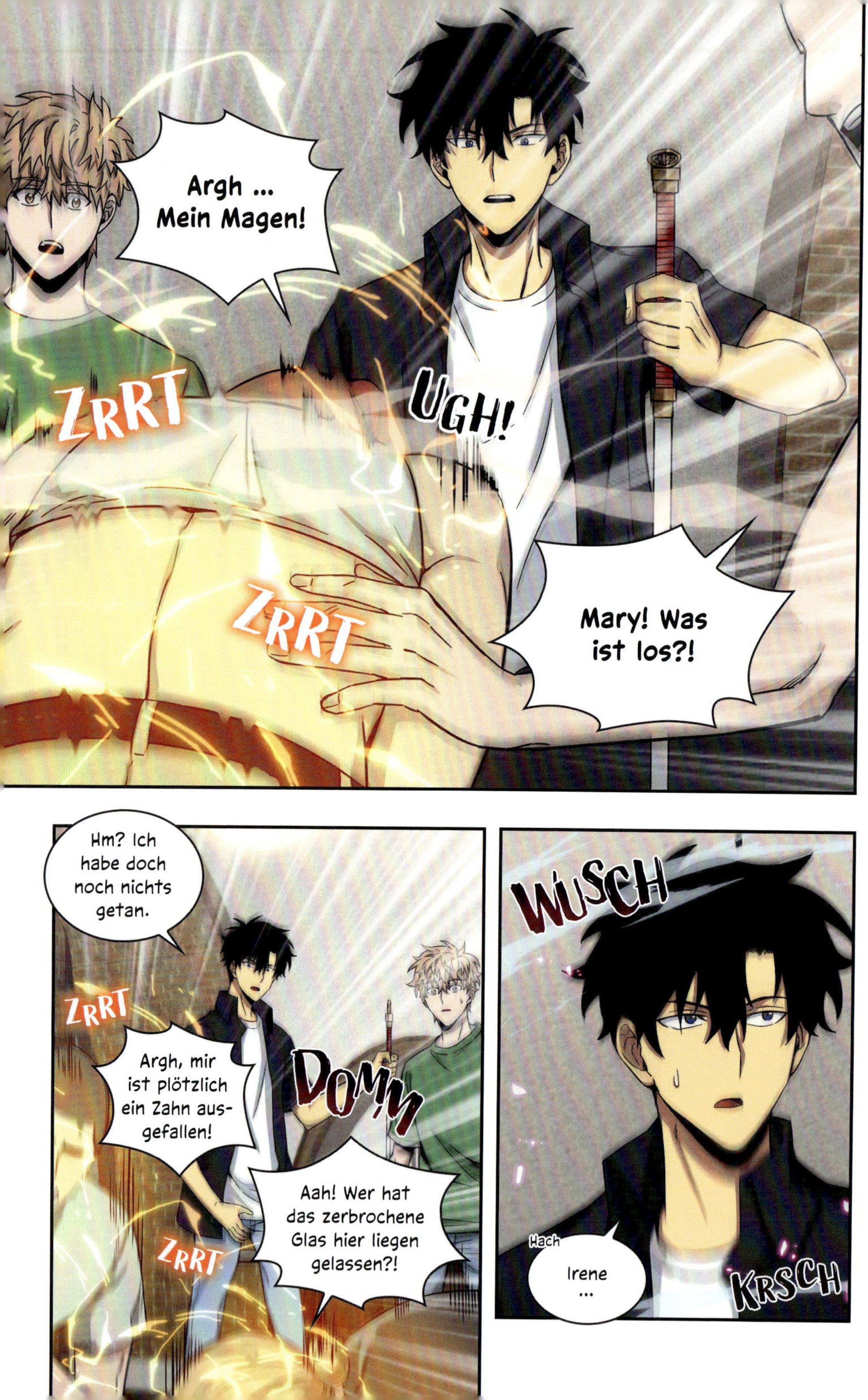
Argh ... Mein Magen!
ZRRT
UGH!
ZRRT
Mary! Was ist los?!
Hm? Ich habe doch noch nichts getan.
ZRRT
Argh, mir ist plötzlich ein Zahn aus-gefallen!
DOMM
ZRRT
Aah! Wer hat das zerbrochene Glas hier liegen gelassen?!
WUSCH
Hach
Irene ...
KRSCH

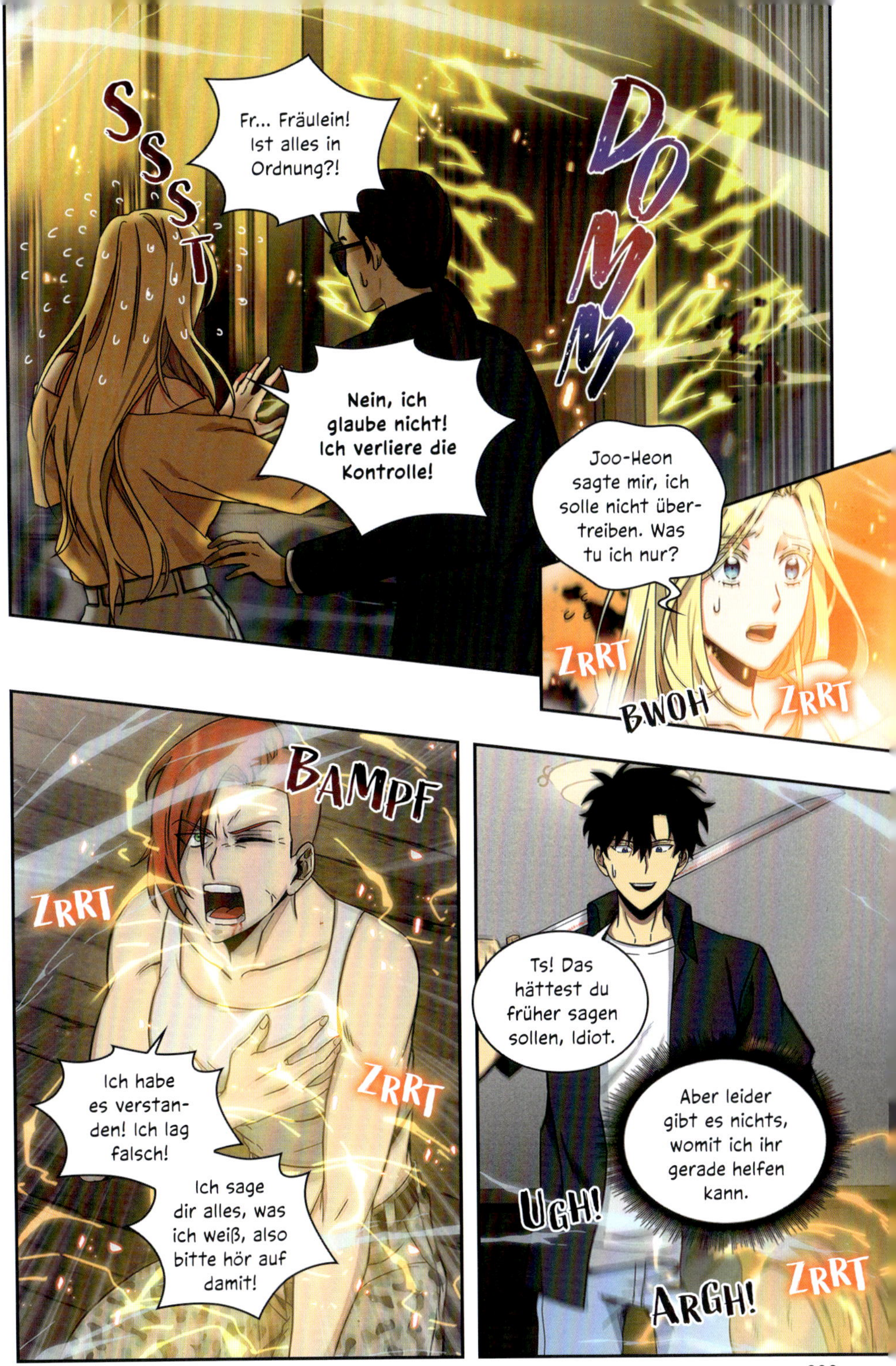
SSSST
Fr... Fräulein! Ist alles in Ordnung?!
DOMM
Nein, ich glaube nicht! Ich verliere die Kontrolle!
Joo-Heon sagte mir, ich solle nicht übertreiben. Was tu ich nur?
ZRRT
BWOH
ZRRT
BAMPF
ZRRT
ZRRT
Ich habe es verstanden! Ich lag falsch!
Ich sage dir alles, was ich weiß, also bitte hör auf damit!
Ts! Das hättest du früher sagen sollen, Idiot.
Aber leider gibt es nichts, womit ich ihr gerade helfen kann.
UGH!
ARGH!
ZRRT

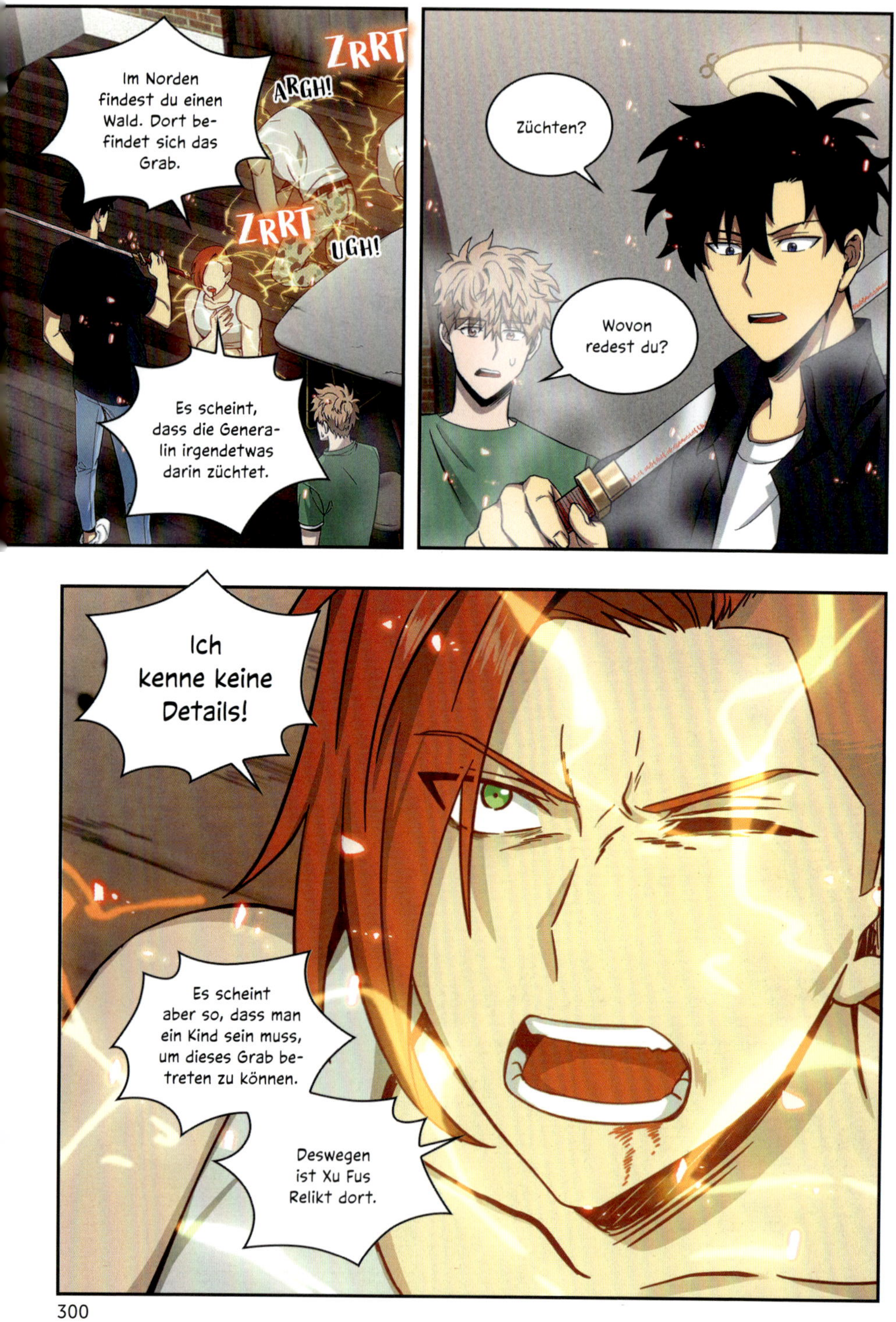
Im Norden findest du einen Wald. Dort befindet sich das Grab.
ZRRT
ARGH!
ZRRT
UGH!
Es scheint, dass die Generalin irgendetwas darin züchtet.
Züchten?
Wovon redest du?
Ich kenne keine Details!
Es scheint aber so, dass man ein Kind sein muss, um dieses Grab betreten zu können.
Deswegen ist Xu Fus Relikt dort.

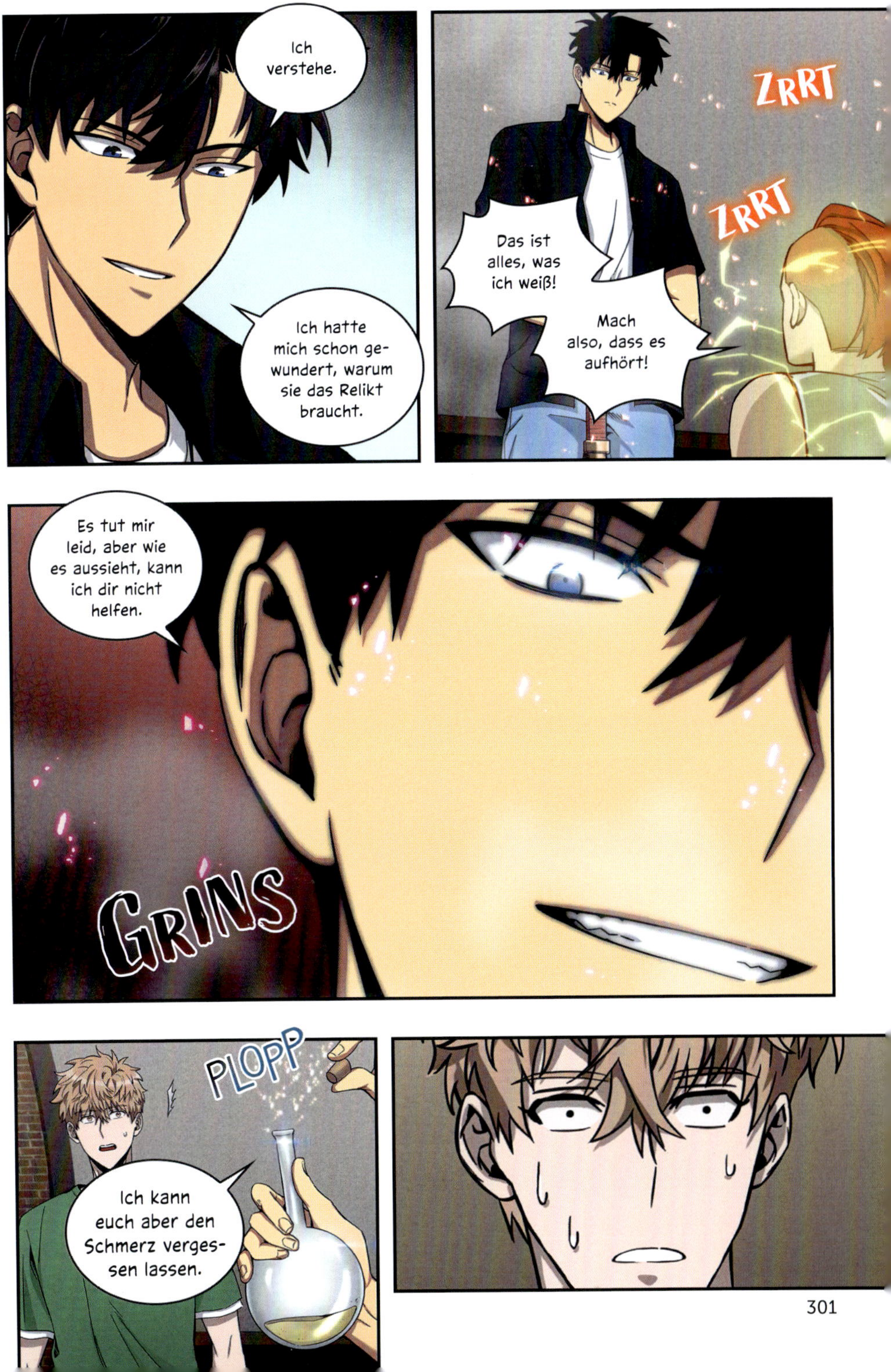

Ich verstehe.
Ich hatte mich schon gewundert, warum sie das Relikt braucht.
ZRRT
ZRRT
Das ist alles, was ich weiß!
Mach also, dass es aufhört!
Es tut mir leid, aber wie es aussieht, kann ich dir nicht helfen.
GRINS
PLOPP
Ich kann euch aber den Schmerz vergessen lassen.

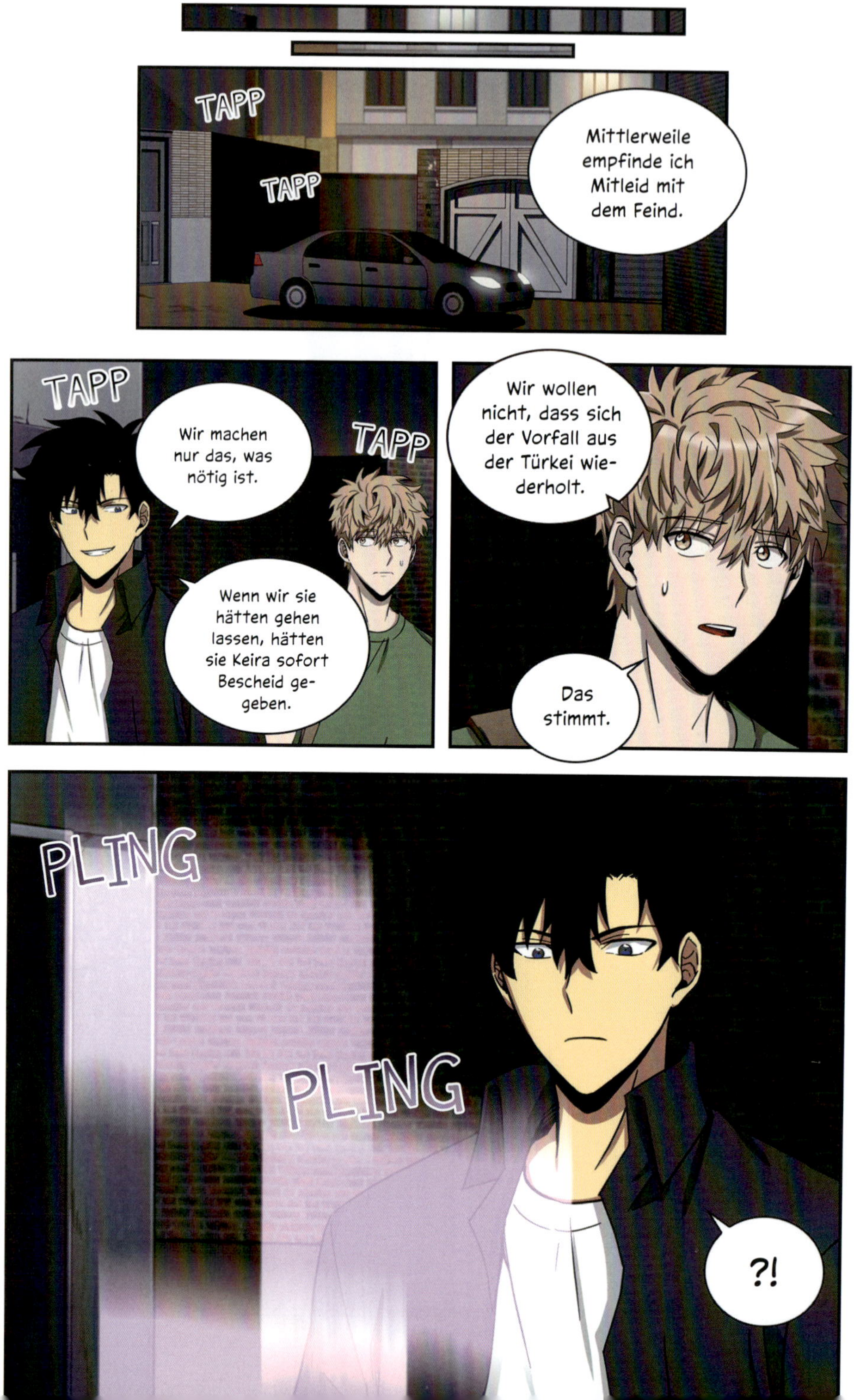
TAPP
TAPP
Mittlerweile empfinde ich Mitleid mit dem Feind.
TAPP
Wir machen nur das, was nötig ist.
TAPP
Wenn wir sie hätten gehen lassen, hätten sie Keira sofort Bescheid gegeben.
Wir wollen nicht, dass sich der Vorfall aus der Türkei wiederholt.
Das stimmt.
PLING
PLING
?!

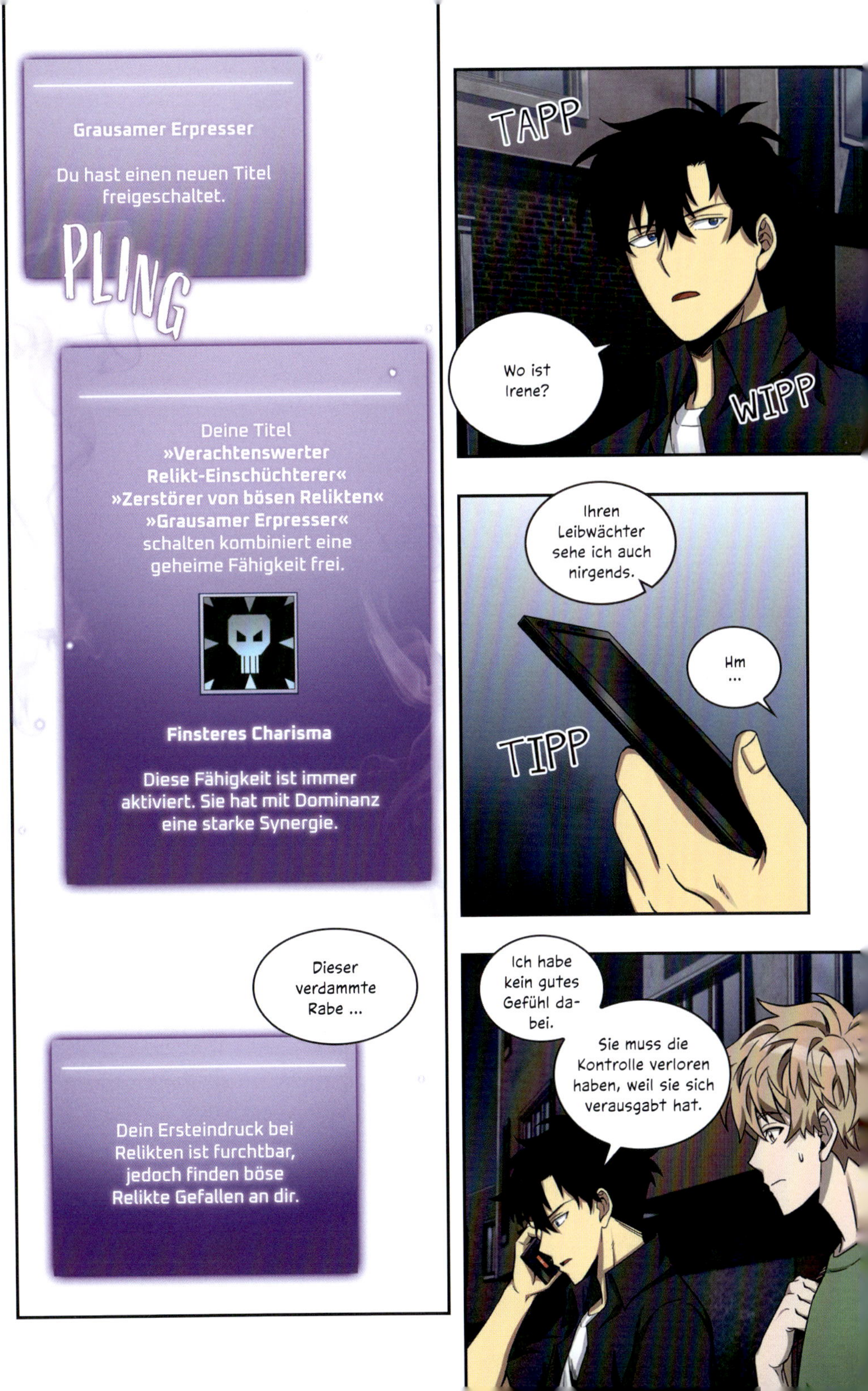
Grausamer Erpresser
Du hast einen neuen Titel freigeschaltet.
PLING
Deine Titel »Verachtenswerter Relikt-Einschüchterer« »Zerstörer von bösen Relikten« »Grausamer Erpresser« schalten kombiniert eine geheime Fähigkeit frei.
Finsteres Charisma
Diese Fähigkeit ist immer aktiviert. Sie hat mit Dominanz eine starke Synergie.
Dieser verdammte Rabe ...
Dein Ersteindruck bei Relikten ist furchtbar, jedoch finden böse Relikte Gefallen an dir.
TAPP
Wo ist Irene?
WIPP
Ihren Leibwächter sehe ich auch nirgends.
Hm ...
TIPP
Ich habe kein gutes Gefühl dabei.
Sie muss die Kontrolle verloren haben, weil sie sich verausgabt hat.

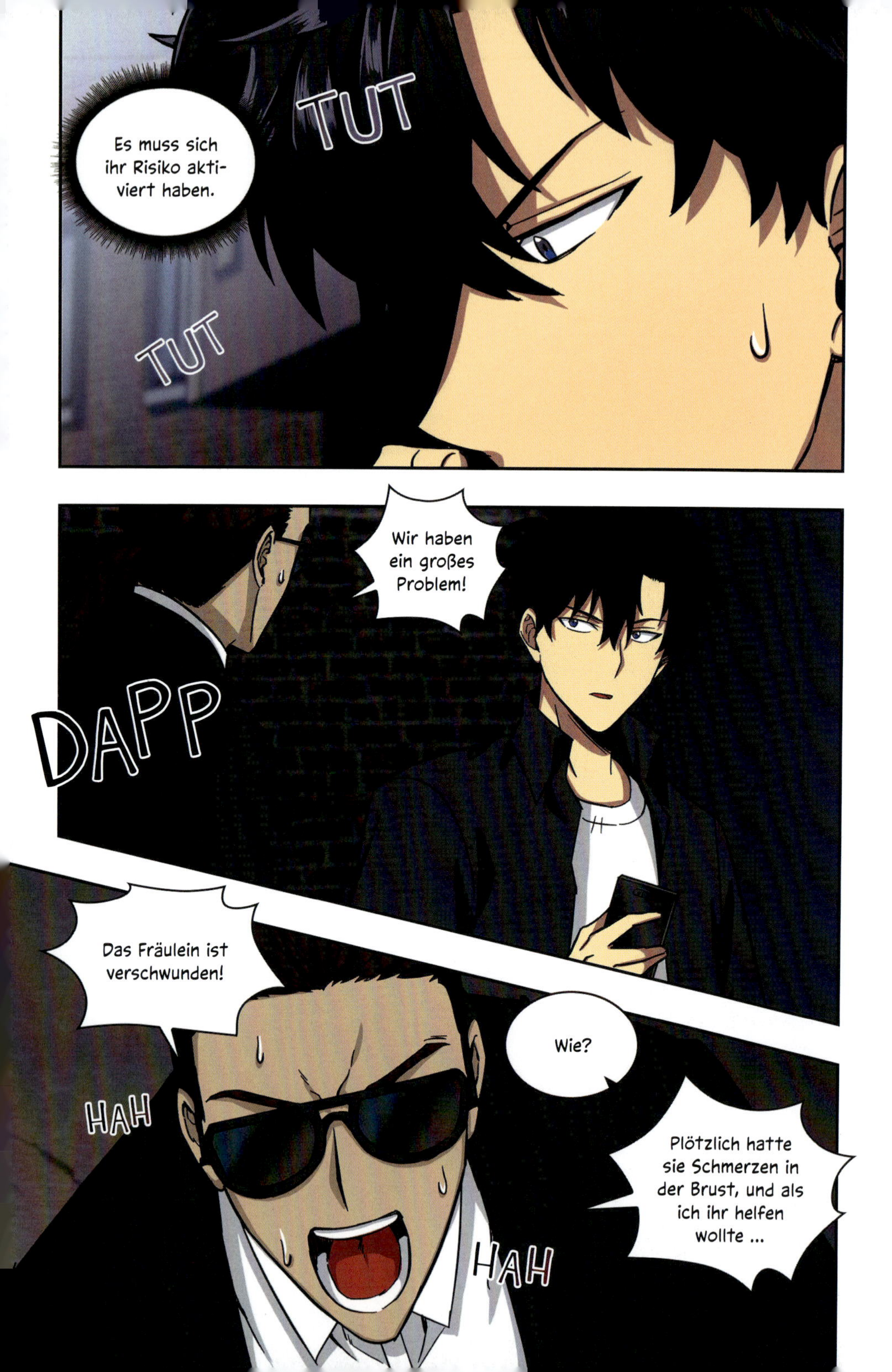

Es muss sich ihr Risiko aktiviert haben.
TUT
TUT
Wir haben ein großes Problem!
DAPP
Das Fräulein ist verschwunden!
HAH
Wie?
Plötzlich hatte sie Schmerzen in der Brust, und als ich ihr helfen wollte ...
HAH

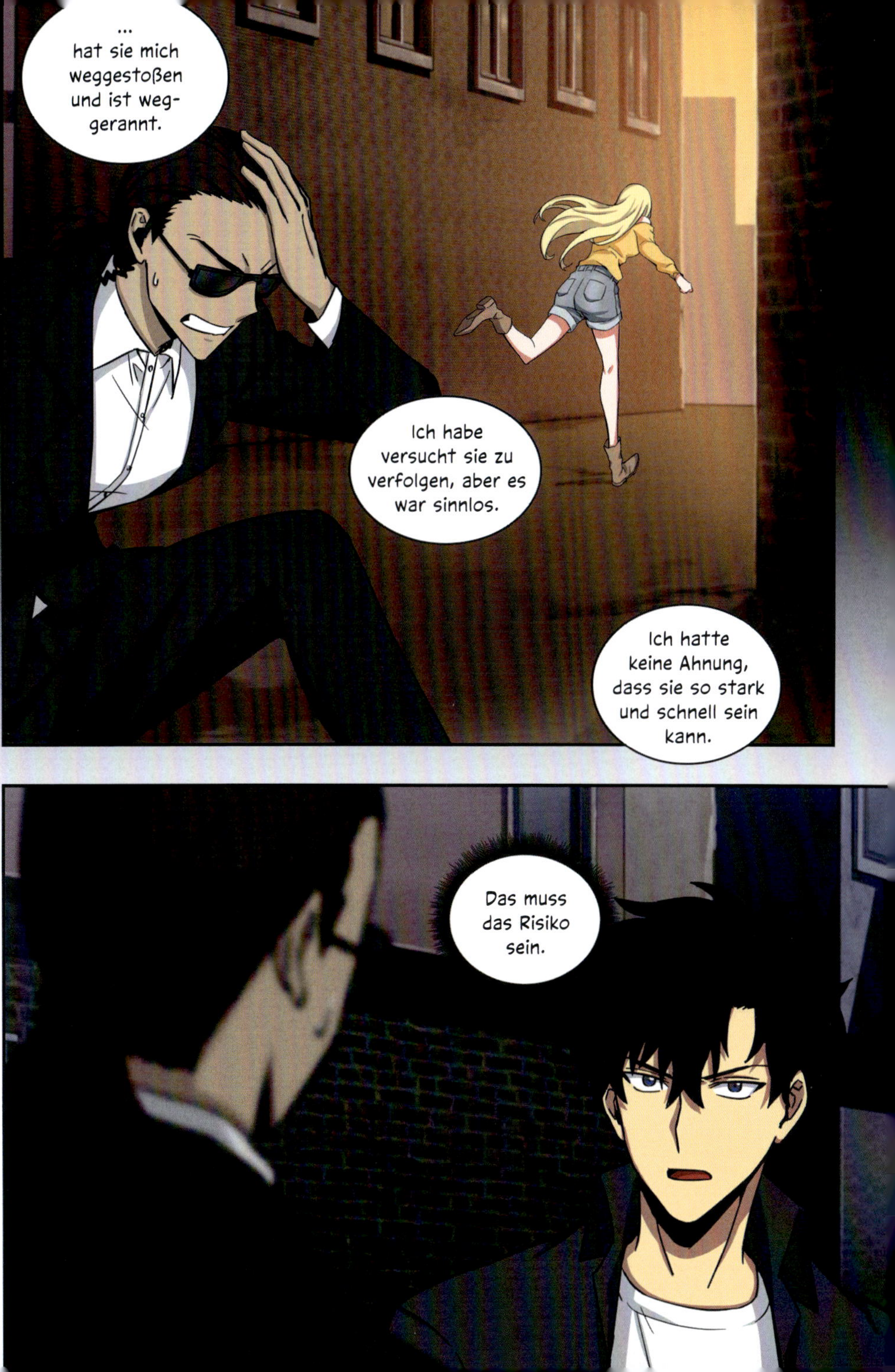

... hat sie mich weggestoßen und ist weg-gerannt.
Ich habe versucht sie zu verfolgen, aber es war sinnlos.
Ich hatte keine Ahnung, dass sie so stark und schnell sein kann.
Das muss das Risiko sein.

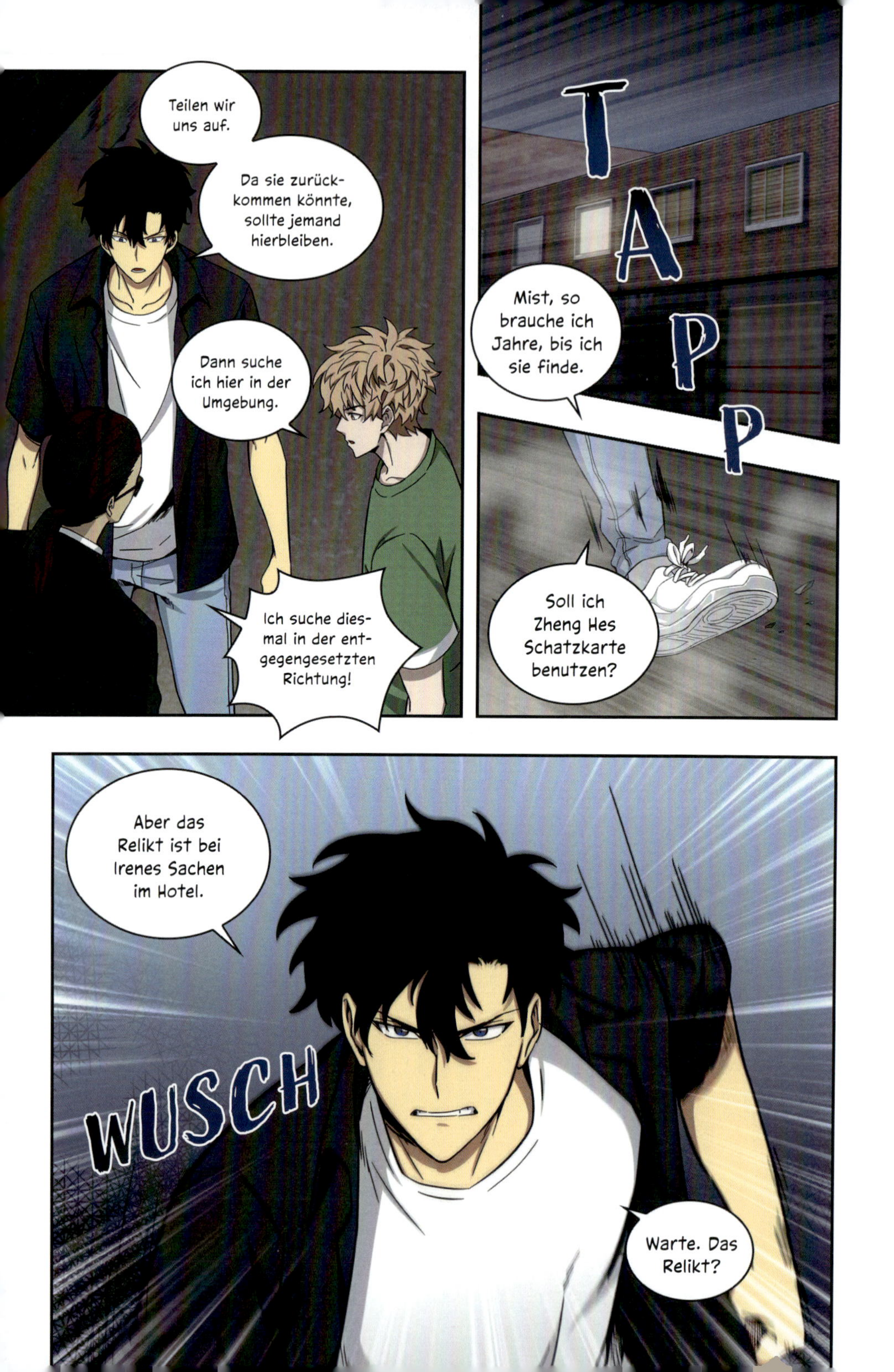
Teilen wir uns auf.
Da sie zurückkommen könnte, sollte jemand hierbleiben.
Dann suche ich hier in der Umgebung.
Ich suche diesmal in der entgegengesetzten Richtung!
TAPP
Mist, so brauche ich Jahre, bis ich sie finde.
Soll ich Zheng Hes Schatzkarte benutzen?
Aber das Relikt ist bei Irenes Sachen im Hotel.
WUSCH
Warte. Das Relikt?

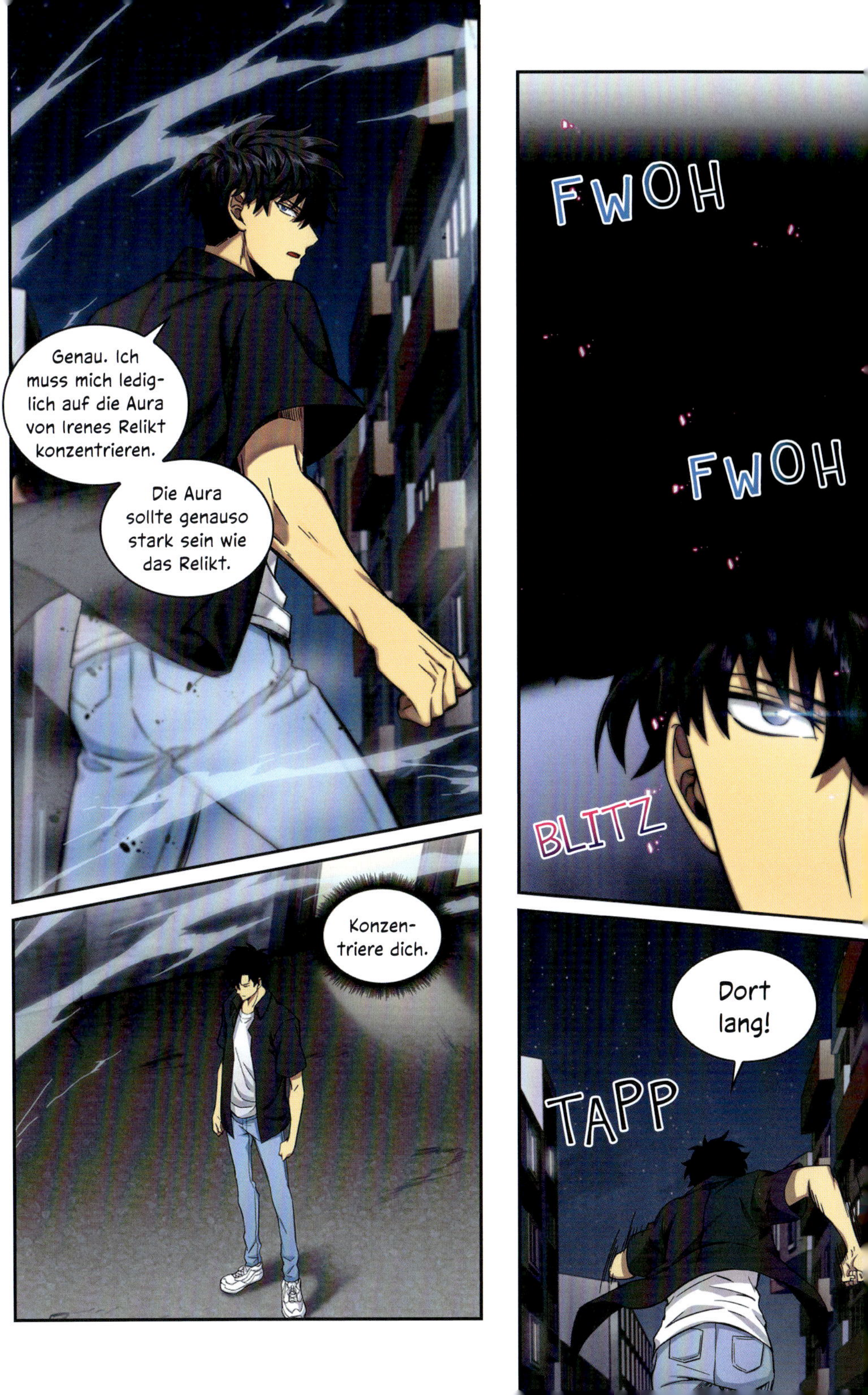
Genau. Ich muss mich ledig-lich auf die Aura von Irenes Relikt konzentrieren.
Die Aura sollte genauso stark sein wie das Relikt.
Konzen-triere dich.
FWOH
FWOH
BLITZ
Dort lang!
TAPP

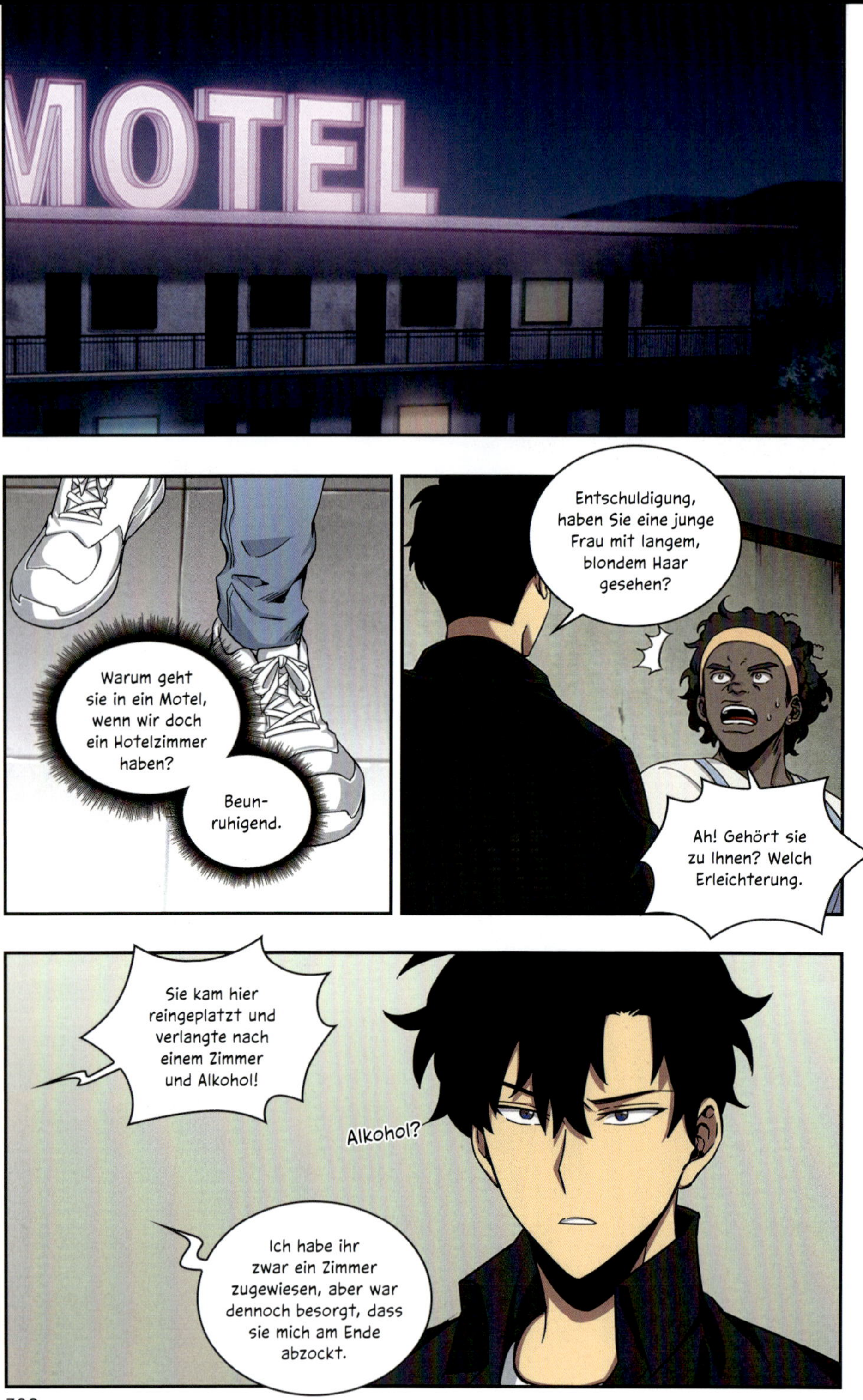
MOTEL
Warum geht sie in ein Motel, wenn wir doch ein Hotelzimmer haben?
Beun-ruhigend.
Entschuldigung, haben Sie eine junge Frau mit langem, blondem Haar gesehen?
Ah! Gehört sie zu Ihnen? Welch Erleichterung.
Sie kam hier reingeplatzt und verlangte nach einem Zimmer und Alkohol!
Alkohol?
Ich habe ihr zwar ein Zimmer zugewiesen, aber war dennoch besorgt, dass sie mich am Ende abzockt.

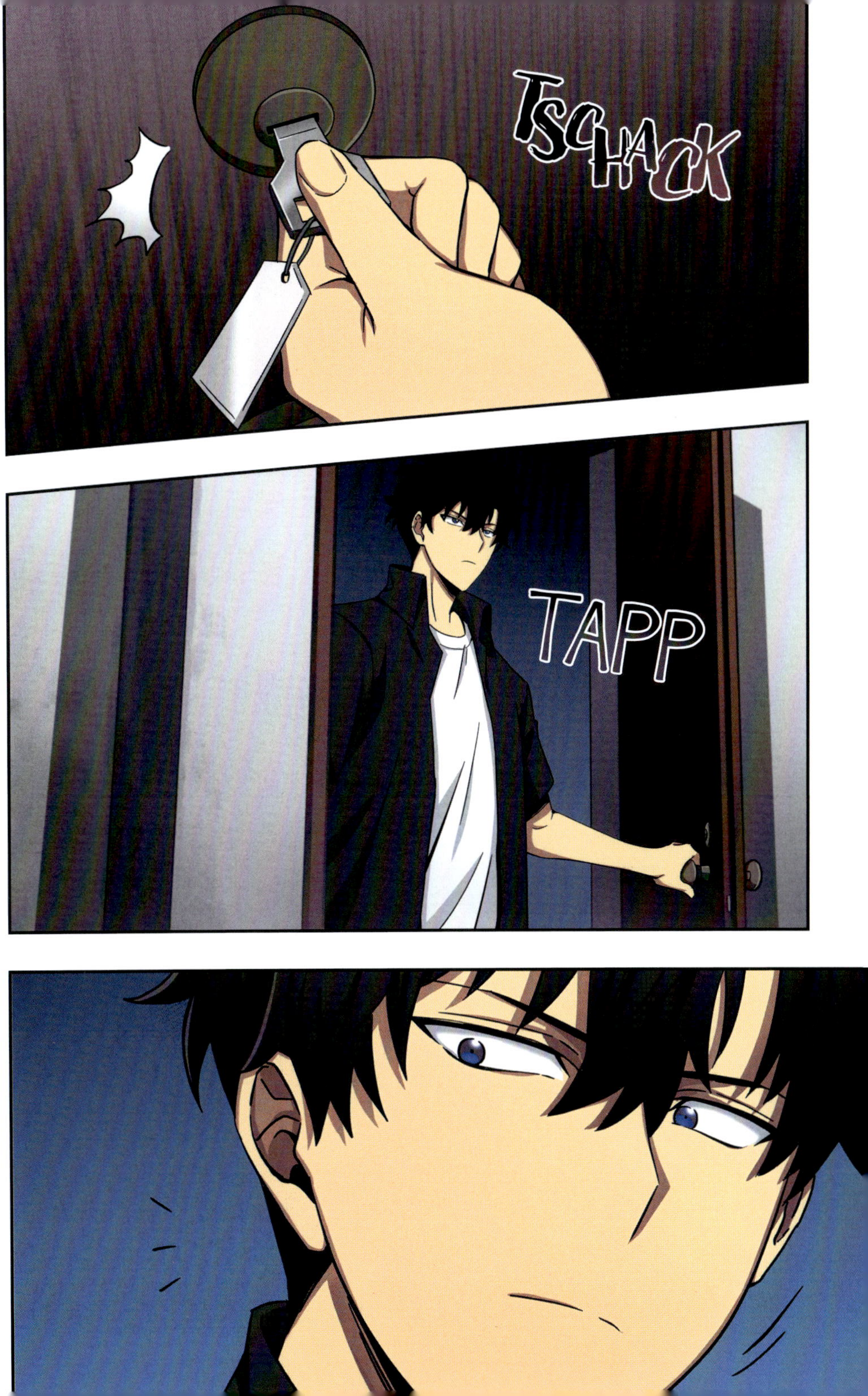
TSCHACK
TAPP

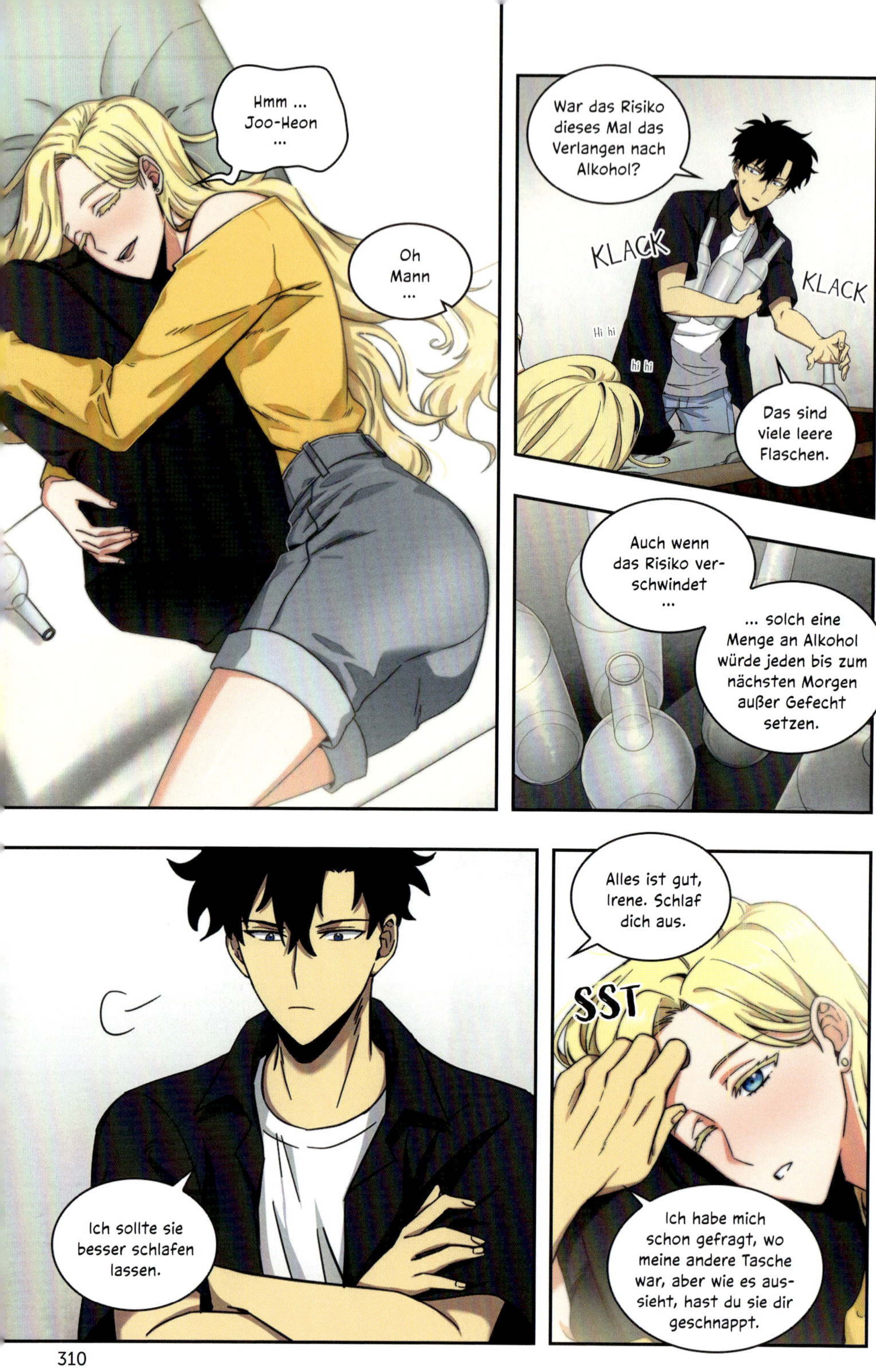
Hmm ... Joo-Heon ...
Oh Mann ...
War das Risiko dieses Mal das Verlangen nach Alkohol?
KLACK
KLACK
Hi hi
hi hi
Das sind viele leere Flaschen.
Auch wenn das Risiko verschwindet ...
... solch eine Menge an Alkohol würde jeden bis zum nächsten Morgen außer Gefecht setzen.
Ich sollte sie besser schlafen lassen.
Alles ist gut, Irene. Schlaf dich aus.
SST
Ich habe mich schon gefragt, wo meine andere Tasche war, aber wie es aussieht, hast du sie dir geschnappt.

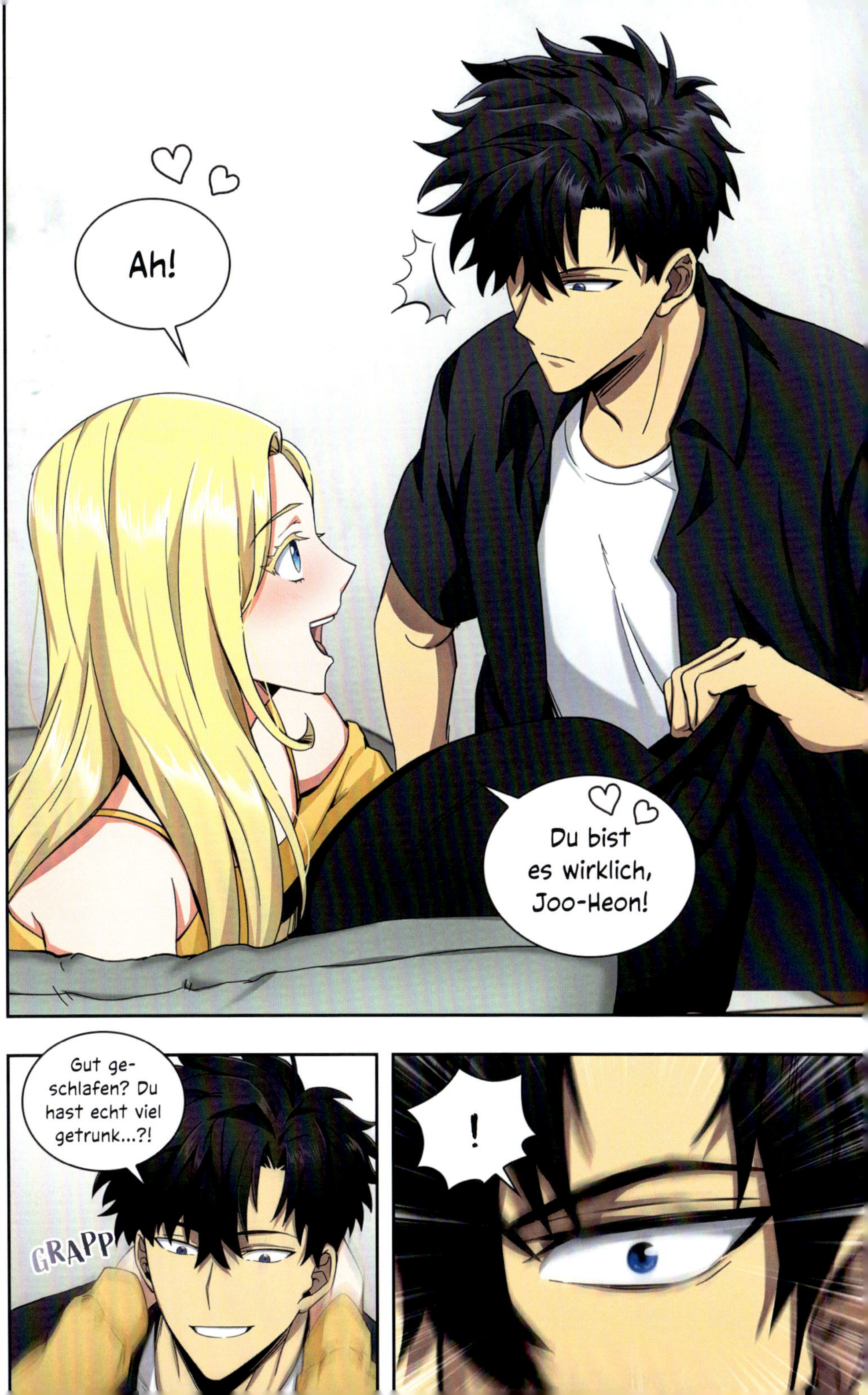
Ah!
Du bist es wirklich, Joo-Heon!
Gut geschlafen? Du hast echt viel getrunk...?!
GRAPP
!

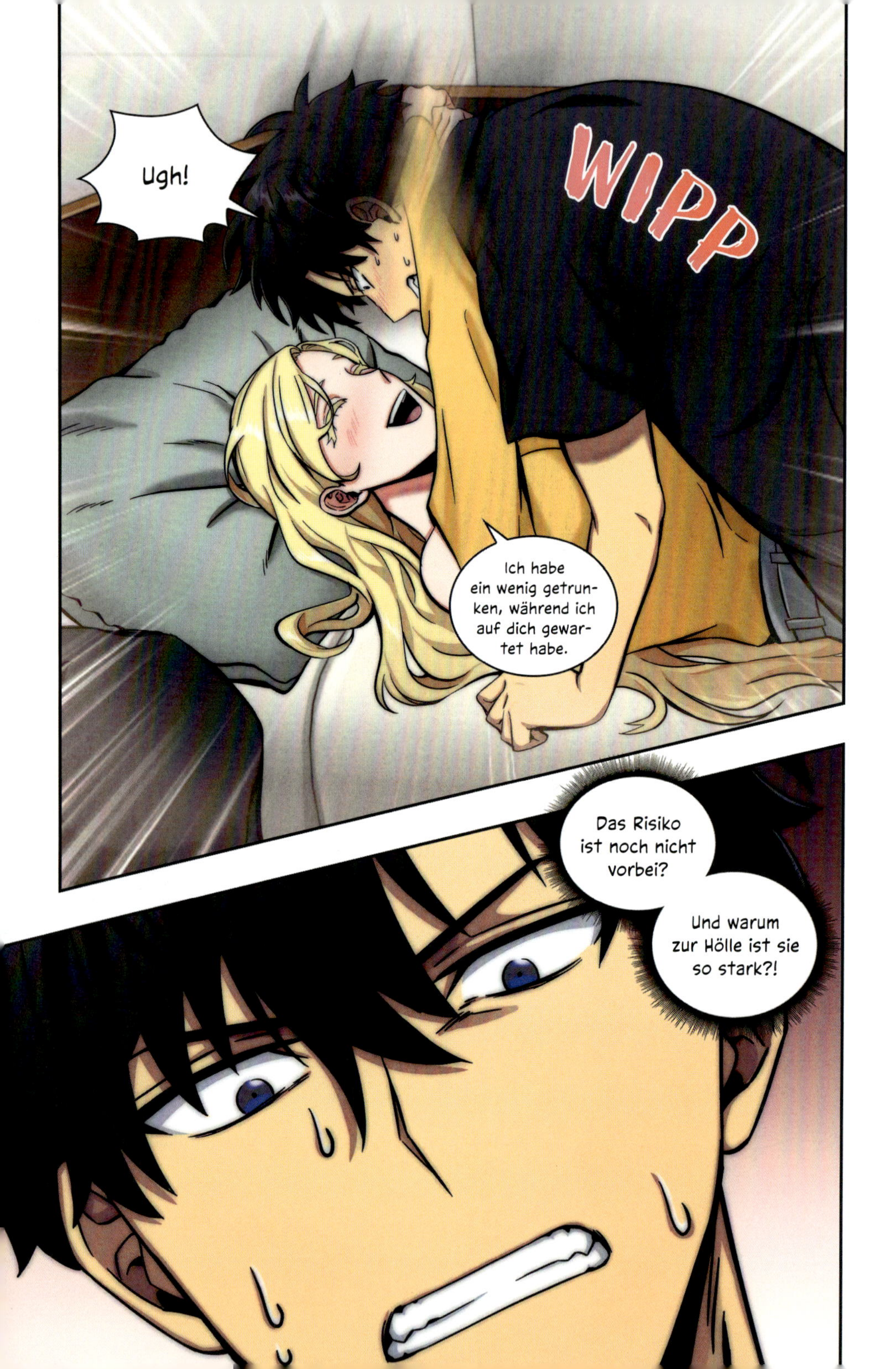
Ugh!
WIPP
Ich habe ein wenig getrunken, während ich auf dich gewartet habe.
Das Risiko ist noch nicht vorbei?
Und warum zur Hölle ist sie so stark?!

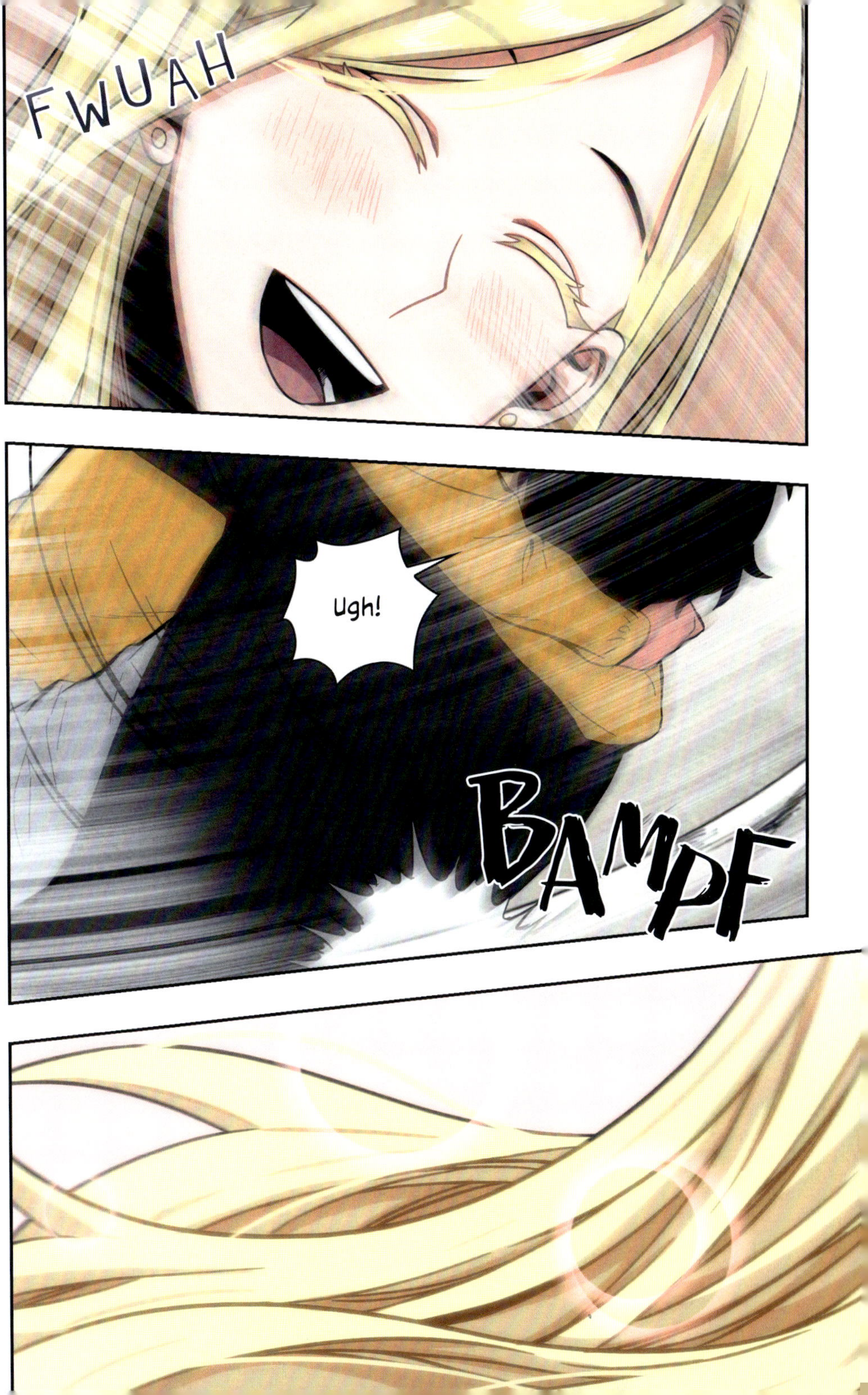
FWUAH
Ugh!
BAMPF

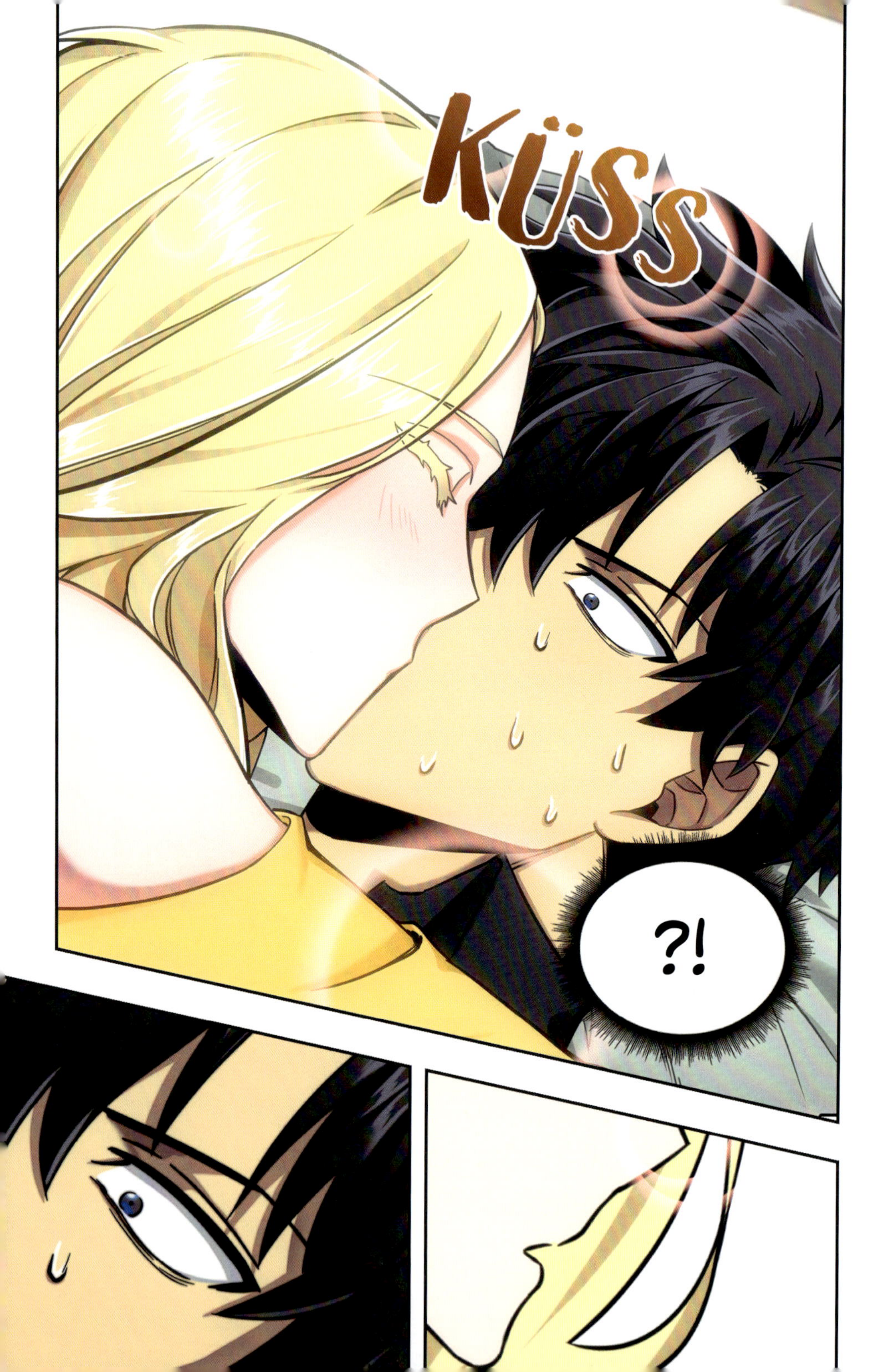
KÜSS
?!

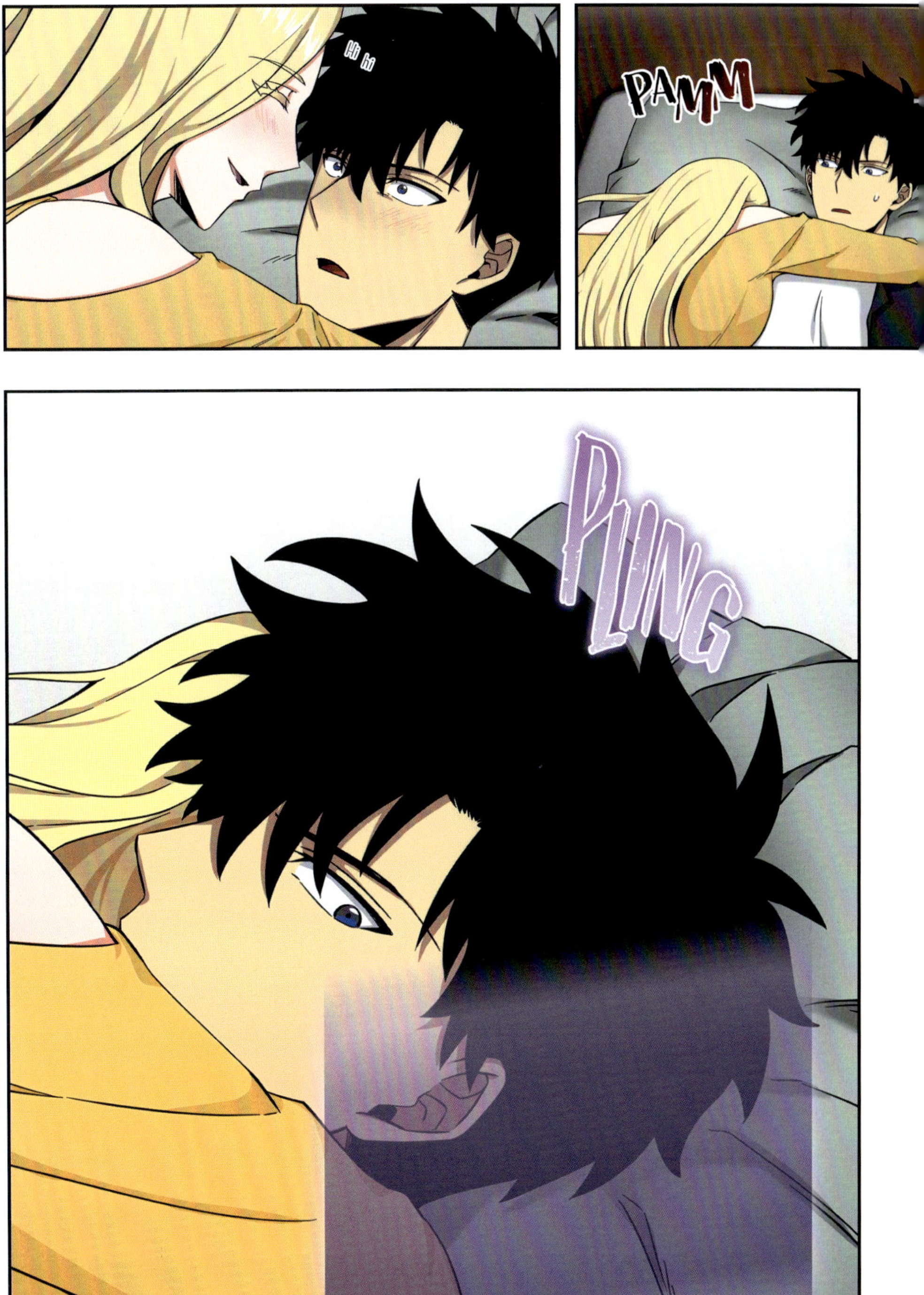
Hi hi
PAMM
PLING

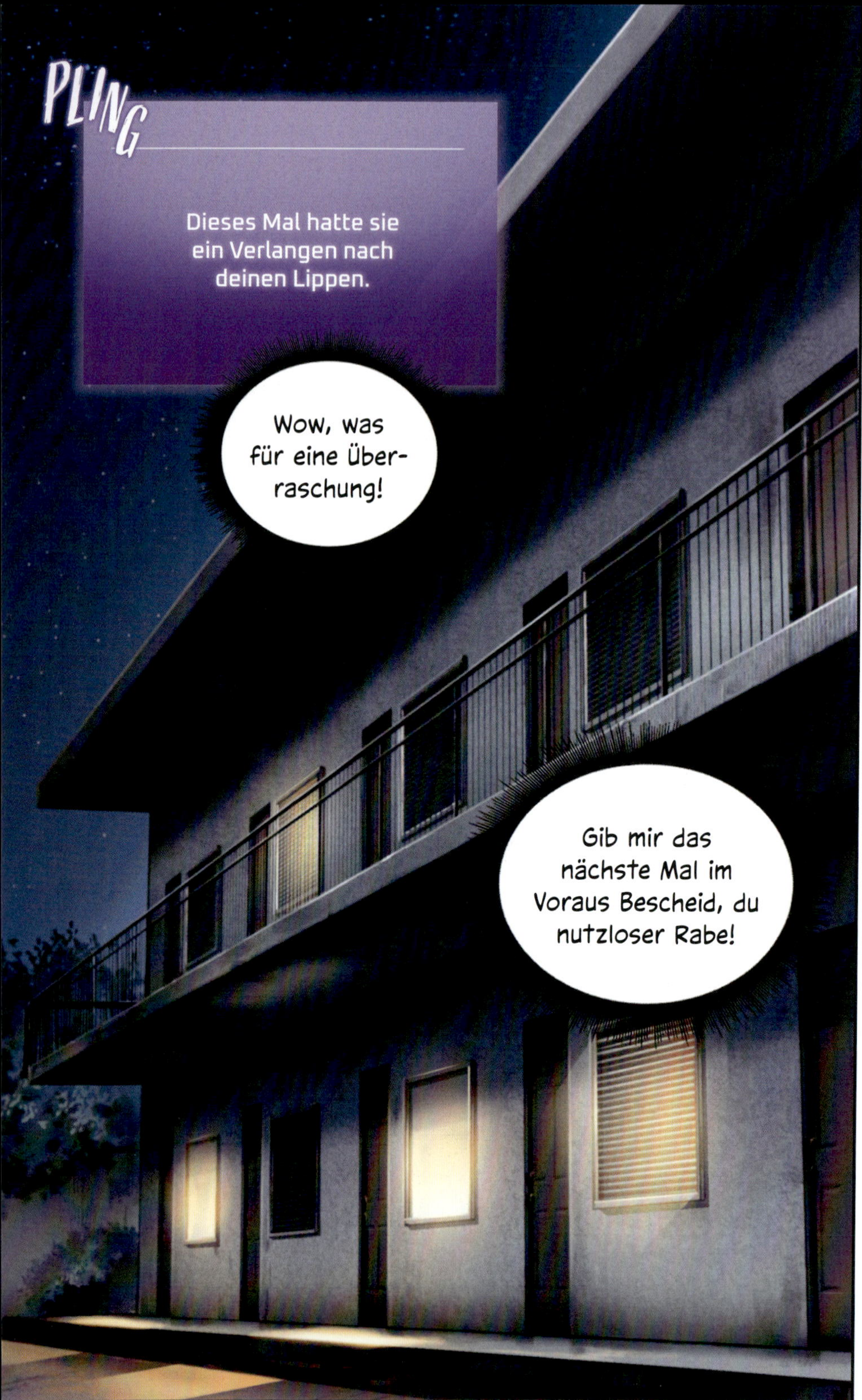
PLING
Dieses Mal hatte sie ein Verlangen nach deinen Lippen.
Wow, was für eine Überraschung!
Gib mir das nächste Mal im Voraus Bescheid, du nutzloser Rabe!

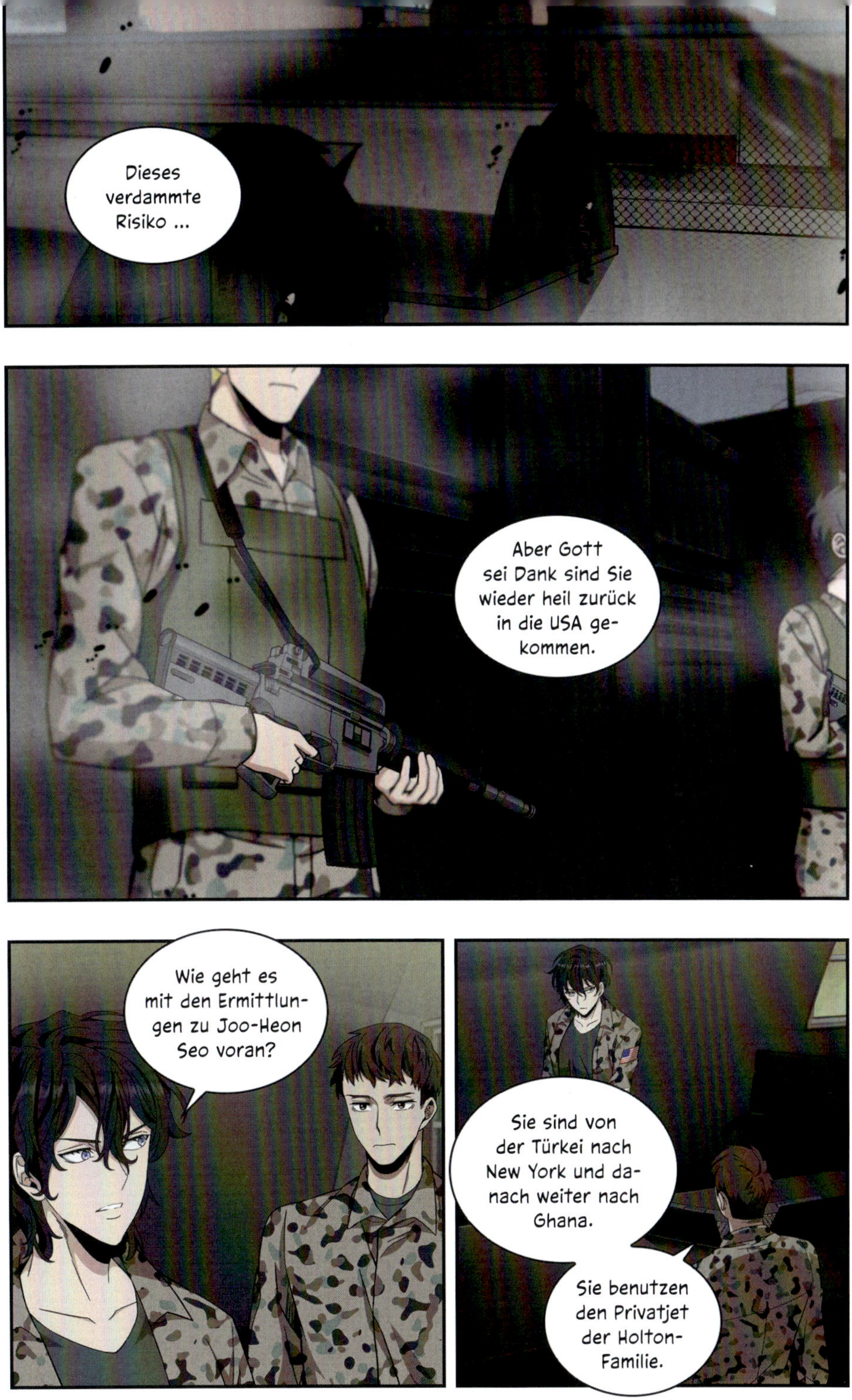
Dieses verdammte Risiko ...
Aber Gott sei Dank sind Sie wieder heil zurück in die USA gekommen.
Wie geht es mit den Ermittlungen zu Joo-Heon Seo voran?
Sie sind von der Türkei nach New York und danach weiter nach Ghana.
Sie benutzen den Privatjet der Holton-Familie.

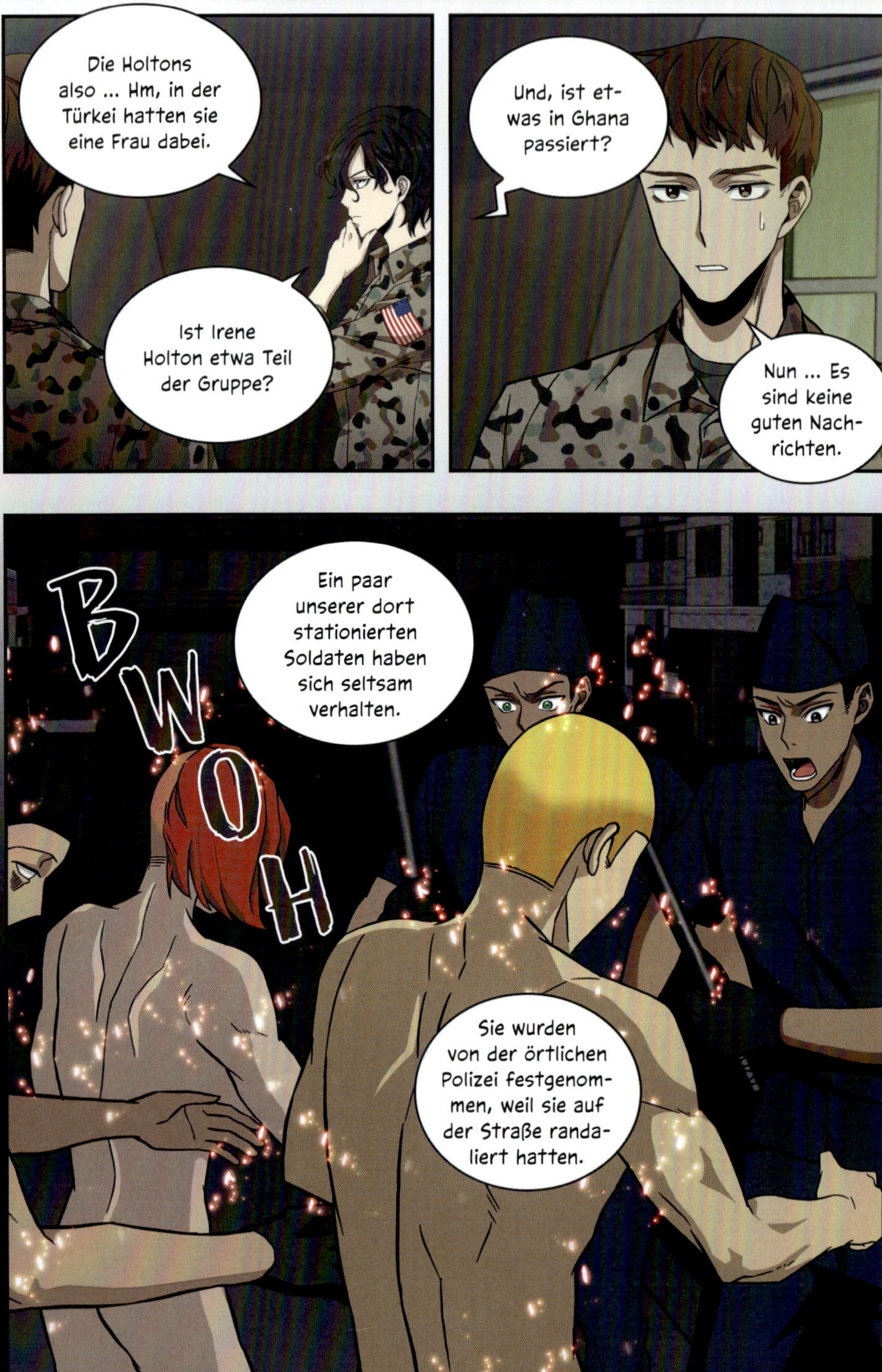
Die Holtons also ... Hm, in der Türkei hatten sie eine Frau dabei.
Ist Irene Holton etwa Teil der Gruppe?
Und, ist et-was in Ghana passiert?
Nun ... Es sind keine guten Nach-richten.
BWOH
Ein paar unserer dort stationierten Soldaten haben sich seltsam verhalten.
Sie wurden von der örtlichen Polizei festgenom-men, weil sie auf der Straße randa-liert hatten.

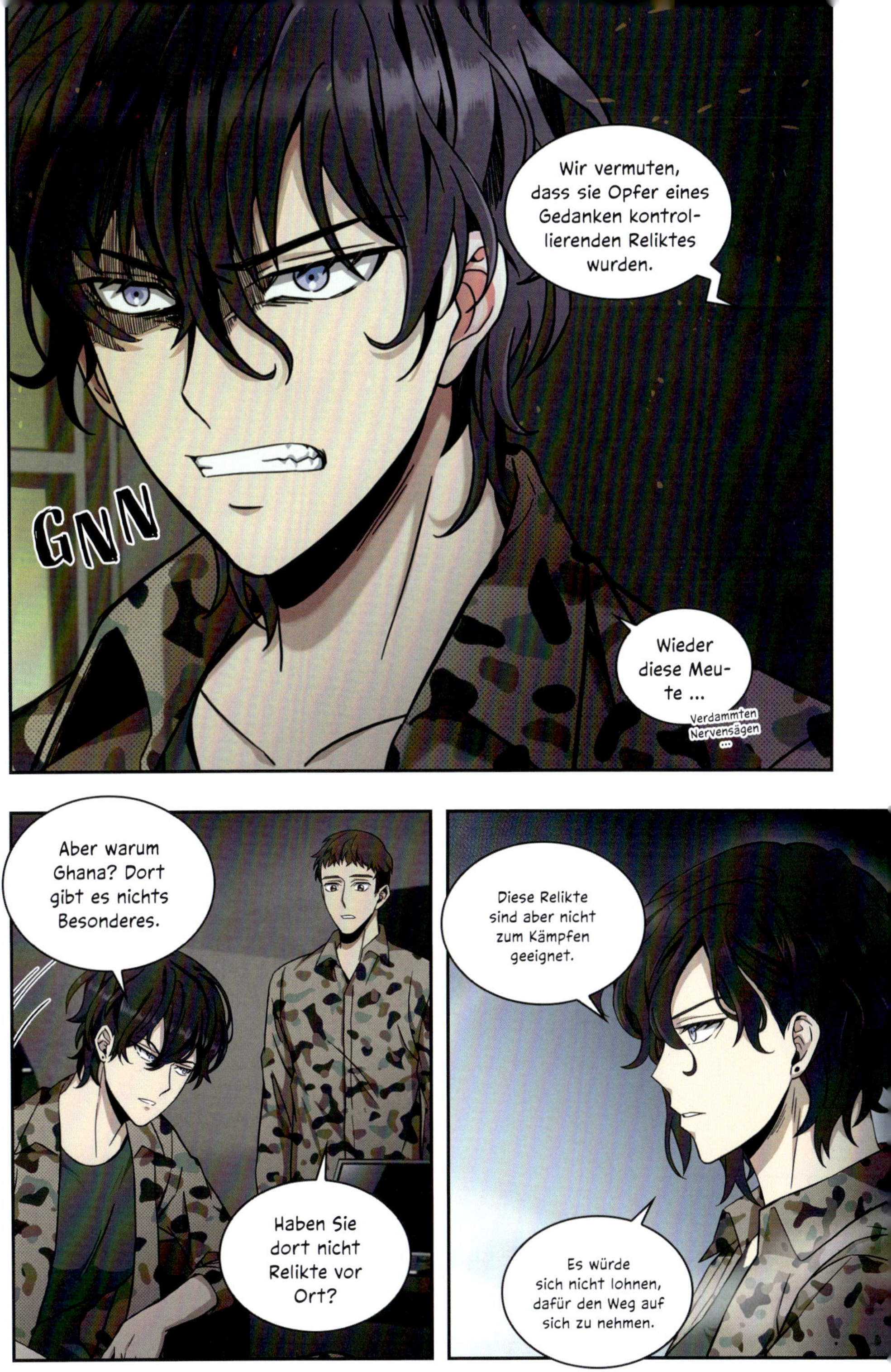
Wir vermuten, dass sie Opfer eines Gedanken kontrollierenden Reliktes wurden.
GNN
Wieder diese Meute ...
Verdammten Nervensägen ...
Aber warum Ghana? Dort gibt es nichts Besonderes.
Haben Sie dort nicht Relikte vor Ort?
Diese Relikte sind aber nicht zum Kämpfen geeignet.
Es würde sich nicht lohnen, dafür den Weg auf sich zu nehmen.

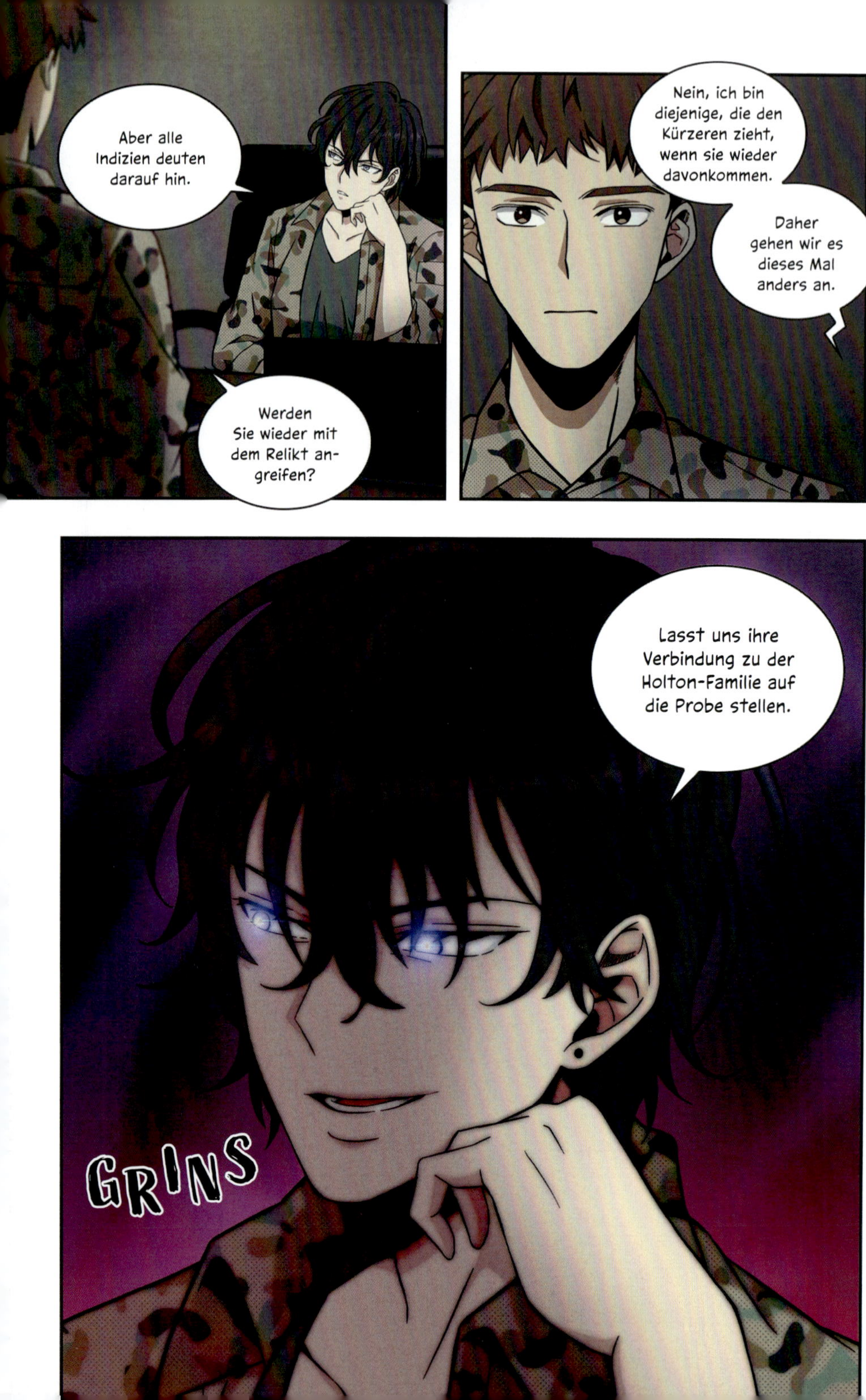
Aber alle Indizien deuten darauf hin.
Werden Sie wieder mit dem Relikt angreifen?
Nein, ich bin diejenige, die den Kürzeren zieht, wenn sie wieder davonkommen.
Daher gehen wir es dieses Mal anders an.
Lasst uns ihre Verbindung zu der Holton-Familie auf die Probe stellen.
GRINS

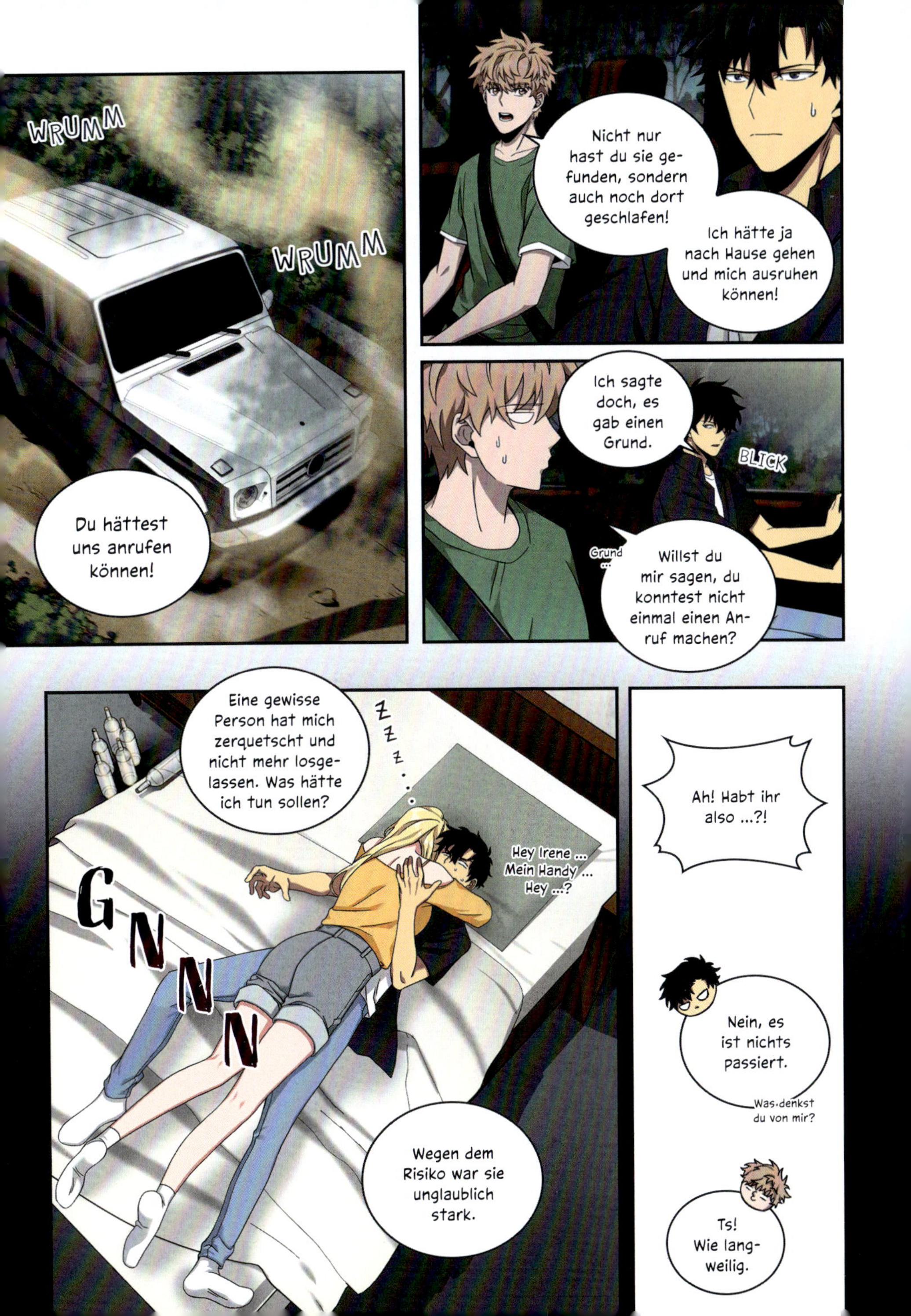
WRUMM
WRUMM
Du hättest uns anrufen können!
Nicht nur hast du sie gefunden, sondern auch noch dort geschlafen!
Ich hätte ja nach Hause gehen und mich ausruhen können!
Ich sagte doch, es gab einen Grund.
BLICK
Grund ...
Willst du mir sagen, du konntest nicht einmal einen Anruf machen?
Eine gewisse Person hat mich zerquetscht und nicht mehr losgelassen. Was hätte ich tun sollen?
Z Z Z . . .
Hey Irene ... Mein Handy ... Hey ...?
GNNN
Wegen dem Risiko war sie unglaublich stark.
Ah! Habt ihr also ...?!
Nein, es ist nichts passiert.
Was denkst du von mir?
Ts! Wie langweilig.

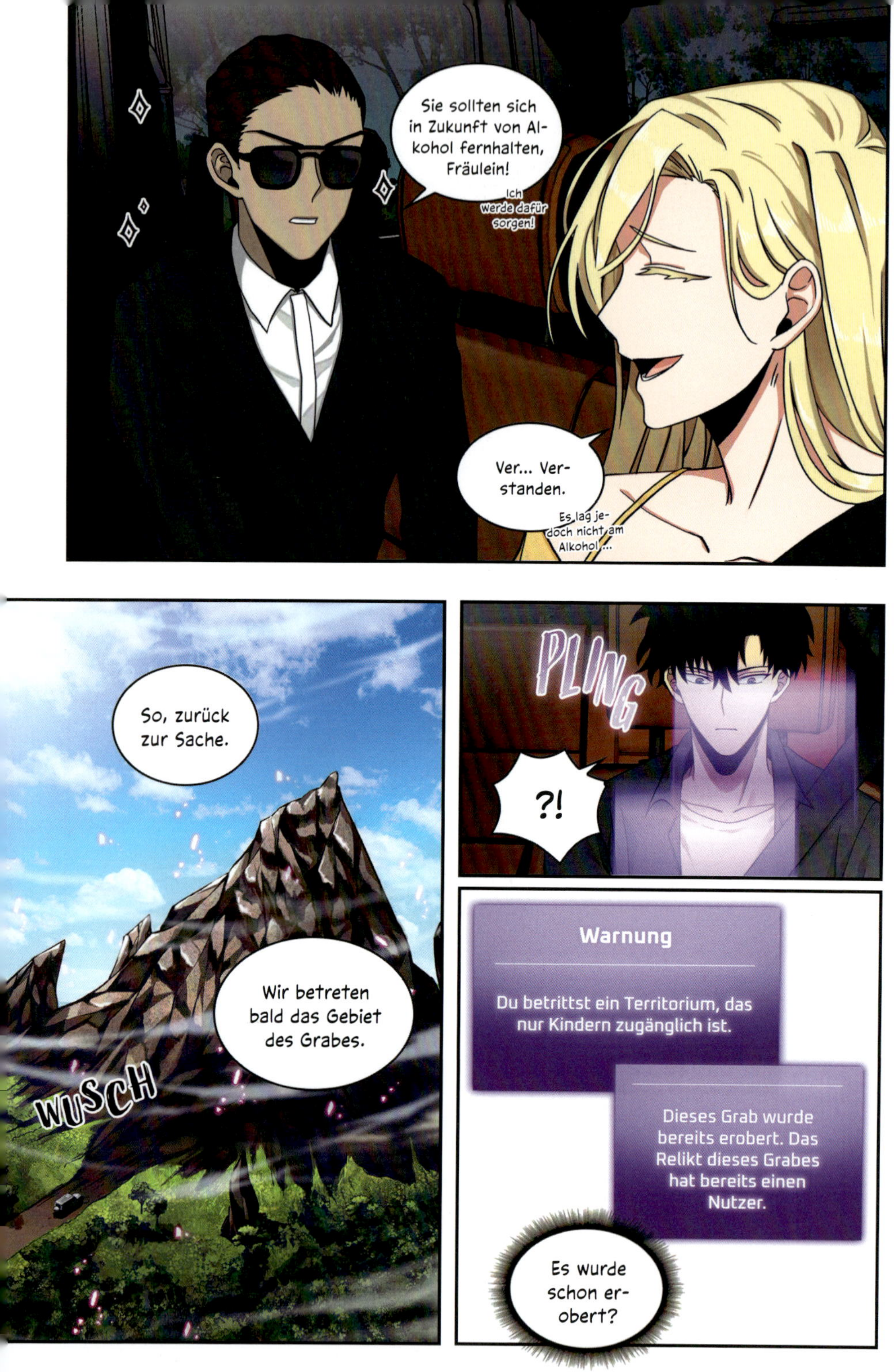
Sie sollten sich in Zukunft von Alkohol fernhalten, Fräulein!
Ich werde dafür sorgen!
Ver... Verstanden.
Es lag jedoch nicht am Alkohol ...
So, zurück zur Sache.
Wir betreten bald das Gebiet des Grabes.
WUSCH
PLING
?!
Warnung
Du betrittst ein Territorium, das nur Kindern zugänglich ist.
Dieses Grab wurde bereits erobert. Das Relikt dieses Grabes hat bereits einen Nutzer.
Es wurde schon erobert?

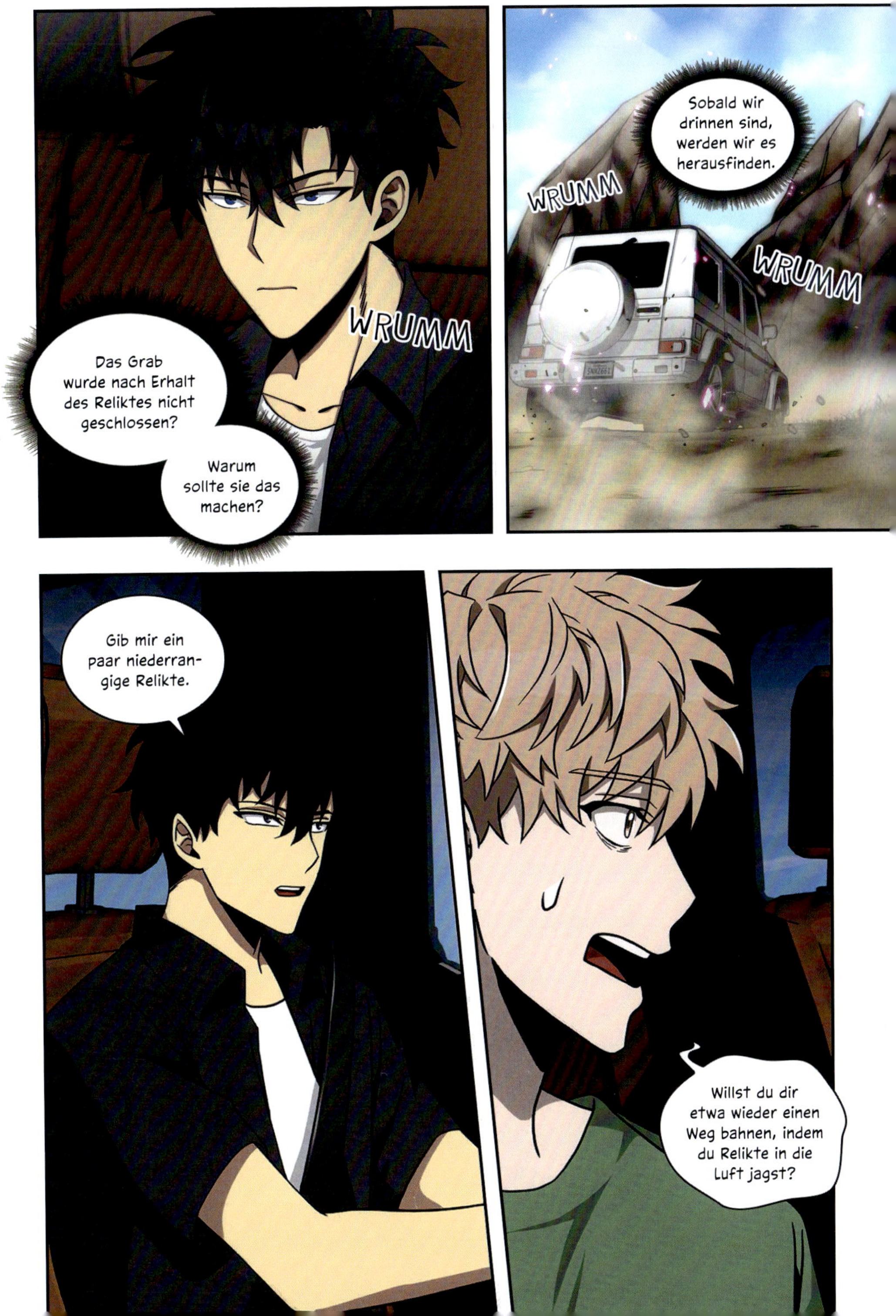
WRUMM
Das Grab wurde nach Erhalt des Reliktes nicht geschlossen?
Warum sollte sie das machen?
Sobald wir drinnen sind, werden wir es herausfinden.
WRUMM
WRUMM
Gib mir ein paar niederran-gige Relikte.
Willst du dir etwa wieder einen Weg bahnen, indem du Relikte in die Luft jagst?

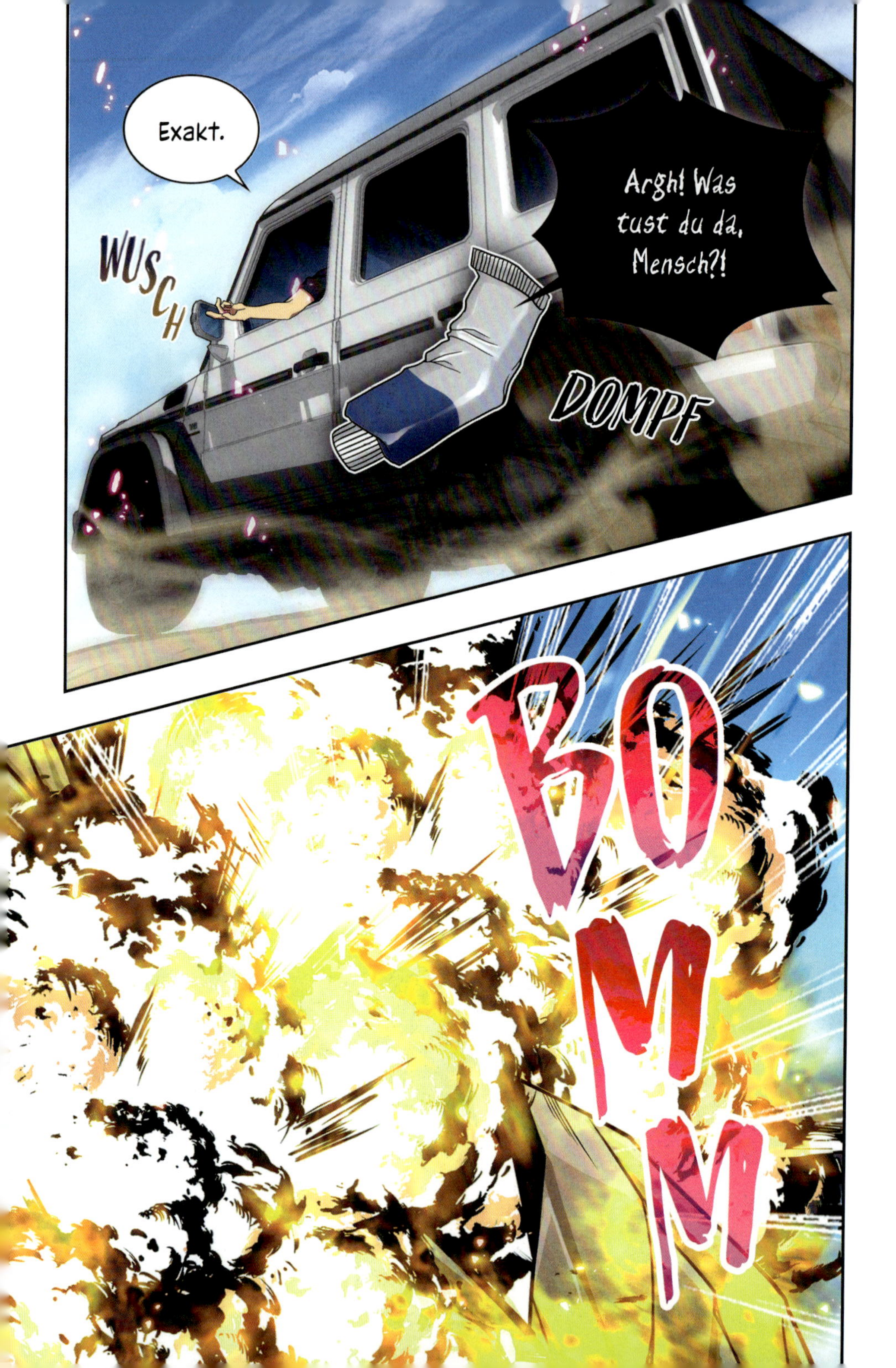
Exakt.
Argh! Was tust du da, Mensch?!
WUSCH
DOMPF
BOMM

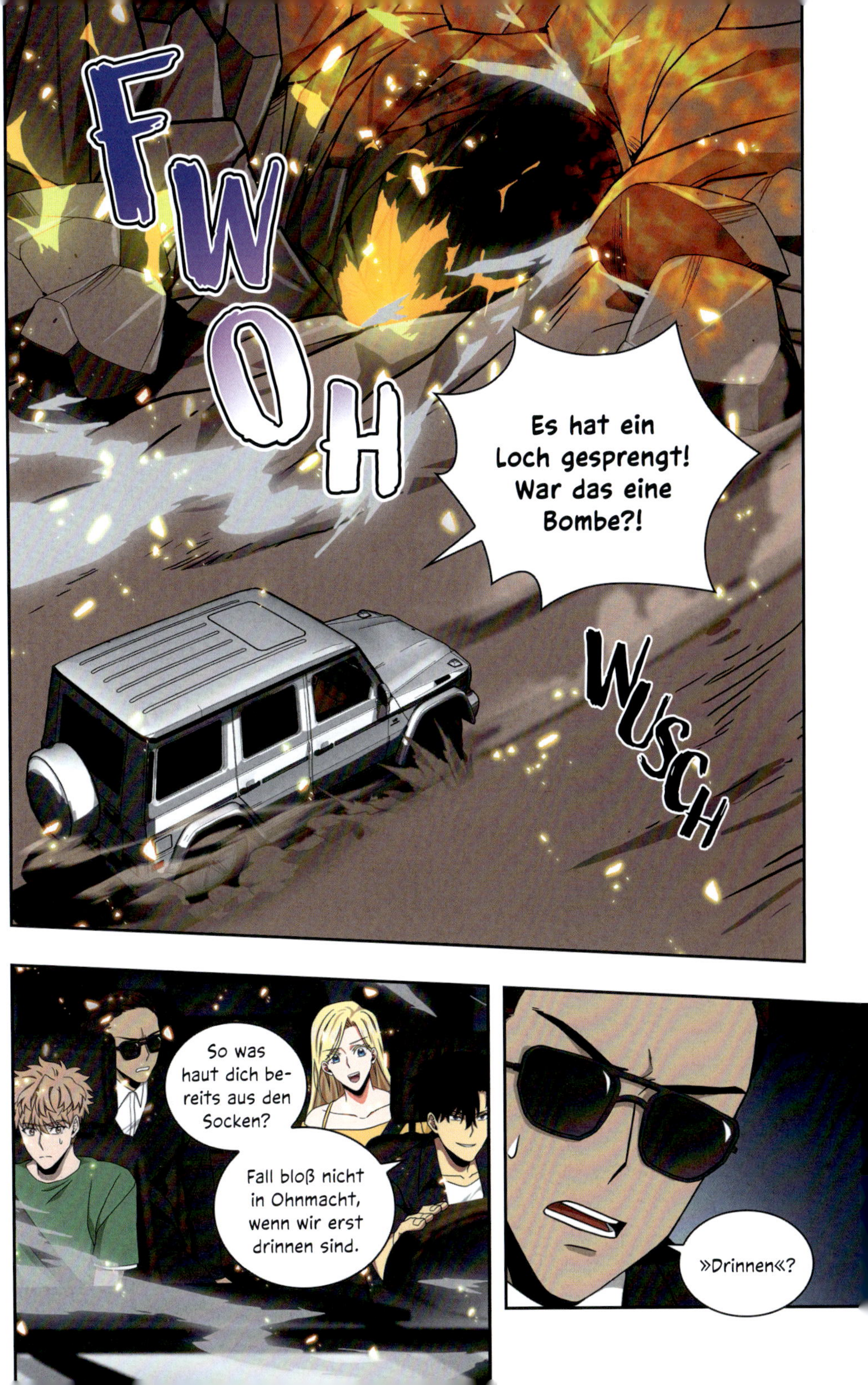
FWOOH
Es hat ein Loch gesprengt! War das eine Bombe?!
WUSCH
So was haut dich bereits aus den Socken?
Fall bloß nicht in Ohnmacht, wenn wir erst drinnen sind.
»Drinnen«?

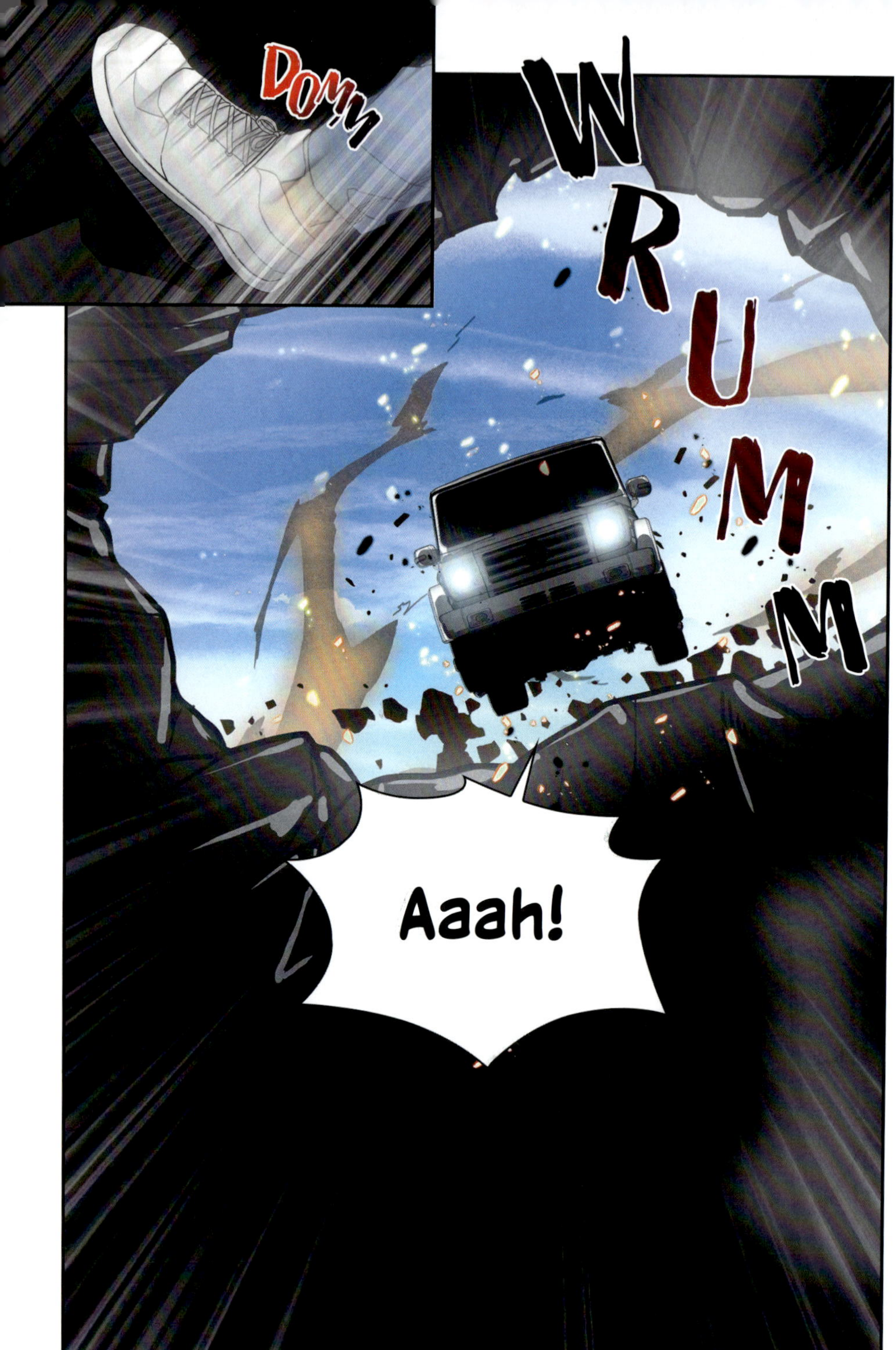
DOMM
WRUMM
Aaah!

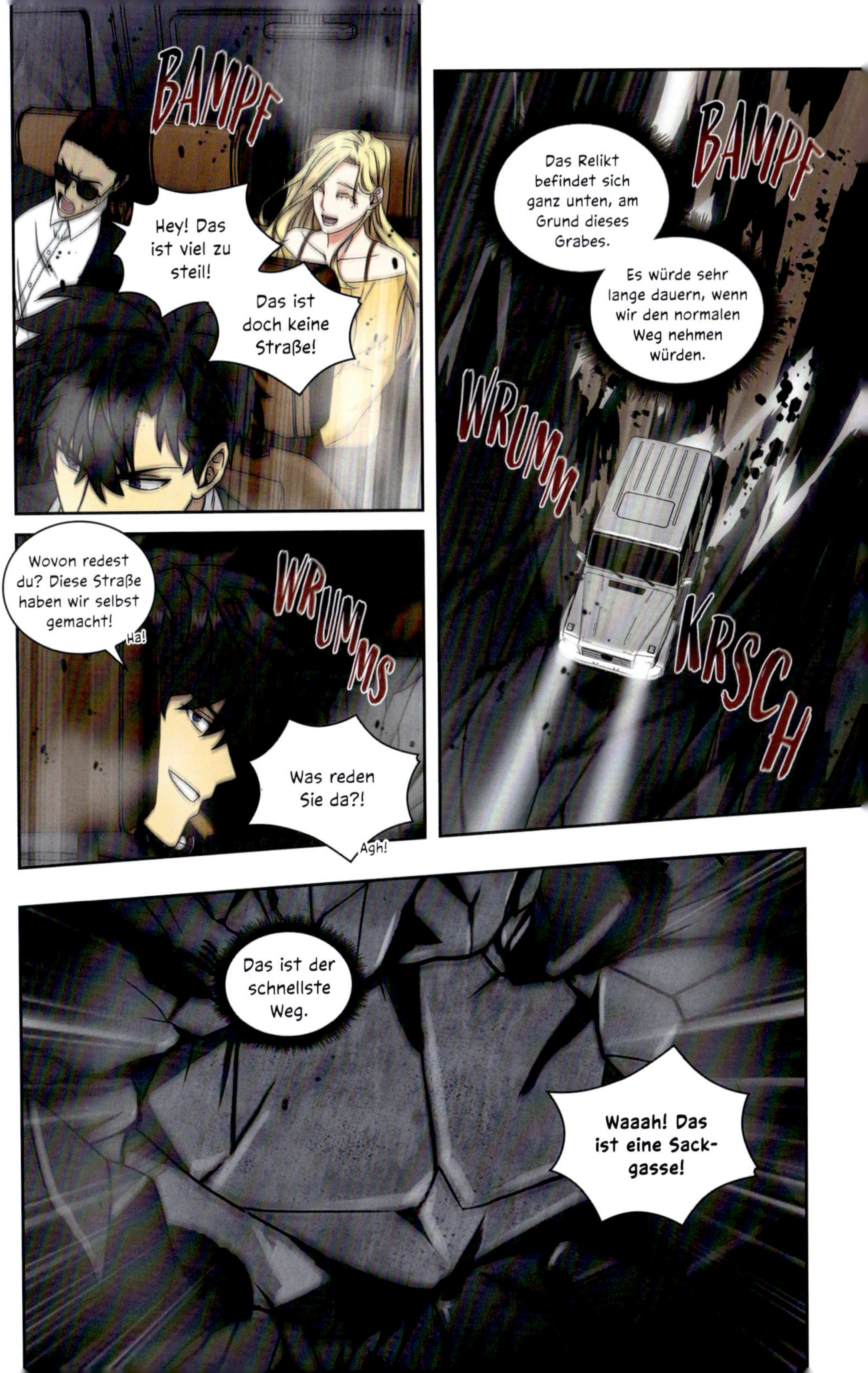
BAMPF
Hey! Das ist viel zu steil!
Das ist doch keine Straße!
Wovon redest du? Diese Straße haben wir selbst gemacht!
Ha!
WRUMMS
Was reden Sie da?!
Agh!
BAMPF
Das Relikt befindet sich ganz unten, am Grund dieses Grabes.
Es würde sehr lange dauern, wenn wir den normalen Weg nehmen würden.
WRUMM
KRSCH
Das ist der schnellste Weg.
Waaah! Das ist eine Sack-gasse!

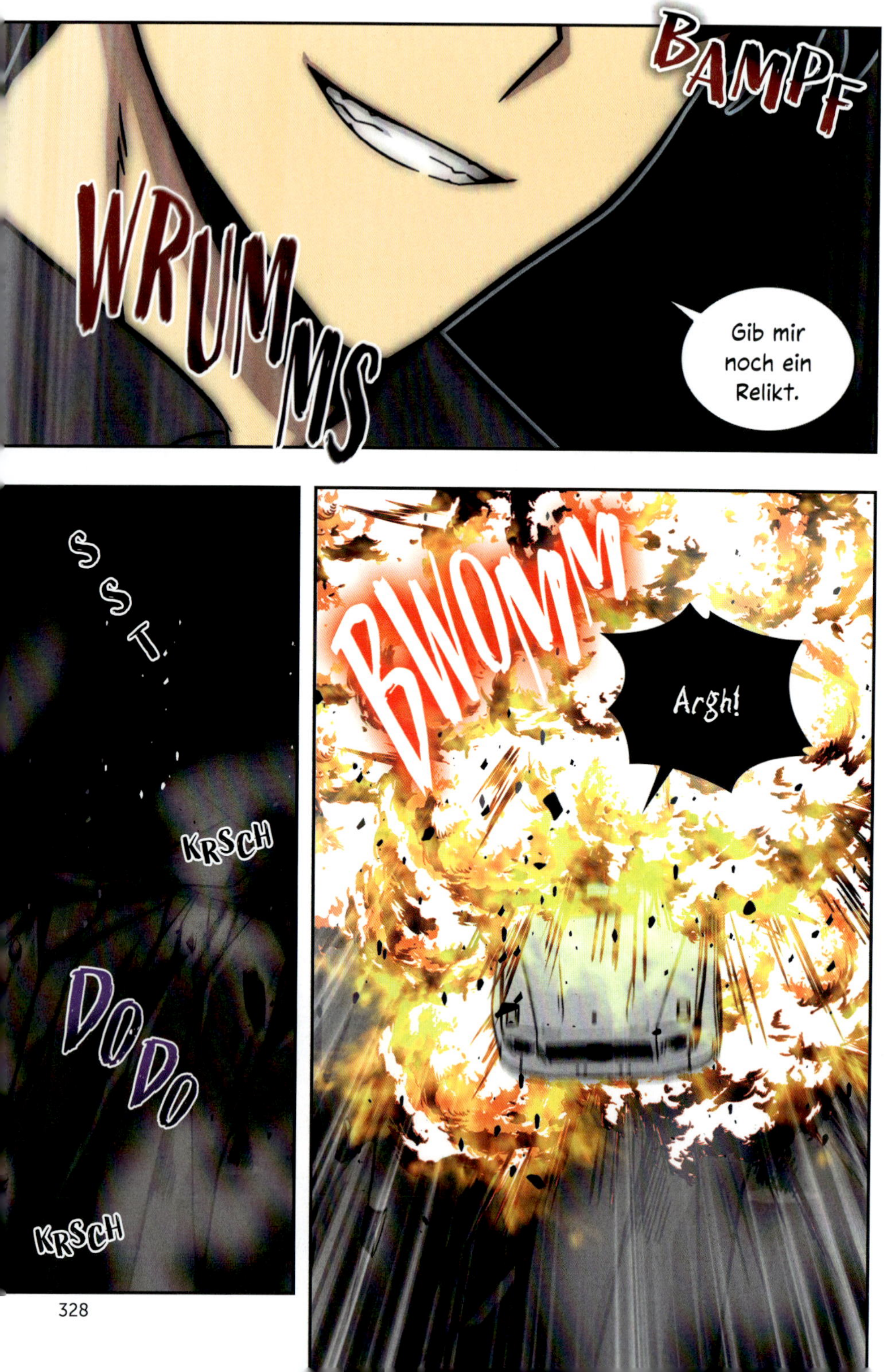
BAMPF
WRUMMS
Gib mir noch ein Relikt.
SST
KRSCH
DODO
KRSCH
BWOMM
Argh!

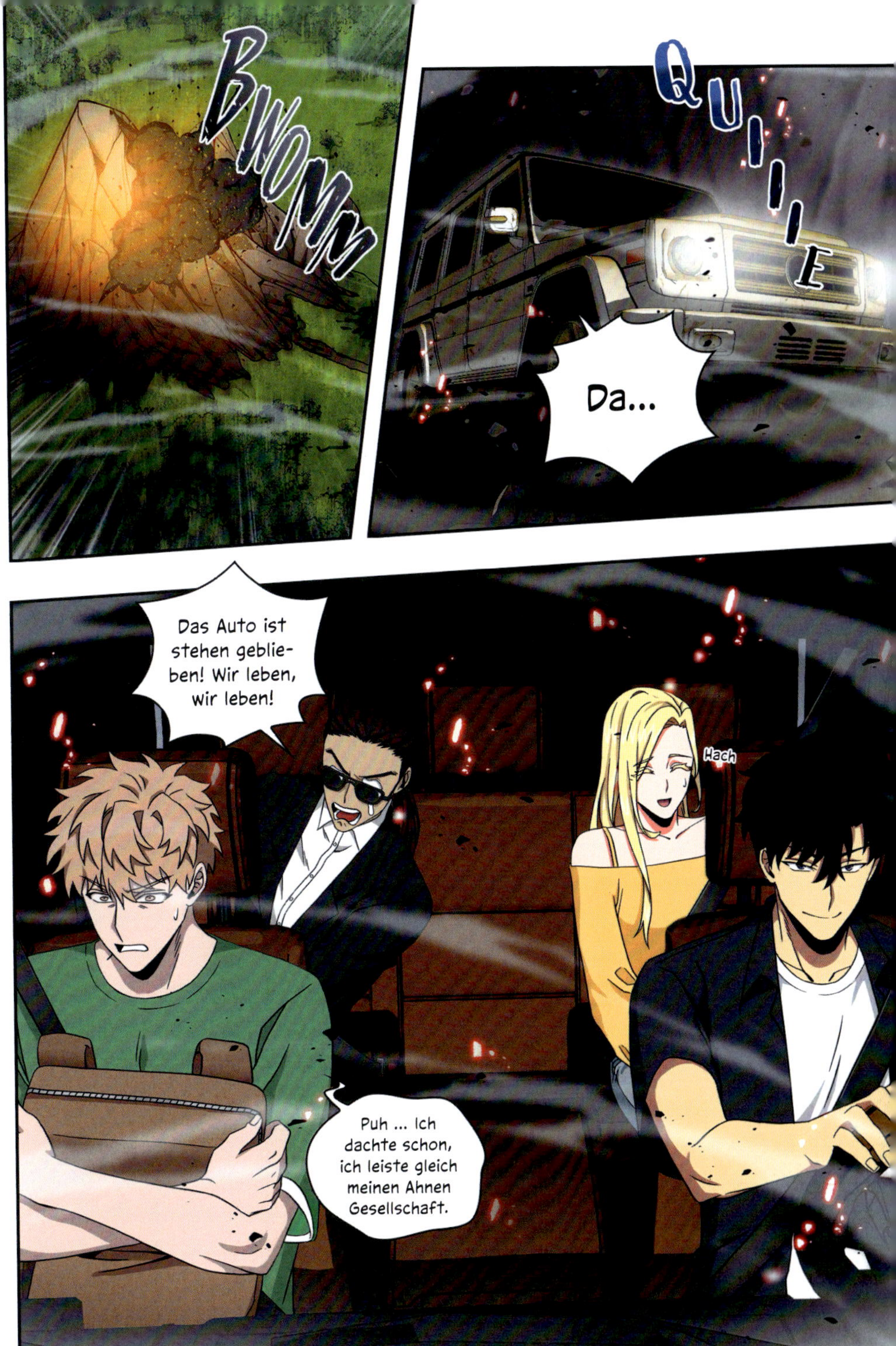
BWOMM
QUIIIE
Da...
Das Auto ist stehen geblieben! Wir leben, wir leben!
Hach
Puh ... Ich dachte schon, ich leiste gleich meinen Ahnen Gesellschaft.

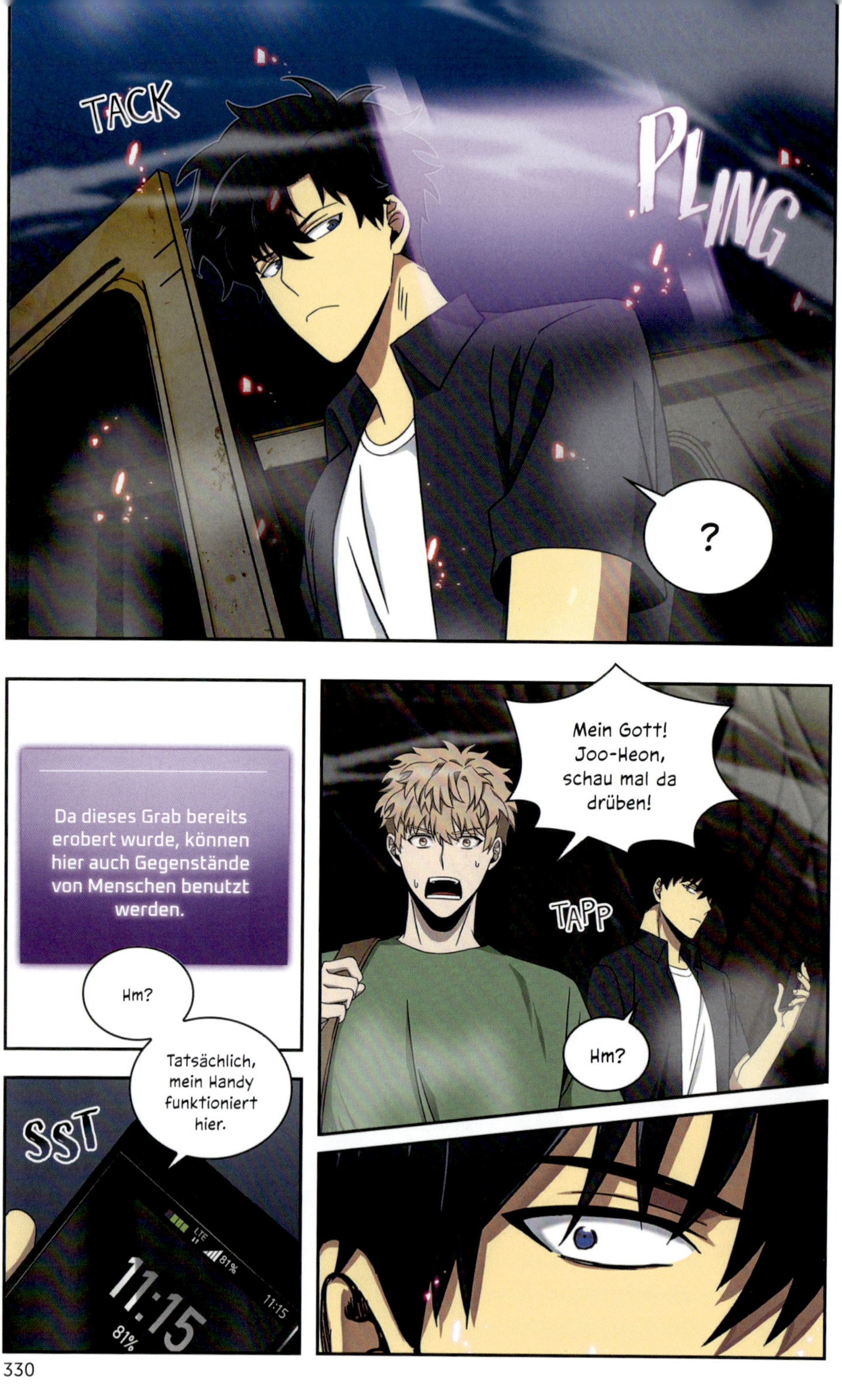
TACK
PLING
?
Da dieses Grab bereits erobert wurde, können hier auch Gegenstände von Menschen benutzt werden.
Mein Gott! Joo-Heon, schau mal da drüben!
TAPP
Hm?
Hm?
Tatsächlich, mein Handy funktioniert hier.
SST
LTE
81%
11:15
11:15
81%

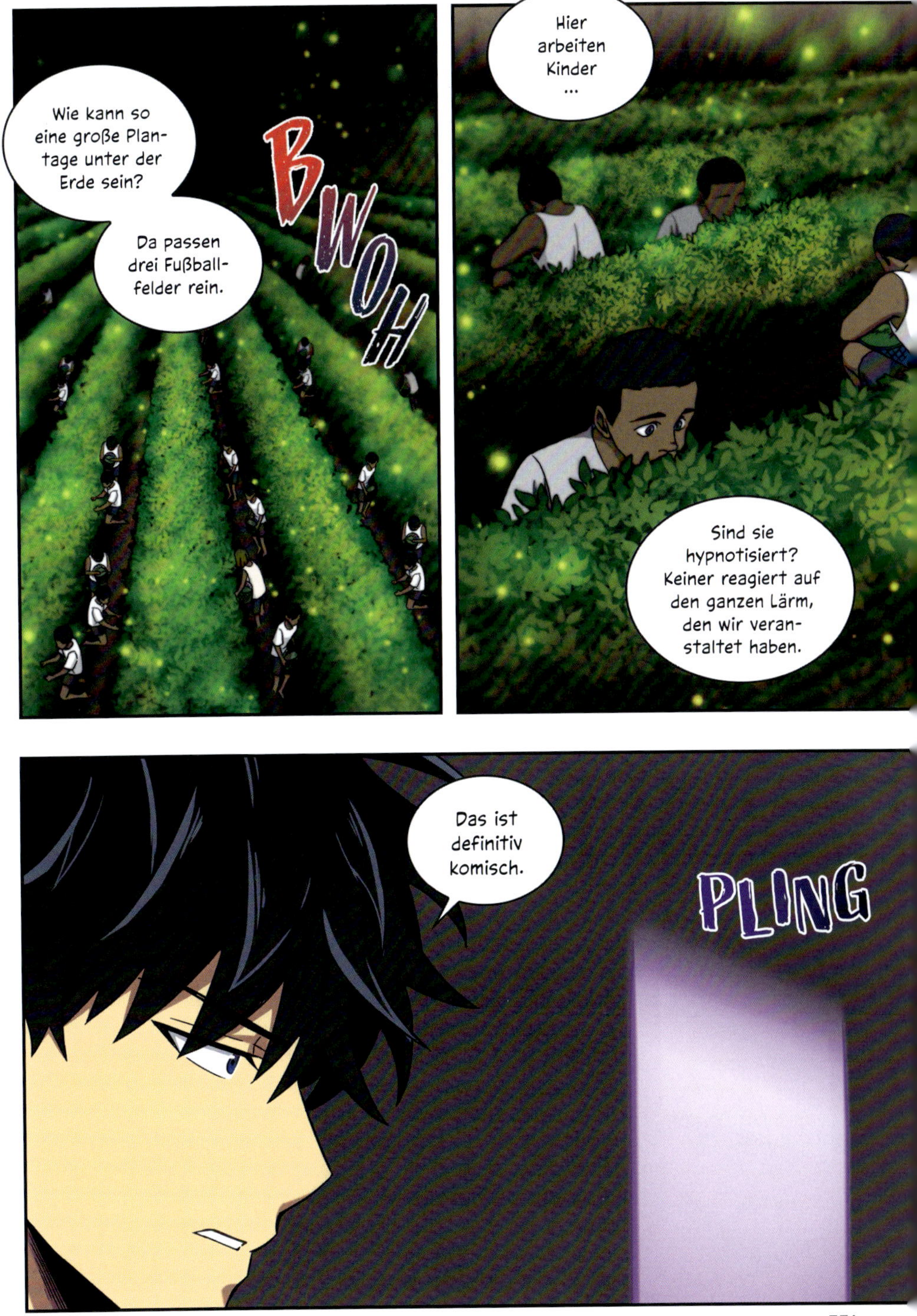
Wie kann so eine große Plantage unter der Erde sein?
Da passen drei Fußballfelder rein.
BWOH
Hier arbeiten Kinder ...
Sind sie hypnotisiert? Keiner reagiert auf den ganzen Lärm, den wir veranstaltet haben.
Das ist definitiv komisch.
PLING

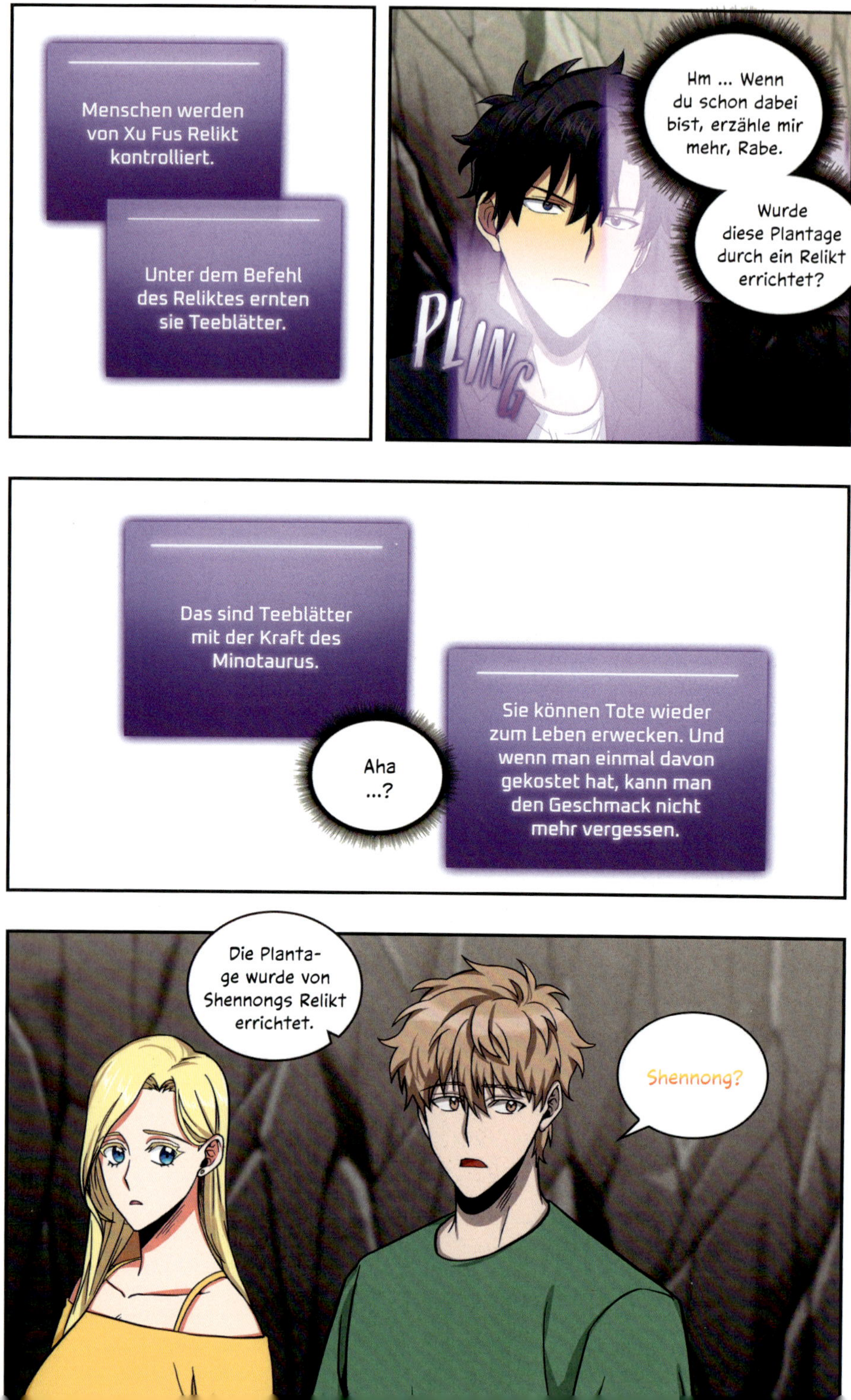
Menschen werden von Xu Fus Relikt kontrolliert.
Unter dem Befehl des Reliktes ernten sie Teeblätter.
Hm ... Wenn du schon dabei bist, erzähle mir mehr, Rabe.
Wurde diese Plantage durch ein Relikt errichtet?
PLING
Das sind Teeblätter mit der Kraft des Minotaurus.
Aha ...?
Sie können Tote wieder zum Leben erwecken. Und wenn man einmal davon gekostet hat, kann man den Geschmack nicht mehr vergessen.
Die Plantage wurde von Shennongs Relikt errichtet.
Shennong?

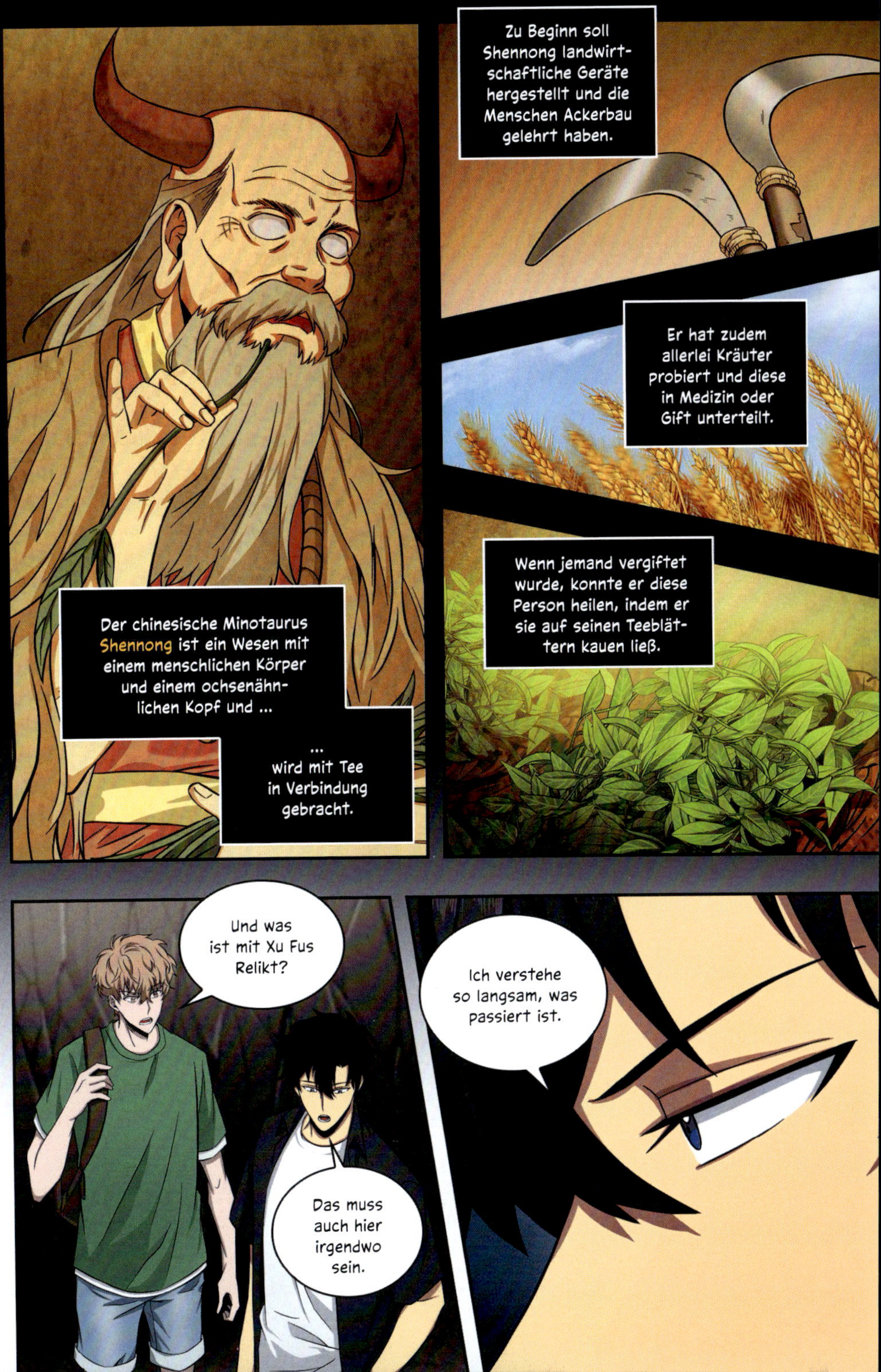
Der chinesische Minotaurus Shennong ist ein Wesen mit einem menschlichen Körper und einem ochsenähnlichen Kopf und ...
... wird mit Tee in Verbindung gebracht.
Zu Beginn soll Shennong landwirtschaftliche Geräte hergestellt und die Menschen Ackerbau gelehrt haben.
Er hat zudem allerlei Kräuter probiert und diese in Medizin oder Gift unterteilt.
Wenn jemand vergiftet wurde, konnte er diese Person heilen, indem er sie auf seinen Teeblättern kauen ließ.
Und was ist mit Xu Fus Relikt?
Das muss auch hier irgendwo sein.
Ich verstehe so langsam, was passiert ist.

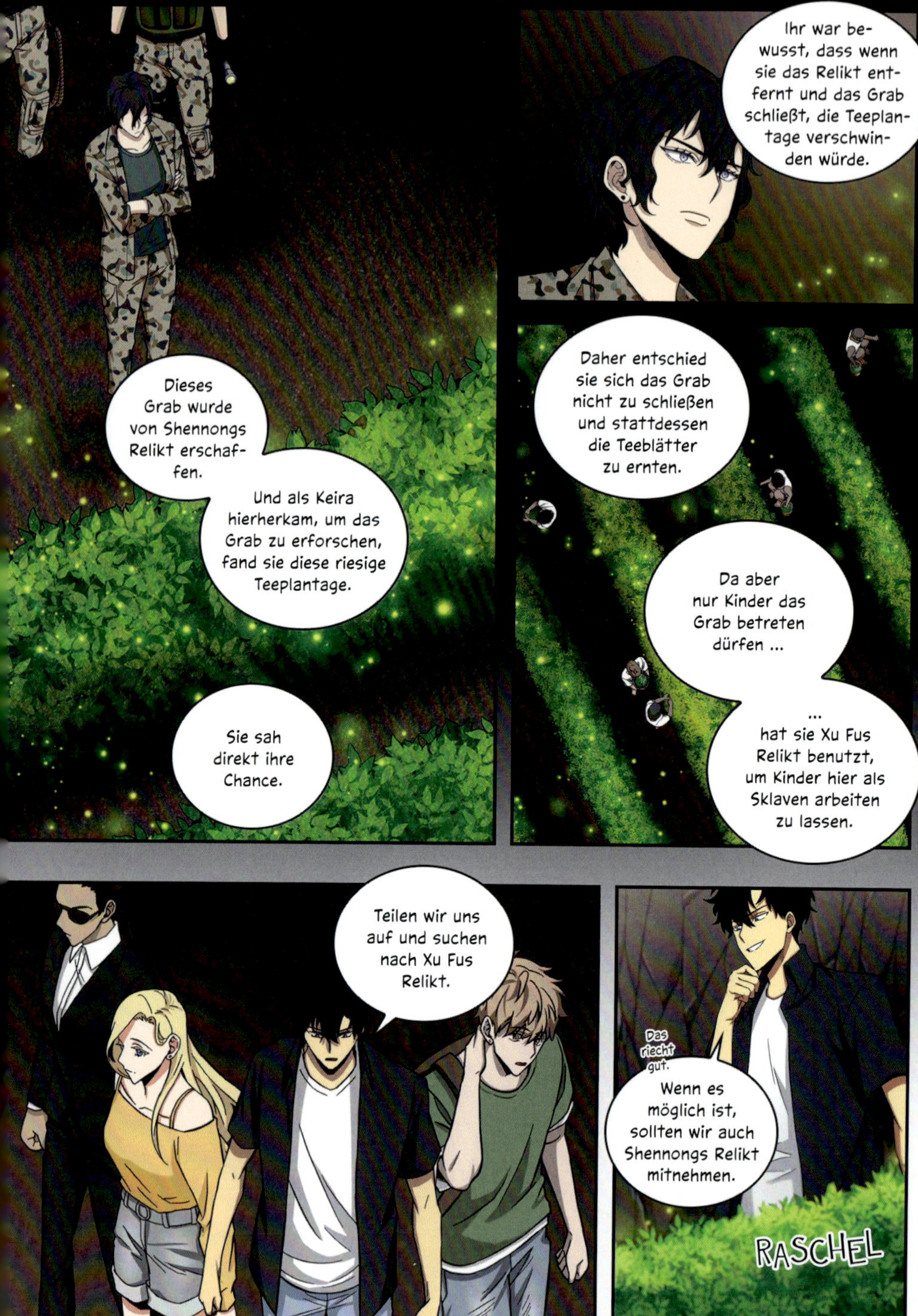
Ihr war bewusst, dass wenn sie das Relikt entfernt und das Grab schließt, die Teeplantage verschwinden würde.
Dieses Grab wurde von Shennongs Relikt erschaffen.
Und als Keira hierherkam, um das Grab zu erforschen, fand sie diese riesige Teeplantage.
Sie sah direkt ihre Chance.
Daher entschied sie sich das Grab nicht zu schließen und stattdessen die Teeblätter zu ernten.
Da aber nur Kinder das Grab betreten dürfen ...
... hat sie Xu Fus Relikt benutzt, um Kinder hier als Sklaven arbeiten zu lassen.
Teilen wir uns auf und suchen nach Xu Fus Relikt.
Das riecht gut.
Wenn es möglich ist, sollten wir auch Shennongs Relikt mitnehmen.
RASCHEL

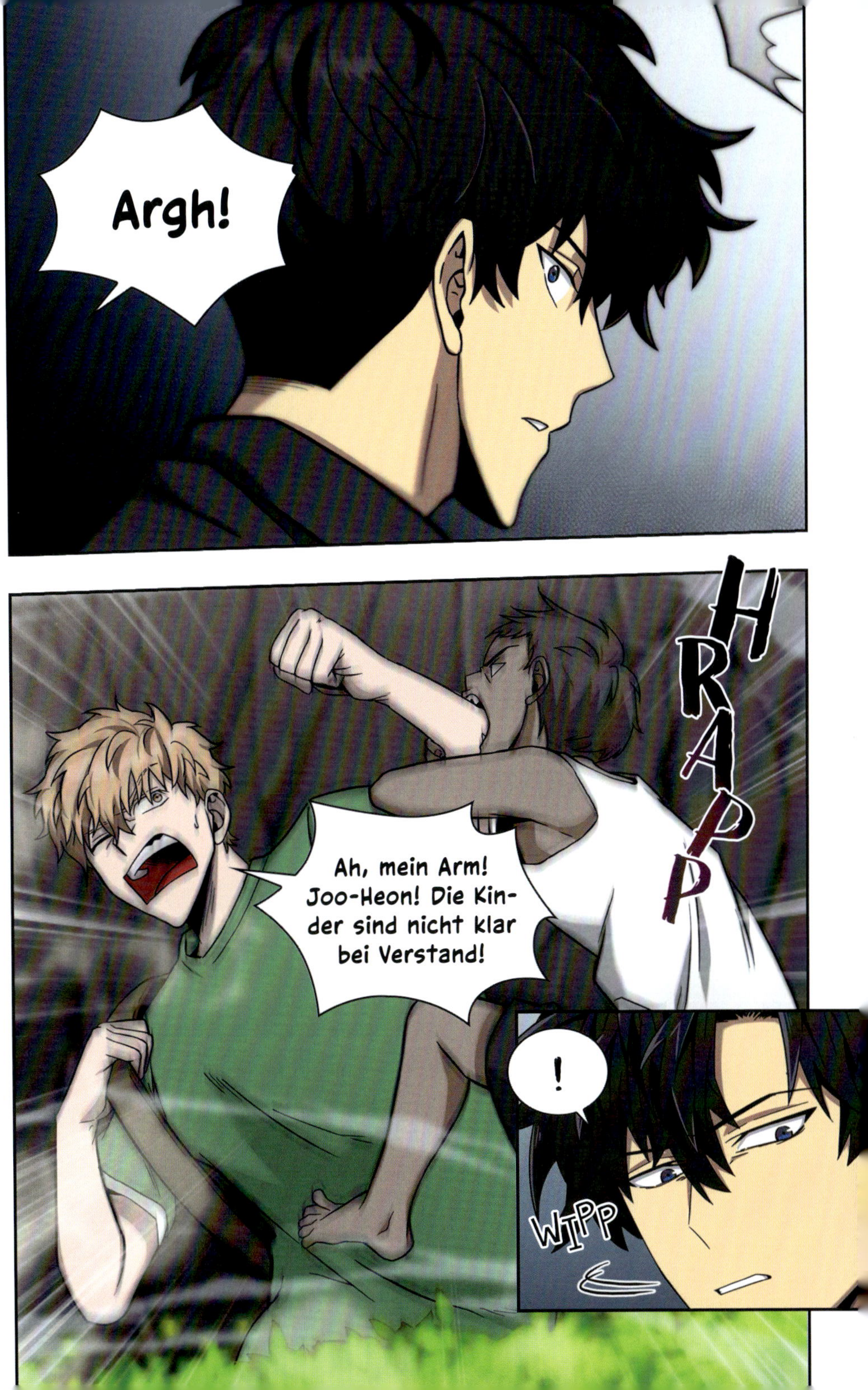
Argh!
HRAPP
Ah, mein Arm! Joo-Heon! Die Kin-der sind nicht klar bei Verstand!
!
WIPP

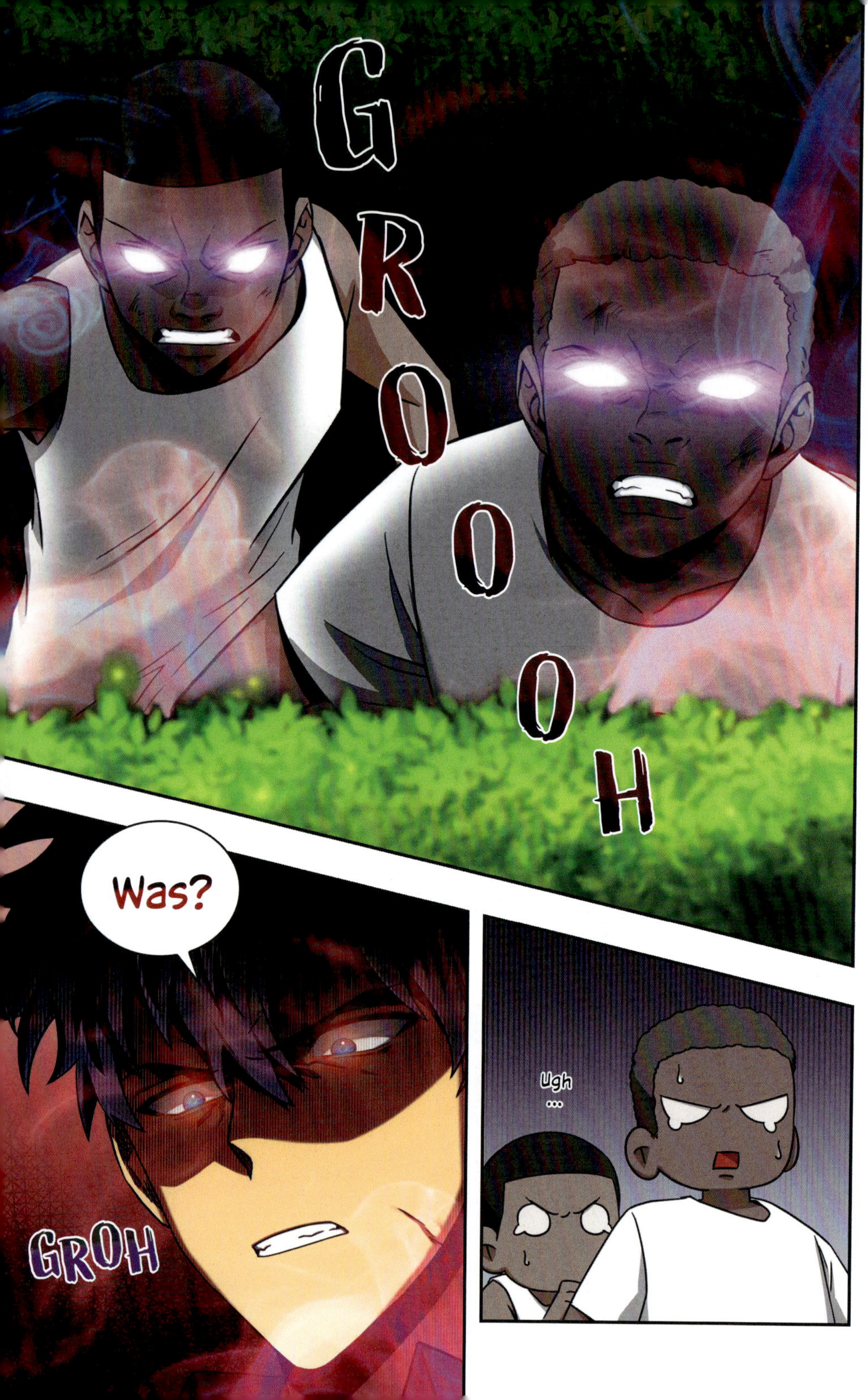
GROOOOH
Was?
GROH
Ugh
...

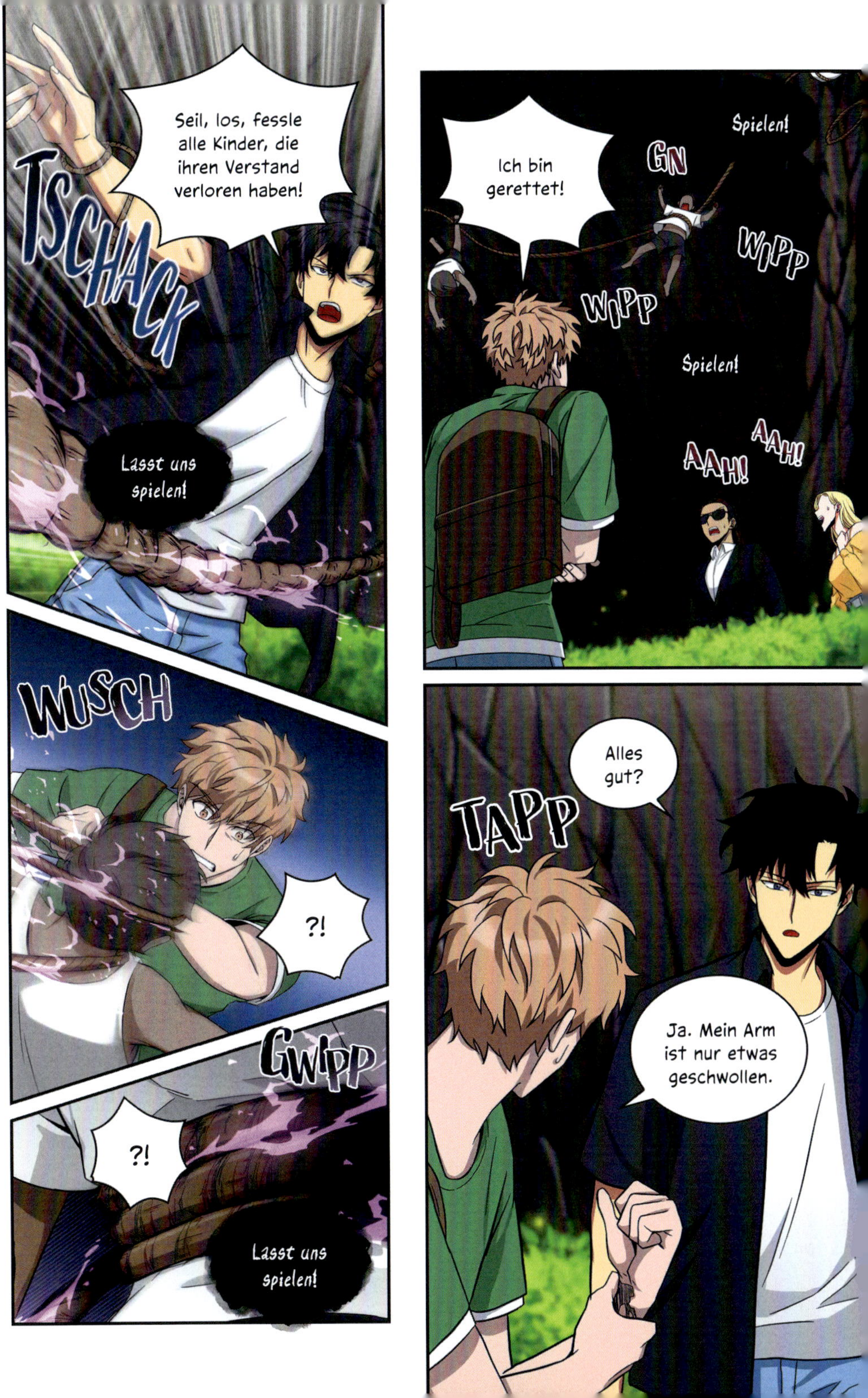
Seil, los, fessle alle Kinder, die ihren Verstand verloren haben!
TSCHACK
Lasst uns spielen!
WUSCH
?!
GWIPP
?!
Lasst uns spielen!
Ich bin gerettet!
Spielen!
GN
WIPP
WIPP
Spielen!
AAH!
AAH!
Alles gut?
TAPP
Ja. Mein Arm ist nur etwas geschwollen.

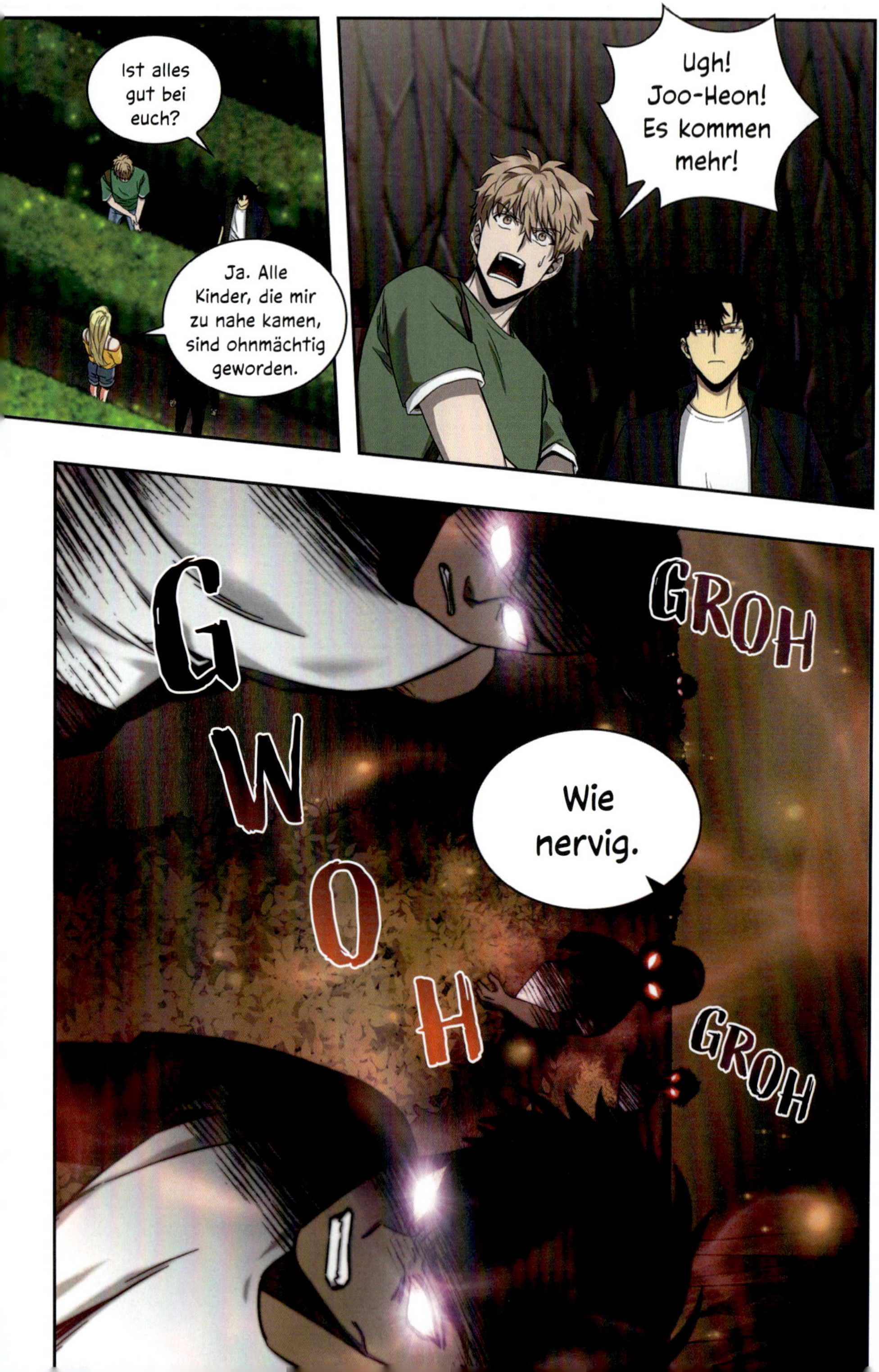
Ist alles gut bei euch?
Ja. Alle Kinder, die mir zu nahe kamen, sind ohnmächtig geworden.
Ugh! Joo-Heon! Es kommen mehr!
GWOH
GROH
Wie nervig.
GROH

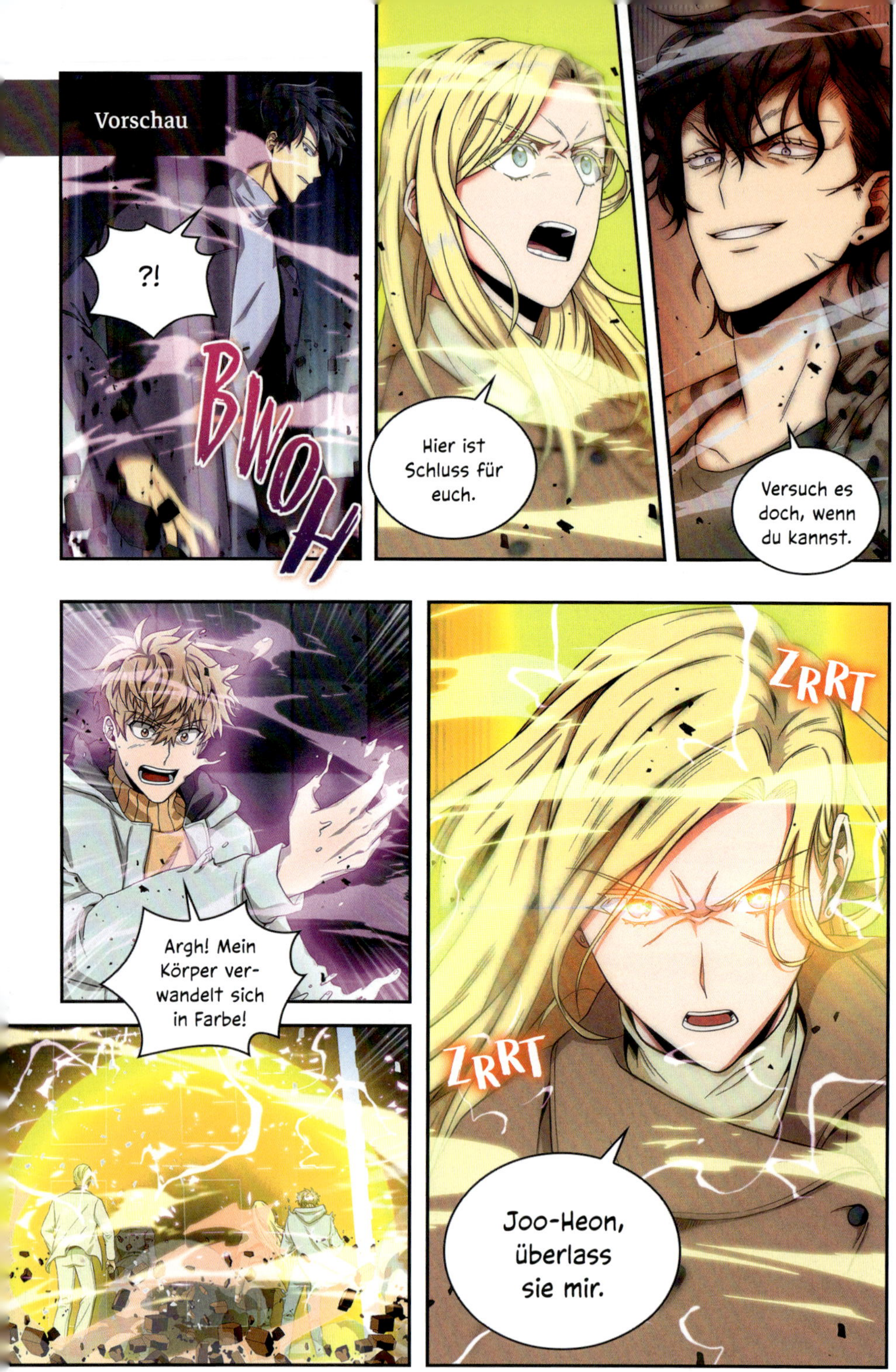
Vorschau
?!
BWOH
Hier ist Schluss für euch.
Versuch es doch, wenn du kannst.
Argh! Mein Körper verwandelt sich in Farbe!
ZRRT
ZRRT
Joo-Heon, überlass sie mir.

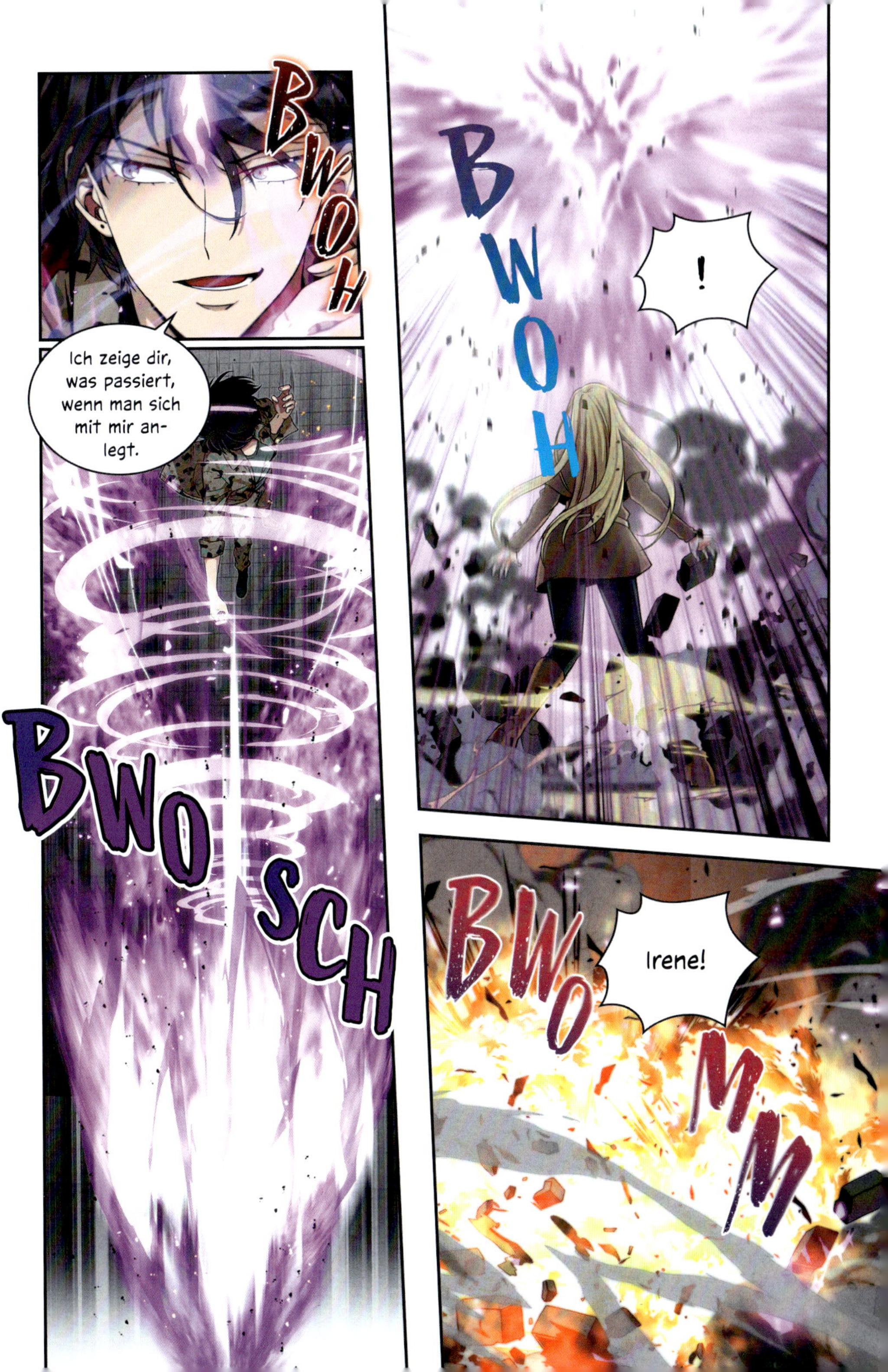
BWOH
Ich zeige dir, was passiert, wenn man sich mit mir anlegt.
BWOSCH
BWOH
!
BWOMM
Irene!

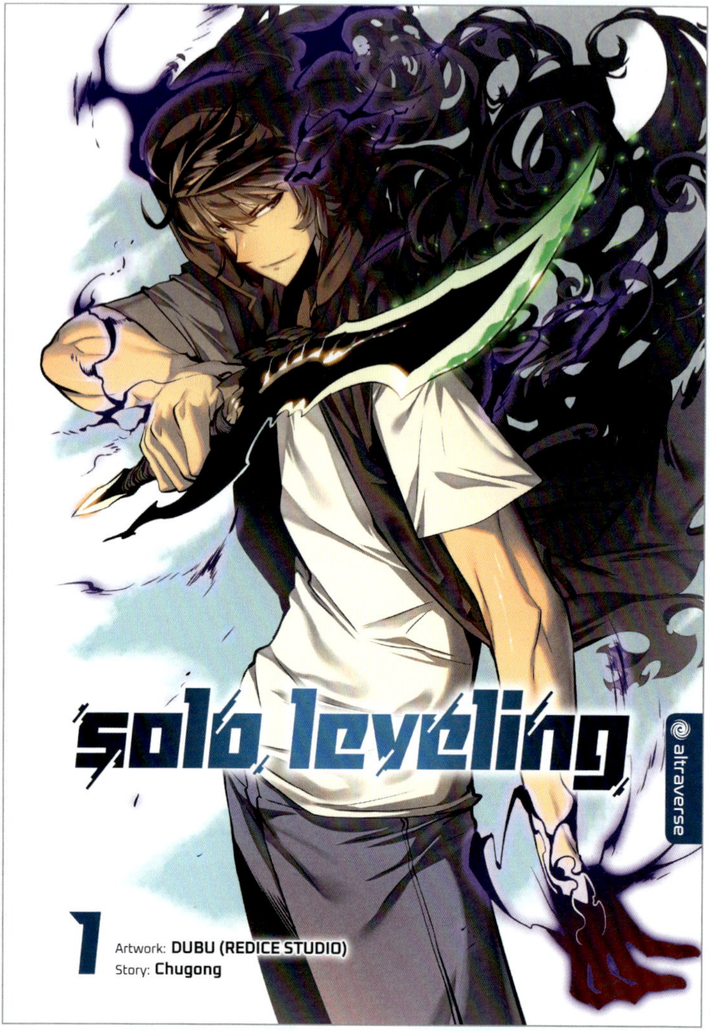


**Solo Leveling**
Chugong | DUBU (REDICE STUDIO)

Seitdem Portale die reale Welt mit Dungeons voll von Monstern verbinden, sind Menschen mit speziellen Fähigkeiten erwacht, die Jagd auf diese Monster machen und so ihr Geld verdienen. Kann sich Jin-Woo Sung, der von seinen Kollegen nur »der Schwächste« genannt wird, an die Spitze kämpfen?

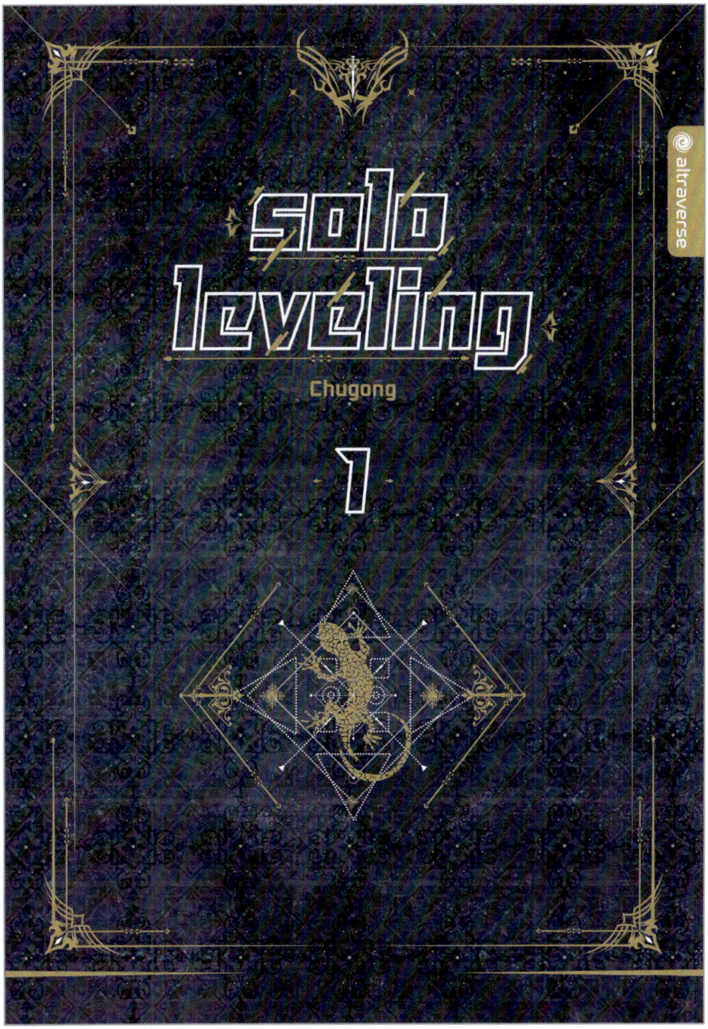


## Solo Leveling – Roman

Chugong

Als Portale begannen, die Welt mit Dungeons voller Monster zu verbinden, sind Menschen mit speziellen Fähigkeiten erwacht. Sie sind als Hunter bekannt und ihre Aufgabe ist es, die Dungeons unschädlich zu machen. Jin-Woo Sung ist einer von ihnen, wird aber immer nur als Schwächling bezeichnet. Kann er sich an die Spitze kämpfen?

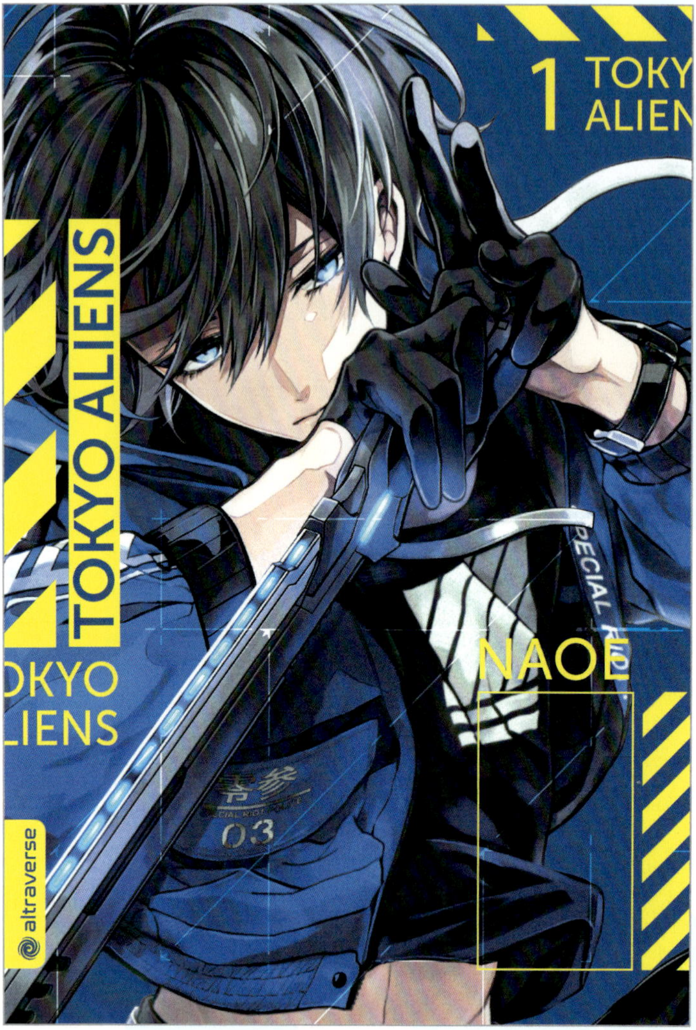


## Tokyo Aliens

NAOE

Akira Gunji führt ein stinknormales Leben ... Zumindest bis ihn auf dem Heimweg von der Schule eine Oma mit Tentakeln entführt. Sie entpuppt sich als Außerirdische, und als ob das nicht genug wäre, taucht plötzlich Akiras Klassenkamerad Sho auf und will die Oma festnehmen? Akiras Leben steht mit einem Mal kopf.

Fantasy 15 +

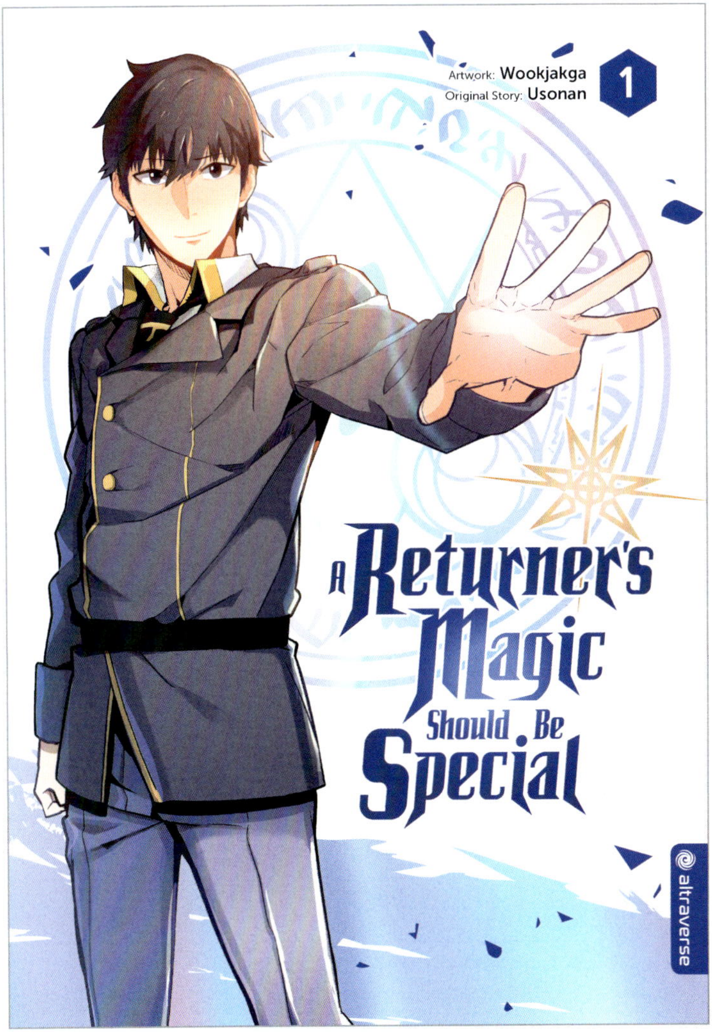


## A Returner's Magic Should be Special

Usonan | Wookjakga

Das Schattenlabyrinth ist ein äußerst gefährlicher Ort. Seit zehn Jahren kämpfen dort die Menschen in einem brutalen Krieg gegen die Armee der Schatten. Als letztere jedoch die Überhand gewinnt und die Menschen bezwingt, findet sich Desir Herrman in der Vergangenheit wieder. Ihm bleiben dreizehn Jahre, um das Ende der Welt zu verhindern, doch wird es ihm gelingen?

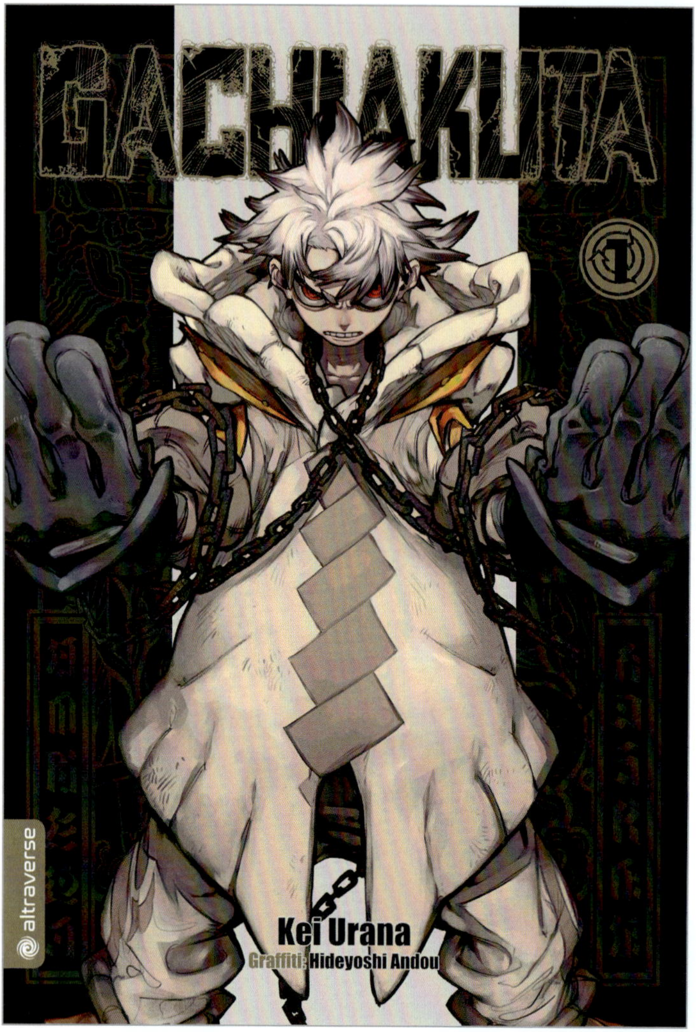


## Gachiakuta

Kei Urana | Graffiti: Hideyoshi Andou

Als Bewohner des Slums gehört Rudo zu den Verlierern der Gesellschaft. Als wäre das nicht Strafe genug, wird ihm der Mord an seinem Ziehvater angehängt. Zur Strafe wird er wie Müll in die »Hölle« geworfen, in der gefährliche Müllmonster lauern. Damit beginnt Rudo hinter die Fassade dieser Welt zu blicken ...

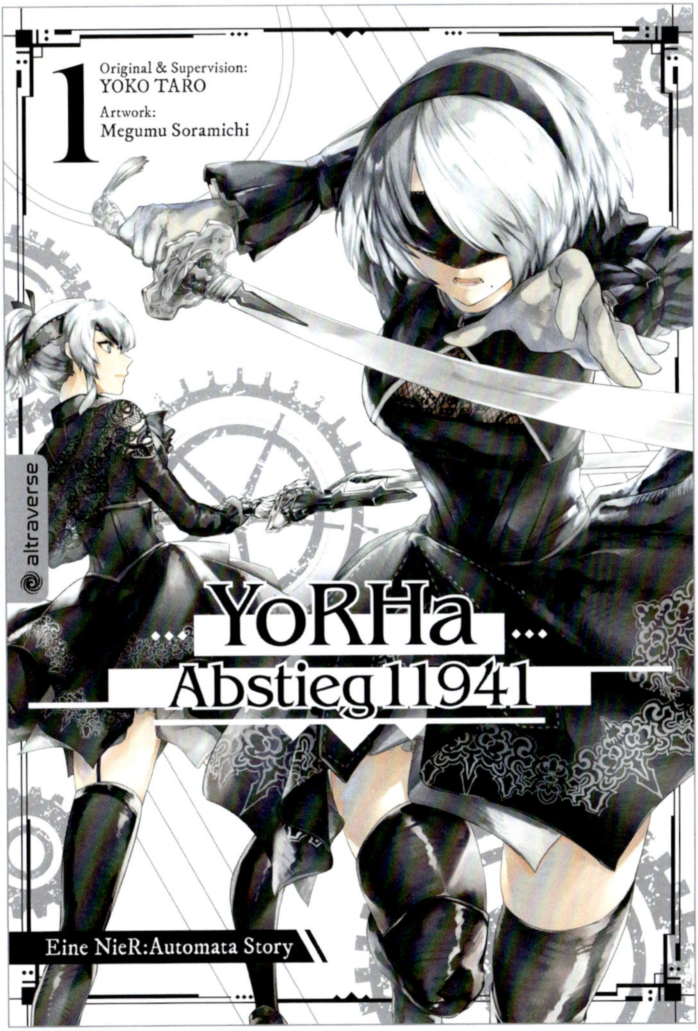


**YoRHa Abstieg 11941 – Eine NieR:Automata Story**

Yoko Taro | Megumu Soramichi

Es ist das Jahr 11941 – ein Überfall fremder Wesen und ihrer mechanischen Armee hat die Menschheit dazu gezwungen, auf dem Mond Zuflucht zu suchen. Um sich den feindlichen Horden entgegenzustellen, wird eine Schwadron aus Android-Soldatinnen entsandt.

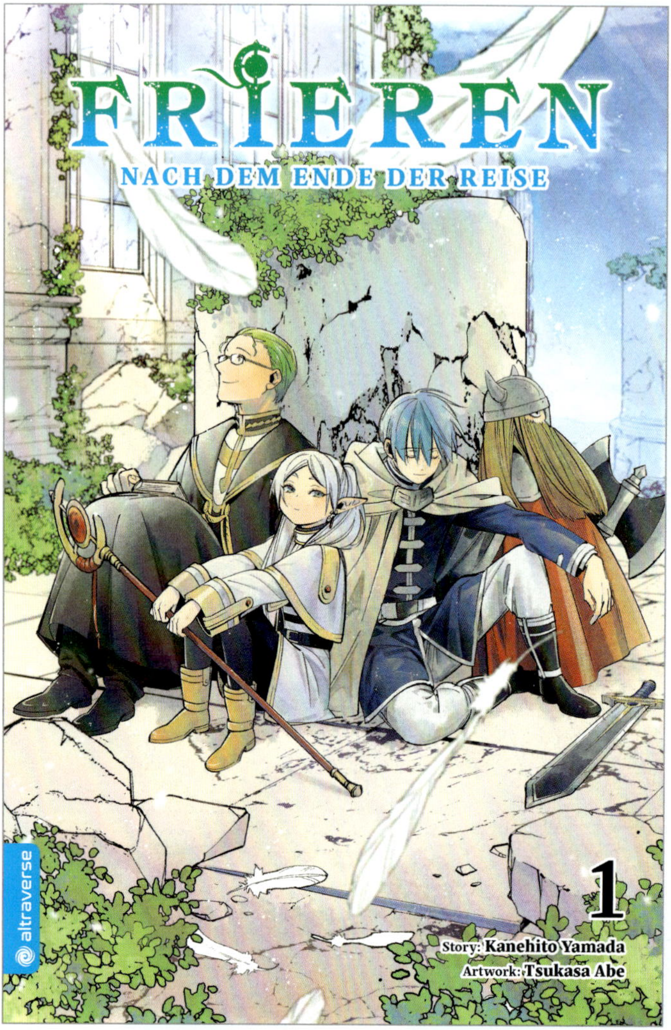


**Frieren – Nach dem Ende der Reise**

Kanehito Yamada | Tsukasa Abe

Der Magierin Frieren und ihren Kameraden ist es gelungen, den Dämonenkönig zu bezwingen, aber was jetzt? Während die anderen Mitglieder ihrer Gruppe immer älter werden und schließlich sterben, ist es Frieren als Elfe vergönnt, in der Welt weiterzuleben, die sie gerettet hat. Das Ende des Abenteuers ist erst der Anfang von Frierens Geschichte ...

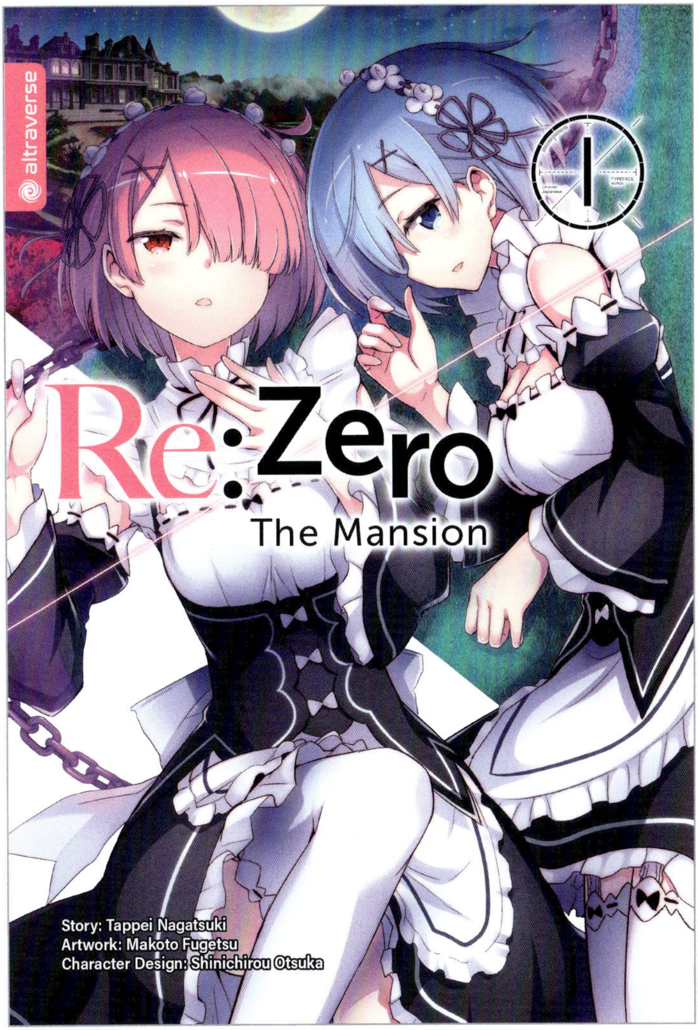


## Re:Zero – The Mansion

Tappei Nagatsuki | Makoto Fugetsu | Shinshirou Otsuka

Nachdem Subaru aus heiterem Himmel in eine neue Welt beschworen wurde, rettet er mit seiner neu gewonnenen Fähigkeit »Rückkehr vom Tod« die Halbelfe Emilie vor einem schlimmen Schicksal. Doch anstatt für seine Tat gefeiert zu werden, erwacht Subaru am nächsten Morgen in einem fremden Anwesen und sieht sich mit einem ganz neuen Mysterium konfrontiert.

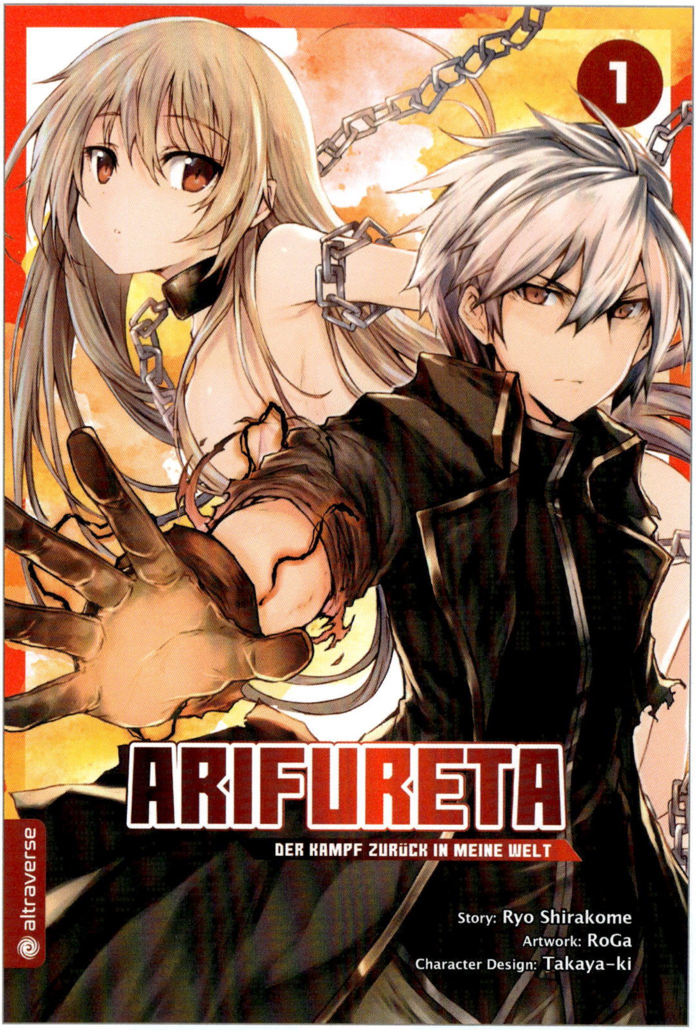


**Arifureta – Der Kampf zurück in meine Welt**

Ryo Shirakome | RoGa | Takaya-ki

Hajime führt ein wenig aufregendes Leben, doch plötzlich wird seine Klasse in eine andere Welt beschworen, um die Menschheit vor dem Untergang zu bewahren! Während seine Klassenkameraden mit außergewöhnlichen Fähigkeiten ausgestattet werden, wird Hajime nur ein magischer Schmied. Wird er in dieser gefährlichen neuen Welt überleben können?

Fantasy 16+

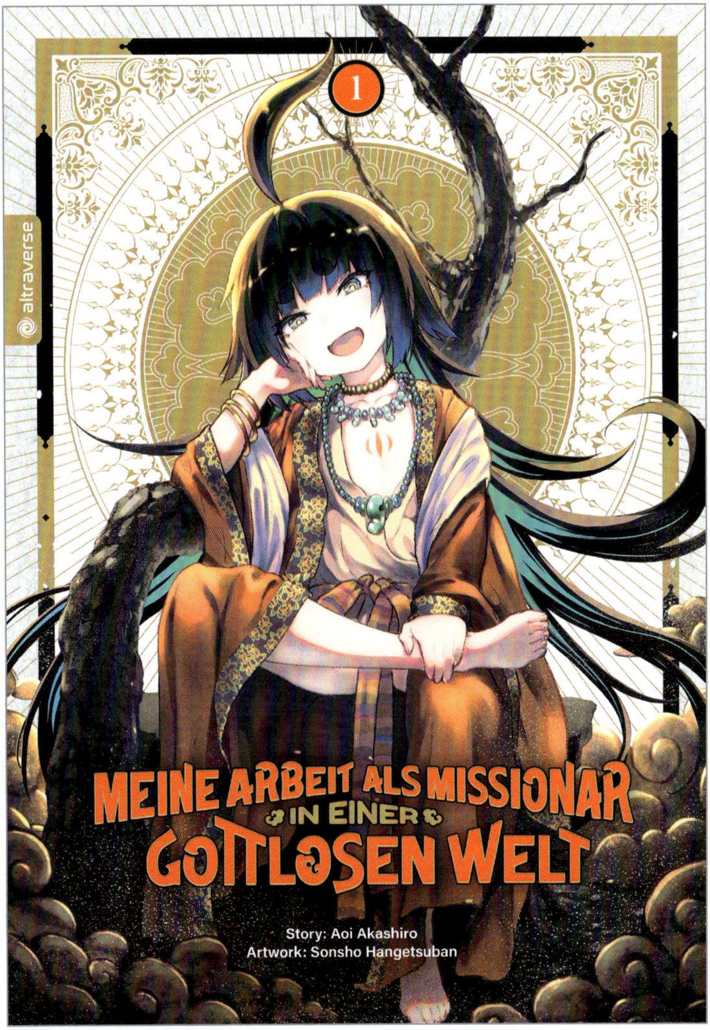


## Meine Arbeit als Missionar in einer gottlosen Welt

Aoi Akashiro | Sonsho Hangetsuban

Yukito hat es als Sohn eines Sektenanführers nicht leicht. Er muss auf Anweisung seines Vaters unmögliche Prüfungen durchstehen, bis er für die Göttin Mitama im Meer versenkt wird. Als er wieder zu sich kommt, findet er sich in einer Welt ohne Religion und Götter wieder. Als seine neuen Freunde auf Befehl des Kaisers hingerichtet werden sollen, erscheint Mitama im Moment der Verzweiflung, um ihm zu helfen.

altraverse

Deutsche Ausgabe / German Edition
Altraverse GmbH – Hamburg 2023
Aus dem Koreanischen von Elisabeth Müller

Tomb Raider King vol. 3


Redaktion: Anh Tu Nguyen
Herstellung: Vivien Bergau
Lettering: Vibrant Publishing Studio

Druck: Silber Druck oHG
Printed in Germany


ISBN 978-3-7539-0968-4
2. Auflage 2023

www.altraverse.de